KB179851

혼자서 따라하기 쉬운 모든 업무 5

한권으로

끝장내자

경리사원

세무사무소

회계와노무

실무설명서

손원준 지음

경리사원과 세무사사무실 직원만을 위한 업무 주제별 가이드

- 다년간 네이버 경리 대표카페를 운영하면서 접한 수많은 실무사례만을 수록
- 애매한 느낌이 아닌 명확한 답과 근거를 제시하는 책
- 인터넷과 같이 찾아보기 쉽게 직관적인 목차 구성
- 회사 경리부서에서 일하는 모든 임직원의 필수업무서
- 기장업무를 하는 세무사사무실 직원의 필수업무서
- 급여 계산을 해주는 노무사사무실 직원의 필수업무서

이지경리
(www.ezkyungli.com)
3개월 무료이용권
[3만원 상당]
증정

K.G.B
지식만들기

이론과 실무가 만나 새로운 지식을 창조하는 곳

책을 내면서

본서는 실무자들이 평소 업무에서 많이 접하는 주제별로 구성을 했다.

앞부분은 실무를 하면서 꼭 알아야 할 기본 실무지식을 습득하는데, 중점을 두어 구성했으며, 중간 부분부터는 항상 접하는 급여 계산과 근태관리, 세금 신고 등 입사에서 퇴사까지 발생하는 모든 경영지원 업무 내용을 서술하고 있다.

제1장 경리회계 업무매뉴얼에서는 경리가 1년간 해야 할 업무를 알아보고, 장부 작성에 필요한 회계의 기본지식을 알려주고 있다.

제2장 급여 업무매뉴얼에서는 세전 급여 계산 방법과 계산 공식 그리고 급여에 대한 세금 계산과 신고를 통해 사후 급여를 계산해 볼 수 있는 장이다.

제3장 증빙관리 업무매뉴얼에서는 세금계산서의 발행과 수정 그리고 각종 비용의 지출 시 세금 신고에 문제없는 증빙 발행과 관리 방법에 관해서 실무사례를 통해 설명해주는 장이다.

제4장 세금 신고와 경비처리 업무매뉴얼에서는 사업을 하면서 반드시 내야 하는 부가가치세와 종합소득세 그리고 각종 세금을 절약하기 위한 경비처리 방법에 관해서 서술하였다.

제5장 법인카드 관리 매뉴얼에서는 법인카드의 개인적 사용에 관한 세무상 문제와 세무조사를 대비한 올바른 법인카드 사용 방법에 관해서 알려주는 장이다.

제6장 일용근로자 업무매뉴얼에서는 일용근로자와 관련한 4대 보험 및 세금 신고 절차 등 모든 업무처리 방법에 대해서 가르쳐주는 장이다.

제7장 수습(인턴)근로자 업무매뉴얼에서는 수습근로자의 올바른 관리와 4대 보험 및 세금 신고 방법에 관해서 모든 업무를 알려주는 장이다.

제8장 퇴사자 업무매뉴얼에서는 퇴사자 발생 시 처리해야 할 급여의 일할계산과 4대 보험 및 급여의 정산 방법과 각종 업무에 대한 실무지식을 모두 모아 둔 장이다.

제9장 입사자 업무매뉴얼에서는 4대 보험 취득 및 급여 계산과 각종 업무에 대한 실무지식을 모두 모아 둔 장이다.

제10장 세무조사 업무매뉴얼에서는 세무조사에 대한 회사의 대비 방법에 대해서 알려주는 장이다.

제11장 비영업대금이자 가지급금과 가수금 업무매뉴얼에서는 회사에서 자주 발생하는 가지급금의 발생 원인과 세금 신고 방법 및 해결방안에 대해서 알려주는 장이다.

제12장 대표이사, 3.3% 근로자, 가족회사 업무매뉴얼에서는 대표이사와 3.3% 사업소득 신고 직원, 가족 직원과 관련해서 발생하는 4대 보험과 퇴직금, 세금 신고에 관해서 의사결정과 실무처리 방법을 알려주는 장이다.

제13장 포괄 임금 업무매뉴얼에서는 포괄 임금을 구성하는 방법과 포괄 임금에서 시급을 계산하는 방법 그리고 각종 고정OT와 관련된 처리방법을 알 수 있다.

제14장 폐업 업무매뉴얼에서는 폐업 과정에서 발생하는 4대 보험 탈퇴 문제와 부가가치세, 종합소득세(법인세) 및 지급명세서 등 세금 신고와 절차를 알려주고 있다.

제15장 출장비 업무매뉴얼에서는 출장과 관련된 경비의 처리 방법과 업무처리 절차를 알려주는 장이다.

제16장 임원 업무매뉴얼에서는 임원과 관련해서 특별히 발생하는 급여나, 세금, 4대 보험 및 등기와 관련된 전반적인 업무 내용을 설명해주는 장이다.

제17장 경조사 매뉴얼에서는 경조사 발생 시 휴가 문제와 경조사와 관련해서 거래처와 직원에게 회사에서 지출하는 각종 비용에 대한 증빙과 세금 신고사항에 대해서 알려 주는 장이다.

제18장 세무사사무실 사용자 매뉴얼에서는 기장을 맡기는 경우 요구할 수 있는 업무의 범위를 제시해 줌으로써 상호 간 원활한 업무협조가 가능하도록 도와주는 장이다.

본서는 전체 내용은 위와 같이 구성되어 있다.

몇 년간 경리쉼터라는 네이버 카페를 운영하면서 수많은 질문을 접했고, 궁금하지만 누구도 그 답을 제시해 주지 않는 수많은 사례를 보면서 그 해결 방법에 대해서 고민하고 해결해 나간 결과를 이 한 권의 책에 답아보려고 노력했다.

본서는 이론이 아닌 현장에서 업무를 하는 많은 실무자들이 궁금해하는 공통된 사항을 답아내고 있으며, 특정 회사에만 발생하는 그 빈도가 낮은 실무사례는 원가 상승 요인으로 인해 과감히 배제했다. 따라서 부족한 특이사항은 본서를 기본으로 경리쉼터(https://cafe.naver.com/aclove) 카페에 가입해 활용하면 누구보다 쉽게 초보에서 고수로 발전할 수 있으리라 본다.

인터넷은 많은 정보를 찾아볼 수 있지만,

1. 한눈에 업무 내용을 파악할 수 없고

2. 따라서 체계적인 지식을 습득하는데, 불편하다.

이와 같은 단점으로 인해, 새로운 문제가 발생하면 발생할 때마다 스스로 판단하지 못하고 인터넷만 찾아보는 일이 무한 반복되는 것이다.

반면 책은 인터넷보다 체계적으로 업무 파악은 할 수 있지만, 책의 지면 관계상 다양하고 자세한 정보를 담는데, 한계가 있다.

그리고 동영상이나 오프라인 강의 또한 제시하는 주제에 대한 이해를 증진해주기는 하지만, 이 또한 시간적, 장소적 한계와 강사 역량에 따른 지식습득의 차이 및 상대적으로 고액의 비용이 발생한다.

이에 가장 합리적인 방법을 추천하면, 본 도서 또는 서점에서 본인이 마음에 드는 책을 골라 구입한 후 해당 내용에 인터넷을 통해 얻은 지식을 채워 넣는 방식으로 본인만의 매뉴얼을 만든다면, 시간은 걸리겠지만 인터넷 검색만 하거나 강의만 듣는 것보다 훨씬 실무지식 습득에 효율적이라고 판단된다.

인터넷 검색이나 강의 청취보다는 본인의 시간과 노력이 들어가야 하는 일이므로 귀찮고 힘들지만, 시간이 흘러 본인의 지식과 경력을 쌓는 데는 최상의 방법이 아닐까 제안한다(인터넷이 없던 시절부터 30년 가까이 매일 제가 하는 방식이다.).

노력 없이 남의 것만 받아먹으면서 물 경력 걱정하는 것은 모순이다.

하루 10분 자그만 실천으로 본인만의 업무매뉴얼을 만들어 보세요.

모든 일의 기초는 공부하지 않으면 만들어지지 않습니다.

끝으로 본서에서 부족한 부분은 경리쉼터 카페를 통해 지속적으로 정보를 제공해 드릴 것을 약속드리며, 끝으로 나의 사랑하는 아내와 예영, 예서 그리고 경리쉼터 모든 회원 분들과 본서의 출간을 기념하는 바입니다.

포키빵빵 손원준 올림

<네이버 카페에서 경리쉼터 검색 : https://cafe.naver.com/aclove>

CONTENTS

제1장 **경리회계 업무매뉴얼**

➡ 경리의 일일, 월별, 연간 업무의 흐름 ································ 44

➡ 경리는 매일매일 무슨 일을 해야 하나? ························· 47

1. 잔액을 맞춘다. ·· 47

2. 전표 작성시 기록의 핵심은 [적요] ································ 47

3. 적격증빙을 철저히 챙긴다. ··· 48

4. 1인 경리는 증빙자료를 시간을 정해서 정리한다. ·········· 49

└ 증빙자료가 없는 거래는 어떻게? ································· 50

└ 일 마감 때 해야 할 것들 ·· 50

사례 장부 마감 전에 꼭 확인해야 할 세무 사항 ············· 51

➡ 연간 세무·노무 일정표 ··· 52

➡ 연간 4대 보험 업무일정표 ·· 55

➡ 생활 속의 거래와 회계상 거래 ·································· 58

➡ 복식부기 딱 2개만 알면 된다. ·································· 61

➡ 자산·부채·자본과 복식부기의 원리 ··························· 63

➡ 생활 속의 수입·지출은 회계상의 수익·비용 ··············· 66

➡ 차변과 대변을 활용한 분개 방법 ······························ 68

▶▶ 거래를 차변·대변으로 나누어 기록하는 방법 ………………………………… 70

1. 거래의 이중성과 대차평균의 원리 ………………………………………71

2. 계정과목의 기재 방법 …………………………………………………72

▶▶ 경리업무를 위해서 반드시 외워야 할 계정과목 …………………… 77

1. 재무상태표 계정과목 해설 ……………………………………………77

사례 개인회사 자본금 법인의 자본금 …………………………………85

2. 손익계산서 계정과목 해설 ……………………………………………87

3. 원가 항목 계정과목 해설 ………………………………………………93

▶▶ 외화예금 입출금 시 선입선출법 적용 …………………………… 95

▶▶ 적절한 장부 작성과 재무 보고 체크리스트 ………………………… 97

1. 경리 재무보고 체크리스트 ……………………………………………97

사례 중소기업을 위한 회계부정방지 체크포인트 7가지 ………………99

2. 재무관리를 위해 적절한 장부 작성과 세금 신고 …………………100

▶▶ 필수 회계장부의 작성과 관리 ………………………………… 103

▶▶ 매입매출전표와 일반전표의 발행 방법 ……………………… 105

1. 매입매출전표 …………………………………………………………106

2. 일반전표 ………………………………………………………………106

▶▶ 법인 경리업무 처리 시 체크포인트 …………………………… 108

▶▶ 후임에게 인수인계할 경리업무 ……………………………… 110

▶▶ 결산순서와 결산 정리사항 …………………………………… 112

1. 회계장부의 흐름 ………………………………………………………112

2. 프로그램을 활용한 결산순서 ………………………………………115

3. 결산 회계처리 사항 …………………………………………………117

제2장 급여 업무매뉴얼

≫ **반드시 알아두어야 할 급여의 모든 것** ·· **120**

사례 4.345주와 209시간의 계산 방법(간단한 통상임금 산정 기준시간 수(유급근로시간) 계산 공식) 122

사례 노동법상 임금과 세법상 비과세 급여의 관계 ···································123

≫ **최저임금의 계산과 위반 여부 판단** ·· **124**

1. 최저임금의 적용 대상 ···124

2. 최저임금의 효력 ···124

3. 최저임금의 계산 방법 ···125

사례 최저임금 모의 계산 ···126

사례 최저임금 변경 시 근로계약서를 재작성해야 하나? ···························127

사례 비과세 급여의 최저임금(식대, 자녀보육수당, 자가운전보조금) 산입 여부 ····127

≫ **법정수당과 비법정수당의 구별** ·· **128**

≫ **법정근로시간과 소정근로시간, (통상임금산정)유급근로시간 계산 방법** ····················· **130**

1. 법정근로시간(법정 제한 기준시간) ··130

2. 소정근로시간(약정 근로시간) ···130

3. 통상임금 산정의 기준이 되는 시간(유급 근로시간) ··································131

∟ 최저임금 계산기준인 근로시간 ··133

∟ 최저임금법을 지키는 급여 일할계산 방법 ···133

≫ **단계별 통상시급의 계산 방법** ·· **134**

1. 매달 고정적으로 받는 모든 금액(통상임금)을 더한다. ·······························134

2. 통상시급 = 통상임금을 더한 금액을 209(소정근로시간)로 나눈다. ·················137

사례 격주 근무할 때 통상시급 계산 방법 ··138

사례 격일 근무할 때 통상시급 계산 방법 ··139

사례 교대제로 근무할 때 통상시급 계산 방법 ···139

>> 모든 급여(포괄임금 포함)의 시급 계산 방법 ································ 140

1. 통상임금 계산을 위한 기준시간 수 계산 방법 ······················ 140

2. 최저임금이 정해지는 원리 ·· 140

3. 급여가 정해지는 원리 ·· 141

4. 시간외근로수당이 포함된 경우 (포괄임금)급여가 정해지는 원리 ········· 141

5. 격주 근무 시 최저임금, 통상시급, 주휴수당, 시간외근로수당 ········· 143

6. 포괄임금제에서 기본급과 고정OT로 나누는 방법 ····················· 144

>> 휴일과 휴무일의 차이와 토요일 근무 시 수당의 차이 ··············· 146

1. 토요일을 휴일로 지정했는데 출근한 경우 ··························· 147

2. 토요일을 휴무일로 지정했는데 출근한 경우 ························· 148

3. 평일에 결근한 후 일요일 근무 시 급여 계산 ······················· 149

4. 평일에 결근한 후 토요일 근무 시 급여 계산 ······················· 150

>> 초과근무수당(휴일, 연장, 야간근로) 초간편 계산 공식 ··············· 152

1. 초과근무수당의 계산 절차 ·· 152

2. 휴일, 연장, 야간근로 중복 시 임금 계산 공식 ······················ 153

3. 상황별 초과근무수당의 계산사례 ····································· 155

>> (명절, 임시공휴일, 근로자의 날) 모든 근로자의 휴일근로수당 계산 방법 ········ 157

1. 월급제 근로자의 경우 ·· 157

2. 시급제 · 일급제 근로자의 경우 ······································ 158

>> 급여를 30일로 나누어 급여 일할계산과 수당계산 ··················· 160

>> 주휴수당의 지급기준과 초간편 계산 공식 ···························· 162

1. 주휴수당의 기본요건 ··· 162

2. 주휴수당의 간편 계산 ·· 162

3. 일용근로자 주휴수당 ··· 164

4. 주휴수당을 시급에 포함해 지급하는 경우 시급 ······················ 165

5. 주중 휴업 시 주휴수당 ··· 165

6. 주중에 연차휴가 사용 시 주휴수당 ···166

7. 주중에 공휴일이 있는 경우 주휴수당 ···166

》 연차휴가와 연차수당의 계산 ···**167**

1. 연차휴가의 적용 대상 ··167

2. 1년 미만 월 단위 연차휴가 ···167

3. 1년 연 단위 연차휴가 ···169

4. 1년 80% 미만 출근자의 연차휴가 ··172

5. 퇴사자의 연차휴가일 수 정산(연차휴가의 퇴직정산 계산 공식) ·········173

6. 연차수당의 계산 ···174

[사례] 연차유급휴가 부여 시 시간 단위, 반일 단위로 부여할 수 있나? ·········178

[사례] 입사일 기준 연차휴가를 회계연도 기준 연차휴가로 바꾸는 방법 ·········178

》 연차수당을 퇴사 시점에 한꺼번에 지급하는 경우 계산 방법 ·············**179**

1. 회계연도 기준으로 연차수당 계산 ···180

2. 입사일 기준으로 연차수당 계산 ···181

》 임금명세서 작성 방법 ··**183**

》 휴일대체와 대휴제도 보상휴가제의 차이점 ···**186**

1. 휴일대체 ··186

2. 대휴제도 ··187

3. 보상휴가제 ···187

》 중도 입사자와 퇴사자에 대한 급여 일할계산 방법 ·······························**189**

》 급여 원천징수 절차도 ···**193**

[사례] 급여 세금 업무처리 흐름도 ···194

》 매월 납부하는 근로소득세와 4대 보험료 ···**197**

》 비과세되는 복리후생비는 따로 정해져 있다. ··**198**

1. 모든 증빙은 제3자가 껴야 하는 것이 원칙이다. ································198

2. 복리후생비는 모두 세금 안 내고 비용인정이 되나요? ·······················198

3. 세법에서 비과세로 규정한 소득 ·······199

└ 근로소득으로 보지 않는 대가 ·······199

└ 세법상 이것만 딱 비과세 ·······199

4. 근로소득세가 과세 되는 복리후생비 사례 ·······201

》》 모든 직원을 차량유지비 비과세 처리하면 안 된다. ·······203

》》 식대 보조금 비과세처리 ·······205

》》 자녀수당 비과세 ·······207

》》 상용근로자 급여(상여금) 원천징수 ·······210

1. 급여만 지급하는 달의 원천징수 ·······210

2. 급여를 1달에 2번 지급하는 경우 원천징수 ·······211

3. 상여금을 지급하는 달의 원천징수 ·······211

사례 근로기준법상 상여금의 지급의무와 평균임금 포함여부 ·······216

》》 원천징수이행상황신고서 작성 ·······217

1. 매월 납부 사업자의 원천징수이행상황신고서 작성 방법 ·······217

└ 신고구분 ·······217

└ 귀속연월, 지급연월 ·······217

└ 총지급액 ·······220

└ 퇴사자 ·······221

└ 환급액 작성과 환급신청 ·······222

└ 반기별 신고 · 납부자의 신고서 작성방법 ·······223

2. 원천징수 수정신고 ·······224

》》 (간이)지급명세서의 제출 ·······226

》》 중소기업 취업 청년 소득세 감면 ·······228

사례 병역특례 산업기능요원의 중소기업 취업자에 대한 소득세 감면 ·······230

사례 취업 후 이직하는 경우 감면기간은 어떻게 되나요?(이전 회사에 감면신청을 안 한 경우) ···231

》》 인정상여 업무매뉴얼 ·······234

1. 인정상여 세금 떼는 법 ·· 234
└ 인정상여의 발생원인 및 지급시기 의제 ······························· 234
└ 연말정산 ·· 235
└ 원천징수이행상황신고서 작성 요령 ····································· 235
└ 지급명세서 제출 ··· 237
└ 원천세 신고 및 납부 ·· 237
└ 인정상여 지방소득세 ·· 237
└ 인정상여 금액의 법인 대납 ·· 237
└ 인정상여와 건강보험료 ·· 239
└ 기타 고려사항 ·· 239
2. 인정상여 기한 후 신고에 따른 가산세 ·································· 239
3. 상여 처분받은 대표이사의 종합소득세 수정신고 ················ 240
4. 세무조사에 의하여 대표자 인정상여 처분 ··························· 240
>> 원천징수 수정신고 방법(지급명세서, 간이지급명세서 수정신고) ········ 241
사례 연말정산 과다 공제에 따른 가산세 ································· 242
>> 원천징수영수증 발급과 해석 ··· 243
1. 근무처별 소득명세 ··· 244
2. 연말정산의 환급세액과 납부세액의 구분 ···························· 244
3. 결정세액 0의 의미 ··· 245
>> 퇴직금과 확정급여형 퇴직연금(DB형)의 계산 ·················· 246
1. 퇴직금의 지급요건 ··· 247
2. 퇴직일의 기준(마지막 근무일인지, 마지막 근무 다음 날인지) ···· 247
3. 퇴직금의 계산 방법 ·· 247
└ 계속근로기간 ··· 248
└ 평균임금 ·· 248
4. 퇴직금의 지급 ··· 250
사례 퇴직자에 대해 상여금(성과급)을 비례해서 줘야 하나? ······ 250

사례 임금 및 퇴직금은 언제까지 줘야 하나? ···251

사례 (육아, 출산, 병가, 수습기간) 휴직 후 바로 퇴사시 퇴직금 ··············251

≫ 확정기여형 퇴직연금(DC형)의 계산 ···**254**

1. 확정기여형퇴직연금 가입 기간 ···254

2. 확정기여형퇴직연금 부담금의 납입 ···254

└ 부담금 수준 및 시기 ···254

└ 미납 부담금이 발생하면 발생하는 불이익 ···255

3. 휴가·휴직·휴업 기간의 부담금 산정 ··256

└ 출산전후휴가기간 ···256

└ 육아휴직기간 ··256

4. 휴가·휴직·휴업 기간의 부담금 납부 ··258

5. 각종 수당 지급 시 부담금의 산정 ··259

└ 미사용 연차휴가 수당 ···259

└ 호봉승급 인상분 ···260

6. 퇴직 시 급여 지급 ···260

≫ 퇴직위로금 지급시 처리방법 ···**261**

≫ 퇴직연금의 회계처리 및 세금 원천징수 ·······························**263**

사례 퇴직연금 중도 인출 시 퇴직소득세 ···265

사례 이직에 따른 퇴직연금 이전 시 퇴직소득세 ·························265

사례 퇴직연금 단계별 세금 ···265

사례 퇴직연금 지급시 원천징수의무자 ···266

사례 회사에서 별도로 지급하는 금액이 있는 경우 원천징수 의무자 ··············267

사례 원천징수 당한 퇴직소득세의 환급 절차 ·······························267

≫ 퇴직소득세의 계산 ···**270**

1. 퇴직소득세 계산구조 ···270

2. 퇴직소득에 대한 원천징수 ···275

3. 퇴직소득에 대한 원천징수특례 ··276

4. 원천징수영수증 발급 및 지급명세서 제출 ···276

5. 퇴직소득에 대한 세액 정산 ··277

6. 퇴직소득 과세표준 확정신고 ··277

사례 퇴직 판정의 특례 ··278

사례 계산 착오로 인해 퇴직금 추가 지급 시 퇴직소득세 계산 ···········278

사례 2회 이상 퇴직금 중간정산 후 퇴직소득 세액정산 방법 ··············278

》》 휴가, 휴직 기간동안 4대 보험 ···**280**

1. 국민연금 ···280

└ 납부예외 기간과 연금보험료의 납부면제 ··280

└ 납부재개 ··281

2. 건강보험 ···281

└ 납입고지 유예신청 방법 ··282

└ 유예기간 경과 후 보험료 산정 · 납부 ··282

└ 휴직기간의 보험료 경감 ··282

└ 휴직자 등의 보수총액 신고 ··283

사례 유예신청 대상 및 유예 사유 코드 ··284

3. 고용보험 ···284

4. 산재보험 ···285

》》 급여가 변동되는 경우 4대 보험 보수월액변경신고 ···························**286**

1. 급여가 상여금 등으로 일시적인 인상 요인이 생기는 경우 ···············286

2. 급여 인상 등으로 지속적인 인상이나 매월 급여가 변동되는 경우 ········286

3. 국민연금 ···287

4. 건강보험 ···287

5. 고용 · 산재보험 ···288

제3장

증빙관리 업무매뉴얼

» 이하, 이상, 미만, 초과의 의미 ·· 290

» 법에서 인정하는 증빙의 종류 ·· 292

1. 세금계산서 ··· 294

2. 계산서 ·· 295

3. 신용카드매출전표(또는 현금영수증) ····································· 295

4. 지로영수증과 각종 청구서 ··· 296

5. 간이영수증 ··· 296

[사례] 세금계산서를 주고받을 때 반드시 확인해야 할 사항 ············ 297

[사례] 면세 재화를 팔고 착오로 세금계산서를 발행한 경우 ············· 297

[사례] 개인명의 신용카드매출전표도 증빙으로 인정이 되나요? ········· 298

[사례] 세금계산서 발행 후 카드 결제로 대금을 받은 경우 ··············· 299

6. 증빙 관리의 기본원리 ··· 299

» 적격증빙 관리 규정이 적용되는 경우 ···································· 300

1. 영리 행위인지? 비영리 행위인지? 판단한다. ·························· 300

[사례] 간이과세자와 거래 시 유의 사항 ··································· 301

2. 증빙 규정은 업무 관련한 지출에 한해 적용한다. ···················· 301

3. 증빙 규정은 돈의 지출 시에만 적용된다. ····························· 301

4. 비용의 지출이라도 증빙규정의 예외가 있다. ·························· 303

» 법에서 인정하는 법정지출증빙 관리 ····································· 305

[사례] 개인사업자 종합소득세(기장 대리) 대비 챙겨야 할 증빙관리 ··· 306

» 홈택스 전자세금계산서의 발행 방법 ····································· 308

» 세금계산서 주고받을 때 주의사항 ·· 312

≫ 수정세금계산서 발행 ··· **313**

1. 내 잘못이 아닌 수정세금계산서 발행 ································313

2. 내 잘못으로 수정세금계산서 발행 ································315

└ 필수적 기재 사항을 착오로 잘못 적은 경우 ·····················315

└ 필수적 기재 사항이 착오 외의 사유로 잘못 적힌 경우 ··········316

사례 수정 전자세금계산서 착오와 착오 외의 구분 ················317

└ 전자세금계산서를 착오로 이중 발급한 경우 ·····················317

└ 면세 등 발급 대상이 아닌 거래 등에 대하여 발급한 경우 ······317

└ 세율을 잘못 적용하여 발급한 경우 ······························317

3. 수정세금계산서 발행 시 가산세 ·································318

4. 수정세금계산서 발급에 따른 부가가치세 수정신고 대상 여부 ·········319

≫ 거래처 경조사비 증빙 처리 ··· **320**

≫ 사례별 챙겨야 할 적격증빙의 종류 ································· **321**

≫ (개인)신용카드 지출액의 증빙 처리 ····························· **323**

1. 개인카드 또는 법인카드 사용 시 업무처리 ······················323

2. 직원 개인카드를 사용했을 때 발생하는 문제 ····················324

≫ 간이과세자 또는 개인과 거래 시 증빙 처리 ····················· **326**

1. 간이과세자와 거래 시 증빙 관리 ·······························326

2. 개인과 거래 시 증빙 관리 ·····································326

사례 회삿돈을 개인적으로 지출하고 증빙을 첨부한 경우 ··········327

≫ 사무실 관리비의 증빙 처리 ··· **329**

1. 관리비 지급 시 증빙 ···329

2. 고객의 주차료 대납액 ···329

3. 오피스텔 경비용역 ···330

4. 사무실 청소용역 ···330

≫ 지출결의서는 세법에서 인정하는 증빙이 아니다. ··············· **331**

>> 유형자산 및 재고자산을 폐기하는 경우 증빙 ⸻ 333

1. 유형자산을 폐기하는 경우 증빙 ⸻333

2. 재고자산을 폐기하는 경우 증빙 ⸻333

>> 관할 세무서에서 소명자료 요구 시 증빙 관리의 중요성 ⸻ 335

[사례] 대금을 지급할 때는 반드시 통장을 이용하라 ⸻336

>> 증빙을 받지 않은 경우 부담해야 하는 가산세 ⸻ 338

1. 증빙불비가산세 ⸻338

└ 증빙불비가산세를 내는 경우 ⸻338

└ 증빙불비가산세를 내지 않는 경우 ⸻339

└ 증빙불비가산세를 내는 시점 ⸻340

2. 영수증 수취 명세서 미제출 가산세 ⸻341

제4장

세금 신고와 경비처리 업무매뉴얼

>> 사업자가 내야 하는 세금의 종류 ⸻ 344

1. 물품을 사고파는 소비 시 납부하는 부가가치세 ⸻344

2. 돈이 들어오고 나가는 소득에 대한 세금 소득세와 법인세 ⸻345

3. 종업원에 대한 급여에 대해서는 근로소득세 원천징수 ⸻345

4. 인적용역에 대한 대가를 지급하는 경우에도 원천징수 ⸻345

5. 부가가치세와 법인세, 소득세는 모두 예정과 확정이 있다. ⸻346

6. 영리법인, 비영리법인의 세금은 동일하다. ⸻347

>> 부가가치세 계산과 신고·납부 방법 ⸻ 348

1. 부가가치세의 계산 방법 ⸻348

2. 부가가치세의 신고 및 납부 ⸻349

[사례] 부가가치세 예정고지와 예정신고 대상자 ⸻350

3. 부가가치세 신고 때 챙겨야 하는 서류 ···································351

└ 매출 및 매입자료 ···351

└ 업종별 부가가치세 신고서 주요 첨부서류 ·····················352

└ 부가가치세 신고 시 추가로 챙겨야 하는 서류 ···············352

4. 홈택스를 활용한 부가가치세 신고 ·································354

5. 부가가치세 신고 체크포인트 ··355

》》 매입세액공제 가능 여부 판단기준 ·····························**356**

》》 부가가치세 매입세액불공제 ······································**358**

1. 세금계산서 미수령 및 합계표의 미제출·부실기재 ··········358

└ 매입세액으로 공제되지 않는 경우 ·······························358

└ 매입세액으로 공제 가능한 경우 ··································359

사례 본점과 계약 후 지점에서 용역을 제공받은 경우 세금계산서 ····················360

사례 사업자등록증 정정 안 하고 세금계산서를 발급받은 경우 ················360

사례 직권말소 기간에 수수한 세금계산서 매입세액공제 ····················361

2. 사업과 직접 관련 없는 지출 ···361

사례 회식비, 식대, 야유회 등 지출 비용의 매입세액공제 ················361

사례 사업자가 구입한 가정용품의 매입세액공제 ·····················362

사례 고객 또는 거래처 방문 차량 주차비의 매입세액공제 ················362

사례 호텔을 임차해서 사택으로 제공 시 매입세액공제 ················362

3. 비영업용소형승용차의 구입·임차 및 유지비 ··················362

└ 차량 제조사별 매입세액공제 되는 차량 ·······················364

└ 경유 차는 되고, 휘발유, 전기차는 안 된다. ··················365

└ 매입세액공제는 안 돼도, 경비처리는 된다. ··················365

└ 임직원전용자동차보험에 가입 ·····································366

└ 차량운행일지의 작성·비치 ···367

└ 법인과 개인사업자의 차량 관련 비용처리 ·····················368

사례 차량사고로 보험금 수령 시 부담하는 부가가치세 신고·납부 ···················369

사례 업무용 렌트카(리스차량 포함) 대여금의 매입세액공제 ···················369

사례 종업원(직원) 차량을 업무용으로 이용 시 매입세액공제 ···················370

사례 직원 전용 주차장 임차료의 매입세액공제 ···················370

사례 승용차 매각 시 부가가치세 과세 ···················370

사례 유료도로 통행료의 매입세액공제 ···················370

사례 소형, 중형, 대형 승용차 구입 및 유지비용의 매입세액공제 ···················370

4. 기업업무추진비(= 접대비) 지출과 관련된 매입세액 ···················371

사례 골프 회원권 매입 후 접대목적으로 사용한 경우 ···················371

5. 부가가치세가 면제되는 사업 및 토지 관련 매입세액 ···················371

└ 면세사업자의 매입세액 ···················371

└ 토지 관련 매입세액의 범위 ···················372

사례 토지 관련 매입세액 중 매입세액공제가 되는 경우와 안 되는 경우 ···················372

사례 부동산 중개수수료의 매입세액공제 ···················373

사례 주차장 조성공사 및 진입도로 포장 공사 비용의 매입세액공제 ···················373

사례 진입도로공사 비용 등의 매입세액공제 ···················373

6. 사업자등록 전 매입세액 ···················374

7. 부가가치세 매입세액불공제 금액의 비용처리 ···················375

》 신용카드매출전표의 매입세액공제 요약 ···················376

》 홈택스에 등록된 신용카드 공제 여부 확인 후 수정(공제, 선택불공제, 당연불공제) ·······377

》 종합소득세 신고·납부 방법 ···················379

1. 사업소득 금액의 계산 방법 ···················381

└ 장부를 기록한 사업자의 소득금액(원칙) ···················381

└ 장부를 기록하지 않은 사업자의 소득금액(예외)(기준경비율, 단순경비율 적용대상자) 382

2. 종합소득세 신고 방법 ···················383

└ 기장에 의한 신고 방법 ···················383

└ 무기장에 의한 신고 방법 ·································385

3. 무기장 가산세 ···386

4. 종합소득세의 신고 · 납부와 환급 ···············388

》 법인세 신고·납부 방법 ·····························**389**

1. 익금산입 및 익금불산입 ·····························390

2. 손금산입 및 손금불산입 ·····························391

》 기업회계와 세무회계의 차이 ···················**393**

》 사업소득세와 법인세의 세법 차이 ············**396**

1. 수입이자와 수입배당금 ·····························396

2. 인건비 ···396

3. 대표이사(사장)에 대한 가지급금 인정이자 ···397

4. 유형자산의 처분 손익과 감가상각 시부인 ····397

5. 업무용 승용차 관련 비용 ·························398

6. 즉시상각의 의제 ··399

7. 기부금 공제율 ··399

8. 현물기부금 ···400

9. 충당금 ···400

10. 감가상각의제 적용 대상 ··························401

11. 기타 차이점 ··401

》 경비처리 시 점검 사항과 매입세액공제 ······**403**

1. 경비처리 할 때 꼭 점검할 사항 ················404

└ 경비지출의 업무 관련성 확인 ····················404

└ 경비지출에 대한 적격증빙 수취와 적격성 확인 ···404

└ 수입금액 매출누락 및 가공매입 점검 ········405

2. 주요 지출의 경비처리 ·······························405

3. 지출 사례별 매입세액공제 여부 판단 ········408

4. 세법상 한도가 정해져 있는 지출 ··············411

5. 대표자 상여 처분될 수 있는 주요 경비지출 ·············· 411

》 기업업무추진비(=접대비) 한도액 계산 ·············· **413**

제5장 법인카드 관리 매뉴얼

》 법인카드 관리와 사용할 때 주의할 점 ·············· **416**

1. 법인카드는 사용 규정을 만들어 사용하라 ·············· 416

2. 법인카드라고 무조건 인정해주지 않는다. ·············· 432

3. 법인카드 사적 지출액은 비용처리 하면 안 된다. ·············· 433

4. 법인카드 부정 사용에 주의하라 ·············· 434

  ∟ 법인카드의 부정 사용유형으로 인한 해고 ·············· 434

  ∟ 식대, 교통비, 주유비 등에 대한 법인카드 부정 사용 ·············· 434

  ∟ 유흥업소 등 제한 업소에 대한 법인카드 부정 사용 ·············· 434

  ∟ 법인카드 상품권 부정 구매 및 카드깡 의심 등 부정 사용 ·············· 435

  ∟ 법인 개별카드 부정 사용 ·············· 435

  ∟ 해외사용 ·············· 435

  ∟ 신용카드 매출전표 상의 상호와 실제 사용한 상호일치 여부 확인하기 ·············· 435

》 법인카드 사용 관련 입증자료가 필요한 경우 ·············· **437**

1. 법인카드 사용 규정 ·············· 437

2. 법인카드 사용 관련 입증자료가 필요한 경우 ·············· 437

3. 법인카드 사용 후 경비인정을 받지 못하면 발생하는 손해 ·············· 439

4. 임직원 개인 신용카드 사용분도 비용으로 인정받을 수 있나? ·············· 440

5. 법인카드 사적 지출액의 처리 ·············· 440

6. 세무조사 시 중점 관리 항목 법인카드 사용 내역 ·············· 441

➠ **법인카드로 상품권 구입 시 경비와 증빙 처리** ·· 442

1. 법인카드로 상품권을 못 살 이유는 없다. ···442

2. 상품권은 화폐대용증권으로 현금과 같다. ··443

3. 상품권의 회계처리 ··443

4. 상품권의 세무상 경비처리 ···444

5. 상품권 접대 시 주의할 사항 ··445

6. 상품권의 경비처리 ··446

ㄴ 상품권을 임직원에게 준 경우 ···447

ㄴ 상품권을 거래처에 준 경우 ··447

7. 상품권 경비처리와 관련한 증빙 관리 ··448

8. 세무조사 때 상품권에 대한 조사사항 ··449

➠ **주말 및 공휴일 법인카드 사용 시 주의할 내용** ·····························450

➠ **법인카드 포인트 회계처리** ···452

제6장 일용근로자 업무매뉴얼

➠ **세법상 일용근로자와 4대 보험 적용 일용근로자** ··························454

1. 세법에서 말하는 일용근로자 ··454

2. 4대 보험에서 말하는 일용근로자 ···455

➠ **일용근로자의 업무 체크포인트** ···457

➠ **일용근로자와 단시간 근로자의 4대 보험 적용** ····························461

1. 1개월 이상(= 1개월 동안) 월 8일 이상의 판단기준 ··························461

2. 국민연금 ···462

3. 건강보험 ···463

4. 고용보험과 산재보험 ···464

》》근로내용확인신고서 제출 ·· **465**

1. 일용근로자의 월별보험료 산정 ···465

2. 일용근로자의 보험료 정산 : 보수총액 신고 ·······························466

3. 근로내용확인신고서 제출 ··466

└ 근로내용확인신고 대상 일용근로자 ···466

└ 근로내용확인신고서 신고기한 ··467

└ 근로내용확인신고서 제출 방법 ··467

└ 근로내용확인신고서 작성 방법 ··468

└ 근로소득 지급명세서(국세청) 제출 면제 ·····································472

└ 근로내용확인신고 관련 과태료 ··472

└ 일용근로자 근로 내용 오류정정 신고 방법 ·······························472

4. 일용근로자 근로 내용 취소 신고 방법 ·······································473

5. 일용근로자 고용정보 확인 방법 ···473

사례 상용근로자(일반근로자)의 4대 보험 가입현황 확인 방법 ·········474

》》일용근로자 원천징수와 지급명세서 제출 ··· **475**

1. 일용근로자의 세금 계산 ··475

2. 일용근로자 지급명세서 제출 ···477

3. 일용근로자의 주휴일과 유급휴일 ···482

4. 일용근로자의 연차휴가와 연차수당 ···482

5. 일용근로자의 퇴직금 ··483

제7장 수습(인턴)근로자 업무매뉴얼

》》수습근로자 적용 규정과 수습기간 ·· **486**

》》수습기간 급여의 계산과 지급 ·· **487**

1. 월급 지급 ·· 487

2. 수습기간 중 70% 임금, 정당할까요? ······················· 488

3. 수습근로자의 급여 하한액 ·································· 488

》 수습기간 중 4대 보험과 연차수당 ······················· **490**

1. 수습기간 중 4대 보험 ·· 490

2. 수습기간의 연차휴가 ·· 491

》 수습기간의 연장 ·· **492**

1. 관련 규정 및 절차 준수 ···································· 492

2. 연장 후 해고(수습계약 해지) 시 30일 전 해고예고 ····· 493

3. 수습 기간 연장 후 해고 시 정당성 입증책임 부담 ··········· 493

4. 절차위반 시 해고 사유 존재 ····························· 493

5. 수습 연장 거절하면 마음대로 해고해도 되나? ·········· 493

6. 수습 연장 거절로 인한 해고 시 실업급여 ················· 495

》 수습기간 중 해고 통보와 해고예고 수당 ················· **496**

제8장

퇴사자 업무매뉴얼

》 퇴사 시 기본업무 흐름 ·· **498**

》 사직의 효력과 사직서 보류의 효력 ·························· **501**

1. 마지막 근무일과 퇴직(사직)일 ·························· 501

└ 마지막 근로일 ··· 501

└ 퇴직(사직)일 ·· 501

사례 이직일, 퇴사일, 자격상실일의 관계 ·················· 502

2. 합의에 의한 근로계약의 해약 ·························· 502

3. 사직서의 제출 ··· 502

4. 사직서를 수리하지 않을 때 퇴직의 효력 발생 시기 ┈┈┈┈┈┈┈┈502

사례 무단결근한 근로자의 퇴직일 ┈┈┈┈┈┈┈┈┈┈┈┈┈┈┈┈504

》 4대 보험 퇴직 정산 ┈┈┈┈┈┈┈┈┈┈┈┈┈┈┈┈┈┈┈┈┈┈┈**505**

1. 국민연금 퇴직정산 ┈┈┈┈┈┈┈┈┈┈┈┈┈┈┈┈┈┈┈┈┈┈┈505

2. 건강보험 퇴직정산 ┈┈┈┈┈┈┈┈┈┈┈┈┈┈┈┈┈┈┈┈┈┈┈506

└ 퇴직정산 방법 ┈┈┈┈┈┈┈┈┈┈┈┈┈┈┈┈┈┈┈┈┈┈┈┈┈506

└ 퇴직정산 신청과 확인 ┈┈┈┈┈┈┈┈┈┈┈┈┈┈┈┈┈┈┈┈┈507

3. 고용보험 퇴직 정산 ┈┈┈┈┈┈┈┈┈┈┈┈┈┈┈┈┈┈┈┈┈┈509

└ 퇴직정산 방법 ┈┈┈┈┈┈┈┈┈┈┈┈┈┈┈┈┈┈┈┈┈┈┈┈┈509

└ 고용 · 산재 퇴직정산 신고 방법 ┈┈┈┈┈┈┈┈┈┈┈┈┈┈┈510

4. 당월 입사 당월 퇴사자의 4대 보험 ┈┈┈┈┈┈┈┈┈┈┈┈┈511

》 중도 퇴사자 연말정산 ┈┈┈┈┈┈┈┈┈┈┈┈┈┈┈┈┈┈┈┈┈┈**513**

1. 재취업 후 중도 퇴사 시 연말정산 ┈┈┈┈┈┈┈┈┈┈┈┈┈┈513

2. 재취업이 아니고 현 근무지밖에 없는 경우 ┈┈┈┈┈┈┈┈514

3. 중도 퇴사자 원천징수이행상황신고서 작성 방법 ┈┈┈┈515

4. 중도 퇴사자 지급명세서 제출 방법 ┈┈┈┈┈┈┈┈┈┈┈┈517

5. 12월 31일 퇴사자의 연말정산 ┈┈┈┈┈┈┈┈┈┈┈┈┈┈┈518

6. 퇴사자의 근로소득 원천징수영수증 확인 및 발급 방법 ┈┈518

》 연차휴가의 퇴직정산과 연차소진 ┈┈┈┈┈┈┈┈┈┈┈┈┈┈**520**

1. 연차휴가의 퇴직 정산기준 ┈┈┈┈┈┈┈┈┈┈┈┈┈┈┈┈┈520

2. 연차휴가의 퇴직 정산 공식 ┈┈┈┈┈┈┈┈┈┈┈┈┈┈┈┈┈521

3. 남은 연차에 대한 보상 ┈┈┈┈┈┈┈┈┈┈┈┈┈┈┈┈┈┈┈522

└ 남은 연차에 대한 보상방법 ┈┈┈┈┈┈┈┈┈┈┈┈┈┈┈┈522

└ 연차수당의 계산 방법 ┈┈┈┈┈┈┈┈┈┈┈┈┈┈┈┈┈┈┈522

4. 연차수당의 근로소득세 ┈┈┈┈┈┈┈┈┈┈┈┈┈┈┈┈┈┈┈524

└ 정상적인 연차수당의 신고 ┈┈┈┈┈┈┈┈┈┈┈┈┈┈┈┈524

└ 연차수당을 빼고 중도 퇴사자 연말정산을 한 경우 ┈┈┈524

5. 연차수당의 퇴직금과 퇴직연금 ·· 525
└ 퇴직금 및 DB형 퇴직연금제도 ·· 525
└ DC형 퇴직연금제 ·· 526

》 퇴사자 주휴수당 정산 ·· **527**
1. 금요일이 마지막 근무일인 경우 주휴수당 ···································· 527
2. 토요일이 마지막 근무일인 경우 주휴수당 ···································· 528

》 퇴직금과 퇴직연금 지급 절차 ·· **530**
1. 퇴직금의 지급 ·· 530
2. 퇴직연금의 지급 절차 ·· 530
└ 근로자가 퇴직 전 금융회사를 선택하여 IRP에 가입 ···················· 531
└ 근로자가 퇴직 시까지 IRP에 가입하지 않은 경우 ······················ 531
3. 퇴직연금의 지급신청 시 첨부서류 ·· 532
└ DB형 퇴직연금 지급신청 시 구비서류 ·· 532
└ DC형 퇴직연금 지급신청 시 구비서류 ·· 533

》 이직확인서 작성과 실업급여 ·· **534**
1. 피보험단위기간 180일의 계산 ·· 534
2. 이직일과 상실 사유 구분 코드 ·· 535
3. 이직확인서의 작성 방법 ·· 536
└ 피보험단위기간 산정대상기간(②) ·· 536
└ 보수지급 기초일수(③) ·· 536
└ 임금계산기간(⑤)과 총일수(⑥) ·· 538
└ 임금내역(⑦)(1일 통상임금, 1일 기준보수, 1일 소정근로시간, 초단시간 근로일수) ············ 538

》 경력증명서 발급 ·· **541**
1. 경력증명서 발급 ·· 541
2. 원하지 않는 내용 삭제 ·· 541

》 정년 퇴직자의 촉탁직 근로자 채용 ·· **544**

1. 계약갱신과 연장 ··· 546

2. 촉탁직 고용 의무 ······································· 546

3. 촉탁직의 연차휴가 ····································· 547

4. 촉탁직의 퇴직금 ······································· 547

5. 촉탁직의 실업급여 ····································· 548

6. 촉탁직의 4대 보험 ····································· 548

제9장 입사자 업무매뉴얼

≫ 입사자 업무 요약 ·· 550

≫ 신입사원의 4대 보험 ····································· 552

1. 4대 보험 가입 대상과 제외 대상 ················· 552

2. 신입사원 4대 보험 취득 신고 ···················· 554

└ 사업개시일 전에 입사한 근로자의 4대 보험 취득 ······· 554

└ 4대 보험 취득 신고 ································· 554

3. 급여에서 공제하는 4대 보험 ····················· 554

4. 보수월액신고 ··· 555

5. 수습사원의 보수월액신고 ·························· 556

≫ 입사자의 일급 계산과 연차휴가, 주휴수당 ·········· 557

1. 입사자의 급여 일급 계산 ·························· 557

2. 연차휴가 계산 공식 ································· 558

3. 입사자의 주휴수당 ································· 561

≫ 입사일과 퇴사일에 따른 4대 보험 업무 차이 ········· 562

1. 입사자 ··· 562

2. 퇴사자 ··· 563

3. 고용보험 계산 ·· 564

제10장 **세무조사 업무매뉴얼**

≫ 세무조사 최소한 이것은 알고 대비하자 ···················· **566**

1. 세무조사 대상의 선정 ·· 566
2. 정기조사와 비정기조사의 구분 ································ 567
3. 세무조사 대비 방법 ·· 567
4. 세무조사 착수 전 조사관의 조사 방법 ····················· 568

≫ 세무조사 나오면 반드시 점검하는 경비지출 ············ **571**

≫ 세무조사에 대비해 평소에 챙겨야 할 15가지 ········· **574**

1. 증빙서류의 철저 ·· 574
2. 기업업무추진비는 카드로 ······································ 574
3. 통장의 분리 사용 ·· 574
4. 가공거래(매출누락이나 가공원가가 없도록)는 하지 않는다. ······· 575
5. 분납이나 납기 연장 등 세무상 제도 활용 ················· 575
6. 통상적인 형태를 벗어난 거래 관리 ························· 576
7. 전표 관리 등 장부 관리 ·· 576
8. 최소한의 장부기장 ··· 576
9. 4대 보험과 근로소득세 신고자료 일치, 가족의 인건비 관리 ······· 576
10. 국세 관련 업무 수시 체크 ···································· 577
11. 법인이 사용, 소비하는 것은 모두 법인명의로 ··········· 577
12. 법인과 임직원의 구분을 명확히 ···························· 577
13. 부동산 및 주식의 취득, 양도 ································ 578
14. 기간이나 기한에 유의 ··· 578

15. 각종 규정 비치 ·· 578

제11장 비영업대금이자 가지급금과 가수금 업무매뉴얼

》》 사장님이 말없이 가져가는 돈과 갖다주는 돈은 어떻게 처리하나? ··············· **580**

1. 회사 운영자금으로 사장님 개인 돈을 일시 빌린 경우 ·············· 580

2. 사장님이 개인 돈으로 외상 대금을 결제 ······················· 580

3. 사장님 개인적 비용지출액 ································· 581

사례 가지급금에 대한 세무상 불이익 ··························· 582

1. 가지급금 인정이자 익금산입(수익처리) ······················ 582

2. 가지급금 인정이자는 대표자에게 지급한 상여(근로소득세 원천징수) ········· 582

3. 지급이자 손금불산입(비용 불인정) ························· 583

4. 가지급금에 대해서는 대손충당금 설정이 불가능하다. ················ 583

5. 기타 세무상 불이익 ···································· 584

》》 가지급금의 발생 원인과 장부기장 문제점 ····················· **585**

1. 가지급금의 발생원인 ··································· 585

2. 가지급금에 해당하는 계정과목 ····························· 585

3. 장부기장 실무 ····································· 586

4. 가지급금이 가져오는 문제점 ······························ 587

5. 가지급금에 관련된 기장 실무 문제사례 ······················· 588

6. 가지급금을 일반적으로 감추는 행위 ························· 589

》》 가지급금 인정이자를 계산해야 하는 거래 ····················· **591**

1. 특수관계자에게 금전을 무상 또는 낮은 이율로 대여 ················ 591

2. 매출채권의 지연회수, 매입채무의 조기 지급 ····················· 591

3. 특수관계자의 채무를 대위변제하는 경우 ······················ 592

4. 관계회사 기업어음·후순위채권을 매입한 경우 ·············593
5. 특정금전신탁을 이용한 자금대여의 경우 ·············593
6. 변형된 소비대차계약에 의한 자금대여의 경우 ·············594
7. 담보제공을 이용한 자금대여의 경우 ·············594
8. 비현실적 퇴직에 대한 퇴직금 ·············595
9. 이자 수취 시기 지연의 경우 ·············595

》 가지급금 인정이자 계산 대상이 아닌 거래 ·············**596**

》 가지급금과 가수금의 처리 ·············**598**
1. 가지급금과 가수금의 회계 장부상 처리 ·············598
2. 가지급금의 회계와 세무 상식 ·············598
3. 가지급금 즉 세법상 대표자 상여 처분될 수 있는 주요 지출 ·············599
4. 가지급금에 대한 세금 처리 ·············600
5. 가수금에 대한 세금 처리 ·············601
  └ 개인(또는 다른 법인)에게 금전 차입 시 업무처리 ·············601
  └ 가수금에 대한 이자 지급 시 업무처리 ·············602
6. 대표이사 변경 시 전 대표이사 가지급금 승계 ·············602
7. 폐업해도 끝까지 따라다니는 가지급금 ·············603

》 가지급금 인정이자 계산과 지급이자 손금불산입 ·············**606**
1. 인정이자 익금산입 ·············606
  └ 가지급금 적수 ·············606
  └ 시가인 이자율 ·············607
2. 지급이자 손금불산입 ·············609

》 가지급금 인정이자에 대한 세무 처리 ·············**611**
1. 법인이 법인(개인)에게 자금을 빌리는 경우 확인 사항 ·············611
2. 법인과 대표이사 간에 약정이 있는 경우 ·············613
  └ 세무조정 ·············613
  └ 원천징수 문제(근로소득 아니고 이자소득) ·············614

└ 약정에 의한 이자 지급일에 이자를 받은 경우 ·······································614

└ 약정에 의한 이자 지급일에 이자를 받지 않은 때 : 1년 안에 인정이자를 대표이사

　　개인 통장에서 법인통장으로 입금한 경우 ·································614

└ 약정에 의한 이자 지급일에 이자를 받지 않은 때 : 1년 안에 인정이자를 대표이사

　　개인 통장에서 법인통장으로 입금하지 않는 경우 ·······················615

└ 업무 처리할 때 판단 ···616

3. 법인과 대표이사 간에 약정이 없는 경우 ···617

└ 세무조정 ···617

└ 원천징수 문제(이자소득 아니고 근로소득) ·····································618

└ 상여처분된 금액을 회사가 대납한 경우 ···619

└ 소득의 귀속자가 분명한 경우 ···619

└ 소득의 귀속자가 불분명하여 대표자 상여 처분한 경우 ·····················619

4. 이자소득 원천징수를 면제받는 경우 ···620

5. 가지급금 인정이자에 대한 세금 신고 방법 정리 ································620

└ 약정이 있는 경우(미수수익/이자수익) : 이자소득으로 본다. ···············620

└ 약정이 없는 경우 : 근로소득으로 본다. ···621

　사례　가지급금 인정이자 계상을 누락하는 경우 세무상 불이익 ···············621

≫ 비영업대금의 원천징수(금융기관을 제외한 거래, 특수관계자와 거래 아님) ·········622

1. 비영업대금의 이익 개념 ···622

└ 비영업대금의 이익과 금융업의 구분 ···622

└ 비영업대금의 이익의 총수입금액 계산 ···623

2. 원천징수 대상 제외소득 ···623

└ 법인세 원천징수 대상 제외소득(법인세법 시행령 제111조) ···············623

└ 소득세 원천징수 대상 제외소득(소득세법 154조, 155조) ···················624

3. 원천징수 하는 방법 ···624

4. 원천징수 세액에 대한 신고 방법 ···624

└ 거주자에게 비영업대금의 이익을 지급하여 소득세를 원천징수 하는 경우 ·······624

└ 내국법인에게 비영업대금의 이익을 지급하여 법인세를 원천징수 하는 경우 ····625

5. 사례별 이자소득 원천징수 방법 ·······································626

└ 개인이 개인에게 이자지급 시 원천징수 ····························626

└ 개인이 법인에게 이자지급 시 원천징수 ····························627

(개인이 직접 원천징수 신고를 하는 경우) ···························628

(법인에게 위임계약을 한 경우) ·······································628

└ 법인이 법인에게 이자지급시 원천징수 ····························629

(원천징수 신고 방법) ··629

(특수관계자 법인 간 자금대여) ······································629

└ 법인이 금융기관에 이자지급 시 원천징수 ·······················630

└ 대부업에 대한 원천징수 ··631

└ SPC에 대한 원천징수 ···632

➤➤ 가지급금의 해결방안 ··**633**

1. 가지급금의 소멸과 승계 ··633

└ 특수관계의 소멸과 가지급금의 처리 ······························633

└ 가지급금의 승계 ··633

2. 가지급금의 해결방안 ···634

└ 급여 상여, 퇴직금을 통한 상환 ·····································634

└ 가지급금과 가수금의 상계 ··635

└ 개인 자산 매각 ···635

└ 특허권 양수도 ··636

└ 자기주식 취득 ··636

└ 이익잉여금 배당 ··636

제12장 대표이사, 3.3% 근로자, 가족회사 업무매뉴얼

» **대표이사 업무매뉴얼** ·· **638**

1. 임원 보수에 대한 상법상 고려사항 ······························· 638
2. 대표이사 급여의 경비처리 ····································· 639
3. 대표이사 자가운전보조금 ····································· 640
4. 법인 소유 아파트에 대표이사가 사적으로 사는 경우 ················· 641
   ┗ 출자임원에 사택 무상 임대 시 부당행위 해당 여부 ··············· 641
   ┗ 출자임원에게 사택 무상제공 시 법인세법상 처리 ················ 642
   ┗ 세무조정 사례 ··· 643
5. 대표이사 대학원 등록금과 원우회비 ··························· 644
   ┗ 대표이사 대학원 등록금 ··································· 644
   ┗ 대표이사 원우회비 ··· 644
6. 대표이사에 대한 경조사비 회계처리 ··························· 645
7. 골프장 및 콘도 이용요금 회사 대납액 ························· 645
8. 골프회원권이나 콘도 회원권 구입비용 ························· 646
   ┗ 골프 이용요금 ··· 646
   ┗ 콘도 이용요금 ··· 646
   ┗ 캐디피 지급 비용 ··· 647
9. 회사자금을 대표자 명의로 대출받은 때 ························· 647
10. 세무조사에 의한 대표자 인정상여 ····························· 648
11. 대표이사 차량을 법인에 매각 ································· 649
    ┗ 대표이사 차량을 고가 매입 ································· 649
    ┗ 법인차량을 대표이사에게 무상 이전 ························· 649
    ┗ 차량(중고차)의 시가 판단 ································· 650

» 무보수 대표이사(장단점, 4대 보험, 퇴직금, 상여금, 법인카드 사용, 절세전략) **업무매뉴얼** ·· 652

1. 무보수 대표이사의 장단점 ···652
└ 사업이 부진한 경우 임원 보수에 대한 세무 처리 ·······················653
└ 법인이 임원에게 보수를 지급할 때 몇 가지 유의해야 할 사항이 있다. ··········653
2. 무보수 대표이사 4대 보험 ··654
3. 무보수 대표이사의 퇴직금 및 퇴직소득세 ······························658
4. 무보수 대표이사의 상여금 ···660
└ 무보수 대표이사가 상여를 받을 때 문제 ·································660
└ 무보수 대표이사가 상여를 사업소득으로 신고하는 경우 ············660
5. 무보수 대표이사의 세금 신고 ···660
└ 무보수 대표이사의 업무추진비(법인카드 사용액) ·····················661
└ 무보수가 절세전략 상 유리한가? ···661

» 가족회사 **업무매뉴얼** ··· **662**

1. 가족회사의 상시근로자 수 계산 ···662
└ 가족회사 직원 1명 상시근로자 수 ···662
└ 상시근로자에 대표의 가족도 포함이 되나요? ···························663
2. 4대 보험 업무처리 ···664
└ 사업주와 동거하고 있는 친족의 경우 ·······································664
└ 사업주와 동거하지 않는 친족의 경우 ·······································664
└ 근로관계 확인 자료(입증자료) 예시 ···664
└ 근로내역확인신고 ··665
└ 대표이사 및 친족의 보수총액 신고 ··665
3. 세무 업무처리 ···665
4. 증빙 업무처리 ···667
5. 업무용 승용차 관련 비용 업무처리 ···668
└ 특례 적용 내용 ···668
└ 특정 법인 ··668

6. 가족회사 자녀 배우자의 육아휴직 ┄┄┄┄┄┄┄┄┄┄┄┄┄┄┄┄┄┄┄┄┄668

사례 업무용 승용차를 회계상으로는 정률법 상각을 한 경우 세무조정 ┄┄┄┄┄┄669

≫ **3.3% 근로자 업무매뉴얼** ┄┄┄┄┄┄┄┄┄┄┄┄┄┄┄┄┄┄┄┄┄┄┄┄┄┄┄**670**

1. 3.3% 근로자의 세금 처리 ┄┄┄┄┄┄┄┄┄┄┄┄┄┄┄┄┄┄┄┄┄┄┄┄┄┄┄670

∟ 3.3% 직원에게 제공하는 비과세나 복리후생비 처리 ┄┄┄┄┄┄┄┄┄┄┄671

∟ 프리랜서에게 제공하는 기숙사 임차료 ┄┄┄┄┄┄┄┄┄┄┄┄┄┄┄┄┄┄671

∟ 3.3% 프리랜서 직원의 식사비용 처리 방법 ┄┄┄┄┄┄┄┄┄┄┄┄┄┄┄671

∟ 3.3% 근로자의 연말정산 ┄┄┄┄┄┄┄┄┄┄┄┄┄┄┄┄┄┄┄┄┄┄┄┄┄┄672

∟ 프리랜서 직원 개인카드 사용분 ┄┄┄┄┄┄┄┄┄┄┄┄┄┄┄┄┄┄┄┄┄┄672

2. 4대 보험 폭탄주의(사업주 폭탄) ┄┄┄┄┄┄┄┄┄┄┄┄┄┄┄┄┄┄┄┄┄┄673

3. 세금 폭탄주의(근로자 폭탄) ┄┄┄┄┄┄┄┄┄┄┄┄┄┄┄┄┄┄┄┄┄┄┄┄┄673

4. 3.3% 사업소득자로 계약하는 경우 ┄┄┄┄┄┄┄┄┄┄┄┄┄┄┄┄┄┄┄674

5. 퇴직금을 지급하는 경우 세금 신고 ┄┄┄┄┄┄┄┄┄┄┄┄┄┄┄┄┄┄┄676

제13장 포괄 임금 업무매뉴얼

≫ **포괄 임금으로 인정되기 위한 요건** ┄┄┄┄┄┄┄┄┄┄┄┄┄┄┄┄┄┄┄**678**

≫ **포괄 임금 계약서의 작성 방법** ┄┄┄┄┄┄┄┄┄┄┄┄┄┄┄┄┄┄┄┄┄**679**

≫ **포괄 임금에서 시급 계산 시급으로 포괄 임금 구성** ┄┄┄┄┄┄┄┄**682**

1. 시급을 활용한 주급, 월급 계산 ┄┄┄┄┄┄┄┄┄┄┄┄┄┄┄┄┄┄┄┄┄┄682

∟ 시급을 하루 급여로 바꾸자 ┄┄┄┄┄┄┄┄┄┄┄┄┄┄┄┄┄┄┄┄┄┄┄┄682

∟ 하루 급여를 1주 급여로 바꾸자 ┄┄┄┄┄┄┄┄┄┄┄┄┄┄┄┄┄┄┄┄┄┄682

∟ 1주 급여를 한 달 급여로 바꾸자 ┄┄┄┄┄┄┄┄┄┄┄┄┄┄┄┄┄┄┄┄┄683

∟ 1달 월급에 매주 토요일 연장근로 8시간과 일요일 휴일근로 4시간을 넣은 월급 683

2. 포괄임금으로 시급 계산하기 ·· 683

└ 포괄임금 책정의 기준이 되는 시간 계산 ····················· 683

└ 포괄임금 기준 시급 구하기 ·· 684

└ 기본급과 수당으로 나누기 ·· 684

3. 포괄 임금에서 통상임금과 시간외수당 환산 ····················· 684

4. 포괄 임금을 기준으로 시급 계산하기 ····························· 685

≫ 포괄임금제에서 살펴볼 임금 문제 ·································· **687**

1. 연장근로시간에 휴일근로시간과 야간근로시간도 포함되나? ····· 687

2. 포괄임금제 조퇴·결근 시 임금 공제 ····························· 687

3. 연차휴가 사용에 따른 시간외근로수당 차감 ····················· 688

4. 포괄임금제 하에서 육아기 근로시간 단축 시 급여 계산 ·········· 689

제14장

폐업 업무매뉴얼

≫ 양수도 세무 처리 절차 ·· **692**

1. 양도한 개인사업자의 마무리 세무 처리 ·························· 692

2. 양수한 개인사업자의 마무리 세무 처리 ·························· 692

└ 권리금에 대한 원천징수 ··· 692

└ 영업권 감가상각 ·· 693

└ 중고자산 감가상각 ·· 693

└ 재고자산의 가액 ·· 693

≫ 폐업 시 업무 마무리 ··· **694**

1. 30일 전 해고예고 ··· 694

사례 해고예고가 필요 없는 경우 ···································· 695

2. 4대 보험 사업장 탈퇴 신고 ······································· 695

3. 4대 보험 근로자 상실 신고 ……………………………………………697

4. 4대 보험 실업급여 ……………………………………………………697

사례 사업주가 4대 보험료를 체불한 경우 …………………………698

5. 급여 정산 ………………………………………………………………699

└ 연차수당과 주휴수당 지급 …………………………………………699

└ 근로소득세 중도퇴사자 연말정산 …………………………………699

6. 퇴직금과 퇴직연금 ……………………………………………………701

7. 세금 업무 마무리 ………………………………………………………702

└ 폐업 신고는 필수사항이다. ………………………………………702

└ 사업자 폐업 후 세금계산서 발급과 매입세액공제 ……………703

└ 부가가치세, 소득세(법인세) 신고 및 납부 ……………………705

사례 폐업 시 잔존재화라도 부가가치세가 과세되지 않는 경우 …707

사례 전업 · 폐업 시 절세 포인트 ……………………………………707

사례 폐업 시 잔존재화를 타인에게 무상으로 주는 경우 ………707

└ 종합소득세 또는 법인세 신고 및 납부 …………………………708

└ 지급명세서 제출 ……………………………………………………709

▶▶ **개인사업자 폐업 절차** …………………………………………… **710**

1. 국세청에 사업자등록 폐업 신고 …………………………………710

2. 부가가치세의 폐업 확정신고 · 납부 ……………………………710

3. 원천세 신고 및 지급명세서 제출 …………………………………711

4. 국민연금, 건강보험공단에 폐업 사실 알리기 …………………712

5. 종합소득세 신고 · 납부 ……………………………………………712

6. 면세사업자 사업장현황신고 ………………………………………712

7. 반드시 폐업 신고 절차는 꼭 지킨다. ……………………………713

사례 폐업 부가가치세 신고 시 기간 표시와 예정/확정 표시 …713

▶▶ **법인 폐업, 해산, 청산 업무매뉴얼** ……………………… **714**

1. 법인사업자의 폐업 신고 ·······················714

└ 법인사업자의 폐업 신고 방법 ·················714

└ 법인 폐업 신고와 세금신고 ···················714

└ 법인 폐업 시 법인세 신고 ····················716

2. 법인해산과 청산 ····························716

└ 해산과 청산 방법 ····························716

사례 휴면법인의 해산 간주와 영업재개 ··········717

└ 해산 및 청산 과정에서 내야 하는 세금 ········718

3. 청산법인의 세금 환급금 발생 ················718

제15장 출장비 업무매뉴얼

≫ 출장업무 프로세스 ····························720

≫ 출장 시 근로시간 산정 ·······················721

≫ 개인차량 업무용 이용 시 유류비(여비 지급) 지원기준 ···723

1. 유류비 보조금 계산 ···························723

2. 유류비 지원 규정을 회사 임의로 삭제하는 경우 ····724

≫ 국내 및 국외 출장비와 해외 연수비 업무매뉴얼 ·······725

1. 국내 출장비의 증빙 처리 ·····················726

2. 국외 출장비의 회계처리 ·····················727

사례 해외 출장경비를 정산할 때 회계처리 유의 사항 ····728

3. 국외 출장비의 증빙 처리 ·····················728

└ 법인카드 사용 시 ····························729

└ 개인카드 사용 시 ····························729

└ 현금을 인출하여 사용 시 ·····················729

사례 해외 출장경비처리 시 세무와 회계 유의할 사항 ·····729

└ 항공료에 대한 법정지출증빙 ···729

└ 여행사 등에 지급하는 경비 증빙처리 ······································730

└ 해외 기업업무추진비(= 접대비)에 대한 법정지출증빙 ···············730

└ 항목별 법정지출증빙 ··733

사례 남은 출장비에 대한 증빙이 없으면 개인상여로 보아 원천징수 ·········734

사례 정형화된 여행상품(팩키지 상품)을 이용하는 경우 법정지출증빙 ········734

사례 증빙을 첨부하지 않은 해외 출장비의 처리 방법 ···························735

사례 비자발급 수수료의 법정지출증빙(외국대사관) ·····························735

사례 파견직원 출장여비 지급 시 법정지출증빙 ································735

사례 사례금 조로 지급한 교통비의 처리 방법 ·······························735

사례 고용 관계없는 자에게 지급하는 교통비의 처리 방법 ···············736

사례 렌트카 비용의 법정지출증빙 ··736

사례 임원의 실비변상적 교통비 이상의 거마비의 처리 방법 ············736

사례 직원들에게 지급하는 출퇴근비용의 처리 방법 ·······················736

사례 KTX를 타고 지방 출장을 가는 경우 첨부해야 하는 법정지출증빙 ·····736

사례 업무와 관련해서 거래처 방문 시 택시를 이용하는 경우 법정지출증빙 ········737

4. 해외 연수비용의 증빙 처리 ···737

≫ 직원의 직원발령 및 해외 발령에 따른 여비 지원금과 비과세 처리 ··············739

1. 근무지 이동에 따라 직원에게 지급한 이사비용 ··························739

└ 직원의 이사비용에 대한 법인세법상의 처리 방법 ······················739

└ 이사비용 지원 금액의 소득세법상 처리 방법 ···························740

2. 해외 근무에 대한 귀국 휴가 여비 ··740

3. 벽지 근무 수당의 비과세 ···741

4. 해외 근무 수당의 비과세 ···741

제16장 임원 업무매뉴얼

상법상 이사(임원)에 관한 규정 ········· **744**

1. 주주총회에서 선임하는 등기이사 ········· 744

2. 상법상 등기이사의 종류 ········· 745

3. 임원에 대한 등기 ········· 746

└ 취임등기 ········· 746

└ 중임등기 ········· 747

└ 퇴임등기 ········· 748

└ 임원 변경등기 방법 ········· 749

4. 이사의 임기와 보수 ········· 749

5. 비등기이사 ········· 751

6. 등기이사와 비등기이사의 차이점 ········· 751

7. 실무상 명칭은 임원 ········· 752

세법상 이사(임원)에 관한 규정 ········· **754**

1. 세법상 임원의 범위 ········· 754

2. 임원 보수지급 규정의 중요성 ········· 754

└ 보수 한도 ········· 755

3. 임원의 인건비 처리 시 주의할 사항 ········· 756

└ 급여와 관련해서 주의할 사항 ········· 756

└ 상여금 지급과 관련해서 주의사항 ········· 757

└ 퇴직급여 지급과 관련해서 주의사항 ········· 757

└ 기타 주의사항 ········· 757

4. 대표이사 급여의 경비인정범위 ········· 758

5. 임원의 급여 ········· 759

└ 임원 급여에 포함되는 항목 ································· 759

└ 임원 급여의 비용인정 요건 ······························· 759

└ 세무조정 ··· 760

6. 임원의 상여금 ··· 760

7. 임원의 퇴직금 ··· 761

사례 임원 퇴직금 한도 초과액의 원천징수이행상황신고서 작성법 ········· 761

》 임원으로 승진 시 4대 보험과 퇴직금 ·············· **763**

1. 4대 보험처리 ·· 763

2. 퇴직금 처리 ··· 764

》 이사의 4대 보험 적용 ································· **765**

1. 등기임원 ··· 765

2. 비등기임원 ·· 766

3. 사외이사 등 비상근 임원(이사, 감사) ················ 767

제17장 경조사 매뉴얼

》 경조사 관련 노동법 ································· **770**

1. 경조사 일에 주말이 포함된 경우 일수 계산 ········· 770

2. 경조사 휴가 대상자의 범위 ······························ 770

3. 회사에서 상조회비를 임의로 공제 ······················ 771

4. 법률상 경조 휴가의 성격 ································· 771

5. 경조 휴가 시 휴일 또는 공휴일을 포함해서 날짜 계산을 하나요? ······· 772

》 경조사비의 증빙 처리 ······························· **774**

1. 내부직원의 경조사비 처리 방법 ························· 774

2. 외부거래처의 경조사비 처리 방법 ······················ 774

3. 팀 예산으로 추가로 경조사비를 지급하는 경우 ┄┄┄┄┄┄┄┄┄┄┄┄┄┄┄┄ 775

4. 대표이사 개인이 부담할 경조사비를 회사가 부담한 경우 ┄┄┄┄┄┄┄┄┄┄┄ 776

5. 상조회를 통한 경조사비 지출증빙 ┄┄┄┄┄┄┄┄┄┄┄┄┄┄┄┄┄┄┄┄┄┄┄┄ 776

제18장 세무사사무실 사용자 매뉴얼

≫ 세무사사무실에서 일반적으로 해주는 업무 ┄┄┄┄┄┄┄┄┄┄┄┄┄┄┄┄┄ **778**

1. 장부기장 및 재무제표 작성 ┄┄┄┄┄┄┄┄┄┄┄┄┄┄┄┄┄┄┄┄┄┄┄┄┄┄┄ 778

2. 부가가치세 신고 대행 ┄┄┄┄┄┄┄┄┄┄┄┄┄┄┄┄┄┄┄┄┄┄┄┄┄┄┄┄┄┄ 778

3. 급여 및 4대 보험 신고(급여 계산 업무는 안 함) ┄┄┄┄┄┄┄┄┄┄┄┄┄┄ 779

4. 법인세 및 종합소득세 세무조정 ┄┄┄┄┄┄┄┄┄┄┄┄┄┄┄┄┄┄┄┄┄┄┄┄ 779

5. 신규사업 개시 지원 ┄┄┄┄┄┄┄┄┄┄┄┄┄┄┄┄┄┄┄┄┄┄┄┄┄┄┄┄┄┄┄ 780

6. 기타업무 ┄┄┄┄┄┄┄┄┄┄┄┄┄┄┄┄┄┄┄┄┄┄┄┄┄┄┄┄┄┄┄┄┄┄┄┄ 780

7. 월 이용료에 포함되지 않아 별도로 과금하는 업무 ┄┄┄┄┄┄┄┄┄┄┄┄┄ 780

7. 월 이용료에 포함되지 않아 별도로 과금하는 업무 ┄┄┄┄┄┄┄┄┄┄┄┄┄ 780

≫ 세무사사무실 맡겨도 직접 해야 하는 업무 ┄┄┄┄┄┄┄┄┄┄┄┄┄┄┄┄ **781**

1. 직접 해야 하는 업무 ┄┄┄┄┄┄┄┄┄┄┄┄┄┄┄┄┄┄┄┄┄┄┄┄┄┄┄┄┄┄ 781

2. 꼭 챙겨야 하는 증빙 ┄┄┄┄┄┄┄┄┄┄┄┄┄┄┄┄┄┄┄┄┄┄┄┄┄┄┄┄┄┄ 782

3. 세무사사무실을 옮기는 경우 참고사항 ┄┄┄┄┄┄┄┄┄┄┄┄┄┄┄┄┄┄┄ 783

제1장

경리회계
업무매뉴얼

경리의 일일, 월별, 연간 업무의 흐름

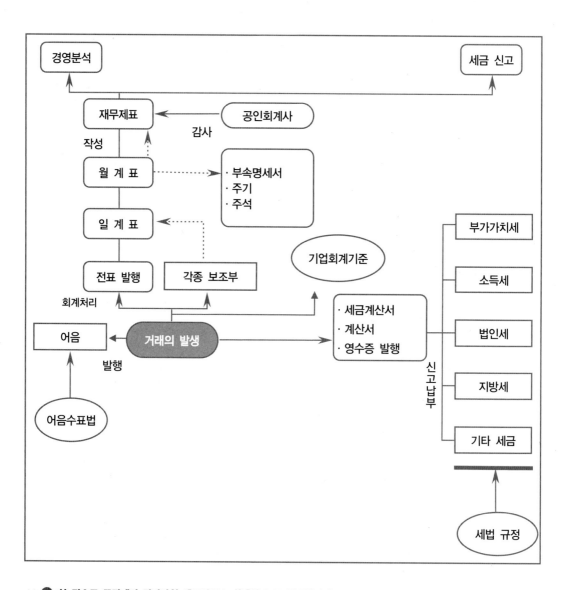

구 분	내 용	
일일 업무	• 분개	• 전표 · 분개장 · 일계표 작성
	• 총계정원장 작성	• 보조부 작성
	• 실제액과 장부상 잔액의 비교	• 수표 · 어음의 발행 · 결제 · 회수
	• 현금의 예입이나 인출	• 납품서, 주문서, 거래명세서 작성
	• 일일 자금조달계획	• 기타 장부의 작성
월별 업무	• 월말 결산(월계표 작성 등)	• 매출 대금 회수
	• 매입처에 대한 지급 준비	• 급여 계산 및 지급
	• 원천징수 세액 신고 · 납부	• 원가계산 · 분석
	• 월 자금 조달계획	• 4대 보험 취득 · 상실 · 정산
연별 업무	• 결산	• 연말정산(4대 보험 연말정산 포함)
	• 경영분석	• 회계감사
	• 납세 준비(법인세, 소득세)	• 차년도 준비

경리직원의 관리영역은 생각보다 넓고 크다. 장부를 통한 관리영역은 대략 다음과 같은 것이 있다.

⊙ 계정별 관리 : 일계표, 월계표, 총계정 원장 등을 포함한 모든 계정에 대한 계정별 원장, 합계잔액시산표 관리

⊙ 거래처 관리 : 거래처별 매출, 매입, 미수, 미지급 현황 관리

⊙ 카드관리 : 카드별 사용 내역과 미결제 관리

⊙ 통장관리 : 통장별 입출금 내역과 잔고관리, 일일자금수지일보

⊙ 재무제표 관리 : 재무상태표, 손익계산서, 현금흐름표 등 재무제표의 기간별 및 전기비교식 관리

⊙ 사업부 및 프로젝트 관리 : 사업부와 프로젝트별 실적관리, 사업부와 프로젝트별 재무제표 관리, 사업부와 프로젝트별 현금흐름관리

⊙ 급여관리 : 급여명세서와 급여대장을 포함한 4대 보험 및 급여관리

⊙ 재고수불관리 : 원재료, 제품, 상품 등 재고자산에 대한 품목별 수불관리

⊙ 원가관리 : 재고자산별 원가관리, 제조원가보고서, 공사원가보고서, 용역원가보고서 관리

◎ 부가가치세 관리 : 세금계산서 관리, 신용카드 매출전표 등 수령금액합계표 관리, 부가가치세 신고서 관리, 전산 매체를 통한 부가가치세 자동 신고

◎ 종합소득세, 법인세 관리 : 종합소득세와 법인세 신고를 위한 표준대차대조표, 표준손익계산서, 합계 표준대차대조표, 표준 합계잔액시산표 등 관리

◎ 자금흐름 관리 : 현금흐름(직접법 현금흐름표) 관리, 기간별 및 전기 대비 활동별 현금흐름 관리

◎ 활동 원가관리 : 활동기준원가관리(ABC), 활동자별 원가관리, 활동별 원가관리

◎ 기업가치 관리 : 현금흐름 - 기업가치(EVA) - 당기순이익 비교 관리(CVP 관리)

이들은 모두 회계프로그램(ERP 프로그램)을 통해서 제공되므로 회계프로그램의 성능에 따라 경리담당자의 관리능력이 좌우된다.

경리담당자가 단지 장부 정리 담당자로 만족한다면 계정별 관리에서 원가관리까지만으로도 충분하겠지만 절세를 위한 세무 정보와 기업에서 가장 중요한 재무 정보 담당자가 되고자 한다면 부가가치세 관리에서 기업가치 관리, 특히 현금흐름 정보가 필요하다. 또한, 중소기업의 경우 직원과 사장과의 법률상 문제를 해결하기 위한 근로기준법 등 노동법의 기본지식도 가지고 있어야 한다.

경리는
매일매일 무슨 일을 해야 하나?

다음은 관리체계가 시스템화되지 않은 중소기업의 경리업무에서 하루의 일과를 마감할 때 지켜야 할 내용들을 정리한 것으로, 회사들의 업종이나 관행에 따라서 다를 수 있다.

잔액을 맞춘다.

경리의 핵심은 '잔액 맞추기'라고 해도 과언이 아니다.

현금출납부 상의 잔액이 실제 현금 잔액과 일치해야 하는 것은 말할 것도 없고, 통장, 카드, 어음장 등 모든 입출금 장부의 잔액은 실제 시재와 완전히 일치해야 한다.

가끔 현금이 약간 부족하거나 남을 경우가 있다. 아무리 생각하고 뒤져봐도 이유를 찾을 수 없을 때는 '잡이익' 또는 '잡손실' 등의 계정으로 입출금에 추가하여 잔액은 반드시 맞추어야 한다.

거래처원장에서의 기록 역시 거래입력의 핵심은 '잔액 맞추기'이다. 거래처원장에서의 최종 잔액은 해당 거래처에서 받거나 주어야 할 외상 미수, 미지급 잔액을 뜻한다.

아무리 장부 관리를 안 해도 현금 및 매출, 매입, 외상, 재고, 고정자산관리는 항상 이루어져야 한다.

전표 작성 시 기록의 핵심은 [적요]

장부 정리를 하면서 계정을 선택하는 데는 신경을 쓰지만, 적요는 대충 쓰는 사람들이 의외로 많다. 물론 계정도 중요하지만, 회계에 익숙하지 않은 작은 회사나 경리직원이라면 [적요]를 더욱 중요하게 생각해야 한다.

적요를 자신이 아닌 다른 사람이 보아도 어떤 거래였는지 충분히 이해할 수 있도록 자세하게 기록하는 습관이야말로 경리의 세계에서 가장 중요한 요령이다.

적요만 자세하게 적으면 비록 자신이 선택한 계정이 틀렸다고 해도, 기장 대행을 해주는 세무회계 사무실에서 검토하면서 맞는 계정으로 바꾸어 줄 수도 있다. 반대로 적요를 소홀히 적으면 세무회계 사무실에서도 그 상세한 내용을 알 수 없으므로 대충 선택해 버릴 수도 있을 것이다.

계정과목이 의심될 때는 적요를 더욱 상세하게 적고 적요 맨 뒤에 특별한 표시(예: ** 또는 ??)를 해두고 세무사사무실에 자료를 넘겨줄 때 적요 뒤에 ** 표시가 있는 자료는 계정을 정확하게 모르는 것이니 눈여겨봐달라고 부탁하면 될 것이다.

📝 적격증빙을 철저히 챙긴다.

원칙적으로 장부에 기록한 모든 거래에는 증빙자료가 있어야 한다.

현금을 지급할 때는 최대한 금융기관을 이용하고, 상품이 오갈 때는 거래명세표와 세금계산서 등 적격증빙이, 외상 대금을 주고받았을 때는 통장에 입금기록이 남아 있어야 한다.

장부를 정리하는 것은 회사마다 관습이나 업무 스타일에 따라 다르겠지만, 적격증빙 관리는 소홀히 하면 안 된다.

> 납세자는 각 세법에서 규정하는 바에 따라 모든 거래에 관한 장부 및 증거서류를 성실하게 작성하여 갖춰 두어야 하며, 그 거래 사실이 속하는 과세기간에 대한 해당 국세의 법정 신고기한이 지난날부터 5년간 보존하여야 한다.
>
> 보관 방법은 전산 조직을 통해 주고받은 증빙은 그 자체가 증빙이 된다. 즉 홈택스를 통해서 조회가 가능한 증빙은 그 자체가 증빙이 되며, 별도 전자 장부 시스템을 가지고 있는 경우 이를 통해 작성된 전자문서는 증빙으로써 효력이 있다. 다만 적격증빙을 스캔한 후 본인의 컴퓨터에 단순 보관하는 경우 별도로 원본을 보관해야 한다.

반면 회계프로그램을 활용해 적격증빙을 올려서 보관한 내용을 검색하고 입력한 순서와 수정, 삭제, 새로 생성한 내용을 확인할 수 있으며, 필요시 다른 정보 보존 장치에 복제할 수 있도록 되어 있는 경우 해당 업로드한 증빙도 적격증빙으로 효력이 인정된다.

[관련 법] 국기법 제85조의3(장부 등의 비치와 보존), 국기령 제65조의7(장부 등의 비치와 보존)

1인 경리는 증빙자료를 시간을 정해서 정리한다.

회사에 경리업무만 전담하고 있는 직원이 있다면 거래가 일어날 때마다 즉시 기록을 하고 영수증을 정리할 수 있으므로 아무런 문제도 없을 것이다.

그러나 작은 기업일수록 경리업무를 맡은 직원은 경리업무뿐만 아니라 인사, 총무업무까지 잡다한 일을 함께하는 것이 일반적이다.

이렇게 경리가 다른 일까지 함께 겸하고 있을 때는 입출금 거래 때마다 프로그램을 실행하고 기록을 하는 것이 귀찮은 일이기도 하고, 또 "나중에 입력해야지‥" 하면서 잊어버리는 일도 자주 발생한다. 이런 경우는 일과시간에는 거래에서 발생한 증빙자료만 잘 모아 두었다가 일정 시간을 정해서 한꺼번에 입력하고 정리하는 것이 더 편리하고 능률적일 수 있다. 누구나 알고 있는 일이지만 다시 정리하자면

① 증빙자료는 한곳에 영수증철 따로, 입금표 따로, 세금계산서 따로, 거래명세표 따로 보관하지 말고 우선은 날짜별로 한곳에 모아서 보관한다.

보관철이 많을수록 오히려 소홀해지기 쉽다. 일정한 시간에 어차피 장부에 적으면서 정리를 할 것이므로 시작부터 복잡하게 만들지 말자.

문방구에서 많이 파는 증빙철 또는 작은 종이상자 같은 것을 하나 정해서 거래가 발생한 순서대로 무조건 모아 둔다.

② 거래 사실이 정확하지 않은 서류나 증빙은 그대로 보관하지 말고 그 내역을 반드시 기록한 후 보관한다. 지금 당장은 알았던 내용도 시간이 지나면 잊어버리기 때문이다.

③ 증빙이 없는 입출금은 메모지에 영수증 없이 지급한 돈이나 임시 가지급금 같은 금액이 움직일 때는 작은 메모지나 포스트잇 같은 곳에라도 사유와 금액을 적어서 다른 증빙과 함께 보관해 둔다. 마감 때 잔액이 틀리는 대부분 이유는 바로 이런 금액들이다.

④ 통장의 기록은 자세하게

통장은 입출금에 대한 가장 공신력 있는 증빙자료 중 하나지만 [적요]가 부실하다는 허점이 있다. 또 작은 기업은 같은 통장으로 회삿돈과 사장님 개인 돈이 함께 움직이는 경우가 많으므로 이것을 잘 구분할 수 있도록 항상 연필이나 볼펜으로 적요를 추가해 적어두는 것을 생활화해야 해당 지출이 업무용인지 사적인 비용인지 헷갈리지 않는다.

특히 세무사사무실에서 기장을 맡기는 경우 거래내역을 모르는 세무사사무실 직원은 통장의 입금을 무조건 매출 대금이 들어온 것으로 생각할 수도 있으니 적요가 불분명한 입출금의 적요에는 꼭 주석을 달아 통장 사본을 주도록 한다.

📂 증빙자료가 없는 거래는 어떻게?

영수증이 없는 거래는 어떻게 할까요?

원칙적으로 국세청에서는 영수증이 없는 기록은 거래로 인정하지 않는다.

그러나 이러한 일들은 엄연히 일어나고 있는 현실이므로 보통 개인적으로 사용한 빈 영수증에 해당 금액을 적어 정리하는 것이 일반적이다.

증빙자료가 없는 경우 최소한 지출 사실을 소명할 수 있는 지출결의서라도 반드시 작성해 두어야 한다.

가장 좋은 것은 이러한 경비들이 발생하지 않도록 회삿돈을 사용할 때는 항상 영수증을 요구하거나, 신용카드로 결제하는 습관을 지니는 것이 중요하다. 왜 돈을 잘 버는 커다란 기업일수록 항상 증빙자료들 처리에 까다로운지 오히려 배우는 것이 어떨까?

📂 일 마감 때 해야 할 것들

이전에 수기로 장부를 작성할 때는 문방구에서 판매하는 전표 용지에 한 건의 거래 내역을 쓰고 뒷면에 영수증이나 적격증빙을 붙여두는 방법을 많이 사용했다. 지금도 소규모 기업은 이 같은 방법을 사용하고 있지만, 시간과 노동력의 상실이 크고 전산화로 인해 점차 사라지고 있는 것이 현실이다. 따라서 기업환경에 맞춰 소명요구 시 증빙을 신속히 찾을 수 있는 선에서 적격증빙을 관리하면 효율적일 것으로 판단된다.

구 분	내 용
일일 거래 내역서 보관	하루의 거래가 끝나면 모아 두었던 영수증과 거래명세표, 세금계산서 등 각종 증빙자료를 가지고 수작업의 경우 전표 작성을, 회계프로그램의 경우 거래입력을 한다. 입력은 거래가 발생한 순서대로 입력하는 것이 가장 좋겠지만, 그렇지 않으면 현금의 입금 거래를 먼저 입력하고 출금 거래를 나중에 입력한다(출금 거래를 먼저 입력하면 현금출납부에 잔액이 마이너스로 나타날 수 있다.). 하루의 모든 거래에 대한 입력이 끝나면 일단 현금 잔액, 예금 잔액 등을 실 잔액과 비교해 본 뒤, 시재를 맞추어둔다.
월 마감 때 해야 할 것들	월 마감이라고 하루의 일과 특별히 달라질 이유는 없지만, 월 집계 장부나 현금 및 통장 잔액표, 재고조사표, 합계잔액시산표 등은 반드시 작성 후 맞춰둬야 한다. 그밖에 회사에서 필요한 보고서라면 꼭 종이로 출력해 보관하거나 프로그램 백업을 받아두어야 한다. 이렇게 월 단위로 각종 보고서를 관리해 두는 가장 큰 이유는 '바이러스' 때문이다. 인터넷이 일상화되면서 컴퓨터를 사용하여 작업을 하는 모든 일과는 언제 갑자기 모두 날아가 버릴지 모르는 가장 큰 적이 되었다.

 장부 마감 전에 꼭 확인해야 할 세무사항

① 부가가치세 신고한 매출액과 시산표 상 매출액의 일치 여부 확인

② 현금, 보통예금 기말 잔액 확인

③ 매출채권, 매입채무의 거래처별 기말 잔액 확인

④ 자산 항목부터 잔액 및 거래처 확인

⑤ 자산 항목 중 선급비용 확인

⑥ 예수금 분개와 잔액이 맞는지 확인

⑦ 급여신고액과 판관비 항목의 급여 계정과목 금액이 맞는지 확인

⑧ 판관비 항목 중 이상 여부 확인

⑨ 최종적으로 손익 확인

⑩ 퇴직급여충당금 설정액 확인

⑪ 감가상각 금액 결정

⑫ 매출원가를 계산해야 하는 회사라면 원가명세서 작성을 전체적으로 확인

결산은 한 해의 사업실적을 객관적으로 평가할 수 있는 자료를 산출하는 과정이므로, 최대한 자의성을 배제하고, 기업회계기준에 맞게 이뤄지도록 유의할 필요가 있다.

연간 세무·노무 일정표

구 분	내 용
매월	• 근로소득세 및 지방소득세(특별징수) 신고 · 납부(10일) • 4대 보험료(연금 · 건강 · 산재 · 고용) 납부(매월 10일까지) • 고용보험 피보험자격 취득 · 상실 신고(사유 발생일이 속하는 달의 다음 달 15일까지) • 고용보험 등 근로내용확인신고서 제출(15일) • 일용근로자 지급명세서 및 사업소득, 인적용역 기타소득 간이지급명세서 제출(말일)
1월	• 부가가치세 2기분 확정신고 · 납부 • 근로소득 간이지급명세서 제출
	• 시무식 • 인사정책 수립 및 고용계획서 작성 • 노사협의회 개최 • 연차휴가 사용계획서 접수 • 설날의 휴일 대책 • 안전 · 보건 교육계획 작성 • 당해연도 최저임금 효력 발생(1일)
2월	• 면세사업자 사업장 현황 신고 • 6월 말 결산법인 법인세 중간예납 • 이자소득, 배당소득, 연금소득, 기타소득 지급명세서 제출
	• 임금 교섭(안) · 단체협약(안) 마련 • 건강진단실시계획서 작성
3월	• 12월 말 결산법인 법인세 신고 · 납부 • 사업소득, 근로소득, 퇴직소득 지급명세서 제출. 단 사업소득, 인적용역 기타소득은 매달 간이지급명세서 제출 시 제출 생략

구 분	내 용
	• 임금인상 대책 • 단체교섭의 실시 및 정기 노사협의회 개최 • 건강보험 보수총액 신고(폐지, 간이지급명세서 미제출자 제외) • 산재 · 고용보험 보수총액 신고(15일) • 고용보험 · 산재보험 개산보험료 신고 및 제1분기 납부(건설, 31일) • 고용보험 · 산재보험 확정보험료 신고 · 납부 및 정산(건설, 31일)
4월	• 부가가치세 제1기분 예정 신고 · 납부 • 12월 말 결산법인 지방소득세(법인세 분) 신고 · 납부
	• 장애인의 날 행사 • 단체협약 체결 및 신고 • 취업규칙 점검 • 춘계 행사 준비(야유회 등)
5월	• 소득세 확정신고 · 납부
	• 근로자의 날 행사(1일) • 고충 처리 대책 • 제2분기 고용보험 · 산재보험 개산보험료 납부(건설, 15일)
6월	• 3월 말 결산법인의 법인세 신고 · 납부
	• 여름철 장마 및 수방 대책 • 정기 노사협의회 개최 • 하반기 각종 대책 수립
7월	• 부가가치세 1기분 확정신고 · 납부 • 근로소득 간이지급명세서 제출
	• 하기휴가 대책 • 산업안전보건의 날 행사(1일) • 장애인 고용계획에 대한 상반기 실시상황 보고(31일)
8월	• 12월 말 결산법인의 법인세 중간예납 • 주민세(사업소 분) 납부
	• 제3분기 고용보험 · 산재보험 개산보험료 납부(건설, 15일)
9월	• 추석의 휴일 대책

구 분	내 용
	• 정기 노사협의회 개최
10월	• 지방소득세(종업원분) 신고 · 납부
	• 부가가치세 2기분 예정 신고 · 납부
	• 추계 행사 준비(체육대회 · 야유회 등)
11월	• 종합소득세 중간예납 세액 납부
	• 동절기 화재 및 난방대책
	• 다음 연도 인력수급 계획, 계약직 갱신여부 결정 · 통보
	• 제4분기 고용보험 · 산재보험 개산보험료 납부(건설, 15일)
12월	• 연말 · 연시 휴일 대책
	• 연말 노사협의회 개최
	• 연차유급휴가의 임금 대체 지급
	• 당해 연도 최저임금 효력 종료(31일)
	• 종무식

연간 4대 보험 업무일정표

구분	국민	건강	고용	산재
1월	• 고지서 납부(전월 분을 당월 10일까지 납부) • 당해 연도 보험료율 변경 여부 확인 전월분(전년 12월 귀속분)을 당월 10일까지 공단이 고지하면 회사(사용자)는 이를 검토한 후 납부한다.			
2월	• 보험료율 등의 변경 반영 고지서 납부(전월 분을 당월 10일까지 납부) ➡ 법령의 개정으로 건강보험료율 등이 변경되어 1월 귀속분부터 적용되는 경우가 많음 • 보수총액 신고 안내(공단에서) 1월 귀속분 보험료가 고지되면 내되, 법령의 개정으로 1월 귀속분부터 보험료율 등의 변경사항이 반영되어 고지되는 경우가 있으므로 이를 검토한 후 납부한다.			
3월	• 고지분 납부(전월 분을 당월 10일까지 납부) 건강보험에 대해서는 3월 10일까지(폐지) 고용·산재보험에 대해서는 3월 15일(건설 31일)까지 전년도보수총액에 대한 신고를 수행해야 한다. 국민연금은 공단이 근로소득 지급명세서와 대조하여 소득 적정 신고 여부를 검토하므로 회사(사용자)는 별도의 신고가 필요 없다.			
	정산제도 없음	• 정산 : 보수총액신고(폐지) (사용자)(3월 10일까지) 및 기준보수월액 확정	• 정산 : 보수총액신고(사용자)(3월 15일까지) 및 월평균 보수 확정 • 근로자가 없어도, 이미 퇴사(퇴직 정산한 자는 제외)했어도, 전년도 보수와 같아도 신고 • 보험료 등 경감 특례 신청 • 올해 개산보험료 납부, 전년도 확정보험료(정산) ➡ 건설(31일)	
4월	고지분 납부(전월 분을 당월 10일까지 납부)			

구분	국민	건강	고용	산재
	고지분 납부	• 전년도 연말정산 및 당해 연도 신규보험료 고지(추징 또는 환급) • 보험료징수(당월 급여에 정산금액 반영) • 요청직원이 있을 시 보험료징수 연말정산 분할납부 신청	• 보험료징수 • 전년도 연말정산 및 당해 연도 신규보험료 고지(공단)	

5월

고지분 납부(전월 분을 당월 10일까지 납부)

다만, 이때 건강보험료(노인장기요양보험료 포함)와 고용·산재보험료의 경우 전년도 납부분에 대한 연말정산 차액(추징 또는 환급)분이 함께 고지되면 확인한 후 납부한다. 국민연금은 별도의 정산이 없다. 또한, 국민연금을 제외한 건강보험료(노인장기요양보험료 포함)와 고용·산재보험료의 경우는 4월 귀속분부터는 전년도 보수를 기준으로 하여 새롭게 산정된 보수월액에 따라 고지된다.

소득총액 신고 : 개인사업자 및 소득자료 없는 근로소득자	–

6월

고지분 납부(전월 분을 당월 10일까지 납부)

국민연금의 경우 7월 귀속분부터 적용하기 위해 전년도 소득을 기준으로 산정한 기준소득월액을 공단이 산정하게 된다.

기준소득월액 결정통지 (공단)	–

7월

고지분 납부(전월 분을 당월 10일까지 납부)

7월 귀속분 보험료가 고지되면 납부한다. 국민연금의 경우 7월 귀속분부터 전년도 소득을 기준으로 산정한 기준소득월액을 기준으로 보험료를 고지한다.

• 당해 연도 신규보험료 고지(공단) • 보험료징수(당월 급여 반영)	–

8월

고지분 납부(국민연금의 경우 7월 귀속분부터 새로운 기준소득월액을 기준으로 하여 고지) ➡ 변경된 국민연금 보수월액 적용 기간(7월~다음 해 6월)

9월

고지분 납부(전월 분을 당월 10일까지 납부)

구분	국민	건강	고용	산재
10월	고지분 납부(전월 분을 당월 10일까지 납부)			
	• 소득 적정 신고 여부 확인(공단) • 국민연금 납입내역서 수령/배포		–	
11월 12월	고지분 납부(전월분을 당월 10일까지 납부)			
수시 업무	• 입·퇴사자 자격취득 및 상실 신고 • 납부예외 신청(휴직자 발생 시) • 납부예외 해지 신청(휴직자 복귀 시)	• 입·퇴사자 자격취득 및 상실 신고 • 퇴사자 정산 • 납부유예신청 (휴직자 발생 시) • 납부유예 해지 신청 (휴직자 복귀 시) • 피부양자 상실·취득 신고 • 보수총액(월) 변경 신고	• 입·퇴사자 자격취득 및 상실 신고 • 퇴사자 정산 • 휴직자신고 • 이직확인서 작성 • 보수총액(월) 변경 신고	• 입·퇴사자 자격취득 및 상실 신고 • 산재 발생 시 신고(1월 이내) • 산재 요양/요양급여 신청서 작성 협조 • 보수총액(월) 변경 신고

생활 속의 거래와 회계상 거래

다몰라씨는 남편과 두 딸을 둔 단란한 가정의 전업주부이다. 조그만 회사를 운영하는 남편은 최근 경제 사정이 어려워 많이 힘들어하는 모습이 안 돼 보여서 회사에 조그만 보탬이 되고자 오늘부터 남편 회사에 출근해 경리 일을 보기로 결심했다.

그런데 마음뿐이지 경리의 경 자도 모르니 첫 출근 날부터 책상에 앉아서 멍이나 때리다 집으로 돌아오는 일이 다반사...

대체 경리가 해야 하는 간단한 장부 적는 일조차 모르니 답답한 이 마음!

물어볼 곳이 마땅치 않아 기장을 맡기는 세무사사무실 담당 직원에게 물어봐도 투덜거리기만 하고, 그래서 수소문 끝에 자그만 중소기업에서 경리 일을 10년간 보고 있는 대학 동창 다알아를 찾아가 매일매일 밥을 사주면서 하나하나 배우기로 했다.

지금부터 다몰라씨가 다알아씨를 만나 회계를 배우는 과정을 알아보도록 하겠다.

다몰라씨의 질문 : 알아야, 도대체 장부를 적으라는데 그냥 가계부처럼 적기만 하면 되는 거니?

다알아씨의 답변 : 아니야 회사에서 장부를 적는 것은 회계와 관련이 있어 즉 회계기준에 따라 장부를 적어야 해

다몰라씨의 질문 : 그럼 회계라는 것이 뭔데?

다알아씨의 답변 : 회계는 우리같이 장부를 적는 담당자나 우리 장부를 보고 투자하려는 투자자, 그리고 경영실적을 분석하려는 사장님, 세금을 부과하는 국세청 등이 서로 알아볼 수 있도록 장부를 적을 때, 장부를 적는 방식에 대해서 서로 한 약속이라고 보면 돼

올해 경영성과는 좋은가?

경영자

배당은 얼마나 받을 수 있나?　　투자자　　　　채권자　　대출금은 회수할 수 있나?

종업원

월급을 잘 받을 수 있을까?

회계라는 것은 회사의 거래내역을 숫자로 적는 것에서부터 출발해, 따라서 숫자로 적을 거래내역이 어떤 것인지를 아는 것이 중요한데, 거래는 우리가 시장에서 물건을 사고팔거나 너희 두 딸에게 예쁜 옷을 사주는 것과 같이 일상적으로 돈이 오가는 것과 같다고 보면 돼

다몰라씨의 질문 : 아! 그럼 우리가 생활하면서 생기는 모든 일을 거래라고 생각하고 회사 장부에 적으면 되는 거지?

다알아씨의 답변 : 응 틀린 건 아닌데 대다수는 일치하지만, 생활 속의 거래와 회계에서 말하는 거래에는 약간의 차이가 나는 부분이 있어 그것만 알아두면 생활 속에서 회계상의 거래를 판단하기가 한결 쉬워질 거야

다몰라씨의 질문 : 그럼 일상의 거래와 회계상 거래 중 차이 나는 것이 무엇이 있는데?

다알아씨의 답변 : 예를 들어 너희 집이 이사 간다고 여기저기 집을 알아보다가 마음에 드는 집이 있어 집주인과 내일 계약을 하기로 하고 집에 온 경우 우리는 흔히 매매거래가 성사되었다고 하지?

이같이 구두계약도 우리는 일상에서 거래라는 표현을 쓰기도 하는데 회계에서는 이를 거래라고 하지 않아

반면 집에서 쓰던 가전제품이 망가져서 동사무소에서 딱지를 구입해 가전제품에 붙여 버리는 경우 일상에서는 거래라고 하지 않지만, 회계에서는 거래라고 한단다.

다몰라씨의 질문 : 시작부터 어렵네

다알아씨의 답변 : 그래서 내가 일상에서의 거래와 회계에서의 거래차이를 간단히 정리해 써볼게

이건 사실 이론상의 구분이고, 실제로 일을 하다 보면 회사와 관계없이 사장님이나 대표이사, 임원의 개인적 지출을 회삿돈으로 내주는 경우와 같아 솔직히 회사의 거래가 아닌데 전표 처리를 해야 하는 경우도 발생해 즉 회사에 돈만 오고 가면 무조건

전표처리를 하는 것이 일반적이야. 엄밀히 말하면 이론상 거래의 의미에 따라 딱 맞게 처리하는 경우보다는 돈의 흐름에 따라 처리하는 경우가 많을 거야

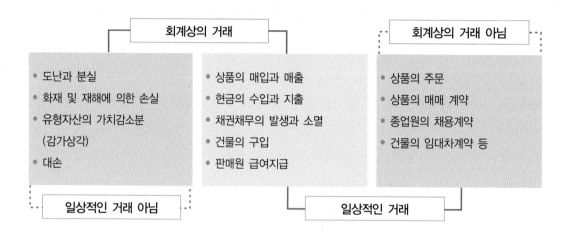

다몰라씨의 질문 : 참 어렵네! 이론만 안다고 다 되는 것이 아니니 더 어렵게 느껴지네

[이론상 거래의 정의와 거래의 종류]

구 분	내 용
교환거래	거래의 내용이 자산, 부채, 자본의 증감 변화를 가져오지만, 수익 또는 비용이 발생하지 않는 거래를 말한다. [예시] 외상으로 제품을 구입하다.
손익거래	거래의 총액이 차변과 대변 중 어느 한쪽이 모두 수익 또는 비용이 발생하는 거래를 말한다. [예시] 종업원 급여를 현금으로 지급하다.
혼합거래	하나의 거래에서 교환거래와 손익거래가 같이 발생하는 거래를 말한다. [예시] 빌려준 돈의 원금과 이자를 받다.

교환거래

자산의 증가	부채의 증가
제품	외상매입금

손익거래

비용의 발생	자산의 감소
급여	현금

혼합거래

자산의 증가	자산의 감소, 수익의 발생
현금	단기대여금
	이자수익

복식부기 딱 2개만 알면 된다.

다몰라씨의 질문 : 알아야, 도대체 장부를 복식부기로 적으라고 하는데, 복식부기가 뭐니 그냥 편하게 내가 가계부 적듯이 돈 들어오고 나간 내역만 적어두면 안 될까?

다알아씨의 답변 : 복식부기는 한마디로 같은 거래를 차변과 대변으로 나누어 두 번 적는 것을 의미해

따라서 복식부기를 하려면 차변과 대변으로 나누는 방법과 나눌 때 사용하는 용어 즉 계정과목을 알아야 해. 물론 차변이 무엇이고? 대변이 무엇인지도 알아야 하고

그런데 차변은 장부의 왼쪽을 가리키는 용어고, 대변은 오른쪽을 가리키는 용어야 이 거면 끝이야. 그리고 같은 계정과목이라도 차변에 올 수도 있고, 대변에 올 수도 있 나는 점만 기억해 둬

다몰라씨의 질문 : 복식부기를 해야 한다고 해서 프로그램을 사긴 했는데 계정과목 이 무엇이고 같은 용어로 되어 있는데, 어떨 때는 여기에 또 어떨 때는 저기에 뒤죽 박죽이라 이걸 어떻게 적어야 할지 알 수가 없어 답답해 죽겠어.

다알아씨의 답변 : 계정과목을 책의 목차로 치면 가장 큰 분류에

제○장 재무상태표, 손익계산서가 있고, 그 아래 목차에

  1. 재무상태표
  2. 손익계산서가 있으며, 그 아래 목차에

  1-1. 자산
  1-2. 부채
  1-3. 자본
  2-1. 비용

2-2. 수익이 있다.

그리고 자산, 부채, 자본, 비용, 수익의 하부 목차에 각 계정과목이 있는 것이다. 반면, 이를 정리할 때는 아래에서부터 계정과목, 1-1, 1, 장의 순서로 정리가 되어 보고용 재무제표가 작성된다. 프로그램도 이런 구조로 되어 있다고 생각하면 돼

따라서 실무자는 평소에 가장 최소단위인 계정과목을 중심으로 전표 처리를 하면 이것이 자산, 부채, 자본, 비용, 수익으로 집계가 되고, 자산, 부채, 자본, 비용, 수익은 다시 재무상태표와 손익계산서에 집계가 되는 거야

그리고 이걸, 앞서 설명한 투자자나, 경영자, 세무 당국과 같은, 이해관계자가 보게 되는 거지

그래서 재무제표 작성을 위해서는 가장 최소단위인 계정과목의 전표처리가 정확히 이루어져야 하는 거야

차변에 와야 하는 거래	대변에 와야 하는 거래
❶ 자산이 증가하는 거래	❶ 자산이 감소하는 거래
❷ 부채가 감소하는 거래	❷ 부채가 증가하는 거래
❸ 자본이 감소하는 거래	❸ 자본이 증가하는 거래
❹ 비용이 발생하는 거래	❹ 수익이 발생하는 거래

다몰라씨의 질문 : 그럼 우선 계정과목을 알아야 장부를 적기 시작할 수 있고, 같은 계정과목이라도 증가나 감소에 따라 차변과 대변에 올 수 있다는 이야기이네

다알아씨의 답변 : 맞아! 그러니 계정과목을 먼저 외우고 그게 자산, 부채, 자본, 비용, 수익 5가지 중 어디에 해당하는지 구분할 줄 알아야 차변과 대변으로 나누어 기록을 할 수 있어

요즘은 프로그램에서 자동 분개로 손쉽게 하다 보니 이러한 과정을 잘 모르는 경우가 많은데, 모르면 평소와 좀 다른 거래가 발생하는 경우 분개를 못 해 문제가 생기기도 해

자산·부채·자본과 복식부기의 원리

다알아씨 : 몰라야, 너희 남편 사업하는데 재산은 얼마나 되니?

다몰라씨의 질문 : 지는 잘살면서 왜 남의 재산은 물어보니?

그냥 5년 전 대출 2억 끼고 산 아파트 1채랑 뭐 예금 약간, 10년 전 결혼 때 산 가전제품 그리고 겨우 굴러다니는 차 1대 정도...

다알아씨의 답변 : 응! 다른 뜻은 아니고, 그냥! 회계에 대한 설명을 위해서 물어본 거니까, 오해는 하지 마

몰라야, 네가 지금 나한테 대충 말한 재산목록을 회계에서는 자산이라고 보면 돼, 그리고 아파트 담보대출금 2억 원을 회계에서는 부채라고 불러. 즉, 내가 현재 가지고 있는 우리 집 총재산을, 회계에서는 자산이라고 하고, 이중 다른 사람에게 빌린 것이라 언젠가는 갚거나 줘야 하는 것을, 부채라고 해

다몰라씨의 질문 : 아! 오해해서 미안해 그럼 자본은 뭐니?

다알아씨의 답변 : 자본은 자산에서 부채를 뺀 순수 회삿돈을 말하는 거야 예를 들어보면 너희 아파트와 각종 예금 그리고 각종 물품을 팔았을 때 받을 수 있는 총재산(자산)에서 갚아야 하는 대출금(부채)을 뺀 금액이 너의 순수재산인 자본이라고 보면 되는 거야

따라서 100만 원을 가지고 회사를 처음 시작할 때 100만 원이 모두 내 돈이라면 내 총재산 100만원(자산) = 순수재산 100만 원(자본)이 되는 거야. 반면 100만 원 중 20만 원은 친구에게 빌리고 80만 원만 너의 돈이면 자산은 100만 원이 되고 부채는 20만 원, 자본은 80만 원이 되어 100만 원(자산) = 남에게 빌린 돈 20만 원(부채) + 순수재산 80만 원(자본)이 되는 것이란다.

아까 말한 너의 재산을 기준으로 보면 오른쪽의 대출금과 너의 투자액의 합은 항상 왼쪽에 네가 가진 돈 총재산과 일치하게 되어 있어

$$아파트(재산) = 대출금(부채) + 본인\ 돈\ 투자액(자본)$$

재산 = 자산
빌린 돈 = 부채
본인 돈 = 자본

다몰라씨의 질문 : 고마워! 너무 쉽게 설명해주니 내 머리에 쏙쏙 들어오는구나!
그럼 결국 회사의 자산 = 부채 + 자본으로 구성이 되는 거겠네
내 말이 맞지?

다알아씨의 답변 : 그래! 내가 너무 좋은 선생님 아니야? 알기 쉽게 가르쳐주니 금방 알아듣네
곰곰이 우리 집 재산에 대해서 생각해 보면 우리 집 재산은 내 돈과 남의 돈으로 구성이 되어 있잖아? 이를 반대로 말하면 내 돈과 남의 돈을 합쳐서 현재 내가 가진 재산이 되지 결국
우리 집 재산 = 남의 돈 + 내 돈이라는 수학적 등식이 성립하고, 이를 회계에서는 대차평균의 원리라고 불러

다몰라씨 : 아! 대차평균의 원리가 이것을 말하는 거구나!

다알아씨의 답변 : 대차평균의 원리를 설명한 김에 복식부기를 설명해 볼게! 너희 집 아파트가 10억이라고 하면 2억원을 대출을 끼고 샀으니 대차평균의 원리에 따라 현재 시점에
우리 집 재산 = 남의 돈 + 내 돈
① 10억 = 2억 + 8억이 성립하게 된다.
그리고 1년 후 대출금 1억 원을 갚은 경우
우리 집 재산 = 남의 돈 + 내 돈
② 10억 = 1억 + 9억
위의 ①과 ②를 비교해보면 남의 돈이 2억에서 1억으로 줄기는 했지만, 내 돈은 8억

에서 9억으로 늘었지? 하지만 재산은 등호를 사이에 두고 왼쪽과 오른쪽의 금액의 합은 같은 것을 볼 수 있지?

다몰라씨의 질문 : 그런데 그게 뭐가 중요한데?

다알아씨의 답변 : 앞서 본 것을 회계에 적용해보면 회계에서 말하는 거래가 발생하면 이를 재산(= 자산)과 남의 돈(= 부채), 내 돈(= 자본)으로 나누어서 그 증가 또는 감소에 따라 왼쪽과 오른쪽으로 나누어 적으면, 결국 자산 = 부채 + 자본의 원리가 항상 성립하게 되는데, 이와 같은 원리가 복식부기의 원리야

이를 바탕으로 장부를 적는 것을 복식부기라고 부르는 거야

예를 들어 집값이 10억에서 11억으로 오른 경우

우리 집 재산 = 남의 돈 + 내 돈

11억 = 1억 + 9억 + 1억(수익)이 성립하게 되는데, 1억이 올라(수익) 재산이 는 것을 왼쪽에 적고, 그 변동액만큼 늘어난 내 돈 1억을 오른쪽에 동시에 적으면 복식부기는 항상 성립한다는 거야

다몰라씨의 질문 : 아!

다알아씨의 답변 : 참고로 왼쪽을 회계에서는 차변, 오른쪽을 대변이라고 한다. 자산, 부채, 자본은 시간이 흐르면 계속 그 가치가 변동하기 때문에 몇 년 몇 월 며칠 기준으로 얼마라는 기준시점을 정해서 이해관계자에게 회사의 가치를 알려주려고 작성하는 재무제표가 재무상태표다.

그래서 재무상태표는 기준시점을 알려주기 위해 ○기 ○년 ○월 ○일이라고 표기를 하는 거야

생활 속의 수입·지출은 회계상의 수익·비용

다알아씨의 질문 : 와우! 여기 손님 진짜 많다. 여기 매상은 하루 얼마나 될까? 내가 보기에는 족히 몇백은 벌 것 같은데

다몰라씨의 답변 : 여기 뭐든지 푸짐하게 줘서 손님이 많아

회사 직원들이랑 몇 번 왔었는데 싸고 맛도 괜찮아!

그래도 이 많은 종업원 인건비 빼고 재룟값 빼고 하면 얼마 남겠어?

다알아씨의 답변 : 그래! 맛있는 것 사주니 오늘은 하나 더 가르쳐 줄게!

아까 내가 매상이 얼마냐고 물었었지? 이것을 회계에서는 수익이라고 부르는데, 예를 들어 음식점으로 따지면 매상, 가정으로 따지면 남편의 봉급처럼 음식점 또는 가정에 들어오는 수입 즉 돈을 회사에서는 수익이라고 불러

그리고 월급(수입)을 받기 위해서는 매일매일 출근해야 하고 출근하면서 교통비나 주유비 등 돈이 나가게(지출) 되는데, 회사에서도 수익을 얻기 위해 원재료를 구입하거나 급여, 임차료 등 각종 경비를 지출하게 되는 데 이를 회사에서는 비용이라고 한다.

결론적으로 회사에서 물건을 팔거나 용역을 팔아서 상대방으로부터 받는 대가를 수익이라고 부르고, 수익을 얻기 위해 또 다른 상대방에게 주는 대가를 비용이라고 부르는 거야

다몰라씨의 질문 : 그럼 이익과 손실은 뭐야?

다알아씨의 답변 : 팔아서 남으면 이익이고, 손해 보면 그게 손실이지

다몰라씨의 질문 : 일상에서 말하는 이익이랑 손해와 큰 차이는 없네! 알아야!

다알아씨의 답변 : 공부도 좋지만 맛나게 먹는 곳까지 와서 공부하려니 약간 짜증이 몰려오는데, 이제 공부는 내일 다시 만나서 하고 음식이나 맛있게 먹자

자산, 부채, 자본의 회계적 의미

회사의 총재산 목록을 회사에서는 자산이라고 보면 된다.

그리고 은행이나 타인 또는 다른 회사에서 빌렸거나 앞으로 갚아야 할 것은 부채라고 부른다. 자본은 자산에서 부채를 뺀 순수 회삿돈을 말한다.

자 산	=	부 채	+	자 본
자산은 과거의 거래나 사건의 결과로서 현재 기업에 의해 지배되고 미래에 경제적 가치를 창출할 것으로 기대되는 자원이다.		부채는 과거의 거래나 사건의 결과로서 현재 기업이 부담하고 그 이행에 경제적 가치의 유출이 예상되는 의무이다.		기업이 소유하고 있는 자산의 총액에서 부채의 총액을 차감한 잔액을 말한다.

말이 참 어려워요! 이것을 앞의 예로 풀어서 말해볼게요.

자산 : 과거에 아파트를 취득(과거 사건의 결과)함으로써 현재 그 아파트의 명의로 다몰라씨로 되어 있고(현재기업에 의해 지배), 이 아파트의 시세가 10억에서 11억(경제적 가치 창출 즉 돈이 늘었다)으로 오를 것이라고 기대되는 그 무엇인가가 자산이라는 의미이다.

부채 : 과거에 다몰라씨가 아파트를 사기 위해서(과거 사건의 결과) 현재 1억원의 대출금을 가지고 있어(현재 기업의 부담) 이를 언젠가는 갚아야 하는 의무(경제적 가치의 유출 즉 돈이 나간다)가 부채라는 의미이다.

수익과 비용의 회계적 의미

회사에서 물건을 팔거나 용역을 팔아서 상대방으로부터 받는 대가를 수익이라고 하고, 수익을 얻기 위해 또 다른 상대방에게 주는 대가를 비용이라고 한다.

예를 들어 제품을 100만 원에 파는 경우 100만 원은 수익이 되고, 이 제품을 만들거나 팔기 위해 90만 원을 지출한 경우 90만 원이 비용이 되는 것이다.

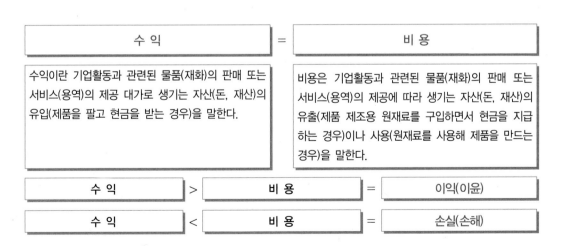

수 익	=	비 용
수익이란 기업활동과 관련된 물품(재화)의 판매 또는 서비스(용역)의 제공 대가로 생기는 자산(돈, 재산)의 유입(제품을 팔고 현금을 받는 경우)을 말한다.		비용은 기업활동과 관련된 물품(재화)의 판매 또는 서비스(용역)의 제공에 따라 생기는 자산(돈, 재산)의 유출(제품 제조용 원재료를 구입하면서 현금을 지급하는 경우)이나 사용(원재료를 사용해 제품을 만드는 경우)을 말한다.

수 익	>	비 용	=	이익(이윤)
수 익	<	비 용	=	손실(손해)

차변과 대변을 활용한 분개 방법

다알아씨의 설명 : 회계에서는 거래가 발생하면 기록해야 하는 곳이 필요한 데, 그 장소 역할을 하는 곳이 장부라고 보면 돼

분개를 하는 순서

❶ 회계상 거래여부 판단

❷ 계정과목 선정

❸ 차변과 대변의 결정

❹ 금액의 결정

그리고 장부를 적을 때는 항상 차변과 대변으로 나누어 적게 되어 있어

차변은 왼쪽, 대변은 오른쪽을 말하며, 차변 금액과 대변 금액의 합은 항상 일치해야 해. 이같이 거래를 차변과 대변으로 구분해서 장부에 기록하기 위해서는 장부의 차변 요소와 대변 요소를 구분하고, 기록할 계정과목과 금액을 결정한 후 장부에 적는데, 이를 분개라고 불러

다몰라씨의 질문 : 그럼! 계정과목은 정확히 뭘 말하는 거니?

다알아씨의 답변 : 계정과목은 장부를 적을 때 거래내역을 길게 서술형으로 풀어서 쓸 수 없으니까, 거래의 성격을 간단·명료하게 처리할 수 있도록 사전에 서로 약속해 정해놓은 거래내역에 대한 이름이라고 생각하면 돼. 즉, 사람에게 붙여진 명칭이 이름인 것과 같이 각 거래내용에 따라 붙여진 거래 내역 명칭이 계정과목이야. 따라서 계정과목만 보면 회계를 하는 사람들끼리는 대충 어떤 거래가 이루어졌는지 알 수 있어

예를 들어 상품을 200만 원의 현금을 주고 구매했다고 가정하면, 상품이라는 자산 200만 원이 들어온 대신, 200만 원이라는 현금이 나가게 되는데, 이때 차변에는 상품 그리고 대변에는 현금이라는 계정과목과 금액이 확정되었으므로, 차변과 대변으로 나누어 다음과 같이 기록하면 돼

- 원인 – 상품을 구입함 : 차변에 기록
- 결과 – 상품 판매대금을 현금으로 지급함 : 대변(상대 계정)에 기록

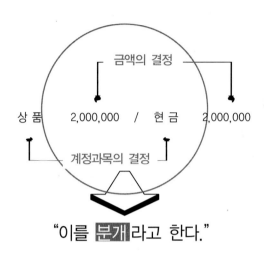

"이를 분개라고 한다."

다몰라씨의 질문 : 그럼 계정과목은 어떤 거래에 대해서 반드시 그 계정과목을 사용하라고 법에 정해져 있는 거니?

다알아씨의 답변 : 그렇지는 않아! 많은 실무자가 특정 거래에 대해 특정 계정과목을 꼭 사용해야 하는 것으로 오해해 헷갈리는 경우가 많은데, 그렇지는 않아!

물론 전혀 거래와 다른 계정과목을 사용하면 안 되지만, 그 성격이 2~3개 계정과목과 겹치는 경우는 그중 하나를 선택해서 계속 적용하면 문제가 없는 장부 작성이야.

예를 들어 출장을 가면서, 주유비가 발생한 경우, 여비교통비로 처리할지 차량유지비로 처리할지 고민할 수도 있고, 국민연금 회사부담분을 세금과공과로 할지 복리후생비로 할지 고민할 수 있지만, 둘 중 하나를 선택한 후, 같은 거래에 대해 계속해서 같은, 전표 처리를 하면 문제가 없는 처리가 되는 거야

다몰라씨의 질문 : 고마워! 이제 네 덕분에 회계에 대해 감이 좀 오고 걱정이 조금 사라졌어.

그럼 내일은 뭘 가르쳐 줄 거니?

다알아씨의 답변 : 응! 내일은 전에 말했던 자산, 부채, 자본, 비용, 수익을 차변과 대변으로 어떻게 나누어 적는지 적는 방법에 대해 알아보자

내일은 가르쳐주고 숙제도 있으니 각오하고 와!

거래를 차변·대변으로 나누어 기록하는 방법

다몰라씨의 질문 : 계정과목을 결정하고 금액을 확정했으면 장부에 차변과 대변으로 나누어 적는데, 차변에 가는 경우와 대변으로 가는 경우는 어떤 경우인지 설명 좀 부탁해

다알아씨의 답변 : 어제 가르쳐 주기로 했으니 가르쳐주면 꼭 외우고 있어야 한다. 일종의 규칙이니까?

회계에서 거래가 발생하면 계정과목을 결정하고, 해당 계정과목이 차변에 갈지 대변에 갈지 그 위치를 정해야 하는데, 차변과 대변은 아무나 자기 편으로 받아들이는 것이 아니라 자기 나름대로 원칙에 따라 받아들여. 그 원칙을 거래의 8요소라고 해. 즉, 분개 시에는 거래의 8요소에 따라 차변과 대변을 결정하고 금액을 결정하는 거야

거래의 8요소란

❶ 자산의 증가   ❷ 자산의 감소

❸ 부채의 증가   ❹ 부채의 감소

❺ 자본의 증가   ❻ 자본의 감소

❼ 비용의 발생   ❽ 수익의 발생

모두 8가지를 말해

회계에서의 모든 거래는 계정과목은 달라도 차변 요소와 대변 요소가 서로 결합하여 차변과 대변으로 나누어 같은 금액을 적게 되어 있어. 이를 **거래의 이중성**이라고 하며, 복식부기는 이러한 거래의 이중성의 원리에 따라 장부에 기록하는 방법을 말해.

따라서 회계에서 발생하는 어떠한 거래도 같은 차변 요소끼리 또는 같은 대변 요소끼리는 절대로 결합할 수 없어

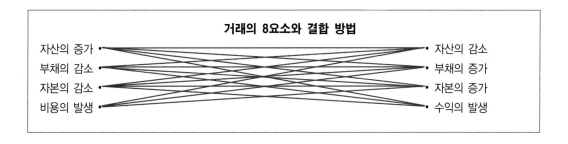

거래의 8요소와 결합 방법

자산의 증가 ·   · 자산의 감소
부채의 감소 ·   · 부채의 증가
자본의 감소 ·   · 자본의 증가
비용의 발생 ·   · 수익의 발생

차변에 와야 하는 거래	대변에 와야 하는 거래
❶ 자산이 증가하는 거래	❶ 자산이 감소하는 거래
❷ 부채가 감소하는 거래	❷ 부채가 증가하는 거래
❸ 자본이 감소하는 거래	❸ 자본이 증가하는 거래
❹ 비용이 발생하는 거래	❹ 수익이 발생하는 거래

따라서, 분개를 위해서는 자산, 부채, 자본, 비용, 수익에 해당하는 계정과목을 모두 외워야 하고, 그래야만 해당 계정과목을 차변으로 보낼지, 대변으로 보낼지 결정할 수 있어

📝 거래의 이중성과 대차평균의 원리

다몰라씨의 질문 : 그런데 왜 귀찮게 차변과 대변으로 나누어 적어? 그냥 수입과 지출만 쭉 적으면 되지?

다알아씨의 답변 : 회계에서 모든 거래는 차변과 대변으로 나누어 적게 되면, 실무자의 판단에 따라 계정과목은 다르게 적어도 금액은 반드시 일치하게 되는데, 이를 대차평균의 원리라고 해. 즉, 회계에서 거래가 발생하면 거래의 이중성에 따라 어떤 계정의 차변과 다른 계정의 대변에 같은 금액으로 기재되는데,

그러면, 아무리 많은 거래가 기재되더라도 계정 전체를 통해서 본다면, 차변 금액의

합계와 대변 금액의 합계는 반드시 일치하게 되고, 이는 장부의 오류를 찾아내는 중요한 역할을 하게 돼

📝 계정과목의 기재 방법

다몰라씨의 질문 : 그럼 계정과목의 기록방법에 대해서 정리해 줄 수 있어? 깔끔하게

다알아씨의 답변 : 야! 이제 정리까지 해달라고? 그래 다 준다 다 줘

우선 회계에서 거래가 발생하면

❶ 계정과목을 결정하고

❷ 해당 계정과목이 차변에 갈지 대변에 갈지를 결정해야 해

차변으로 가는 것은

❶ 자산의 증가 ❷ 부채의 감소

❸ 자본의 감소 ❹ 비용의 발생이고

대변으로 가는 것은

❶ 자산의 감소 ❷ 부채의 증가

❸ 자본의 증가 ❹ 수익의 발생이야.

즉, 분개 시에는 자산, 부채, 자본, 수익, 비용 5개의 계정이 증가, 감소, 발생, 소멸에 따라 거래의 8요소를 구성해 상호 짝을 이루며, 차변과 대변을 구성하게 되는데,

실무자는

❶ 거래가 발생하면 계정과목을 결정한 후

❷ 해당 계정과목이 자산, 부채, 자본, 수익, 비용 중 어디에 속하는지를 우선 알아야 하고,

❸ 증가, 감소, 발생, 소멸에 따라 차변과 대변으로 보내면 각 거래가 장부에 기록되고, 아래와 같이 집계되어 차·대변이 자동으로 맞추어지게 복식부기는 되어 있어. 즉, 자동으로 맞춰져야 하는데, 안 맞으면 장부기장을 잘못한 것이니 오류를 찾아 수정해야 해.

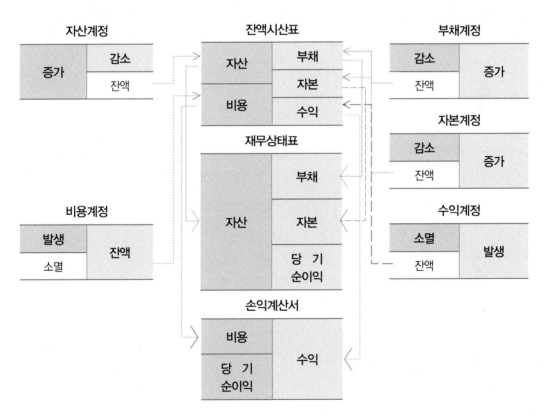

계 정		계정과목
재무상태표 계정	자산계정	현금, 외상매출금, 단기대여금, 미수금, 상품, 제품 등
	부채계정	외상매입금, 단기차입금, 미지급금, 사채 등
	자본계정	자본금, 자본잉여금, 이익잉여금 등

계 정		계정과목
손익계산서 계정	수익계정	매출, 임대료, 이자수익 등
	비용계정	매입, 임차료, 이자비용 등

다몰라씨의 질문 : 그럼 이제 분개하는 방법도 알았고, 차변과 대변으로 나뉘어 어떻게 기록되는지도 알았으니 거래가 발생하면

(차변) ××× (대변) ×××

으로 분개하면 되는 거지?

다알아씨의 답변 : 맞아 그런데 이건 이론적인 부분이고 실무에서는 실제 분개를 전표라는 장부를 통해서 해

다몰라씨의 질문 : 맞아 네가 프로그램을 열면 전표에 거래를 기록하게 되어 있던데, 전표가 뭐야?

다알아씨의 답변 : 한 마디로 분개를 하기 위해 만들어진 장부라고 보면 돼, 거래내용에 따라 알맞은 전표 발행을 하면 모든 거래내용이 차변과 대변으로 자동으로 찾아 들어가게 만들어진 분개 기초 장부라고 생각하면 돼, 물론 프로그램 없이 수기로 장부를 기록하는 경우 전표를 사용하지 않고 분개장이라는 장부를 작성하기도 하는데, 손으로 일일이 기록하기 너무 힘들어

다몰라씨의 질문 : 그래 우리도 하루에 거래 건이 몇 건 없을 때는 프로그램 없이 적어도 문제가 없었는데, 거래 건이 많아지니 일일이 손으로 적기도 힘들고 바쁘면 빼먹는 경우도 많더라고

그래서 내가 전격적으로 프로그램을 구매했지

그런데 한 가지 더 궁금한 게 있어

다알아씨의 답변 : 뭔데?

다몰라씨의 질문 : 그냥 복식부기만 하면 되는 거야? 뭔가 회계도 법이 있을 것 같은데?

다알아씨의 답변 : 맞아 회계도 법처럼 강력하지는 않지만, 회계를 규율하는 기업회계기준이라고 하는 여러 가지 규정이 존재해 그 내용은 아래에 표로 정리해두었어!

회계기준	적용대상 기업	근거법령
한국채택국제회계기준	주권상장법인 및 금융 회사	주식회사의 외부감사에 관한 법률
일반기업회계기준	주권상장법인 외의 외부감사대상 주식회사	
중소기업회계기준	외부감사를 받지 않는 주식회사	상법

🔒 지배회사의 연결재무제표 작성을 위해 종속회사가 비외감 또는 비상장 이더라도 K-GAAP 또는 K-IFRS를 적용이 가능하도록 허용

몰라야 지금까지 보면 네가 남편을 도와 회계를 하기 위해 가장 먼저 해야 할 게 무엇이겠니?

다몰라씨의 질문 : 당장 장부작성을 시작하려면 계정과목을 알고 전표를 발행해야겠지!

다알아씨의 답변 : 그래서 내가 계정과목에 대해 정리해둔 노트를 빌려줄 테니 다음 시간까지 외워오는 게 숙제야

다몰라씨의 질문 : 전에도 한 번 외우려고 했는데, 어렵고 귀찮던데, 다음에 외우면 안 될까? 거래 발생할 때마다 보고하면 되잖아?

그리고 프로그램에서 자동 분개도 해주는데

다알아씨의 답변 : 핑계 대면서 계정과목을 안 외울 거면 일찌감치 경리업무 안 하는 것이 좋아. 왜냐하면, 경리업무에 있어서 계정과목이 그만큼 중요하다는 의미야.

계정과목은 기본으로 외워야 하며, 이를 암기 하지 않으면 다음으로 넘어가면 절대 안 돼

반드시 암기한 후 원리를 비교해 보면서 분개 연습까지 해봐야 해

명심해야 한다. 계정과목을 머리에 다 넣지 않았다면 앞으로 나가면 안 된다는 것

내 노트는 계정과목을 최대로 요약해서 설명해 놓은 것이니 더 깊이 계정과목을 알고 싶으면 관련 도서를 구입해서 보면 각각의 계정과목별로 정의와 함께 분개 사례까지 자세히 나와 있어

다몰라씨의 질문 : 네가 한 권 사서 선물해주면 안 되냐?

다알아씨의 답변 : 책은 자기 돈 주고 사야, 아까워서 공부하니까 너 돈 주고, 너가 사

경리업무를 위해서 반드시 외워야 할 계정과목

📝 재무상태표 계정과목 해설

차 변(증가는 차변, 감소는 대변)			대 변(증가는 대변, 감소는 차변)		
계정과목		해설	계정과목		해설
당좌예금		당좌거래와 관련한 예금	당좌차월		당좌예금 잔액을 초과하여 발행한 수표 금액(사전약정 체결)
유동자산	매출채권 외상매출금	재고자산을 판매하고 대금을 나중에 받기로 한 것	유동부채	매입채무 외상매입금	재고자산을 구입하고 대금을 나중에 지급하기로 한 것
	받을어음	재고자산 대금결제를 어음으로 받은 경우		지급어음	재고자산 대금결제를 어음으로 한 경우
	단기대여금	타인에게 빌려준 금액(결산일로부터 1년 이내)		단기차입금	타인에게 빌린 금액(결산일로부터 1년 이내)
	미수금	재고자산을 제외한 유형자산 등을 팔고 대금을 나중에 받기로 한 것		미지급금	재고자산을 제외한 유형자산 등을 사고 그 대금을 나중에 지급하기로 한 것
	미수수익	외부에 용역을 제공하고 그 대가를 당기에 받아야 하는데, 아직 받지 못한 수익을 말한다.		선수수익	대금을 받고 용역을 제공해야 하는데, 결산 기말 현재 용역을 제공하지 않은 경우
	선급금	제품을 인도받기 전 대금을 미리 지급한 경우		선수금	제품을 인도하기 전 그 대금을 미리 받은 것

차 변(증가는 차변, 감소는 대변)			대 변(증가는 대변, 감소는 차변)		
계정과목		해설	계정과목		해설
유동자산	대급금	국가나 타인에게 내야 할 금액을 제3자에게 미리 지급한 금액	유동부채	예수금	국가나 타인에게 줘야 할 금액을 제3자에게 받아서 보관하고 있는 금액
	선급비용	아직 제공받지 않은 용역에 대해서 결산일 현재 이미 지급한 비용		미지급비용	이미 제공받은 용역에 대해서 결산일 현재 아직 지급하지 않은 비용
	가지급금	대표이사에게 일시적으로 돈을 빌려준 것		가수금	대표이사에게 일시적으로 차입한 돈
	부가세대급금	물품 등을 살 때 상대방에게 준 부가가치세		부가세예수금	물품 등을 팔 때 상대방으로부터 받아둔 부가가치세
	선납세금	예금이자에 대한 이자소득세 등 원천징수나 중간예납과 같이 미리 낸 세금		미지급법인세	법인세 미지급액 등과 같이 내야 할 세금을 아직 내지 않은 세금

🗂 자산

계정과목		해 설
당좌자산	현금 및 현금성 자산	• 현금 : 통화, 통화대용증권 • 현금성 자산 : 3개월 내 현금화 가능 • 통화 및 타인발행수표, 보통예금, 당좌예금, 우편환증서, 기일도래공사채 이자표, 배당금지급통지표, 지점전도금, 가계수표, 송금환, 자기앞수표, 타인이 발행한 당좌수표
	단기금융상품	• 1년 이내 도래하는 금융상품 • 정기예금, 정기적금, 양도성 예금증서(CD), 예금관리계좌(CMA), 기업어음(CP), 환매체(RP), 사용이 제한되어있는 예금을 말한다.
	당좌예금	당좌거래와 관련한 예금
	보통예금	보통예금 입·출금
	기타제예금	기타 달리 분류되지 않는 예금
	정기예금	각종 정기예금 입·출금
	정기적금	각종 정기적금 입·출금

계정과목		해 설
당좌자산	단기매매금융자산	• 단기 보유목적의 시장성 있는 주식 · 채권 • 주식, 국 · 공채, 지방채, 수익증권, MMF 등(1년 이내 유가증권)
	매출채권	• 일반적 상거래(재고자산 판매 미수채권)에서 발생한 외상매출금과 받을어음 • 일반적 상거래에서 발생하지 않은 미수채권(재고자산 외 판매 미수채권)은 미수금
	외상매출금	상품 또는 제품(재고자산)을 매출하고 대금을 외상으로 한 경우
	받을어음	상품 또는 제품(재고자산)을 매출하고 대금을 어음으로 받은 경우(전자어음도 포함)
	단기대여금	상대방에게 차용증이나 어음을 받고 돈을 빌려준 경우(빌린 경우는 차입금)로서 그 회수가 결산일 이후 1년 이내에 가능한 경우(대여 기간 1년 이내, 1년이 넘는 경우 장기대여금)
	종업원대여금	업무와 관련 없이 종업원에게 대여해 준 것(일반 대여금과 구분)
	미수금	• 기업의 고유한 사업 이외(재고자산 이외 판매 미수채권)의 사업에서 발생 되는 미수채권 • 근로소득세(환급받을 근로소득세 · 연말정산 환급액 등), 건강보험료환급액, 건물의 처분 후 대금 미수취액, 계약 파기 후 반환받지 못한 계약금, 부가가치세 환급액, 공사대금 미수액(공사미수금)
	공사미수금	건설업의 공사 관련 미수금(일반 미수금과 구분)
	미수수익	• 수익을 발생시키는 용역의 제공이 최종적으로 완료되지는 않았지만, 용역의 공급에 따른 기간이 경과함에 따라 이미 제공된 용역에 대해서 수익으로 인식하고, 그 대가에 대한 회수 시점이 도래하지 않았을 때 사용하는 자산계정이다. 즉 용역의 제공이 당기에서 시작해 차기까지 계속되는 경우 당기분에 제공된 용역에 대해서 인식하는 것이다. • 국 · 공채이자 미수, 국 · 공채의 보유로 인한 기간경과 이자, 사채이자 미수금, 예금 · 적금 미수이자, 임대료 미수금, 정기예금 기간 경과로 발생한 이자, 정기적금 기간 이자로 발생한 이자
	선급금	• 선급금은 상품 또는 원자재를 매입하거나 제품 외주가공을 위해 금액을 먼저 지급한 것을 말한다. 즉 일종의 계약금으로 결산일까지 아직 물건을 안 받은 경우 재무제표에 생기는 계정과목이다. • 선급금은 일반적인 상거래로 발생하며, 상품이나 재고자산 등을 청구할 권리이다.
	선급비용	• 일정기간동안 용역을 제공받기로 하고 미리 돈을 선지급했는데, 아직 용역을 제공받지 않아서 비용으로 인식하지 않은 부분이다. • 고용보험료 · 광고료 · 보증보험료 · 산재보험료 · 임차료 · 지급이자 기간미경과분

계정과목		해 설
당좌자산		• 임차자산 도시가스 설치비용과 인테리어(임차인이 부담 시)비용은 장기선급비용으로 처리 후 임차 기간동안 나누어서 임차료로 대체 처리하거나 유형자산 계상 후 감가상각비 처리) 비용
	선납세금	• 세금이 확정되기 전에 미리 낸 세금 • 소득세나 법인세의 중간예납 세액, 원천징수 당한 세액
	부가세대급금	물건이나 용역을 구입할 때 상대방에게 지불하는 부가가치세 부담분
	전도금	회사의 업무와 관련하여 경비 확정 전 일시 지급한 금액(지점이나 영업소 운영자금)
	가지급금	• 대표이사가 임의로 가져간 금액 • 임직원의 가불이나 출장비 미정산 등 지출 원인이 명확하지 않은 금액
	이연법인세자산	차감할 일시적 차이, 이월공제 가능한 세무상 결손금이나 이월공제 가능한 세액공제 및 소득공제 등으로 인해서 미래의 실제 납부 시점에 경감될 법인세 부담액
재고자산	상품	도·소매업을 영위하는 기업이 판매를 목적으로 외부로부터 매입한 모든 물품
	제품	제조기업이 판매할 목적으로 제조해서 보유하고 있는 최종 생산품이나 부산물
	완성건물	건설업의 완성건물
	원재료	제품을 제조하기 위해서 소비되는 재료
	건설용지	건설업의 건설용 토지
	가설재	가설재(건설업)
	재공품	생산과정이나 서비스를 제공하는데, 사용되는 원재료, 노무비, 기타 경비를 집계하는 계정. 즉 생산과정 중에 있는 원가의 집계 계정
	반제품	제품이 2개 이상의 공정을 거쳐서 완성되는 경우 1개 또는 수 개의 공정을 종료하였으나 아직 미완성제품의 단계에 있는 중간생산물을 처리하는 계정 완성품은 아니지만 그대로 매각(= 부분품)되든지 또는 다음의 공정에 투입할 수 있는 물품(= 중간제품)을 처리하는 계정과목이다.
	부산물	기업이 판매를 목적으로 생산하는 주요 제품의 생산과정에서 필연적으로 발생하는 불량품으로써, 제품에 비해 그 판매 가치나 중요성이 떨어지나 그대로 또는 가공한 다음 판매하거나 이용할 수 있는 상품
	작업폐물	제품의 제조과정에서 소비된 재료로부터 발생하는 폐기물로서, 경제적 가치가 있는 것.
	매입부분품	타 기업으로부터 구입한 부분을 가공하지 않고 구입한 상태 그대로 제품 또는 반제품에 부착하는 물품

계정과목		해 설
	저장품	생산과정이나 서비스를 제공하는데, 사용될 소모품, 소모공구기구, 비품 및 수선용 부분품 등의 보관 물품.
	미착품	외국에서 상품을 수입해서 수송과정 중에 있는 상품
	적송품	위탁판매 계약에 따라 위탁판매를 위해 판매를 대행하는 회사에 보관 중인 상품
투자자산	장기성예금	장기적 자금 운용목적이거나, 결산일(일반적으로 12월 31일)로부터 1년 이후에 만기가 도래하는 금융상품
	매도가능금융자산	유가증권 중 단기매매금융자산이나 만기보유금융자산 및 지분법적용투자주식으로 분류되지 않은 것을 제외한 1년 초과 주식 등
	만기보유금융자산	만기가 확정된 채무증권으로서 상환금액이 확정되었거나 확정이 가능한 채무증권을 만기까지 보유할 적극적인 의도와 능력이 있는 것
	투자부동산	투자 목적으로 소유하고 있는 영업활동에 사용하지 않는 토지와 설비자산
	보증금	사무실, 공장 등의 임차보증금. 전세권·전신전화가입권(전화 가입 시 낸 보증금)·임차보증금·영업보증금 등
	장기대여금	대여기간이 1년을 초과해서 기업의 자금을 대여한 것
	부도어음	받을어음이 부도 난 경우 최종 처리 시까지 부도어음으로 관리
유형자산	토지	• 영업(생산)활동에 사용하는 토지 • 공장, 사무소, 주차장, 사택, 운동장 등의 부지 및 개발부담금
	건물	• 영업(생산)활동에 사용하는 건축물 • 지붕이나 둘레 벽을 갖추고 있는 공장, 사무실, 영업소, 기숙사, 사택, 차고, 창고, 건물 부속 설비, 점포 등과 건물 본체 이외에 이에 부수되는 전기시설, 배수, 급수, 위생 세면대, 가스설비, 냉난방 보일러, 승강기 및 감리료, 건설기간 중의 보험료, 건설자금이자, 등록면허세, 취득세
	차량운반구	• 영업(생산)활동에 사용하는 차량과 운반구 • 철도차량, 화물자동차, 승용자동차, 지게차, 중기 및 기타의 육상운반구
	기계장치	• 영업(생산)활동에 사용하는 기계와 부속 설비 • 가반식 컨베어, 공작기기, 기중기, 디젤파일 햄머, 배사관, 베처, 플랜트, 아스팔트 플랜트, 측량용 카메라, 콘베어(컨베이어)
	구축물	토지 위에 정착된 건물 이외에 화단, 가로등, 다리, 정원, 철탑, 포장도로, 가스저장소, 갱도, 건물 취득 시 내부 인테리어 비용(임차인), 교량, 굴뚝, 궤도, 정원설비 및 기타의 토목 설비 또는 공작물

계정과목		해 설
유형자산	건설중인자산	유형자산의 건설을 위한 재료비, 노무비 및 경비로 하되, 건설을 위해서 지출한 도급금액을 포함한다. 또한, 유형자산을 취득하기 위해서 지출한 계약금 및 중도금도 유동자산 중 당좌자산의 '선급금(재고자산의 선급액)'이 아닌 비유동자산 중 유형자산의 "건설중인자산"으로 처리해야 함에 유의한다.
	비품	내용연수가 1년 이상이고 일정 금액 이상의 사무용 비품(책상, 의자, 에어컨, 캐비닛, 컴퓨터, 팩시밀리, 복사기)을 처리하는 계정을 말한다. 그러나 그 금액이 소액인 경우는 이를 소모품비로 처리한 후 기말에 남은 것에 대해서는 저장품 계정으로 대체한다.
	공구와기구	• 세법상으로는 100만 원을 초과하는 것(이하 : 소모품) • 공기구 계정은 기업이 소유하고 있으면서 자기의 경영목적을 위해서 사용하고 있는 내용연수 1년 이상인 제조용 제 공구와 제 기구
무형자산	영업권	합병·영업양수 및 전세권 취득 시 대가를 지급하고 취득한 권리
	산업재산권	특허권·실용신안권·의장권·상표권 등의 무형 권리
	특허권	특허와 관련한 권리를 금전적 가치로 계상한 것으로 부대비용 포함
	상표권	특정 상호가 상표법에 의하여 등록된 경우 그 가치
	실용신안권	제품 등을 현재 상태보다 사용하기 편하게 만든 것
	의장권	의장과 관련한 권리
	면허권	면허권 취득과 관련한 비용(건설업 면허 등)
	저작권	저작권법상의 저작권(복제권, 공연권, 저작물, 방송권, 전용권, 전사권, 배포권) 및 저작인접권(실연, 음반, 방송) 등을 취득하기 위하여 지출
	개발비	특정의 신제품 또는 신기술 개발단계에서 발생하는 지출 • 개발비는 무형자산으로서 재무상태표에 자산으로 기록된다. • 회사에서 정한 상각기간동안 매년 감가상각비로 비용처리되어 일정기간동안 상각하여 처리된다. • 개발비는 선택적으로 정하는 것이 아니고 기준이 충족되어야만 가능하다. 　1. 자산을 완성시킬 수 있는 기술적 실현가능성 　2. 사용하거나 판매하려는 기업의 의도 　3. 사용하거나 판매할 수 있는 기업의 능력 　4. 미래 경제적 효익의 내용(산출물, 시장의 존재, 내부적 사용의 유용성 등) 　5. 기술적, 금전적 자원의 확보 　6. 지출의 신뢰성 있는 구분 측정

계정과목		해 설
무형자산		• 생산이나 사용 전의 시제품과 모형을 설계, 제작, 시험하는 활동 • 새로운 기술과 관련된 공구, 지그, 주형, 금형 등을 설계하는 활동 • 상업적 생산 목적으로 실현가능한 경제적 규모가 아닌 시험공장을 설계, 건설, 가동하는 활동 • 신규 또는 개선된 재료, 장치, 제품, 공정, 시스템이나 용역에 대하여 최종적으로 선정된 안을 설계, 제작, 시험하는 활동
	소프트웨어	• 고가의 소프트웨어 구입비, 개발비 • 기업이 업무 자동화를 위한 업무 시스템의 구축 및 소프트웨어의 개발을 위하여 착수 시점으로부터 시스템의 정상적인 가동 전, 또는 개발된 소프트웨어의 정상적인 운용까지에 발생한 지출

📂 부채

계정과목		해 설
유동부채	당좌차월	당좌예금 잔액을 초과하여 발행한 수표 금액(사전약정 체결)
	매입채무	일반적 상거래(재고자산 판매 미수채권)에서 발생한 외상매입금과 지급어음
	외상매입금	상품 또는 제품을 매입(재고자산)하고 대금을 외상으로 한 경우
	지급어음	상품 또는 제품을 매입(재고자산)하고 대금을 어음으로 준 경우
	단기차입금	• 돈을 빌려서 사용한 후 결산일 이후 1년 이내에 상환해야 할 채무 • 금융기관 차입금, 주주·임원·종업원의 단기차입금, 어음 단기차입금, 당좌차월, 신용카드 현금서비스, 마이너스통장 마이너스 사용액, 대표자 가수금
	미지급금	기업의 고유한 사업 이외(재고자산 이외 판매 미수채권)의 거래나 계약 등에 의하여 이미 지불할 것이 확정된 채무 중 아직 지급이 완료되지 않은 것으로서, 재무상태표 일(결산일)로부터 1년 이내에 상환하기로 되어 있는 채무를 말한다.
	미지급비용	• 일정한 계약에 따라 계속적으로 용역을 제공받고 있는 경우에 이미 제공받은 용역에 대해서 결산일 현재 아직 지급기일이 도래하지 않은 비용을 말한다. • 미지급이자, 미지급사채이자, 미지급급여, 미지급 임차료, 미지급보험료
	선수금	거래처로부터 상품 또는 제품(재고자산)을 주문받고 인도하기 전에 대금의 전부 또는 일부를 받은 경우로서, 상품이나 제품이 인도되거나 용역의 제공되면 선수금으로 사라진다.

계정과목		해 설
유동부채	선수수익	• 계약에 따라 대금을 받고 일정 기간 지속적으로 용역을 제공하기로 약정하고 수취한 금액 중 결산 기말 현재 용역을 제공하지 않고 차기 이후에 제공되는 용역 금액을 말한다. • 선수수익은 부채이긴 하지만 금전을 통해 변제하지 않고 지속적인 용역의 제공을 통해 변제되는 부채라는 게 특징이다
	예수금	부가가치세나 근로소득세, 4대 보험 예수금과 같이 기업이 타인(거래처, 소비자, 임직원)으로부터 일단 금전을 받아서 가지고 있다가 타인을 대신해서 제3자(세무서, 공공기관, 기타 제3자)에게 금전으로 반환해야 할 금액. 즉 대신 내기 위해 잠시 맡아둔 금액
	부가세예수금	부가가치세예수금은 과세사업자가 제품·상품 등을 판매할 때 상품가격에 추가로 받은 부가가치세를 말한다. 구매자에게 받아두었다가 나중에 부가가치세 신고 때 내야 하는 금액이므로 예수금처리한다.
	미지급배당금	주주총회에서 배당선언이 된 배당금이지만, 아직 지급이 안 된 배당금을 말한다.
	미지급법인세	회계연도 말 현재 당해 회계연도에 부담해야 할 법인세와 소득할 지방소득세 미납부 금액을 말한다.
	가수금	입금자가 불분명한 금액, 그 밖에도 함께 정리할 사항이나 금액이 있으므로 미리 처리할 수 없는 경우 등 정확한 계정과목명이 확정될 때까지 임시로 처리해 둔 계정과목
	단기충당부채	과거 사건이나 거래의 결과에 대한 현재의 의무로서 현시점에는 지출의 시기 또는 금액이 불확실하지만, 그 의무를 이행하기 위해서 자원이 유출될 가능성이 매우 크고, 또한 당해 금액을 신뢰성 있게 추정할 수 있는 "충당부채" 중 재무상태표 일로부터 1년 이내에 소멸될 것으로 추정되는 금액
	유동성장기부채	비유동부채 중 1년 이내에 상환될 부채를 말한다.
	이연법인세부채	세무조정 상의 일시적 차이로 인하여 미래에 부담하게 될 법인세 부담액이다.
비유동부채	장기차입금	금융기관 등으로부터 돈을 빌려오고 사용 후 결산일로부터 1년이 지나서 갚아도 되는 돈을 말한다.
	외화장기차입금	외화로 빌린 차입금(일반 장기차입금과 구분)
	사채	주식회사가 거액의 자금을 조달하기 위해서 일정액을 표시하는 채권을 발행해서 다수인으로부터 조달한 금액으로 1년 이후에 상환기일이 도래하는 회사채 금액
	신주인수권부사채	유가증권의 소유자가 일정한 조건으로 신주인수권을 행사할 수 있는 권리가 부여된 사채

계정과목	해 설
전환사채	유가증권의 소유자가 일정한 조건으로 전환권을 행사할 수 있는 사채로서, 권리를 행사하면 보통주로 전환되는 사채
퇴직급여충당부채	회사가 회계연도 말 현재 퇴직금제도 및 확정급여형 퇴직연금제도에 의해 퇴직급여를 지급해야 하는 경우 종업원이 일시에 퇴직할 때 지급해야 할 퇴직금에 상당하는 금액
장기제품보증충당부채	장기제품보증충당부채는 판매 후 품질 등을 보증하는 경우 그 의무를 이행하기 위해 발생하게 될 것으로 추정되는 충당부채 금액
장기미지급금	상품이나 제품이 아닌 물품의 구입, 용역의 제공 등 기업의 일반적 상거래 이외에서 발생한 채무 중 결산일로부터 1년 이후에 지급해야 하는 미지급금액
장기선수금	거래처로부터 상품 또는 제품을 주문받고 제공하기 전에 미리 받은 대금 중 결산일로부터 1년 이후에 제공해도 되는 경우
장기선수수익	계약에 따라 대금을 받고 결산 기말 현재 용역을 제공하지 않은 때에는 동 금액에 대해서 처리하는 계정으로 결산일로부터 1년 이후에 발생하는 선수수익

🗂 자본

개인회사 자본금

계정과목	해 설
자본금	개인기업에서는 자본의 증감 변화를 자본금계정에서 처리한다. 자본의 출자, 추가 출자, 당기순이익의 발생은 자본금계정 대변에, 출자금을 인출하거나 당기순손실이 발생하면 이 계정 차변에 기입한다. 자본금계정의 잔액은 대변에 발생하며, 이는 자본금의 현재액을 나타낸다.
인출금	기업주가 개인적으로 기업의 자금을 인출 하면 인출금 계정 차변에 기입하고, 반환한 인출액이나 추가 출자액은 그 대변에 기입한다. 그리고 인출금 계정은 기말 결산일에 계정 잔액을 자본금계정에 대체한다.

법인의 자본금

계정		해 설
자본금	보통주자본금	보통주 발행에 의한 자본금을 말한다. 회사가 발행한 주식의 총 액면금액을 말한다.

계정		해 설
자본금	우선주자본금	우선주 발행에 의한 자본금을 말한다. 우선주는 보통주에 대해서 배당이나 기업이 해산할 경우 잔여재산의 분배 등에서 우선권을 갖는 주식을 말한다.
자본 잉여금	주식발행초과금	주식발행가액이 액면가액을 초과하는 금액
	감자차익	자본감소의 경우에 그 자본금의 감소금액이 주식의 소각, 주금의 반환에 든 금액과 결손의 보전에 충당한 금액을 초과한 때에 그 초과 금액
	자기주식처분이익	자기주식의 처분 시 처분가액이 취득원가를 초과하는 경우
이익 잉여금	이익준비금	상법 규정에 따라 금전(현금) 배당액의 10% 이상을 50%에 달할 때까지 적립한 금액
	기타법정적립금	상법 이외의 법에 의한 적립금(재무구조개선적립금)
	임의적립금	회사 임의의 목적에 의해 적립된 금액
	미처분이익잉여금(또는 미처리결손금)	미처분이익잉여금은 기업이 영업활동을 한 결과 얻게 된 순이익금 중에서 임원의 상여금이나 주식배당 등의 형태로 처분되지 않은 부분
자본 조정	주식할인발행차금	주식을 액면가액 이하로 발행하는 경우 액면가액과 발행가액의 차이
	주식매수선택권	회사의 임직원 또는 기타 외부인이 행사가격으로 주식을 매입하거나 보상기준가격과 행사가격의 차액을 현금 등으로 받을 수 있는 권리
	출자전환채무	채무자가 채무를 갚기 위해 채권자에게 지분증권을 발행하는 출자전환에 합의하였으나 출자전환이 즉시 이행되지 않는 경우 출자전환을 합의한 시점에 발행될 주식의 공정가액을 자본조정의 '출자전환채무'로 대체하고 조정 대상 채무와의 차액은 채무조정이익으로 처리
	감자차손	자본금의 감소금액이 주식의 소각, 주금의 반환에 소요된 금액에 미달하는 금액
	자기주식처분손실	자기주식을 처분하는 경우 발생하는 손실로서 자기주식처분이익을 차감한 금액
	배당건설이자	회사는 그 목적인 사업의 성질에 의해서 회사성립 후 2년 이상 그 영업의 전부를 개시하기가 불능하다고 인정한 때에는 정관으로 일정한 주식에 대해서 그 개업 전 일정한 기간 내에 일정한 이자(이율은 연 5%를 초과하지 못함)를 그 주주에게 배당할 수 있음을 정할 수 있으며, 배당금액은 개업 후 연 6% 이상의 이익을 배당하는 경우는 그 6%를 초과한 금액과 동액 이상을 상각해야 한다.

계정		해 설
	미교부주식배당금	이익잉여금처분계산서상의 주식배당액
	신주청약증거금	청약에 의한 주식발행 시 계약금으로 받은 금액
기 타 포괄적 손 익	매도가능금융자산평가손익	단기매매금융자산이나 만기보유금융자산으로 분류되지 않은 유가증권을 공정가액으로 평가함에 따라 발생한 미실현 보유손익
	해외사업환산손익	영업·재무 활동이 본점과 독립적으로 운영되는 해외지점, 해외사업소 또는 해외소재 지분법 적용 대상 회사의 외화자산·부채를 당해 자산·부채는 재무상태표일 현재의 환율을, 자본은 발생 당시의 환율을 적용하며, 손익항목은 거래 발생 당시의 환율이나 당해 회계연도의 평균환율을 적용해서 일괄 환산함에 따라 발생하는 환산손익
	현금흐름위험회피파생상품평가손익	파생상품이 현금흐름 위험회피회계에 해당하는 경우 당해 파생상품을 공정가액으로 평가함에 따라 발생하는 평가손익

📝 손익계산서 계정과목 해설

📂 매출총손익(매출과 매출원가)

계정과목		해 설
매출액	상품매출	도·소매업 매출
	제품매출	제조업 매출
	공사수입금	건설업 매출
	매출	기타매출
매출원가	상품매출원가	기초상품 + 당기 상품 매입액 – 기말상품 재고액
	제품매출원가	기초제품 + 당기 제품 매입액 – 기말제품 재고액
	매입	매입 즉시 매출원가로 처리하는 경우

계정과목	해 설	
매출 차감	**구 분**	**내 용**
	매출 에누리	매출에누리는 고객에게 물품을 판매한 후 그 물품의 수량 부족이나 불량품 발생 등으로 인해서 판매대금을 감액해주는 것을 말한다. 예를 들어 100개의 물건을 팔았는데 2개가 불량품인 경우 동 불량품을 정상가액에서 차감해 주는 경우를 말한다.
	매출환입	매출환입은 주문한 물품과 다른 물품의 인도 또는 불량품 발생 등으로 인해서 판매 물품이 거래처로부터 반송된 경우 그 금액을 말한다.
	매출할인	매출할인은 매출 대금을 그 지급기일 이전에 회수함으로써 회수기일까지의 일수에 따라 일정한 금액을 할인해주는 것을 말한다. 즉 미리 외상 대금을 받음으로 인해 받을 금액에서 일정액을 차감해 주는 것을 말한다.
매출원가	매출원가는 매출을 실현하기 위한 생산이나 구매과정에서 발생한 재화와 용역의 소비액 및 기타 경비를 말한다. 판매업에서 매출원가는 기초상품재고액과 당기상품매입액의 합계액에서 기말상품재고액을 차감해서 산출되며, 제조업에서는 기초제품재고액과 당기제품제조원가의 합계액에서 기말제품재고액을 차감해서 산출된다.	
	상품매출원가	기초상품 + 당기 상품 매입액 − 기말상품 재고액
	제품매출원가	기초제품 + 당기 제품 매입액 − 기말제품 재고액
	매입	매입 즉시 매출원가로 처리하는 경우

계정과목	해 설	
매출원가 차감	**구 분**	**내 용**
	매입에누리	매입에누리는 물품을 구입한 후 그 물품의 수량 부족이나 불량품 발생 등으로 인해서 구매대금을 감액받는 것을 말한다.
	매입환출	매입환출이란 주문한 상품과 상이한 물품의 인도 등으로 인해서 구매 물품을 거래처로 반송한 경우 그 금액을 말한다.
	매입할인	매입할인은 매입대금을 그 지급기일 이전에 지급함으로써 지급기일까지의 일수에 따라 일정한 금액을 할인받는 것을 말한다.

📂 영업손익(매출총손익 - 판매비와 관리비)

영업손익 = 매출총손익 - 판매비와 관리비

계정과목	해 설
급여	• 직원에게 노무제공의 대가로 지급하는 금액
임원 급여	• 임원 등의 급여(소기업은 구분할 필요 없이 급여에 포함)
상여금	• 직원 상여금 지급규정에 따라 추가로 지급하는 금액(소기업은 구분할 필요 없이 급여에 포함)
제수당	• 기본급 외 제 수당(소기업은 구분할 필요 없이 급료에 포함)
잡금	• 임시직원 및 일용직 근로자 급료 및 임금(소기업은 구분할 필요 없이 급여에 포함)
복리후생비	• 급여와 별도로 임직원의 복리후생을 위해 지급하는 금액 • 식대, 차대, 4대 보험 중 회사 부담금, 직원 경조사비, 회식비, 생수 · 음료수 · 커피 대금, 야유회 경비, 피복비, 구내식당 운영비
여비교통비	• 직무와 관련한 출장 시 버스요금, 택시요금, 시내 출장비, 숙박비 등으로 사용한 금액
접대비(=기업 업무추진비)	• 사업상 거래처와 관련해서 지출하는 비용 • 거래처 접대비, 거래처 선물대, 거래처 경조사비 등
통신비	• 전화, 우편, 핸드폰 등의 사용 대가로 지출하는 비용 • 전화요금, 핸드폰 요금, 정보통신 요금, 각종 우편요금 등
수도광열비	• 수도, 전기, 가스 등을 사용 대가로 지출하는 비용 • 수도요금, 가스요금, 난방비용 등
전력비	• 사무실 전기요금
세금과공과	• 국가, 지방자치단체의 세금과 사업상 관련 단체의 회비로 지급하는 금액 • 재산세, 인지대, 등록면허세, 지방소득세, 환경개선부담금, 수입증지 등
감가상각비	• 유형자산(건물, 비품, 차량 등)의 가치감소분
임차료	• 부동산 등 유형자산을 빌려 쓰고 그 대가로 지급하는 금액 • 사무실 임차료, 공장 임차료, 정수기 임차료, 복사기 임차료
수선비	• 건물, 차량운반구, 기계장치 등 유형자산의 수리 대가로 지급하는 비용 • 사무실 수리비, 비품 수리비, 차량 수리비 등
보험료	• 위험 상황에 대비해 보험 가입 후 보험사에 납부하는 금액 • 건물화재보험료, 승용자동차 보험료 등

계정과목	해 설
차량유지비	• 업무용 차량의 운행과정에서 발생하는 비용 • 유류대, 주차요금, 통행료, 자동차 수리비, 검사비 등
연구개발비	• 신기술의 개발 및 도입과 관련하여 지출하는 경상적인 비용
운반비	• 상품매출 시 발송비로 지급하는 금액(상품이나 유형자산의 구매과정에서 발생하는 운반비는 해당 자산의 원가에 가산한다.) • 택배 요금, 퀵서비스 요금 등
교육훈련비	직원교육 및 업무훈련과 관련하여 지급한 금액
도서인쇄비	신문대, 도서 구입비, 서식 인쇄비, 복사요금, 사진 현상비, 명함, 고무인 제작비, 명판대
회의비	업무 회의와 관련하여 지출하는 각종 비용(다과비 등으로 복리후생비로 처리해도 된다.)
포장비	상품 등의 포장과 관련한 지출 비용(상품이나 유형자산의 구매과정에서 발생하는 포장비는 해당 자산의 원가에 가산한다.)
사무용품비	문구류 구입대금, 서식 구입비 등(소모품비에 포함해서 처리해도 된다.)
소모품비	각종 위생용 소모품, 철물 및 전기용품, 기타 소모품
대손상각비	외상매출금, 미수금 등의 회수가 불가능한 금액
지급수수료	• 인적용역을 사용한 대가로 지급하는 대가 • 기장 수수료, 송금, 각종 증명발급, 추심, 신용보증, 보증보험 수수료, 홈페이지 유지비, 전기 가스 점검 및 환경측정 수수료, 신용조회 수수료
판매수수료	판매와 관련하여 지급한 수수료
보관료	물품 등의 보관 대가로 지급하는 비용
광고선전비	• 상품 판매의 촉진을 위해 TV, 신문 매체 광고 시 지급하는 금액 • TV, 신문, 잡지광고비, 홈페이지제작비, 등록비 등 광고비용
판매촉진비	판매촉진과 관련하여 지출하는 비용
수출제비용	수출과 관련한 제비용을 통합해서 처리하는 계정과목
무형자산상각비	무형자산의 가치감소분에 대해서 상각한 금액(유형자산의 감가상각비와 같은 성격)
견본비	견본품 등의 구입과 관련한 비용
잡비	오폐수처리비, 세탁비, 소액 교통사고 배상금, 방화관리비, 청소용역비 등 기타 달리 분류되지 않는 각종 비용

📂 법인세 비용 차감 전 순손익

법인세 비용 차감 전 순손익=(영업손익 + 기타수익 + 금융수익)− (기타비용 + 금융비용)

기타수익과 금융수익

계정과목	해 설
이자수익	• 제3자에게 돈을 빌려주고 그 대가로 받는 이자 금액 • 예금 및 적금이자, 대여금 이자수익 등
배당금수익	소유주식에 대해서 회사로부터 받는 배당금
임대료	부동산 임대수입
단기매매증권 처분이익	단기매매증권 처분 시 발생하는 이익
외환차익	• 환율 변동에 따른 환율 차이로 인해 발생하는 이익 금액 • 외화자산, 부채의 회수 및 상환 시 환율 변동으로 발생하는 이익
외화환산이익	외화를 원화로 환전하지 않고 결산일의 환율을 적용한 결과 발생하는 이익
수수료 수익	용역(서비스)의 제공으로 받는 수수료 금액
관세환급금	관세를 환급받는 금액(매출원가 차감)
판매장려금	매입처로부터 받은 판매장려금
유형자산처분이익	유형자산처분 시 발생하는 이익
투자자산처분이익	투자자산처분 시 발생하는 이익
단기매매금융자산 처분이익	단기투자 목적의 시장성 있는 유가증권을 장부가 이상으로 처분했을 때 발생하는 이익 금액
단기매매금융자산 평가이익	결산일에 단기투자 목적의 시장성 있는 유가증권의 공정가(시가)가 장부가보다 클 경우 그 차이에 해당하는 금액
국고보조금	정부출연금, 정부보조금, 고용 관련 보조금 등 국가로부터 지원받은 금액
잡이익	기타 달리 분류되지 않는 이익
자산수증이익	주주나 임직원, 제3자로부터 무상으로 받은 금액

계정과목	해 설
채무면제이익	주주나 임직원, 제3자로부터 면제받은 채무 금액
보험차익	보험피해 금액 보다 보상받은 금액이 큰 경우 그 큰 금액

기타비용과 금융비용

계정과목	해 설
이자비용	• 타인 자본을 이용한 대가로 지급하는 이자금액 • 지급이자, 어음할인료 등
외환차손	• 환율 변동에 따른 환율 차이로 인해 발생하는 손실 금액 • 외화자산, 부채의 회수 및 상환 시 환율 변동으로 발생하는 손실
외화환산손실	외화를 원화로 환전하지 않고 결산일의 환율을 적용한 결과 발생하는 손실
기부금	교회 및 사찰헌금, 학교 기부금, 불우이웃돕기 성금 등
단기매매금융자산 처분손실	단기투자 목적의 시장성 있는 유가증권을 장부가 이하로 처분하였을 때 발생하는 손실 금액
단기매매금융자산 평가손실	결산일에 단기투자 목적의 시장성 있는 유가증권의 공정가액이 장부가액보다 작은 경우 그 차이에 해당하는 금액
재고자산감모손실	재고자산의 장부수량 보다 실제 수량이 작은 경우 차이에 해당하는 금액
재고자산평가손실	재고자산의 평가 결과 발생한 손실 금액
유형자산처분손실	유형자산을 장부가 이하로 처분했을 때 발생하는 손실 금액
투자자산처분손실	투자자산의 처분 시 발생하는 손실
잡손실	분실금액, 기타 달리 분류되지 않는 영업외비용

🗁 당기순손익(법인세비용, 소득세비용)

> 당기 순손익 = 법인세 비용 차감 전 순손익 − 법인세비용

- 법인세 등 : 법인세, 법인세 지방소득세, 법인세 중간예납 세액
- 소득세 등 : 종합소득세, 종합소득세 지방소득세, 소득세 중간예납 세액

원가 항목 계정과목 해설

계정과목		해 설
재료비	원재료비	제조 및 공사 현장에 투입된 재료비
	부재료비	부재료비
노무비	급여	급여
	임금	생산 현장 또는 공사 현장 인건비
	상여금	설날, 추석, 휴가, 연말 상여금 등
	제수당	제수당(소기업의 경우 임금에 포함)
	잡금	일용노무자 및 임시 직원의 임금
	퇴직급여	퇴직금
	복리후생비	직원 식대, 차대, 4대 보험 회사 부담금, 경조사비, 회식비, 피복비
	여비교통비	생산 현장 직원의 출장비
	접대비(= 기업업무추진비)	생산과 관련한 접대비(= 기업업무추진비)
경비	통신비	현장 전화비, 팩스요금 등
	가스수도료	생산 현장의 수도요금, 난방비 등
	전력비	전기요금
	세금과공과금	공장건물의 재산세, 토지 세금 등
	감가상각비	기계장치, 공장건물 등의 감가상각비
	지급임차료	공장 임차료, 기계장치 리스료 등
	수선비	기계장치 수선, 공장수선경비
	보험료	화물자동차의 자동차 보험료, 공장의 화재보험료 등
	차량유지비	화물차의 유류대, 수리비, 통행료, 계량비, 주차요금
	연구개발비	신기술 및 신제품개발을 위하여 투입하는 비용
	운반비	제품의 운반과 관련한 운임
	교육훈련비	생산직 근로자의 교육훈련을 위하여 지출하는 비용
	도서인쇄비	생산 현장의 신문대금, 도서구입비, 복사비 등

계정과목		해 설
경비	회의비	생산 현장 회의와 관련하여 지출하는 비용
	포장비	제품포장비용
	사무용품비	생산 현장의 사무용품비
	소모품비	생산 현장의 각종 소모품비
	지급수수료	생산 현장의 측정수수료 등
	보관료	제품 등의 보관과 관련하여 지출하는 비용
	외주가공비	하도급과 관련한 임가공료
	시험비	시험비
	기밀비	생산 현장 판공비 등
	잡비	기타 달리 분류되지 않는 비용
	하자보수비	하자보수와 관련하여 지출하는 비용
	장비임차료	중기 등의 임차와 관련하여 지출하는 비용
	유류대	유류대

외화예금 입출금 시 선입선출법 적용

구 분	환율적용
입금환율	① 보통예금의 원화를 인출하여 외화로 환전한 후, 외화보통예금으로 입금하는 경우 은행에서 외화를 매입하는데 적용한 환율(대고객외국환매매율)을 그대로 적용한다. ② 수출 매출 대금을 송금받아 외화보통예금에 입금할 경우는 입금일 기준 매매기준율(서울외국환중개)을 적용 환산하여 회계처리 한다. ③ 외화보통예금에 입금된 외화 이자의 경우는 사업연도 중 발생한 외화자산이므로 서울외환중개의 매매기준율을 적용한다.
출금환율	외화를 출금할 경우는 먼저 입금된 분부터 출금되는 선입선출법에 따라 회계처리한다. 다만, 기존에 이동평균법을 선택하여 계속해서 적용해 왔다면, 그에 따른 평가방법의 적용이 가능하다. 실무적으로 회계프로그램에서 외화관리 모듈이 있는 경우에는 필요 없으나, 선입선출법에 따라 외화환차손익을 인식하기 위해서는 엑셀로 외화 금액 관련 정보를 따로 정리해서 관리하는 것이 편리하다. [관련 규정] 법인세법 집행기준 42-76-5 【외화예금 인출시 원화기장액 산출방법】 법인이 수차례에 걸쳐 입금한 외화예금의 일부를 원화로 인출하는 경우 외화예금의 원화 기장액의 산정 방법은 선입선출법을 적용하는 것이나 이동평균법을 준용한 평가 방법을 계속해서 적용하여 온 경우 그 평가방법을 적용할 수 있다. 법인-865, 2009.07.29 【질의】 수차례에 걸쳐 입금한 외화예금의 일부를 원화로 인출하는 경우 인출하는 외화예금의 원화 기장액의 산정 방법을 법인세법 시행령 제74조 제1항 제1호 각 목의 방법을 준용하여 평가한 금액으로 인식할 수 있는지? 여부

구 분	환율적용
출금환율	【회신】 내국법인이 외화예금을 원화로 인출함으로써 수취하는 원화금액과 해당 외화예금의 원화 기장액의 차익 또는 차손은 그 인출일이 속하는 사업연도의 익금 또는 손금에 산입하는 것이며, 이 경우 수차례에 걸쳐 입금한 외화예금의 일부를 인출한 때에는 먼저 입금된 분부터 인출하는 것으로 하는 것이나, 해당 법인이 「법인세법 시행령」 제74조 제1항 제1호마목의 '이동평균법'을 준용한 평가방법을 계속적으로 적용하여 온 경우에는 그에 따른 평가방법을 적용할 수 있는 것임.
결산시점	결산시점에 화폐성 외화자산과 부채를 적절한 환율로 평가한다. 사업연도 종료일 현재의 매매기준율로 외화자산을 평가하면서 발생하는 환차손은 기업회계상 외화환산손익으로 처리한다. 그러나 법인세법상에서는 금융기관이 아닌 일반법인의 경우, 환산손익은 법인이 선택적으로 익금 또는 손금으로 처리할 수 있어, 일관되게 세무조정이 필요하다.

[주] 환율 확인 : 서울외국환중개 http://www.smbs.biz

< 선입선출법 >

구 분		환율적용		
		달러	환율	금액
1월 5일	입금	USD 100.00	@1,000.00	100,000원
1월 10일	입금	USD 200.00	@1,010.00	202,000원
1월 15일	출금	USD 100.00	@1,000.00	(100,000원)
		USD 50.00	@1,010.00	(50,500원)

< 이동평균법 >

구 분		환율적용		
		달러	환율	금액
1월 5일	입금	USD 100.00	@1,000.00	100,000원
1월 10일	입금	USD 200.00	@1,010.00	202,000원
1월 15일	출금	USD 150.00	@1,006.67	(151,000원)

[주] 이동평균법 : 출금 전 장부상 원화 금액 302,000원 ÷ USD 300.00 = 평균환율 @1,006.67

적절한 장부 작성과
재무 보고 체크리스트

📝 **경리 재무보고 체크리스트**

✓ 정해진 일자와 시간에 결재를 올리고 확인을 하는가?

매일 정시에 결재를 올리고 익일 출근하여 전일 결재 여부를 확인할 것

✓ 매출 및 지출 내역은 매일 정리하고 그 금액을 확인하는가?

카드 등 일일 매출은 전일 매출을 익일 정리하여 그 내용을 상사에게 보고할 것

✓ 일일 카드 매출은 카드단말기를 통하여 그 금액이 맞는지 확인하는가?

당일 매출은 익일 출근하여 전일 00 : 00 : 00~23 : 59 : 59로 세팅하여 정산서를 출력하여 카드 매출 맨 위 상단에 첨부할 것

✓ 일일 수입 및 지출 내역을 정리하여 보고 하고 있는가?

당일 수입 및 지출은 익일 통장 정리를 한 후 통장 입금 내역과 지출내역을 작성하여 보고할 것

✓ 수입 및 지출 내역에 알지 못하는 것이 발견되었을 경우 즉시 확인하고 조치를 하는가?

수입 및 지출 내역이 불명확할 경우는 인사팀장 또는 경리팀장에게 연락해 내용을 명확히 한 후 명세서를 작성할 것

✓ 자동이체로 인한 할인을 받을 수 있는 항목에 대해서는 자동이체를 신청해서 할인받고 있는가?

월 자동이체 내역(자동이체 일자 및 금액, 업체, 품목)을 정리할 것

✓ 지출결의서는 올리고 그 지급 여부를 확인하는가?

지출결의서를 작성하여 결재를 올린 후 지정 일자에 결재가 되지 않았을 경우는 확인한 후 미결제 사유를 문의한 후 재결제 여부를 확인할 것

✓ 결산서는 정해진 날짜(매월 말일)에 결재를 올리는가?

매월 결산서는 매월 말일 수입 및 지출 명세서를 작성하여 그 결제를 상사에게 올릴 것

✓ 정기적으로 지급되는 내역은 정리되어 있으며 지급통장 및 지급 방법, 지급금액은 정리되어 있는가?

정기적으로 지급되는 것은 업체별로 별도로 표를 만들 것(사무용품, 공과금 등)

✓ 지출결의서 결제 후 미지급 금액은 별도 관리하고 결재권자에게 지급 여부를 서류로써 확인하는가?

결재를 올린 후 미지급된 금액은 주간 단위로 정리하여 그 미지급 내역을 매주 월요일 상사에게 보고할 것

✓ 공과금 자동이체를 신청한 경우 출금 전일 잔액 확인을 했는가?

공과금 자동이체 전일에 통장 잔고 여부를 확인하여 그 금액이 부족할 시에는 즉시 보고하여 조치할 것

✓ 카드사별 매출 수수료는 알고 있으며 정리되어 있는가?

카드사별 매출 수수료 표 및 매출 발생 후 며칠 만에 입금되는지를 작성할 것

✓ 카드사별 매출 잔액은 매일 확인하는가?

카드사별 매출 잔액을 매일매일 확인하고 주간 단위로 카드사에 연락하여 잔액 명세서를 첨부할 것

✓ 현금영수증 발급자가 환불하였을 경우 현금영수증 부분의 처리는 정확히 하는가?

✓ 매월 말일에 미지급금(공과금, 기타 정기대금)의 채무 확인은 직접 하였는가?

매월 말일 정산서에 당월에 지급되어야 할 금액이 미지급되었으면 미지급 금액으로 정산하여 그 결산서를 작성할 것

✓ 각종 지출결의서는 월별로 보관하고 있는가?

각종 지출결의서 및 증빙은 월별로 보관하고 그 목록표를 만들 것

매월 맨 위장에는 그 상세 내역을 정리하여 붙일 것

✓ 주간 매출 및 지출 내역을 정리하여 보고하는가?

주간 단위로 매출 및 지출 내역을 정리하여 매주 월요일 보고 할 것

(매주 월요일에는 전일 매출 및 지출내역은 별도 보고하지 않고 주간보고에 포함하여 보고)

✓ 급여 정산은 전월 말일 마감하여 말일에 내역서를 올리는가?

급여 정산을 그 준비를 시작하여 순차적으로 정리를 할 것

매월 말일에는 정리한 내역을 총정리하여 그 내역을 보고 할 것

급여 관련 메일을 송부 하기 전 급여정산내역 문서를 인쇄 미리 보기를 통하여 그 문서를 용지에 맞게 맞출 것 또한 급여정산서의 숫자를 뒤로 맞추기를 통하여 그 숫자를 정리할 것

✓ 급여통장의 순서는 급여 정산 순서로 정리할 것

급여 변동 상황이 발생한 경우는 해당 부분에 명암을 넣어 표시하여 그 내용을 별도로 표기할 것

✓ 모든 지출은 적격증빙을 갖추고 있는가?

비용지출 시는 지출결의서에 적격증빙을 첨부하고, 적격증빙을 첨부하지 못한 경우 대체 소명자료를 첨부하거나 첨부하지 못한 사유를 기재해 둔다.

 중소기업을 위한 회계부정방지 체크포인트 7가지

체크포인트 1. 자금담당자와 회계담당자는 반드시 분리하세요

경영자는 오류 또는 부정을 방지하기 위해 한 명에게 모든 일을 시키는 대신에 업무를 여러 명에게 적절히 배분할 필요. 특히, 자금담당자와 회계담당자는 반드시 분리하여 각각 다른 사람이 담당하도록 할 것

체크포인트 2. 현금과 통장 잔고는 사전 예고 없이 불시에 점검하세요

내부통제 관점에서 정기적인 점검 등 횡령 방지 절차도 중요하지만, 사전 예고 없이 불시에 이루어지는 현금 실사 및 통장잔고 확인도 필요. 담당자 휴가 시 관련 업무에 대한 불시 점검, 강제적인 휴가 명령, 비정기적 불시 현금 실사 및 통장 잔고 확인 등으로 횡령 여부를 파악할 수 있을 뿐만 아니라, 담당자의 불순한 동기도 사전 차단 가능

체크포인트 3. 휴면계좌 등 사용하지 않는 계좌는 즉시 해지하세요

용도가 불분명하거나 사용하지 않는 휴면계좌는 내부 관리 대상에서 누락되기 쉬워 내부 횡령 등 부정행위에 이용될 수 있으므로 사용하지 않는 휴면계좌는 즉시 해지하는 것이 바람직하다.

> **체크포인트 4. 현금을 출금할 때는 관리자의 승인 절차를 갖추세요**
>
> 거래처 등에 계좌이체 시 사전에 등록된 계좌에 한하여 관리자의 승인을 받은 후에만 계좌이체가 가능하도록 통제할 필요. 사전에 등록된 계좌 이외의 계좌로 송금하는 경우 계좌를 등록한 후에 송금하거나, 관리자의 승인을 받은 후에 송금하도록 하고 사후에라도 계좌를 반드시 등록하도록 할 것
>
> 회사의 계좌에서 일정액 이상의 현금을 출금(또는 계좌이체)하는 경우 대표이사 또는 CFO의 휴대폰에 동 내용을 문자 발송토록 조치
>
> **체크포인트 5. 통장, 법인카드, 인감, 유가증권 등은 각각 따로 보관하세요**
>
> 유가증권, 법인카드, 인감, 통장, 계좌 비밀번호 등은 각각 다른 담당자가 관리·보관하도록 할 필요. 인감, 통장 등 중요 물품 사용 시 관리자의 승인을 받도록 할 것
>
> **체크포인트 6. 같은 업무를 너무 오래 하지 않도록 업무를 자주 바꿔주세요**
>
> 직원들의 업무를 자주 바꿔 주어 한 명이 특정 업무를 너무 오랜 기간동안 담당하지 않도록 할 필요
>
> **체크포인트 7. 외부감사를 통해 회사의 재무상태를 점검하는 기회로 삼으세요**
>
> 외부감사를 통하여 회사의 재무상태를 점검할 수 있으므로 감사의견뿐만 아니라 외부감사인이 수행한 절차 등에 대해서도 경영진이 관심을 가질 필요
>
> 현금실사, 재고실사, 채권채무조회 등을 통해 회사 자산의 실재성, 부외부채 존재 여부 등에 대한 확인이 가능 또한, 외부감사인을 정기적으로 교체함으로써 새로운 시각을 통하여 회사의 문제점을 파악할 필요
>
> 감사인은 외부감사를 실시하면서 직원 횡령의 단서를 발견하였으나, 감사인과 오랜 기간 친분이 있는 횡령 직원의 해명을 의구심 없이 전적으로 신뢰한 결과 장기간 횡령이 발생하였음에도 동 사실을 인지하지 못함

📝 재무관리를 위해 적절한 장부 작성과 세금 신고

- ✓ 현금의 입·출금 내용을 반드시 매일매일 작성하여 시재 잔액을 맞춰야 한다. 이를 위해서는 반드시 현금출납부를 작성해야 한다.

- ✓ 매입·매출장을 작성해야 한다. 만일 매입·매출장을 별도로 작성하지 않는 경우 최소한 매출 세금계산서와 매입 세금계산서를 분류해서 철해 놓아야 한다. 즉, 이러한 것들은 세무사 사무소에서 부가가치세를 신고할 때나 외상 대금이나 미지급금을 지급할 때 기초자료가 되므로 이에 대한 구분을 명확히 해야 한다.

- ✓ 하루 중 비용을 지출했거나 거래대금을 수금한 내용, 즉 현재 회사에서 보유하고 있는 자금 현황을 한눈에 알 수 있는 자료를 준비해야 한다. 이를 위해서는 일일자금시재표, 자금일보를 작성한다.

- ✓ 올바른 재무제표가 나오기 위해서는 전표 작성을 정확하게 해야 한다. 특히 매입매출전표와 일반전표를 구분해서 작성을 잘해야 하며, 전표 작성이 어려우면 증빙관리라도 철저히 해야 한다.
- ✓ 매달 고정적으로 지출되는 급여, 각종 공과금 등 월별 고정비 내역서를 작성해서 자금계획을 세워야 한다.
- ✓ 법인의 경우 자본금 증자, 이사·감사 변경, 본점 주소변경 등 법인등기부 등본 변경등기 업무, 즉 기본적인 주식회사 관련 업무를 파악해야 한다. 이와 관련하여 자본금, 주주명부, 이사·감사 현황 등을 기본적으로 숙지하고 있어야 한다.
- ✓ 법인의 경우 모든 자금이동이 법인 명의의 보통예금 통장에서 이루어져야 한다. 즉, 법인의 경우 주식회사이므로 모든 자금이동에 근거가 있어야 한다는 것이다. 또한, 개인사업자의 경우 사업용 계좌를 활용해 자금의 이동이 이루어져야 한다.
- ✓ 건강보험, 국민연금, 산재보험, 고용보험 취득·상실 신고 등의 업무를 파악해야 한다.
- ✓ 산재보험, 고용보험은 매달 15일 일용근로자 근로내용확인신고서를 제출해야 한다.
- ✓ 건강보험과 고용보험은 정산제도가 있으므로 정산을 하고, 국민연금은 정산제도가 없으므로 정산을 안 해도 된다.
- ✓ 급여대장을 해당 회사 실정에 맞게 작성해야 한다. 또 지급된 급여에 대해서는 급여 지급이 속한 달의 다음 달 10일까지 원천세 신고를 해야 하며, 일용근로자는 매달 10일 신고와 별도로 다음 달 말일까지 지급명세서를 제출해야 한다.
- ✓ 2월 말과 3월 10일 지급명세서를 제출해야 한다.
- ✓ 근로소득(2025년까지는 반기의 다음 달 말까지), 사업소득, 인적용역 기타소득은 간이지급명세서는 매달 말일 제출해야 한다.
- ✓ 분기별로 매입·매출에 대한 부가가치세 신고를 해야 한다.
- ✓ 개인사업자는 5월 말일까지 종합소득세 신고 및 납부를, 법인은 3월 31일까지 법인세 신고 및 납부를 해야 한다.

경리(자금) 일보

20○○년 5월 10일

현금출납		은행예금			어음수불		
전일잔액	1,000,000원		정 기 예 금			금일수입	
현금입금	500.000원	전일잔액	당 좌 예 금	50,000,000원	받을어음	매 수	금 액
현금지급	400.000원		보 통 예 금	40,000,000원			
금일잔액	1.100,000원					보유잔액	
매출내역							
전일잔액			계	90,000,000원		매 수	금 액
당일매출			당 좌 예 금				
회수금액		예입	보 통 예 금	20,000,000원	지급어음	금일지급	
이월잔액			어 음 입 금			매 수	금 액
매입내역							
전일잔액						지급잔액	
당일매출			계	20,000,000원		매 수	금 액
회수금액			수 표 발 행	40,000,000원			
이월잔액		인출	보 통 인 출	40,000,000원	금일 차입액		
입금예정액			어 음 지 급		현금 잔액		1.100.000원
㈜갑	50,000,000원				예금 잔액		30,000,000원
㈜을	40,000,000원				어음 잔액		
㈜병			계	80,000,000원	입금예정액		90,000,000원
합계	90,000,000원		정 기 예 금		지급예정액		70,000,000원
지급예정액		금일잔액	당 좌 예 금	10,000,000원	금일 자금 현황		51,100,000원
㈜갑	40,000,000원		보 통 예 금	20,000,000원	비 고		
㈜을	30,000,000원						
㈜병							
합계	70,000,000원		계	30,000,000원			

(금일)매출 상세 내역					재고 수량	
거래처명	매출(입)금액	구분	입(출)금액	외상 매출(입) 입금 예정일	품목	수량
		현금				
		외상				
(금일)매입 상세 내역						
		현금				
		외상				

필수 회계장부의 작성과 관리

구 분	사용되는 곳
전표	전표는 분개전표 또는 대체전표 한 장만을 사용하는 1 전표제와 입금전표, 출금전표, 대체전표 3종류의 전표를 사용하는 3 전표제가 있다. ❶ 매입매출전표 : 부가가치세 신고서에 반영해야 하는 거래내역을 기록하는 전표이다. ❷ 일반전표 : 부가가치세 신고서에 반영하지 않아도 되는 거래내역을 기록하는 전표이다. 가. 입금전표 : 현금이 들어오는 거래 시에만 발행하는 전표이다. 나. 출금전표 : 현금이 나가는 거래 시에만 발행하는 전표이다. 다. 대체전표 : 현금이 일부 들어오고 비현금이 일부 들어오는 거래나 전부 비현금이 들어오는 거래 또는 현금이 일부 나가고 비현금이 일부 나가는 거래나 전부 비현금이 나가는 거래를 기록하는 전표이다. 위의 전표를 사용하지 않고 분개장을 만들어 모두 날짜별로 분개를 해도 된다.
총계정원장	줄여서 원장이라고도 하며, 이는 계정과목별로 거래내역을 기록해 둔 장부를 말한다.
현금출납장	현금의 입출금 및 그에 따라 변화하는 시재액을 적는 장부이다.
예금기입장	예금의 입출금 및 그에 따라 변화하는 시재액을 적는 장부로서 회사의 모든 예금을 한 장의 장부에 기록해도 되고 은행별 또는 금융상품별로 각각 구분해서 작성해도 된다. [예시] 갑은행 – 보통예금, 을은행 – 보통예금 등
어음기입장	어음기입장은 어음의 입출내역을 기록하는 장부이다. 이는 받아야 하는 어음과 지급해야 하는 어음을 구분해 받을어음기입장, 지급어음기입장으로 각각 작성하거나 거래처별로 각각 구분해 거래처별 어음기입장으로 작성해도 된다.
재고수불부	재고수불부는 재고의 입출내역을 기록하는 장부이다. 이는 재고자산 품목별로 또는 각 거래처별로 구분해서 기록해도 된다.

구 분	사용되는 곳
매출장	매출장은 회사의 판매내역을 적는 장부로 거래처별로 구분해서 사용하는 경우 매출처별 원장(거래처별 매출내역 집계)이 된다.
매입장	매입장은 회사의 구입내역을 적는 장부로 거래처별로 구분해서 사용하는 경우 매입처별 원장(거래처별 매입내역 집계)이 된다.
매출처원장	거래처별로 매출을 기록하는 장부이다. 매출의 내용과 금액 및 입금액, 잔액 등을 상세히 기록한다.
매입처원장	거래처별로 매입을 기록하는 장부이다. 매입의 내용과 금액 및 입금액, 잔액 등을 상세히 기록한다.
급여대장	급여대장은 급여의 지급내역을 기록하는 장부로 직원 각 개인별로 개인별 급여대장을 별도로 관리한다.
일계표(시산표)	일계표는 각 계정과목별 거래내역을 일 단위로 집계해 둔 장부로 시산표를 사용하기도 한다.
월계표(시산표)	월계표는 각 계정과목별 거래내역을 월 단위로 집계해 둔 장부로 시산표를 사용하기도 한다.
재무제표	재무제표는 회사의 이해관계자에게 회사의 현재 재무상태와 경영성과를 보여주기 위해 1년 단위로 작성하는 재무보고서라고 보면 된다. 재무제표의 종류는 크게 재무상태표와 포괄손익계산서, 자본변동표, 현금흐름표, 주석 등이 있다.

매입매출전표와 일반전표의 발행 방법

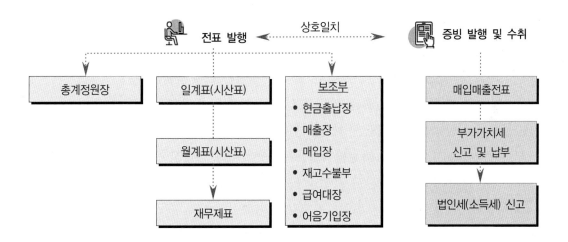

현재는 프로그램의 발달로 프로그램상의 일반전표와 매입매출전표를 많이 사용한다. 차이점은 간단히 설명하면, 세금계산서, 카드전표, 현금영수증 등 부가가치세 신고에 반영하냐, 안 하냐의 차이이다. 즉, 부가가치세 신고서에 반영해야 하는 거래내역은 매입매출전표를 작성하고, 반영하지 않아도 되는 경우는 일반전표를 발행한다.

예를 들어 상품의 매출, 매입을 입력할 때는 매입매출전표에 입력하면 되고, 외상대금의 결제, 회사자금을 출금하고 입금하는 것처럼 부가가치세에 영향을 주지 않는 금전적인 거래만 이루어졌을 때는 일반전표에 입력한다.

경비지출이라도 (사무용품, 식비 등) 부가가치세 자료집계를 원하는 경우 매입매출전표에 기록한 후 증빙처리 하고, 그렇지 않다면 일반전표에 입력한다.

결론은 프로그램은 매입매출에 대해서 세금을 내는 부가가치세와 연결해서 운영되고 있으며, 매입매출전표에 입력하면 부가가치세 신고서에 반영되고. 일반전표에 입력하면 장부에만 반영되어 부가가치세 신고서에는 반영되지 않는다.

📝 매입매출전표

세금계산서 발행 혹은 카드전표, 현금영수증 증빙 등 부가가치세에 영향을 미치는 자료를 입력할 때 발행하는 전표이다.

예를 들어 상품의 매출, 매입을 입력할 때는 매입매출전표에 입력하면 되고, 외상대금의 결제, 회사자금을 출금하고 입금하는 것처럼 부가가치세에 영향을 주지 않는 금전적인 거래만 이루어졌을 때는 일반전표에 입력한다.

경비지출이라도 (사무용품, 식비 등) 부가가치세 자료집계를 원하는 경우 매입매출전표에 기록한 후 증빙 처리하고, 그렇지 않다면 일반전표에 입력한다.

⊙ 세금계산서, 계산서 발행 혹은 카드전표, 현금영수증 증빙자료 등을 입력

⊙ 거래처에서 상품을 매입 또는 매출했다면, 매입매출전표에 입력

⊙ 부가가치세 신고를 위해 자료를 입력하는 곳 : 매입매출장에 입력된 거래내역 중 부가세만 불러와 부가세 신고서 작성

⊙ 홈텍스에서 발행되는 건은 매입매출전표에 입력

⊙ 부가가치세가 공제되는 자료만 입력 : 공급가액과 부가가치세로 따로 입력

⊙ 세금계산서는 불공제여도 매입매출전표에 입력(세금계산서 ⇒ 매입매출전표 ⇒ 공제 혹은 불공)

결론은 프로그램상 매입매출전표에 입력하면 부가가치세 신고서에 반영되고. 일반전표에 입력하면 장부에만 반영되고 부가가치세 신고서에는 반영되지 않는다.

📝 일반전표

세금계산서를 발행하지 않고 카드 전표, 현금영수증 등 부가가치세에 영향을 미치는 증빙자료를 입력하지 않을 경우 발행하는 전표이다. 즉, 세금계산서나 계산서를 발행하지 않고 카드전표, 현금영수증 등 부가가치세 신고에 영향을 미치는 증빙자료를 입

력하지 않은(매입매출 전표 입력사항을 제외한 거래) 경우 또는 간이영수증 수취(부가가치세 신고 시 영향이 없는 증빙) 시 발행한다.

일반전표의 유형을 입력하는 방법을 잠깐 살펴보면 다음과 같다.

⊙ 세금계산서 발행치 않고 카드 전표나 현금영수증 증빙자료를 입력하지 않는 경우
⊙ 외상 대금 결제, 회사자금을 입출금하는 것처럼 금전적 거래만 이루어졌을시
⊙ 부가가치세 매입세액 공제가 안 되는 자료만 입력 시 : 공급가액과 부가가치세 합산 금액인 공급대가로 입력
⊙ 간이영수증을 받은 경우
⊙ 신용카드 부가가치세 공제의 경우 매입매출전표에 입력
⊙ 신용카드 부가가치세 불공제의 경우 일반전표에 입력
⊙ 결산서 신고 자료를 입력 : 매입매출장의 수입과 비용 및 일반전표에 입력된 비용만을 불러와서 결산서 신고서 작성

구분		내 용
현금전표	출금전표	현금이 나갈 때 발행하는 전표로 분개 시 대변에는 무조건 현금 계정과목이 온다. 따라서 차변 계정과목만 입력한다.
	입금전표	현금이 들어올 때 발행하는 전표로 분개 시 차변에는 무조건 현금 계정과목이 온다. 따라서 대변 계정과목만 입력한다.
대체전표		차변과 대변에 현금계정이 나타나지 않는 경우 발행하는 전표로 전부 현금이 없는 전부 대체거래와 일부 현금이 있는 일부 대체거래로 구분해볼 수 있다. 현금이 포함된 대체전표의 경우 하나의 전표로 입력할 수 있으며, 따라서 현금거래와 대체거래를 굳이 구분, 입력할 필요가 없다. 차) 받을어음 5,000,000 대) 외상매출금 5,700,000 현금 700,000
결산전표		결산과 관련된 거래를 입력할 때 발행하는 전표이다.

법인 경리업무 처리 시 체크포인트

구 분	업무 내용
법인과 임직원의 구분을 명확히	법인은 엄연한 인격체이므로 모든 것을 명확히 해야 한다. 법인에 입금될 금전을 대표 등 개인 통장에 입금하면 안 되며, 반대로 개인이 거래한 금전을 법인통장에 입금하는 것도 좋지 않다. 또한, 임직원이 임의로 법인의 돈을 인출하는 것은 가지급금으로 기표하지 않으면 상여나, 배당 등으로 처분되는 불이익을 받을 수 있고, 가지급금 처리되어도 인정이자를 계산하게 된다던가 지급이자를 부인하게 되는 경우가 있으므로 특히 주의해야 한다. 또한 법인 비용을 개인신용카드 사용으로 인해 해당 비용을 받는 경우 반드시 금융거래를 통해서 소명자료를 만들어 둔다. 즉 법인과 임직원과의 가래는 금융거래를 통해 소명에 대비해두는 것이 현명한 업무처리다.
매출누락이나 가공원가가 없도록	법인의 경우 매출누락이나 가공원가가 밝혀지고 그 자금이 임직원 등에게 처분되었다면 법인세, 부가가치세, 근로소득세, 종합소득세, 배당소득세 등으로 당초 누락 금액보다도 더 많은 세금을 내게 되는 예도 있다. 따라서 이러한 일이 발생 되지 않도록 주의해야 한다. 또한, 실거래 없이 세금계산서만 주고받는 경우는 세금뿐만 아니라 조세범처벌법에 의거 형사처벌도 받을 수 있으니 이러한 일이 없도록 해야 한다. 예를 들어 거래처끼리 자료를 맞추기 위해 실물 거래 없는 세금계산서를 주고받는 행위가 대표적인 탈세 행위이다.
법인이 사용, 소비하는 것은 모두 법인 명의로	임대차계약, 부동산, 회원권, 예·적금, 보험 카드, 각종 요금 및 등기등록이 있어야 하는 것 등 법인이 사용, 소비하는 것은 모두 대표나 임직원 명의가 아닌 법인 명의로 한다. 간혹 대표이사 명의의 부동산이나 기타자산을 법인이 빌려 쓰고 대가를 지급하는 경우가 있는데, 이는 적절한 시가보다 많이 지급하는 경우 부당행위계산으로 세법상 불이익을 받을 수 있으므로 유의해야 한다.

구 분	업무 내용
부동산 및 주식의 취득, 양도	주식을 양도하면 과점주주로 인한 지방세 중과 등 예상치 않은 곳에서 골치 아픈 문제가 발생하며, 부동산을 취득하게 되면 비업무용인 관계로 낭패 보는 예도 있다. 따라서 통상의 거래를 벗어나는 경우는 전문가의 조력을 항상 사전에 받는 것이 바람직하다. 참고로 부동산을 취득해 출자 임원인 대표이사가 거주하는 경우 해당 주택은 사택이 아닌 업무무관부동산에 해당한다.
기간이나 기한에 유의	기간이나 기한을 어기는 사소한 일로 많은 세금을 내는 경우가 있다. 각종 신고나 감면 등의 신청은 꼭 적기에 해야 하며, 감사나 임원 등의 변경도 기한을 넘겨 불이익을 받는 경우가 없도록 해야 한다.
각종 규정 비치	기밀비 지급, 임원상여금 및 퇴직금 지급, 가지급금 지급 등 각종 세법에서 요구하는 지급규정 및 약정서를 정관 규정인지, 이사회 결의사항인지, 주총결의 사항인지를 확인 후 작성·보관해야 한다.
세금계산서 수취 및 반드시 법인카드 사용	거래 건당 3만 원 초과인 일반비용의 경우에는 반드시 세금계산서, 계산서 또는 신용카드로 결재를 하고, 기업업무추진비는 3만 원 초과 시 무조건 세금계산서를 받거나 신용카드를 사용한다. 일반비용은 3만원 초과 지출하면서 법정지출증빙을 받지 않고, 다른 증빙으로 확인되는 경우 증빙불비가산세를 부담하는 대신 비용으로 인정받을 수 있다. 반면 기업업무추진비의 경우에는 법정지출증빙 대신 다른 증빙으로 지출사실이 확인되어도 비용 자체를 인정받지 못한다. 대신 증빙불비가산세는 부담하지 않는다.
법인카드는 반드시 업무용으로만 사용한다.	법인카드를 개인용도로 사용하는 경우 홈택스에 접속해 불공제로 변경해야 하며, 사적비용을 법인카드로 결제한 경우 해당 비용을 개인이 법인에 계좌이체를 시켜야 문제가 없다. 법인카드 사적 사용은 세무조사 중점 점검 사항이므로 주의해야 한다.

후임에게 인수인계할 경리업무

구 분	업무 내용
인사/급여에 관한 사항	사장 등 임원의 업무 스타일과 개인적으로 알고 있는 임직원에 대한 신상에 관한 사항 및 인사관리 규정 등 사규를 숙지한다. 임원상여금 지급 규정이나 퇴직금 규정, 호봉표 등을 숙지하고 있어야 추후 급여 계산이나 퇴직금 계산을 정확히 할 수 있을 것이다.
조직체계와 업무 흐름에 관한 사항	현업부서(영업부서, 구매부서, 공사현장부서 등)와 회계 부서와의 업무 흐름이 어떠한 서류와 결재 체계를 통해 이루어지는지 파악한다. 이것이 파악되는 순간 회사가 한눈에 들어올 것이다. 특히, 결재 체계를 잘 파악해두면 회사 내에서 누가 '실세'인지 등 조직 내 역학 구도를 알 수 있어 '사랑받고 기쁨 주는' 경리직원이 될 수 있을 것이다.
자금지출에 관한 사항	① 은행 계좌별 자동이체 명세서 작성 : 통장 잔고 부족으로 자동이체가 안 되어 가산세 등을 무는 일이 없도록 한다. ② 매월 계속 반복적으로 지출되는 비용 파악 : 급여 내역(특히 대표이사의 급여 부문은 특별히 신경 써야 할 것임), 임차료, 전기요금, 통신 요금, 신문구독료 등 ③ 구매부서 등 거액의 지출이 수반되는 분야와 관련해서 자금의 최종 집행이 어떻게 이루어지는지 파악한다.
경영 자문 관리에 관한 사항	변호사(회사의 각종 법률 자문), 공인회계사(세무 및 회계에 관한 경영 자문), 변리사(특허 등 자문) 등의 경영자문을 받는 경우, 변호사와 변리사는 총무팀에서 접촉하고, 공인회계사는 경리팀에서 접촉하게 되므로, 경리팀 직원은 회계사무실과 긴밀한 관계를 유지해야 할 것이다. 특히, 회계사무실에 기장 대행을 맡기고 있는 회사인 경우는 회계사무실의 담당 직원과 식사라도 같이 하며, 앞으로의 업무 진행 방향에 대해서 서로 이해를 구하여 협조하도록 하면 좋은 결과를 맺을 수 있을 것이다.

구 분	업무 내용
회계장부 및 내부파일(엑셀 등) 등의 인수인계	① 주요 매입처와 매출처의 현황과 특성 파악 ② 부가가치세 신고서 철과 근로소득세 신고서 철 ③ 세금계산서 철 ④ 전표철 등 각종 회계 관련 서류 ⑤ 내부적으로 사용하고 있는 엑셀 파일 목록과 사용 용도 파악 ⑥ 수금 장부 등 ⑦ 업무인수인계확인서 작성

결산순서와 결산 정리사항

회계장부의 흐름

거래 발생 분개 후 총계정원장에 전기		
거래	5월 30일 외상매출금 100만원이 입금되었다.	
분개	(차변) 보통예금 1,000,000	(대변) 외상매출금 1,000,000
총계 정원 장에 전기	보통예금	외상매출금
	5/30 외상매출금 1,000,000	5/30 보통예금 1,000,000

시산표(일계표, 월계표) 작성	각종 보조장부 작성

재무제표 작성

다몰라씨의 질문 : 연말에 결산해야 한다고 하는데, 결산은 꼭 해야 하지? 힘들고 어렵다는데,

다알아씨의 답변 : 결산은, 1년간의 회계업무를 마무리하는 것으로 생각하면 돼. 결

산을 하는 이유는, 실무자들이 평소에, 현금의 입출금에 따라 전표처리를 하는 경우가 많은데, 회계는 현금의 입출금과 관계없이, 발생주의에 따라 회계처리를 하도록 하고 있어.

따라서 모든 거래 내역을 발생주의 기준으로 변경하는 절차가 필요한데, 이것이 결산이야.

다몰라씨의 질문 : 그럼 발생주의가 뭐야?

다살아씨의 답변 : 회계는, 돈의 입출금과 관계없이, 자산, 부채, 자본, 수익, 비용의 변동이 발생하는 시점에 전표처리를 하도록 하고 있어, 해당 사건이 발생한 시점에 전표처리를 하라는 의미야

예를 들어 상품을 외상으로 판 경우 외상 대금이 들어온 시점에 전표 처리를 하는 것이 아니라 돈은 비록 못 받았지만, 상품이 우리 회사에서 다른 회사로 넘어감으로 인해 상품이라는 자산의 감소가 발생했으므로 발생 시점에 전표발행을 하라는 의미야

예를 하나 더 들어보면, 1년을 근무한 직원에게는 30일분의 퇴직금을 지급해야 하는데, 해당 직원이 아직 실제로 퇴직하지 않아서 퇴직금을 지급하지 않았지만, 실제로 1년 이상 근로한 직원에 대해서는 30일분의 지급의무가 이미 발생한 것이므로, 실제 현금의 지급과 무관하게 지급 의무가 발생한 시점에 퇴직급여충당부채라는 계정과목을 사용해서, 부채의 증가로 장부에 반영하라는 거야

또 다른 예로, 7월 1일에 자동차 보험료로 120만 원을 납부한 경우, 보험계약 체결 시점에 120만 원의 현금은 지출했지만, 보험 혜택은 12개월간 균등하게 이루어지고, 당해연도 분은 6개월(7월~12월)분만 해당하므로, 120만 원 중 60만 원만 당해연도 비용으로 처리하고, 나머지 6개월분은 당해연도 비용에서 빼주는 절차가 필요해. 이와 관련한 계정과목이, 선급비용과 미지급비용, 미수수익과 선수수익이야

이같이 결산은 발생주의 기준으로 여러 가지 사항을 정리해 당해연도에 해당하는 자산, 부채, 자본, 수익, 비용을 확정하는데, 목적이 있고 이를 위한 절차야

따라서 정확한 결산을 위해서는 앞서 예를 든 것 이외에 결산 시점에 정확한 자산의 가치와 손익이 숫자로 나타나야 하는데, 자산은 작년과 변동이 발생할 수 있고, 가치도 변하는 것이 일반적이야.

이 같은 자산의 증감을 재무제표에 반영하기 위해서 결산 때는 재고자산 실사를 하는 거고, 자산가치의 변화를 정확한 숫자로 나타내기 위해 자산평가를 실시한 후 손익에 반영하는 거야. 그 대표적인 계정과목으로 ~평가손익, ~손상차손익으로 나타나는 거여

그리고 모든 결산내역은 재무제표에 나타나고, 이를 국세청, 기업경영자, 투자자 등 회사의 재무정보에 관심을 가지는 집단인 이해관계자가, 활용하는 거야

지금까지 설명한 내용을, 이 노트에 정리해두었으니 나중에 결산 때 참고해봐

결산 정리사항	결산 정리사항이 아닌 항목
❶ 재고자산(상품계정 등)의 정리 실지재고조사법에 의한 매출원가 계산 재고자산감모손실 및 평가손실 계산 ❷ 단기매매금융자산의 평가 ❸ 매출채권 등 대손충당금 설정(대손액 추산) ❹ 유형자산의 감가상각 및 재평가, 무형자산의 상각 ❺ 외화자산 및 부채의 평가 ❻ 충당부채의 설정(제품보증충당부채 등) ❼ 자산의 손상차손 및 손상차손환입 ❽ 법인세 추산액(미지급법인세 계상 등) ❾ 소모품 결산 정리 ❿ 임시 가계정 정리(현금과부족, 가지급금, 가수금, 미결산 등) ⓫ 제 예금의 이자수익 등 가. 요구불예금 현금합산 나. 금융상품의 초단기·단기·장기 구분 다. 사용 제한 여부 확인 라. 미수이자 계상 ⓬ 차입금 이자비용 가. 유동성장기부채 대체 여부 나. 미지급이자 계상	❶ 계속기록법에 의한 매출원가 계산 ❷ 선급금, 선수금, 미수금, 미지급금 ❸ 은행계정조정표 작성 ❹ 기중에 실제 대손액 처리 (매출채권이 회수불능되어 대손충담금과 상계 등) ❺ 자산을 처분하여 처분손익 인식(설비자산 처분손익 인식 등) ❻ 잉여금처분(배당금의 지급 등) ❼ 충당부채의 지급 ❽ 소모품 구입

📝 프로그램을 활용한 결산순서

⊙ 현금을 제일 나중에 맞춘다. 그 외엔 상관이 없다. 합계시산표를 확인한다.

⊙ 1년 동안 경비 사항(전표 입력)

⊙ 재고자산 증가 · 감소 확인 ➜ 재고자산감모손실(원가성이 있으면 매출원가 포함)

⊙ 외상 채권 · 채무 확인 ➜ 외상매출금, 외상매입금 회수 · 지급

⊙ 어음 회수지급 확인(받을어음 · 지급어음)

　어음할인, 배서양도 대손금 확인(부도, 파산 등 대손상각비)

⊙ 차입금(차입금 내역 확인) ➜ 이자비용 확인, 부채증명서와 일치

⊙ 법인통장(보통예금 · 당좌예금 확인) ➜ 예치금명세서와 일치

⊙ 유형자산(취득 감가상각 처분 등) ➜ 고정자산대장과 일치

⊙ 예수금 : 급여(급여대장) ➜ 4대 보험과 일치

　: 부가세예수금, 부가세대급금 ➜ 부가세 신고 한 것과 일치

⊙ 매출 확인(부가세 신고서)

⊙ 채무면제이익, 자산수증이익, 보험차익 확인

⊙ 이자수익(선납 세금) 확인

⊙ 매출원가(제조원가) 확인 ➜ 원재료 확인

⊙ 세금과공과 확인 ➜ 제세공과금

⊙ 영수증, 세금계산서, 계산서, 카드, 현금영수증 ➜ 경비 확인

⊙ 증여 · 출자금은 거의 변동사항 없다.

더존 프로그램의 결산은 크게 두 개의 단계를 거쳐서 이루어진다.

결산자료의 입력 ➜ 재무제표의 마감

결산자료의 입력은 자동결산과 수동결산 두 가지로 나뉜다. 즉 프로그램상에 금액만 입력하면 자동으로 결산분개를 해주는 자동결산 항목과 프로그램 사용자가 직접 결산분개를 하고 입력을 해야 하는 수동결산 항목이 있다. 자동결산 항목과 수동결산 항목은 각각 다음과 같다. 순서는 수동결산 후 자동결산을 한다.

📂 수동결산 항목

결산 정리사항에 대한 결산 대체분개 전표를 작성, 일반전표 입력메뉴에서 입력하여 결산하는 방법이다.

수동결산 항목은 사용자가 관련된 결산분개를 수동으로 일반전표상에 직접 입력해야 한다.

❶ 선급비용의 계산

❷ 선수수익의 계상

❸ 미지급비용의 계상

❹ 미수수익의 계상

❺ 소모품 미사용액의 정리

❻ 외화자산부채의 환산

❼ 유가증권 및 투자유가증권의 평가

❽ 가지급금, 가수금의 정리

❾ 부가세예수금과 부가세대급금의 정리

📂 자동결산 항목

프로그램에서 결산 흐름에 맞추어 화면에 표시되는 결산정리 항목에 해당 금액만 입력하면 자동으로 분개 되어 결산이 완료되는 방법으로, 결산자료입력 메뉴에서 작업한다.

자동결산 항목은 '결산/재무제표'에서 "결산자료입력" 화면을 열어서 각 해당하는 금액을 입력한 후 "F7" key 또는 "추가"의 툴바를 클릭하면 '일반전표에 결산분개를 추가할까요?" 하는 메시지가 나올 때 "Y(Yes)"를 클릭하면 자동으로 일반전표에 결산 관련 분개를 추가하게 된다.

❶ 재고자산의 기말재고액

❷ 유형자산의 감가상각비

❸ 퇴직급여충당부채 전입액과 단체급여충당부채 전입액

❹ 매출(수취)채권에 대한 대손상각

❺ 무형자산의 감가상각액

❻ 준비금 환입액 및 전입액

❼ 법인세(소득세) 등

위의 순서에 따라 결산자료의 입력이 완료되면 다음은 각 재무제표를 마감하게 되는데 여기에서 마감이란 곧 각 재무제표를 조회하여 열어보고(확인) 닫아주는 것이다. 즉 사용자가 재무제표를 열어서 확인하는 순간 프로그램상에서 계산하여 처리하게 되는 것이다. 재무제표는 반드시 다음의 순서에 따라 확인해야 제대로 반영이 된다.

제조원가명세서 ➜ 손익계산서 ➜ 이익잉여금처분계산서 ➜ 재무상태표

위의 순서대로 각 재무제표를 열어서 확인하면 결산에 대한 모든 관계가 종료된다. 다만, 1년에 대한 결산이 아니고 6월까지의 결산의 경우 6월의 일반전표에 결산자료를 입력하고 각 재무제표도 6월 말로 열어서 확인해야 한다. 그리고 모든 것을 7월로 이월해야 계속되는 거래에 문제가 없다.

📝 결산 회계처리 사항

결산 항목	정리자료	차변		대변	
상품 재고액 수정	기초상품 재고액 100원	매입	100	이월상품	100
	기말상품 재고액 200원	이월상품	200	매입	200
현금과부족 정리	현금과부족 차변 잔액 80원 원인불명	잡손실	80	현금과부족	80
	현금과부족 대변 잔액 50원 원인불명	현금과부족	50	잡이익	50
단기매매 증권평가	기말 장부가액 150원	단기매매증권평가손실	50	단기매매증권	50
	기말 결산일 현재 100원				
	기말 장부가액 150원	단기매매증권	30	단기매매증권평가이익	30
	기말 결산일 현재 180원				
매출채권 대손추산	기말매출채권 잔액 700원	대손상각비	20	대손충당금	20
	전기 대손충당금 잔액 50원				
	대손추산율 10%				

결산 항목	정리자료	차변		대변	
유형자산 감가상각	정액법 : 취득가액 1,000원 내용연수 10년	감가상각비	100	감가상각누계액	100
	정율법 : 취득가액 1,000원 상각율(감가율) 5%	감가상각비	50	감가상각누계액	50
무형자산 감가상각	특허권 500원 5년간 상각	무형자산상각비	100	특허권	100
유형자산 손상차손	2023년 1월 1일에 기계장치를 현금 100에 취득(잔존가치 없고, 내용연수 10년, 정액법). 2024년 12월 31일 기계장치 손상징후 포착. 기계장치의 순공정가치는 50, 사용가치는 55로 하락 가정	1. 2023년 1월 1일 기계장치 2. 2023년 12월 31일 감가상각비 3. 2024년 12월 31일 감가상각비 유형자산손상차손	100 10 10 25	현금 감가상각누계액 감가상각누계액 손상차손누계액	100 10 10 25
		MAX[50, 55] – (100 – 20) = 손상차손			
대손충당금 설정	대손충당금 설정	대손상각비	100	대손충당금	100
	대손충당금 환입	대손충당금	50	대손충당금환입	50
퇴직급여충 당부채 설정	퇴직금추계액 100, 전기 말 남아 있는 충당금 70	퇴직급여	30	퇴직급여충당부채	30
퇴직연금	DB형으로 100 사외적립 할 경우(부 담금 납부시 분개	퇴직연금운영자산	100	보통예금	100
	퇴직연금 DB형 결산분개 시	퇴직급여	100	퇴직급여충당부채	100
외화자산 · 부채	외화 장기차입금 장부상 환율 1,100원, 결산일 현재 환율 1,200	외화환산손실	100	장기차입금	100
	외화 장기차입금 장부상 환율 1,200원, 결산일 현재 환율 1,100	장기차입금	100	외화환산이익	100
가지급금과 가수금의 정리	가지급금 잔액 180원 여비교통비 지급 누락	여비교통비	180	가지급금	180
	가수금 잔액 130원 외상매출금 회수 누락	가수금	130	외상매출금	130
인출금 정리	인출금 500원 자본금에 대체	인출금	500	자본금	500
법인세비용	법인세 추산액 110, 법인세 중간예납 납부 선납세금 50	법인세비용	110	선납세금 미지급법인세	50 60

제2장

급여
업무매뉴얼

반드시 알아두어야 할 급여의 모든 것

구 분	내 용
최저임금	2025년 10,030원(모든 사업장 적용)
1주 근로시간	40시간을 초과할 수 없음(법정근로시간)
주 유급휴일	1주일에 1일 이상 유급휴일(8시간)을 주어야 함(연차휴가 사용은 출근한 것으로 본다.) ➡ 월~금요일(또는 월~토요일) 근로시간의 합(주 40시간 한도) ÷ 5일(무조건)
소정근로시간	일 8시간, 주 40시간 안에서 근로계약상 근무하기로 한 시간
통상임금 기준시간 (209시간)	공식 = (주 소정근로시간(40시간) + 토요일 유급 시간 + 8시간) × 4.345 일 8시간 5일 근무기준 (40시간 + 8시간) × 4.345 = 209시간 ➡ 실제 근무시간이 아니고 통상임금 계산의 기준인 동시에 최저임금법에 따른 최저임금 계산 및 중도 입 · 퇴사, 근로시간 단축시 일급 계산의 기준시간이다. 2025년 최저임금 : 209시간 × 10,030원 = 2,096,270원 그리고 월급 300만 원에 계약한 근로자가 2일 16시간을 근무한 후 퇴사하는 경우 일급은 300만 원 ÷ 209시간 × 16시간 = 229,670원을 지급한다. 반면 1일~10일까지 근무하고 주휴일이 1일 포함된 경우 토요일을 제외한 9일분의 임금 즉 300만 원 ÷ 209시간 × 9일 × 8시간 = 1,033,500원을 지급한다.
퇴직금	퇴직금은 매달 월급에 포함해서 지급하면 안 되고, 퇴직일로부터 14일 이내에 지급해야 한다. 퇴직연금도 서류가 이상 없으면 바로 지급되므로 14일 이내에 모든 서류를 준비해 퇴직연금 운영기관에 제출한다. 매달 급여에 포함해서 지급하는 퇴직금은 위법이며, 매달 지급하고 싶으면 DC형 퇴직연금에 가입한 후 지급하면 된다.

구 분	내 용
(법정)유급휴일 (민간인의 쉬는 날)	근로자와 계약에 따라 유급휴일로 정한 요일(보통 일요일이 됨) ➡ 5월 1일 근로자의 날 포함 ➡ 이날 근로하면 휴일근로수당 발생 ➡ 주5일제의 경우 결근(지각/조퇴/외출은 결근으로 보지 않음)이 없으면 개근한 것으로 보아 주휴수당 지급(예 : 월요일 1시간 근무하고 조퇴해도 결근이 아니므로 개근이 됨)
법정공휴일 (관공서만 쉬는 날)	신정, 구정, 추석, 삼일절, 어린이날 등으로 관공서의 휴일에 관한 규정에 따른 것으로 관공서만 쉬는 날임(흔히 주휴일을 제외하고 빨간 날) 2022년부터는 5인 이상 민간기업도 빨간 날도 법적으로 쉬는 날이 됨(법정휴일이 됨) ➡ 이날 근로하면 휴일근로수당 발생
무급휴일	주5일 근무제의 경우 무급휴일로 정한 날(보통 토요일이 됨). ➡ 이날 근무로 일 8시간 또는 주 40시간 초과 시 연장근로수당 발생 ➡ 토요일이 규정상 유급휴일이면 연장근로수당이 아닌 휴일근로수당 발생
수 당 연장근로수당	1일 8시간을 초과하거나 주 40시간을 초과근무 한 때 발생 예를 들어 월요일~금요일 8시간을 근무한 후 토요일 5시간 근무 시 1주 40시간을 초과했으므로 토요일 5시간의 연장근로수당 발생 예를 들어 월요일 연차휴가, 화요일~토요일 8시간을 1주 40시간을 초과하지 않았으므로 연장근로수당 미발생 ➡ 5인 미만 : 연장근로시간 × 시간당 통상임금 × 1배 ➡ 5인 이상 : 연장근로시간 × 시간당 통상임금 × 1.5배 단시간 근로자(알바)는 일 8시간, 주 40시간을 넘지 않아도 소정근로시간을 초과해서 근무 시 연장근로수당이 발생한다. 예를 들어 일 4시간 알바 계약을 한 후 실제로는 5시간을 일한 경우 1시간의 연장근로수당이 발생한다.
휴일근로수당	근로계약상의 근로의무가 없는 날에 행해진 추가수당 ➡ 5인 미만 : 휴일근로시간 × 시간당 통상임금 × 1배 ➡ 5인 이상 : 휴일근로시간 × 시간당 통상임금 × 1.5배 8시간 초과분 : (휴일근로시간 - 8시간) × 시간당 통상임금 × 2배 예를 들어 10시간 휴일근로 시 8시간까지는 1.5배, 8시간을 초과하는 2시간은 2배의 휴일근로수당을 지급한다.
야간근로수당	오후 10시~오전 6시까지 근무하는 경우 5인 이상 사업장은 50%의 추가수당 지급 야간근로수당은 연장근로수당 및 휴일근로수당과 중복해서 적용된다.

구 분		내 용
수 당	초과근로수당 중복 여부	➡ 연장근로수당 및 휴일근로수당과 야간근로수당은 중복 적용이 된다. 즉, 야간근로수당은 무조건 중복으로 적용된다. ➡ 야간에 출근해 오후 10시~오전 6시 사이에 근무하는 경우 야간근로수당은 발생하지만 1일 8시간을 초과하지 않는 경우 연장근로수당은 발생하지 않는다. 예를 들어 오후 10시~오전 7시까지 근무시간으로 2시에서 3시까지 1시간의 휴게시간이 있는 경우 총 근무시간은 8시간으로 연장근로수당은 발생하지 않고, 오후 10시~오전 6시 사이 근무시간인 7시간(8시간 중 1시간 휴게)분에 대한 야간근로수당만 발생한다.
	연차수당	1달 + 1일 근무 시 : 1일의 월차 개념의 연차휴가 발생 1년 + 1일 근무 시 : 연차 개념의 연차휴가 15일 발생 위 발생한 휴가를 1년간 사용하지 않는 경우 연차수당 발생, 연차수당은 연차휴가 사용기간의 마지막 날이 속하는 달의 통상임금을 기준으로 지급한다. ➡ 5인 미만 : 미적용 ➡ 5인 이상 : 연차휴가 사용 촉진을 한 경우 미지급, 안 한 경우 지급

 4.345주와 209시간의 계산 방법(간단한 통상임금 산정 기준시간수(유급근로시간) 계산공식)

📄 4.345주 = 365일을 12개월로 나누고 이를 다시 7일로 나누면 된다.

[예시] (365일 ÷ 12월) ÷ 7일 = 4.345238......

📄 209시간 = 월~금 주 소정근로시간인 주 40시간(법정근로시간인 일 8시간 또는 주 40시간을 넘지 못한다)

× 120% × 4.345주

(소정근로시간 + 유급 근로시간) × 4.345주

= (소정근로시간 + 토요일 유급 시간 + 주휴시간) × 4.345주

[예시] 일 8시간, 주 40시간 근무 시

(40시간 + 0시간 + 8시간) × 4.345주 = 209시간 또는

40시간 × 120% × 4.345주 = 209시간

120% = 월요일~금요일 각각 20% × 5일 + 일요일 20%

[주] 209시간 = 유급 근로시간

• 월~금 8시간인 경우 40시간 + 주휴일 8시간

  (40시간 + 0시간 + 8시간) × 4.345주 = 209시간

• 월~금 8시간인 경우 40시간 + 토요일 유급 8시간 + 주휴일 8시간

  (40시간 + 8시간 + 8시간) × 4.345주 = 243시간

> • 월~금 8시간인 경우 40시간 + 토요일 유급 4시간 + 주휴일 8시간
>
>   (40시간 + 4시간 + 8시간) × 4.345주 = 226시간

앞서 설명한 임금은 노동법에서 계산하는 임금(= 세전 임금)이다. 즉 세법에서는 노동법에서 계산된 임금을 바탕으로 과세와 비과세를 구분한다.

따라서 비과세급여가 임금에 포함되는지? 안 되는지에 관한 질문은 논리상 맞지 않는 말이다.

결론은 세법에서는 노동법상 결정된 임금을 받아서 과세 여부만을 파악한다.

 노동법상 임금과 세법상 비과세 급여의 관계

통상임금, 평균임금, 최저임금, 주휴수당, 가족수당, 직책수당, 상여금, 성과급, 퇴직연금 납입액의 판단은 근로기준법, 최저임금법 등 노동법에서 결정한다. 세금은 노동법에서 결정된 임금을 가져다 쓴다.

임금을 어떻게 부치든 그건 노동법상의 결정 사항이다. 즉, 매달 받는 급여의 총액은 노동법으로 결정되고 노동법에 의해 결정된 총임금 항목을 세법에서 가지고 와서 과세 비과세를 세법 규정에 따라 판단한다. 따라서 일반적으로 임금이나 수당, 상여, 성과급은 세전 급여이다.

임금 총액(세전 금액) - 비과세 = 과세 기준이 되는 급여 및 4대 보험 기준급여

위의 임금 총액 = 기본급 + 각종 수당 + 성과급 및 상여금으로 구성이 된다.

이 임금 총액의 구성요소 중 필요에 따라

퇴직금 계산 때는 평균임금을 만들어 사용하고

시간외수당 계산 때는 통상임금을 만들어 사용하며,

최저임금 계산을 위해 뽑아 쓰기도 한다.

그리고 모든 임금 항목 중 세법에서 딱 정해진 비과세급여를 차감한 후 근로소득세를 계산한다.

세법은 임금 총액 중 비과세급여 임금만 골라내서 임금 총액에서 차감한 후 세금을 내게 된다.

결론은 기본급, 각종 수당, 상여금 등의 모든 계산은 노동법에서 책임지고 완성된 임금 총액을 가져다 세금을 계산하는 것이다. 따라서 임금은 당연히 세전 임금이다.

세법상 비과세는 노동법상 임금이 어떤 계산과정을 거쳐 구성되었는지 전혀 신경 쓰지 말고, 세법 규정에 따라 해당 임금이 비과세이냐 과세이냐만 판단하면 된다.

최저임금의 계산과 위반 여부 판단

최저임금과 관련해서는 최저임금법의 적용을 받는데 최저임금법은 근로자의 생활 안정과 노동력의 질적 향상을 위해 최저임금 제도를 시행해서 사용자가 최저임금액 이상의 임금을 지급하도록 강제하고 있다.

최저임금액(최저임금으로 정한 금액을 말한다.)은 시간 · 일(日) · 주(週) 또는 월(月)을 단위로 해서 정한다. 이 경우 일 · 주 또는 월을 단위로 해서 최저임금액을 정할 때는 시간급으로도 표시해야 한다(최저임금법 제5조).

최저임금의 적용 대상

최저임금은 동거의 친족만을 사용하는 사업과 가사사용인을 제외하고 근로자를 사용하는 모든 사업 또는 사업장에 적용된다. 다만, 정신 또는 신체장애로 근로 능력이 현저히 낮아 고용노동부 장관의 인가를 받은 자에 대해서는 이를 적용하지 않는다.

최저임금의 효력

사용자는 최저임금의 적용을 받는 근로자에 대해서 최저임금액 이상의 임금을 지급해야 하며, 최저임금액에 미달하는 임금을 정한 근로계약은 그 부분만 이를 무효로 하고, 무효로 된 부분은 최저임금액과 동일한 임금을 지급하기로 정한 것으로 본다.

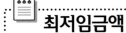
최저임금액

구 분	내 용
최저임금액	① 시간급(모든 산업) : 10,030원 ② 월 환산액(209시간, 주당 유급주휴 8시간 포함) 기준으로 주 소정근로 40시간을 근무할 경우 : 2,096,270원(10,030원 × 209시간)
최저임금 적용 기간	2025년 1월 1일 ~ 2025년 12월 31일(1년간)

2024년도 최저임금으로 계약직 근로를 체결한 경우 2025년에도 2024년 최저임금을 지급하면 되는 것이 아니라 2025년 1월 이후에는 반드시 2025년 최저임금으로 지급해야 하며, 그렇지 않은 경우, 최저임금법 위반에 해당한다.

최저임금의 계산 방법

3개월 이내의 수습 사용 중인 근로자는 최저임금액의 10%를 감액한 금액을 지급할 수 있다. 단, 근로계약 기간이 1년 미만인 수습사용 근로자 및 1~2주의 직무훈련만으로 업무수행이 가능한 단순 노무종사자는 최저임금액을 감액하지 않고 100%를 적용한다. 사용자가 최저임금보다 낮은 급여를 지급하기 위해서는 근로계약서 또는 취업규칙에 수습기간을 명시해야 하고, 수습기간 중에는 급여도 감액되어 지급된다는 것을 규정하고 있어야 한다. 따라서 근로계약서 또는 취업규칙에 수습기간을 명시 또는 규정되어 있지 않은 경우 이는 법률위반에 해당한다.

월급제인 경우 최저임금에 산입하지 않는 임금을 제외한 임금을 1월의 소정근로시간수(월에 따라 소정근로시간수가 다른 경우에는 1년간의 1개월 평균 소정근로시간)로 나누어 시간당 임금으로 환산해서 고시된 시간급 최저임금과 비교함으로써 최저임금 미달 여부를 판단한다.

주당 소정근로시간이 40시간인 근로자가 1주 40시간(주 5일, 1일 8시간)을 근로하고 급여명세서는 다음과 같다.

[급여명세서]

급여항목		최저임금에 포함되는 임금액	
급여	200만 원	200만 원	2,000,000원
정기상여금 (2024년부터 전액 가산)	30만 원	매월 1회 이상 정기적으로 지급되는 상여금 또는 그 밖의 명칭이라도 이에 준하는 임금. 예를 들어 정기상여금으로 월 30만 원을 지급하는 경우 30만원도 기본급에 합산해 최저임금 위반 여부를 판단한다고 보면 된다.	300,000원
현금성 복리후생비 (2024년부터 전액 가산)	20만 원	근로자의 생활 보조 또는 복리후생적 임금으로서 통화 또는 현물(2024년부터 전액 최저임금에 가산) 예를 들어 월식대로 20만 원을 지급하는 경우 20만 원도 기본급에 합산해 최저임금 위반 여부를 판단한다고 보면 된다.	200,000원
합 계			2,500,000원

[정기상여금 · 복리후생비 최저임금법 산입범위 [주]]

연도	2020년	2021년	2022년	2023년	2024년~
정기상여금	20%	15%	10%	5%	0%
현금성 복리후생비	5%	3%	2%	1%	0%

[주] 위의 표에서 보면 2024년도부터는 매월 1회 이상 정기적으로 지급하는 정기상여금 및 복리후생비의 경우 해당 금액 전액을 최저임금 산정 시 산입(포함)할 수 있다.

월 기준시간

[(주당 소정근로시간 40시간 + 유급 주휴 8시간) ÷ 7 × 365] ÷ 12월 ≒ 209시간

다른 계산 방법 : 48시간 × 4.345주 ≒ 209시간

시간당 임금 = 2,500,000원 ÷ 209시간 ≒ 11,962원(최저임금 초과)

시간당 임금 11,962원은 2025년도 최저임금 10,030원보다 많으므로 최저임금법 위반이 아니다.

주당 소정근로시간이 40시간인 근로자의 월 환산 최저임금

= 10,030원 × 209시간 = 2,096,270원

최저임금 모의 계산 〈https://www.moel.go.kr/miniWageMain.do#div6〉

2025년 기본급 2,000,000원은 2025년 월 최저임금 2,096,270원에 96,270원이 부족하여 최저임금법 위반이 되나, ❶ 정기상여금에서 300,000원과 ❷ 식대 200,000원 합계금액(❶ + ❷) 500,000원을 기본급 200만 원에 산입할 경우 총액이 2,500,000원으로 2025년 월 최저임금(2,096,270원)보다 403,730원 초과로 최저임금법 위반에 해당하지 않는다.

최저임금 변경시 근로계약서를 재작성해야 하나?

최저임금 올랐다고 꼭 다시 작성할 필요는 없다. 즉 최저임금을 적용받는 근로자가 최저임금 인상으로 인해 임금이 올랐을 경우는 근로계약서를 꼭 의무적으로 다시 작성할 필요는 없다. 근로자가 요구할 때만 다시 쓰면 된다. 임금, 근로시간, 휴일 등이 변경되어도 근로자 대표와의 서면합의나 취업규칙, 단체협약, 법령에 의하여 변경된 경우라면 근로계약서를 재작성하지 않아도 된다. 예를 들어, 최저임금의 상승은 법령에 의한 임금 변경이기 때문에 근로계약서를 재작성하지 않아도 된다. 단, 이 경우에도 근로자가 근로계약서 재작성 및 교부를 요구한다면 근로자의 요구에 따라 근로계약서를 재작성해야 한다.

1. 근로계약서 재작성 예외(근로기준법 제17조 제2항 단서)

❶ 근로자 대표와의 서면합의에 따라 변경되는 경우(근로기준법 시행령 제8조의 2 제1호 참조)

❷ 취업규칙에 의하여 변경되는 경우 ❸ 단체협약에 의하여 변경되는 경우 ❹ 법령에 의하여 변경되는 경우

상기 예외 경우에 해당하지만, 근로자의 요구가 있는 경우 : 근로계약서 재작성 및 및 교부해야 한다.

[참고 : 근로계약서 재작성 사유(근로기준법 제17조)]

❶ 임금 및 임금의 구성항목, 계산 방법, 지급 방법이 변경된 경우

❷ 소정근로시간이 변경된 경우 ❸ 휴일이 변경된 경우 ❹ 연차유급휴가가 변경된 경우

❺ 근로 장소가 변경된 경우 ❻ 종사하여야 할 업무가 변경된 경우

❼ 취업규칙 작성 · 신고 사항이 변경된 경우(근로기준법 제93조 제1호~제12호)

❽ 기숙사 규칙에서 정한 사항이 변경된 경우

비과세 급여의 최저임금(식대, 자녀보육수당, 자가운전보조금) 산입 여부

소득세법에서 말하는 비과세는 일정한 수입에 대해 세금을 부과하지 않는다는 의미다. 그런데 소득세법에서 과세/비과세 여부가 꼭 최저임금과 연결되는 것은 아니다. 즉 과세는 최저임금에 산입, 비과세는 최저임금에 불산입처럼 공식이 있는 것이 아니고 최저임금 산입 여부는 최저임금법에 따라 별도로 검토해 보아야 한다.

최저임금에 포함하는 임금 항목은 매월 고정적이고 정기적으로 지급되는 수당 성격의 임금과 월 고정적으로 지급되는 상여금, 비과세 식대, 비과세 자가운전보조금도 최저임금에 포함된다.

식대는 대표적인 복리후생 임금 항목으로 2024년부터 비과세소득 20만 원 전액이 최저임금에 포함된다.

둘째, 육아수당(자녀보육수당)도 복리후생 임금 항목으로 인정되며, 20만 원 식대와 같이 전액이 최저임금에 포함된다.

마지막으로, 실비변상적 성격의 비과세 자가운전보조금도 최저임금에 포함된다.

2025년 기준으로 주 40시간 근무를 가정하여 계산 시 최저임금은 2,096,270원이다.

기본급 1,496,270원 + 육아수당(보육수당) 200,000원 + 식대 200,000원 + 자가운전보조금 200,000원 총 지급액 2,096,270원으로 임금 항목을 구성하더라도, 최저임금법 위반이 아니다.

법정수당과 비법정수당의 구별

근로기준법에서는 사용자가 의무적으로 지급하도록 규정하고 있는 연장근로수당, 야간근로수당, 휴일근로수당 및 출산전후휴가수당, 연차수당, 생리수당을 법정수당이라고 하며, 사용자가 이를 어기면 처벌을 받게 된다.

5인 이하 사업장에는 근로기준법 중 연장근로, 야간근로, 휴일근로 규정이 적용되지 않으므로 당연분 임금 이외에 연장근로, 야간근로, 휴일근로에 따른 가산 분 임금이 적용되지 않는다.

법정수당의 소멸시효도 임금과 같이 3년으로서 사유 발생일로부터 3년까지는 언제든지 청구할 수 있다.

구 분	종류
법정수당	법적으로 그 지급이 강제되는 수당으로 초과근로수당(연장근로수당, 야간근로수당, 휴일근로수당), 연차수당, 생리수당, 출산전후휴가수당, 휴업수당 등이 있다.
비법정수당	회사 단체협약이나 취업규칙 등에서 그 지급을 규정한 것으로 가족수당, 직책수당, 통근수당, 주택수당 등이 있다.

			연장근 로수당	▶ 1일 8시간 이상 근무하거나 1주 40시간 이상 근무하는 경우 ➜ 통상임금의 50%를 가산임금으로 추가 지급한다.
수당	법정수당	시 간 외 근 로 수 당	야간근 로수당	▶ 하오 10시(22시)부터 오전 06시까지의 근로를 제공한 경우 ➜ 통상임금의 50%를 가산임금으로 추가 지급한다.
			휴일근 로수당	▶ 휴일근로를 제공한 경우 ➜ 통상임금의 50%를 가산임금으 로 추가 지급한다.
		연 차 수 당		▶ 연차휴가를 사용하지 않은 경우 ➜ 월급여액 ÷ 209시간 × 8시간 × 연차일 수로 계산 ㈜ 1년 미만 근속자로 1월 만근의 경우 1일의 연차휴가를 주어야 한다.

[근속연수별 연차휴가 산정 예(주 40시간)]

1년	2년	3년	4년	5년	10년	15년	20년	21년	25년
15일	15일	16일	16일	17일	19일	22일	24일	25일	25일

비법정 수 당	법적으로 강제적으로 지급할 의무는 없으나 회사 규정이나 관행상으로 지급되는 수 당을 말한다.

[초과근로수당 적용을 위한 근로시간의 범위]

	9	10	11	12	1	2	3	4	5	6	7	8	9	10-06
평일	8시간 근무(점심시간 1시간 제외)													
											연장근로			
											야간근로			
휴일	휴일근로(점심시간 1시간 제외)													
											연장근로			
											야간근로			

㈜ 연장근로 및 야간근로 시에도 저녁 식사 시간 1시간은 제외 가능

㈜ 12시간에 주중 근로뿐만 아니라 별도의 휴일근로도 포함한다. 다만, 2023년까지 주중 12시간과 휴일근로 8시간을 합해 총 20시간의 연장근로가 가능하다.

그리고 수당과 관련해서는 연장근로와 동일하게 50%의 가산임금을 지급하고, 8시간 초과분에 대해서는 휴일 연장근로서 100%의 가산임금을 지급한다.

법정근로시간과 소정근로시간, (통상임금산정)유급근로시간 계산 방법

📝 법정근로시간(법정 제한 기준시간)

① 1일의 근로시간은 휴게시간을 제외하고 8시간을 초과할 수 없다.
② 1주간의 근로시간은 휴게시간을 제외하고 40시간을 초과할 수 없다.

📝 소정근로시간(약정 근로시간)

소정근로시간이란 법정근로시간의 범위 내에서 근로자와 사용자 간에 정한 근로시간을 말한다(근로기준법 제2조 7호).

소정근로시간에는 유급 처리되는 시간(예 : 주휴일)이 포함되지 않는다.

일반적으로 소정근로시간은 1주 40시간, 1일 8시간의 범위에서 근로관계 당사자가 임의로 정할 수 있으며, 1주 40시간을 근로할 때도 반드시 1일 8시간씩 5일간 근무해야 하는 것은 아니므로, 주 40시간 근로제가 반드시 주5일 근무제를 의미하는 것은 아니라고 할 것이다. 따라서 1일 소정근로시간을 6시간 40분으로 정하거나, 1주 중 2일의 특정요일에는 1일 4시간, 다른 4일은 1일 8시간으로 정하여 1주 40시간을 근로케 하더라도 반드시 근로기준법 위반이라 보기는 어려울 것이다.

📝 통상임금 산정의 기준이 되는 시간(유급 근로시간)

연장근로수당, 야간근로수당, 휴일근로수당, 연차 미사용수당을 계산할 때 통상시급을 기준으로 한다.

예를 들어, 월 소정근로시간을 40시간으로 약정 또는 규정한 경우 임금 계산의 기준이 되는 통상임금 산정의 기준이 되는 시간은 다음과 같다.

① 209시간의 산정방식 : (40시간 + 8시간) × 4.345주 = 209시간

② 기본급이 250만 원인 근로자가 연장근로 2시간을 한 경우 지급해야 할 연장근로수당 계산 방법은 250만 원 ÷ 209시간 = 11,962원(통상시급) × 2시간 × 150% = 35,886원(2시간 연장근로수당)

참고로 단시간 근로자(아르바이트, 파트타임, 시간제 근로)를 한 자의 경우 1일 8시간을 초과하거나 주 40시간을 초과한 경우 연장근로수당이 발생하는 것이 아니라, 근로하기로 약속한 시간을 초과해서 근무한 경우 연장근로수당을 지급해야 한다. 즉 1일 4시간 일하기로 계약했는데, 실제로 8시간을 근로한 경우 1일 8시간을 넘지 않았다고 추가 근무 4시간분에 대한 연장근로수당이 발생하지 않는 것이 아니라 약속한 4시간을 초과한 근무는 모두 연장근로시간에 해당한다.

예를 들어 1일 4시간 근무조건으로 입사한 경우 실제로 6시간 근무 시 2시간 초과분에 대해서는 2시간 근무 100% + 2시간 근무 가산 50%의 가산임금을 지급해야 한다.

일반 근로자	단시간 근로자(= 알바)
1일 8시간을 초과하거나 주 40시간을 초과한 시간에 대해서 연장근로수당이 발생한다. 예를 들어 1일 9시간을 근로한 경우 1시간의 연장근로수당이 발생한다. 그리고 월~금요일 8시간 근로 후 토요일 4시간의 추가 근로가 발생한 경우 주 40시간 초과에 따른 4시간분의 연장근로수당이 발생한다.	근로하기로 약속한 소정근로시간을 초과한 시간에 대해서 연장근로수당이 발생한다. 예를 들어 아르바이트로 일 4시간을 하기로 계약한 후 사정으로 5시간을 근로하게 된 경우 1시간에 대해서는 연장근로수당을 지급해야 한다.

유급 근로시간(통상임금 산정의 기준이 되는 시간)은 월급을 계산할 때 월급책정에 들어간 시간을 말한다. 따라서 월급은 유급 근로시간만큼 줘야 하고, 결근 등으로 월급에서 급여를 차감할 때도 유급 근로시간 분만 차감한다. 따라서 토요일이 무급인

경우 애초 급여 계산 시 토요일 근무분을 월급에 포함해 지급하기로 계약을 안 했으므로, 급여 차감을 할 때도 처음부터 포함 안 된 토요일 급여를 차감하면 안 된다. 만일 차감을 한다면 토요일 급여를 주지도 않았으면서 뺏어가는 결과가 된다.

중도 입사자와 중도 퇴사자의 월급을 일할계산할 때 유급 근로시간으로 계산하면 최저임금 문제가 발생하지 않는 장점이 있다.

아래의 유급 근로시간은 각종 수당의 계산이나 통상임금의 계산 등 임금을 계산할 때 유용하게 사용하므로 알아두는 것이 좋다.

① 평일 5일 동안 1일 8시간씩 근무(일반적인 경우)

➡ 기본 근로시간 = 1주 40시간

② 1주 15시간 이상 근로 시 1일분의 유급휴일 제공(주휴일).

➡ 유급휴일 = 주 40시간(월~금 각각 8시간) ÷ 5일 = 1주 8시간

③ 실제 근로시간 + 유급휴일

➡ 1주 48시간(① + ②)

④ 1년은 365일이며, 주로 환산하면 52.14285714주임

➡ 365일 ÷ 7일 = 52.14285714주

⑤ 1개월은 주로 환산하면 4.34523809주임

➡ 52.14285714주 ÷ 12개월 = 4.34523809주

⑥ 1개월의 유급 근로시간 = ③ × ⑤

➡ 48시간 × 4.34523809주 = 208.57142832 = 209시간

예를 들어 시급이 10,030(2025년 기준)원인 근로자의 주급은 10,030원 × 48시간으로, 월급은 10,030원 × 209시간으로 계산한다.

1달을 4.345주로 기억하고 (월~금 총근로시간(평일 근무시간) + 토요일 유급시간 + 월~금 총근로시간 ÷ 5(주휴일 유급 시간)) × 4.345를 하면 1달간 유급 근로시간이 계산된다.

월급 200만 원에 근로시간은 다음과 같은 경우

1. 월~금 주5일 8시간 기준

2. 월수금 근무기준(월 8시간, 수 8시간, 금 8시간)

3. 월수금 근무기준(월 4시간, 수 4시간, 금 4시간)

4. 주말 근무 기준(토, 일 각각 8시간)

유급 근로시간 = (월~금 총근로시간 + 월~금 총근로시간 ÷ 5) × 4.345

1. = (40시간 + 40시간 ÷ 5) × 4.345 = 209시간

일급여 = 200만 원 ÷ 209시간 × 8시간

2. = (24시간 + 24시간 ÷ 5) × 4.345 = 125시간

일급여 = 200만 원 ÷ 125시간 × 8시간

3. = 12시간 × 4.345 = 52.14시간

주 15시간 미만은 주휴수당이 발생하지 않는다.

4. = (16시간 + 16시간 ÷ 5) × 4.345 = 83.5시간

일급여 = 200만 원 ÷ 83.5시간 × 8시간

📂 최저임금 계산기준인 근로시간

최저임금은 유급 근로시간을 기준으로 책정된 임금이다. 즉 주 52시간제를 시행하는 회사의 최저임금 계산을 위한 209시간은 월~금의 근로시간 40시간에 유급주휴일 8시간을 합한 48시간에 1달 4.345주를 곱한 시간이다. 따라서 최저임금을 반대로 209시간으로 나누면 최저시급이 계산된다.

참고로 월급도 209시간으로 나누면 시급이 계산된다.

📂 최저임금법을 지키는 급여 일할계산 방법

최저임금은 유급 근로시간을 기준으로 책정이 되었으므로 월중 입·퇴사자의 급여 일할계산도 유급 근로시간을 기준으로 계산하는 것이 가장 합리적인 방법이다. 단, 월중 입·퇴사자의 급여 일할계산은 특별히 법에 정해진 바가 없으므로 급여 ÷ 해당 월의 총일수 × 출근 일수로 계산하는 경우가 많다(여기서 일수 계산에는 토요일 및 일요일을 차감하면 안 된다.).

이 경우 해당 직원의 급여가 최저임금보다 월등히 많으면 최저임금법을 위반할 가능성이 작지만, 최저임금에 근접한 급여의 경우 최저임금법을 위반할 가능성이 크다.

따라서 최저임금 유급 근로시간의 기준이 되는 209시간을 기준으로 계산하면 급여 수준과 관계없이 절대 최저임금법을 위반할 가능성은 없다. 즉, 급여 ÷ 209시간 × (출근일 + 주휴일)의 근로시간(여기서 토요일은 제외한다.)이다.

단계별 통상시급의 계산 방법

1. 매달 고정적으로 받는 모든 금액(통상임금)을 더한다.

✔ 기본급, 직책수당, 직무수당 등 매달 고정적으로 명세서에 찍히면 포함
✔ 식대나 교통비 등은 실비변상적인 금액(영수증 첨부하는 등)이면 제외하고, 전 직원 공통(예 : 식대 20만)으로 지급되면 포함
✔ 상여금 등 기타 논란이 되는 항목은 회사 규정이나 근로계약서를 확인해야 한다.

통상임금에 포함되는 수당	통상임금에 포함되지 않는 수당
가족수당, 식대, 직무수당, 직책수당, 면허수당, 승무수당, 물가수당, 근속수당	상여금, 특정일에만 지급되는 승무수당, 업무성과에 따른 업무 장려수당, 숙직수당, 통근수당, 복리후생 관련 금품, 출장비나 업무활동비 등

[참고] 고용노동부는 정기상여금을 특정 시점에 재직 중인 근로자에게 한정하여 지급하는 경우(퇴직근로자에게 일할계산하여 지급하지 않는 경우)에는 고정성이 없으므로 인해 통상임금으로 보지 않았으나, 재직자에게만 지급되는 정기상여금도 소정근로의 대가로서 고정성을 가진 통상임금에 해당한다는 서울고법 판결이 나왔다.
상여금의 경우 근로계약, 취업규칙 등으로 사용자에게 지급의무가 지워져 있고 ① 매월 1회 지급하는 등 일정한 간격을 두고 계속적으로 지급되며, ② 모든 근로자 또는 일정 기준에 달한 모든 근로자에게 지급되며, ③ 출근율 등 다른 추가적인 조건 없이 월 중 입사하거나 퇴사할 경우 일할계산하여 지급하는 등 정기성, 일률성, 고정성을 모두 갖춘 경우 통상임금에 포함한다.

임금명목	임금의 특징	통상임금의 해당여부
기술수당	기술이나 자격보유자에게 지급되는 수당(자격수당, 면허수당 등)	통상임금 ○
근속수당	근속기간에 따라 지급여부나 지급액이 달라지는 임금	통상임금 ○
가족수당	부양가족 수에 따라 달라지는 가족수당	통상임금 × (근로와 무관한 조건)
	부양가족 수와 관계없이 모든 근로자에게 지급되는 임금	통상임금 ○ (명목만 가족수당, 일률성 인정)
자격수당	일정한 자격을 갖춘 자에게만 지급되는 자격수당도 일률적으로 지급되는 것으로 통상임금에 해당할 수 있다.	
성과급	근무실적을 평가해서 지급여부나 지급액이 결정되는 임금	통상임금 × (조건에 좌우됨, 고정성 인정×)
	최소한도가 보장되는 성과급	그 최소의 한도만큼만 통상임금 ○ (그만큼은 일률적, 고정적 지급)
상여금	월, 분기, 반기, 연말, 명절 등 정기적으로 지급되는 상여금(정기상여금)	통상임금 ○
	기업실적에 따라 일시적, 부정기적, 사용자 재량에 따른 상여금(경영성과분배금, 격려금, 인센티브)	통상임금 × (사전 미확정, 고정성 인정×)
	분기 또는 1년 단위로 지급되는 상여금의 경우 "재직자의 한해서 지급한다."라는 규정이 있다면 통상임금으로 보고 있지 않다. 다만 재직자에게만 지급하는 규정이 있더라도 실제로 퇴사하는 직원에 대해 일할계산하는 등의 사례가 있는 경우 통상임금에 해당한다는 판례도 있다.	
명절(설, 추석) 상여금, 여름 휴가비	특정 시점에 재직 중인 근로자에게만 받는 금품(명절 귀향비나 휴가비의 경우 그러한 경우가 많음)은 통상임금에 포함되지 않고, 특정 시점이 되기 전 퇴직 시에는 근무일수에 비례해서 지급되는 금품은 통상임금에 포함된다.	
특정 시점 재직 시에만 지급되는 금품	특정 시점에 재직 중인 근로자에게만 지급받는 금품(명절 귀향비나 휴가비의 경우 그러한 경우가 많음)	통상임금 × (근로의 대가×, 고정성×)
	특정 시점이 되기 전 퇴직 시에는 근무 일수에 비례해서 지급되는 금품	통상임금 ○ (근무 일수에 비례해서 지급되는 한도에서는 고정성 ○)

임금명목	임금의 특징	통상임금의 해당여부
고정 연장근로수당	포괄임금제 계약에 포함된 고정 연장근로수당의 경우도 노동부와 판례가 다르게 해석하고 있다. 판례는 연장근로가 예정되지 않은 업종, 직무에 해당하고 단순히 임금을 세분하여 고정연장수당으로 구분하였다면 고정연장수당도 통상임금으로 보는 입장이다. 하지만 노동부는 일관되게 포괄임금제도상 규정된 고정 연장근로수당을 통상임금으로 보고 있지 않다.	
식대보조금	• 식대가 근로자 전원에게 매월 일정액인 월 20만 원이 지급되는 경우라면, 이는 소정근로의 대가로서 정기적, 일률적, 고정적으로 지급되는 것으로 보이므로 다른 조건이 없다면 통상임금에 해당한다. • 식대의 경우 실비변상적인 성격에 해당되지 않고, '일정한 조건 또는 기준에 달한 모든 근로자'에게 지급되며 월의 도중에 퇴사한 근로자에게도 일할계산하여 지급하고 있다면 소정근로의 대가로 정기성, 일률성, 고정성이 인정되므로 통상임금에 해당한다. • 식비나 간식비가 단체협약 등에 의하여 사용자에게 지급의무가 지워져 있고, 일정한 요건(매월 일정액 또는 출근일수에 따라 차등지급 등)에 따라 정기적, 계속적으로 지급되는 경우 또는 현물이나 식권을 제공하고 식사를 하지 않는 경우는 현금 등으로 보상해 주는 경우는 임금에 해당하나, 현물이나 식권을 지급하되 식사를 하지 않더라도 현금 등으로 보상해 주지 않는 경우 또는 전 근로자에게 일정액의 식비를 지급(임금 해당)하면서 외근 근로자에게는 추가로 지급하는 금품은 실비변상적 금품으로 임금에 해당하지 않는다. • 식대의 한도를 정하고 구내식당 등의 이용 횟수에 따른 금액을 공제하고 나머지 금액을 지급한 경우 이는 통상임금에 해당한다. • 회사에서 현물로 식사를 제공하지만, 식사를 못한 직원에 대하여 식대를 지급하는 경우 식대는 통상임금에 해당한다. • 회사가 근로자에게 식권을 지급하고 현물 식사를 제공하거나, 특정 식당과 계약을 맺고 식비를 대신 지급하는 경우는 실비변상적 성격으로 보아 통상임금에 해당하지 않는다. • 현물로 식사를 제공하고 식사를 하지 못한 직원에게 식사비에 해당하는 금품이 제공되지 않았다면 통상임금에 포함되지 않는다.	
자가운전보조금	차량유지비 20만 원을 비과세항목으로 구분하고, 전 직원에게 일률적으로 지급되고 있다면 통상임금에 해당한다. 다만 차량유지비를 실제 업무수행에 소용되는 비용으로 계산하여 지급하는 경우는 통상임금에 해당하지 않는다. 예컨대 직급별로 한도를 정해놓고 주유비 사용내역 영수증을 받아 지급하는 경우라면 통상임금에 해당하지 않는다.	

2. 통상시급 = 통상임금을 더한 금액을 209(소정근로시간)로 나눈다.

✔ 209는 하루 8시간 근무하는 사람의 한 달 평균 근로시간을 의미한다.
(하루 8시간 × 5일 = 주 40시간) + 주휴일 8시간 = 주 48시간 × 4.345주 = 약 209시간
✔ 4.345주는 4주인 달도 있고 5주인 달도 있어 1년 평균한 것임
✔ 주휴수당은 월급제의 경우 포함된 것으로 계산하므로 별도로 청구할 수 있는 것은 아니다.

주 5일 근무에 1일 무급휴일(토요일 무급, 일요일 유급)
1주 = [(8시간 × 5일) + 8시간] = 48시간
1월 = [(48시간 ÷ 7일) × (365일 ÷ 12월)] = 209시간
또는 주 48시간 × 4.345주

구 분		토요일 유급시간 수	월 유급 근로시간 수
휴 무	유급	4	226((40 + 4(토요일 유급 시간) + 8(주휴시간)) × 4.345주)
		8	243((40 + 8(토요일 유급 시간) + 8(주휴시간)) × 4.345주)
	무급	–	209((40 + 0(토요일 유급 시간) + 8(주휴시간)) × 4.345주)
휴 일	유급	4	226((40 + 4(토요일 유급 시간) + 8(주휴시간)) × 4.345주)
		8	243((40 + 8(토요일 유급 시간) + 8(주휴시간)) × 4.345주)
	무급	–	209((40 + 0(토요일 유급 시간) + 8(주휴시간)) × 4.345주)

소정근로시간에 유급처리되는 시간을 포함한 시간을 통상임금 산정 기준시간이라고 한다.
임금을 주급 또는 월급으로 정한 경우에는 통상임금에 포함되는 임금 항목의 총금액에서 통상임금 산정 기준시간 수(주 소정근로시간 + 토요일 유급 시간 + 주휴시간)를 나누면 시간급 통상임금이 된다. 즉, '통상임금 산정 기준시간 수'는 통상임금(시급)을 산정하기 위한 기준시간이다.
① 토요일 무급처리 : (주 40시간 + 0 + 주휴시간 8시간) × 월평균 주 수 4.345주 = 209시간
② 토요일이 일반적인 무급이 아니라 유급인 경우

[4시간 유급] (주 40시간 + 토요일 4시간 + 주휴시간 8시간) × 월평균 주 수 4.345주 = 226시간

[8시간 유급] (주 40시간 + 토요일 8시간 + 주휴시간 8시간) × 월평균 주 수 4.345주 = 243시간

예를 들어 월급 250만 원을 받는 경우

[토요일 무급] 2,500,000원 ÷ 209시간 = 통상시급 11,962원

[토요일 8시간 유급] 2,500,000원 ÷ 243시간 = 통상시급 10,288원

격주 근무할 때 통상시급 계산방법

월~금 8시간, 주 40시간에 매주 격주로 4시간 근무를 하는 경우

❶ 월~금의 근무시간 = (1주 40시간 + 주휴일 8시간) × 4.345주 = 209시간

❷ 매주 격주로 4시간 근무시간 = 4시간 × 4.345주 × 1.5배 ÷ 2 = 13시간

❸ 매월 유급처리 되어야 할 시간(❶ + ❷) = 222시간

2025년 최저임금(10,030원)을 기준으로 하는 월 최저임금액 = 10,030원 × 222시간 = 2,226,660원

매주 평일 오전 8시부터 오후 6시까지 근무를 하고, 토요일 2, 4주를 제외하고 9시간씩 근무를 하였다. 월급으로 300만 원을 받는 경우 시급은?

해설

평일 9시간 × 5일 근무를 하여 주 45시간 근로를 하였다면 평일 5시간 연장 5시간 × 1.5배 = 7.5시간

월 소정근로시간은 주휴수당을 포함 209시간이 되며, 초과근로시간은 1주 7.5시간 × 4.345주 = 1달 약 32.59시간이 나온다.

토요일 근무는 모두 연장근로에 해당하며, 9시간씩 2, 4주를 제외한 나머지 토요일에 근로하였다면 9시간 × 4.345주(월 평균주수) − 18시간(2. 4주) = 약 21.06시간

따라서 21.06시간 × 1.5배 = 31.59시간의 연장근로가 매월 토요일 발생하게 된다.

총 연장근로시간 = 32.59시간 + 31.59시간 = 약 64.18시간

총근로시간 = 209시간 + 64.18시간 = 273.18시간

통상시급 = 300만 원 ÷ 273.18시간 = 10,982원

격일제 근로의 경우 일반적으로 한 주에 월, 수, 금, 일에 근로를 제공했다면, 그다음 주에는 화, 목, 토에 근로를 제공하게 되므로 평균적으로 2주에 7일을 근로하는 패턴이 반복된다.

격일 근무할 때 통상시급 계산방법

1달 = 365일 ÷ 12달 = 30.4일 ÷ 2 = 15.2일

기본 근무시간 = 15.2일 × 8시간(추가 근무시간은 연장 또는 야간근로시간임)

〈근로자 1주 주휴시간〉

(근무시간(10시간 가정) × 4일 + 근무시간 × 3일) ÷ 2주 = 35시간

〈근로자 1일 주휴시간〉

(35시간 ÷ 40시간) × 8시간 = 7시간

교대제로 근무할 때 통상시급 계산방법

현실적으로 많이 쓰이는 것은 2주 3교대, 주야 2교대, 4조 3교대이다. 그중에서 3조 2교대다. 교대제는 대부분 각 조가 동일한 근로를 무한 반복하는 형태로 이루어지는 것이 특징이다. 다음은 가상의 대진상사의 3조 2교대 방식의 근무형태이다. 주간, 24시간 근무, 휴무가 3조로 구분이 되어 반복된다.

8시간을 근로하는 주간 조, 24시간을 근로하는 24시간 조, 그리고 휴무 조로 각 구성되어 있다(22:00 ~ 06:00 8시간 : 휴식 시간 4시간).

해설

1. 실근로시간 계산할 때 각 조의 구성원은 동일한 근로시간을 가진다.

(8시간 + 20시) ÷ 3(교대 주기) × 365 ÷ 12 = 283.9시간이 된다.

이 수식의 의미는 각 조는 3일 동안 주간 조(8시간), 24시간 조(20시간), 휴무 조로 로테이션이 되기에 결국 3일 동안 28시간을 근무한다는 의미이다. 1일 기준으로는 28/3시간이 되며, 1년은 365일이고, 이것을 12로 나누면 매월 실근로시간이 계산된다.

2. 연장근로가산의 경우

(12시간 ÷ 3) × (365 ÷ 12) × 0.5 = 60.8시간이 된다. 이것은 각 조가 3일 근무를 하더라도 실제 연장근로는 12시간이 되는데, 이미 실근로시간에서 연장근로시간 부분을 반영했기에, 50%의 할증 부분만 고려한다.

3. 야간근로가산의 경우

(4시간 ÷ 3) × (365 ÷ 12) × 0.5 = 20시간이 된다.

4. 주휴수당의 경우

8시간 × 4.345주 = 35시간이 나온다.

5. 최저임금을 기준으로 283.9시간 + 60.8시간 + 20시간 + 35시간 = 약 400시간이므로 400시간 × 10,030원 = 4,012,000원이 된다.

모든 급여(포괄임금 포함)의 시급 계산 방법

통상임금 계산을 위한 기준시간 수 계산 방법

구 분		토요일 유급 시간 수	통상임금 산정 기준근로시간
계산식 = (1주 소정근로시간 + 토요일 유급 근로시간 + 주휴시간) × 4.345주			
주 40시간이 소정근로시간인 통상 근로자 = (40시간 + 0시간 + 8시간 ^{주}) × 4.345주 = 209시간			
주 16시간이 소정근로시간인 단시간 근로자 = (16시간 + 0시간 + 3.2시간) × 4.345주 = 83.42시간			
[주] 주휴시간 = 주 소정근로시간 ÷ 5			
휴 무	유급	4	226(40시간 + 4시간 + 8시간) × 4.345주
		8	243(40시간 + 8시간 + 8시간) × 4.345주
	무급	–	209(40시간 + 0시간 + 8시간) × 4.345주
휴 일	유급	4	226(40시간 + 4시간 + 8시간) × 4.345주
		8	243(40시간 + 8시간 + 8시간) × 4.345주
	무급	–	209(40시간 + 0시간 + 8시간) × 4.345주

최저임금이 정해지는 원리

통상임금 계산을 위한 기준시간 수를 기준으로 최저임금 계산(최저시급 10,030원)

소정근로시간 40시간에 유급 주휴시간 8시간인 통상 근로를 기준

(40시간 + 0시간 + 8시간) × 4.345주 = 209시간

최저시급 10,030원 × 209시간 = 2,096,270원(월 기준 최저임금)

즉 2,096,270원은 통상적인 일 8시간 주 40시간에 주휴시간 8시간을 기준으로 정한 월 기준 최저임금이다.

따라서 최저임금은 소정근로시간이 변하면 변하게 된다.

예를 들어 소정근로시간이 일 5시간 1주 25시간으로 변하면 (25시간 + 5시간) × 4.345주 = 130.35시간이 통상임금 계산을 위한 기준시간 수가 되고, 최저임금은 130.35시간에 10,030원을 곱하면 1,307,411원으로 변한다.

즉 최저임금은 최저시급 10,030원이 고정된 상태에서 통상임금 계산을 위한 기준시간 수가 변하면 변하게 된다.

급여가 정해지는 원리

급여도 시급을 기준으로 하면 1주 유급으로 처리되는 시간에 4.345주를 곱하고, 시급을 곱하면 월급이 결정된다.

통상근로자의 월 유급으로 처리되는 시간 209시간에 회사에서 시급을 1만 원으로 정했다면 1만 원을 곱하면 월급 209만 원이 된다.

따라서 반대로 월급을 월 유급으로 처리되는 시간 209시간으로 나누면 시급이 된다. 즉 209만 원을 209시간으로 나누면 1만 원이 시급이 된다.

또한 통상시급은 월급 중 통상임금을 209시간으로 나누면 통상시급이 된다. 즉 앞서 예에서 월급 209만 원이 모두 통상임금으로 구성되었다면 1만 원이 통상시급이 된다.

시간외 근로수당이 포함된 경우(포괄임금) 급여가 정해지는 원리

앞서 설명한 바와 같이 통상근로자의 유급으로 처리되는 시간 209시간에 회사에서 시급을 1만 원으로 정했다면 1만 원을 곱하면 월급 209만 원이 된다.

그런데, 매주 8시간의 연장근로와 4시간의 야간근로가 있다면 8시간 × 시급(1만 원) × 1.5배 × 4.345주 = 521,400원이 연장근로수당으로 월급에 가산되고, 4시간 × 시급 × 0.5배 × 4.345주 = 86,900원이 야간근로수당으로 월급에 가산되어 2,698,300원이 지급된다.

반대로 월급이 2,698,300원으로 정해졌고 해당 월급의 구성내역이 일 8시간 근무, 연장근로 주 8시간, 야간근로 주 4시간에 대한 급여로써 시급을 구하면(포괄임금시 시급 구하는 방법) 다음과 같다.

① 통상근로자의 유급 근로시간 = 209시간

② 연장근로시간 = 8시간 × 1.5배 × 4.345주 = 52.14시간

③ 야간근로시간 = 4시간 × 0.5배 × 4.345주 = 8.69시간

④ 1달간 유급 처리되는 총시간 = 269.83시간

⑤ 월급 2,698,300원 ÷ 269.83시간 = 10,000원(시급)

평일 오전 8시부터 오후 6시까지 근무를 하고, 월급으로 300만 원을 받는 경우 시급은?

해설

1. 평일 9시간 × 5일 근무를 하여 주 45시간 근로를 했다면 평일 5시간 연장 5시간 × 1.5배 = 7.5시간이 된다.

2. 월 소정근로시간은 주휴수당을 포함 209시간이 되며, 초과근로시간은 1주 7.5시간 × 4.345주 = 1달 약 32.59시간이 나온다.

3. 총근로시간은 209시간 + 32.59시간 = 241.59시간

4. 통상시급 = 300만 원 ÷ 241.59시간 = 12,420원

포괄임금제에서 시급을 계산하는 순서는

① 위 통상임금 계산을 위한 기준시간 수 계산 방법에 따라 시간을 구한다.

② 포괄임금에 포함된 연장근로시간(휴일근로시간 포함)과 야간근로시간을 파악한 후 월 단위 시간을 구한다.

③ ①과 ②를 합한다.

④ 포괄임금을 ③으로 나눈다.

⑤ 나온 시급을 연장근로시간(휴일근로시간 포함)과 야간근로시간 등 시간외근로에 우선 배정한 후 나머지 금액을 기본급에 배정한다.

월급 300만 원을 받는 근로자의 근로시간이 일 8시간, 주 40시간이며, 주 8시간의 고정 연장근로수당이 포함되어 있는, 포괄임금계약의 경우 통상시급?(5인 이상 사업장)

해설

① 통상임금 산정 기준시간(유급 근로시간) = (40시간 + 8시간) × 4.345주 = 209시간
② 연장근로시간 = 주 8시간 × 1.5배(5인 미만 사업장은 1배) × 4.345주 = 52.14시간
③ 1달간 유급 처리되는 총시간 = 209시간 + 52.14시간 = 261.14시간
④ 시급 = 300만 원 ÷ 261.14시간 = 11,488원
⑤ 시간외수당 = 52.14시간 × 11,488원 = 598,984원
⑥ 기본급 = 300만 원 - 598,984원 = 2,401,061원

격주 근무시 최저임금, 통상시급, 주휴수당, 시간외근로수당

1. 격주 근무 시 임금

구 분	임금
일 8시간 근로자	[(주 40시간 + 8시간(주휴)) × 4.345주 × 시급(최저시급)] + 연장근로 [(8시간 × 4.345주) ÷ 2 × 1.5배 × 시급(최저시급)]
단시간 근로자	[(월~금 총 근무시간(A) + A/5) × 4.345주 × 시급(최저시급)] + 연장근로 [(격주 토요일 근무시간 × 4.345주) ÷ 2 × 1.5배 × 시급(최저시급))]

2. 격주 근무 시 시급

구 분	임금
유급시간	평일 통상시간(A) = [월~금 총 근무시간(40시간 한도) a + a/5(8시간 한도)] × 4.345주 격주 토요일 통상시간(B) = (격주 토요일 근무시간 × 4.345주) ÷ 2 × 1.5배 총 유급 시간 = A + B
시급	월 임금 ÷ 유급시간

매주 평일 오전 8시부터 오후 6시까지 근무를 하고, 토요일 2, 4주를 제외하고 9시간씩 근무를 하였다. 월급으로 300만 원을 받는 경우 시급은?(5인 이상 사업장)

해설

1. 평일 9시간 × 5일 근무를 하여 주 45시간 근로를 하였다면 평일 5시간 연장 5시간 × 1.5배 = 7.5시간

2. 월 소정근로시간은 주휴수당을 포함 209시간이 되며, 초과근로시간은 1주 7.5시간 × 4.345주 = 1달 약 32.59시간이 나온다.

3. 토요일 근무는 모두 연장근로에 해당하며, 9시간씩 2, 4주를 제외한 나머지 토요일에 근로하였다면 9시간 × 4.345주(월평균 주수) − 18시간(2.4주) = 약 21.06시간

따라서 21.06시간 × 1.5배 = 31.59시간의 연장근로가 매월 토요일 발생하게 된다.

4. 총 연장근로시간 = 32.59시간 + 31.59시간 = 약 64.18시간

5. 총근로시간 = 209시간 + 64.18시간 = 273.18시간

6. 통상시급 = 300만 원 ÷ 273.18시간 = 10,982원

📝 포괄임금제에서 기본급과 고정 OT로 나누는 방법

포괄임금제는 야간, 연장, 휴일근로를 별도로 계산하지 않고 일정 시간과 금액을 고정 초과근로수당으로 지급하는 형태로 기본급 + 고정 OT로 구성이 되지만 실제로 이를 구분해서 인식하지 않는다. 즉 이것저것 따지지 않고 한 달 얼마로 포괄해서 임금을 책정한다.

그러다 보니 급여를 책정할 때나 추가 초과근무수당이 발생해 계산해야 하는 경우 실무자들이 기본급과 고정 OT 부분을 나누는데, 상당히 힘들어하고 있다. 또한 임금명세서 작성 시에는 기본급과 고정 OT를 구분해서 따로 표기해야 하고, 고정 OT 산출 근거도 같이 작성해 줘야 하다 보니 더욱 힘들어진 것이 현실이다.

월급 400만 원(기본급, 고정 OT, 직책수당 : 20만 원, 식비 20만 원)이고 여기에는 월 고정 연장근로시간 12시간분의 임금이 포함되어 있다고 가정하면(일 8시간, 주 40시간 사업장)

• 소정근로시간 = 40시간

• 유급 근로시간 = (40시간 + 8시간) × 4.345주 = 209시간

• 고정 OT 유급 근로시간 = 12시간 × 1.5배 = 18시간(포괄임금제에서 1.5배가 아닌 1배로 해야 한다는 해석도

있지만, 실무상으로는 1.5배를 일반적으로 한다.)

월 단위 고정 OT라서 1.5배만 해줬지만, 주 단위 고정 OT가 12시간인 경우 4.345주를 추가로 곱해줘야 한다.

- 총 유급 근로시간 = 227시간
- 통상시급 = (400만 원 − 통상임금 제외항목) ÷ 227시간 = 약 17,620원
- 고정 OT = 17,620원 × 12시간 × 1.5배 = 317,160원
- 기본급 = 400만 원 − 고정 OT(317,160원) − 직책 수당(20만 원) − 식비(20만 원)

    = 3,282,840원

참고로 고정OT 먼저 배분한 후 기본급을 마지막에 배분한다.

고정 OT의 경우 근로기준법상 가산임금을 지급해야 하므로 이를 먼저 맞춘 후, 마지막에 산출된 기본급은 최저임금보다 많으면 문제가 되지 않는다.

임금명세서의 고정 OT란에는 산출 근거로 17,620원 × 12시간 × 1.5배 = 317,160원을 작성하면 되고, 추가로 6시간의 연장근로가 발생하는 경우 추가 연장근로 란에 17,620원 × 6시간 × 1.5배 = 158,580원을 기입하면 된다.

휴일과 휴무일의 차이와
토요일 근무 시 수당의 차이

구 분	휴일	휴무일
공통점	휴일과 휴무일은 모두 '쉬는 날'	
차이점	근로 제공 의무가 없는 날(쉬는 날). ● 법정휴일(주휴일, 근로자의 날, 공휴일) ● 약정휴일(회사창립 기념일 등) 휴일에 근로할 경우는 법적으로 통상임금의 50%를 가산하여 지급(근로시간이 8시간을 초과하는 경우 초과시간에 대해서는 통상임금의 100%를 지급한다.) **근로시 휴일근로수당 지급대상** ● 8시간 이내 근로 시, 통상임금 × 1.5배(50% 가산) ● 8시간 초과 근로 시, 통상임금 × 2배(100% 가산)	원래 근로제공의무가 있는 날이지만 노사합의로 근로가 면제된 날임(쉬는 날). ● 주5일제 근무에서 토요일 ● 교대제 근무에서 주휴일 1일을 제외한 비번일 휴무일은 소정근로일에 포함되지 않음. 취업규칙 등에 별도로 유급으로 정하지 않는 이상 기본적으로 무급임. 휴무일은 휴일이 아니므로, 휴무일의 근로는 연장근로가 되며, 통상임금의 50%를 가산하여 지급해야 한다(참고로 휴무일은 법적으로 정의된 용어는 아님). **근로 시 연장근로수당 지급대상** ● 통상임금 × 1.5배(50% 가산)
임금의 차이	시급 1만 원에 10시간 근무 휴일근로 가산임금 = (8시간 × 10,000원 × 50%) + (2시간 × 10,000원 × 100%) = 60,000원 휴일 근로 시 총임금 = 100,000원(기본급여) + 60,000원 = 160,000원 토요일을 휴일로 지정했을 때 10시간을 근무했다면, A씨는 휴일근로수당을 받게 된다. 휴일근로수당은 통상임금의 50%를, 8시간 이상 근무했을 시에는 통상임금의 100%를 지급해준다(관련 법	시급 1만 원에 10시간 근무 연장근로 가산임금 = 10시간 × 10,000원 × 50% = 50,000원 휴무일 근무 시 총임금 = 100,000원(기본급여) + 50,000원 = 150,000원 토요일을 휴무일로 지정했다면 A 씨는 연장근로수당(통상임금의 50%를 지급)만 적용받을 수 있다. 즉, 노사가 토요일을 휴일로 지정하느냐 휴무일로 지정하느냐에 따라 근로자가 받을 수 있는

구 분	휴일	휴무일
	령 : 근로기준법 제56조). 참고로 휴일은 유급이므로, 위에서 계산된 금액은 통상임금(10,000원 × 10시간 = 100,000원)과 합산하여 받는(= 총 160,000원 지급)다.	수당이 차이를 보일 수 있다.

만약 밤 10시 이후에도 계속 근무한다면 위의 금액에 야간근로수당(통상임금의 50%)까지 더해서 지급한다.

토요일을 휴일로 지정했는데 출근한 경우

휴일은 근로제공 의무 없는 날로 근로기준법상 주휴일과 법으로 정한 공휴일, 근로자의 날이 대표적인 휴일이며, 그 외 노사가 약정하여 유급휴일 또는 무급휴일을 정할 수 있다.

만약 노사가 토요일을 무급휴일로 약정한 경우는 근로자는 출근 의무가 없기에 출근하지 않고, 회사 역시 임금 지급의무는 없다. 따라서 월급제 근로자는 토요일 급여는 월급에 포함되어 있지 않다.

그런데 출근한 경우 휴일근로수당이 발생한다.

주중 40시간 이상 근무했는지? 여부는 관계없이 유급휴일, 무급휴일 모두 휴일이기 때문에 근로기준법상 휴일로 적용되고, 휴일에 근무시간은 휴일근로수당을 적용해야 한다.

통상시급이 1만 원인 근로자가 주 40시간 근무하고, 유급휴일 10시간 근무한 경우

통상시급 1만원 × 8시간 = 유급휴일 수당 8만원

통상시급 1만원 × 8시간 × 150% = 휴일근로수당 12만원

통상시급 1만원 × 2시간 × 200% = 휴일 연장근로수당 4만원

그런데 토요일을 유급휴일로 정한 회사의 경우 100%의 임금은 이미 월급에 포함했을 가능성이 크다. 따라서 결국 8만 원을 제외한 금액을 지급한다.

통상시급이 1만원인 근로자가 주 40시간 근무하고, 무급휴일 10시간 근무한 경우

통상시급 1만원 × 8시간 × 150% = 휴일근로수당 12만원

통상시급 1만원 × 2시간 × 200% = 휴일연장근로수당 4만원

참고로 유급 근로시간(= 통상임금 산정 기준시간) = (1주 소정근로시간 40시간 + 토요일 유급 근로시간(8시간 한도) + 8시간) × 4.345주

위에서 유급과 무급의 차이는 유급 근로시간 즉 통상임금 산정 기준시간에 차이를 나타낸다.

토요일 휴일인 경우 휴일근로수당 실지급액

= (8시간 × 10,000원 × 150%) + (2시간 × 10,000원 × 200%)

또는

= (10시간 × 10,000원 × 100%) + (8시간 × 10,000원 × 50%) + (2시간 × 10,000원 × 100%)

= 16만원

토요일을 휴무일로 지정했는데 출근한 경우

휴무일은 쉬는 날 정도로 생각하면 된다.

따라서 휴무일에 근무하지 않는다면 임금은 발생하지 않아 일반적으로 무급휴무일로 정하는 경우가 많다. 때에 따라서 유급휴무일로 노사 간의 합의된 경우도 있지만, 결론적으로는 근로의무가 없는 날이다.

직원이 월, 화, 수, 목, 금요일 모두 정상 근무로 주 40시간을 채운 후 토요일에 출근해 주 40시간을 초과한 경우라면 연장근로수당으로 임금을 지급해야 한다.

통상시급이 1만 원인 근로자가 주 40시간 근무하고, 휴무일 10시간 근무한 경우

통상시급 1만 원 × 10시간 × 150% = 연장근로수당 15만 원

통상시급이 1만 원인 근로자가 주중 결근 또는 휴가로 주 32시간 근무하고, 휴무일 10시간 근무한 경우 주 40시간을 채우지 않아 8시간은 평상시 근무로, 초과시간 2시간은 연장근로로 처리한다.

통상시급 1만원 × 8시간 × 100% = 휴무일 수당 8만원

통상시급 1만원 × 2시간 × 150% = 연장근로수당 3만원

만일 회사가 토요일을 유급 휴무일로 정했다고 해도, 이미 유급 부분은 월급에 반영했을 것이므로 결국 추가 지급액은 무급휴무일과 같다. 물론 유급 근로시간 즉 통상임금 산정 기준시간에는 유급이냐 무급이냐에 따라 차이가 있을 수 있다.

토요일 휴일인 경우 연장근로수당 실지급액

= (10시간 × 10,000원 × 100%) + (10시간 × 10,000원 × 50%)

또는

= (10시간 × 10,000원 × 150%)

= 15만원

평일에 결근한 후 일요일 근무시 급여 계산

주휴일은 주간 소정근로일수를 개근한 경우 부여하는 것이므로, 당해 주에 1일 이상 결근하였다면 주휴일을 부여하지 않는다. 따라서 월급에서 결근일 + 주휴일의 급여를 차감할 수 있다.

그러나 주휴일을 회사의 취업규칙(사규) 등에서 집단적으로 특정(예 : 일요일 등)하였다면 그날(일요일 등)은 취업규칙에서 근로의무가 없는 날로 정한 것이다(= 휴일을 정한 것이므로).

따라서 주중에 결근한 근로자라고 하더라도 취업규칙에서 근로 제공 의무가 없는 날(휴일)로 정한 취지 역시 적용되므로, 주중 결근자에게는 특정된 주휴일을 무급으로 쉬게 하면 된다. 즉, 이런 경우 주중 결근자에게 있어 주휴일은 무급휴일이 된다.

따라서, 주중 결근한 근로자가 비록 근로기준법에 따라 유급 주휴일을 보장받지는 못하지만, 취업규칙에서 일요일을 휴일로 정하고 있다면 주중 결근자에 대해서도 휴일은 부여되며, 단지 무급휴일이 될 뿐이다. 주중 결근자가 무급휴일인 일요일에 근로를 제공했다면 휴일근로에 따른 가산임금(50%)이 발생한다. 즉 아래와 같다.

1. 무급휴일에 따른 임금 : 0원(월급제 근로자는 급여에서 1일분 차감, 결근일분 급여도 차감)

2. 무급 휴일근로에 따른 임금 : 휴일근로시간 수 × 시간당 통상임금 × 100%

3. 무급휴일근로에 따른 가산임금 : 휴일근로시간 수 × 시간당 통상임금 × 50%

참고 행정해석(1984.05.07, 근기 1451-10979)

근로기준법에 따라 유급휴일에 근로한 경우는 유급휴일에 당연히 지급되는 임금과 당해 일에 근로한 대가의 임금에 휴일근로수당(통상임금의 50%)을 가산한 금액을 지급받을 수 있는 것이며, 무급휴일(주간 소정근로일수를 개근하지 못한 경우)에 근로한 경우는 당해 일에 근로한 대가의 임금에 휴일근로수당(통상임금의 50%)을 가산한 금액을 지급받을 수 있는 것임.

구 분	일요일	급여 계산
주중 결근을 안 한 경우	유급휴일	1. 월급에서 차감하는 금액 없음 2. (휴일근로시간 수 × 시간당 통상임금 × 100%) + (휴일근로시간 수 × 시간당 통상임금 × 50%(8시간 초과분은 100%))
주중 결근을 한 경우	무급휴일	1. (결근일 수 + 주휴일(일요일) 수)에 해당하는 급여를 월급에서 차감 2. (휴일근로시간 수 × 시간당 통상임금 × 100%) + (휴일근로시간 수 × 시간당 통상임금 × 50%(8시간 초과분은 100%))

📝 평일에 결근한 후 토요일 근무시 급여 계산

주휴수당은 출근하기로 정한 소정근로일을 모두 개근해야 발생한다.

예를 들어 원래 출근해야 하는 화요일에 결근하고 대신 토요일 출근해 8시간을 근무했다면, 주 40시간 근로를 한 것은 맞으나, 1주간 정해진 소정근로일을 모두 개근했다고 보긴 어렵다.

따라서 회사가 반드시 주휴수당을 지급해야 하는 의무는 없다.

즉, 원래 월요일부터 금요일까지 소정근로일을 모두 개근한 때는 주 40시간에 대한 임금과 주휴수당(8시간)을 포함하여 48시간에 대한 임금이 지급되지만, 중간에 화요일에 결근하셨으므로 월급에서 화요일 급여 + 주휴수당을 차감하고, 토요일 실제 출근하여 근로한 시간에 대해서만 임금을 지급한다.

월, 수, 목, 금 32시간 + 토 8시간 = 40시간 즉, 1주 동안 근로하기로 정한 주 40시간을 모두 채웠다고 주휴수당이 발생하는 것이 아니라 출근하기로 한 날 즉 소정근로일에 모두 출근해야 주휴수당이 발생한다.

구 분	토요일	급여 계산
주중 화요일 결근을 한 경우	8시간 근무	1. 화요일 + 일요일 급여를 월급에서 차감 2. 토요일 근무분에 대한 임금 지급 결국은 일요일 급여만 차감하는 결과가 됨
주중 화요일 결근을 한 경우	8시간 초과근무	1. 화요일 + 일요일 급여를 월급에서 차감 2. 토요일 근무분에 대한 임금 지급 토요일 8시간분 급여 + 8시간 초과분에 대해서는 연장근로로 시간당 통상임금 × 1.5배

초과근무수당(휴일, 연장, 야간근로)
초간편 계산 공식

초과근무수당의 계산 절차

✔ 매달 고정적으로 받는 모든 금액(통상임금)을 더한다.

- 기본급, 직책수당, 직무수당 등 매달 고정적으로 명세서에 찍히면 포함
- 식대나 교통비 등은 실비변상적인 금액(영수증 첨부하는 등)이면 제외하고, 전 직원공통(예 : 식대 20만)으로 지급되면 포함. 전 직원에 지급(비과세 처리)하는 차량유지비는 통상임금
- 상여금 등 기타 논란이 되는 항목은 회사 규정이나 근로계약서를 확인해야 함

✔ 통상임금을 더한 금액을 209로 나눈다(시급 계산).

- 209는 하루 8시간 근무하는 사람의 한 달 평균 근로시간을 의미한다.

  (하루 8시간 X 5일 = 주 40시간) + 토요일 유급시간 + 주휴일 8시간 = 주 48시간 X 4.345주 = 약 209시간
- 4.345주는 4주인 달도 있고 5주인 달도 있어 1년 평균한 것임
- 주휴수당은 월급제의 경우 포함된 것으로 계산하므로 별도로 청구할 수 있는 것은 아니다.

✔ 통상시급을 연장근로 시 1.5배, 야간근로 시 2배, 휴일근로 시 1.5배로 계산한다.

- 연장근로수당 계산 방법

  하루 8시간 이상 근로 시 1.5배

  원래 임금 100% + 연장근로수당 50% = 총 150%
- 야간근로수당 계산 방법(연장근로 시)

밤 10시부터 다음날 오전 6시까지 근무 시 0.5배 가산

원래 임금 100% + 연장근로 가산임금 50% + 야간근로 가산임금 50% = 총 200%

[예외] 야간근로가 연장근로에 해당하지 않는 경우는 원래 임금 100% + 야간근로 가산임금 50%
= 150% 지급

- 휴일근로수당 계산 방법(야간근로 중복 시 아래에서 50% 가산)

일요일(주휴일) 근무 시 통상시급의 1.5배

원래 임금 100% + 휴일근로 가산임금 50% = 총 150%

8시간을 초과하는 경우 8시간까지는 150%, 8시간 초과분은 통상시급의 200%

휴일, 연장, 야간근로 중복 시 임금 계산 공식

휴일근로수당과 연장근로수당을 계산할 때 해당 근로시간이 야간근로시간에 해당하는 경우는 연장근로수당 + 야간근로수당 또는 휴일근로수당 + 야간근로수당을 지급해야 한다. 반면, 해당 근로시간이 야간근로시간에 해당하더라도 1일 8시간을 초과하지 않는 경우는 야간근로수당만 지급하면 된다.

구 분	임금 지급
평일 9시~ 다음날 6시 근무	원래 임금 100% + 1일 8시간 초과분 연장근로 가산임금 + 22시~다음날 6시까지 야간근로 가산임금
휴일 9시~ 다음날 6시 근무	원래 임금 100% + 1일 8시간까지 휴일근로 가산임금 + 8시간 초과분 휴일 연장근로 가산임금 + 22시~다음날 6시까지 야간근로 가산임금
평일 22시~다음 날 6시	원래 임금 100% + 1일 8시간 이하(연장근로 가산임금 X) + 야간근로 가산임금

평일에 연장, 야간근로 시 법정수당 계산 방법

시간	근로대가	연장	야간	합계	수당계산 공식
09:00~18:00	100%	–	–	100%	기본 : 시급 × 시간 × 100%
18:00~22:00	100%	50%	–	150%	기본 : 시급 × 시간 × 100% 연장 : 시급 × 연장시간 × 50%

시간	근로대가	연장	야간	합계	수당계산 공식
22:00~06:00	100%	50%	50%	200%	기본 : 시급 × 시간 × 100% 연장 : 시급 × 연장시간 × 50% 야간 : 시급 × 야간시간 × 50%
06:00~09:00	100%	50%	–	150%	기본 : 시급 × 시간 × 100% 연장 : 시급 × 연장시간 × 50%

해설

구분	시간	누적시간	비고
① 근무시간	00:00~24:00	24시간	
② 휴게시간	03:00~04:00		야간근로시간에 1시간이 들어있다고 가정
	12:00~13:00	3시간	
	18:00~19:00		
③ 근무시간	–	21시간	①-②
최저임금			10,030원
100%	정상 근로	21시간	210,630원
50%	연장 가산	13시간	65,195원
50%	야간 가산	7시간	35,105원
임금 합계			310,930원

📁 휴일에 연장, 야간근로 시 법정수당 계산 방법

시간	근로대가	휴일	휴일연장	야간	합계	수당계산 공식
09:00~18:00	100%	50%	–	–	150%	기본 : 시급 × 시간 × 100% 휴일 : 시급 × 시간 × 50%
18:00~22:00	100%	50%	50%	–	200%	기본 + 휴일 : 시급 × 시간 × 150% 휴일연장 : 시급 × (시간 – 8시간) × 50%
22:00~06:00	100%	50%	50%	50%	250%	기본 + 휴일 : 시급 × 시간 × 150% 휴일연장 : 시급 × (시간 – 8시간) × 50% 야간 : 시급 × 야간시간 × 50%
06:00~09:00	100%	50%	50%	–	200%	기본 + 휴일 : 시급 × 시간 × 150% 휴일연장 : 시급 × (시간 – 8시간) × 50%

구분	시간	누적시간	비고
① 근무시간	00:00~24:00	24시간	
② 휴게시간	03:00~04:00		야간근로시간에 1시간이 들어있다고 가정
	12:00~13:00	3시간	
	18:00~19:00		
③ 근무시간	–	21시간	①-②
최저임금			10,030원
100%	정상 근로	21시간	210,630원
50%	휴일 가산	21시간	105,315원
50%	휴일 연장 가산	13시간	65,195원
50%	야간 가산	7시간	35,105원
임금 합계			416,245원

- 8시간 이내 = 시급 × 시간 × 150%
- 8시간 초과 = 시급 × 시간 × 150% + 시급 × (시간 – 8시간) × 50%
- 8시간 초과 + 야간 = 시급 × 시간 × 150% + 시급 × (시간 – 8시간) × 50% + 시급 × 야간시간 × 50%

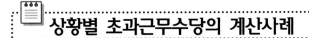

상황별 초과근무수당의 계산사례

📄 9시 출근 오후 6시 퇴근인 회사(1시간 휴게시간)

시간	법정수당	수당계산 방법
09:00~18:00	정상 근무	
18:00~22:00	연장근로수당	시급 × 4시간 × 1.5
22:00~06:00	연장근로수당 + 야간근로수당	시급 × 8시간 × (1.5 + 0.5)
06:00~09:00	연장근로수당	시급 × 3시간 × 1.5

📄 8시 출근 오후 5시 퇴근인 회사(1시간 휴게시간)

시간	법정수당	수당계산 방법
08:00~17:00	정상 근무	
17:00~22:00	연장근로수당	시급 × 5시간 × 1.5
22:00~06:00	연장근로수당 + 야간근로수당	시급 × 8시간 × (1.5 + 0.5)
06:00~08:00	연장근로수당	시급 × 2시간 × 1.5

🗐 오후 8시 출근 다음 날 오전 8시 퇴근인 회사(1시간 휴게시간)

시간	법정수당	수당계산 방법
20:00~22:00	정상 근무	
22:00~06:00	휴게시간 1시간 정상 근무 6시간 + 연장근로수당(1시간) + 야간근로수당(7시간)	(시급 × 6시간 × 1) + (시급 × 1시간 × 1.5) + (시급 × 7시간 × 0.5) 또는 (시급 × 7시간 × 1) + (시급 × 1시간 × 0.5) + (시급 × 7시간 × 0.5)
06:00~08:00	연장근로수당	시급 × 2시간 × 1.5

🗐 오후 1시 출근 다음 날 오전 4시 퇴근인 회사(1시간 휴게시간)

시간	법정수당	수당계산 방법
13:00~22:00	정상 근무	
22:00~04:00	연장근로수당(6시간) + 야간근로수당(6시간)	(시급 × 6시간 × 1.5) + (시급 × 6시간 × 0.5)

(명절, 임시공휴일, 근로자의 날) 모든 근로자의 휴일근로수당 계산 방법

상시근로자 수가 5인 미만인 사업장은 연장, 야간, 휴일근로 가산수당에 대한 지급 의무가 없으나 5인 이상의 경우 근로기준법 제56조에 따라 가산수당을 지급해야 한다.

휴일근로 가산수당을 지급해야 하는 휴일은

❶ 법정휴일(주휴일, 근로자의 날)뿐만 아니라

❷ 단체협약·취업규칙 등에 의해 휴일로 정해진 약정휴일

❸ 2023년 기준 상시근로자 수 5인 이상 기업의 빨간 날도 포함된다(국경일, 명절, 임시공휴일 등).

📝 월급제 근로자의 경우

월급제 근로자의 경우는 유급으로 부여되는 법정휴일 및 약정휴일에 대한 임금이 이미 1개월분 임금에 포함되어 있다고 보는 것이 원칙이므로, 휴일에 근로를 제공했다면 휴일근로에 대한 임금과 그에 따른 가산수당만 추가로 지급한다(휴일 제공한 근로에 대한 임금(100%) + 휴일근로 가산수당(50%) = 150%).

① 법정휴일 등에 월급제 근로자가 근로를 제공하지 않았다면 기존 월급만 지급하면 된다.

② 그러나 근로자가 해당 일에 근로를 제공한 경우는 기존 월급에 휴일근로수당을 가산하여 150%의 임금을 지급해야 한다.

매월 고정적인 임금을 받는 월급제 근로자에게는 법정휴일이 월요일에서 일요일 사이의 어느 날에 속하는지에 관계없이 소정의 월급을 지급하면 된다는 것이 고용노동

부의 입장이다. 즉, 휴일(근로자의 날 포함)이 평일인지 토요일 (무급휴무일 또는 무급휴일)인지 상관없이 월급에 이미 유급 처리된 임금이 포함되어 있다고 간주하는 것이다(근로기준과-848, 2004.4.29. 근로기준과-2156, 2004.4.30.).

📝 시급제 · 일급제 근로자의 경우

시급제 · 일급제 근로자가 법정휴일 등에 ① 근로를 제공하지 않은 때에도 통상의 1일 근로를 제공하였을 때 지급해야 할 임금(통상시급 × 근무시간)을 지급해야 하고, ② 해당 일에 근로를 제공한 경우는 원래 지급해야 하는 통상임금(100%)과 휴일근로수당(150%)을 추가 지급해야 한다. 즉, 해당 일에 근무한 근로자에게는 250%의 임금을 지급해야 한다.

물론 8시간 초과분에 대해서는 300%를 지급해야 한다.

구 분	월급제 근로자	시급제 · 일급제 근로자
근로제공	① 또는 ② 총 근무시간이 휴게시간을 제외하고 8시간까지인 경우 ①로 계산하고, 총 근무시간이 휴게시간을 제외하고 8시간을 넘는 경우 ②로 계산한다. ① 8시간까지 : 통상시급 × 150% × 총 근무시간 ② 8시간 초과한 때 : (통상시급 × 150% × 총 근무시간) + (통상시급 × (총 근무시간 - 8시간) × 50%)	① 또는 ② 총 근무시간이 휴게시간을 제외하고 8시간까지인 경우 ①로 계산하고, 총 근무시간이 휴게시간을 제외하고 8시간을 넘는 경우 ②로 계산한다. ① 8시간까지 : <u>근로하지 않아도 받는 1일 임금(8시간) 100%</u> + 통상시급 × 150% × 총 근무시간 ② 8시간 초과한 때 : <u>근로하지 않아도 받는 1일 임금(8시간) 100%</u> + (통상시급 × 150% × 총 근무시간) + (통상시급 × (총 근무시간 - 8시간) × 50%)
근로 미제공	통상임금(0%) : 지급액 없음	통상임금(100%)
	기존 월급에 이미 포함해서 지급한 것이므로 별도로 지급하지 않는다.	통상임금 100%는 시급에 포함해 이미 지급한 것이 아니므로 별도로 지급해야 한다.

예를 들어 통상임금이 10,000원이라면 휴일근로수당은 10,000원(유급휴일에 근 로제공이 없더라도 지급되는 금액) + 10,000원(휴일근로에 대한 임금) + 10,000원 × 50%(휴일근로에 대한 가산수당) = 10,000(100% + 100% + 50%) = 25,000원(시급제·일급제 근로자)이 된다.

이중 월급제 근로자는 유급휴일에 근로제공이 없더라도 지급되는 금액은 이미 월급에 포함되어 있으므로 10,000원(휴일근로에 대한 임금) + 10,000원 × 50%(휴일근로에 대한 가산수당) = 10,000원(100% + 50%) = 15,000원(월급제 근로자)만 지급한다.

공휴일 통상임금이 10,000원인 근로자가 10시간 근무한 경우 휴일근로수당 계산

해설

월급제 근로자	시급제·일급제 근로자
① 또는 ② 총 근무시간이 휴게시간을 제외하고 8시간까지인 경우 ①로 계산하고, 총 근무시간이 휴게시간을 제외하고 8시간을 넘는 경우 ②로 계산한다. ① 8시간까지 : 통상시급 × 150% × 총 근무시간 ② 8시간 초과한 때 : (통상시급 × 150% × 총 근무시간) + (통상시급 × (총 근무시간 - 8시간) × 50%)	① 또는 ② 총 근무시간이 휴게시간을 제외하고 8시간까지인 경우 ①로 계산하고, 총 근무시간이 휴게시간을 제외하고 8시간을 넘는 경우 ②로 계산한다. ① 8시간까지 : 근로하지 않아도 받는 1일 임금(8시간) 100% + 통상시급 × 150% × 총 근무시간 ② 8시간 초과한 때 : 근로하지 않아도 받는 1일 임금(8시간) 100% + (통상시급 × 150% × 총 근무시간) + (통상시급 × (총 근무시간 - 8시간) × 50%)
실제 지급액 = 위에서 ②를 적용 (10,000원 × 150% × 10시간) + (10,000원 × (10시간 - 8시간) × 50%) = 16만 원	실제 지급액 = 위에서 ②을 적용 (10,000원 × 8시간) + (10,000원 × 150% × 10시간) + (10,000원 × (10시간 - 8시간) × 50%) = 24만 원

급여를 30일로 나누어
급여 일할계산과 수당계산

가끔 수당계산도 계산의 편의를 위해서 급여 일할계산과 같이 달력에 따라 30일 또는 31일로 나누어 계산하면 안 되는지 궁금해하는 실무자가 많다.

결론은 급여 일할계산은 법에서 특별히 규정한 내용이 없어서 달력에 따라 30일 또는 31일로 나누어 하루 일당을 구한 후, 만일 8시간 하루를 근무한 경우라면 해당 일당을 지급해도 된다.

다만, 해당 급여가 최저임금은 넘어야 한다. 즉 30일 또는 31일로 나누어 계산된 급여가 최저임금에 미달하면 최저임금법 위반이 된다. 급여 일할계산에 대해서는 특별한 법적 규정이 없지만, 최저임금에 대해서는 최저임금법이라는 법적 구속력을 가지기 때문이다.

따라서 최저임금의 계산기준이 되는 209시간을 기준으로 급여 일할계산을 하는 것을 권하는 바이다.

반면 수당계산 시에는 30일 또는 31일로 나누어 수당계산을 하면 안 된다. 수당계산에 대해서는 근로기준법에 통상시급에 가산임금을 더해서 지급하도록 법 규정이 있기 때문이다.

월급은 1달간 실제로 일한 날 + 주휴일의 급여를 말한다. 즉 토요일을 특별히 유급(대다수 회사는 무급)으로 정하지 않은 이상 급여 계산에 포함되는 날(요일)이 아니다.

그런데 30일로 나누면 당초 월급에 포함해서 지급하지도 않은 토요일까지 계산에 반영해서 나누는 결과가 된다. 따라서 시급이 실제보다 적게 나오게 되고 결국 급여를 적게 지급하는 결과가 되어 임금체불에 해당할 수 있다.

그런데 209시간은 실제 임금에 반영하지 않은 토요일을 제외하고 계산한 근무시간이며, 209시간으로 나눈다는 의미는 실제 임금에 반영하지 않은 토요일을 제외한 실제 급여 계산에 기준이 되는 시간으로 시급을 구한다는 의미이다.

1. 300만 원 ÷ 30일 = 10,000원(시급) : 달력에 따라 계산한 시급

2. 300만 원 ÷ 209시간 = 14,354원(시급) : 실제 지급해야 하는 시급

급여 일할 계산 때는 달력에 따라 나누어도 시급이 1만 원으로 최저임금 10,030원(2025년 기준)보다 많으므로 문제는 없다.

그러나 시간외 근로수당 계산 때는 시급이 14,354원이어야 하는데, 달력에 따라 계산한 1만 원을 기준으로 수당을 지급한다면 실제 지급해야 할 시급보다 4,354원을 적게 지급하게 되어 4,354원의 임금체불이 발생한다.

수당계산 시에는 결국 소정근로시간을 계산해 이를 적용해야 한다. 참고로 소정근로시간 209시간 = (월~금 총근로시간 + 토요일 유급근로시가 + 주휴시간) × 4.345주 = (40시간 + 0시간 + 8시간) × 4.345주이다.

주휴수당의 지급기준과 초간편 계산 공식

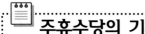

주휴수당의 기본요건

주휴수당을 받기 위해서는 2가지 요건이 기본으로 충족되어야 한다.

 유급 주휴수당의 발생요건
- 소정근로시간이 주 15시간 이상이어야 한다. 물론 5인 미만 사업장도 적용된다.
- 소정근로일을 결근하지 말아야 한다.

외출, 조퇴, 지각은 결근으로 보지 않는다.

월요일 연차휴가 사용 후 화~금요일까지 결근을 안 한 경우에도 주휴수당을 지급해야 하며, 월~목요일 연차휴가 후 금요일 하루를 근무해도 주휴수당을 지급해야 한다.

주휴수당의 간편 계산

상용근로자의 경우 일반적으로 월급에 주휴수당이 포함된 것으로 보므로 공휴일이 꼈을 때 주휴수당을 별도로 신경 쓸 필요는 없으며, 다만 시급, 일급, 주급의 경우 주휴수당의 계산과 관련해서 신경 쓸 부분이다.

주휴수당은 1일 근로시간 × 시급으로 계산한다.

1일 한도는 8시간 주 한도는 40시간이다. 따라서 월~토 48시간 근로 시에도 40시간 한도이다.

예를 들어 월~금요일 평균 4시간 일하는 경우 주휴수당은 4시간 × 10,030원, 8시간인 경우 8시간 × 10,030원, 10시간인 경우에도 한도는 8시간이므로 8시간 × 10,030원을 지급하면 법적인 문제는 없다.

주휴수당의 계산 공식

주5일 근무 기준 월~금(또는 토) 총 근무시간 ÷ 5일 ^{주} × 시급

또는 월~금(또는 토) 총 근무시간 × 20% × 시급

주 : 최대 일 8시간, 주 40시간을 한도. 주6일 근무도 5일로 나눔

- 예를 들어 시급 1만 원에 주 40시간을 일하는 아르바이트의 경우

  주휴수당 = 40시간 ÷ 5(20%) × 1만 원 = 8만 원

- 예를 들어 시급 1만 원에 주 15시간을 일하는 아르바이트의 경우

  주휴수당 = 15시간 ÷ 5(20%) × 1만 원 = 3만 원이 된다.

- 예를 들어 시급 1만 원에 월~토 6일 35시간을 일하는 아르바이트의 경우

  주휴수당 = 35시간 ÷ 5(20%) × 1만 원 = 7만 원

구 분	퇴사주 주휴수당 지급여부
마지막 근무일이 월~금요일 전	주휴수당 미지급
마지막 근무일이 월~금요일(퇴사일이 토요일)	주휴수당 미지급
마지막 근무일이 토요일(퇴사일이 일요일)	주휴수당 미지급
마지막 근무일이 일요일(퇴사일이 월요일)	주휴수당 지급
사직서 제출하면서 퇴사일을 월요일로 한 경우	주휴수당 지급

사례1	사례2
월 : 4시간	월 : 4시간
화 : 4시간	화 : 6시간
수 : 4시간	수 : 4시간
목 : 4시간	목 : 6시간
금 : 4시간	금 : 4시간
합계 : 20시간	합계 : 24시간
주휴수당 = 합계(20시간) × 20% = 4시간	주휴수당 = 합계(24시간) × 20% = 4.8시간

사례3	사례4
월 : 10시간(8시간 한도)	월 : 0시간(결근일이 아님)
화 : 8시간	화 : 4시간
수 : 8시간	수 : 4시간
목 : 8시간	목 : 4시간
금 : 8시간	금 : 4시간
합계 : 40시간	합계 : 16시간
주휴수당 = 합계(40시간) × 20% = 8시간	주휴수당 = 합계(16시간) × 20% = 3.2시간

사례5	사례에서 보듯 주휴수당은 주15시간 이상으로 일 8시간 한도 내에서 월~금의 근로시간을 합해 20%를 적용하면 된다.
월 : 0시간(결근일이 아님)	
화 : 4시간	
수 : 0시간(결근일이 아님)	
목 : 4시간	
금 : 4시간	
합계 : 12시간	
주휴수당 = 주 15시간 미만으로 주휴수당 미발생	

📝 일용근로자 주휴수당

근로계약을 통해 일용근로계약을 명시적으로 정했다면 별도의 주휴수당은 발생한다고 보기 어렵다. 다만, 별도의 근로계약을 통해 일용근로계약을 명시적으로 작성하고 반복 갱신한 바 없다면 계속 근로로 봐야 한다. 따라서 1주 40시간의 범위에서 근로를 제공하고 입사일로부터 1주가 경과 했다면 1일의 유급휴일을 주휴일로 청구할 수 있다. 즉, 근로계약서를 1일 단위로 작성하고, 실제로 매일매일 일급을 지급하는 경우라면 모르지만, 급여의 기준을 형식상 일급으로 정한 것일 뿐 실질적으로 일정 기간을 계속하여 근로를 제공한 경우라면 해당 근로자가 1주 소정근로시간을 개근한 때에는 주휴수당을 지급해야 한다.

일용근로자에 대해 주휴수당을 미리 임금에 포함할 수 있는지? 에 대해서는 1일 단위로 근로관계가 단절되어 계속 고용이 보장되지 않는 순수 일용근로자의 경우는 주휴수당을 미리 임금에 포함할 수 없는 것이나, 일정기간 사용이 예정된 경우라면 주휴수당을 미리 임금에 포함하여 지급하는 것은 가능하다. 사용자가 구두상 혹은 서면상으로 근로계약을 통해 일급에 주휴수당을 포함하여 지급했다면 별도의 주휴수당을 지급하지 않는다.

또한 일급에 주휴수당을 포함해서 지급하는 경우는 노사의 분쟁을 막기 위해 근로계약서에 해당 사항을 기록해놓을 필요가 있다.

구 분	주휴수당
일 단위로 근로계약을 체결하고 반복 갱신한 경우	주휴수당이 발생하지 않는다.
일 단위로 근로계약을 체결하고 반복 갱신하지 않고 일정 기간 근로를 제공한 경우	주휴수당을 청구해 볼 수 있음(주휴수당을 지급해야 할 수도 있음)

주휴수당을 시급에 포함해 지급하는 경우 시급

주휴수당을 계산하는 게 귀찮아서 주휴수당을 포함한 시급을 주는 경우 시급에 주휴수당이 포함된 사실을 반드시 알려야 한다.

주휴수당 포함금액이 최저임금을 넘으면 최저임금법 위반이 아니다.

10,030원 × 6일(월~금 5일 + 주휴일 1일) = 60,180원(2025년 기준)

60,180원 ÷ 5일 = 12,036원

주휴수당 포함 시급 12,036원 미만으로 줄 때는 최저임금법 위반이 된다.

[간편 계산] 주휴수당이 포함된 최저시급 = 최저임금 × 120% = 10,030원(2025년) × 120% = 12,036원(시급)

주중 휴업 시 주휴수당

사업주의 귀책 사유로 인해 휴업한 날을 제외한 1주간의 소정근로일 전부를 개근했다면 유급 주휴일을 부여해야 하고, 1주간의 소정근로일 전부를 휴업했을 시 유급 주휴일을 휴업기간에 포함하여 휴업수당을 지급해야 한다.

구 분	주휴수당
1주 전부를 휴업하는 경우	1주 소정근로일 전부를 휴업한 경우는 사실상의 근로 제공이 없었으므로 유급주휴일을 부여하지 않아도 되나, 해당 주 일요일에 대해서는 주휴수당 대신 휴업수당(평균임금의 70%)이 지급되어야 한다.
1주 일부를 휴업하는 경우	1주 중 월~수요일은 통상의 근로를 하고, 목, 금 이틀간 회사 사정으로 휴업한 경우와 같이, 1주 중 소정근로일 일부만을 휴업한 경우, 해당 주 일요일은 소정근로일 월~수에 개근한 경우 유급주휴일(100%)을 부여해야 한다. 왜냐하면, 주휴수당은 해당 주 소정근로일을 개근했는지? 여부에 따라 결정되고, 휴업일은 소정근로일수에서 제외되기 때문에 휴업 외 근로일을 개근했다면 정상적으로 주휴수당이 발생하기 때문이다.

 ## 주중에 연차휴가 사용 시 주휴수당

구 분	주휴수당
주중 전체를 연차휴가 사용 시 주휴수당	만약 월요일부터~금요일까지 모두 연차유급휴가 5일을 사용한 경우는 유급주휴일은 발생하지 않는다.
주중 일부를 연차휴가 사용 시 주휴수당	월~목요일까지 연차유급휴가를 사용하고, 금요일만 근로한 때 유급 주휴수당이 발생한다.

 ## 주중에 공휴일이 있는 경우 주휴수당

공휴일을 휴일로 정하고 있다면 그날은 출근 의무가 없는 날이므로 결근으로 볼 수 없다. 노는 날을 제외한 근무일에 개근한 때에는 주휴수당을 지급해야 한다.

예를 들어 월요일이 법정휴일 또는 약정휴일로 인해 노는 날인 경우, 화~금요일까지 개근 시 주휴수당은 발생한다.

연차휴가와 연차수당의 계산

연차휴가의 적용 대상

• 상시근로자 5인 이상 사업장에 근무하는 모든 근로자가 적용 대상이다. 따라서 5인 미만 사업장은 적용 대상이 아니다.

• 적용 제외 근로자

가. 상시근로자 5인 미만 사업장 소속 근로자

나. 소정근로시간이 1주 15시간 미만인 이른바 초단시간 근로자

다. 임원은 근로기준법상 사용인으로 근로기준법이 적용되지 않으므로 회사에 별도의 규정이 없으면 근로기준법상 연차휴가를 적용하지 않는다.

1년 미만 월 단위 연차휴가

1개월 개근 후 연차휴가가 발생하고 다음 날 근로가 예정되어있는 경우 발생한 연차휴가가 부여된다(1월 + 1일에 부여). 총한도는 11일이다.

연차휴가 사용의 원칙은 입사일로부터 1년이다. 따라서 모든 연차휴가는 입사한 날과 같은 날 발생(계속근로가 예정되어 있지 않은 계약직은 미발생)해 다음연도 입사일 전날까지 사용할 수 있다.

예를 들어 2025년 4월 1일 입사자의 경우 1달 개근시 5월 1일부터 1일씩 발생해 다음 해 3월 1일까지 총 11일을 한도로 월 단위 연차휴가가 발생하는데, 이를 입사일로부터 1년인 2026년 3월 31일까지 모두 사용해야 한다.

입사일	발생일	실제 부여일	사용기한
2022년 03월 01일	04월 01일~02월 01일	1월 + 1일 즉 입사일과 같은 날까지 근무를 해야 부여. 딱 1달만 근무하고 퇴사 시에는 미발생	2023년 02월 28일
2023년 02월 20일	03월 20일~01월 20일		2024년 02월 19일
2024년 10월 02일	11월 02일~09월 02일		2025년 10월 01일

구 분	내 용
발 생 기 간	입사일로부터 1년간만 발생
발 생 일 수	1달 개근 시 1일씩 1년간 총 11일 한도(1달 + 1일에 부여)
회계연도 기준 적용	회계연도 기준 적용 안 됨
연 차 사 용 촉 진	연차휴가 사용촉진이 가능(3개월, 1개월 전 사용촉진). 연차휴가 사용촉진 시 미사용 연차에 대해 연차수당 지급의무 면제

월 단위 연차휴가를 정산하는 경우 다음을 고려해서 정산해야 한다.

입사 시기에 따라 월 단위 연차발생분 11일 중 사용한 월 단위 연차휴가를, 1년이 되는 날 발생하는 연 단위 연차휴가에서 차감하느냐 안 하느냐의 차이가 발생한다.

차이는 2017년 5월 29일 입사자까지는 차감, 5월 30일 입사자부터는 비 차감이다. 즉 2017년 5월 29일 입사자까지는 다음 연도에 발생할 연 단위 연차휴가와 합산해 총 15일의 연차휴가가 발생하지만 2017년 5월 30일 입사자부터는 현행과 같이 26일 (11일 + 15일)이 발생하므로 평상시에는 상관이 없지만, 퇴직정산 시 이를 고려해서 정산한다.

구 분	내 용
2017년 5월 29일 입사자까지	1년이 되는 날 발생하는 <u>연 단위 연차에서, 사용한 월 단위 연차를 차감한다.</u> [예] 2017년 5월 29일 입사자는 1년이 되는 날인 2018년 5월 29일 80% 이상 개근시 15일의 연차가 발생한다. 그런데 월 단위 연차휴가 발생분 11일 중 10일을 사용한 경우 2018년 5월 29일 발생하는 연차는 15일 − 10일 = 5일이 된다. <u>월 단위 연차휴가를 1일도 사용하지 않은 때 1년이 되는 시점에 총 15일의 연차휴가가 발생한다.</u>
	1년이 되는 날 발생하는 <u>연 단위 연차에서 사용한 월 단위 연차를 차감하지 않는다.</u>

구 분	내 용
2017년 5월 30일 입사자부터	[예] 2017년 5월 30일 입사자는 1년이 되는 날인 2018년 5월 30일 80% 이상 개근시 26일의 연차가 발생한다. 그런데 월 단위 연차휴가 발생분 11일 중 10일을 사용한 때 2018년 5월 30일 발생하는 연차는 26일 − 10일 = 16일이 된다. <u>월 단위 연차휴가를 1일도 사용하지 않은 때는 1년이 되는 시점에 총 26일(11일 + 15일)의 연차휴가가 발생한다.</u>

1년 연 단위 연차휴가

기본원칙

 입사일 기준으로 80% 이상 개근 시 15일부터 시작해 2년 단위로 1일씩 증가해 총 25일 한도로 연 단위 연차휴가 발생(1년 + 1일부여)
- 입사일과 같은 날 1년 단위로 발생한다고 보면 된다. 예를 들어 2024년 1월 2일 입사자의 경우 다음 연도 입사일과 같은 날인 2025년 1월 2일까지 근무시 15일의 연차휴가가 발생한다.
- 입사일로부터 1년이 지난 근로자는 월 단위 연차휴가를 신경 쓰지 않는다.
- 원칙은 입사일 기준이므로 회계연도 기준을 적용하더라도 퇴사 시에는 입사일 기준으로 정산했을 때보다 연차휴가 일수가 적으면 안 된다(입사일 기준과 회계연도 기준 중 유리한 것 적용).

구 분		내 용
발생일수	1년 80% 이상 출금	15일부터 시작해 2년 단위로 1일씩 증가해 총 25일 한도로 연 단위 연차휴가 발생
	1년 80% 미만 출금	1년 동안 1달 개근한 달에만 1일의 연차유급휴가 발생. 즉 월 단위 연차휴가와 같은 방식으로 연 단위 연차휴가 발생(연차 연도 계산 시에는 포함) 예를 들어 1년간 80% 미만 출근했지만, 1월, 4월, 10월, 11월 개근 시 4일의 연 단위 연차휴가 발생
적용기준	원칙	입사일을 기준으로 적용
	예외	회계연도 기준 적용
연차 사용 촉진		연차 사용 촉진이 가능(6개월, 2개월 전 사용촉진). 연차사용촉진시 미사용 연차에 대해 연차수당 지급 의무 면제

입사일 기준 연차휴가 자동 계산 방법

연차휴가일수 = 15일 + (근속연수 - 1년) ÷ 2로 계산 후 나머지를 버리면 된다(실제 부여는 입사일과 같은 날까지 근무해야 부여 365일 + 1일).

예를 들어 입사일로부터 10년이 경과 한 경우

연차휴가 일수 = 15일 + (10년 - 1년) ÷ 2 = 15일 + 4.5일 = 19일

1년	2년	3년	4년	5년	10년	15년	20년	21년
15일	15일	16일	16일	17일	19일	22일	24일	25일

2022년 3월 1일 입사자의 2025년 3월 1일 기준 연차휴가일수를 계산

연차휴가의 발생요건을 충족했으며, 연차휴가사용촉진을 안 한 것으로 간주한다.

해설

❶ 월 단위 연차휴가 : 2022년 4월 1일부터 총11일 발생

❷ 연 단위 연차휴가 :

가. 2023년 3월 1일 : 15일(1년 경과)

연차휴가일수 = 15일 + (1년 - 1년) ÷ 2 = 15일

나. 2024년 3월 1일 : 15일(2년 경과)

연차휴가일수 = 15일 + (2년 - 1년) ÷ 2 = 15일

다. 2025년 3월 1일 : 16일(3년 경과)

연차휴가일수 = 15일 + (3년 - 1년) ÷ 2 = 16일

📂 예외

 근로자에게 불이익이 안 된다는 전제조건하에 회계연도 기준을 예외로 인정하고 있다.

- 입사 연도에는 입사일을 기준으로 12월 31일까지 1년 연차를 비례해서 부여한다.
- 회계연도를 기준으로 80% 이상 개근 시 15일부터 시작해 2년 단위로 1일씩 증가해 총 25일 한도로 연 단위 연차휴가 발생. 단 입사 연도 다음 연도부터 1년으로 계산해 연차를 부여한다.
- 회계연도 기준은 예외 규정이므로 퇴사할 때는 반드시 입사일 기준으로 재정산해 많으면 넘어가고 적으면 입사일 기준으로 연차휴가일 수를 맞춰줘야 한다.

회계연도 단위의 연차휴가 일수 계산 방법

❶ 입사 연도의 연차휴가 일수(2023년 입사) = 입사일부터 12월 31일까지 월 단위 휴가 일수 + 연 단위 비례 연차휴가 일수(15일 × 근속기간 총일수 ÷ 365)를 다음 연도에 사용

❷ 입사 다음 연도(2024년)의 연차휴가 일수 = (11 – 입사 연도에 발생한 월 단위 연차휴가 일수) + 15일(연 단위 연차휴가 일수)

❸ 입사 다음다음(2025년) 연도 1월 1일 기준 연차휴가 일수 = 15일

❹ 입사 다음다음 다음(2026년) 연도 1월 1일 기준 연차휴가 일수 = 16일

- -

2024년 7월 1일 입사자의 경우 회계연도 기준으로 연차휴가를 부여하고자 할 때 2024년과 2025년 부여해야 할 연차휴가 일수는?

- -

해설

❶ 입사 연도의 연차휴가 일수 = 입사일부터 12월 31일까지 월 단위 휴가 일수 + 연 단위 비례 연차휴가 일수(15일 × 근속기간 총일수 ÷ 365)

[2023년 7월 1일 입사]

구분	기간계산	연차휴가	계산식
입사연도 (2024년)	월 단위 연차 (1년 미만자 휴가)	5일	8월, 9월, 10월, 11월, 12월 1일 (2025년 6월 30일까지 사용)
연 차 비례휴가	2024.7.1~12.31 (연 단위 연차)	7.5일	15일 × 입사 연도 재직일 ÷ 365일 = 15일 ×184일 ÷ 365일
합계(2024년 12월 31일 기준) 계산한 연차일 수		12.5일	13일 부여하면 문제없음 (월 단위 연차 + 연 단위 연차)

2025년 총 13일 + 6일(2025년 6월 30일까지 사용)의 연차를 사용할 수 있다(12일을 부여하고 0.5일분은 수당으로 지급해도 됨). 단, 1년 미만자 연차휴가는 노사 합의가 없는 경우 2025년 6월 30일까지 사용할 수 있다.

✂ 연차휴가 일수가 소수점 이하로 발생할 경우, 잔여 소수점 이하에 대해서는 수당으로 계산 지급하는 것도 가능하나 가급적 근로자에게 불이익이 없도록 노사 합의로 1일의 휴가를 부여해야 할 것이다(근기 01254-11575, 1989.8.7.).

❷ 입사 다음 연도의 연차휴가 일수 = (11 – 입사 연도에 발생한 월 단위 연차휴가 일수) + 15일

구분	기간계산	연차휴가	계산식
입 사 다음연도 (2025년)	월 단위 연차 2025.1.1~6.1 (1년 미만자 휴가)	6일 (11일 – 5일)	11일 – 입사연도 월 단위 연차휴가 (2024년 12월 31일까지 5일). 1년 미만의 월 단위 연차는 끝
연차휴가	2025.1.1~12.31	15일	입사 2년 차 연차휴가
합계(2025년 12월 31일 기준)		21일	남은 월차 + 2025년 연차

월 단위 연차휴가 6일은 2025년 6월 30일까지 사용할 수 있으며, 2025년 발생 15일은 2026년 사용할 수 있다.

❸ 입사 다음다음 연도의 연차휴가 일수 = 15일

2026년 15일, 2027년과 2028년 16일, 2029년과 2030년 17일…의 연차휴가가 발생한다(25일 한도).

📋 1년 80% 미만 출근자의 연차휴가

1년간 80% 미만 출근자란 근로자가 근로하기로 정한 소정근로일수에 대해서 근로자가 실제 출근한 날이 80% 미만인 경우를 말한다.

1년간 80% 미만 출근자의 경우 1개월 개근 시 1일의 유급휴가를 주어야 한다. 예를 들어 1년간 80% 미만 출근했지만 3달을 개근한 경우 3일의 연 단위 연차휴가가 발생한다.

예를 들어, 2023년 1월 2일 신규입사자가 2025년 개인적 사정으로 병가를 내고, 6개월 개근하여 1년에 80% 미만 출근한 경우를 가정

해설

1. 연차휴가의 계산순서

연차휴가 일수의 계산은 ❶과 ❷ 두 경우를 따로따로 생각하면 편리하다.

❶ 1년 미만 기간 근로기간의 월 단위 연차휴가 일수 계산(월차 성격의 연차)

❷ 1년 이상 기간의 연 단위 연차휴가 일수 계산

❸ ❶ + ❷ = 총휴가일 수

2. 입사 3년 차에 80% 미만 출근 시 연차휴가 계산식

❶ 입사 연도의 연차휴가 일수 = 이미 다 생겼고, 모두 사용되었을 것임

❷ 입사 3년 차에 80% 미만 출근에 따라 개근한 월수에 따른 연차 6일

❸ 입사 3년 차에 발생하는 휴가(❶ + ❷) = 0일 + 6일 = 6일

2023년	2024년	2025년		2026년
1월 2일	1월 2일	6월 개근	6월 병가	1월 2일
입사	80% 이상 개근 연차 15일 발생	1개월 개근 시 1일씩 연차 발생(6일)		80% 이상 개근 연차 16일 발생

구분	연차발생일	연차휴가	산정식
2023년 1월 2일~2024년 1월 1일	2024년 1월 2일	26일	11일 + 15일
2024년 1월 2일~2025년 월 1일	2025년 1월 2일	15일	
2025년 1월 2일~2026년 월 1일	1월 개근 시 1일	6일	
2026년 1월 2일~2027년 월 1일	2027년 1월 2일	16일	

퇴사자의 연차휴가일 수 정산

연차휴가의 정산기준

퇴사 시 연차휴가는

❶ 월 단위 연차휴가의 경우 미사용 월 단위 연차휴가를 계산한다.

❷ 연 단위 연차휴가의 경우 입사일 기준이 원칙이므로 최소 입사일 기준으로 연차휴가를 계산한 후 다음의 표와 같이 처리한다.

구 분	내 용
입사일 기준보다 회계연도 기준으로 더 많은 휴가를 부여한 경우	입사일 기준보다 회계연도 기준으로 더 많은 휴가를 부여했으므로 연차휴가는 발생하지 않는다. 근로자가 입사일 이전에 퇴직하면, 회계연도를 기준으로 산정하여 연차휴가를 부여한 것보다 더 많은 휴가를 부여받는 결과가 된다. 이 경우 사용자가

구 분	내 용
	취업규칙 등에 연차휴가에 대한 재산정 규정 또는 재정산 후 삭감할 수 있다는 취지의 규정을 두고 있지 않다면, 근로기준법 제3조에 따라 근로자에게 유리한 연차휴가를 부여해 주어야 한다. 따라서 더 부여한 연차휴가를 삭감할 수도, 그에 대한 임금을 차감할 수도 없다. 물론 규정이 있는 경우에는 급여에서 차감할 수 있다.
입사일 기준보다 회계연도 기준으로 더 적게 휴가를 부여한 경우	원칙은 입사일 기준이므로 회계연도 기준 연차가 입사일 기준 연차보다 적게 부여된 경우는 차이에 대해서 추가로 연차휴가를 부여하거나 연차수당으로 지급해야 한다.

📂 연차휴가의 퇴직정산 계산 공식

구 분	발생	정산분
2017년 5월 29일 입사자까지	❶ 1년간 : 1월 개근시 월 단위 연차 총11일 ❷ 1년이 되는 날 : 1년 개근 시 연 단위 연차 15일 ❸ 2년이 되는 날 : 15일 ❹ 3년이 되는 날 : 16일 계산식 = 15일 + (근속연수 - 1년) ÷ 2로 계산 후 나머지를 버리면 된다.	정산 연차 일수 = [15일 + (❸ + ❹ + ... - 연 단위 연차휴가사용촉진)] - 사용한 일수
2017년 5월 30일 입사자부터	❶ 1년간 : 1월 개근시 월 단위 연차 총11일 ❷ 1년이 되는 날 : 1년 개근 시 연 단위 연차 15일 ❸ 2년이 되는 날 : 15일	정산 연차 일수 = [26일 + (❸ + ❹ + ... - 연 단위 연차휴가사용촉진)] - 사용한 일수
2020년 3월 1일 입사자부터	❹ 3년이 되는 날 : 16일 계산식 = 15일 + (근속연수 - 1년) ÷ 2로 계산 후 나머지를 버리면 된다.	정산 연차 일수 = [(26일 - 월 단위 연차휴가사용촉진) + (❸ + ❹ + .. - 연 단위 연차휴가사용촉진)] - 사용한 일수

📝 연차수당의 계산

구 분	내 용
지급일	• 특별한 정함이 없는 한 연차휴가를 사용할 수 있는 1년의 기간이 만료된 후 최초의 임금 정기지급일에 지급해야 한다. • 퇴직자는 미사용 연차휴가에 대해서 미사용수당을 퇴직일로부터 14일 이내에 지급해야 한다.

구 분		내 용
원 칙	월 단위 연차휴가	1. 2020년 3월 30일까지 발생한 연차 연차휴가사용촉진의 대상이 아니므로 미사용 연차휴가에 대해 무조건 연차수당을 지급해야 한다. 2. 2020년 3월 31일부터 발생하는 연차 ❶ 사용자가 연차휴가의 사용촉진을 한 경우 : 연차휴가수당 지급 의무 면제 ❷ 사용자가 연차휴가의 사용촉진을 안 한 경우 : 연차휴가수당 지급
	연 단위 연차휴가	다음의 2가지 요건을 모두 충족해야 한다. • 연차휴가사용촉진을 안 한 경우 • 휴가일수의 전부 또는 일부를 사용하지 않은 경우 미사용 연차유급휴가 일수만큼의 미사용수당을 지급해야 한다.
예외		• 퇴직으로 인해 연차를 사용하지 못하고 퇴직하는 경우는 퇴직 당시 발생한 연차 중 사용하지 못한 연차에 대한 수당은 지급해야 한다. • 연차휴가사용촉진을 한 경우 연차수당을 지급하지 않을 수 있다. 다만, 퇴직으로 인해 사용하지 못한 연차에 대해서는 연차휴가사용촉진을 해도 연차수당을 지급해야 한다. • 2022년 1월 1일부터 5인 이상 사업장은 빨간 날 쉬는 경우 연차휴가에서 차감할 수 없다. • 딱 1년이 되는 시점에 계속해서 근로가 예정되어 있는 경우 15일의 연 단위 연차가 발생하고, 근로관계의 종료로 계속근로가 예정되지 않은 경우 15일의 연 단위 연차는 발생하지 않는다는 것이 대법원의 해석이다. 따라서 계약직의 경우 딱 1년 365일이 되는 시점에 근로관계가 종료되고 다음 날 근로가 예정되어 있지 않으므로 15일의 연 단위 연차휴가는 발생하지 않는다. 결론은 365일 근무한 경우 11일, 366일 근무의 경우 26일이 발생한다는 것이다.
계산기준		연차수당도 임금채권으로 발생일부터 3년간 지급하지 않으면 소멸한다. 연차유급휴가 미사용수당은 취업규칙에 달리 정함이 없는 한 발생한 달의 통상임금을 기초로 하여 산정한다. 그리고 중소기업의 경우 연차수당 청구권이 발생한 달에 연차수당을 지급하지 않고 퇴사 시점에 전체 근무기간의 연차휴가를 계산해 수당을 정산하는 경우도 많다. 이 경우 수당 지급의 기준이 되는 통상임금은 퇴사 시점의 통상임금이 아니라 각 연차수당 청구권이 발생한 해당연도의 해당 월의 통상임금을 기준으로 계산한다. 예를 들어 2022년 12월 31일, 2023년 12월 31일, 2024년 12월 31일까지 미사용 연차가 있어 2025년 퇴사로 인해 연차수당을 정산하는 경우 2022년 12월 31일, 2023년 12월 31일, 2024년 12월 31일 각 연도의 남은 연차를 각 연도의 12월 31일 통상임금을 기준으로 계산해야 한다. 즉 모든 남은 연차 일수를 퇴사 시점의 통상임금을 적용해서 계산하는 것이 아니다.

📂 월 단위 연차휴가의 연차수당

예를 들어 2024년 5월 1일 입사해서 1개월간(5월 1일~5월 31일) 개근하면 2024년 6월 1일에 1일의 연차휴가가 발생하며, 총 11일의 휴가가 발생한다. 이는 입사일로부터 1년간 사용할 수(4월 30일) 있고, 연차휴가의 사용촉진을 안 한 경우는 2025년 5월 1일(6월 급여)에 연차 미사용 수당으로 지급하게 된다.

2025년 5월 1일(6월 급여)에 지급하는 연차 미사용수당의 계산기초가 되는 임금의 기준은 최종 휴가청구권이 있는 달(4월)의 임금 지급일이 속한 5월 급여의 통상임금으로 미사용 수당을 계산해서 지급한다.

📂 연 단위 연차휴가의 연차수당

예를 들어 2024년 1월 1일~12월 31일까지 개근하여 2025년 1월 1일~12월 31일까지 사용할 수 있는 15개의 연차휴가가 발생하였으나 이를 사용하지 않았다면 2025년 12월 31일 자로 연차휴가청구권은 소멸되고, 휴가청구권이 소멸되는 다음날(2026년 1월 1일)에 2025년 12월 31일 통상임금을 기준으로 연차유급휴가 수당이 발생하게 된다.

연차수당 = 연차휴가청구권이 소멸한 달의 통상임금 ÷ 209시간 × 8시간 × 미사용 연차일수

여기서 통상임금은 기본금, 각종 수당(가족수당, 직무수당 등), 상여금의 합계를 말한다.

구 분	연차수당의 지급
원 칙	휴가청구권이 있는 마지막 달의 통상임금으로 지급해야 한다. 연차유급휴가 청구권이 소멸한 날의 다음 날에 연차유급휴가 미사용수당을 지급하여야 함(2007.11.5., 임금 근로시간정책팀-3295).
예 외 (연차 수당의 선지급)	1. 조건 ❶ 월급에 포함해서 매달 지급한다는 근로계약의 체결 ❷ 선지급을 이유로 연차휴가 사용을 제한해서는 안 된다. 단, 사용분에 대해서는 급여에서 차감할 수 있다.

구 분	연차수당의 지급
	2. 주의할 점

월급에 포함해서 매달 지급하는 금액이 휴가청구권이 있는 마지막 달 기준 통상임금. 즉 원칙에 의한 통상임금보다 적어서는 안 된다.

따라서 급여가 하락한 경우는 문제가 없으나 급여가 상승한 경우는 그 상승분에 대해 연차수당을 추가 지급해야 한다.

매년 최저임금이 상승하므로 급여는 상승할 가능성이 크다.

월~금요일 일 8시간을 근무(주 40시간)하고, 월 통상임금이 209만 원인 김 갑동씨가 15개의 연차 중 10개만 사용해 5개의 연차수당 지급의무가 발생한 경우

해설

209만 원 ÷ 209시간 ^{주} = 10,000원(시간당 통상임금)

10,000원 × 8시간 = 80,000원(일일 통상임금)

80,000원 × 5일(15일 − 10일) = 400,000원이 연차수당이다.

[주] 209시간 = 유급 근로시간 = (40시간 + 8시간(주휴시간)) × 4.345주

만일 주 20시간인 경우?

(20시간 + 4시간((주휴시간)) × 4.345주 ≒ 105시간

- 기본급 2,000,000원
- 시간외 100,000원
- 직무수당 50,000원
- 기술수당 40,000원
- 연구수당 10,000원
- 직책수당 55,000원
- 가족수당 15,000원
- 통근수당 50,000원

해설

매월 정기적, 일률적으로 지급하고 일 소정근로에 따라 지급되는 항목은 연차수당 계산 시 포함된다.

기본급 2,000,000원 + 시간외 100,000원 + 직무수당 50,000원 + 기술수당 40,000원 + 연구수당 10,000원 + 직책수당 55,000원 = 월 통상임금 2,255,000원 ÷ 30일 = 연차수당 75,170원(원 단위 반올림)

일용직은 일급이 정해져 있으므로 별다른 문제가 없겠지만 월급제의 경우 연차 산정에 필요한 일급을 구할 시에 취업규칙, 급여 규정 등에서 정한 내용에 따라 회사마다 다를 수 있다.

예를 들어 30일을 기준으로 하는 경우 포함 항목 ÷ 30일이 연차수당이 된다.

시간급(직)의 경우에는 시급 × 일 소정근로시간 = 일급이 된다.

연차유급휴가 부여시 시간 단위, 반일 단위로 부여할 수 있나?

근로기준법 제60조에 따른 연차유급휴가는 일 단위로 부여하는 것이 원칙이다.

그러나 노사 당사자 간 합의로 정한 바에 따라 시간 단위 또는 반일 단위로 부여하더라도 근로기준법에 위반된 다고 보기는 어렵다.

 입사일 기준 연차휴가를 회계연도 기준 연차휴가로 바꾸는 방법

입사일 기준을 적용하던 회사가 다음 연도부터 회계연도 기준으로 변경하고자 하는 경우 비례 연차휴가일수를 계산해 지급하면 된다.

비례연차휴가 = ○○일 × 입사일부터 12월 31일까지의 연차휴가 ÷ 365

○○일은 변경하고자 하는 연도의 다음 연도 연차일수를 넣으면 된다.

예를 들어 2022년 7월 1일 입사자는 입사일 기준 2023년 7월 1일 계속근로가 예정(1년 + 1일)되어 있다면, 15일의 연차휴가가 발생하고, 2024년 7월 1일 15일의 연차휴가가 발생하던 중 2025년부터 회계연도로 변경하고자 한다면 입사일 기준 2025년 7월 1일 발생할 예정인 16일의 연차를 기준으로 안분계산하면 된다.

회계연도 변경 전 연도 연차휴가 = 16일 × (7월 1일~12월 31일까지의 일수 ÷ 365일)의 일수를 2024년에 부여한 후, 2025년 1월 1일~12월 31일까지 회계연도 변경 후 80% 이상 개근시 16일의 연차를 발생시키면 된다.

주 16일 × 182일/365일 = 8일

만일 2026년부터 회계연도 기준으로 변경하고자 하는 때는 17일 × 182일/365일 = 8.5일과 같은 방법으로 전환하면 된다.

연차수당을 퇴사 시점에
한꺼번에 지급하는 경우 계산 방법

첫째, 퇴사 시점에 미사용 연차수당을 청구한다면 퇴사일을 기준으로 3년 치를 청구할 수 있는 것이 아니라 미사용 연차수당 청구권이 발생한 날로부터 3년 치를 청구할 수 있다.

예를 들어 2024년 1월 1일 발생한 연차의 연차청구권은 2024년 1월 1일부터 12월 31일까지 사용할 수 있다.

그리고 2024년 12월 31일까지 사용하지 못한 미사용 연차에 대해서는 적법하게 연차휴가 사용 촉진을 안 한 경우 연차수당 청구권은 2025년 1월 1일에 발생한다.

2025년 1월 1일에 발생한 미사용 연차수당 청구권의 소멸시한은 3년으로 2027년 12월 31일까지 청구할 수 있다. 따라서 이 기간에 청구하지 않으면 소멸한다.

둘째, 미사용 연차수당은 취업규칙, 단체협약 등에 회사에서 별도로 정한 사항이 없으면 연차수당은 연차휴가 청구권이 만료되는 마지막 달의 통상임금으로 계산한다.

예를 들어 2024년 4월 1일부터 2025년 4월 1일까지 근로하면 1년 단위 연차휴가가 15개 발생한다. 그리고 발생한 연차는 2026년 3월 31일까지 사용할 수 있다. 따라서 이를 사용하지 않고 적법한 절차에 의한 연차휴가사용촉진을 안 한때는 2026년 3월 통상임금으로 연차수당을 계산해서 지급한다. 즉 미사용 연차일 수 × 통상시급(3월) × 8시간을 연차수당으로 지급한다.

셋째, 연차수당을 매년 정산하지 않고 퇴사 시점 등에 한꺼번에 지급하는 경우 퇴사 시점의 통상임금을 기준으로 지급하는 것이 아니라 연차사용권이 발생한 매 연도의 마지막 달 통상임금을 기준으로 계산한다.

예를 들어 2024년 3일, 2025년 4일, 2026년 3일 미사용 연차휴가에 대해서 2027년

1월 1일에 연차수당 청구권이 발생한다면 2027년 1월 1일에 2026년 12월 31일의 통상임금을 기준으로 총 10일 미사용 연차수당을 계산하는 것이 아니라 2024년 12월 31일 3일, 2025년 12월 31일 4일, 2026년 12월 31일 3일 등 각각의 통상임금을 기준으로 미사용 연차수당을 계산한다.

연차수당은 회사 규정에 무조건 입사일 기준으로 정산한다는 규정이 없다면 회계연도 기준과 입사일 기준 중 근로자에게 유리한 경우를 적용하며, 미사용 연차수당 대신 미사용 연차휴가를 모두 사용하고 퇴직할 수도 있다.

📝 회계연도 기준으로 연차수당 계산

일 8시간, 주 5일 근무 사업장으로 회계연도 기준으로 연차휴가를 부여하는 회사다.

1. 재직기간 : 2021년 1월 1일 입사, 2025년 6월 7일 자 퇴직
2. 회사는 매년 연차사용촉진제도를 운영하지 않으며, 매년 평균 10일의 연차를 사용했다.
3. 미사용한 연차에 대해서 매년 정산하지 않고 퇴직 시점에 연차수당을 정산하였다.

해설

[연차 사용 내역]

구 분	2021년 1월 1일	2022년 1월 1일	2023년 1월 1일	2024년 1월 1일	2025년 1월 1일
발생한 연차일수	11일	15일	15일	16일	16일
사용한 연차일수	10일	10일	10일	10일	10일
미사용 연차일수	1일	5일	5일	6일	6일

[연도별 통상임금]

구 분	2021년 1월 1일	2022년 1월 1일	2023년 1월 1일	2024년 1월 1일	2025년 1월 1일
통상임금	3,200,000원	3,400,000원	3,600,000원	3,800,000원	4,000,000원
소정근로시간	209시간	209시간	209시간	209시간	209시간
통상시급	15,311원	16,268원	17,225원	18,182원	19,139원

[미사용 연차수당 계산]

구 분	2021년 1월 1일	2022년 1월 1일	2023년 1월 1일	2024년 1월 1일	2025년 1월 1일
연차수당 발생일	2022년 1월 1일	2023년 1월 1일	2024년 1월 1일	2025년 1월 1일	2025년 6월 7일
소멸시효	2024년 12월 31일	2025년 12월 31일	2026년 12월 31일	2027년 12월 31일	2028년 6월 6일
미사용 연차일수	1일	5일	5일	6일	6일
연차수당	122,488원	652,720원	689,000원	872,736원	918,672원
계산 근거	15,311원 × 1일 × 8시간	16,268원 × 5일 × 8시간	17,225원 × 5일 × 8시간	18,182원 × 6일 × 8시간	19,139원 × 6일 × 8시간
		2025년 기준 청구 가능 금액			3,133,128원

📝 입사일 기준으로 연차수당 계산

일 8시간, 주 5일 근무 사업장으로 입사일 기준으로 연차휴가를 부여하는 회사다.

1. 재직기간 : 2021년 7월 1일 입사, 2025년 8월 7일 자 퇴직
2. 회사는 매년 연차사용촉진제도를 운영하지 않으며, 매년 평균 10일의 연차를 사용했다.
3. 미사용한 연차에 대해서 매년 정산하지 않고 퇴직 시점에 연차수당을 정산하였다.

해설

[연차 사용 내역]

구 분	2021년 7월 1일	2022년 7월 1일	2023년 7월 1일	2024년 7월 1일	2025년 7월 1일
발생한 연차일수	11일	15일	15일	16일	16일
사용한 연차일수	10일	10일	10일	10일	10일
미사용 연차일수	1일	5일	5일	6일	6일

[연도별 통상임금]

구 분	2021년	2022년	2023년	2024년	2025년
통상임금	3,200,000원	3,400,000원	3,600,000원	3,800,000원	4,000,000원
소정근로시간	209시간	209시간	209시간	209시간	209시간
통상시급	15,311원	16,268원	17,225원	18,182원	19,139원

[미사용 연차수당 계산]

구 분	2021년 7월 1일	2022년 7월 1일	2023년 7월 1일	2024년 7월 1일	2025년 7월 1일
연차수당 발생일	2022년 7월 1일	2023년 7월 1일	2024년 7월 1일	2025년 7월 1일	2025년 8월 7일
소멸시효	2025년 6월 30일	2026년 6월 30일	2027년 6월 30일	2028년 6월 30일	2028년 8월 6일
미사용 연차일수	1일	5일	5일	6일	6일
연차수당	130,144원	689,000원	727,280원	918,672원	918,672원
계산 근거	16,268원 × 1일 × 8시간	17,225원 × 5일 × 8시간	18,182원 × 5일 × 8시간	19,139원 × 6일 × 8시간	19,139원 × 6일 × 8시간
		2025년 기준 청구 가능 금액			3,253,624원

임금명세서 작성 방법

임 금 명 세 서

지급일 : 2025-11-25

성명	홍 길 동	사번	073542
부서	개발지원팀	직급	팀장

세부 내역

지 급			공 제	
임금 항목		지급 금액(원)	공제 항목	공제금액(원)
매월 지급	기본급	3,200,000	소득세	115,530
	연장근로수당	379,728	국민연금	177,570
	야간근로수당	15,822	고용보험	31,570
	휴일근로수당	94,932	건강보험	135,350
	가족수당	150,000	장기요양보험	15,590
	식대	100,000	노동조합비	15,000
격월 또는 부정기 지급				
지급액 계		3,940,482	공제액 계	490,610
			실수령액(원)	3,472,161

계산 방법

구분	산출식 또는 산출방법	지급액(원)
연장근로수당	연장근로시간 수(16시간) × 15,822원 × 1.5	379,728
야간근로수당	야간근로시간 수(2시간) × 15,822원 × 0.5	15,822
휴일근로수당	휴일근로시간 수(4시간) × 15,822원 × 1.5	94,932
가족수당	100,000원 x 1명(배우자) + 50,000원 x 1명(자녀 1명)	150,000

* 가족수당은 취업규칙 등에 지급요건이 규정되어 있는 경우 계산방법을 기재하지 않더라도 무방(기재

사항이 모두 포함되어 있다면 사업장에서 자율적으로 임금명세서 서식을 만들어서 사용 가능)

① 임금 항목과 지급액

- 임금을 구성하고 있는 모든 항목에 대해 기재
- 기본급, 연장근로수당, 가족수당, 식대, 직책 수당 등 매월 정기적으로 지급하는 항목 기재
- 명절 상여금, 성과금 등 격월 또는 부정기적으로 지급하는 항목이 있는 경우에도 해당 항목 모두 작성
- 매월 지급되는 항목과 격월·부정기적으로 지급하는 항목을 구분하여 작성하는 것이 바람직함

② 공제 항목과 공제액

- 법 제43조 제1항 단서에 따라 임금의 일부를 공제한 경우 그 항목과 금액을 기재

  (예시) 근로소득세, 4대 보험료, 조합비 등

- 공제 항목과 항목별 금액만 기재하면 되며, 근로소득세 세율, 사회보험의 보험요율에 대해서는 관련 법률에서 규정하고 있으므로 그 계산 방법을 기재하지 않더라도 무방

③ 계산 방법

- 임금의 구성항목별 금액이 어떻게 산출되었는지, 산출식 또는 산출방법을 작성하되, 추가적인 정보 확인 없이 근로자가 바로 알 수 있도록 구체적인 수치를 포함한 산출식을 적을 것

  (예시) 연장근로수당 288,000원 = 16시간 × 12,000원 × 1.5

- 임금 구성 항목별 계산 방법은 임금명세서에 별도로 작성란을 마련하여 기재할 수도 있고, 해당 임금항목란에서 그 계산법을 기재하더라도 무방함
- 임금명세서 일괄 작성 등 편의를 위해 취업규칙이나 근로계약서 등에 기재된 기본적인 계산방법을 공통적으로 기재하고, 계산에 필요한 정보를 별도로 기재하는 것도 가능함
- 모든 임금 항목에 대한 산출식 또는 산출방법을 기재할 필요는 없으며, 출근일수·시간 등에 따라 금액이 달라지는 항목에 대해서만 계산방법을 작성

  ㉮ 사업장에 출근한 경우에만 지급(재택근무 시에는 미지급)되는 통근수당 또는 식대의 경우 출근일수 기재

  ㉯ 월 15일 이상 근무 등의 조건으로 지급되는 임금 항목의 경우 해당 지급요건 충족 여부 등

  ㉰ 일·숙직수당의 경우 그 일수 기재

  ㉱ 연장·야간·휴일수당의 경우 해당하는 근로시간 수를 기재

- 정액으로 지급되는 임금 항목은 계산 방법을 작성하지 않아도 됨

  (예시) 매월 20만 원씩 고정적으로 지급되는 식대는 계산 방법을 별도로 기재할 필요가 없으나, 근로일수에 따라 일당 7천 원씩 지급되는 식대의 경우 계산방법에 18일(근로일수) × 7,000원과 같이 작성

- 연장·야간·휴일 근로를 하는 경우 추가된 근로시간에 대한 임금 이외에 가산수당이 발생하므로, 실제 연장야간·휴일 근로시간 수를 포함하여 계산방법을 작성

  (예시) 연장근로수당 288,000원 = 16시간 × 12,000원 × 1.5배

  연장 및 휴일근로의 경우 소정근로시간을 넘어 추가적인 근로에 해당하므로 통상임금의 1.5배를 지급해야 하나, 야간근로의 경우에는 소정근로시간에 해당하면 통상임금의 50%를 가산하여 임금을 지급

- 가족수당의 경우 가족수에 따라 지급금액이 달라진다면 계산방법에 가족 수 및 각각의 금액 등을 기재하는 것이 바람직

(예시) ① 부양가족 1인당 2만원, ② 배우자 4만원, 직계존비속 2만원 등

다만, 취업규칙이나 근로계약서에 특정 임금 항목에 대한 지급요건이 규정되어 있는 경우에는 임금명세서에 이를 기재하지 않더라도 무방

④ 연장근로시간 수

- 해당 월의 실제 근로한 연장근로시간 수를 기재

  상시 5인 이상 사업장의 경우 통상임금의 50%를 가산하여 근로자에게 지급(연장근로 관련 총지급액 : 통상임금의 150%)

  상시 5인 미만 사업장 및 농수축산업의 경우 해당 근로시간에 따른 통상임금의 100%를 지급하더라도 법 위반은 아님

⑤ 야간근로시간 수

- 오후 10시부터 다음날 오전 6시 사이에 근로한 경우 해당 근로시간을 기재

  상시 5인 이상 사업장의 경우 통상임금의 50%를 가산하여 지급

⑥ 휴일근로시간 수

- 휴일에 근로한 시간 수 기재

  ※ 상시 5인 이상 사업장의 경우 하루 8시간 이내 휴일근로는 통상임금의 50%를 가산하며, 8시간을 초과한 휴일근로는 통상임금의 100%를 가산하여 지급(휴일근로 관련 총지급액 : 통상임금의 150% 또는 200%)

  〈야간근로 관련 임금명세서 기재 요령〉

  소정근로시간이 아닌 시간에 근로를 제공하는 연장근로 및 휴일근로와 달리 야간근로는 소정근로시간 여부와 관계없이 발생할 수 있음

  따라서, 사업장 편의에 따라 야간근로수당을 별도의 항목으로 구분하여 지급할 수도 있고, 야간근로가 연장 또는 휴일근로에 해당할 경우는 연장 또는 휴일근로수당에 포함하여 산정하는 것도 가능

  야간근로가 연장근로에 해당하는 경우 :

  ① (해당 근로시간 수 × 통상임금의 200%)를 연장근로수당으로 기재 또는

  ② (해당 근로시간 수 × 통상임금의 150%)를 연장근로수당으로 기재하고 (해당 근로시간 수 × 통상임금의 50%)를 야간근로수당으로 기재 가능

휴일대체와 대휴제도 보상휴가제의 차이점

휴일대체

휴일대체는 당사자 간의 합의에 따라 미리 휴일로 정해진 날을 다른 근무일과 교체하여, 휴일은 근무일로 하고 근무일을 휴일로 대체하는 것을 말한다.

예를 들어, 갑자기 발생한 일로 인해 휴일(주휴일)에 근무하게 될 수 있다. 이때 특정 주휴일을 근로일로 변경하고, 그 전후에 근로일을 휴일로 대체하는 방식이 휴일대체이다. 즉 일요일에 일하고 월요일에 일요일을 대신해 쉬는 경우를 말한다.

구 분	내 용
요건	단체협약이나 취업규칙에 휴일대체에 대한 근거가 마련되어야 하며, 대체 사유 및 방법 등에 관한 내용이 명시되어야 한다. 만약 단체협약 및 취업규칙을 통해 사전에 휴일대체에 대해 명시되어 있지 않다면, 근로자의 사전 동의를 얻어 실시할 수 있다. 즉, 단체협약 등의 규정이나 근로자의 동의 중 선택적으로 한 가지만 충족하면 휴일대체 근로제도가 가능하다고 보고 있다(대판 2000.9.22, 99다7367 / 대판 2008.11.12., 2007다590).
부여기준	휴일대체는 주휴일에 근무하고 전후 근로일을 휴일로 대체하는 것이므로 주휴일에 근무했다고 해도 휴일근로로 인정하지 않으므로 가산임금을 포함한 1.5배의 휴일근로수당을 지급하는 것이 아니라 1배의 임금을 지급한다.
미사용 후 퇴직	미사용 퇴사 시 금전으로 지급해야 한다.

📋 대휴제도

휴일대체와 비슷하지만, 대휴제도는 휴일에 근무하고 다른 근로일을 휴일로 대체하는 것(휴일대체)에 대해 사전에 합의 혹은 지정하지 않은 상황에서 휴일에 근무하고 나중에 다른 근로일을 휴일로 부여하는 것을 말한다.

대휴제도는 근로기준법상 해당 제도에 대한 근거가 명시되어 있지 않지만, 관련 판례 및 행정해석을 근거로 하여 인정하고 있는 제도이다.

대휴 시 50% 추가지급 의무 발생(서울중앙지법 2004가단273036, 2005.12.28)

단체협약상 공휴일에 근로한 것에 휴일근로수당으로서 통상임금의 150%를 지급할 의무가 있지만, 공휴일에 대신하여 대휴로서 통상의 근로일에 휴무하였으므로 통상임금의 100%에 해당하는 금원을 공제한 50%를 지급할 의무가 있다.

구 분	내 용
요건	사전에 협의가 끝나지 않은 상황에서 발생한 휴일근로에 대해 다른 근로일을 휴일로 부여한다.
부여기준	대휴의 경우 휴일에 발생한 근로에 대해 다른 근로일을 휴일로 대체하고, 이를 휴일근로로 인정하기 때문에 가산임금을 포함한 150%의 임금을 지급한다(월급제의 경우 100%는 이미 월급에 포함되어 있으므로 결국 50%의 가산임금 지급).
미사용 후 퇴직	미사용 퇴사 시 금전으로 지급해야 한다.

📋 보상휴가제

보상휴가제는 사용자와 근로자 간의 서면 합의에 따라 근로자의 연장, 야간, 휴일근로에 대하여 임금을 지급하는 대신 이를 휴가로 부여하는 것을 말한다.

보상휴가는 휴일대체, 대휴제도와 달리 기준에 대해 근로기준법에 명시되어 있다.

구 분	내 용
요건	근로자 대표(근로자 과반수 대표자)와의 서면 합의가 필요하다. 즉, 반드시 근로자 대표와의 서면 합의로 실시해야 하며, 서면 합의는 당사자의 서명날인이 된 문서의 형태로 작성되어야 한다.
부여기준	보상휴가제는 연장·야간·휴일근로에 대한 임금에 갈음하여 휴가를 부여하는 제도이므로 임금과 휴가 사이에 등가성이 있어야 하므로 보상휴가는 실제 근로에 대한 임금뿐만 아니라 가산임금(50%)까지 포함해 150%를 지급해야 한다. 연장, 야간, 휴일 근무시간의 150%의 시간을 휴가로 부여한다. 예를 들어 휴일근로를 2시간 한 경우에는 가산임금을 포함하여 총 3시간분의 임금이 지급되므로, 휴가 시간도 총 3시간을 부여해야 한다.
미사용 후 퇴직	누적 후 사용 가능(사용기간에 제한은 없음) 미사용 퇴사 시 금전으로 지급해야 한다.

중도 입사자와 퇴사자에 대한 급여 일할계산 방법

다음 중 큰 금액(1, 2, 3)

1. 취업규칙에서 규정한 방법

2. 최저임금

3. 근로기준법에서는 급여 일할 계산 방법에 대해 규정하고 있지 않으므로 실무에서는 최저임금법을 어기지 않는 범위 내에서 회사마다 다음의 3가지 방법 중 1가지 방법을 사용한다. ❶과 ❷는 일수에 토요일 포함, ❸은 토요일 제외(단, 토요일이 유급인 경우 포함)

❶ 급여 ÷ 30일 × 근무일 수(토요일, 일요일 포함)

❷ 급여 ÷ 역에 따른 일수(그달의 달력 날짜인 28~31일) × 근무일 수(토요일, 일요일 포함)

❸ 급여 ÷ 209시간 × 실제 유급 근무일수(토요일 제외, 일요일 포함) × 8시간

일	월	화	수	목	금	토
	1	2	3	4	5	6
7	8	9	10	11	12	13
14	15	16	17	18	19	20
21	22	23	24	25	26	27
28	29	30	31			

1. 월급이 3,000,000원이고, 15일 입사한 경우

2. 월급이 3,000,000원이고, 12일 퇴사한 경우

해설

[월급이 3,000,000원이고, 15일 입사한 경우]

1. 급여 ÷ 30일 × 근무일 수로 계산하는 방법 : 큰 금액[❶, ❷]

❶ 최저임금(시급 2025년 기준 10,030원)

일급 = 10,030원 × 8시간 × 15일 = 1,203,600원

15일 = (15일~19일 + 21~26일 + 28~31일)

❷ 급여 ÷ 30일 × 근무일 수로 계산하는 경우

일급 = 3,000,000원 ÷ 30일 × 17일 = 1,700,000원

2. 급여 ÷ 역에 따라(그달의 달력 날짜인 28~31일) × 근무일 수로 계산하는 방법 : 큰 금액[❶, ❷]

❶ 최저임금(시급 2025년 기준 10,030원)

일급 = 10,030원 × 8시간 × 15일 = 1,203,600원

❷ 급여 ÷ 31일 × 근무일 수로 계산하는 경우

일급 = 3,000,000원 ÷ 31일 × 17일 = 1,645,161원

3. 급여 ÷ 209시간 × 실제 유급 근무일 수 × 8시간으로 계산하는 방법 : 큰 금액[❶, ❷]

❶ 최저임금(시급 2025년 기준 10,030원)

일급 = 10,030원 × 8시간 × 15일 = 1,203,600원

❷ 급여 ÷ 209시간 × 실제 유급 근무일 수 × 8시간으로 계산하는 경우

일급 = 3,000,000원 ÷ 209시간 × 15일(15일~31일(17일) − 15일~31일 기간 중 토요일 2일) × 8시간 = 1,722,488원

209시간 = (주 40시간 + 8시간(주휴시간) × 4.345주

실제 유급 근무 일수 = 달력상 실제로 근무한 날 중 월~금요일 + 일요일(일반적으로 달력상 토요일 제외한 날)

[월급이 3,000,000원이고, 12일 퇴사한 경우]

1. 급여 ÷ 30일 × 근무일 수로 계산하는 방법 : 큰 금액[❶, ❷]

❶ 최저임금(시급 2025년 기준 10,030원)

일급 = 10,030원 × 8시간 × 11일 = 882,640원

11일 = (1일~5일 + 7~12일)

❷ 급여 ÷ 30일 × 근무일 수로 계산하는 경우

일급 = 3,000,000원 ÷ 30일 × 12일 = 1,200,000원

2. 급여 ÷ 역에 따라(그달의 달력 날짜인 28~31일) × 근무일 수로 계산하는 방법 : 큰 금액[❶, ❷]

일급 = 10,030원 × 8시간 × 11일 = 882,640원

11일 = (1일~5일 + 7~12일)

❷ 급여 ÷ 31일 × 근무일 수로 계산하는 경우

일급 = 3,000,000원 ÷ 31일 × 12일 = 1,161,290원

3. 급여 ÷ 209시간 × 실제 유급 근무일 수 × 8시간으로 계산하는 방법 : 큰 금액[❶, ❷]

일급 = 10,030원 × 8시간 × 11일 = 882,640원

11일 = (1일~5일 + 7~12일)

❷ 급여 ÷ 209시간 × 실제 유급 근무일 수 × 8시간으로 계산하는 경우

일급 = 3,000,000원 ÷ 209시간 × 11일(1일~12일(12일) – 1일~12일 기간 중 토요일 1일) × 8시간 = 1,263,157원

209시간 = (주 40시간 + 8시간(주휴시간) × 4.345주

실제 유급 근무 일수 = 달력상 실제로 근무한 날 중 월~금요일 + 일요일(일반적으로 달력상 토요일 제외한 날)

위의 계산 결과를 보면 급여 ÷ 209시간 × 실제 유급 근무일수 × 8시간으로 계산하는 방법이 최저임금법을 위반하지 않고 일급을 계산하는 방법이므로 이 방법을 가장 추천하는 바이다.

물론 ❶ 급여 ÷ 30일 × 근무일 수 방법과 ❷ 급여 ÷ 역에 따라(그달의 달력 날짜인 28~31일) × 근무일 수 방법이 편리해 이 방법을 선호하는 경우 급여가 최저임금이거나 최저임금에 가까운 경우 최저임금법을 위반할 가능성이 크다는 점에 유의해야 한다."

[월급이 2,100,000원이고, 12일 퇴사한 경우]

1. 급여 ÷ 30일 × 근무일 수로 계산하는 방법 : 큰 금액[❶, ❷]

❶ 최저임금(시급 2025년 기준 10,030원)

일급 = 10,030원 × 8시간 × 11일 = 882,640원

11일 = (1일~5일 + 7~12일)

❷ 급여 ÷ 30일 × 근무일 수로 계산하는 경우

일급 = 2,100,000원 ÷ 30일 × 12일 = 840,000원(최저임금법 위반)

2. 급여 ÷ 역에 따라(그달의 달력 날짜인 28~31일) × 근무일 수로 계산하는 방법 : 큰 금액[❶, ❷]

❶ 최저임금(시급 2025년 기준 10,030원)

일급 = 10,030원 × 8시간 × 11일 = 882,640원

11일 = (1일~5일 + 7~12일)

❷ 급여 ÷ 31일 × 근무일 수로 계산하는 경우

일급 = 2,100,000원 ÷ 31일 × 12일 = 812,903원(최저임금법 위반)

3. 급여 ÷ 209시간 × 실제 유급 근무일 수 × 8시간으로 계산하는 방법 : 큰 금액[❶, ❷]

❶ 최저임금(시급 2025년 기준 10,030원)

일급 = 10,030원 × 8시간 × 11일 = 882,640원

11일 = (1일~5일 + 7~12일)

❷ 급여 ÷ 209시간 × 실제 유급 근무일 수 × 8시간으로 계산하는 경우

일급 = 2,100,000원 ÷ 209시간 × 11일(1일~12일(12일) - 1일~12일 기간 중 토요일 1일) × 8시간 = 884,210원(최저임금법 충족)

209시간 = (주 40시간 + 8시간(주휴시간) × 4.345주

급여 원천징수 절차도

급여 원천징수 절차도

❶ 급여 산정(총급여 – 비과세 급여)　　❷ 부양가족 수 산정

❸ 홈택스(https://www.hometax.go.kr) 〉 세금 신고 〉 원천세 신고 〉 근로소득 간이세액표 클릭
㊥ 자체 프로그램이 있는 경우 자체 프로그램으로 공제

❹ 간이세액표상 급여와 부양가족 수가 일치하는 지점의 근로소득세 및 지방소득세 공제

❺ 원천징수이행상황신고서 작성 · 제출

❻ 납부서를 작성해서 근로소득세 및 지방소득세 납부

❼ 3월 10일 연말정산(1월~12월까지의 급여를 정산 – 매달 간이세액표에 의한 공제액(❹) = 납부 또는 환급) 신고 · 납부

❽ 3월 10일까지 지급명세서 제출
1월~6월 : 7월 말일, 7월~12월 : 다음 연도 1월 말까지 근로소득 간이지급명세서 제출

❾ 매달 신고 · 납부내역 및 연말정산 신고 · 납부내역 5년간 보관

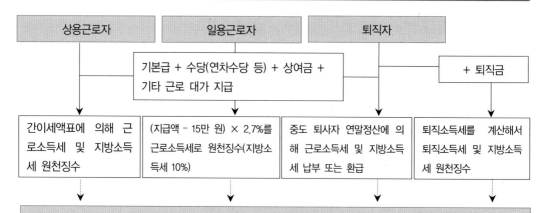

급여 세금 업무처리 흐름도

상용근로자	일용근로자	퇴직자

기본급 + 수당(연차수당 등) + 상여금 + 기타 근로 대가 지급

+ 퇴직금

간이세액표에 의해 근로소득세 및 지방소득세 원천징수	(지급액 - 15만 원) × 2.7%를 근로소득세로 원천징수(지방소득세 10%)	중도 퇴사자 연말정산에 의해 근로소득세 및 지방소득세 납부 또는 환급	퇴직소득세를 계산해서 퇴직소득세 및 지방소득세 원천징수

지급일이 속하는 다음 달 10일까지 관할 세무서에 신고 · 납부

주 원천징수 의무 불이행 시 원천징수 등 납부 지연 가산세 추가 부담

▶ 제출 서류

1. 원천징수이행상황신고서(매달)

2. 원천징수영수증(지급명세서)

일용근로자 : 매달 말일 제출, 상용근로자 : 다음 해 3월 10일까지 제출

3. 간이지급명세서 : 사업소득, 인적용역 기타소득(매달), 근로소득(1월 말일, 7월 말일 2회 제출)

사업소득, 인적용역 기타소득은 매월 모두 제출 시 지급명세서(연 1회) 제출 면제. 다만, 연말정산 사업소득은 간이지급명세서와 지급명세서를 모두 제출

▶ 납부 서류 : 납부서와 지방소득세 납입서

▶ 보관 서류 : 소득자별 근로소득원천징수부

1월~12월분 급여를 합한 후 2월 연말정산 해서 3월 10일 신고 · 납부

증빙관리(증빙관리규정은 적용 대상이 아니나 소명자료는 보관해야 한다.

▶ 일반근로자

– 원천징수이행상황신고서

– 원천징수영수증(지급명세서) 및 간이지급명세서

– 급여명세서

▶ 일용근로자

– 원천징수이행상황신고서 및 원천징수영수증(지급명세서)

– 일용근로자 임금대장(신분증명서)

▶ 퇴직소득자

– 원천징수이행상황신고서

– 퇴직소득원천징수영수증(지급명세서)

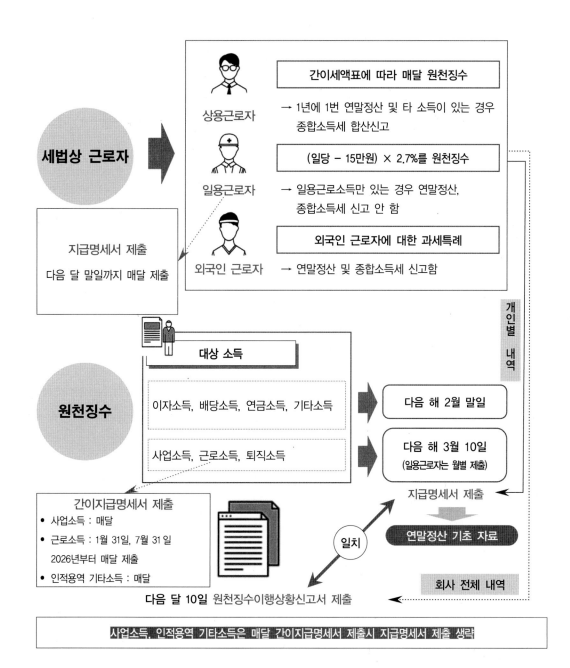

세법상 근로자

상용근로자

간이세액표에 따라 매달 원천징수

→ 1년에 1번 연말정산 및 타 소득이 있는 경우 종합소득세 합산신고

일용근로자

(일당 − 15만원) × 2.7%를 원천징수

→ 일용근로소득만 있는 경우 연말정산, 종합소득세 신고 안 함

외국인 근로자

외국인 근로자에 대한 과세특례

→ 연말정산 및 종합소득세 신고함

지급명세서 제출
다음 달 말일까지 매달 제출

개인별 내역

원천징수

대상 소득

이자소득, 배당소득, 연금소득, 기타소득 → 다음 해 2월 말일

사업소득, 근로소득, 퇴직소득 → 다음 해 3월 10일
(일용근로자는 월별 제출)

지급명세서 제출

연말정산 기초 자료

간이지급명세서 제출
• 사업소득 : 매달
• 근로소득 : 1월 31일, 7월 31일
  2026년부터 매달 제출
• 인적용역 기타소득 : 매달

일치

회사 전체 내역

다음 달 10일 원천징수이행상황신고서 제출

사업소득, 인적용역 기타소득은 매달 간이지급명세서 제출시 지급명세서 제출 생략

- 매달 10일 : 원천세 신고 및 납부 ▶ 원천징수이행상황신고서 제출
- 매달 말일 : 사업소득, 일용근로자 간이지급명세서 제출

  근로내용확인신고서를 근로복지공단에 제출할 때, 사업자등록번호와 국세청 일용소득신고에 체크, 내용을 기재해 제출하면 일용근로자 지급명세서는 국세청에 별도로 제출하지 않아도 된다.
- 3월 10일 : 근로소득세 연말정산, 사업소득, 퇴직소득의 지급명세서 제출.
- 5월 31일 : 연말정산 중 공제받지 못한 금액이 있는 근로소득자, 근로소득 이외 사업소득, 부동산임대소득, 연금소득 등 종합과세합산 대상 소득이 있는 경우 신고 및 납부
- 간이지급명세서 제출 : 3월 10일 지급명세서 제출분과 별도.

  사업소득, 인적용역 기타소득 : 매달 제출 단 사업소득, 인적용역 기타소득은 매달 간이지급명세서 제출 시 지급명세서 제출 생략
- ※ 간이지급명세서 제출 대상 기타소득은 강연료, 전문 직종 용역 등 고용관계 없이 일시적으로 인적용역을 제공하고 받는 대가임. 상금 · 부상, 자산 등의 양도 · 대여 · 사용의 대가 등 다른 기타소득은 현행과 같이 연 1회 지급명세서 제출

  근로소득 : 1월 31일, 7월 31일, 2026년부터 매달 제출
- ※ 근로소득은 매달 일정액을 공제한 후 연말정산을 통해 1년간의 총급여 세금을 정산하는 구조로 1년간 납부해야 하는 총 세금은 정해져 있다.
- ※ 일용근로자는 연말정산 없이 매달 내는 세금으로 근로소득에 대한 납세의무가 끝나며, 일용근로소득만 있는 경우 종합소득세 신고 및 납부를 안 해도 된다.
- ※ 실질적 근로자이지만 회사에서 프리랜서로 신고하는 경우 매달 근로소득세 납부 및 연말정산은 안 하나, 종합소득세 신고 및 납부는 해야 한다. 프리랜서의 경우 필요경비가 거의 없어 대다수 경비율에 의해 종합소득세를 신고 및 납부하게 되는데, 원천징수 시 경비율 선택을 잘해두어야 나중에 종합소득세 신고 시 절세할 수 있다.
- ※ 고용보험, 산업재해보험은 일용직 근로자를 고용할 때마다 자격취득 및 상실 신고를 하기 어렵다. 그래서 고용보험법에서 한 달에 한 번 근로복지공단에 근로내용확인 신고를 하면 고용, 산재보험의 취득 및 상실, 이직 신고까지 모두 한 것으로 본다.

매월 납부하는
근로소득세와 4대 보험료

구 분	부담해야 할 금액	부담 주체	실무상 납부 방법
근로소득세	매월 총급여 − 비과세 급여와 부양가족 수에 해당하는 간이세액표 금액납부 후 연말정산	근로자가 전액 부담	간이세액표의 80%, 100%, 120% 선택납부
지방소득세	근로소득세의 10%	근로자가 전액 부담	근로소득세의 10%를 시·군·구에 납부
국민연금	(급여 − 비과세 급여) × 4.5%	근로자와 사업주가 반씩 부담	고지 금액으로 납부. 연말정산 없음
건강보험	매달 고지 금액으로 납부 후 (급여 − 비과세 급여) × 건강보험료율로 연말정산	근로자와 사업주가 반씩 부담	매월 고지 금액 또는 보험료율 중 고지금액 납부가 일반적
고용보험	매달 고지 금액으로 납부 후 (급여 − 비과세 급여) × 고용보험료율로 연말정산	근로자는 0.9%, 사업주는 규모에 따라 다름	1년에 1번 변동된 급여 및 보험료율에 따라 연말정산
산재보험	산재보험료율을 적용해 사업주만 납부	사업주	

주 국민연금과 고용보험은 요율이 잘 변경되지 않지만, 건강보험료율은 매년 인상되므로 연말에 반드시 개정내용을 확인한다.

주 간이세액표는 홈택스에서 조회할 수 있다(세금 신고 〉 원천세 신고 〉 근로소득 간이세액표).

비과세되는 복리후생비는
따로 정해져 있다.

📝 모든 증빙은 제3자가 껴야 하는 것이 원칙이다.

법에서 인정하는 증빙은 세금계산서, 계산서, 신용카드매출전표, 현금영수증 등이다. 그리고 조금 확장하면 원천징수영수증이라고 보면 된다.

가만히 성격을 보면 증빙은 네가 임의로 만들어 사용할 수 있는 서류는 증빙이 아니다. 즉 회사에서 회사 마음대로 만들 수 있는 증빙은 법적으로 증빙으로 인정을 안 해준다. 결과적으로 제3자와 나누어 가짐으로써 한쪽은 세금을 줄이고 나머지 한쪽은 세금이 느는 효과 또는 유사한 현상이 발생하는 증빙만 법정지출증빙이 되는 것이다. 만일 회사 마음대로 만들 수 있는 증빙을 모두 인정해준다면 누가 세금을 내겠는가? 상호검증이 가능한 서류만 증빙으로 인정된다는 것이 증빙의 원리이다.

📝 복리후생비는 모두 세금 안 내고 비용인정이 되나요?

모든 복리후생비를 비과세 처리해주고 비용인정 해준다면 얼마나 좋을까?

내 급여는 이제 모두 복리후생비 처리해서 세금 안 내야지! 즉 내가 마음대로 처리해도 비용으로 인정을 해준다면 세금을 낼 사람은 아무도 없다.

마음대로 처리하는 대표적인 비용이 복리후생비이다.

복리후생비는 회계상 임직원을 위해 지출하는 비용을 처리하는 계정과목이다.

그리고 세법상으로도 특별히 탈세 혐의가 없으면 증빙을 첨부한 경우 비용으로 인정해준다.

그런데 문제는 복리후생비의 경우 경비인정과 별도로 혜택을 본 임직원의 근로소득세 문제가 발생할 수 있다. 즉 그 혜택이 특정 임직원에게만 돌아가는 경우 이는 근로소득세를 과세한다(예 : 생일 케이크를 사서 다 같이 나눠 먹은 경우는 회사경비처리로 끝나지만, 생일 케이크를 집에 들고 가 혼자 먹을 때는 근로소득세 문제 발생). 내가 임직원을 위해 주고 싶어서 줬는데 왜 근로소득세를 내야 하는지? 뭐 이런 법이 있냐고 화내는 분들도 많은데, 세법에서는 근로소득세 비과세로 규정한 항목을 제외하면 무조건 세금을 내게 되어 있다.

따라서 이건 복리후생비이니 근로소득세를 안 내도 된다고 내 주관적인 판단에 근거해 업무처리를 하면 나중에 가산세까지 무는 일이 생길 수 있다는 점에 유의해야 한다.

속된 말로 세법에서 비과세로 규정하지 않는 지출을 복리후생비로 처리하는 것은 자유지만 나중에 걸려서 가산세를 물 수도 있다.

세법에서 비과세로 규정한 소득

▷ 근로소득으로 보지 않는 대가

아래의 경우는 근로소득으로 보지 않는다. 즉 원천적으로 근로자의 소득으로 보지 않으므로 근로소득세를 내지 않아도 된다.

• 연 70만 원 이하의 단체순수보장성보험료(또는 단체환급보장성 보험료)
• 사내근로복지기금으로부터 받는 용도 사업 범위 내의 금품
• 퇴직급여 지급을 위한 사용자 적립금
• 사업자가 종업원에게 지급한 경조금 중 사회통념상 타당하다고 인정되는 금액
• 중소기업 종업원의 주거 안정을 지원하기 위해 회사로부터 주택의 구입·임차 자금을 저리 또는 무상으로 제공받음으로서 얻는 이익

▷ 세법상 이것만 딱 비과세

급여총액에는 포함되지만, 세법에서 비과세로 규정함으로 인해 근로소득세를 내지 않아도 되는 소득이 있다. 이를 비과세 급여라고 하는데, 다음의 소득을 말한다.

- 회사 규정에 따른 실비변상 정도의 여비 및 일·숙직비

  일직은 정상 근무일 외 토요일이나 일요일에 근무하는 것이며, 숙직은 근무 종료 후 그다음 날 근무시간 전까지 근무하는 것이다. 일직과 숙직수당은 실제 근무 외에 일하는 것을 보전하기 위한 것으로서 실비변상적 성질의 급여는 비과세 된다. 회사 업무상 야근, 당직 등 밤에 업무를 할 경우, 정상적인 회사라면 최소한의 식대는 제공해야 할 것이다. 따라서 일직이나 숙직을 할 때, 이러한 실비변상 금액은 근로소득에 해당하지 않는다.

  실비변상 정도의 금액에 해당하는지? 여부의 판단은 회사의 사규 등에 의하여 그 지급기준이 정해져 있고 사회통념상 인정되는 범위 내에서 비과세되는 급여로 보는 것이며, 숙직료 등을 월 단위로 모아서 지급한다고 할지라도 1일 숙직료 등을 기준으로 판단한다(법인 46013-3228, 1996.11.19.).

- 월 20만 원 이내의 현금 식대 또는 현물 식비는 전액, 둘을 같이 지급하는 경우(비과세 20만 원을 처리하면서 점심 식비는 법인카드로 결제하는 경우) 현물식비는 비과세 현금 식대 20만 원은 과세

- 국민건강보험, 고용보험, 국민연금 등 회사가 부담하는 4대 보험 금액

- 자가운전보조금(본인 차량을 회사업무에 이용하고 여비 대신 받는 경우로서 월 20만 원 한도로 하며, 회사에서 여비를 별도로 지급받으면서, 자가운전보조금을 받는 경우는 20만 원은 과세대상임)

- 자녀보육수당(근로자 또는 배우자의 자녀 출산 전액, 6세 이하의 자녀보육과 관련하여 받는 급여로서 월 20만 원 이내의 금액)

- 육아휴직수당(고용보험공단에서 지급하는 육아휴직급여, 출산전후 휴가급여, 공무원의 육아휴직수당, 배우자 출산휴가 급여, 사립학교 (교)직원이 사립학교 정관 등에 의해 지급받는 육아휴직수당 등)

- 근로자 본인의 학자금 지원액(자녀학자금 지원액은 과세 대상임)

- 비출자임원과 사용인이 사택을 제공받음으로서 얻은 이익(출자한 대표이사는 제외)

- 대학생이 근로의 대가로 지급받는 근로장학금

- 연구활동비(교원 및 연구 종사자가 받는 월 20만 원 이내)

- 정액 급여가 210만 원 이하이고 직전 과세기간의 총급여액이 3,000만 원 이하인 생산직 근로자가 근로기준법에 따른 연장근로·야간근로 또는 휴일근로를 하여 통상임금에 더하여 받는 급여 또는 선원법에 의하여 받는 생산수당 중 연 240만원 이내의 금액(광산 근로자 및 일용근로자는 급여총액)

- 국외근로소득(국외에서 근로를 제공하고 받는 보수 중 월 100만 원(외항선·원양어선 선원 및 해외 건설근로자 500만 원 한도 등)
- 벽지수당 또는 기자의 취재수당 중 월 20만 원 이내 금액
- 이주수당(국가균형발전법에 따라 수도권 외의 지역으로 이전하는 공무원 등이 받는 이주수당 중 월 20만 원 이내)

근로소득세가 과세 되는 복리후생비 사례

구 분	세무 처리
직원에게 콘도이용권을 무상으로 제공하는 경우	콘도를 임차하여 근로자에게 여름휴가 시 무상으로 이용하게 한 경우 과세대상으로 근로소득에 포함하며, 근로소득에 대한 수입금액은 지급 당시의 시가로 계산한다.
명절이나 생일선물을 주는 경우	특정 일에 선물 등 금품은 과세대상이며, 시가 상당액을 근로소득에 포함하여 원천징수한다.
직원 개인별 복지포인트를 부여하는 경우	선택적 복지제도란 종업원에게 주어진 예산 범위 내에서 복지 점수를 부여한 후 자율적으로 자신에게 적합한 복지혜택을 선택할 수 있는 제도로서 종업원에게 개인별로 포인트를 부여해 이를 사용하게 하는 경우 해당 포인트 사용액은 일반 복리후생비와 동일하게 비과세소득으로 세법상 규정한 것을 제외하고는 근로소득으로 과세 된다.
직원들의 외국어 사설학원 수강료를 지원하는 경우	내부규정에 따라 업무를 위해 외국어 능력이 부족한 사원에게 일정 금액 내에서 실비 증빙을 첨부하여 사설 어학원 수강료를 지원하는 경우 이는 근로의 대가로 지급하는 급여의 성격이라기보다는 회사가 업무에 필요한 필요경비 성격이 강하며 정기적, 관례적인 지급이 아닌 실비정산의 개념이므로 근로소득으로 과세하지 않고 통상적인 교육훈련비로 처리할 수 있다. 하지만 업무와 관련 없는 학원 수강료 지원액은 근로소득으로 과세한다.
사택의 전기료, 수도료, 가스료 등 개인적 비용의 보조금	임직원이 거주함으로 인해 발생하는 전기료, 수도료, 가스료 등 극히 개인적 사용 비용을 회사가 대신 납부하는 경우 해당 근로자의 근로소득으로 본다. 물론 사택 자체의 유지보수비용은 근로소득이 아니고 수선비 등 회사경비로 처리한다.
직원들 헬스, 수영장 등 체력단련 비용 보조금	회사의 업무능력을 향상하기 위한 사업과 관련이 있는 사회통념상 타당한 범위 내에서 법인이 부담하는 직원들의 체육시설 등록비용은 손금에 산입한다. 단 법인이 직원에게 복리후생 목적으로 비정기적 체력단련비와 같은 개인적 비용을 보조하는 급여 성질의 금액은 소득세법상 과세대상 근로소득에 해당한다.

구 분	세무 처리
	• 법인이 직원에게 체력단련비 명목으로 직접 지급하는 금품의 가액은 근로소득에 해당하는 것임(소득, 원천세과-555, 2011.09.05.) • 종업원에게 체력단련비 명목으로 직접 지급하는 금품의 가액은 근로소득에 해당하는 것임(소득 22601-2121, 1986.7.2.). • 정기적 급여를 받는 자가 부정기적으로 지급받는 체력단련비는 상여로 보아 원천징수 하는 것임(소득 22601-2932, 1989.8.5.).
장기근속자에게 제공하는 각종 선물이나 혜택	장기근속자 포상제도로 근로자가 지급받는 해외 여행권이나 황금열쇠 등 순금은 과세대상 근로소득에 해당한다. 다만 정년퇴직하는 근로자에게 퇴직의 사유로 지급하는 경우는 퇴직소득에 해당한다
임직원 건강검진비용 보조액	산업안전보건법에 의하여 사업주는 근로자의 건강보호, 유지를 위하여 고용노동부장관이 지정하는 기관 또는 국민건강보험법에 따른 건강검진을 실시하는 기관에서 근로자에 대한 건강검진을 의무적으로 실시해야 하며, 이와 관련된 비용은 회사비용으로 임직원의 근로소득에 해당하지 않으나, 그 외의 경우로서 추가 검진 등으로 회사가 부담한 경우는 근로소득에 해당한다.
경조사비 지급액	경조사비 지급 규정, 경조사 내용, 법인의 지급 능력, 종업원의 직위, 연봉 등을 종합적으로 고려해 사회통념상 타당한 범위 내의 금액은 근로소득으로 보지 않는다.
임직원 휴대폰 사용료 보조금	업무와 관련한 임직원의 휴대폰 사용료는 근로소득으로 보지 않는다. 다만, 영업과 관련 없이 전 직원을 대상으로 보조금을 지급하는 경우는 해당 근로자의 근로소득으로 볼 가능성이 크다. 따라서 문제를 사전에 방지하기 위해서는 회사 명의로 휴대폰을 구입해 사무직 직원을 제외한 영업 전담 직원에게만 제공하는 방법이 가장 좋다.
부서별 회식비용	회식비용을 받아서 임직원이 나눠 가진 경우 각 임직원의 근로소득으로 본다. 사회통념상 적정하다고 인정되는 경우는 경비로 인정되나 회식비의 과도한 지출 또는 유흥장소에서의 지출은 기업업무추진비로 오해받을 수 있으므로 회식 장소 및 참가자 등을 증빙과 함께 첨부해 보관한다.
피복비 지원금	직장에서만 착용하는 피복의 경우는 전액 복리후생비로 경비처리 가능하며, 근로자도 비과세 근로소득으로 본다. 그러나 임직원들에게 지급한 피복이 회사의 로고나 마크 등이 없고 일상복으로 입기에 불편함이 없는 경우는 과세대상 근로소득으로 원천징수한다.

모든 직원을 차량유지비
비과세 처리하면 안 된다.

자가운전보조금이 비과세되기 위해서는 다음의 조건을 모두 충족해야 하는데, 차량이 있는 모든 직원에 대해서 비과세 처리하는 회사가 다수 있다. 이 경우 세금을 과소납부하는 결과가 발생해 적발 시 가산세를 부담해야 한다.

참고로 비과세처리를 위해서 차량등록증을 제출받아 확인하는 방법도 있다.

▶ 근로소득자만 비과세된다.

▶ 종업원(법인 대표이사, 출자 임원, 비출자임원, 직원 포함)의 자기 소유 차량(자기명의 임차 포함)이어야 한다. 또한, 부부 공동명의인 경우에도 인정된다. : 차량 등록증을 제출받아 확인

▶ 종업원이 직접 운전해야 한다.

▶ 자가운전보조금을 받는 종업원이 시내 출장비 등을 실비로 별도로 받으면 안 된다.

▶ 회사의 업무수행에 이용하는 것이어야 한다.

▶ 당해 사업체가 미리 정한 지급 규정(사규) 등에 의해 지급하는 것이어야 한다.

구 분			세무 처리
자기소유 차량 없는 종업원	출퇴근용 교통비	현금 지급	해당 직원의 근로소득으로 처리한다.
		현물 지급	교통카드, 회수권 등 대중교통수단 실비의 현물지급액은 여비교통비로 비용 인정된다.
	출장교통비	현금 지급	구체적 법정지출증빙이나 내부지출결의서 구비 시 여비교통비로서 비용 인정된다(근로소득에 합산하지 않는다.). 택시비는 구체적 승차명세(거리, 용도, 금액)를 명시한 후 비용으로 처리한다.
		현물 지급	실비의 현물 지급은 여비교통비로 비용 인정된다.
		자가운전보조금	개인의 근로소득에 해당한다.

구 분			세무 처리
자기 소유차량 직접 운행	자기 소유 차량 운행	자가운전보조금 지급	월 20만 원까지는 소득세 비과세(차량유지비로 처리함) 된다. 20만 원 초과 금액은 해당 직원의 근로소득으로 처리한다.
		실비의 현금 지급	법정지출증빙과 지출내역명세서 구비 시 여비교통비로 처리한다.
		자가운전보조금 + 별도 실비의 교통비 지급	별도 업무상 실비(시내교통비) 지급 시 자가운전보조금 은 근로소득으로 합산한다. 다만, 업무상 시외출장비는 지출증빙 시 여비교통비로서 비용처리가 인정된다.
	배우자 공동명의 소 유차량 운행	실비 지급	법정지출증빙과 내부 지출결의서 구비 시 여비교통비 등으로 비용인정 된다.
		자가운전보조금 지급	월 20만 원까지 소득세 비과세가 가능하다(완전 타인 명의는 과세).
	회사 차량 운행	실비 지급	법정지출증빙과 내부 지출결의서 구비 시 차량유지비로 비용인정 된다.
		자가운전보조금 지급	해당 직원의 근로소득에 해당한다.
2022년부터는 종업원이 본인 명의로 임차한 차량도 자가운전보조금 비과세 규정을 적용한다. 자가운전보조금 20만 원 비과세 규정은 시내 출장비에 한해서 적용되며, 시외출장비는 적용 대 상이 아니다. 즉 시내출장과 시외출장에 본인 명의 승용차를 이용하는 경우 자가운전보조금 20 만 원 + 증빙에 의한 시외출장비용에 대해 근로소득세를 과세하지 않는다.			

식대 보조금 비과세처리

식대가 비과세되기 위해서는 다음의 조건을 모두 충족해야 한다.

❯ 식대가 연봉계약서 등에 포함되어 있고,

❯ 회사의 사규 등에 식대에 대한 지급기준이 정해져 있는 경우로서

❯ 현물 식사(사내 급식 또는 이와 유사한 방법으로 식사 또는 기타 음식물)를 받지 않아야 하며,

❯ 월 20만 원까지 비과세 처리한다.

구 분		세무 처리
식사 또는 식대 중 한 가지만 제공	식사(현물, 구내식당 등)	비과세
	식대(현금)	월 20만 원까지만 비과세하고 20만 원 초과 금액은 근로소득에 포함해서 원천징수를 한다.
식사와 식대를 모두 제공		근로자에게 식사 기타 음식물을 일부는 현물로 제공하고 일부는 현금으로 지급하는 경우, 현물 분은 비과세되는 것이나 현금 분은 전액 과세한다. 즉, 식사는 비과세하나 식대는 금액과 관계없이 전액 근로소득에 포함해서 원천징수를 한다.
일률적으로 식대를 지급하고 야근 등 시간외근무에 따른 식사나 식대 제공		근로자가 야간근무 등 시간외근무를 하는 경우 야간에 별도로 제공받는 식사 기타 음식물은 비과세되는 급여에 포함된다. 실비에 해당하는 식사나 식대는 비과세(월 20만 원 비과세 + 야근 식대 실비도 비과세)
연봉계약서나 급여 지급기준에 포함되지 아니한 식대 지급액		연봉계약서에 식대가 포함되어 있지 아니하고, 급여 지급기준에 식대에 대한 지급기준이 정해져 있지 아니한 경우에는 비과세되는 식대에 해당하지 않는다.

구 분	세무 처리
외부음식업자와 계약하고 식권 제공	사용자가 기업 외부의 음식업자와 식사 제공계약을 체결하고 현금으로 환급할 수 없는 식권을 임직원에게 교부하는 경우에는 비과세되는 식사·기타 음식물로 본다. 다만, 음식업자가 아닌 편의점 및 커피숍에서 사용하는 식권은 비과세되는 식사·기타 음식물로 보지 않는다. 현금으로 환급할 수 없는 경우 20만 원 초과해도 비과세나 현금화가 가능하다면 20만 원까지만 비과세하고, 초과는 근로소득에 포함한다.
건설공사 현장에서 제공되는 숙식비	일용근로자의 일 급여에 포함되나 현물로 제공되는 식사는 비과세한다.
임원(법인 대표이사)도 식대 비과세를 적용하나?	근로자에는 법에서 특별히 임원을 제외하고 있는 때 외에는 임원이 포함되는 것이므로 비과세 식대 규정은 임원도 적용할 수 있다.

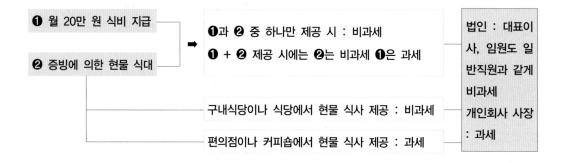

자녀수당 비과세

출산수당 비과세

출산수당은 근로자 본인 또는 배우자의 출산과 관련하여 출생일 이후 2년 이내에 공통 지급규정에 따라 사용자로부터 지급(2회 이내)받는 급여 전액을 비과세한다.

2024년 수당 지급 시에는 2021년 1월 1일 이후 출생자에 대한 지급분도 포함한다. 다만, 기업 출산지원금을 조세회피에 활용하는 것을 막기 위해 사업주 또는 지배주주의 친족에게 지급하는 경우는 비과세 대상에서 제외한다.

❶ 2025년 1월 1일 이후 지급하는 출산지원금 : 자녀 출생일 이후 2년 이내 지급하는 분에 대해서 비과세 적용

❷ 2024년 1월 1일~2024년 12월 31일 지급한 출산지원금 : 개정 전 출산지원금을 지급한 기업에 대해서도 개정 규정을 적용하기 위해 자녀의 출생일이 2021년 1월 1일 이후인 경우 비과세 적용

보육수당 비과세

6세 이하 여부 판단 시기는 과세기간 개시일 기준으로 판단한다.

2026년 연말정산(2025년 귀속)의 경우 2025년 1월 1일 기준 2019년 1월 1일 이후 보육자가 적용 대상이다.

만으로 계산하는 경우 만 6세 1개월인 경우에는 6세를 초과한 것으로 본다. 과세기

간 개시일을 기준으로 72개월이 초과하지 않은 자녀는 6세를 초과하지 않는 것으로 판단해 비과세한다.

2019년 출생한 자녀는 2025년에 7살에 해당하므로 보육수당 비과세 요건에 해당하지 않아야 하는 것이나, 72개월을 채우지 못한 상태에서 7세가 된 자녀의 보육수당까지는 최대한 혜택을 주기 위하여 위와 같이 적용하는 것이며, 2019년에 출생한 자녀는 2025년 12월까지 지급하는 보육수당에 대하여 월 20만 원 이내의 금액을 비과세 적용하는 것이다.

> ❯ 회사 내부규정에 따라 육아 보조비 지원 규정이 있어야 하고, 월 20만 원까지 비과세 처리한다.
> ❯ 2024년 귀속 연말정산의 경우 2024년 1월 1일 기준 ⇒ 2018년 1월 1일 이후 출생
> ❯ 2025년 귀속 연말정산의 경우 2025년 1월 1일 기준 ⇒ 2019년 1월 1일 이후 출생

📁 자녀 수와 관계없이 지급 월을 기준

6세 이하 자녀의 보육과 관련한 급여로서 월 20만 원 이내의 금액은 자녀 수와 관계없이 지급 월을 기준으로 20만 원을 비과세한다.

예를 들어 6세 이하의 자녀가 2인의 경우 자녀 1인당 월 20만 원씩 40만 원을 비과세하는 것이 아니라 자녀 수와 관계없이 자녀의 보육과 관련하여 지급받는 보수 중 월 20만 원만 비과세한다.

그리고 6세 이하의 자녀 보육수당을 분기별로 지급하거나, 수 개월분을 일괄 지급하는 경우에도 그 지급 월을 기준으로 월 20만 원 이내의 금액을 비과세한다.

예를 들어 자녀보육수당을 분기별 또는 특정 월에 3개월분 60만 원을 일괄 지급한 경우 지급 월을 기준으로 20만 원 이내의 금액을 비과세하므로 지급 월의 20만 원만 비과세한다. 따라서 매월 20만 원씩 지급하도록 한다.

🗁 맞벌이 부부의 경우

동일 직장에서 맞벌이하는 근로자가 6세 이하의 자녀 1인에 대해 각각 보육수당을 수령하는 경우에는 소득자별(부부 각각)로 각각 월 20만 원 이내의 금액을 비과세한다.

🗁 둘 이상의 회사에서 중복하여 지급받는 경우

근로자가 2 이상의 회사에 근무하면서 6세 이하 자녀보육수당을 매월 각 회사로부터 중복하여 지급받는 경우에는 각 회사의 보육수당 합계금액 중 월 20만 원 이내의 금액에 대하여 비과세한다. 즉, 회사별로 20만 원이 아니라 각 회사의 보육수당 합계금액 중 월 20만 원 이내의 금액에 대해서만 비과세한다.

> 예를 들어 갑 회사에서 보육수당으로 20만 원을 받고, 을 회사에서 20만 원을 받는 경우 20만 원 + 20만 원 = 40만 원을 비과세하는 것이 아니라 갑 또는 을 회사 중 한 회사에서 20만 원만 비과세된다.

🗁 급여 보육수당 + 문화센터 수강료 지원

6세 이하 자녀의 놀이방, 백화점 문화센터 수강료를 회사에서 지원받는 경우 월 20만 원 이내의 금액을 보육수당 비과세에 따라 비과세한다. 즉, 보육수당으로 20만 원을 급여로 받고, 자녀 놀이방 지원금 20만 원을 받는 경우 자녀 놀이방 지원금 20만 원은 보육수당으로 비과세, 급여로 받는 보육수당 20만 원은 과세된다.

상용근로자 급여(상여금) 원천징수

급여만 지급하는 달의 원천징수

원천징수의무자는 매월 급여 지급 시 원천징수 할 근로소득세를 근로소득 간이세액 표(홈택스(www.hometax.go.kr) > 세금신고 > 원천세 신고 > 근로소득간이세액표를 클릭하면 자동 계산이 가능하며, 간이세액표도 무료로 다운받을 수 있다)에 의해 계산한다.

구 분	공제 방법	공제 기준급여	비고
근로소득세	간이세액표	총급여 – 비과세 소득	근로자 전액 부담
지방소득세	근로소득세의 10%	근로소득세	근로자 전액 부담

- 월급여액은 급여 중 비과세소득 및 학자금을 제외한 금액이다.
- 공제대상가족의 수 계산 방법 : 전체 공제대상 가족 수(본인 + 배우자 + 세법상 부양가족공제 대상)만으로 공제 인원을 계산해 간이세액표를 적용한 후 간이세액표 금액에서 전체 공제대상 가족 중 8세 이상 20세 이 하 자녀 수에 따라 아래의 금액을 차감한 후 원천징수한다.

가. 8세 이상 20세 이하 자녀가 1명인 경우 : 12,500원

나. 8세 이상 20세 이하 자녀가 2명인 경우 : 29,160원

다. 8세 이상 20세 이하 자녀가 3명 이상의 경우 : 29,160원 + 2명 초과 자녀 1명당 25,000원

따라서 프로그램을 사용하지 않는 회사의 경우 일일이 수작업을 해야 하는 불편함이 있으므로 반드시 관련 엑셀 파일을 활용하는 것을 권한다.

월 급여 3,500,000(비과세 및 자녀 학자금 지원금액 제외)원

부양가족의 수 : 본인 포함 4명(8세 이상 20세 이하 자녀 2명 포함)

해설 (2024년 기준)

(1) 근로소득세 및 지방소득세 공제액 : 간이세액표 적용

1. 공제대상가족의 수 : 4명(49,340원)(8세 이상 20세 이하 자녀 2명 미반영 후 적용)

2. 원천징수 세액 = 49,340원 − 29,160원(8세 이상 20세 이하 자녀 2명) = 20,180원

월급여(천원) [비과세 및 학자금 제외]		공제대상가족의 수					
이상	미만	1	2	3	4	5	6
3,500	3,520	127,220	102,220	62,460	49,340	37,630	32,380

(2) 국민연금 : (총급여 − 비과세 급여)를 기준으로 공단 고지액 납부

(3) 건강보험 : (총급여 − 비과세 급여)를 기준으로 공단 고지액 납부 후 건강보험료율로 연말정산

(4) 고용보험 : (총급여 − 비과세 급여)를 기준으로 공단 고지액 납부 후 고용보험료율로 연말정산

급여를 1달에 2번 지급하는 경우 원천징수

매달 급여 지급을 할 때 원천징수 후 상여금을 추가로 지급하거나 수당을 추가로 지급하는 경우가 발생할 수 있다. 이 경우는 매달 지급하는 급여와 해당 수당을 합산한후 간이세액표에 따라 원천징수 신고 및 납부를 한다. 물론 4대 보험은 보수월액 변경 신고를 하거나 보수월액 변경 신고 없이 평달과 같이 고지 금액을 납부한 후 연말정산 시 정산하는 방법도 있다.

상여금을 지급하는 달의 원천징수

상여금을 지급하는 때는 상여금 지급 주기별로 상여금과 매달 받은 급여를 합산한후 상여금 주기로 나눈 후 해당 금액을 간이세액표를 적용해 원천징수액을 산출한다. 산출한 원천징수 세액에 상여금 주기를 곱한 총액에서 매달 납부한 원천징수 세액을

차감하면 된다.

예를 들어 월급 500만 원에 상여금을 4달에 한 번 500만 원을 준다고 가정하면, 상여금을 별도로 주지 않고 매달 상여금을 급여에 포함해서 준 경우 매달 525만 원 (500만 원 + (500만 원 ÷ 4월))이 된다. 매달 525만 원을 기준으로 원천징수 해야하나 상여금이 없는 달은 500만 원을 기준으로 원천징수를 했으므로, 상여금을 지급하는 달에 정산이 필요하다. 따라서 525만 원을 기준으로 4달간 원천징수를 했다면 납부해야 하는 원천징수 세액에서 500만 원을 기준으로 실제로 납부한 금액을 차감한 금액을 4달째 되는 다음 달 10일까지 원천징수 납부한다고 보면 된다.

구 분	계산방법
방법1	(1) 지급대상기간이 있는 상여 지급 시 원천징수세액 = (❶ × ❷) − ❸ ❶ = [(상여 등의 금액 + 지급대상기간의 상여 등외의 급여의 합계액) ÷ 지급대상기간의 월수]에 대한 간이세액표상의 해당 세액 ❷ = 지급대상기간의 월수 ❸ = 지급대상기간의 상여 등외의 급여에 대해 원천징수하여 납부한 세액 (2) 지급대상기간이 없는 상여 지급 시 원천징수 세액 그 상여 등을 받는 연도의 1월 1일부터 그 상여 등의 지급일이 속하는 달까지를 지급대상 기간으로 하여 (1)의 방법으로 계산한다. **주** 그 연도에 2회 이상의 상여 등을 받는 경우 직전에 상여 등을 지급받는 날이 속하는 달의 다음 달부터 그 후에 상여 등을 지급받는 날이 속하는 달까지로 한다.
방법2	상여 등의 금액과 그 지급대상 기간이 사전에 정해진 경우에는 매월분의 급여에 상여 등의 금액을 그 지급대상 기간으로 나눈 금액을 합한 금액에 대해 간이세액표에 의한 매월분의 세액을 징수한다. **주** 금액과 지급대상 기간이 사전에 정해진 상여 등을 지급대상 기간의 중간에 지급하는 경우를 포함한다. 지급대상 기간이 없는 상여 지급의 경우 방법1의 (2)에 의한 방법으로 원천징수

[지급대상기간의 계산]

9월에 지급대상 기간이 없는 상여 및 지급대상 기간(7~9월)이 있는 상여를 지급하는 경우 지급대상 기간계산

• 지급대상 기간이 없는 상여의 지급대상 기간 : 9개월
• 지급대상 기간이 있는 상여의 지급대상 기간 : 3개월
• 9월 상여 전체의 지급대상 기간의 월수 : (9 + 3) ÷ 2 = 6

1. 지급대상기간 선택	
지급대상기간	4개월
2. 지급대상기간의 총급여	
월급여 합계액	20,000,000원
상여금	5,000,000원
3. 기 원천징수 된 세액	
소득세	1,006,410원
지방소득세	100,640원(소득세의 10%)
4. 공제대상 부양가족	
부양가족 수(본인 포함)	1인
근로자 신청률	100%

(단위 : 천원)

월급여액(천원)		공제대상가족의 수				
[비과세 및 학자금 제외]		1	2	3	4	5
5,000	5,020	335,470	306,710	237,850	219,100	200,350
5,020	5,040	338,270	309,500	240,430	221,680	202,930
6,240	6,260	560,340	512,840	427,400	408,650	389,900
6,260	6,280	564,870	517,350	430,040	411,290	392,540

1. 월평균 급여액		6,250,000원	2,500만 원 ÷ 4
2. 간이세액표상 원천징수세액	소득세	560,340원	간이세액표
	지방소득세	56,030원	소득세 × 10%
3. 원천징수할 세액	소득세	2,241,360원	560,340원 × 4
	지방소득세	224,130원	소득세 × 10%
4. 기납부한 세액	소득세	1,006,410원	
	지방소득세	100,640원	
5. 차감 원천징수 세액	소득세	1,234,950원	2,241,360원 − 1,006,410원
	지방소득세	123,490원	소득세 × 10%

예를 들어 4개월에 한 번씩(4, 8, 12월)에 상여금을 지급하는 경우 4월을 기준으로 설명한다.

❶ 1월과 2월, 3월은 평상시 급여로 간이세액표에 따라 원천징수

❷ 4월 평균 급여에 해당하는 간이세액 = (1월 + 2월 + 3월 급여 + 4월 급여 + 4월 상여금) ÷ 4에 해당하는 간이세액표 금액(4개월에 1번씩 정산하는 개념)

❸ (❷의 간이세액표 소득세 × 4개월) − (1월 + 2월 + 3월에 납부한 간이세액표 소득세)

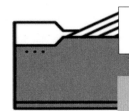

상여금이 있는 달의 원천징수 세액

위의 사례를 기준으로 요약정리

❶ 월급 5,000,000원, 공제대상가족 수 1인 기준 1월 + 2월 + 3월 간이세액표
= 335,470원 + 335,470원 + 335,470원 = 1,006,410원

❷ 4월 평균 급여에 해당하는 간이세액 = [(1월 + 2월 + 3월 급여 + 4월 급여 + 4월 상여금) ÷ 4에 해당하는 간이세액표 금액] × 4
= (500만 원 + 500만 원 + 500만 원 + 500만 원 + 500만 원) ÷ 4
= 625만 원에 해당하는 간이세액 560,340원

❸ (❷의 간이세액표 소득세 × 4개월) − (1월 + 2월 + 3월에 납부한 간이세액표 소득세)
= (560,340원 × 4 = 2,241,360원) − 1,006,410원
= 1,234,950원

상여금이 있는 달의 원천징수 세액(1,234,950원)

[상여금 근로소득세 계산에 대한 원리]

1. 상여금을 지급하는 달에 정산한다는 생각

매달 500만 원의 급여를 1월, 2월, 3월, 4월에 받다가 4월에 상여 500만 원을 추가로 받으면 4월에 정산한다.

2. 상여금을 각 달에 배분한다.

1월에서 4월까지 상여금을 포함해 총 받은 금액은 2,500만 원, 2,500만 원을 4개월로 나누면 매월 625만 원을 급여로 받았어야 한다. 또한 근로소득세도 625만 원을 기준으로 납부했어야 한다.

그런데 1월, 2월, 3월에는 500만 원의 급여를 받고, 500만 원을 기준으로 근로소득세를 납부했다. 따라서 상여금을 받는 달에 과거로 돌아가 매달 625만 원을 받은 것을 기준으로 정산하는 것이다.

3. 결론

매월 625만 원을 급여로 받았다면 1월~4월까지 간이세액표에 의해 근로소득세 560,340원을 4개월간 신고납부했어야 했는데, 1월~3월까지 매월 500만 원을 기준으로 335,470원을 3개월간 이미 납부(기납부)했다.

따라서 상여금을 받는 달인 4월에는 매달 625만 원을 받은 것을 기준으로 4개월간의 근로소득세를 확정한 후 이미 기납부한 1월~3월까지의 근로소득세를 차감한 후 납부한다.

참고로 1월, 2월, 3월에 300만 원의 급여를 받다가 3월에 상여 300만 원을 추가로 받으면 3월에 정산한다.

이는 매달 상여를 월급에 포함해서 지급했다면 월 400만 원을 기준으로 근로소득세를 납부했어야 했지만, 그렇지 못해서 1월과 2월에는 300만 원을 기준으로 기납부했으므로 상여금을 지급하는 3월에 매달 400만 원을 기준으로 원천징수했을 경우를 가정해 정산한 근로소득세에서 이미 1월과 2월에 납부한 근로소득세를 차감한 후 4월 10일 납부를 한다.

근로기준법상 상여금의 지급의무와 평균임금 포함여부

일반적으로 상여금 지급에 대해 법령에 규정되어 있지 않으므로 사업장 내 별도 규정이 있는 경우 그에 따라 결정해야 하지만, 별도의 규정이 없는 경우 상여금의 지급의무는 발생하지 않는다.

상여금이 단체협약, 취업규칙, 그 밖에 근로계약에 미리 지급되는 조건 등이 명시되어 있거나 관례로 계속 지급하여온 사실이 인정되는 경우 그 상여금의 지급이 법적인 의무로서 구속력을 가지게 된다. 이는 근로제공의 대가로 인정되는 것이므로 이는 임금이므로 평균임금 산정기초에 산입한다. 이때 지급되는 상여금은 지급횟수가 매월 지급되는 것이 아니라 연 1회 또는 분기별로 지급한다고 하더라도 평균임금 산정기초에 산입한다.(2015.10.14. 고용노동부 예규 제096호) 예컨대, 명절 상여금이 평균임금 계산시 포함되어야 하는지 문제되는 경우가 많은데, 사업주가 은혜적으로 지급되거나 일시적, 변동적으로 지급되는 경우 근로의 대가로 지급되는 임금에 해당하지 않으므로 퇴직금 산정시 포함하지 않는다. 다만, 명절 상여금 지급기준에 대하여 단체협약, 취업규칙 등에 미리 지급조건이 명시되어 있거나 관행으로서 계속 지급되어왔다면 사유발생일 12개월 중 지급받은 전액을 12개월로 나누어 3개월분을 평균임금에 산입하여야 한다.

원천징수이행상황신고서 작성

📝 매월 납부 사업자의 원천징수이행상황신고서 작성 방법

소득을 지급한 내역이 있는 경우에는 소득세가 없더라도 인원수 및 총지급금액만 입력하고 소득세 등 징수세액 항목은 입력하지 않고 신고해야 한다.

📂 신고구분

- 매월분 신고서는 "매월"에, 반기별 신고서는 "반기"에, 수정신고서는 "수정"에, 인정상여 등 소득처분에 따른 신고 시에는 "소득처분"에 "○" 표시를 한다.
- 지점법인·국가기관 및 개인은 "소득처분"에 "○" 표시할 수 없다.
- 매월분 신고서에 계속 근무자의 연말정산 분이 포함된 경우는 "매월" 및 "연말" 란 두 곳에 모두 "○" 표시한다.
- 원천징수 세액을 환급신청하는 경우 "환급신청" 란에 "○" 표시하고, 「㉑환급신청액」 기재 및 원천징수세액환급신청서 부표를 작성한다.

📂 귀속연월, 지급연월

- 귀속연월은 소득 발생 연월을 기재하고, 지급연월은 원천징수 대상 소득 지급한 월을 기재한다.
- 귀속연월이 다른 소득을 같은 월에 함께 지급하여 소득세 등을 원천징수하는 경우에는 원천징수이행상황신고서를 귀속연월별로 각각 별지로 작성하여 제출한다.

구 분	귀속연월	지급연월	신고기한
귀속월과 지급일이 같은 경우	6월	6월	7월 10일
귀속월과 지급일이 다른 경우	6월	7월	8월 10일
임금체불로 여러 달의 월급을 한꺼번에 지급하는 경우	2월	6월	7월 10일
	3월	6월	4개월분을 합산해 1장의 원천징수이행상황 신고서를 작성하면 안 되고 4건으로 별도 신고해야 한다. 신고서가 4장이 된다. 회계처리는 귀속연월별로 한다.
	4월	6월	
	5월	6월	
다음 달 10일까지 신고를 못했을 때	6월	7월	8월 10일까지 신고하지 못한 경우 기한 후 신고를 한다.
잘못 신고한 사실을 신고기한인 다음 달 10일 전에 발견한 경우	6월	7월	8월 10일 전에 발견한 경우 수정신고가 아닌 '정기신고'를 다시 해준다. 마지막 신고한 내용을 정당한 신고서로 처리하기 때문이다. 따라서 다음 달 10일까지는 몇 번이고 다시 신고해도 된다.
잘못 신고한 사실을 신고기한인 다음 달 10일 이후에 발견한 경우	6월	7월	8월 10일 이후에 발견한 경우 수정신고를 한다.

- 사업자 단위로 등록한 경우 법인의 본점 또는 주사무소에서는 사업자단위과세 사업자로 전환되는 월 이후 지급하거나 연말정산하는 소득분에 대해 작성 제출한다.
- 반기납 포기를 하는 경우 반기납 개시 월부터 포기 월까지의 내역을 한 장에 작성해야 한다. 즉, 포기 월이 5월에 해당하는 경우 1월 귀속, 5월 지급으로 하여 반기신고서를 작성하면 된다.
- 귀속연월, 지급연월을 잘못 기재하여 신고서를 전송한 경우 삭제 요청서를 제출하여 신고내역을 삭제하고 정확하게 기재하여 다시 신고한다.

〈삭제요청서 제출 방법〉

[세금신고] → [전자신고 삭제요청]을 클릭 → 원천세 신고 내역 선택 후 작성

① 신고구분						원천징수이행상황신고서 □ 원천징수세액환급신청서 □		② 귀속연월	2025년 7월

<table>
<tr><td colspan="6">① 신고구분</td><td colspan="2" rowspan="2">□ 원천징수이행상황신고서
□ 원천징수세액환급신청서</td><td>② 귀속연월</td><td>2025년 7월</td></tr>
<tr><td>(매월)</td><td>반기</td><td>수정</td><td>연말</td><td>소득
처분</td><td>환급
신청</td><td>③ 지급연월</td><td>2025년 7월</td></tr>
<tr><td rowspan="2">원천징수
의 무 자</td><td colspan="2">법인명(상호)</td><td colspan="2">○○○</td><td colspan="2">대표자(성명)</td><td>△△△</td><td>일괄 납부 여부</td><td>여, (부)</td></tr>
<tr><td colspan="2">사업자(주민)등록번호</td><td colspan="2">xxx-xx-xxxxx</td><td colspan="2">사업장 소재지</td><td>○○○○○</td><td>사업자 단위 과세 여부</td><td>여, (부)</td></tr>
<tr><td colspan="6"></td><td colspan="3"></td><td>전화번호</td><td>xxx-xxx-xxxx</td></tr>
<tr><td colspan="6"></td><td colspan="3"></td><td>전자우편주소</td><td>00@00.00</td></tr>
</table>

❶ 원천징수 명세 및 납부세액 (단위 : 원)

소득자 소득구분			코드	원천징수명세					⑨ 당월 조정 환급세액	납부 세액	
				소득지급 (과세 미달, 일부 비과세 포함)		징수세액				⑩ 소득세 등 (가산세 포함)	⑪ 농어촌특별세
				④ 인원	⑤ 총지급액	⑥ 소득세등	⑦ 농어촌특별세	⑧ 가산세			
개인 (거주자·비거주자)	근로소득	간이세액	A01	5	20,000,000	900,000					
		중도퇴사	A02								
		일용근로	A03	2	2,000,000	0					
		연말정산 합계	A04								
		연말정산 분납신청	A05								
		연말정산 납부금액	A06								
		가감계	A10	7	22,000,000	900,000				900,000	
	퇴직소득	연금계좌	A21								
		그 외	A22	1	25,000,000	500,000					
		가감계	A20	1	25,000,000	500,000				500,000	
	사업소득	매월징수	A25								
		연말정산	A26								
		가감계	A30								
	기타소득	연금계좌	A41								
		종교인소득 매월징수	A43								
		종교인소득 연말정산	A44								
		그 외	A42	2	1,000,000	200,000					
		가감계	A40	2	1,000,000	200,000				200,000	
	연금소득	연금계좌	A48								
		공적연금(매월)	A45								
		연말정산	A46								
		가감계	A47								
	이자소득		A50								
	배당소득		A60								
	저축 등 해지 추징세액 등		A69								
	비거주자 양도소득		A70								
법인	내·외국법인원천		A80								
	수정신고(세액)		A90								
	총합계		A99	10	48,000,000	1,600,000				1,600,000	

❷ 환급세액 조정 (단위 : 원)

전월 미환급 세액의 계산			당월 발생 환급세액				⑱조정대상 환급세액 (⑭+⑮+⑯+⑰)	⑲ 당월조정 환급세액계	⑳ 차월이월 환급세액 (⑱-⑲)	㉑ 환급신청액
⑫ 전월미환급 세액	⑬ 기 환급 신청세액	⑭ 차감잔액 (⑫-⑬)	⑮ 일반 환급	⑯ 신탁재산 (금융회사 등)	⑰ 그밖의 환급세액 금융회사 등	⑰ 그밖의 환급세액 합병 등				

📂 총지급액

총지급액은 세전(세금 떼기 전) 금액을 입력한다.

일반적으로 자가운전보조금 20만 원은 원천세 신고 시 비과세 항목으로 총지급액에서 제외하고 신고하지만, 비과세 항목이라 할지라도 원천세 신고 시 총지급액에 반영해야 하는 비과세 항목은 다음과 같다.

〈비과세 근로소득의 원천징수영수증 기재 항목〉

미제출 비과세	제출 비과세
다음의 항목은 원천징수영수증(지급명세서) 표기 하지 않아도 된다.	다음의 항목은 원천징수영수증(지급명세서) 표기 해야 한다.
○ 복무 중인 병(兵)이 받는 급여 ○ 법률에 따라 동원 직장에서 받는 급여 ○ 산업재해보상보험법에 따라 지급받는 요양급여 ○ 근로기준법 등에 따라 지급받는 요양보상금 등 ○ 고용보험법 등에 따라 받는 육아휴직급여 등 ○ 국가공무원법 등에 따라 받는 육아휴직수당 등 ○ 공무원연금법 등에 따라 받는 요양비 등 ○ 국민연금법에 따라 받는 반환일시금(사망으로 받는 것에 한함) 및 사망일시금 ○ 소득령§ 12 2 ~ 3(일직료·숙직료 등) ○ 소득령§ 12 3(자가운전보조금) ○ 소득령§ 12 4, 8(법령에 따라 착용하는 제복 등) ○ 국가유공자 등 예우 및 지원에 관한 법률에 따라 받는 보훈급여금 및 학습보조비 ○ 전직대통령 예우에 관한 법률에 따라 받는 연금 ○ 종군한 군인 등이 전사한 경우 해당 과세기간의 급여 ○ 국민건강보험법 등에 따라 사용자 등이 부담하는 보험료 ○ 현물 급식 ○ 국군포로가 지급받는 보수 등	○ 비과세 식사대(월 20만원 이하) ○ 비과세 학자금(소득령§ 11) ○ 소득령§ 12 9 ~ 11(경호수당, 승선수당 등) ○ 소득령§ 12 12 가(연구보조비 등)-「유아교육법」, 「초·중등교육법」 ○ 소득령§ 12 12 가(연구보조비 등)-「고등교육법」 ○ 소득령§ 12 12 가(연구보조비 등)-특별법에 따른 교육기관 ○ 소득령§ 12 12 나(연구보조비 등) ○ 소득령§ 12 12 다(연구보조비 등) ○ 소득령§ 12 13 가(보육교사 근무환경개선비)-「영유아보육법 시행령」 ○ 소득령§ 12 13 나(사립유치원 수석교사·교사의 인건비)-「유아교육법 시행령」 ○ 소득령§ 12 14 (취재수당) ○ 소득령§ 12 15 (벽지수당) ○ 소득령§ 12 16 (천재·지변 등 재해로 받는 급여) ○ 소득령§ 12 17 (정부·공공기관 중 지방이전기관 종사자 이전지원금) ○ 외국 정부 또는 국제기관에 근무하는 사람에 대한 비과세

미제출 비과세	제출 비과세
○ 사택 제공 이익 ○ 주택자금 저리·무상 대여 이익 ○ 종업원 등을 수익자로 하는 보험료·신탁부금·공제부금 ○ 공무원이 받는 상금과 부상(연 240만원 이내)	○ 소득령§ 12 18(종교관련종사자가 소속 종교단체의 규약 또는 소속 종교단체의 의결기구의 의결·승인 등을 통하여 결정된 지급 기준에 따라 종교 활동을 위하여 통상적으로 사용할 목적으로 지급받은 금액 및 물품) ○ 작전 임무 수행을 위해 외국에 주둔하는 군인 등이 받는 급여 ○ 소득령§ 16①1(국외 등에서 근로에 대한 보수) 100만원 ○ 소득령§ 16①1(국외 등에서 근로에 대한 보수) 500만원 ○ 소득령§ 16①2(국외근로) ○ 생산직 등에 종사하는 근로자의 야간수당 등 ○ 출산, 6세 이하 자녀의 보육 관련 비과세 급여(월 20만원 이내) ○ 교육기본법 제28조 제1항에 따라 받는 장학금 ○ 소득령 17의3 비과세 직무발명보상금 ○ 주식매수선택권 비과세 ○ 벤처기업 주식매수 선택권 행사이익 비과세 ○ 우리사주조합 인출금 비과세(50%) ○ 우리사주조합 인출금 비과세(75%) ○ 우리사주조합 인출금 비과세(100%)

📂 퇴사자

〈8월 퇴사한 직원에게 8월 급여를 지급한 경우 신고 방법〉

퇴사자뿐만 아니라 계속 근무 중인 직원이 있으면 포함하여 신고해야 한다.

1. (A01) : 퇴사자 및 계속 근무 중인 직원의 8월 지급 내역을 포함하여 작성한다.

2. (A02) : 중도 퇴사한 직원의 정산내역을 입력한다.

① 중도 퇴사자의 연말정산 후 근로소득 지급명세서를 작성한다.

② 원천세신고서의 중도퇴사(A02) 항목의 (5) 총지급금액에는 1월에서 8월까지 총지급한 급여액을 입력한다.

③ (6) 소득세 등 항목에는 근로소득 지급명세서의 차감징수세액 금액을 입력한다.

3. (A22) : 1년 이상 근무하여 퇴직금이 발생하였고, 8월에 퇴사하고 8월에 퇴직금을 지급하는 경우라면, 퇴직소득의 그 외(A22) 항목에 퇴직금에 대한 내역을 작성한다. 만약, 8월에 퇴사하였으나 9월에 퇴직금을 지급하는 경우 9월 지급분 신고 시 원천세신고서에 퇴직소득을 반영하여 신고한다.

- 퇴직금 발생 직원의 퇴직연금이 DC형인 경우는 회사에서 퇴직소득을 신고하지 않는다.
- 사업장에서 퇴직금을 직접 지급하는 경우와 퇴직연금 DB형으로 지급하는 경우 사업장에서 퇴직소득을 신고하며, 이때 퇴직소득 항목의 그 외(A22)란에 반영하여 신고한다.
- 중도 퇴사자가 발생했더라도 퇴직금이 발생하지 않은 경우라면 퇴직소득 항목은 작성하지 않는다.
- 퇴직연금 DB형의 경우 인원수(퇴직금 받은 인원), 총지급금액(퇴직금 금액) 입력하고 소득세는 과세이연되었기에 0원으로 작성하여 신고한다.

📂 환급액 작성과 환급신청

전월에 이월시킨 환급세액이 존재할 경우, [환급세액 조정]의 (12) 전월 미환급세액란에 전월 신고서의 (20) 차월이월 환급세액(이월시킨 세액) 금액을 입력한다.

① 기본정보 입력화면에서 환급신청에 체크 후 소득 종류를 임의로 근로소득으로 체크하고 저장 후 다음 이동한다.

② 해당 지급분 지급한 내역이 없으므로 [원천징수내역 및 납부세액]에는 작성하지 않음

③ [환급세액 조정]의 (12) 전월미환급세액에 금액을 입력하고 (21) 환급신청액도 입력한다.

④ [원천징수 세액 환급신청서 부표] 화면이 나올 때까지 [저장후 다음이동] 클릭하여 이동한다.

⑤ 환급신청내역을 입력한 후 [전월미환급세액 조정명세서 작성]

⑥ [기납부세액 명세서 작성] 각각 클릭하여 작성

⑦ 환급 계좌 정보 입력 후 신고서 작성 완료하여 신고서 제출하면 된다.

- 차월이월 환급세액 반영방법은 해당 소득 가감계 항목(A10, A20, A30 등)의 (9) 당월조정환급세액 칸에 조정할 세액을 양수(+)로 입력하면 납부세액 (10) 소득세 등에 금액이 차감되어 보여 진다.

- 환급신청서부표 작성 시 [결정세액 − 기납부세액 = 차감 세액] 계산식으로 진행되는데 원단위 차이로 인한 차감세액의 불일치로 환급신청액이 다른 경우 입력한 '인원' 기준으로 인당 오차 ±9원까지 차감 세액을 수정하여 신고할 수 있다.

- 수정신고 시에는 환급신청을 할 수 없다. 당월 정기 신고 시 환급신청 체크하고 [수정신고세액] 선택하여 수정신고세액(A90)란에 환급금액 마이너스로 입력한 후 환급 부표를 작성한다.

📁 반기별 신고 · 납부자의 신고서 작성 방법

가. 인원

- 간이세액(A01) : 반기(6개월)의 마지막 달의 인원을 적는다.
- 중도퇴사(A02) : 반기(6개월) 중 중도 퇴사자의 총인원을 적는다.
- 일용근로(A03) : 월별 순 인원의 6개월 합계 인원을 적는다.
- 사업(A25) · 기타소득(A40) : 지급명세서 제출 대상 인원(순 인원)을 적는다.
- 퇴직(A20) · 이자(A50) · 배당(A60) · 법인 원천(A80) : 지급명세서 제출 대상 인원을 적는다.

나. 지급액 : 신고 · 납부 대상 6개월 합계액을 적는다.

다. 귀속월, 지급월, 제출일은 다음과 같이 적는다.

- 7월 신고 · 납부 : 귀속월 20X5년 1월, 지급월 20X5년 6월, 제출일 20X4년 7월
- 1월 신고 · 납부 : 귀속월 20X5년 7월, 지급월 20X5년 12월, 제출일 20X6년 1월

라. 반기납 포기를 하는 경우 반기납 개시 월부터 포기 월까지의 신고서를 한 장으로 작성한다.

[예시] 2025년 4월 반기납 포기 : 귀속연월에는 반기납 개시 월(2025년 1월)을, 지급연월에는 반기납 포기 월(2025년 4월)을 적는다.

반기별 납부자 연말정산 환급신고 후 정기신고 때 원천징수이행상황신고서 작성법

반기별 납부자의 연말정산 결과 환급세액이 발생하면 반기별 신고기한인 7월 10일 원천세 신고 시 조정환급하거나 환급 신청하는 것이 원칙이다. 다만, 연말정산 분 환급세액이 2월까지 원천징수 하여 납부할 소득세를 초과하는 경우는 3월 10일까지 1~2월분 원천징수 세액 및 연말정산 결과를 기재한 원천징수이행상황신고서를 제출하고, 원천징수 세액 환급신청을 할 수도 있다. 이 경우 7월 10일에 제출하는 원천징수이행상황신고서에는 연말정산분과 기 신고한 분을 제외하여 제출한다.

당연히 연말정산 결과를 7월 10일에 신고해도 된다.

원천세 반기 신고자는 지급 2월 정기 신고 시 환급신청을 할 수 있다. 지급1~2월 합산하여 차가감계가 환급금액으로 환급을 신청하는 경우 가능하며, 환급신청하지 않는 연말정산 포함 신고는 상반기 정기신고 기간에 한다.

1. 지급 2월 정기 신고 시 신고 방법

① 지급 2월 정기 신고 시 귀속연월 1월/지급연월 2월로 설정

기본정보입력 : 연말정산 포함과 환급신청에 체크한다.

② 원천징수이행상황신고서 : 지급 1월~2월 내용과 연말정산 포함 신고내용 작성 후 (20) 차월이월환급세액을 (21) 환급신청액에 입력한다.

③ 환급신청서 부표 : 환급이 발생한 이력을 작성한다.

2. 7월 정기 신고 시 신고 방법

지급 2월 신고를 한 경우에는 상반기 정기 신고 시 지급 1~2월 신고내용을 제외한 3~6월 신고내용을 작성한다. 단 지급 2월 신고 여부와 관계없이 상반기 정기신고 시 기본정보 입력은 귀속연월 1월/지급연월 6월로 설정한다.

원천징수 수정신고

국세청에 이미 제출했던 신고서 내용에 수정사항이 있을 때 [신고마감 후 다음 날]부터 수정신고할 수 있다.

- 조회되는 이전 신고서 내용이 수정신고 하고자 하는 자료가 맞는지 반드시 확인하고 작성하며, 세무대리인이 수임 사업장 수정신고는 자료 조회되지 않으므로 직접 입력하여 신고한다.

- 수정신고의 납부서 출력 및 조회 납부는 지원되지 않으므로 [국세납부]-[자진납부]에서 직접입력 후 출력, 납부한다.

- 수정신고 시에는 환급신청을 할 수 없다. 당월 정기 신고 시 환급신청 체크하고 [수정신고세액] 선택하여 수정신고세액(A90)란에 환급금액 마이너스로 입력한 후 환급 부표를 작성한다.

(개요) 2025년 6월 A 회사의 근로자 홍길동의 5월분 근로소득 300만 원(소득세 10만 원)을 신고누락한 사실을 확인하여 2025년 7월 10일 원천세 수정신고 및 납부

(6월 신고) 2025년 6월분 A 회사의 급여 지급 10명 지급액 3,000만 원(소득세 100만 원)

(5월 신고) 2025년 5월분 A 회사의 급여 지급 9명 지급액 2,700만 원(소득세 90만 원)

해설

1. 수정신고(5월분)

① 신고구분						원천징수이행상황신고서 ☑ 원천징수세액환급신청서 ☐	②귀속연월	2025년 5월
매월	반기	수정	연말	소득처분	환급신청		③지급연월	2025년 5월

❶ 원천징수 명세 및 납부세액(단위 : 원)

소득자 소득구분		코드	원천징수명세					⑨ 당월 조정 환급세액	납부 세액	
			소득지급		징수세액					
			④ 인원	⑤총지급액	⑥소득세 등	⑦농어촌 특별세	⑧ 가산세		⑩ 소득세 등 (가산세 포함)	⑪ 농어촌 특별세
근로소득	간 이 세 액 A01	A01	9 10	27,000,000 30,000,000	900,000 1,000,000					
	중 도 퇴 사	A02								
	가 감 계	A10	9 10	27,000,000 30,000,000	900,000 1,000,000				900,000 1,000,000	
총 합 계		A99	9 10	27,000,000 30,000,000	900,000 1,000,000				900,000 1,000,000	

2. 정상 신고(6월분)

① 신고구분						원천징수이행상황신고서 ☑ 원천징수세액환급신청서 ☐	②귀속연월	2025년 6월
매월	반기	수정	연말	소득처분	환급신청		③지급연월	2025년 6월

❶ 원천징수 명세 및 납부세액(단위 : 원)

소득자 소득구분		코드	원천징수명세					⑨ 당월 조정 환급세액	납부 세액	
			소득지급		징수세액					
			④인원	⑤총지급액	⑥소득세 등	⑦농어촌 특별세	⑧ 가산세		⑩ 소득세 등 (가산세 포함)	⑪ 농어촌 특별세
근로소득	간 이 세 액	A01	10	30,000,000	1,000,000					
	중 도 퇴 사	A02								
	일 용 근 로	A03								
	연말정산 합 계	A04								
	분 납 신 청	A05								
	납 부 금 액	A06								
	가 감 계	A10	10	30,000,000	1,000,000				1,000,000	
수 정 신 고 (세 액)		A90			100,000				100,000	
총 합 계		A99	10	30,000,000	1,100,000				1,100,000	

(간이)지급명세서의 제출

간이지급명세서와 지급명세서는 별개의 서식으로서, 작성방법에도 차이가 있는 것이므로 금액에 차이가 발생할 수 있으며, 각 서식의 작성방법을 준수하면 된다.

『간이지급명세서』와 『지급명세서』는 명칭만 비슷할 뿐, 적용되는 법 규정이 다른 것으로, 서식도 다르고, 기재하는 내용도 다르며, 목적도 다르다.

『간이지급명세서』는 근로장려금 및 자녀장려금 등, 정부지원금 등을 위한 "소득액 파악"을 하여, 정부의 선제적 지원을 목적으로 하는 것으로, 단순히 "매월의 과세대상 소득금액이 얼마"인지만을 신고한다.

2019년도부터는 근로장려금을 1년에 2회 수령하게 되면서 상반기의 개인별 소득을 파악해야 하는 상황이 되었고 기존에 1년에 1회만 제출하면 되었던 지급명세서를 매달 제출(근로소득의 경우 6개월 단위로 1년에 2회 분할 제출)하도록 했는데, 이 서식이 바로 간이지급명세서이다.

원천징수이행상황신고서에는 어떠한 종류의 소득을 총 몇 명에게 얼마를 지급했고 그 과정에서 원천징수한 세금의 총액에 관한 내용을 기록할 수 있으므로 그 소득의 귀속자가 누구인지는 알 수 없다. 즉, 원천징수이행상황신고서를 통해서 총액에 대한 정보는 알 수 있지만, 그 세부내역은 알 수 없다. 따라서 총소득에 대한 각각의 귀속자가 누구이고 원천징수 한 세금이 얼마라는 상세내용을 별도로 신고해줘야 하는데 그 서식이 바로 지급명세서이다.

두 명세서의 급여 차이는 지급명세서의 총급여액은 해당 과세기간에 근로 제공 대가로 받은 연간 근로소득(인정상여 포함)에서 비과세소득을 차감한 금액을 말하는, 반면 간이지급명세서의 급여 등(급여에서 비과세금액과 인정상여 금액을 제외한 금액)란에는 소득세법 제20조 제2항에 따른 "총급여액"에서 같은 조 제1항 제3호의 법인세법에 따라 상여로 처분된 금액(인정상여)을 제외한 금액을 적고, 인정상여란에는 같은 조 제1항 제3호의 「법인세법」에 따라 상여로 처분된 금액(지급명세서와 같이 급여에 적지 않고 인정상여 금액 총액을 인정상여란에 별도로 적는다)을 적는다.

총급여액은 소득세법 제12조의 비과세소득은 제외하고 있으므로, 간이지급명세서에 기재하는 급여에 비과세소득은 제외되는 것이다.

구 분	지급시기	제출기한
사업소득, 인적용역 기타소득	01월~12월	다음 달 말일
근로소득	1월~6월	7월 말일
	7월~12월	다음 연도 1월 말일
지급명세서		
일용근로소득 지급명세서	1월~12월	다음 달 말일
근로 · 퇴직 · 사업 · 종교인소득 · 봉사료	1월~12월	다음 연도 3월 10일
그 밖의 소득(이자 · 배당 · 연금 · 기타)	1월~12월	다음 연도 2월 말일

사업소득은 매달 간이지급명세서 제출 시 지급명세서 제출을 안 해도 된다.

이미 제출한 지급명세서에 근로소득에 대한 경정청구 · 수정신고 · 인정상여 처분 등에 따라 수정상황이 발생한 경우는 지급명세서를 수정하여 원천징수 관할 세무서에 제출한다.

2025년 12월분 근로소득을 2026년에 1월에 지급한 경우에는 2025년 12월에 지급한 것으로 보아 작성해야 한다. 예를 들어, 사업자가 근로자에게 2025년 12월분 근로소득 200만원을 2026년 1월에 지급한 경우, 2025년 하반기 지급분 간이지급명세서(근로소득)의 지급월 12월에 200만원을 기재해 2026년 1월 말일까지 제출하면 된다.

중소기업 취업 청년 소득세 감면

적용 대상

중소기업기본법 제2조에 따른 중소기업에 해당해야 한다(비영리기업도 가능).

① 근로계약 체결일 현재 만 15세 이상~만 34세 이하인 경우

② 중소기업에 취업하는 60세 이상의 근로자, 장애인, 경력단절 여성

③ 국내에 근무하는 외국인의 경우도 동일하게 적용

④ 단, 군 복무 등의 아래 사유에 해당하는 경우 최대 6년까지 그 기간을 제외한 나이로 계산

구분	감면 기간	요건
청년	5년	근로계약 체결일 현재 15세~29세 이하인 자(2018년 이후 소득분부터 15세~34세 이하) 군 복무기간(최대 6년)은 나이를 계산할 때 빼고 계산함
고령자	3년	근로계약 체결일 현재 60세 이상인 자
장애인	3년	① 「장애인복지법」의 적용을 받는 장애인 ② 「국가유공자 등 예우 및 지원에 관한 법률」에 따른 상이자
경력단절 여성	3년	① 해당 중소기업에서 1년 이상 근무하다 ② 결혼 · 임신 · 출산 · 육아 · 자녀교육 · 가족 구성원 돌봄 사유로 해당 기업에서 퇴직하고 ③ 퇴직한 날부터 2년 이상 15년 미만 기간 이내 재취업 ④ 해당 중소기업의 최대 주주(최대출자자, 대표자)나 그와 특수관계인이 아닐 것

📝 적용 제외 대상

다음의 자는 적용 대상에서 제외된다.

① 임원, 최대 주주와 그 배우자의 직계존비속과 친족

② 일용근로자

③ 건강보험료(직장가입자) 납부 이력이 없는 자

④ 국가나 지방자치단체, 공공기관, 전문서비스업, 보건업, 기타 개인서비스업 등의 일부 업종은 적용 불가

구 분	업 종
감면대상	① 농업, 임업 및 어업, 광업
	② 제조업, 전기 · 가스 · 증기 및 수도사업
	③ 하수 · 폐기물처리 · 원료 재생 및 환경복원업
	④ 건설업, 도매 및 소매업, 운수업
	⑤ 숙박 및 음식점업(주점 및 비알콜 음료점업제외)
	⑥ 출판 · 영상 · 방송 통신 및 정보서비스업(비디오물 감상실 운영업 제외)
	⑦ 부동산업 및 임대업
	⑧ 연구개발업, 광고업, 시장조사 및 여론조사업
	⑨ 건축 기술 · 엔지니어링 및 기타 과학기술서비스업
	⑩ 기타 전문 · 과학 및 기술서비스업
	⑪ 사업시설관리 및 사업지원 서비스업
	⑫ 기술 및 직업 훈련 학원, 컴퓨터 학원
	⑬ 사회복지 서비스업, 수리업
	⑭ 창작 및 예술 관련 서비스업, 스포츠 서비스업, 도서관, 사적지 및 유사 여가 관련 서비스업
	⑮ 컴퓨터학원 등
감면제외 (예시)	① 중소기업기본법에 따른 중소기업에 해당하지 않은 기업
	② 중소기업기본법에 따른 중소기업에 해당하지만, 금융 및 보험업, 보건업(병원, 의원 등), 전문서비스업(법무 서비스, 변호사업, 변리사업, 법무사업, 회계서비스업 등)
	③ 음식점업 중 주점 및 비알콜 음료점업, 비디오물 감상실, 기타 개인서비스업 등을 주된 사업으로 영위하는 기업
	④ 국가, 지방자치단체, 공공기관, 지방공기업
	⑤ 유원지 및 기타 오락 관련 서비스업
	⑥ 교육서비스업(기술 및 직업 훈련 학원 제외)

나이 계산에서 기간을 제외하는 병역 사유

① 현역병(상근예비역 및 경비교도, 전투경찰 순경, 의무소방원 포함)

② 사회복무요원

③ 현역에 복무하는 장교, 준사관 및 부사관

주 병역법 제36조에 따른 전문연구요원, 산업기능요원은 병역을 이행한 자로 보지 않음(제외)

주 전문연구요원, 산업기능요원이 감면 대상 중소기업체에 취업하고, 중소기업 취업 감면을 적용받던 청년이 다른 중소기업체로 이직하는 경우는 그 이직 당시의 연령에 관계없이 소득세를 감면받은 최초 취업 일로부터 5년(3년)이 속하는 달까지 발생한 소득에 대하여 감면을 적용받을 수 있다(이직 시 연령 요건 불필요).

 병역특례 산업기능요원의 중소기업 취업자에 대한 소득세 감면

산업기능요원 역시 조세특례제한법 제30조에 따른 중소기업 취업자에 대한 소득세 감면요건을 모두 충족하는 경우 중소기업 취업 청년 소득세 감면신청이 가능하다. 다만, 방위산업체 근무 등 산업기능요원의 경우에는 병역을 이행한 자로 보지 않아 중소기업 취업자에 대한 소득세 감면 적용 시 연령 계산에서 차감되는 군 복무기간으로 인정되지 않으므로 ⑥ 병역 근무기간, ⑦ 병역 근무기간 차감 후 연령란은 공란으로 남겨둔다.

 ## 감면 기간

소득세 감면 기간은 취업 일로부터 3년간이다(최초 취업일 이후 소득세 감면 혜택을 받지 않은 공백기간도 3년에 포함된다.). 단, 만 34세 이하의 청년만 취업 일로부터 5년간 감면 혜택을 받을 수 있다.

① 취업 일로부터 5년이 되는 날이 속하는 달까지. 단, 병역을 이행한 경우 그 기간은 제외(한도 6년)

② 이직하는 경우 이직하는 회사가 감면요건에 해당하는 중소기업이라면 계속하여 적용 가능

[예시]

2022년 4월, A 중소기업에 취업한 청년이 2024년 4월 퇴사 후 1년간 휴직 후, 2025년 4월, B 중소기업으로 재취업한 경우

→ 2022년 4월~2027년 4월에 대해 소득세 감면됨

취업 후 이직하는 경우 감면기간은 어떻게 되나요?(이전 회사에 감면신청을 안 한 경우)

취업 일로부터 3년(청년 5년)이 되는 날이 속하는 달까지 발생한 소득에 대해서 소득세를 감면하되, 감면 기간은 근로자가 다른 중소기업체에 취업하거나 해당 중소기업체에 재취업하는 경우와 관계없이 최초 감면신청 한 회사의 취업 일부터 계산한다. 따라서, 이직 후 재취업한 중소기업에 처음 감면신청서를 제출했다면 재취업한 회사의 취업 일부터 감면기간을 적용받게 된다.

감면세액

① 소득세 70% 감면, 200만 원 한도. 단, 만 34세 이하 청년의 경우 소득세 90% 감면, 200만 원 한도

② 근로소득 세액공제는 감면 비율만큼 차감하고 적용된다.

감면신청 방법과 급여업무 처리

감면신청은 원천징수의무자인 회사가 관할 세무서에 하는 것이다.

국세청 누리집 홈페이지(www.nts.go.kr) → 국세정책/제도 → 세무서식 → 검색(중소기업 취업자 소득세 감면신청서)하여 작성 → 취업 일이 속하는 달의 다음 달 말일까지 원천징수의무자인 회사에 제출

📌 회사에서는 신청서를 받은 다음 달부터 매월 급여 지급 시 감면을 적용하여 지급, 다음 연도 2월 연말정산 시에 감면을 적용한 근로소득세 정산

📌 첨부 서류 : 주민등록등본 및 병역 복무기간을 증명하는 서류 등

신청기한 이후에 신청하더라도 요건에만 해당한다면 과거 납부했던 세금을 경정 청구해서 돌려받을 수 있다.

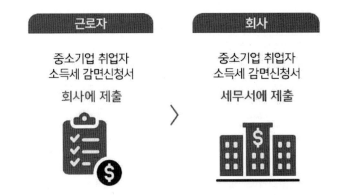

취업일 기준 다음 달 말일까지 주민등록등본, 근로소득
원천징수 영수증, 중소기업 취업자 소득세 감면신청서 회사에 제출

병역의무자는 병역 증명서를 함께 제출해야 하고, 만약 현재 재직 중이 아니고 퇴사한 경우 본인이 직접 관할
세무서를 통해 신청할 수 있다.

📂 근로자

중소기업취업자 소득세 감면대상 신청서를 작성하여 각 회사 담당자에게 제출한다.

📂 회사

1. 감면대상 명세서 제출

감면신청을 받은 날이 속하는 달의 다음 달 10일까지 감면신청을 한 근로자의 명단을 중소기업 취업자 소득세 감면 대상 명세서(조특법 시행규칙 별지 제1호의2 서식)에 기재하여 원천징수 관할 세무서에 제출해야 한다.

🈺 기존에 감면 혜택을 받고 있었다면 따로 신청하지 않아도 된다.

🈺 감면 혜택을 받던 근로자가 이직했을 때, 이직한 곳이 중소기업인 경우 계속해서 혜택을 받을 수 있다. 다만, 이직한 새 사업장에서 다시 신청해야 한다.

🈺 법 개정 전 이미 감면신청을 한 청년도 5년으로 개정(2018년 귀속분 적용)된 감면대상 기간을 적용받으려면 중소기업 취업자 소득세 감면신청 절차를 새로 이행해야 한다.

2. 매월 원천징수 신고

원천징수의무자는 감면 대상 취업자로부터 감면신청서를 제출받은 달의 다음 달부터 근로소득 간이세액표상 소득세에 감면율 적용하여 징수하고, 원천징수이행상황신고서 상 "인원" 과 "총지급액"에는 감면 대상을 포함하여 신고한다.

3. 연말정산

감면 대상 근로자의 경우에 연말정산을 실시할 때 근로소득지급명세서상 감면세액을 반영한다.

> [예시]
> 9월 1일에 취업한 경우
> 근로자 : 회사 10월 30일까지 감면신청서 제출
> 회 사 : 관할세무서 11월 10일까지 세무서에 감면 대상 명세서 제출

조회 방법

직원별 적용 가능 여부는 해당 직원 거주지의 관할 세무서 개인납세과로 문의하거나 홈택스 개인 공인인증서 로그인을 통하여 확인할 수 있다.

홈택스 > 세금신고 > 원천세 신고 > 중소기업취업자 소득세 감면 명세서 조회(원천 징수의무자용)

인정상여 업무매뉴얼

인정상여 세금 떼는 법

법인의 사업연도 중 매출누락, 가공경비 등의 실제 귀속자 미확인시 대표자에 대한 상여처분이 되며, 이는 자진신고 또는 세무조사 결과에 의한 처분에 의해 발생한다.

법인세법에 의하여 상여의 소득처분(인정상여)을 하는 경우는 해당 법인에게 그 귀속자의 소득에 대한 원천징수 의무가 발생한다.

일반적으로 급여, 상여를 지급하는 시점에 소득세 등을 원천징수하고 세후 금액을 귀속자에게 지급하게 되는데, 인정상여가 발생하였을 때는 원천징수가 이루어지지 않았기 때문에 사후적으로 원천징수를 하고 그에 따라 원천세 신고를 하게 된다.

상여 처분받은 대표자 등은 근로소득세를 부담하는바, 당해 법인의 원천징수 등 세무절차는 다음과 같다.

① 해당 금액을 포함하여 연말정산 수정

② 해당 금액에 대한 소득세 및 지방소득세 원천징수

③ 원천징수 이행상황신고서 및 지급명세서 재작성 제출

🗂 인정상여의 발생원인 및 지급시기 의제

구 분	세무처리
자진신고	정기분 또는 수정신고 시 신고 일자에 지급한 것으로 의제한다.
세무조사	세무서장이 통보하는 소득금액변동통지서를 받은 날 지급한 것으로 의제한다.

📂 연말정산

인정상여 금액과 해당 과세연도에 발생한 근로소득을 합산하여 연말정산을 수정한 후 원천징수 이행상황신고서 및 지급명세서를 재작성한 후 제출한다. 소득처분이 있는 연도에 대표자가 무보수로 근무한 경우는 원천징수 납부세액 발생 여부와 관계없이 해당 인정상여 소득을 근로소득으로 보아 근로소득 연말정산을 한다.

법인세 신고에 따라 인정상여가 발생하였을 때는 인정상여에 대한 지급시기는 법인세 신고일이 되고, 법인세 신고일의 다음 달 10일까지 연말정산을 재정산하여 신고납부·해야 한다.

인정상여에 대해서는 근로소득만 있는 경우와 다른 종합소득이 있는 경우 다음과 같이 처리한다.

구 분	세무 처리
근로소득만 있는 경우	해당 연도 근로소득에 대한 연말정산을 지급시기 의제일 다음 달 10일까지 재 연말정산 한다.
다른 종합소득이 있는 경우	지급시기 의제일 다음 달 10일까지 재 연말정산 후 다음다음 달 말일까지 해당 연도 종합소득세 신고를 다시 한다.

📂 원천징수이행상황신고서 작성 요령

연말정산 신고 시 3월 10일까지 이미 제출한 원천징수이행상황신고서를 수정하는 것이 아니고, 별도의 서식으로 작성하여 제출해야 한다(4월 10일 정기분 원천징수이행상황신고서와 별도로 작성 후 제출). 즉, 인정상여가 발생한 경우 당초 신고서를 수정신고 하지 않고, 소득처분에 따른 금액과 추가 정산세액만을 기재한 신고서를 별도로 작성하여 지급연월의 다음 달 10일까지 제출해야 한다.

① 신고구분						[ ]원천징수이행상황신고서 [ ]원천징수세액환급신청서		② 귀속연월	2025년 2월
매월	반기	수정	연말	소득 처분	환급 신청			③ 지급연월	2025년 3월

원천징수 의무자	법인명(상호)		대표자(성명)		일괄납부 여부	여, ㉻
					사업자단위과세 여부	여, ㉻
	사업자(주민) 등록번호		사업장 소재지		전화번호	
					전자우편주소	@

❶ 원천징수 명세 및 납부세액　　　　　　　　　　　　　　　　　　　　　　　(단위: 원)

소득자 소득구분			코드	원천징수명세						⑨ 당월 조정 환급세액	납부세액	
				소득지급 (과세 미달, 일부 비과세 포함)		징수세액					⑩ 소득세 등 (가산세 포함)	⑪ 농어촌 특별세
				④ 인원	⑤ 총지급액	⑥ 소득세 등	⑦ 농어촌 특별세	⑧ 가산세				
개 인 (거주자·비거주자)	근로소득	간이세액	A01								
		중도퇴사	A02								
		일용근로	A03								
		연말정산 합계	A04	1	50,000,000	10,000,000					
		연말정산 분납신청	A05								
		연말정산 납부금액	A06			10,000,000					
		가감계	A10	1	50,000,000	10,000,000				10,000,000	
수정신고(세액)			A90								
총 합 계			A99								

[원천징수이행상황신고서 작성방법]

[인정상여]

인정상여 발생 시 원천징수이행상황신고서 작성 방법

① 신고구분 : 소득처분 선택

② 귀속연월 : 당초 연말정산 시 귀속연월. 2024년 귀속 연말정산의 경우 2025년 2월에 하므로 2025년 2월로 기재한다.

③ 지급연월 : 소득처분이 있는 때가 속하는 연월. 소득금액변동통지서를 수령한 달

④ A04란

가. 인원 : 소득처분 인원

나. 총지급액 : 소득처분 금액

다. 소득세 등 : 연말정산 수정분 추가 납부세액

⑤ A90 수정신고 세액에 기재하지 않는 것에 주의한다.

[인정배당]

12월 말 법인이 3월 중에 법인세 과세표준을 신고하면서 인정배당이 발생한 경우

인정배당 소득처분의 수입시기는 "당해 법인의 당해 사업연도의 결산확정일"이며, 그 신고일(또는 수정신고일)에 지급하는 것으로 본다.

① 귀속연월 란 : 결산확정일이 속하는 월(3월 배당 결의)

② 지급연월 란 : 4월

③ 원천징수이행상황신고서 제출시기 : 5월 10일

④ 배당소득 지급명세서 제출시기 : 내년 지급명세서 제출기한(2월 28일)

📂 지급명세서 제출

신고연도 4월 10일까지 매월 납부자 및 반기납부자 모두 상여처분된 금액이 반영된 지급명세서를 제출한다(매월 납부자, 반기별 납부자). 즉, 재작성된 지급명세서(원천징수영수증)를 원천징수이행상황신고서와 함께 제출해야 한다.

📂 원천세 신고 및 납부

신고연도 4월 10일까지 매월 납부자 및 반기납부자 모두 차감징수세액의 차이 금액을 납부한다(매월 납부자, 반기별 납부자).

📂 인정상여 지방소득세

지방소득세 신고·납부 시에 인정상여를 포함해야 한다. 인정상여의 납세의무 성립시기는 소득금액변동통지서를 받은 날 또는 수정신고일이다.

인정상여에 대한 지방소득세 납세의무 성립 시기 신설(지방세기본법 제34조 제2항)

인정상여란 기업의 불분명한 손금 처리를 임직원의 상여로 간주하는 것으로 지방소득세 신고납부 대상이다. 인정상여는 주로 법인세 신고·조사과정에서 파악되므로 실제 지급시기 이후에나 확인할 수 있다. 그런데 종전 규정에는 지방소득세의 납세의무 성립 시기를 급여를 지급하는 때 로만 규정하고 있어 법인세 신고·조사 시에 확인되는 인정상여는 신고·납부기한을 지난 것으로 보아 가산세 대상이 되는 불합리한 점이 있었다.

이러한 점을 개선하기 위하여 인정상여에 대한 지방소득세의 납세의무 성립 시기를 국세와 동일하게 소득금액변동통지서를 받은 날 또는 수정신고일로 개정하였다.

📂 인정상여 금액의 법인 대납

사외유출된 금액의 귀속이 불분명하여 대표자 상여로 지급받은 것도 없는데, 지급받은 것으로 보고 소득세를 납부해야 하므로 대표자는 억울할 수 있다.

그래서 실무적으로 대표자 상여 처분된 소득세 원천징수 부분을 법인이 대납하는 경우가 있다.

법인이 대표자 상여로 처분된 소득세 등을 대납하고 이를 손비로 계상하거나 대표자와의 특수관계가 소멸될 때까지 회수하지 아니함에 따라 익금에 산입한 금액은 기타사외유출로 처분하고 이 대납액은 인정이자 대상 가지급금에 포함하지 않는다.

하지만, 주의할 점은 귀속이 불분명하여 대표자 상여로 처분한 금액에 대한 소득세 등 대납인 경우에만, 위와 같이 처리하는 것이지 실질적으로 대표자에게 지급된 금액에 대한 소득세 등을 법인이 대납한 경우는 대표자에게 회수하지 않으면 대표자에게 상여 처분을 한다.

구 분	귀속자가 불분명하여 대표자 상여로 처분된 금액	대표자에게 귀속되었음이 명확한 경우
대납시 손비처리한 경우	손금불산입하고 기타사외유출로 처분한다.	손금불산입하고 상여 처분한다.
대납시 대여금처리 하고 특수관계 소멸시 손비처리 한 경우	소득세 대납액을 업무무관가지급금으로 보지 아니함 → 지급이자 손금불산입 및 인정이자 계산하지 않음	소득세 대납액을 업무무관가지급금으로 봄 → 지급이자 손금불산입 및 인정이자 계산함
	특수관계 소멸로 손비처리시 손금불산입하고 기타사외유출로 처분한다.	특수관계 소멸로 손비처리시 손금불산입하고 상여처분한다.

특수관계 소멸 후 원천세 대납액의 대손 처리(법인, 서면인터넷방문상담 2팀-659, 2006.04.24.)
법인이 소득금액의 경정으로 해당 사업연도에 재직하던 대표자에게 상여처분된 금액에 대하여 해당 세액을 원천징수 의무자로서 법인이 대납하였으나 대표자의 무재산 등으로 법정 대손사유에 해당하는 경우는 이를 손금에 산입할 수 있음
법인이 법인세법 제66조의 규정에 의한 소득금액의 경정으로 해당 사업연도에 재직하던 대표자(경정일이 속하는 사업연도에는 특수관계자에 해당하지 않음)에게 상여처분된 금액에 대하여 해당 세액을 원천징수 의무자로서 법인이 대납하였으나, 동 대표자의 무재산 등으로 법인세법시행령 제62조 제1항 각호에 해당하는 경우는 이를 손금에 산입할 수 있는 것인바, 귀 질의의 사례가 이에 해당하는지? 여부는 거래의 실질 내용에 따라 사실판단하는 것입니다.

인정상여와 건강보험료

인정상여로 추가된 소득은 건강보험료 보수에 포함되지 않는다.

건강보험 실무편람에 보면 법인 대표자 인정상여는 제외한다고 하고 있다. 다만 판례 취지상 귀속 불분명으로 대표이사에게 처분된 금액만 제외인 것으로 판단된다.

> "법인세법" 제67조 및 같은 법 시행령 제106조 제1항 제1호에 의한 "법인 대표자 인정상여"로 소득 처분된 금액은 "국민건강보험법 시행령" 제33조의 '근로의 대가'에 포함되지 않는다는 '대법원 판결'에 따라 보수에서 제외 (2015두37525)

🗀 기타 고려사항

인정상여의 귀속시기는 지급시기가 아닌 해당 사유가 발생한 날(근로를 제공한 날)이 속하는 사업연도로 한다.

인정상여 분을 추가하여 재 연말정산, 재 종합소득세 신고는 수정신고가 아닌 추가 자진신고로 보므로, 신고 및 납부불성실가산세를 부과하지 않는다.

인정상여 분도 당연히 근로소득공제, 근로소득세액공제가 적용된다.

인정상여로 발생하는 원천징수 세액은 반기별 납부 대상에서 제외된다(반기별이라도 해당 월에 신고납부해야 함.). 즉, 반기별 납부자의 인정상여에 대한 징수세액의 납부 시기도 매월 납부자와 동일하게 반기별 납부를 배제하고 징수일이 속하는 달의 다음 달 10일(4월 10일)까지 납부한다. 따라서 반기별 납부자가 인정상여에 대한 소득세 등을 다가오는 반기별 납부기한인 7월 10일에 납부하는 경우는 원천징수납부지연가 산세를 부담해야 한다.

📝 인정상여 기한 후 신고에 따른 가산세

법인세법에 의한 소득처분이 있는 경우 소득금액변동통지서를 받은 날이 속하는 달의 다음 달 10일까지 원천징수이행상황 신고·납부와 함께 근로소득 지급명세서를 함께 제출해야 한다.

예를 들어 2025년 6월에 소득금액변동통지서를 받은 경우라면 2025년 7월 10일에 인정상여를 포함한 금액으로 연말정산을 재정산하여 원천세 신고 및 납부하고 수정된 지급명세서를 제출한다.

원천징수의무자가 당초 원천세 신고·납부 기한에 근로소득 연말정산 재정산을 하여 신고·납부 및 수정된 지급명세서를 제출한 경우는 별도의 가산세가 적용되지 않는 것이나 해당 신고·납부 기한을 경과해서 기한 후 신고·납부 및 지급명세서 제출을 한 경우에는 원천징수 납부지연 가산세와 지급명세서 보고불성실가산세 적용 대상에 해당한다.

📝 상여 처분받은 대표이사의 종합소득세 수정신고

상여 처분받은 대표자의 경우는 근로소득 이외에 다른 소득이 없는 경우라면 별도의 종합소득세 신고를 할 필요가 없다.

근로소득 이외에 다른 소득이 있는 종합소득세 신고대상자일 경우는 상여처분에 따른 소득의 증가분에 대하여 수정신고를 해야 하므로 소득금액변동통지서를 받은 날이 속하는 달의 다음다음 달 말일까지 주소지 관할 세무서에 추가 신고·납부한 때에는 신고·납부 기한까지 신고납부한 것으로 보는 것이므로, 신고불성실가산세, 납부불성실가산세가 적용되지 않는다.

📝 세무조사에 의하여 대표자 인정상여 처분

세무조사에 의하여 대표자 인정상여 처분을 받은 경우 즉, 종합소득과세표준 확정신고 의무가 없었던 자가 인정상여 처분에 따라 소득세를 추가 납부해야 하는 경우 해당 법인이 소득금액변동통지서를 받은 날이 속하는 달의 다음다음 달 말일까지 추가 신고·납부한 때는 기한 내에 신고납부한 것으로 보아 가산세를 부과하지 않는다.

지급명세서 수정할 필요 없이 대표자가 종합소득과세표준을 추가로 신고, 납부하면 되는 것이며, 홈택스를 이용하여 전자신고 하고자 하는 경우는 기한후신고 메뉴를 이용하여 가산세 추가 없이 신고한다.

원천징수 수정신고 방법

(지급명세서, 간이지급명세서 수정신고)

원천징수영수증 수정신고

원천징수 정산을 잘못한 경우 귀속연도에 맞춰 수정신고 하며, 실제 원천징수 해야 할 금액을 덜 원천징수 한 경우 원천징수 납부지연 가산세 3% + 1일 10만분의 22가 발생한다. 가산세가 따로 청구되지는 않고 가산세가 발생한 수정신고인데, 가산세가 안 붙어있으면 세무서에서 가산세 누락으로 다시 신고를 요청한다. 신고서에 금액이 변동되는 경우 모두 수정신고 대상이다.

원천징수이행상황신고 ○ + 납부 X → 가산세 ○

원천징수이행상황신고 X + 납부 ○ → 가산세 X

미납세액 × 3% + (과소·무납부세액 × 2.2/10,000 [주] × 경과일수) ≦ 50%

[주] (단, 법정납부기한의 다음 날부터 고지일까지의 기간에 해당하는 금액 ≦ 10%)

수정신고 후 환급 발생 시 가산세

원천징수의무자가 원천세 수정 신고하고 수정된 '근로소득 지급명세서'를 제출하면서, 원천세가 추가납부가 아닌 환급이 발생한다면 가산세는 없으며, 신고하는 근로소득이 변경되었다면 변경된 근로소득 차액에 대한 지급명세서 제출 불성실 가산세는 적용 대상에 해당한다.

지급명세서 제출 불성실 가산세는

① 지급명세서를 기한 내에 제출하지 아니하였거나

② 기한 내에 제출한 지급명세서에 지급자 또는 소득자의 주소·성명·납세자 번호, 사업자등록번호·소득의 종류·소득의 귀속연도, 지급액을 기재하지 아니한 경우 또는 잘못 기재하여 지급 사실을 확인할 수 없는 경우

③ 제출된 지급명세서에 유가증권 표준 코드를 기재하지 아니하였거나 잘못 기재한 경우에 부과된다.

📝 홈택스를 활용한 (간이)지급명세서 수정신고

구 분	참고 페이지
간이지급명세서 수정신고 방법	아래의 티스토리를 참고하면 도움이 된다. https://hicici.tistory.com/347
원천징수 수정신고 방법	아래 카페 자료를 참고하면 도움이 된다. https://cafe.naver.com/aclove/297807

📝 연말정산 과다 공제에 따른 가산세

근로자가 단순한 착오 또는 세법에 대한 무지로 인하여 연말정산시 과다하게 공제받은 경우에도, 원천징수의무자는 원천징수 등 납부지연 가산세를 납부해야 한다.

근로자가 직접 주소지 관할세무서에 수정신고 하는 경우에도 원천징수의무자는 원천징수 등 납부지연 가산세를 부담하나, 원천징수의무자가 수정신고를 하는 경우 해당 근로자에게는 일반과소신고 가산세를 부담하지 않는다.

근로자가 허위기부금 영수증을 제출하는 등 부당하게 공제받은 경우, 원천징수 의무자에게는 원천징수 등 납부지연 가산세를 적용하는 것이며, 근로자에게는 부정과소신고 가산세를 적용한다.

원천징수영수증 발급과 해석

홈텍스 > 지급명세서 · 자료제출 · 공익법인 > (근로 · 사업 등) 지급명세서 제출 >
근로 · 퇴직소득 > 근로소득 지급명세서 제출/내역조회

이것을 클릭한 후 조회를 누르면 매년 근로소득, 알바 소득, 기타소득 등의 수입원이
나오게 된다.

보기를 클릭하면 자세한 내용을 확인할 수 있으며, 인쇄 또는 PDF 저장이 가능하다.

소득 증빙은 바로 전년도의 수익을 기준으로 하므로 관련 서류를 출력하는 것이고, 연도별로 조회할 수 있어 편리하게 이용할 수 있다.

화면에 출력되는 지급명세서 가운데, 합계 부분이 바로 연 소득이며 바로 확인할 수 있다.

만일 대출을 위해 근로소득 원천징수영수증을 준비할 경우는 입주일이나 잔금일이 기준이 아니고 은행과의 대출 신청일을 기준으로 하는 것이다.

근무처별 소득 명세

근무처별 소득 명세는 근로소득 중 비과세 부분을 제외한 금액이 적힌다.

비과세 소득은 대표적으로 식대(20만 원), 자가운전보조금(20만 원), 연구보조비, 생산직 근로자 야간수당, 등이 있다.

주(현) 칸은 현재 근무지에 대한 급여내역이 나타나며, 종(전) 칸은 이직하기 전 회사의 급여내역이 나타난다.

보통 이직한 내역이 있으면 연말정산할 때 꼭 '종전회사의 근로소득원천징수영수증'을 현 근무지에 제출하라는 요청 받는다. 이는 '종(전)' 칸에 내역이 들어가야 근로자의 1년 총급여에 대한 정확한 연말정산이 가능하기 때문이다.

연말정산의 환급세액과 납부세액의 구분

연말정산 환급세액을 알아보고 싶을 때는 세액 명세를 보면 된다.

결정세액은 연말정산 결과 근로자가 당해연도에 내가 내야 할 총세액을 의미한다.

그리고 기납부세액은 매달 원천징수 당한 금액의 합계금액을 의미한다.

보통 회사는 간이세액표에 따라서 매달 월급에서 일정 금액을 소득세로 납부한다.

차감징수세액은 결정세액 - 기납부세액을 한 금액이다.

결정세액보다 기납부세액이 더 많다면 환급, 결정세액보다 기납부세액이 작다면 추가납부를 해야 한다. 즉 차감징수세액이 마이너스 (-) 이면 환급, 차감징수세액이 플러스 (+)면 추가납부다.

예를 들어 차감징수세액이 -100만 원이면 100만 원 환급을 받는 것이고, 100만 원이면 100만 원 납부를 해야 한다.

환급은 보통 2월 급여가 지급되는 달 월급에 포함하여 각 직원에게 주고, 회사는 이후 원천징수 세액 신고 때 납부할 금액에서 차감한다. 물론 별도로 환급신청을 할 수도 있다.

참고로 결정세액이 빈칸이면 0을 의미한다.

📝 결정세액 0의 의미

만약 결정세액이 0이라면 연말정산 결과 이번 연도 근로소득에서 국가에 납부할 세금이 하나도 없다는 뜻이다. 즉 근로소득세가 0이다.

각종 소득공제와 세액공제를 적용하면 총급여보다 공제액이 많으면 결정세액이 마이너스(-)가 나와야 하지 않나 생각할 수도 있는데, 마이너스가 되는 순간 모든 공제금액은 0이 되면서 결정세액도 0이 된다. 즉 결정세액 0이 될 때까지 공제를 적용하고 나면, 더 이상 공제가 적용되지 않는다.

이는 내지 않은 세금을 돌려줄 수 없으므로 마이너스로 내려가 환급이 발생할 수 없다.

결정세액이 0이라면 이미 납부했던 모든 세금(기납부 세금)을 환급받는다. 즉 환급금의 한도는 이미 납부했던 세금으로 납부했던 세금을 초과해서 환급해주지 않는다.

퇴직금과 확정급여형 퇴직연금 (DB형)의 계산

퇴직금제도는 사용자가 계속근로기간 1년에 대해 30일분 이상의 평균임금을 퇴직금으로 퇴직하는 근로자에게 지급하는 제도를 말한다.

퇴직연금제도는 사용자가 근로자의 재직기간 중 퇴직금 지급 재원을 외부의 금융기관에 적립하고, 이를 사용자 또는 근로자의 지시에 따라 운용해서 근로자가 퇴직 시 연금 또는 일시금으로 지급하는 제도로서, 퇴직연금제도의 종류에는 확정급여형 퇴직연금제도와 확정기여형 퇴직연금제도가 있다.

퇴직금 적용 제외 대상

- 계속 근로연수가 1년 미만인 경우
- 4주간 평균 1주의 근로시간이 15시간 미만인 근로자
- 동거의 친족만을 사용하는 사업 및 가사사용인

퇴직금 지급 한도

❶과 ❷중 큰 금액
❶ 근로자퇴직급여보장법(근로기준법)상 금액
❷ 회사 사규상 지급액

법정 퇴직금의 계산

퇴직금(법정 퇴직금) = 재직일수/365(계속근속연수) × 30일분의 평균임금

- 지급 사유 발생일로부터 14일 이내 지급원칙
- 당사자 간 합의로 기일 연장 가능

퇴직금의 지급요건

퇴직금은 1년 이상 계속 근로한 근로자가 퇴직하는 경우 지급한다. 퇴직급여제도는 동거의 친족만을 사용하는 사업 및 가사사용인을 제외한 근로자를 사용하는 모든 사업 또는 사업장에 적용된다. 다만 2010년 12월 1일 이전부터 5인 미만 사업장에서 현재까지 근무하고 있는 근로자는 최초입사일이 아닌 2010년 12월 1일 입사한 것으로 보아 퇴직금을 계산해야 한다.

퇴직일의 기준(마지막 근무일인지, 마지막 근무 다음 날인지)

퇴직금 계산을 위한 퇴직일은 공휴일과 평일의 구분 없이 근로의 제공이 완전히 이루어져 근로계약이 종료된 다음 날이며, 퇴직일은 계속근로연수에 포함하지 않는다.
예를 들어 8월 13일(토요일)에 근로 제공을 최종적으로 마무리하고 8월 14일(일)부터 근로제공이 이루어지지 않았다면(비록, 8월 14일이 주휴일이라고 하더라도) 퇴직일은 8월 14일(일)이 되고, 퇴직일부터는 근로계약이 해지된 것이므로, 비록 해당 일이 주휴일이라고 하더라도 주휴수당 등이 발생하지 않는다.
즉 퇴직일은 마지막 근무일의 다음 날을 의미한다.

퇴직금의 계산 방법

사용자는 계속근로기간 1년에 대해서 30일분 이상의 평균임금을 퇴직금으로 퇴직하는 근로자에게 지급해야 한다.

> 퇴직금(법정 퇴직금) = [(평균임금 × 30일) × 총 계속근로기간] ÷ 365
> 고용노동부 홈페이지에서 자동으로 계산할 수 있다.

퇴직금 산정 관련 규정은 강행규정이므로 기업의 퇴직금 지급 규정이 있는 경우에는 퇴직금 지급 규정을 따르나 그렇지 않을 경우는 근로기준법을 따른다. 다만, 퇴직금 지급 규정이 근로기준법상 퇴직금보다 적을 경우는 근로기준법에 따라 계산한 퇴직금을 퇴직금으로 지급해야 한다.

위의 계산방식에 따라 계산을 하지 않고 실무상 업무 편의를 위해서 1년간 총임금에서 1/12 즉 1달분의 임금을 평균임금으로 계산해서 퇴직금을 지급하는 경우가 있는데 이같이 계산한 금액이 위의 계산방식에 의한 금액보다 많은 경우는 문제가 없으나 적은 경우는 법률상에서 규정한 퇴직금보다 적게 되므로 체불임금 문제가 발생할 수 있다.

퇴직금에 대해서는 1년 미만 근속근로자의 경우에는 지급하지 않아도 되지만 1년을 초과하는 경우는 근속일 수에 비례해서 퇴직금을 지급해야 한다.

📂 계속근로기간

계속근로기간의 기산일은 입사일, 근로계약 체결일 등 출근 의무가 있는 날이며, 마감일은 근로관계의 자동 소멸, 임의퇴직, 합의퇴직, 정년퇴직, 정리해고, 징계해고 등 근로계약이 끝나는 날이다.

📂 평균임금

1. 평균임금의 산정방법

평균임금은 이를 산정해야 할 사유가 발생한 날 이전 3개월 동안에 그 근로자에게 지급된 임금의 총액을 그 기간의 총일수로 나누어 계산한다.

> 평균임금 = 평균임금의 산정 사유 발생일 이전 3개월간의 총임금 ÷ 사유 발생일 이전 3개월간의 총일수

2. 평균임금의 최저한도

산출된 평균임금이 통상임금보다 적으면 그 통상임금을 평균임금으로 한다.

평균임금에 포함되는 것	평균임금에 포함되지 않는 것
• 기본급 • 연차 유급휴가 수당 • 연장, 야간, 휴일근로수당 • 특수작업수당, 위험작업수당, 기술수당 • 임원, 직책수당 • 일 · 숙직수당 • 장려, 정근, 개근, 생산 독려 수당 • 단체협약 또는 취업규칙에서 근로조건의 하나로서 전 근로자에게 일률적으로 지급하도록 명시되어 있거나 관례로 지급되는 다음의 것 • 상여금 • 통근비(정기승차권) • 사택 수당 • 급식대(주식대 보조금, 잔업 식대, 조근 식대) • 월동비, 연료 수당 • 지역수당(냉, 한, 벽지수당) • 교육 수당(정기적 일률적으로 전 근로자에게 지급되는 경우) • 별거수당 • 물가수당 • 조정수당 • 가족수당이 독신자를 포함해서 전 근로자에게 일률적으로 지급되는 경우 • "봉사료"를 사용자가 일괄 집중관리하여 배분하는 경우 그 배분 금액 • 법령, 단체협약 또는 취업규칙의 규정에 의해서 지급되는 현물급여(예 : 급식 등)	• 결혼축하금 • 조의금 • 재해위문금 • 휴업보상금 • 실비변상적인 것(예 : 기구손실금, 그 보수비, 음료대, 작업용품대, 작업상 피복 제공이나 대여 또는 보수비, 출장 여비 등) • 근로자로부터 대금을 징수하는 현물급여 • 작업상 필수적으로 지급되는 현물급여(예 : 작업복, 작업모, 작업화 등) • 퇴직금(단체협약, 취업규칙 등에 규정함을 불문) • 복지후생시설로서의 현물급여(예 : 주택 설비, 조명, 용수, 의료 등의 제공, 급식, 영양식품의 지급 등) • 임시 또는 돌발적인 사유에 따라 지급되거나 지급조건은 사전에 규정되었더라도 그 사유 발생일이 불확정적, 무기한 또는 희소하게 나타나는 것(예 : 결혼수당, 사상병 수당)

3. 평균임금의 산정에서 제외되는 기간과 임금

평균임금 산정기간 중에 다음의 어느 하나에 해당하는 기간이 있는 경우에는 그 기간과 그 기간 중에 지급된 임금은 평균임금 산정기준이 되는 기간과 임금의 총액에서 각각 뺀다.

- 수습 사용 중인 기간
- 사용자의 귀책 사유로 휴업한 기간
- 출산휴가기간
- 업무상 부상 또는 질병으로 요양하기 위해서 휴업한 기간
- 육아휴직기간
- 쟁의행위기간
- 「병역법」, 「향토예비군 설치법」 또는 「민방위기본법」에 따른 의무를 이행하기 위해서 휴직하거나 근로하지 못한 기간

다만, 그 기간 중 임금을 지급받은 경우에는 평균임금 산정기준이 되는 기간과 임금의 총액에서 각각 빼지 않는다.

- 업무 외 부상이나 질병, 그 밖의 사유로 사용자의 승인을 받아 휴업한 기간

📝 퇴직금의 지급

사용자는 근로자가 퇴직한 경우는 그 지급 사유가 발생한 날부터 14일 이내에 근로자의 IRP 계좌로 퇴직금을 지급해야 한다. 다만, 특별한 사정이 있는 경우에는 당사자 간의 합의에 의해서 지급기일을 연장할 수 있다.

 퇴직자에 대해 상여금(성과급)을 비례해서 줘야 하나?

상여금에 대해서는 근로기준법에 별도로 정한 바가 없으므로, 상여금을 지급받을 수 있는지? 에 대해서는 당해 회사의 단체협약, 취업규칙, 관행 등을 종합적으로 검토하여 판단해야 한다.

단체협약으로 상여금의 지급조건, 지급률, 지급시기를 정하여 매년 일정시기에 일정률의 상여금을 지급하고 있다면 이는 근로의 대상으로 지급되는 임금이라 할 것이므로 상여금 지급시기 이전에 퇴직한 근로자에 대해서도 그 지급을 배제하는 규정을 따로 두지 아니한 경우라면 당해 근로자에게도 근무한 만큼의 상여금을 지급해야

한다.

그러나 성과급은 회사에 특별한 규정이 없는 한 재직자에게만 준다. 성과급이 지급되기 전에 회사를 떠나면 못 받는다는 얘기다.

이유는 근로기준법상 성과급을 임금으로 보지 않기 때문이다. 임금이라면 당연히 회사에 지급 의무가 있다. 그러나 성과급은 경영 성과를 고려해 지급 여부가 결정된다. 경영 판단에 따라 지급하는 금품, 노동력 제공에 따른 대가의 개념이 아니라는 뜻이다. 따라서 경영성과급 지급일 이전에 퇴사한 직원에 대해서는 사측에 지급 의무가 없다.

법원의 판례는 명칭과 관계없이 기업 이윤에 따라 일시적 또는 변동적으로 지급된 것은 임금이 아니다. 라고 판시하고 있다. 다만, 해당 성과급도 지급조건, 지급률, 지급 시기를 정하여 매년 일정시기에 일정률의 성과급을 지급하고 있다면 이는 임금으로 봐 성과급 지급 시기 이전에 퇴직한 근로자에 대해서도 그 지급을 배제하는 규정을 따로 두지 아니한 경우라면 당해 근로자에게도 근무한 만큼의 성과급을 지급해야 한다.

 임금 및 퇴직금은 언제까지 줘야 하나?

사용자는 근로자가 퇴직한 경우는 퇴직급여보장법 제9조의 규정에 따라 그 지급사유가 발생한 때로부터 14일 이내에 임금 및 퇴직금을 지급해야 하며, 특별한 사정이 있는 경우에는 당사자 간의 합의에 따라 기일을 연장할 수 있다.

이와 같은 임금채권(퇴직금 포함)은 같은 법 제10조의 규정에 따라 3년간 행사하지 아니하는 때에는 소멸하며, 퇴직금은 퇴직한 날의 다음 날부터 임금은 정기지급일의 다음 날부터 기산 한다.

 (육아, 출산, 병가, 수습기간) 휴직 후 바로 퇴사시 퇴직금

퇴직금 산정을 위한 평균임금의 계산 시, 사용자의 승인을 받아 휴직한 기간과 그 기간 중에 지급된 임금을 빼고 계산해야 한다.

휴직하거나 휴업 등으로 임금이 감소한 상황이라면 평균임금 산정에 있어 불리해지므로 근로기준법 시행령 제2조에서는 평균임금 산정 대상 기간에서 제외되는 기간을 명시하고 있다. 이 기간 중에는 업무외 부상 또는 질병, 그 밖의 사유로 인하여 사용자의 승인을 얻어 휴직한 기간은 평균임금 산정대상기간에서 제외된다.

아울러 회사가 4대 보험 신고를 다르게 했더라도 통장내역이나 급여명세서 등에 실제 지급받은 임금의 근거가 있다면 그것을 기준으로 계산하면 된다.

예를 들어 퇴직 전 3개월의 일수가 91일이었고, 휴업한 기간이 한 달(30일) 이었다면 휴업기간을 제외한 나머지 61일 동안 받은 임금을 61일로 나눈 것이 1일 평균임금이 된다.

매월 300만 원을 받는 근로자가 7월 1일에 퇴직하였다면, 본래 다음과 같이 평균임금을 계산한다(편의상 상여금과 연차수당의 포함은 제외함).

4월 1일~4월 30일(30일) : 3,000,000원, 5월 1일~5월 31일(31일) : 3,000,000원, 6월 1일~6월 30일(30일) : 3,000,000원

1일 평균임금 = 9,000,000원/91일 = 98,901원

만약, 해당 근로자가 업무상 재해로 3월 21일부터 4월 30일까지 요양하고 이 기간 중 회사로부터 500,000원을 임의적인 위로금으로 받다가 5월 1일 이후 정상 근무하여 7월 1일에 퇴직하였다면 다음과 같이 5월 1일부터 6월 30일까지 61일간 지급받은 임금 총액을 61로 나누어 평균임금을 산출한다.

5월 1일~5월 31일(31일) : 3,000,000원, 6월 1일~6월 30일(30일) : 3,000,000원

1일 평균임금 = 6,000,000원 ÷ 61일 = 98,360원

위 예시에서 보더라도 휴업한 기간동안 아무리 임금을 낮게 받았다고 하더라도 평상시의 평균임금과 큰 차이는 없다. 휴직기간동안 국민연금, 고용/산재보험은 납부예외로 처리되어 해당 기간동안 보험료가 부과되지 않으나 건강보험은 납부예외가 아닌 납부유예로 처리되며 휴직기간이 종료됐을 때 한꺼번에 보험료가 부과된다.

[퇴직금 자동 계산 : 고용노동부]

퇴직금 계산서

입 사 일	2014년 01월 01일				
퇴 사 일	2025년 10월 15일				
근 속 기 간	11 년	9 월	13 일	근속일수 : 4,305 일	
급 여 지 급 기 간	2025년 7월 15일 2025년 7월 31일 17일	2025년 8월 1일 2025년 8월 31일 31일	2025년 9월 1일 2025년 9월 30일 30일	2025년 10월 1일 2025년 10월 14일 14일	계 92일
기 본 급	500,000	3,000,000	3,000,000	2,500,000	9,000,000
제 수 당	100,000	100,000	100,000		300,000
식 대 수 당		200,000	200,000	200,000	600,000
자 격 수 당					
직 책 수 당					
계	600,000	3,300,000	3,300,000	2,700,000	9,900,000
상 여	3월			2,000,000	2,000,000
	6월				
	9월				
	12월				
	합계			2,000,000	2,000,000
1년간 받은 연차수당				1,500,000	1,500,000
3개월 평균 연차수당 및 상여금 = (2,000,000원 + 1,500,000원) ÷ 12 × 3					875,000
평균임금액	3개월간 임금총액	임금 계 + 3개월간 상여금			10,775,000
	일 평균임금	3개월간 임금 총액 ÷ 일수(10,775,000원 ÷ 92일)			117,119.57
퇴 직 금	117,119.57 × 30 × 근속일 수 ÷ 365				41,441,080
공 제 액	사우회비	퇴직전환금	소득세	지방소득세	계
			322,580	32,250	354,830
실 제 수 령 액					41,086,250

확정기여형 퇴직연금(DC형)의 계산

 확정기여형퇴직연금 가입 기간

가입기간은 제도 설정 이후 해당 사업에서 근로를 제공하는 기간으로 한다.

제도 설정 이전에 입사한 자는 퇴직연금제도가 설정된 날부터, 제도 설정 이후에 가입한 자는 근로를 시작한 날부터 가입 기간에 포함한다.

제도 설정 이전에 입사하여 근로를 제공한 기간(과거 근로기간)도 가입 기간에 포함할 수 있으며, 이 경우 퇴직연금 규약에 반드시 이를 명시해야 한다. 즉, 가입 전 퇴직금을 추가로 불입할 수 있고 안 할 수도 있다.

확정기여형퇴직연금 부담금의 납입

부담금 수준 및 시기

매년 1회 이상 퇴직연금 규약에 정하는 바에 따라 월납 · 분기납 · 반기납 · 연납 등 정기적으로 근로자의 퇴직연금 계정에 근로자의 연간 임금총액의 12분의 1 이상에 해당하는 부담금을 내야 한다. 여기서 연간 임금총액이란 해당 사업연도 중에 근로자에게 지급한 임금의 총액을 의미하므로, 근로의 대가로 지급되는 금품은 임금 총액에 포함된다.

퇴직연금을 연납으로 하는 경우는 퇴직금은 1년 이상 근무해야 발생하므로, 해당 근로자의 근속기간이 1년 이상인 시점에 납입하면 된다.

$$총부담금 = \frac{(각 \ 연도별 \ 계약 \ 연봉 \ + \ 연차휴가수당 \ + \ 기타 \ 지급 \ 상여금, \ 수당 \ 등)}{12}$$

📑 미납 부담금이 발생하면 발생하는 불이익

확정기여형 퇴직연금제도에 가입한 회사는 부담금을 퇴직연금계좌에 입금함으로써 퇴직금과 관련된 의무가 종결되고, 발생된 운용수익은 근로자가 가져가게 된다. 그러므로 근로자 입장에서는 적립금이 기일에 입금되어 운용수익이 늘어야 퇴직금이 증가한다. 만약 회사가 정해진 기일에 부담금 납입하지 않는다면 해당 기간 동안 운용수익이 발생하지 않기 때문에 손해를 입게 된다. 근로자퇴직급여 보장법에서는 이런 피해를 방지하기 위해 미납 부담금에 대한 지연이자를 지급하도록 하고 있다.

사용자가 부담금을 납입하기로 정한 일자(규약에서 납입기일을 연장할 수 있도록 정한 경우는 그 연장된 기일)까지 내지 않았을 때는 그다음 날부터 부담금을 낸 날까지 지연 일수에 대해서 지연이자를 내야 한다.

퇴직연금 관리자가 쉽게 부담금 관리를 할 수 있도록 부담금 관련 안내 사항을 E-MAIL로 통지해주므로 정확한 통지 전달을 위해 기업담당자와 가입자명부의 E-MAIL 주소를 갱신해주어야 한다.

구 분	이자율
❶ 사용자가 부담금을 납입하기로 정한 날(규약에서 납입기일을 연장할 수 있도록 정한 경우는 그 연장된 기일) 다음 날부터 퇴직 후 14일(당사자 간 협의로 날짜를 연장한 경우 그 연장된 날짜)까지	연 10%
❷ 위 기간 다음 날부터 부담금을 납입하는 날까지	연 20%

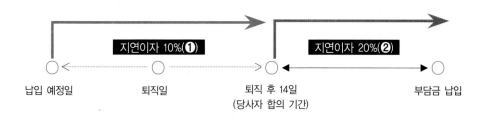

휴가 · 휴직 · 휴업 기간의 부담금 산정

☞ 출산전후휴가기간

근로자가 출산전후휴가를 사용하는 경우 해당 기간과 그 기간중에 지급된 임금을 제외하고 부담금을 산정하면 되며, 출산전후휴가기간은 월 단위로 환산하게 된다.

5월 1일부터 8월 20일까지 출산전후휴가를 사용하고(3.65개월) 출산전후휴가기간을 제외한 기간동안 2,400만 원의 임금을 받은 근로자의 경우 부담금?

해설

$$부담금 = \frac{출산전후휴직기간\ 중\ 지급된\ 급여를\ 제외한\ 해당연도의\ 임금총액}{12 - 출산전후휴직기간}$$

$$= \frac{24,000,000원}{12개월 - 3.65개월} = 2,874,250원$$

☞ 육아휴직기간

1. 1년 중 일부를 육아휴직으로 사용한 경우

근로자가 육아휴직을 사용하는 때도 출산전후휴가기간과 마찬가지로 부담금 산정 시 육아휴직 중 지급받은 급여와 육아휴직 기간을 각각 임금 총액과 산정기간에서 제외하여 부담금을 산정한다.

3월 1일부터 12월 31일까지 육아휴직을 사용하고 육아휴직을 제외한 기간동안 600만 원의 임금을 받았다면 부담금은?

해설

$$부담금 = \frac{육아휴직\ 기간\ 중\ 지급된\ 급여를\ 제외한\ 해당연도의\ 임금\ 총액}{12 - 육아휴직\ 기간}$$

$$= \frac{6,000,000원}{12개월 - 10개월} = 3,000,000원$$

2. 1년 전체를 육아휴직으로 사용한 경우

부담금 산정 기간 전체가 모두 육아휴직 기간에 포함되어 1년간 임금이 지급되지 않았다면, 전년도 임금 총액의 1/12에 해당하는 부담금을 해당 연도의 부담금으로 납입한다.

[해설]

2025년 1월 1일부터 12월 31일까지 육아휴직을 사용하는 경우 육아휴직 기간에 대하여는 2024년도 임금 총액의 1/12에 해당하는 금액을 일시에 내거나 이를 매월 분할납입 해야 한다.

📂 개인 사유로 인한 휴직 기간

업무 외 상병으로 인한 휴직, 개인적 사정으로 인한 휴직, 학업을 위한 휴직 등과 같이 근로자가 개인 사유로 휴직을 신청하고, 회사가 이를 허용하여 근로자가 휴직하는 때도 육아휴직 기간과 같이 휴직기간동안의 임금 및 휴직기간을 제외하여 부담금을 산정하면 된다.

회사의 동의하에 개인사유로 1월 1일부터 6월 30일까지 휴직하고 휴직기간을 제외한 기간 중 1,200만 원을 지급받은 근로자의 경우 다음과 같이 부담금을 계산한다.

[해설]

$$부담금 = \frac{개인\ 사유로\ 인한\ 휴직\ 기간\ 중\ 지급된\ 급여를\ 제외한\ 해당연도의\ 임금\ 총액}{12 - 개인\ 사유로\ 인한\ 휴직\ 기간}$$

$$= \frac{12,000,000원}{12개월 - 6개월} = 2,000,000원$$

고용노동부는 퇴직연금 규약에서 개인적 사유에 따라 회사의 승인을 얻어 휴업한 약정 휴직 기간의 임금 및 휴직기간을 부담금 산정에 포함하기로 정한 경우에는 약정 휴직기간의 임금 및 휴직기간을 부담금 산정에 산입할 수 있다고 판단하고 있다. 즉 퇴직연금 규약에서 약정휴직기간을 부담금 산정에 포함하기로 정한 회사의 근로자가 회사의 승인하에 2개월간 개인 사유로 무급휴직을 하였다면, 해당 근로자가 10개월 동안 지급받은 임금을 10개월이 아닌 12개월로 나누어 부담금을 산정할 수 있다는 것이다.

그런데 고용노동부의 이러한 견해는 부담금을 지나치게 낮출 수 있을 뿐만 아니라 법원의 판단과는 차이를 보인다는 점에서, 육아휴직과 마찬가지로 개인사유로 인한 휴직기간도 부담금 산정에서 제외하는 것이 바람직할 것으로 판단된다.

📁 무단결근 등 근로자 귀책 사유로 인한 휴업기간

무단결근 등과 같이 회사의 허가가 없고 근로자의 귀책 사유가 명백한 기간에 대해서는 해당 기간을 무급으로 처리하더라도 해당 기간을 제외하지 않고 연간 임금총액을 12로 나누어 부담금으로 산정할 수 있다.

해설

근로자가 1개월 전체를 무단결근 한 경우 회사는 11개월 동안 지급한 임금을 12개월로 나누어 부담금을 산정할 수 있다.

📁 기타

이밖에 수습기간, 업무상 부상·질병으로 인한 휴업기간, 사업주의 귀책 사유로 인한 휴업기간, 적법한 쟁의 행위기간, 병역법 등의 의무이행기간에 대해서는 육아휴직기간과 마찬가지로 해당 기간 중 지급된 임금과 해당 기간을 각각 제외하고 부담금을 산정하면 된다.

📝 휴가·휴직·휴업 기간의 부담금 납부

근로자가 출산휴가, 육아휴직, 청원휴직 등을 사용하더라도 근로관계는 계속되는 것이므로 근로자가 퇴사하지 않는 한 해당 기간에 대해서도 부담금을 납입해야 하며, 이를 납입 하지 않았을 경우 법률위반으로 판단될 수 있다.

📝 각종 수당 지급 시 부담금의 산정

📂 미사용 연차휴가 수당

회사는 휴직기간과 관계없이 미사용 연차휴가 수당의 1/12에 해당하는 금액을 부담금 산정에 포함해야 하는데, 예를 들어 2025년도에 1년간 개근한 근로자가 총 3,600만 원의 임금을 지급받고 10일의 연차휴가를 미사용한 경우 부담금은 다음과 같이 계산된다.

$$\text{부담금} = \frac{36,000,000원}{12개월} + \frac{1,148,325원}{12개월} = 3,000,000원 + 95,693원 = 3,095,693원$$

※ 10일분의 미사용 연차휴가 수당 : 1,148,325원(= 3,000,000원 ÷ 209시간 × 8시간 × 10일)

또한 DC형 퇴직연금제도의 경우 퇴직금제도와 달리 근로자가 퇴사하여 부담금을 납입하게 되는 때는 근로자의 퇴직으로 비로소 그 지급 사유가 발생한 미사용 연차휴가 수당을 부담금 산정에 산입한다. 즉, 퇴직하는 해 연초에 지급받은 미사용 연차휴가 수당뿐만 아니라 퇴직으로 인해 비로소 지급의무가 발생한 미사용 연차휴가 수당 역시 부담금 산정 시 포함시킨다.

결론적으로 계속 근로자의 경우 납입하는 연차수당은 연초에 지급받은 미사용 연차휴가 수당만 포함하지만, 퇴직으로 인해 부담금을 납부하는 경우에는 연초에 지급받은 미사용 연차휴가 수당 + 퇴직으로 인해 비로소 지급 의무가 발생한 미사용 연차휴가 수당을 납입해야 한다.

구 분	연차수당 포함금액
❶ 계속근로자의 연차수당 퇴직연금 부담금 계산	전전년도 출근율에 따라 전년도에 발생한 연차휴가 미사용분을 올해 지급받은 것
❷ 퇴직근로자의 연차수당 퇴직연금 부담금 계산	전전년도 출근율에 따라 전년도에 발생한 연차휴가 미사용분을 올해 지급받은 것(❶) + 퇴직으로 인해 비로소 지급의무가 발생한 미사용 연차휴가수당

📁 호봉승급 인상분

부담금 산정기간 중에 호봉승급으로 임금이 인상되는 경우 이를 부담금 산정에 산입하면 되지만, 임금을 지급하지 않는 육아휴직 기간 중 호봉승급으로 임금이 인상되는 경우는 호봉승급 인상분을 부담금 산정에 산입해야 하는지가 문제될 수 있다.

예를 들어 매월 임금의 1/12을 부담금으로 납입하는 회사에서 근로자가 2025년 1월 1일부터 12월 31일까지 육아휴직을 사용하여 실제로 지급된 임금이 없으나, 2025년 1월 1일 호봉승급으로 임금이 인상된 경우, 회사는 최소한 2024년도 부담금으로 산정·납입 하면 되며, 노사 합의에 따라 2025년도 호봉 인상을 기준으로 납입하는 것도 가능하다.

📝 퇴직 시 급여 지급

직전 정기 부담금 납입일 이후 퇴직일까지의 부담금(미납한 부담금과 미납 부담금에 대한 지연이자가 있는 경우 이를 합산한 금액)을 퇴직일로부터 14일 이내에 납입해야 한다.

계속근로기간이 1년 미만인 근로자에 대한 적립금은 사용자에게 귀속될 수 있다. 즉 퇴직연금을 매달 또는 분기별로 불입했으나 해당 근로자가 1년 미만 근무함으로 인해 퇴직연금의 지급 사유가 없어진 경우에는 기존에 납입한 퇴직연금은 회사에 귀속된다.

퇴직위로금 지급시 처리방법

권고사직, 명예퇴직 등으로 퇴직하면서 퇴직위로금을 지급하는 경우가 있을 수 있는데, 여기서 퇴직위로금은 회사가 은혜적·일시적으로 지급하는 금품일 뿐, 근로의 대가인 임금에는 해당하지 않기 때문에 부담금 산정에는 산입하지 않는다.

퇴직위로금의 경우 권고사직에 따른 보상적 일시 금품으로 볼 수 있어 임금성이 인정되기 어려울 것이다. 따라서 이를 퇴직금 산정 시 퇴직 전 3개월의 임금 총액에 반영할 의무는 없다 판단된다(사건번호 : 대법 2006다12527). 즉 퇴직금 계산을 위한 평균임금에는 포함되지 않는다.

해당 금품이 소득세법에 따른 퇴직소득에 속한다면, 사용자는 이를 근로자의 IRP 계좌로 별도 이전하는 방식을 통해 지급할 수 있을 것이다.

그러나, "퇴직위로금"은 근로자퇴직급여보장법으로 정하고 있는 퇴직급여제도(퇴직금제도, DB·DC형 퇴직연금제도)에서 지급하는 법정 퇴직급여와 명확히 구분되며, 또한, 근로자퇴직급여보장법 제13조에 따라 DB형 퇴직연금제도는 가입자, 가입기간, 급여 수준 등에 관한 사항을 규약으로 작성하고 그에 따라 퇴직연금제도를 운영하도록 정하고 있으므로, 근로자퇴직급여보장법 및 퇴직연금규약에 정해진 바가 없는 "퇴직위로금"을 사용자가 임의로 DB 계좌에 일시적으로 납입한 후, 법정 퇴직급여와 합산하여 근로자의 IRP 계좌로 지급하는 것은 허용되지 않는다.

결론적으로 IRP 계좌로 별도 이전은 가능하나 법정 퇴직급여와 합산하여 근로자의 IRP 계좌로 지급하는 것은 허용되지 않는다(고용노동부 질의회시).

퇴직위로금을 지급하는 때는 다른 퇴직금(퇴직연금)과 합산해서 퇴직소득세 등을 재계산한다.

은행에서 보내준 원천징수영수증의 이연퇴직소득계산 상 정보(연금계좌취급자, 사업자번호, 계좌번호, 입금일, 계좌입금액)를 기재하고, 최종 계산된 세금(신고대상 세액)을 전체 퇴직금액에서 퇴직연금 입금액 비율로 안분해서 퇴직연금 비율 세금(이연퇴직 소득세)을 제외한 나머지 추가로 나온 세금만 차감 원천징수 세액으로 기재해서 신고납부한다.

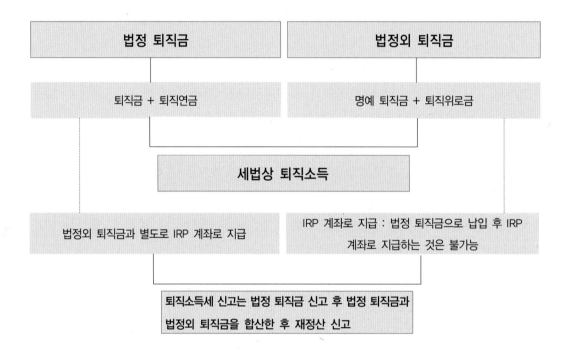

퇴직연금의 회계처리 및 세금 원천징수

구 분	DC형(확정기여형)	DB(확정급여형)
개념	사용자 부담금이 사전에 확정 적립금 운용에 대한 책임을 근로자 개인이 부담 (기업으로부터 받은 퇴직적립금을 근로자가 직접 선택한 금융상품에 운용)	근로자 급여가 사전에 확정 적립금 운용에 대한 책임을 사용자가 부담 (연금 총액이 기존 퇴직금 총액과 같다)
퇴직금 운용 주체 및 적립금 운용수익	근로자에 귀속 적립금 운용수익 ➜ 근로자의 것	회사에 귀속 적립금 운용수익 ➜ 회사의 것
불입금액	연간 임금 총액의 1/12 이상	퇴직금 추계액의 60%~100% 이상
퇴직급여 수준	적립금 운용 실적에 따라 다름 (매년 지급된 퇴직급여의 합 ± 운용수익)	퇴직 시 평균임금 30일분 × 근속연수
지급 방법	퇴직연금 사업자는 근로자가 지정한 개인형 퇴직연금제도의 계정으로 퇴직급여 전액을 지급한다. 근로자는 퇴직 시 자기 계정에서 운용 중인 자산을 그대로 동일 사업자의 개인형 퇴직연금 제도 계정으로 이전이 가능하다.	근로자 이직·퇴직 시 사용자는 퇴직 후 14일 이내에 퇴직연금 사업자에게 퇴직급여 지급을 지시한다. 퇴직연금 사업자는 근로자가 지정한 개인형 퇴직연금 제도(IRP)의 계정으로 퇴직급여 전액을 지급한다. 전액 지급의 예외 사유가 발생하는 경우, 퇴직급여 부족분은 사용자가 지급한다.
부담금 적립시	(차) 퇴직급여 ××× (대) 현금(보통예금) ×××	(차) 퇴직연금운용자산 ××× (대) 현금 ×××

구 분	DC형(확정기여형)	DB(확정급여형)
	→ 전액 비용처리(임원, 직원 구분 없이 전액 손금산입. 그러나 임원의 경우 퇴직 시 실제 불입금액 기준으로 한도액 계산해야 함)	→ 부채 부분에 퇴직급여충당부채의 차감 항목으로 표시됨. 그러나 퇴직급여충당부채 잔액이 없으면서 퇴직연금 DB 가입 시 투자자산으로 설정
운용수익 인식	회사는 인식 없다.	(차변) 퇴직연금운용자산 ××× (대변) 이자수익 ××× (손실도 인식)
운용, 자산관리 수수료	(차변) 지급수수료 ××× (대변) 현금 ×××	(차변) 지급수수료 ××× (대변) 현금 ×××
직원 퇴직하는 경우	회계처리 없음 → 1년 미만 근로자가 퇴직 시 다시 환입되어 오는 데 이 경우에는 (차변) 보통예금 ××× (대변) 퇴직연금환입 ×××	일시금으로 받는 경우 (차변) 퇴직급여충당부채 ××× (차변) 퇴직급여 ××× (대변) 퇴직급여운용자산 ××× (대변) 보통예금(현금) ××× 연금으로 받는 경우 (차변) 퇴직급여충당부채 ××× (대변) 퇴직연금미지급금 ×××
원천징수의무자 : 원천징수영수증 발급자	퇴직연금 사업자(금융기관) : 퇴직연금 사업자가 원천징수영수증을 퇴직자에게 발급	회사(고용부) : 사용자가 원천징수영수증을 퇴직자에게 발급
원천징수이행상황신고서 작성 및 제출	회사는 원천징수이행상황신고서에 기재할 내용 없음(퇴직연금 사업자가 원천징수이행상황신고서에 인원과 지급금액, 징수세액을 기재하여 제출함)	회사가 원천징수이행상황신고서 퇴직소득란에 인원과 지급금액, 징수세액을 기재하여 제출함(단, 이연퇴직소득이 있는 경우에는 퇴직소득 지급금액을 기재하고 원천징수세액은 0으로 기재함)
지급명세서 제출	회사가 지급할 서류 없음(퇴직연금 사업자가 퇴직소득 지급일이 속하는 과세기간의 다음 연도 3월 10일까지 연금계좌지급명세서를 제출함)	회사가 퇴직소득 지급일이 속하는 과세기간의 다음 연도 3월 10일까지 제출(과세이연 시 원천징수 세액 0으로 하여 지급명세서 제출)

퇴직연금 중도 인출 시 퇴직소득세

연금 불입 중 근로자퇴직급여보장법에서 정하고 있는 일정한 사유에 따라 확정기여형(확정급여형은 중도 인출이 안 됨) 또는 개인형 퇴직연금에서 중도 인출 시 동 인출금에 대해

이연퇴직소득 : 퇴직소득세

세액공제 받은 금액 및 운용수익 : 기타소득세(16.5%)로 금액 제한 없이 무조건 분리과세 한다.

※ 중도 인출 허용 사유

① 무주택자인 근로자가 본인 명의로 주택을 구입하는 경우

② 근로자 또는 그 부양가족이 질병, 부상으로 인해 6개월 이상 요양하는 경우

③ 중간정산 신청일로부터 역산하여 5년 이내에 근로자가 파산선고 또는 개인회생절차개시 결정을 받은 경우

④ 그 밖에 천재지변으로 피해를 입는 등 고용노동부장관이 정하여 고시하는 사유와 요건에 해당하는 경우

 이직에 따른 퇴직연금 이전 시 퇴직소득세

확정기여형 퇴직연금 또는 개인형 퇴직연금으로 이전 시 「과세이연」

퇴직급여 수령 시 「퇴직소득」으로 과세 [주]

[주] 다만, 수령 후 60일 이내에 확정기여형 퇴직연금 또는 개인형 퇴직연금으로 이전 시 당해 소득은 이전 후 실제 지급받을 때 과세되며, 퇴직소득의 근속연수공제 계산 시 이직 전 근무기간을 합산한다.

 퇴직연금 단계별 세금

1. 부담금 납입 시

사용자 납입분

퇴직연금제도를 설정하여 당해 사업연도에 납입한 부담금에 대해 손금산입

확정급여형(DB) : 퇴직금 추계액 범위 내에서 납입한 부담금 전액 손금산입

확정기여형(DC) : 납입한 부담금 전액 손금산입

근로자 납입분

사용자 부담금과 별도로 근로자가 추가로 납입한 부담금에 대해 세액공제

확정급여형(DB) : 해당 없음

확정기여형(DC) : 연금저축 불입액과 합산하여 세액공제

2. 적립금 운용 시

이자, 배당금 등 적립금 운용과정에서 발생하는 운용수익에 대해 과세이연

3. 퇴직급여 수령 시

연금 수령 시

연령 및 유형에 따라 분리과세

연간 1,500만 원 한도(연금액 매월 100만 원까지 수령시도 분리과세)

퇴직소득(이연 퇴직소득세 70%), 근로자 납입분 및 운용수익(연금소득세 5.5%~3.3%)

일시금 수령 시

퇴직소득 및 기타소득으로 분류과세

연금외수령 (중도 인출, 일시금 수령 등)		연금 수령	
소득원천	과세 방법	소득원천	과세 방법
사용자 부담금, 운용수익	퇴직소득세	사용자 부담금, 운용수익	연금소득세(퇴직소득세의 70% 분리과세)
세액공제 받지 않은 납입금	과세제외(이중과세 방지)	세액공제 받지 않은 납입금	과세제외(이중과세 방지)
세액공제 받은 납입금, 운용수익	기타소득세 (6.5% 분리과세)	세액공제 받은 납입금, 운용수익	연금소득세(1,500만 원 이하 선택적 분리과세, 1,500만 원 초과 종합과세 방식과 분리과세 방식 중 선택)

 퇴직연금 지급시 원천징수의무자

종업원이 근로자퇴직급여 보장법에 따라 확정급여형퇴직연금(DB) 제도에서 퇴직연금일시금을 지급받는 경우는 퇴직연금제도를 설정한 사용자가 소득세를 원천징수 하는 것이고, 확정기여형퇴직연금(DC) 제도에서 퇴직연금일시금을 지급받는 경우에는 자산관리업무를 수행하는 퇴직연금사업자가 소득세를 원천징수 하는 것이며, 거주자가 지급받는 연금은 급여를 지급하는 퇴직연금사업자가 소득세를 원천징수 한다. 즉, DB는 회사가 DC, IRP는 퇴직연금사업자(금융회사)가 원천징수의무자가 된다.

❶ 확정급여형(DB형) : 원천징수의무자는 회사

❷ 확정기여형(DC형) : 원천징수의무자는 자산관리운용사

❸ 확정기여형(DC형)의 납부가 100%가 아닌 경우는 차액을 회사가 부담할 때는 그 차액에 대한 퇴직금은 회사에서 지급하고 원천징수 신고·납부 한다.

❹ 퇴직연금 계좌에서 IRP 계좌로 이체할 때 원천징수 의무자 : ❶, ❷, ❸과 같음. IRP로 이체 여부와 원천징수 의무자는 무관함.

❺ 과세이연한 후 근로자가 IRP 계좌를 해지하여 퇴직금을 지급받는 때에 원천징수 의무자 : IRP 계좌 운용하는 연금사업자

❻ 확정급여형 DB형과 확정기여형 DC형이 동시에 있는 경우의 원천징수 의무자

동시에 다른 유형이 있는 경우도 각각의 DB형은 회사가 원천징수 하며, DC형은 퇴직연금사업자(금융기관)가 원천징수 한다.

원천징수 하는 방법은 퇴직금을 먼저 지급하는 쪽이 퇴직소득원천징수영수증을 작성하여 나중에 지급하는 쪽에 이를 통보, 이후 나중 지급자가 합산 정산하여 원천징수 한다.

회사에서 별도로 지급하는 금액이 있는 경우 원천징수 의무자

1. 확정급여형(DB형) : DB형 퇴직연금 지급분과 회사지급분을 합산하여 회사가 원천징수 한다.

2. 확정기여형(DC형) : DC형 퇴직연금은 퇴직연금사업자가 원천징수 한다. 회사지급분은 회사가 원천징수 한다.

1단계 : DC형 퇴직연금사업자와 회사 중 퇴직금을 먼저 지급하는 쪽이 퇴직소득원천징수영수증을 작성하여 나중에 지급하는 쪽에 이를 통보

2단계 : 나중에 퇴직금을 지급하는 쪽은 퇴직소득원천징수영수증 작성시 "중간지급 등"란에 먼저 지급된 퇴직금을 기재하고 "최종"란에 본인이 지급하는 퇴직금을 기재하여 합산된 퇴직금으로 퇴직소득세를 계산한 후 먼저 지급된 퇴직금에 대한 퇴직소득세액을 기납부세액으로 차감하여 신고한다.

원천징수 당한 퇴직소득세의 환급 절차

퇴직소득세가 이연되는 경우에 해당하는 경우 원천징수당한 퇴직소득세의 환급 절차

① 환급신청자가 과세이연계좌신고서를 원천징수 의무자에게 제출하여야 한다.

② 환급신청을 받은 원천징수의무자가 환급할 세액을 계산하여 조정 환급한다.

단, 원천징수의무자가 원천징수 세액 환급신청서를 관할 세무서장에게 제출하는 경우는 원천징수관할세무서장이 그 초과액을 환급한다.

③ 환급되는 세액은 과세이연계좌신고서에 있는 연금계좌에 이체 또는 입금한다. 해당 환급세액은 이연퇴직소득에 포함한다. 다만, 원천징수의무자의 폐업 등으로 환급신청자가 과세이연계좌신고서를 원천징수관할세무서장에게 제출한 경우에는 원천징수 관할세무서장이 해당 환급세액을 환급신청자에게 직접 환급할 수 있다.

④ 퇴직소득세를 원천징수하지 않거나 환급한 경우 원천징수의무자는 퇴직소득지급명세서를 연금계좌취급자에게 즉시 통보하여야 한다.

[과세이연을 안 한 경우 : 일시에 지급하는 경우]

<table>
<tr><td colspan="6">① 신고구분</td><td colspan="2" rowspan="2">□ 원천징수이행상황신고서
□ 원천징수세액환급신청서</td><td colspan="2">② 귀속연월</td><td>2025년 7월</td></tr>
<tr><td>매월</td><td>반기</td><td>수정</td><td>연말</td><td>소득
처분</td><td>환급
신청</td><td colspan="2">③ 지급연월</td><td>2025년 7월</td></tr>
<tr><td colspan="2" rowspan="2">원천징수
의 무 자</td><td colspan="2">법인명(상호)</td><td colspan="2">○○○</td><td colspan="2">대표자(성명)</td><td>△△△</td><td>일괄납부 여부</td><td>여, 부</td></tr>
<tr><td colspan="2"></td><td colspan="2"></td><td colspan="2"></td><td></td><td>사업자단위과세 여부</td><td>여, 부</td></tr>
<tr><td colspan="2"></td><td colspan="2">사업자(주민)등록번호</td><td colspan="2">xxx-xx-xxxxx</td><td colspan="2">사업장 소재지</td><td>○○○○○</td><td>전화번호</td><td>xxx-xxx-xx</td></tr>
<tr><td colspan="2"></td><td colspan="2"></td><td colspan="2"></td><td colspan="2"></td><td></td><td>전자우편주소</td><td>00@00.00</td></tr>
</table>

❶ 원천징수 명세 및 납부세액 (단위 : 원)

소득자 소득 구분			코드	원천징수명세					⑨ 당월 조정 환급세액	납부 세액	
				소득지급 (과세 미달, 일부 비과세 포함)		징수세액				⑩ 소득세 등 (가산세 포함)	⑪ 농어촌 특별세
				④ 인원	⑤ 총지급액	⑥ 소득세등	⑦ 농어촌특별세	⑧ 가산세			
개인 (거주자·비거주자)	근로 소득	간이세액	A01	5	20,000,000	900,000					
		중도퇴사	A02								
		일용근로	A03	2	2,000,000	0					
		연말 정산 합계	A04								
		분납신청	A05								
		납부금액	A06								
		가감계	A10	7	22,000,000	900,000				900,000	
	퇴직 소득	연금계좌	A21								
		그 외	A22	1	4,000,000	49,600					
		가감계	A20	1	4,000,000	49,600				49,600	
	사업 소득	매월징수	A25								
		연말정산	A26								
		가감계	A30								
	기타 소득	연금계좌	A41								
		종교인 소득 매월징수	A43								
		연말정산	A44								
		그 외	A42	2	1,000,000	200,000					
		가감계	A40	2	1,000,000	200,000				200,000	
	연금 소득	연금계좌	A48								
		공적연금(매월)	A45								
		연말정산	A46								
		가감계	A47								
	이자소득		A50								
	배당소득		A60								
	저축 등 해지 추징세액 등		A69								
	비거주자 양도소득		A70								
법인	내·외국법인원천		A80								
	수정신고(세액)		A90								
	총합계		A99	10	27,000,000	1,149,600				1,149,600	

❷ 환급세액 조정 (단위 : 원)

전월 미환급 세액의 계산			당월 발생 환급세액				⑱조정대상 환급세액 (⑭+⑮+⑯+⑰)	⑲ 당월조정 환급세액계	⑳ 차월이월 환급세액 (⑱-⑲)	㉑ 환 급 신청액
⑫ 전월미환급 세액	⑬ 기 환 급 신청세액	⑭ 차감잔액 (⑫-⑬)	⑮ 일반 환급	⑯ 신탁재산 (금융회사 등)	⑰ 그밖의 환급세액					
					금융 회사 등	합병 등				

[과세이연을 한 경우 : 개인형 IRP로 입금]

<table>
<tr><td colspan="6" rowspan="2">① 신고구분</td><td colspan="2" rowspan="2">☐ 원천징수이행상황신고서
☐ 원천징수세액환급신청서</td><td>② 귀속연월</td><td>2025년 7월</td></tr>
<tr><td>③ 지급연월</td><td>2025년 7월</td></tr>
<tr><td>매월</td><td>반기</td><td>수정</td><td>연말</td><td>소득
처분</td><td>환급
신청</td><td colspan="2"></td><td>일괄납부 여부</td><td>여. 부</td></tr>
<tr><td colspan="6" rowspan="2">원천징수
의 무 자</td><td colspan="2">법인명(상호)</td><td>○○○</td><td>대표자(성명)</td><td>△△△</td><td>사업자단위과세 여부</td><td>여. 부</td></tr>
<tr><td colspan="2">사업자(주민)등록번호</td><td>xxx-xx-xxxxx</td><td>사업장 소재지</td><td>○○○○○</td><td>전화번호
전자우편주소</td><td>xxx-xxx-xx
00@00.00</td></tr>
</table>

❶ 원천징수 명세 및 납부세액   (단위 : 원)

<table>
<tr>
<th rowspan="3">소득자 소득 구분</th><th rowspan="3">코드</th>
<th colspan="5">원천징수명세</th>
<th colspan="3">납부 세액</th>
</tr>
<tr>
<th rowspan="2">소득지급
(과세 미달,
일부 비과세 포함)</th><th></th>
<th colspan="3">징수세액</th>
<th rowspan="2">⑨
당월 조정
환급세액</th>
<th rowspan="2">⑩
소득세 등
(가산세 포함)</th>
<th rowspan="2">⑪
농어촌
특별세</th>
</tr>
<tr>
<th>④
인원</th><th>⑤
총지급액</th><th>⑥
소득세등</th><th>⑦
농어촌특별세</th><th>⑧
가산세</th>
</tr>
<tr><td colspan="3">간이세액</td><td>A01</td><td>5</td><td>20,000,000</td><td>900,000</td><td></td><td></td><td></td><td></td><td></td></tr>
<tr><td rowspan="8">개인(거주자·비거주자)</td><td rowspan="6">근로
소득</td><td colspan="1">중도퇴사</td><td>A02</td><td></td><td></td><td></td><td></td><td></td><td></td><td></td><td></td></tr>
<tr><td colspan="1">일용근로</td><td>A03</td><td>2</td><td>2,000,000</td><td>0</td><td></td><td></td><td></td><td></td><td></td></tr>
<tr><td rowspan="3">연말
정산</td><td>합계</td><td>A04</td><td></td><td></td><td></td><td></td><td></td><td></td><td></td><td></td></tr>
<tr><td>분납신청</td><td>A05</td><td></td><td></td><td></td><td></td><td></td><td></td><td></td><td></td></tr>
<tr><td>납부금액</td><td>A06</td><td></td><td></td><td></td><td></td><td></td><td></td><td></td><td></td></tr>
<tr><td colspan="2">가감계</td><td>A10</td><td>7</td><td>22,000,000</td><td>900,000</td><td></td><td></td><td></td><td>900,000</td><td></td></tr>
<tr><td rowspan="3">퇴직
소득</td><td colspan="2">연금계좌</td><td>A21</td><td></td><td></td><td></td><td></td><td></td><td></td><td></td><td></td></tr>
<tr><td colspan="2">그 외</td><td>A22</td><td>1</td><td>4,000,000</td><td>0</td><td></td><td></td><td></td><td></td><td></td></tr>
</table>

<table>
<tr><td colspan="2">퇴직소득 가감계</td><td>A20</td><td>1</td><td>4,000,000</td><td>0</td><td></td><td></td><td></td><td>0</td><td></td></tr>
<tr><td rowspan="3">사업
소득</td><td>매월징수</td><td>A25</td><td></td><td></td><td></td><td></td><td></td><td></td><td></td><td></td></tr>
<tr><td>연말정산</td><td>A26</td><td></td><td></td><td></td><td></td><td></td><td></td><td></td><td></td></tr>
<tr><td>가감계</td><td>A30</td><td></td><td></td><td></td><td></td><td></td><td></td><td></td><td></td></tr>
<tr><td rowspan="5">기타
소득</td><td>연금계좌</td><td>A41</td><td></td><td></td><td></td><td></td><td></td><td></td><td></td><td></td></tr>
<tr><td>종교인소득 매월징수</td><td>A43</td><td></td><td></td><td></td><td></td><td></td><td></td><td></td><td></td></tr>
<tr><td>종교인소득 연말정산</td><td>A44</td><td></td><td></td><td></td><td></td><td></td><td></td><td></td><td></td></tr>
<tr><td>그 외</td><td>A42</td><td>2</td><td>1,000,000</td><td>200,000</td><td></td><td></td><td></td><td></td><td></td></tr>
<tr><td>가감계</td><td>A40</td><td>2</td><td>1,000,000</td><td>200,000</td><td></td><td></td><td></td><td>200,000</td><td></td></tr>
<tr><td rowspan="4">연금
소득</td><td>연금계좌</td><td>A48</td><td></td><td></td><td></td><td></td><td></td><td></td><td></td><td></td></tr>
<tr><td>공적연금(매월)</td><td>A45</td><td></td><td></td><td></td><td></td><td></td><td></td><td></td><td></td></tr>
<tr><td>연말정산</td><td>A46</td><td></td><td></td><td></td><td></td><td></td><td></td><td></td><td></td></tr>
<tr><td>가감계</td><td>A47</td><td></td><td></td><td></td><td></td><td></td><td></td><td></td><td></td></tr>
<tr><td colspan="2">이자소득</td><td>A50</td><td></td><td></td><td></td><td></td><td></td><td></td><td></td><td></td></tr>
<tr><td colspan="2">배당소득</td><td>A60</td><td></td><td></td><td></td><td></td><td></td><td></td><td></td><td></td></tr>
<tr><td colspan="2">저축 등 해지 추징세액 등</td><td>A69</td><td></td><td></td><td></td><td></td><td></td><td></td><td></td><td></td></tr>
<tr><td colspan="2">비거주자 양도소득</td><td>A70</td><td></td><td></td><td></td><td></td><td></td><td></td><td></td><td></td></tr>
<tr><td>법인</td><td colspan="2">내·외국법인원천</td><td>A80</td><td></td><td></td><td></td><td></td><td></td><td></td><td></td><td></td></tr>
<tr><td colspan="3">수정신고(세액)</td><td>A90</td><td></td><td></td><td></td><td></td><td></td><td></td><td></td><td></td></tr>
<tr><td colspan="3">총합계</td><td>A99</td><td>10</td><td>27,000,000</td><td>1,100,000</td><td></td><td></td><td></td><td>1,100,000</td><td></td></tr>
</table>

❷ 환급세액 조정   (단위 : 원)

<table>
<tr>
<th colspan="3">전월 미환급 세액의 계산</th>
<th colspan="4">당월 발생 환급세액</th>
<th rowspan="2">⑱조정대상
환급세액
(⑭+⑮+⑯+⑰)</th>
<th rowspan="2">⑲
당월조정
환급세액계</th>
<th rowspan="2">⑳ 차월이월
환급세액
(⑱-⑲)</th>
<th rowspan="2">㉑
환 급
신청액</th>
</tr>
<tr>
<th>⑫
전월미환급
세액</th>
<th>⑬
기 환 급
신청세액</th>
<th>⑭
차감잔액
(⑫-⑬)</th>
<th>⑮
일반
환급</th>
<th>⑯
신탁재산
(금융회사 등)</th>
<th colspan="2">⑰ 그밖의 환급세액</th>
</tr>
<tr>
<td></td><td></td><td></td><td></td><td></td><td>금융
회사 등</td><td>합병
등</td><td></td><td></td><td></td><td></td>
</tr>
<tr><td></td><td></td><td></td><td></td><td></td><td></td><td></td><td></td><td></td><td></td><td></td></tr>
</table>

퇴직소득세의 계산

퇴직소득세 계산구조

과세체계	비 고
퇴직급여액 = 퇴직소득금액	비과세 퇴직소득 제외
퇴직소득세 과세표준 = 퇴직소득금액 − 퇴직소득공제	(퇴직소득공제) 근속연수별 공제. 기본공제(퇴직소득 금액의 40%)는 2016년부터 폐지
퇴직소득세 산출세액 ➜ 퇴직소득세 과세표준에 12배수를 하여 원천징수 세율(기본세율)을 적용	연분연승법 적용 [(퇴직소득세 과세표준 × 1/근속연수 × 12(= 환산급여)) − 차등공제] × 기본세율 ÷ 12 × 근속연수(2012. 12. 31. 이전 근속연수 분에 대해서는 (퇴직소득 과세표준 × 1/근속연수) × 기본세율 × 근속연수)

📂 퇴직소득금액

퇴직소득 금액은 당해 연도 퇴직소득의 합계액(비과세 금액은 제외)으로 한다.

📂 퇴직소득 산출세액

$$
(퇴직소득금액 - 근속연수공제) \times \frac{1}{전체근속연수} \times 12 = 환산급여
$$

$$
환산급여 - 환산급여공제 = 과세표준
$$

$$
과세표준 \times 기본세율 \times \frac{1}{12} \times 근속연수 = 산출세액
$$

📇 근속연수공제

근속연수	공제액
5년 이하	100만 원 × 근속연수
5년 초과 10년 이하	500만 원 + 200만 원 × (근속연수 − 5년)
10년 초과 20년 이하	1,500만 원 + 250만 원 × (근속연수 − 10년)
20년 초과	4,000만 원 + 300만 원 × (근속연수 − 20년)

📤 근속연수는 퇴직금 산정기준이 되는 기간을 말하며, 근속연수 계산 시 1년 미만은 1년으로 한다. 예를 들어 근속연수가 1년 1개월인 경우 2년으로 한다.

📤 당해 연도에 2회 이상 퇴직한 경우도 퇴직소득공제는 1회만 적용한다.

📇 환산급여공제

환산급여	공제액
800만 원 이하	환산급여 × 100%
800만 원 ~ 7,000만 원	800만 원 + (환산급여 − 800만 원)× 60%
7,000만 원 ~ 1억 원	4,520만 원 + (환산급여 − 7,000만 원)× 55%
1억 원 ~ 3억 원	6,170만 원 + (환산급여 − 1억 원)× 45%
3억 원 ~	1억 5,170만 원 + (환산급여 − 3억 원)× 35%

📇 퇴직소득세 계산사례

- 입사일 : 2014년 1월 11일
- 퇴사일 : 2025년 10월 15일
- 퇴직금 : 41,441,080원인 경우

해설

$(41,441,080원 − 20,000,000원) × \dfrac{1}{12} × 12 = 21,441,080원$

21,441,080원 − 16,064,648원 = 5,376,432원

- 환산급여공제 = 8,000,000원 + (21,441,080원 − 8,000,000원) × 60%

$$5,376,432원 \times 기본세율 \times \frac{1}{12} \times 12 = 322,585원$$

퇴직소득세 산출근거

담당	대리	과장	부장	이사	사장

사 번 :	소 속 :
성 명 :	직 위 :
주민등록번호 :	연 락 처 :
주 소 :	

입 사 일 : 2014년 1월 1일		
퇴 사 일 : 2025년 10월 15일		
정산근속연수	141 월	12 년

항 목		내 역	결 과
	근속년수	세액공제용 근속년수(1년 미만은 무조건 1년으로 본다.	12
퇴직 소득 과세 표준 계산	퇴직소득금액		41,441,080
	1. 근속년수 공제	근속연수에 따른 공제액	20,000,000
	2. 환산급여	((퇴직소득금액-1)/정산근속연수 × 12배)	21,441,080
	3. 환산급여별공제		16,064,648
	4. 과세표준		5,376,432
퇴직 소득 세액 계산	1. 환산산출세액(과세표준×		322,585
	2. 산출세액	(1./12배 × 정산근속연수)	322,585
퇴직소득원천징수세액			322,580
지방소득세			32,250
납부할 세액			354,830

위의 사실을 확인함   2025 년   10 월   15 일

근로자 :   손원준   인   사용자 :   홍길동   인

[과세이연을 안 한 경우 : 퇴직금을 일시금 지급하는 경우 지급 시점에 바로 퇴직소득세를 원천징수하며, 다음 달 10일까지 원천징수이행상황신고와 함께 납부처리 한다.]

■ 소득세법 시행규칙[별지 제24호서식(2)]

퇴직소득원천징수영수증/지급명세서

([ ] 소득자 보관용   [ ] 발행자 보관용   [ ] 발행자 보고용)

관리번호		거주구분	거주자1 / 비거주자2
		내외국인	내국인1/ 외국인9
		종교관련종사자 여부	여 1/ 부 2
		거주지국	거주지국코드
		징수의무자구분	사업장

징수의무자	①사업자등록번호		②법인명(상호)		③대표자(성명)	
	④법인(주민)등록번호		⑤소재지(주소)			
소득자	⑤성 명		⑦주민등록번호			
	⑧주 소				(9) 임원여부	부
	(10) 확정급여형 퇴직연금 제도 가입일				(11) 2011.12.31.퇴직금	

귀속연도	2025-01-01 부터 2025-10-15 까지	(12) 퇴직사유	[ ]정년퇴직 [ ]정리해고 [●]자발적 퇴직 [ ]임원퇴직 [ ]중간정산 [ ]기 타

퇴직급여현황	근 무 처 구 분	중간지급 등	최종	정산
	(13) 근무처명			
	(14) 사업자등록번호			
	(15) 퇴직급여	-	41,441,080	41,441,080
	(16) 비과세 퇴직급여			
	(17) 과세대상 퇴직급여(15-16)	-	41,441,080	41,441,080

근속연수	구 분	(18)입사일	(19)기산일	(20)퇴사일	(21)지급일	(22)근속월수	(23)제외월수	(24)가산월수	(25)중복월수	(26)근속연수
	중간지급 근속연수									
	최종 근속연수	2014-01-01	2014-01-01	2025-10-15	2024-10-15	142	-	-	-	12
	정산 근속연수		2014-01-01	2025-10-15		142	-	-	-	12

과세표준계산	계 산 내 용	금 액
	(27)퇴직소득(17)	41,441,080
	(28)근속연수공제	20,000,000
	(29) 환산급여 [(27-28) × 12배 /정산근속연수]	21,441,080
	(30) 환산급여별공제	16,064,648
	(31) 퇴직소득과세표준(29-30)	5,376,432

퇴직소득세액계산	계 산 내 용	금 액
	(32) 환산산출세액(31 × 세율)	322,585
	(33) 퇴직소득 산출세액(32 × 정산근속연수 / 12배)	322,585
	(34) 세액공제	-
	(35) 기납부(또는 기과세이연) 세액	-
	(36) 신고대상세액(33 - 34 - 35)	322,585

이연퇴직소득세액계산	(37) 신고대상세액(36)	연금계좌 입금명세					(39) 퇴직급여(17)	(40) 이연 퇴직소득세 (37 × 38 / 39)
		연금계좌취급자	사업자등록번호	계좌번호	입금일	(38)계좌입금금액		
						-		
	-					-		
		(41) 합 계						

납부명세	구 분	소득세	지방소득세	농어촌특별세	계
	(42) 신고대상세액(36)	322,585	32,258		354,843
	(43) 이연퇴직소득세(40)	-	-		-
	(44) 차감원천징수세액(42-43)	322,580	32,250	-	354,830

위의 원천징수세액(퇴직소득)을 정히 영수(지급)합니다.

징수(보고)의무자

년   월   일
(서명 또는 인)

세무서장   귀하

[과세이연을 한 경우 : 퇴직금을 개인형 IRP로 입금하는 경우 세액 이연이 되기 때문에 세금을 원천징수하지 않고 세전 금액을 IRP 계좌에 입금한다. 그리고 다음 달 원천징수이행상황신고시에 과세이연으로 신고하고 세금납부는 하지 않는다.]

■ 소득세법 시행규칙[별지 제24호서식(2)]

			거주구분	거주자1 / 비거주자2
관리번호		**퇴직소득원천징수영수증/지급명세서**	내외국인	내국인1/ 외국인9
		([ ] 소득자 보관용 [ ] 발행자 보관용 [ ] 발행자 보고용)	종교관련종사자 여부	여 1/ 부 2
			거주지국	거주지국코드
			징수의무자구분	사업장

징수 의무자	①사업자등록번호		②법인명(상호)		③대표자(성명)	
	④법인(주민)등록번호		⑤소재지(주소)			
소득자	⑥성 명		⑦주민등록번호			
	⑧주 소				(9) 임원여부	부
	(10) 확정급여형 퇴직연금 제도 가입일				(11) 2011.12.31.퇴직금	

귀 속 연 도	2025-01-01 부터 2025-10-15 까지	(12) 퇴직사유	[ ]정년퇴직 [ ]정리해고 [●]자발적 퇴직 [ ]임원퇴직 [ ]중간정산 [ ]기 타

퇴직 급여 현황	근 무 처 구 분	중간지급 등	최종	정산
	(13) 근무처명			
	(14) 사업자등록번호			
	(15) 퇴직급여	-	41,441,080	41,441,080
	(16) 비과세 퇴직급여	-	-	-
	(17) 과세대상 퇴직급여(15-16)	-	41,441,080	41,441,080

근속 연수	구 분	(18)입사일	(19)기산일	(20)퇴사일	(21)지급일	(22)근속월수	(23)제외월수	(24)가산월수	(25)중복월수	(26)근속연수
	중간지급 근속연수					-	-	-	-	-
	최종 근속연수	2014-01-01	2014-01-01	2025-10-15	2024-10-15	142	-	-		12
	정산 근속연수		2014-01-01	2025-10-15		142				12

과세 표준 계산	계 산 내 용	금 액
	(27)퇴직소득(17)	41,441,080
	(28)근속연수공제	20,000,000
	(29) 환산급여 [(27-28) × 12배 /정산근속연수]	21,441,080
	(30) 환산급여별공제	16,064,648
	(31) 퇴직소득과세표준(29-30)	5,376,432

퇴직 소득 세액 계산	계 산 내 용	금 액
	(32) 환산산출세액(31 × 세율)	322,585
	(33) 퇴직소득 산출세액(32 × 정산근속연수 / 12배)	322,585
	(34) 세액공제	-
	(35) 기납부(또는 기과세이연) 세액	-
	(36) 신고대상세액(33 - 34 - 35)	322,585

이연 퇴직 소득 세액 계산	(37)신고대상세액(36)	연금계좌 입금명세					(39) 퇴직급여(17)	(40) 이연 퇴직소득세 (37 × 38 / 39)
		연금계좌취급자	사업자등록번호	계좌번호	입금일	(38)계좌입금금액		
	322,585	기업은행	100-81-11111	001-00-0000	2024-10-20	41,441,080	41,441,080	322,585
		(41) 합 계				41,441,080		

납부 명세	구 분	소득세	지방소득세	농어촌특별세	계
	(42) 신고대상세액(36)	322,585	32,258		354,843
	(43) 이연퇴직소득세(40)	322,585	32,258		354,843
	(44) 차감원천징수세액(42-43)	-	-	-	-

위의 원천징수세액(퇴직소득)을 정히 영수(지급)합니다.

년   월   일

징수(보고)의무자   (서명 또는 인)

세무서장   귀하

퇴직금을 개인형 IRP에 입금하는 경우와 일시금 지급하는 경우에 따라서 퇴직소득원천징수영수증의 기재 사항이 달라진다.

개인형 IRP에 퇴직금을 입금하는 경우는 반드시 "이연퇴직소득세액계산"란을 기재해야 한다.

[개인형 IRP에 입금 안 한 경우]

이연퇴직소득세액계산	(37) 신고대상세액(36)	연금계좌 입금명세					(39) 퇴직급여(17)	(40) 이연 퇴직소득세 (37 × 38 / 39)
		연금계좌취급자	사업자등록번호	계좌번호	입금일	(38)계좌입금금액		
	-					-		
		(41) 합 계				-		

납부명세	구 분	소득세	지방소득세	농어촌특별세	계
	(42) 신고대상세액(36)	322,585	32,258		354,843
	(43) 이연퇴직소득세(40)	-	-		-
	(44) 차감원천징수세액(42-43)	322,580	32,250	-	354,830

[개인형 IRP에 입금하는 경우]

이연퇴직소득세액계산	(37) 신고대상세액(36)	연금계좌 입금명세					(39) 퇴직급여(17)	(40) 이연 퇴직소득세 (37 × 38 / 39)
		연금계좌취급자	사업자등록번호	계좌번호	입금일	(38)계좌입금금액		
	322,585	기업은행	100-81-11111	001-00-0000	2024-10-20	41,441,080	41,441,080	322,585
						-		
		(41) 합 계				41,441,080		

납부명세	구 분	소득세	지방소득세	농어촌특별세	계
	(42) 신고대상세액(36)	322,585	32,258		354,843
	(43) 이연퇴직소득세(40)	322,585	32,258		354,843
	(44) 차감원천징수세액(42-43)	-	-	-	-

📝 퇴직소득에 대한 원천징수

원천징수의무자가 퇴직소득을 지급할 때 원천징수 하는 소득세는 다음에 따라 계산한다.

구 분	징수세액
퇴직소득을 받는 거주자가 이미 지급받은 퇴직소득이 없는 경우	지급할 퇴직소득세 과세표준에 원천징수 세율을 적용해서 계산한 금액

구 분	징수세액
퇴직소득을 받는 거주자가 이미 지급받은 퇴직소득이 있는 경우	이미 지급된 퇴직소득과 자기가 지급할 퇴직소득을 합계한 금액에 대하여 퇴직소득세액을 계산한 후 이미 지급된 퇴직소득에 대한 세액을 뺀 금액

퇴직소득에 대한 원천징수특례

원천징수의무자가 퇴직소득을 지급할 때 해당 퇴직소득세액을 원천징수한다. 단, 퇴직소득을 지급해야 할 원천징수의무자가 일정 시점까지 퇴직소득을 지급하지 못한 경우에는 다음의 시기에 지급한 것으로 보아 퇴직소득세를 원천징수한다.

구 분	원천징수시기
1월~11월 사이에 발생한 퇴직소득을 해당연도의 12월 31일까지 미지급한 경우	해당연도의 12월 31일
12월에 발생한 퇴직소득을 다음 연도 2월 말까지 미지급한 경우	다음 연도 2월 말일

원천징수영수증 발급 및 지급명세서 제출

퇴직소득을 지급하는 자는 그 지급일이 속하는 달의 다음 달 말일까지 그 퇴직소득 금액과 그 밖에 필요한 사항을 적은 퇴직소득 원천징수영수증을 퇴직소득을 지급받는 사람에게 발급해야 하며, 퇴직소득에 대한 소득세를 원천징수 하지 않은 때에는 그 사유를 함께 적어 발급한다.

소득세 납세의무가 있는 개인에게 퇴직소득을 국내에서 지급하는 자는 지급명세서를 그 지급일이 속하는 과세기간의 다음 연도 3월 10일(휴업 또는 폐업한 경우 휴업일 또는 폐업일이 속하는 달의 다음다음 달 말일)까지 원천징수 관할 세무서장, 지방국세청장 또는 국세청장에게 제출해야 한다.

원천징수의무자가 12월에 퇴직한 자의 퇴직급여액을 다음 연도 2월 말일까지 지급하지 않는 때에는 2월 말일에 지급한 것으로 보아 앞서 설명한 절차를 진행한다.

퇴직소득에 대한 세액 정산

퇴직자가 퇴직소득을 지급받을 때 이미 지급받은 다음의 퇴직소득에 대한 원천징수 영수증을 원천징수 의무자에게 제출하는 경우 원천징수의무자는 퇴직자에게 이미 지급된 퇴직소득과 자기가 지급할 퇴직소득을 합계한 금액에 대해서 정산한 소득세를 원천징수 해야 한다.

❶ 해당 과세기간에 이미 지급받은 퇴직소득

❷ 근로 제공을 위해서 사용자와 체결하는 계약으로서 사용자가 같은 하나의 계약(퇴직으로 보지 않을 수 있는 경우를 포함)에서 이미 지급받은 퇴직소득

세액정산(이미 지급된 퇴직소득과 자기가 지급할 퇴직소득을 합계한 금액에 대하여 퇴직소득세액을 계산한 후 이미 지급된 퇴직소득에 대한 세액을 뺀 금액을 납부하는 방법)은 퇴직자의 선택사항이나, 해당 과세기간에 이미 지급받은 퇴직소득은 반드시 합산해야 한다.

퇴직소득 과세표준 확정신고

해당 과세기간의 퇴직소득 금액이 있는 거주자는 그 퇴직소득세 과세표준을 그 과세기간의 다음 연도 5월 1일부터 5월 31일까지 납세지 관할 세무서장에게 신고해야 한다(해당 과세기간의 퇴직소득 과세표준이 없을 때도 적용됨). 다만, 퇴직소득에 대한 원천징수를 통해서 소득세를 납부한 자에 대해서는 그 퇴직소득세 과세표준을 신고하지 않을 수 있다.

2인 이상으로부터 받는 퇴직소득이 있는 자가 퇴직소득세를 냄으로써 확정신고·납부를 할 세액이 없는 경우가 아니면 반드시 퇴직소득 과세표준 확정신고를 해야 한다. 이때 제출할 서류는 다음과 같다.

❶ 퇴직소득 과세표준 확정신고 및 납부계산서

❷ 퇴직소득 원천징수영수증 또는 퇴직소득 지급명세서

퇴직 판정의 특례

1. 퇴직소득으로 보지 아니할 수 있는 경우

퇴직소득은 거주자, 비거주자 또는 법인의 종업원이 현실적으로 퇴직함으로써 지급받는 일시금으로 다음에 해당하는 사유가 발생하였으나 퇴직급여를 실제로 받지 않은 경우는 퇴직으로 보지 아니할 수 있다.

① 종업원이 임원이 된 경우

② 합병·분할 등 조직변경, 사업양도 또는 직·간접으로 출자 관계에 있는 법인으로의 전출이 이루어진 경우

③ 법인의 상근 임원이 비상근임원이 된 경우

2. 퇴직으로 보는 경우

계속근로기간 중에 다음에 해당하는 사유로 퇴직급여를 미리 지급받은 경우(임원인 근로소득자를 포함한다.)에는 그 지급받은 날에 퇴직한 것으로 본다.

① 퇴직금 중간정산 사유에 의해 퇴직금을 중간정산 받은 경우

② 법인의 임원이 향후 퇴직금을 지급받지 않는 조건으로 급여를 연봉제로 전환하는 경우

③ 「근로자퇴직급여 보장법」 제38조에 따라 퇴직연금제도가 폐지되는 경우

 계산 착오로 인해 퇴직금 추가 지급 시 퇴직소득세 계산

종업원에게 퇴직금을 지급 후 근무기간에 대한 퇴직금이 추가 발생하여 퇴직금을 추가로 지급하는 경우 추가 지급하는 퇴직금을 종전 지급한 퇴직금과 합산하여 납부할 소득세액을 재계산해야 할 것이며, 원천징수이행상황신고시 귀속연도는 퇴사한 날이며, 지급연도는 추가 퇴직금을 지급하는 날로 기재하여 제출하면 된다. 기존에 신고한 원천징수이행상황신고서를 수정하여 제출하는 것이 아님에 유의하기를 바라며(수정신고가 아니므로 가산세는 없는 것으로 보임), 원천징수이행상황신고서의 지급금액은 추가 지급하는 퇴직금을 기재하고 원천징수세액란에는 추가로 납부할 소득세액을 기재하면 된다.

 2회 이상 퇴직금 중간정산 후 퇴직소득 세액정산 방법

1. 2회 이상 퇴직금 중간정산 후 퇴직소득 세액정산 방법

[제 목]

2회 이상 퇴직금 중간정산 후 퇴직소득 세액정산 방법(소득, 서면-2020-법령해석소득-5462, 2021.06.29.)

[요 지]

원천징수의무자는 이미 지급된 퇴직소득 중 원천징수영수증이 제출된 퇴직소득과 자기가 지급할 퇴직소득을 합계한 금액에 대하여 정산한 소득세를 원천징수 해야 하는 것임

[회 신]

귀 서면질의의 경우, 퇴직자가 퇴직소득을 지급받을 때 근로제공을 위하여 사용자와 체결하는 계약으로서 사용자가 같은 하나의 계약에서 이미 지급받은 퇴직소득에 대한 원천징수영수증을 원천징수 의무자에게 제출하는 경우, 원천징수의무자는 이미 지급된 퇴직소득 중 원천징수영수증이 제출된 퇴직소득과 자기가 지급할 퇴직소득을 합계한 금액에 대하여 정산한 소득세를 원천징수 해야 하는 것입니다.

[관련 법령]

소득세법 제22조 【퇴직소득】

2. 원천징수영수증 작성

2회 이상 퇴직금 중간정산 한 경우 작성법에 대해서 명확히 나와 있지 않아서 제 개인적인 생각으로는 2번째 중간정산 시 그 전 퇴직금 중간정산액과 합산 정산했을 것으로 사료되는 바 2번째 중간정산시 퇴직소득 원천징수 내역을 기록하면 될 것으로 판단되지만, 정확한 작성을 위해서는 관할 세무서 담당자에게 문의 후 제출하기 바란다.

휴가, 휴직기간 동안 4대 보험

📝 국민연금

국민연금은 휴직 기간동안은 일시 납부유예가 되며, 복직 후에도 휴직 기간동안은 내지 않았던 연금은 안 내도 된다.

해당 사유 발생일의 다음 달 15일까지 아래에 해당하는 서류를 제출하여 신청 또는 신고해야 한다.

구 분	처리방법
신청 대상	• 휴직 중인 경우 : 출산휴가, 육아휴직, 산재 요양 등 • 병역법 제3조의 규정에 의한 병역의무를 수행하는 경우 • 무보수 대표이사인 경우 • 무급 근로자인 경우
납부예외 신청 시	• 「연금보험료 납부예외신청서」와 납부예외 신청 사유를 입증하는 서류(휴직발령서, 진단서 사본 등) • 「연금보험료 납부예외신청서」는 국민연금공단에 접속하여 문서명을 입력 후 검색하면 다운받을 수 있다.
납부재개신고 시	연금보험료 납부재개신고서

📁 납부예외 기간과 연금보험료의 납부면제

휴직일 등이 속하는 달부터 납부예외 사유가 없어진 날(복직 일)이 속하는 달까지 면제된다. 다만, 납부예외 사유가 없어진 날이 그달의 초일인 경우와 가입자가 납부예외 사유가 없어진 날이 속하는 달에 연금보험료의 납부를 희망하는 경우는 납부예외 사유가 없어진 날이 속하는 달의 전달까지 면제된다.

구 분	납부면제
출산전후휴가	• 우선지원대상 사업장 : 90일 • 우선지원대상 아닌 사업장 : 최종 30일
휴직	휴직기간
병역의무 수행	병역의무 수행 기간
무보수 대표이사	납부예외 기간이 확정된 경우 : 그 기간 확정되지 않은 경우 : 1년 이내
무급 근로자	4개월 이내에서 인정

📇 납부재개

납부예외 기간이 종료되거나 납부예외 기간 중이라도 납부예외 사유가 종료된 경우는 납부 재개 신고를 해야 한다.

휴직자가 복직으로 납부 재개 신고 시에는 복직일이 속하는 달의 다음 달부터 연금보험료가 부과된다. 다만, 복직일이 초일이거나 복직 월의 보험료 납부를 희망하는 경우는 복직 월부터 보험료가 부과된다.

📝 건강보험

휴직(병역을 위한 휴직, 학업을 위한 휴직, 육아휴직, 산재휴직, 질병휴직, 무급 노조 전임자 휴직 등) 등의 기간에도 직장가입자로서의 보험 혜택이 유지되기 때문에 건강보험료는 납부가 면제되지 않는다. 다만, 휴직기간 동안 보수가 지급되지 않기 때문에 보험료 경감제도가 있다.

휴직 등의 사유로 보수의 전부 또는 일부가 지급되지 않는 경우 보험료 납입고지 유예신청을 할 수 있다. 이 경우 휴직 등 기간동안에는 보험료가 부과되지 않고, 복직하여 보수가 지급되는 최초의 달에 휴직 전월의 보수월액에 보험료율을 곱한 금액으로 보험료를 산정하여 휴직 기간동안의 보험료를 일괄 부과한다.

📂 납입고지 유예신청 방법

구 분	처리 방법
신청대상	육아휴직(출산휴가는 대상이 아님), 질병 휴직, 무급 노조전임자 휴직
신청방법	직장가입자의 휴직 등의 사유발생 시 「휴직자 등 직장가입자 보험료 납입고지 유예 신청서」를 제출. 국민건강보험에 접속하여 문서명을 입력 후 검색하면 다운받을 수 있다.

📂 유예기간 경과 후 보험료 산정·납부

구 분	보험료 산정·납부
유예기간 분 보험료	유예 사유 발생 전월 보수월액에 보험료율을 곱하여 산정한 금액을 휴직 등 기간동안의 보험료로 한다.
복직 후 보험료	복직 등 유예 사유가 종료되어 「휴직자 등 직장가입자 보험료 납입고지 유예 해지 신청서」 제출 시 복직 후 최초로 지급하는 보수에서 공제하여 납부한다.

📂 휴직기간의 보험료 경감

경감 적용 기간은 휴직일이 속하는 달의 다음 달부터 복직일이 속하는 달까지 적용한다. 단, 휴직일이 매월 1일의 경우 휴직 월부터 적용하며, 또한 복직일이 매월 1일인 경우는 복직 월의 전달까지 적용한다.

1. 육아휴직

만 8세 이하 또는 초등학교 2학년 이하의 자녀가 있는 직장가입자의 영유아 양육을 위한 휴직을 말한다. 기한은 1년 이내로 한다. 다만, 1년을 초과하는 육아휴직을 부여하는 내부규정(사규·단체협약 등)이 있는 사업장은 그 규정상의 육아휴직 기간을 인정하되, 해당 내부규정 징구, 공무원 등 다른 법률에서 육아휴직을 규정하는 경우 해당 법률에 따른 육아휴직 대상 및 기간을 인정한다.

2. 무급 노조 전임자 휴직

원소속 사업장에서 휴직·파견으로 인사 발령한 급여를 받지 않는 무보수 노동조합 전임자를 말한다. 원소속 사업장에서 급여를 지급받는 경우 대상이 아니다.

구 분	경감 내용	
경감대상	휴직 기간이 1개월 이상인 직장가입자	
경 감 률	**휴직 사유**	**경감률**
	무보수 휴직	휴직 전월 보수월액을 기준으로 산정한 보험료의 50% 경감
	육아휴직	그 기간 동안 직장가입자 보수월액보험료의 하한액으로 부과
	휴직 기간 중 보수가 있는 경우	(휴직 전월 기준 산정 보험료 – 휴직 기간 중 사업장에서 받는 기준 산정 보험료) × 50%
	휴직 기간 중 보수가 없는 경우	휴직 전월 보수월액 기준으로 산정한 보험료의 50% 경감
경 감 적용기간	휴직일이 속하는 달의 다음 달부터 복직일이 속하는 달까지 적용한다. 다만, 휴직일이 매월 1일일 경우 : 휴직일이 속하는 달부터 적용 복직일이 매월 1일일 경우 : 복직일이 속하는 전달까지 적용 [주] 무보수 휴직 중 다른 사업장에 근무하며, 보험료를 납부했을 경우, 복직 시 납부해야 할 보험료와 다른 사업장에서 납부한 보험료를 비교해서 많은 쪽의 보험료를 납부함(보정 65710-90, 2001.1.20.). [주] 무급 노조 전임자 : 이중자격 가입자와 동일하게 원소속 사업장의 휴직 전월 정산 전 보수월액에 따른 보험료에 경감률을 적용한 보험료와 노동조합의 보수월액에 따른 보험료를 비교해서 보험료가 많은 쪽으로 부과	

✉ 휴직자 등의 보수총액 신고

보험료 납입고지 유예기간은 정산 대상기간에서 제외되기 때문에 보수총액신고서 작성 시 해당 가입자의 전년도 보수총액과 근무 월수는 휴직기간을 제외한 기간의 보수총액과 근무 월수를 기재한다. 단, 휴직 발생 해당연도의 휴직일이 속한 월과 종료월은 근무 월수에 포함한다(당해 연도 휴직일이 매월 1일의 경우는 근무월수 산정에서 제외).

 유예신청 대상 및 유예 사유 코드

코 드	신청대상
81. 기타휴직	• 병역을 위한 휴직, 학업을 위한 휴직 등
82. 육아휴직	• 만 8세 이하 또는 초등학교 2학년 이하의 자녀가 있는 직장가입자의 영유아 양육을 위한 휴직 • 기한은 1년 이내로 하며, 1년을 초과하는 육아휴직을 부여하는 내부규정(취업규칙, 단체협약 등)이 있는 사업장은 그 규정상의 육아휴직기간을 인정
83. 질병휴직	
84. 무급노조전임 자휴직	• 원소속 사업장에서 휴직 또는 파견으로 인사 발령해서 급여를 받지 않는 무보수 노동조합 전임자를 의미 • 원소속 사업장에서 급여를 지급받는 경우(근로시간 면제 등)에는 대상이 아님
89. 그 밖의 사유	• 휴직 외의 사유로 근로를 제공하지 않아 1개월 이상 보수의 전부 또는 일부가 지급되지 않은 경우 • 직위 해제자, 무노동 무임금자, 기간제 교사의 방학 기간 • 그 밖의 사유는 휴직자로 보지 않으므로 휴직자 경감이 적용되지 않음

고용보험

고용보험의 경우 무급휴직 기간에는 보험료를 납부하지 않아도 된다. 이 경우 처리방법은 다음의 두 가지 방법을 생각해 볼 수 있다.

❶ 무급휴직의 경우 근로자 휴직일로부터 14일 이내에 근로복지공단에 근로자 휴직 등 신고서를 제출하면 보험료도 고지되지 않고 납부도 안 한다.

❷ 휴직 전과 동일하게 보험료를 납부하고, 이후 보수총액 신고를 통해 해당 기간에 납부한 보험료를 정산 환급받는 방법

그리고 유급휴직인 경우는 해당 급여에 요율을 곱한 금액을 납부해야 한다.

📝 산재보험

산재보험의 경우 휴직기간 동안은 산재보험료를 부과하지 않기 때문에 근로자가 휴직하는 경우는 휴직신고를 해야 한다.

구 분	처리 방법
신청대상	• 사업장의 휴업 • 근로자의 휴직(육아휴직, 병가 등) • 근로기준법에 의한 보호휴가(출산전후휴가, 유산·사산 휴가)
신청방법	• 근로자휴직 등 신고서를 작성하여 근로복지공단에 제출해야 한다. • 근로자휴직 등 신고서는 근로복지공단에 접속하여 문서명을 입력 후 검색하면 다운받을 수 있다.

급여가 변동되는 경우 4대 보험 보수월액변경신고

급여가 상여금 등으로 일시적인 인상 요인이 생기는 경우

상여 등으로 일시적으로 급여가 인상된 경우, 4대 보험 공제 기준급여가 인상된다. 기준급여에 합산되기에 요율로 공제하는 사업장은 인상 금액만큼의 4대 보험 및 소득세가 추가로 공제된다. 다만 고지서에 따라 공제하는 사업장은 인상분에 대해서도 변경 신고를 안 하고 우선은 고지 금액으로 계속 공제 및 납부 후 퇴직이나 연말정산 시 정산하는 방법도 하나의 방법이다.

급여인상 등으로 지속적인 인상이나 매월 급여가 변동되는 경우

급여가 인상되어 지속적으로 인상된 급여를 지급하는 경우, 급여가 변경되면 공단에 보수월액변경 신고를 진행할 수 있다(의무사항은 아니다.)

보수월액변경 신고를 진행할 경우, 새로운 급여에 맞는 4대 보험료가 매달 보험료로 고지되므로 변동된 급여로 고지되면 고지된 금액으로 공제하면 되고, 요율에 따라 공제하는 사업장은 변경 신고를 안 했어도 새로운 급여에 맞는 4대 보험료를 공제해 둔 후 고지된 금액을 납부하면 된다.

보수월액변경 신고는 안 해도 큰 손해가 없지만, 고지서에 따라 공제하는 사업장은 급여가 급격히 변화해 나중에 정산 시 폭탄으로 다가올 것 같으면 욕을 안 먹기 위해 하는 것이 좋다.

그리고 고지서에 따라 공제하는 사업장 중 간혹 매달 급여가 변동되어 고민하는 실무자가 있는데, 이 경우는 매달 보수월액변경 신고를 할 수 없으므로 최초 신고에 따라 고지되는 금액으로 계속 납부 후 나중에 퇴직이나 연말정산으로 정산하는 방법이 업무 편리성을 키우는 방법이다.

국민연금

국민연금의 경우 중도에 소득월액이 변경된 경우 변경 신고 대상이 아니다(매년 7월 전년도 소득을 기준으로 정기결정된 기준소득월액 기준으로 부과). 단, 적용 중인 기준소득월액이 실제 소득과 20% 이상 차이가 나서 변경 신청하고자 하는 경우 소득월액 변경 신고를 할 수 있으며, 아래의 서류를 국민연금 관할 지사에 제출한다.

구 분	업무처리
제출서류	기준소득월액 변경신청서(해당 근로자 동의 필요), 급여명세서 혹은 급여대장(변경된 소득확인용) 등 소득변동 입증자료
적용기간	신고일이 속하는 달의 다음 달부터 다음 연도 6월분 보험료까지

(특례) 소득월액 변경 신청을 한 경우 사후정산 대상이므로 연 1회 혹은 퇴사(휴직)하여 상실(납부예외) 신고할 때 소득이 변경된 기간의 소득을 입증할 서류(근로소득원천징수부 등)를 함께 지사에 제출해야 한다.
(참고사항) 올해 신규 취득하였고, 두루누리 보험료 지원 대상인 근로자가 중도에 소득월액이 변경되어 보험료 지원 기준 보수를 초과하여 받게 되는 경우 보험료지원금이 환수될 수 있으므로 관련 내용은 국민연금 관할 지사 혹은 고객센터로 문의한다.

건강보험

직장가입자의 건강보험료는 보수월액이 변경되었을 때 상시 변경 신고를 할 수 있다. 할 수 있다. 라는 말이 의미하듯이 해도 되고 안 해도 된다는 것이다. 즉 변경 신고를 당장 하지 않고 나중에 퇴직정산이나 연말정산 시 정산을 해도 된다.

구 분	신고기한
해당 보수가 14일 이전에 변경된 경우	해당 월의 15일까지
해당 보수가 15일 이후에 변경된 경우	해당 월의 다음 달 15일까지

2016년 1월 1일부터 상시 100인 이상 사업장은 보수변경 시 매월 15일까지 보수변경 신청(당월 정산, 당월 부과)을 의무화했으나 안 해도 제재가 없다 보니 안 하는 회사가 많다(건강보험법 시행령 제36조 제2항).

고용 · 산재보험

보수가 인상 또는 인하되었을 경우 사업주는 월 평균보수변경신고를 할 수 있으며 월 평균보수변경신고서에 기재한 보수변경 월부터 변경된 월 평균보수에 따라 매월 보험료가 부과된다. 다만, 월평균보수가 변경되었음에도 신고하지 않은 경우, 소득변동으로 인한 보험료 차액분은 다음연도 3월 15일 보수총액신고 또는 퇴직 시점에 퇴직정산으로 정산이 가능하다.

제3장

증빙관리
업무매뉴얼

이하, 이상, 미만, 초과의 의미

이하, 이상, 미만, 초과의 의미는 수학에서 많이 사용하는데, 실무에서도 많이 나오는 용어이다.

그러나 쉬우면서도 우리는 내용을 읽을 때 그냥 넘어가는 개념이기도 하다.

그래서 이를 등한시하면 해석이 틀려질 수 있다. 특히, 법이나 제도를 해석할 때 참 중요한 개념이다.

이하는 해당 숫자를 포함해 해당 숫자 아래를 의미한다.

예를 들어 4인 이하 사업장은 4인까지의 사업장을 의미한다.

근로기준법을 보면 4인 이하 사업장에 적용되는....등의 문장이 있다. 이는 1인부터 4인까지의 사업장을 대상으로 하는 것이다.

참고로 이를 다르게 표현하면 5인 미만이 된다.

이상은 해당 숫자를 포함해 해당 숫자 위를 의미한다.

예를 들어 5인 이상 사업장은 5인을 포함한 5인부터~인 사업장을 의미한다.

근로기준법을 보면 5인 이상 사업장에 적용되는....등의 문장이 있다. 이는 5인인 사업장부터 적용 대상으로 하는 것이다.

미만은 해당하는 숫자를 포함하지 않고 해당 숫자보다 작은 것을 의미한다.

30인 미만을 지급 대상으로 할 때 30인 미만은 29까지를 의미한다.

초과는 해당 숫자보다 위의 숫자를 의미한다. 즉, 5인 초과면 6인부터를 의미한다.

예를 들어 기업업무추진비의 경우 3만 원 초과 비용은 법정지출증빙을 받게 되어 있는데, 여기서 3만 원 초과는 30,001원~을 의미한다.

구 분	개 념	예 시
이하	본인의 숫자를 포함해서 아래의 숫자	3만 원 이하 : ~3만 원까지
이상	본인의 숫자를 포함해서 위의 숫자	3만 원 이상 : 3만 원부터~
미만	본인의 숫자를 제외한 아래의 숫자	3만 원 미만 : ~29,999까지
초과	본인의 숫자를 제외한 위의 숫자	3만 원 초과 : 30,001부터~

법에서 인정하는 증빙의 종류

일정 거래에 대해서 비용의 지출 시 법에서 반드시 받도록 정하고 있는 증빙을 법정지출증빙, 적격증빙, 적격지출증빙이라고 부른다. 따라서 법에서 정한 법정지출증빙의 종류를 살펴보면 다음과 같다.

❶ 세금계산서

❷ 계산서

❸ 신용카드매출전표

가. 기업업무추진비는 법인은 법인카드, 개인회사는 사업용 계좌와 연결된 개인신용카드 모두 가능

나. 기업업무추진비를 제외한 일반비용은 법인카드 및 임직원 개인카드도 가능

❹ 지출증빙용 현금영수증

지출증빙용 현금영수증 카드를 이용하거나 지출시 소득공제용이 아닌 지출증빙용 현금영수증을 받는다.

❺ 세금계산서를 대용하는 지로영수증, 청구서 등

세금계산서 대용이라는 의미가 표기된 지로용지나 청구서로 대표적인 것이 전화비, 수도료, 인터넷 이용료 청구서 등이 있다.

❻ 원천징수영수증

급여, 사업소득 또는 기타소득 등 인적용역을 제공받거나 이자를 지급하면서 원천징수 후 신고를 하는 경우 원천징수영수증이 법정지출증빙 역할을 한다.

따라서 위의 6가지를 제외하고는 모두 법에서 인정하는 증빙이 아니므로 비법정증빙이 되며, 일정 금액(비용 3만 원, 경조사비 20만 원)을 초과하는 경우 여러 가지 세무상 불이익을 당하게 된다.

구 분			법정지출증빙	매입세액공제	비 고
기업업무추진비(= 접대비)를 제외한 일반비용		3만 원까지	세금계산서와 계산서, 신용카드매출전표(법인카드 + 임직원 개인카드) 및 현금영수증, 간이영수증	매입세액공제. 단, 간이영수증 및 비영업용 소형승용차, 업무무관 지출, 면세 관련 지출 등은 매입세액불공제	❶ 슈퍼 등의 포스기도 간이영수증에 포함 ❷ 임직원의 식대 등 복리후생비도 세금계산서 수취 시 매입세액공제 가능 ❸ 전기료, 전화료 등도 회사 명의로 발급받는 경우 매입세액공제 가능
		3만 1원부터	세금계산서와 계산서, 신용카드매출전표(법인카드 + 임직원 개인카드) 및 현금영수증	매입세액공제. 단, 비영업용소형승용차, 업무무관지출, 면세 관련 지출 등은 매입세액불공제	3만 원 초과액을 지출하고 간이영수증만 받은 경우 비용으로 인정은 되나 2%의 증빙불비가산세를 부담
기업업무추진비(= 접대비)		3만 원까지	세금계산서와 계산서, 신용카드매출전표(법인카드 + 임직원 개인카드) 및 현금영수증, 간이영수증	매입세액불공제	부가가치세법상 원칙적으로 매입세액불공제 항목이므로 매입세액불공제. 단 법인세(소득세) 계산 시 비용으로는 인정
		3만 1원부터	세금계산서와 계산서, 신용카드 매출전표(법인카드만 인정) 및 현금영수증	매입세액불공제	간이영수증 수취나 임직원 개인카드로 지출한 비용은 불인정 되고, 대표자에 대한 상여처분(= 대표자 급여)
경조사비	임직원	한도 규정 없음	정식 법정지출증빙이 아닌 청첩장 등 소명자료	관계없음	별도의 한도 규정은 없으나 사내규정 상 타당한 금액이면 비과세 비용인정
	거래처	20만 원까지	정식 법정지출증빙이 아닌 청첩장 등 소명자료	기업업무추진비로 매입세액불공제	기업업무추진비로 처리하나 일반 기업업무추진비와 달리 공제 한도를 20만 원으로 한 것임
		20만 1원~	세금계산서와 계산서, 신용카드매출전표(법인카드) 및 현금영수증	기업업무추진비로 매입세액불공제	20만 원을 초과하는 경우 다른 일반비용과 같이 법정지출증빙을 받아야 한다.

📝 세금계산서

일반적으로 가장 신뢰성 있는 증빙으로 모든 세무상 증빙을 세금계산서로 명칭이 통용된다고 보아도 과언이 아니다. 이는 공급가액과 부가가치세가 별도 표기되는 형식으로 구매자가 판매자에게 세금계산서를 받기 위해서는 구입가격에 부가가치세를 별도로 부담해야 한다.

세금계산서는 과세물품에 대해 발행하며, 간이과세자나 면세사업자는 세금계산서를 발행하지 못한다. 물론 영세율에 대해서는 세율을 0%로 해서 세금계산서를 발행한다.

세금계산서 작성 시 주의할 점은 필수적 기재 사항을 누락하지 않는 것이다.

그 전부 또는 일부가 적혀있지 않았거나 그 내용이 사실과 다른 경우에는 세금계산서의 효력이 인정되지 않는다.

필수적 기재 사항은 다음과 같다.

① 공급하는 사업자의 등록번호와 성명·명칭

② 공급받는 자의 등록번호

(공급받는 자가 사업자가 아니거나 등록한 사업자가 아닌 경우에는 '공급받는 자의 등록번호' 를 대신하여 고유번호 또는 공급받는 자의 주민등록번호를 적어야 한다)

③ 공급가액과 부가가치세액

④ 작성 연월일

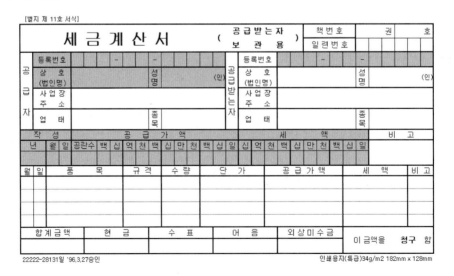

계산서

계산서는 면세 물품에 대해 발행하는 것으로 공급가액만 표기되고 부가가치세는 별도로 표기되지 않는다. 따라서 면세 물품을 구매하는 경우는 부가가치세를 별도로 부담하지 않으며, 따라서 세금계산서의 발행을 요구해도 발행해주지 않는다.

참고로 과세사업자라고 해도 면세물품을 판매하는 경우 계산서를 발행할 수 있다.

필수적 기재 사항은 다음과 같다.

① 공급하는 사업자의 등록번호와 성명·명칭

② 공급받는 자의 등록번호

공급받는 자가 사업자가 아니거나 등록한 사업자가 아닌 경우에는 '공급받는 자의 등록번호' 를 대신하여 고유번호 또는 공급받는 자의 주민등록번호를 적어야 한다.

③ 공급가액

④ 작성 연월일

신용카드매출전표(또는 현금영수증)

신용카드매출전표와 현금영수증에 대해서 일반적으로 동일한 증빙으로 인정하고 있다. 다만, 현금영수증의 경우 증빙으로 인정받기 위해서는 현금영수증 발행 시 지출증빙용으로 발급받아야 한다.

신용카드매출전표(또는 지출증빙용 현금영수증)는 공급가액과 부가가치세가 구분 표기되어있는 경우는 세금계산서와 동일하게 취급이 된다. 따라서 매입세액공제도 가능하다. 반면 부가가치세가 구분 표기되어있지 않은 경우는 계산서로 취급이 되므로 매입세액공제를 받을 수 없다.

📝 지로영수증과 각종 청구서

지로영수증 또는 각종 청구서를 받아 세금계산서로 활용하기 위해서는 다음의 4가지 필수적 기재 사항이 기재되어 있는지 반드시 확인해야 한다. 만일 4가지 사항이 모두 기재되어 있는 경우 이는 세금계산서와 동일한 것이며, 이 중 하나라고 기재가 누락되어 있는 경우에는 일반영수증과 같다고 보면 된다.

❶ 공급하는 자의 사업자등록번호와 성명 또는 명칭

❷ 공급받는 자의 사업자등록번호

❸ 공급가액과 부가가치세액

❹ 작성연월일

예를 들어 전화 등이 회사 명의로 되어있지 않고 개인 명의로 되어있는 경우 ❶, ❸, ❹ 는 모두 기재되어 있으나 ❷가 개인으로 되어있어 4가지 요건을 충족하지 못해 부가가치세를 그냥 손해 보는 것이다. 따라서 이를 사전에 방지하기 위해서는 반드시 모든 사항을 회사 명의로 변경해 두어 ❷의 사항이 지로용지에 표기가 되도록 해야 한다. 부가가치세가 구분 표기된 지로용지 = 세금계산서이므로 그냥 세금계산서로 생각하면 된다. 따라서 부가가치세 신고 시 매입세액공제가 가능하다.

📝 간이영수증

간이영수증은 문방구에서 파는 간이영수증 또는 영수증이라고 쓰인 용지를 말하며, 슈퍼나 음식점에서 영수증을 대신해서 사용하는 포스기 영수증 등도 간이영수증에 포함이 된다.

구 분	세무상 처리 방법
전자세금계산서	과세사업 관련 업무상 구입 · 지출 등은 법정지출증빙으로 매입세액공제 가능
지로용지	세금계산서 필수사항 기재, 국세청장에 신고한 후 발급(전력, 전화, 가스 등 공익성 지출임)된 것은 매입세액공제 가능

구 분	세무상 처리 방법
수입세금계산서	❶ 해외로부터의 재화 수입 : 세관장이 작성, 발급 ❷ 국내 수입 회사가 매입세액공제 적용받음
계산서 해당액	일반적인 경우는 매입세액공제 안 됨.
일반영수증, 금전등록기 영수증	❶ 매입세액공제 해당 안 됨. ❷ 3만 원 초과 지출 시 법정지출증빙으로 인정받지 못함.
신용카드매출전표 현금영수증 직불카드 영수증, 결제대행업체의 신용카드매출전표, 선불카드 영수증	❶ 일반 과세사업자가 발행한 경우임(공급사업자가 법인이면 세금계산서를 발행하는 것이 원칙임). ❷ 제외되는 경우 : 목욕, 이발, 미용업, 여객운송업, 입장권을 발행하여 영위하는 사업 ❸ 부가가치세액이 별도로 구분 기재 되어야 함. ❹ 신용카드 매출전표 등 수령명세서, 현금영수증 수취명세서 등을 부가가치세 신고 시 제출해야 함. ❺ 신용카드 매출전표, 현금영수증을 5년간 보관해야 함. ❻ 공급자의 인적 사항은 해당 증빙에 이미 인쇄 기재되거나 전자정보에 포함되어 있음. ❼ 공급받는 자의 성명, 주소, 사업자등록번호 등은 기재될 필요가 없음.

 세금계산서를 주고받을 때 반드시 확인해야 할 사항

세금계산서에는 반드시 기재해야 하는 필수적 기재 사항이 있는데, 세금계산서를 발행하거나 받을 때는 아래의 필수적 기재 사항이 정확히 기재되었는지를 확인해야 한다. 만약 아래의 사항이 사실과 다르게 기재되면 매입세액을 공제받지 못하거나 가산세를 물게 되므로 주의해야 한다.

❶ 공급자의 사업자등록번호, 성명 또는 명칭

실제 물건을 판매하는 자와 세금계산서 발행자가 동일한지?, 정상적으로 사업 중인 일반과세자인지 확인

❷ 공급받는 자의 사업자등록번호

공급받는 자의 사업자등록번호가 정확한지 확인

❸ 공급가액과 부가가치세액

❹ 작성 연월일

신용카드매출전표도 위의 요건을 갖추면 세금계산서의 기능을 한다.

 면세 재화를 팔고 착오로 세금계산서를 발행한 경우

1. 면세사업자는 세금계산서를 발급할 수 없음

부가가치세가 면세되는 사업자가 세금계산서를 발행한 경우는 적법한 세금계산서가 아니므로 발행한 사업자 및 발급받은 사업자 모두 신고 의무가 없는 것이다.

2. 면세되는 재화 또는 용역을 공급하고 착오로 세금계산서를 발급

일반적으로 과세사업자로 등록한 일반과세자가 부가가치세가 면제되는 재화 또는 용역을 공급하고 착오로 인해서 세금계산서를 발급했을 경우는 부가가치세의 과세표준과 납부세액 또는 환급세액을 경정하여 통지하기 전까지 수정세금계산서를 발급하고 추가로 계산서를 발급할 수 있는 것이며, 부가가치세를 신고·납부한 경우 경정 등의 청구서를 제출할 수 있는 것이다.

당해 수정세금계산서의 작성연월일은 수정세금계산서를 발급한 날이 아닌 당초 세금계산서를 작성한 날이(부가 46015-1592, 2000.07.05)라는 점은 유의해야 한다.

3. 과세거래에 대해서 (면세)계산서를 발급한 경우

사업자가 부가가치세가 과세되는 재화 또는 용역을 공급하고 (면세)계산서를 발급한 경우에는 당해 재화 또는 용역의 공급시기 후에 세금계산서 또는 수정세금계산서를 발급할 수 없다. 이 경우 세금계산서 미발급가산세가 적용된다.

 개인명의 신용카드매출전표도 증빙으로 인정이 되나요?

업무상 신용카드는 크게 법인카드와 개인카드로 구분이 된다. 모든 지출시 법인카드를 사용하면 아무런 문제가 없으나 현실은 상당수 회사가 법인카드와 개인카드를 혼용해서 사용하고 있다.

그리고 실무자들은 개인카드가 매입세액공제가 되는지? 비용인정이 되는지? 항상 궁금해한다.

세무 당국은 기업업무추진비를 제외한 일반비용의 경우 업무상 지출의 경우 개인명의 신용카드도 비용인정과 매입세액공제가 된다고 보고 있다.

그러나 문제는 개인신용카드의 경우 나중에 문제 발생 시 개인신용카드 지출 분도 무조건 업무용으로 인정을 해주면 다행인 데, 인정을 안 해주는 경우 해당 지출이 업무용 지출이라는 사실을 납세자가 소명해야 하는 불편함이 생길 수는 있다. 따라서 되도록 법인카드를 사용하고 개인사업자는 결제계좌를 사업용 계좌와 연결해 두는 것이 좋다.

구 분	해 설
신용카드매출전표 또는 현금영수증으로 매입세액공제를 받을 수 있는 경우	과세물품 또는 서비스를 제공받고 받은 신용카드매출전표
신용카드매출전표 또는 현금영수증으로 매입세액공제를 받을 수 없는 경우	❶ 면세물품 또는 서비스를 제공받고 받은 신용카드매출전표 ❷ 기업업무추진비 등 매입세액불공제 대상 신용카드매출전표 ❸ 업무용 지출 중 종업원 및 가족을 제외한 타인명의 신용카드매출전표 ❹ 외국에서 발행된 신용카드매출전표

세금계산서 발행 후 카드결제로 대금을 받은 경우

소매업 등을 영위하는 사업자가 부가가치세가 과세되는 재화 또는 용역을 공급하고 세금계산서 대신 신용카드 매출전표를 발급한 경우는 세금계산서를 발급하지 않는 것이다. 다만, 사업자가 1역 월의 공급가액을 합계하여 당해 월의 말일 자를 발행일자로 하여 월합계 세금계산서를 발급한 후 당해 세금계산서 발급 시기 이후에 그 외상대금을 수금하면서 신용카드매출전표를 발급하는 경우는 발행한 세금계산서 상의 공급일자를 기준으로 하여 부가가치세를 신고해야 한다. 예를 들어 6월 30일 세금계산서를 발행하고 동일 건에 대한 외상 대금을 신용카드로 받은 경우 부가가치세 신고는 6월 30일이 속하는 과세기간에 한다. 이 경우 신용카드매출전표의 여백 또는 이면에 00년 00월 00일 세금계산서 발행분으로 기재하여 발급해야 하고, 당해 매출전표는 그 거래사실이 속하는 과세기간에 대한 확정신고를 한 날로부터 5년간 보관해야 한다.

 # 증빙 관리의 기본원리

1. 원천징수 하는 인건비(급여, 용역대가 등)는 원천징수영수증이 증빙이다.

2. 국세청장이 세금계산서 대용으로… 문구가 있는 전기, 수도, 가스 등의 지로용지는 세금계산서이다.

3. 20만 원까지의 경조사비는 청첩장 등, 20만 원 초과분은 청첩장이 증빙이 안 되므로 반드시 세금계산서 등 법정지출증빙을 받아야 한다.

4. 자산으로 처리하는 물품(약 100만 원 이상)은 세금계산서 등을 받지 못하는 경우 계약서 등 소명할 수 있는 자료를 구비해야 한다.

5. 연 매출 4,800만 원 미만 간이과세자와 거래 시에는 신용카드가맹점일 때는 신용카드 결제를 한 후 신용카드 매출전표를 보관하고, 신용카드가맹점이 아닌 경우에는 송금명세서에 사업자등록증 사본, 송금통장 사본을 첨부해서 보관한다.

연 매출 4,800만 원~1억 400만 원 미만 간이과세자는 세금계산서 발행이 가능하므로 세금계산서를 받는다(세금계산서 발급가능 사업자).

6. 개인과의 거래 때는 송금을 하고 송금명세서와 상대방 통장 사본을 보관하고, 주민등록증 사본 등 인적 사항을 받아두는 것이 좋으며, 원천징수가 가능한 경우 원천징수 후 원천징수영수증을 보관한다.

7. 신규로 거래하는 거래처는 상대방의 사업자등록증 사본과 예금통장 사본을 받은 후 사업자등록증 사본과 예금계좌의 명의인이 일치하는지 확인한 후 국세청(www.nts.go.kr)에서 사업자 유형을 확인하자

8. 위 1~7의 경우 또는 법정지출증빙 수취의 예외에 해당하는 경우를 제외하고는 비용의 지출 시 세금계산서나 계산서, 신용카드 매출전표, 지출증빙용 현금영수증 등 법정지출증빙을 받아서 보관해야 한다.

적격증빙 관리 규정이 적용되는 경우

적격증빙 규정이 적용되는 사업자는

❶ 영리법인 또는 비영리법인의 수익사업 관련 지출로서

❷ 업무와 관련해

❸ 자산의 취득이나 비용의 지출 시

재화나 용역을 제공받고 회사의 돈이 나가는 경우에만 적용하고, 들어오는 돈에 대해서는 적용되지 않는다.

❹ 일정 금액을 초과하는 지출이면서 경조사비는 20만 원 초과, 나머지 비용은 3만 원 초과

❺ 증빙 예외 규정에 해당하지 않는 거래이다.

영리행위인지? 비영리행위인지? 판단한다.

구 분			증빙 적용
영리	법인		적용
	개인	❶ 단순경비율 적용대상자	미적용
		❷ 직전 연도 수입금액 4,800만 원 이하	
		❶, ❷ 이외의 개인사업자	적용
비영리	단, 수익사업 부분은 적용 대상		미적용

주 부가가치세법상 간이과세자는 원칙적으로 적용 대상이며, 신용카드가맹점인 경우 반드시 신용카드매출전표를 받

아야 한다. 단, 읍·면 지역의 연 매출 4,800만 원 미만 간이과세자로 신용카드가맹점이 아닌 경우 증빙을 받지 않아도 되는 예외 사항이다.

증빙은 원칙적으로 영리 목적에 해당하는 경우에만 적용이 되고, 비영리 목적에는 신경을 쓰지 않아도 된다. 따라서 영리법인에만 적용이 되고, 비영리법인은 수익사업을 제외하고는 적용이 되지 않는다.

그리고 법인은 영리 목적의 모든 법인이 적용 대상이나 개인은 단순경비율 적용대상자나 직전 연도 수입금액이 4,800만 원 이하인 사업자는 적용 대상이 되지 않는다.

간이과세자와 거래 시 유의사항

간이과세자와 거래 시 반드시 신용카드로 결제를 하는 것이 좋으며, 상대방이 ❶ 4,800만원 미만 간이과세자이면서 ❷ 읍·면 이외의 지역에 위치하고 ❸ 신용카드가맹점이 아닌 경우에는 건당 3만 원 이하 거래만 하는 것이 좋다.

만일 3만 원을 초과하는 경우
❶ 부동산임대용역, 중개수수료, 운송용역 등(증빙 특례규정)을 제공받는 경우 송금명세서를 제출하면 되나,
❷ 다른 거래의 경우 법정지출증빙을 받지 못하면 2%의 가산세를 부담하고 비용으로 인정받을 수 있다. 반면 연 매출 4,800만 원~1억 400만원의 간이과세자는 세금계산서 발행이 가능하므로 세금계산서를 받아야 한다.

증빙 규정은 업무 관련한 지출에 한해 적용한다.

증빙 규정은 업무 관련 지출에만 적용이 되며, 업무와 관련되지 않는 지출은 원칙적으로 비용 자체가 인정되지 않으므로 증빙 규정이 적용되지 않는다.
예를 들어 개인사업자가 개인의 집과 관련한 가사 관련 지출이나, 대표이사의 개인적인 골프비용 등 개인의 사생활과 관련한 지출은 적용 대상이 되지 않는다. 이유는 업무와 관련 없는 지출은 어차피 비용인정을 안 해주기 때문이다.

증빙 규정은 돈의 지출 시에만 적용된다.

증빙 규정은 돈의 지출 시에만 적용되는 것으로 돈이 들어오는 수입과 관련해서는

적용되지 않는다. 즉 증빙 규정이 적용되는 경우는 자산의 취득과 비용의 지출 시(물품이나 서비스를 구입하고 비용을 지출하는 경우)이다.

자산의 취득 시에는 법정지출증빙 수취 이외에 계약서 등으로 증빙을 대체할 수 있는 때도 있으나, 비용의 지출 시에는 반드시 법정지출증빙을 받아야 한다.

그리고 비용 중 인건비와 관련해서는 법정지출증빙을 대신해서 원천징수영수증이 법정지출증빙의 역할을 한다. 또한 비용의 지출 시에도 해당 비용의 성격에 따라 법정지출증빙을 받아야 하는 한도금액을 정하고 있으므로 이것도 구분해서 알아두어야 한다.

구 분			증빙 종류
자산취득	❶ 금융자산 : 현금, 예금, 수표·어음, 유가증권(국·공채) 등 ❷ 매출채권 : 외상매출금·받을어음·부도어음 ❸ 자금의 선지급 : 선급금·선급비용		증빙 관리 규정의 적용 대상이 아니다.
	토지, 건물 등 부동산, 보증금		매매계약서, 송금명세서 등 소명자료
	재고자산 구입, 차량운반구나 기계장치 구입 등		세금계산서 등 법정지출증빙
비용지출	물품 또는 서비스(재화 또는 용역)의 구입		세금계산서 등 법정지출증빙
	인건비		원천징수영수증
	인건비, 기업업무추진비, 경조사비를 제외한 일반비용	3만 1원~	세금계산서 등 법정지출증빙
		~3만 원	법정지출증빙 이외에 간이영수증도 가능
	기업업무추진비 (= 접대비)	3만 1원~	세금계산서 등 법정지출증빙
		~3만 원	법정지출증빙 이외에 간이영수증도 가능
	경조사비	거래처 : ~20만 원 임직원 : 사규상의 금액	청첩장 등
		거래처 : 20만 1원~	세금계산서 등 법정지출증빙

비용의 지출이라도 증빙규정의 예외가 있다.

구 분	면제 대상 거래의 종류
법정지출증빙 수취대상 제외 사업자	● 국가 및 지방자치단체, 비영리법인 ● 금융보험업 영위하는 법인(은행 등) ● 국내사업장이 없는 외국 법인과 비거주자 ● 읍면지역 연 매출 4,800만 원 미만 간이과세자(단, 읍면지역에 신용카드가맹점의 경우 신용카드 매출전표를 받아야 한다.)
법정지출증빙 수취대상 면제거래	● 농어민으로부터 재화 또는 용역을 직접 공급받은 경우 ● 원천징수 한 사업소득 ● 사업의 포괄양도 ● 방송용역, 전기통신용역 ● 국외 거래 ● 공매, 경매 또는 수용에 의하여 재화를 공급받은 경우 ● 토지 또는 주택을 구입하거나 주택임대용역을 공급받은 경우 ● 택시운송용역을 제공받은 경우 ● 부동산의 구입(매매계약서 사본 제출) ● 금융 · 보험용역을 제공받은 경우 ● 입장권 · 승차권 · 승선권 등을 구입하여 용역을 제공받은 경우 ● 철도 여객 운송용역 또는 항공기의 항행용역을 제공받은 경우 ● 임차인이 간주임대료를 지급하는 경우 ● 연체이자를 지급하는 경우 ● 유료도로 통행료를 지급하는 경우
법정지출증빙 수취 대상 면제거래 (반드시 경비 등 송금명세서 제출)	● 연 매출 4,800만 원 미만 간이과세자로부터 부동산임대용역을 제공받은 경우 ● 임가공용역을 제공받은 경우(법인과의 거래를 제외함) ● 연 매출 4,800만 원 미만 간이과세자로서 운수업을 영위하는 자가 제공하는 운송용역을 제공받는 경우(택시운송용역 제외) ● 재활용 폐자원 등을 공급받은 경우 ● 항공법에 의한 상업서류 송달용역을 제공받는 경우 ● 부동산중개업법에 의한 중개업자에게 수수료를 지급하는 경우 ● 우편주문판매 ● 인터넷, TV홈쇼핑 등을 통하여 재화 또는 용역을 공급받은 경우

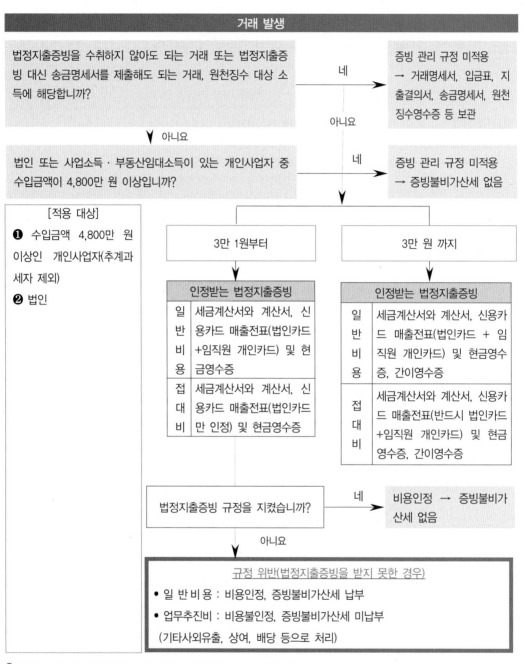

거래 발생

법정지출증빙을 수취하지 않아도 되는 거래 또는 법정지출증빙 대신 송금명세서를 제출해도 되는 거래, 원천징수 대상 소득에 해당합니까?

　　네 →

증빙 관리 규정 미적용
→ 거래명세서, 입금표, 지출결의서, 송금명세서, 원천징수영수증 등 보관

아니요 ↓

법인 또는 사업소득 · 부동산임대소득이 있는 개인사업자 중 수입금액이 4,800만 원 이상입니까?

　　네 →

증빙 관리 규정 미적용
→ 증빙불비가산세 없음

아니요 ↓

[적용 대상]
❶ 수입금액 4,800만 원 이상인 개인사업자(추계과세자 제외)
❷ 법인

3만 1원부터

인정받는 법정지출증빙	
일반비용	세금계산서와 계산서, 신용카드 매출전표(법인카드+임직원 개인카드) 및 현금영수증
접대비	세금계산서와 계산서, 신용카드 매출전표(법인카드만 인정) 및 현금영수증

3만 원 까지

인정받는 법정지출증빙	
일반비용	세금계산서와 계산서, 신용카드 매출전표(법인카드 + 임직원 개인카드) 및 현금영수증, 간이영수증
접대비	세금계산서와 계산서, 신용카드 매출전표(반드시 법인카드 +임직원 개인카드) 및 현금영수증, 간이영수증

법정지출증빙 규정을 지켰습니까?

　　네 →

비용인정 → 증빙불비가산세 없음

아니요 ↓

규정 위반(법정지출증빙을 받지 못한 경우)
• 일반비용 : 비용인정, 증빙불비가산세 납부
• 업무추진비 : 비용불인정, 증빙불비가산세 미납부
(기타사외유출, 상여, 배당 등으로 처리)

주 증빙 수취의 기준금액은 3만 원이다(경조사비는 20만 원).

법에서 인정하는 법정지출증빙 관리

<table>
<tr>
<td>원칙</td>
<td>

법인 또는 아래의 ❶, ❷에 해당하지 않는 개인사업자는 적용 제외

❶ 단순경비율 적용대상자(추계신고자)

개인사업자 중 추계신고를 하는 경우 증빙에 의해서 비용이 인정되는 것이 아니라 일정 경비율을 무조건 비용으로 인정해주는 것이므로 증빙 자체가 필요 없다.

❷ 직전 연도 수입금액 4,800만 원 이하

영리와 관련한 지출 : 정부 및 지방자치단체와 비영리법인과의 거래에 있어서는 증빙 관련 규정이 적용되지 않는다.

세금계산서 등 법정지출증빙을 챙겨야 하는 기준금액

❶ 경조사비를 제외한 비용(기업업무추진비 포함)은 3만 1원부터

❷ 거래처 경조사비는 20만 1원부터

경조사비는 축의금(부의금) + 화환 금액이다. 즉, 축의금(부의금) 및 화환 금액의 합이 20만 원을 초과하는 경우 법정지출증빙을 받아야 한다. 예를 들어 축의금 20만 원, 화환 10만 원의 경우 법정지출증빙을 안 받으면 모두 비용인정이 안 되며, 화환 10만 원에 대해 증빙을 받은 경우 화환금액만 비용인정이 가능하다.

</td>
</tr>
</table>

주 동일 시간, 동일 장소, 동일 거래처는 1건의 거래로 본다. 따라서 2명이 나누어 결제하거나, 금액을 나누어 결제해도 1건으로 봐 합산한 후 판단한다.

예외	구 분	인정되는 증빙
	인적용역 제공	원천징수영수증(지급명세서)
	금융기관과의 거래	송금명세서 등 관련 영수증
	세법상 원천징수 대상 거래	원천징수영수증
	연 매출 4,800만 원 이상 간이과세자와의 거래	세금계산서, 계산서, 신용카드매출전표, 현금영수증
	연 매출 4,800만 원 미만 간이과세자와의 거래	신용카드매출전표, 현금영수증
	개인과의 거래	계약서, 송금명세서 등 거래 사실을 소명할 수 있는 증빙
	전기요금, 전화요금, 가스요금, 수도요금 지로 거래	지로 영수증

개인사업자 종합소득세(기장대리) 대비 챙겨야 할 증빙관리

아래의 서류는 종합소득세 신고 시 반드시 준비해야 하는 서류로, 만일 직접 안 하고 신고 대행을 맡길 때는 홈택스 아이디와 비번을 가르쳐주고, 6~13번까지의 서류를 제출하면 된다.

1. 세금계산서, 계산서는 홈택스를 활용해 전자로 발행하고, 전자로 받는다.

2. 종이로 받은 세금계산서와 계산서는 반드시 회계프로그램이나 전자적 방법으로 저장해 둔다(홈택스에 자동으로 나타나지 않음).

3. 신용카드는 법인의 경우 법인카드를 사용하고, 개인의 경우 사업용 신용카드를 사용한다(신고대행 시에는 신용카드 거래내용을 엑셀로 내려받아 세무대리인에게 전달한다).

4. 현금영수증을 받을 때는 잊어버리지 말고 반드시 지출증빙용으로 발행받는다.

5. 전기요금, 전화요금 등 지로 영수증을 보관한다. 별도로 지로 영수증을 받지 않고 통장에서 자동이체를 하는 경우 이를 신용카드로 자동이체를 해놓는 것이 좋다.

6. 세무대행 시에는 본인 명의 계좌 출금 명세를 엑셀로 내려받아 세무대리인에게 제출한다.

7. 세무대행 시에는 연말정산 간소화 pdf 파일(홈택스)을 세무대리인에게 제출한다.

8. 세무대행 시에는 비품목록 (핸드폰, 컴퓨터, 책상 등)을 엑셀로 정리해서 세무대리인에게 제출한다. 이는 감가상각을 통해 비용인정을 받을 수 있다.

9. 인테리어비용, 권리금 등에 대한 세금계산서를 못 받았을 때 계약서와 계좌이체 내역을 보관해 둔다. 세무대행 시에는 세무대리인에게 제출한다.

10. 기부금 지출이 있는 경우 종교단체 등에서 기부금영수증을 발급받아 보관한다. 세무대행 시에는 세무대리인에게 제출한다.

→ 해당 단체의 사업자등록번호와 단체종류가 확인되는 자료

11. 자동차 보험료 등 납입내역서(리스의 경우 리스상환스케줄)를 보관한다. 세무대행 시에는 자동차등록증 사본과 함께 세무대리인에게 제출한다. → 본인 명의 차량만 가능

12. 세무대행 시에는 주민등록등본, 가족관계증명서(가족 공제받을 사람에 대한 정보)를 세무대리인에게 제출한다. 제출 시 공제 안 받을 사람은 체크 후 제출한다. → 증명서는 주민등록번호 뒷자리까지 주민등록번호 전체가 나오게 발급받아야 한다.

13. 세무대행 시에는 화재보험이나 4대 보험 납부내역서를 세무대리인에게 제출한다. → 저축성보험은 비용인정 안 됨, 단, 개인과 관련된 암보험, 실비보험은 개인사업자는 적용되지 않는다.

14. 청첩장과 부고장을 보관한다. → 1장당 최대 20만 원까지 비용인정

15. 사업 관련 차입금의 이자비용 납입증명서 → 본인 주택 관련 대출이자 비용은 비용 인정이 안 됨

16. 사무실 임차료에 대한 세금계산서는 문제없으나 건물주가 발행을 안 해주는 경우 계약서와 계좌이체 내역을 보관해 둔다. 세무대행 시에는 세무대리인에게 제출한다.

→ 증빙불비가산세를 부담하고 비용인정을 받는다.

17. 노란우산공제 납입증명서를 세무대행 시에는 세무대리인에게 제출한다.

18. 연금저축/퇴직연금저축 납입증명서를 세무대행 시에는 세무대리인에게 제출한다.

19. 인건비 지급내역을 원천징수 신고내용과 상호 대사해 본다.

홈택스 전자세금계산서의 발행 방법

❶ 홈택스 가입 및 로그인 http://www.hometax.go.kr

❷ 공인인증서 등록

홈택스 > [공인인증센터] > 공인인증서 등록

❸ 홈택스 > 전자(세금)계산서·현금영수증·신용카드 > [전자세금계산서- 발급] > [건별발급]

❹ 전자세금계산서 일반

공급자/ 공급받는자의 정보, 거래금액을 입력해 주면 된다.

영세율 등의 세금계산서 발급을 원하는 경우, 왼쪽상단, [종류]에서 영세율에 표시해 주면 된다.

다음의 종이 세금계산서를 인터넷 상에서 입력 후 발행하는 것으로 생각하면 된다.

거래처 관리와 거래처 조회를 통해 정기적으로 발행해야 하는 거래처 관리 및 신속한 발행이 가능하다.

❺ 청구 / 영수 선택

해당 금액을 이미 받은 경우 영수, 아직 받기 전의 경우 청구로 선택 후, [발급하기]
해주면 된다.

※ 품목의 월은 작성일자의 월이 표시되고 변경은 작성일자 수정시 자동 반영됨, 합계의 '계산' 버튼은 금액을 공급가액과 세액으로 계산 할 수 있음

| 품목추가 | 품목삭제 | 품목은 최대 16개까지 추가, 삭제 가능 | | | | | | | | 거래처품목 조회 |

월	일	품목		규격	수량	단가	합계	공급가액	세액	비고	삭제
03			조회				계산				삭제
			조회				계산				삭제
			조회				계산				삭제
			조회				계산				삭제

현금	수표	어음	외상미수금	이 금액을 (● 청구 ○ 영수) 함

발급미리보기   발급보류   **발급하기**   초기화

[전자세금계산서]

발급	발급	발급 보류 예정 목록	거래처 및 품목 관리	메일 발송
	발급	발급 보류 예정 목록	거래처 및 품목 관리	메일 발송
	- 전자(세금)계산서 건별발급 - 전자(세금)계산서 반복발급 - 전자(세금)계산서 복사발급 - 전자(세금)계산서 수정발급 - 전자(세금)계산서 일괄발급 - 전자(세금)계산서 일괄발급(100건 초과 시) - 전자(세금)계산서 일괄수정발급 - 전자(세금)계산서 전기료 등 공동매입분 발급	- 전자(세금)계산서 발급 보류목록 조회 - 전자(세금)계산서 발급 예정목록 조회	- 전자(세금)계산서 거래처 관리 - 전자(세금)계산서 거래처 품목	- 메일 발송 목록 조회 및 재발송 - 전자(세금)계산서 수신전용 메일 신청
조회	목록조회	합계표·통계 조회	주민번호 수취분 조회·전환	제3자 발급사실 조회 및 수정 발급사실 알림
	- 전자(세금)계산서 발급 목록조회 - 전자(세금)계산서 건별 상세조회 - 전자(세금)계산서 월/분기별 목록조회 - 전자(세금)계산서 수정발급이력조회	- 전자(세금)계산서 합계표 조회 - 간이과세자 매입 전자(세금)계산서 합계표 조회 - 기간별 전자(세금)계산서 매출/매입 통계 조회 - 발급유형별 전자(세금)계산서 매출/매입 통계	- 전자(세금)계산서 주민등록번호 수취분 전환 - 전자(세금)계산서 주민등록번호 수취분 전환 내역 조회	- 발급사실 조회 및 수정 발급사실 알림 신청 - 수정 발급사실 알림 신청내역 관리 - 수정 발급사실 제공 동의(비동의) 처리
관리	조회 권한 관리	자료 신청	원본보기	
	- 본지점 조회권한 동의 및 취소 - 총괄납부 조회권한 동의 및 취소	- 전자(세금)계산서 자료 신청 - 전자(세금)계산서 대량자료 신청결과 조회	- 전자세금계산서 xml 원본보기	국세 민원 찾기

[현금영수증]

					⏱ 이용시간
사용내역(소득공제) 조회	매입내역(지출증빙) 조회	매출내역 누계 조회	소비자 발급수단 관리	매입세액 공제 확인/변경	**365일** 24시간

현금영수증 조회 · 발급 수단	소비자 · 근로자	사업자 - 매입내역(지출증빙) 조회 - 매입내역(지출증빙) 누계조회 - 매입세액 공제금액조회 - 사업자용 발급수단 관리 - 사업자용 전용카드 신청	가맹점 - 현금영수증 매출내역 조회 - 현금영수증 매출내역 누계조회 - 현금영수증 소액결제 세액공제조회 - 현금영수증 가산세 및 가맹점 가입의무 조회 - 현금영수증 제3자 발급사실 조회 - 현금영수증 가맹점 가입방법
현금영수증 수정	소비자 · 근로자	사업자 - 자진발급분 사업자등록 - 세액공제 확인/변경	
현금영수증 발급	현금영수증 발급 사업자 - 현금영수증 발급 사업자 신청 및 수정	발급 · 수정 - 현금영수증 건별 발급 - 현금영수증 일괄 발급 - 현금영수증 취소 발급	조회 - 현금영수증 당일 발급분 조회/취소/정정 - 현금영수증 발급 결과 조회 ※ 발급일 다음날 조회 가능 - 현금영수증 월별 발급 현황 조회

[신용카드]

					⏱ 이용시간
사업용 신용카드 등록	매입세액 공제 확인/변경	매입세액 공제금액 조회	매입내역 누계 조회	신용카드·판매(결제)대행 매출자료 조회	**365일** 24시간 매입세액공제확인변경 00시부터 07시까지 불가능

신용 카드	사업용 신용카드 - 사업용 신용카드 등록 및 조회 - 사업용 신용카드 매입세액 공제 확인/변경 - 사업용 신용카드 매입세액 공제금액 조회 - 사업용 신용카드 매입내역 누계 조회 - 사업용 신용카드 파일 업로드 처리결과 조회 - 사업용 신용카드 부가가치세 공제대상 여부 조회	화물운전자 복지카드 - 화물운전자 복지카드 매입세액 공제 확인/변경 - 화물운전자 복지카드 매입세액 공제금액 조회 - 화물운전자 복지카드 매입내역 누계 조회	신용카드 매출 조회 - 신용카드·판매(결제)대행 매출자료 조회

세금계산서 주고받을 때 주의사항

구 분	해당 내용, 범위, 기재 내용, 발급 여부
필수적 기재 사항 (꼭 적어야 효력 발생)	① 공급하는 사업자의 등록번호와 성명·명칭 ② 공급받는 자의 등록번호(공급받는 자가 사업자가 아니거나 등록한 사업자가 아닌 경우에는 '공급받는 자의 등록번호'를 대신하여 고유번호 또는 공급받는 자의 주민등록번호를 적어야 한다) ③ 공급가액과 부가가치세액 ④ 작성 연월일
임의적 기재 사항 (안 적어도 문제없음)	공급자 주소, 공급받는 자 명칭, 주소 등, 공급자·받는 자의 업태와 종목, 공급 품목, 단가·수량·공급연월일, 거래 종류
기재 유의 사항	① 공급받는 자가 비사업자이면 고유번호와 주민등록번호 기재함 ② 제 3자나 공급시기가 다르면 사실과 다른 세금계산서임 ③ 필수적 기재 사항 누락이나 사실과 다르면 매입세액공제 안 됨
발급 특례	① 재화·용역 공급일이 속하는 달의 다음 달 10일까지는 발행해야 함(공급일은 실제 일자 기재) ② 거래처별 1개월 단위이면 해당 월 말일 자로 작성연월일 기재
발급면제	① 택시, 노점, 행상 ② 소매업자 등 ③ 자가공급, 개인적 공급, 사업상 증여 ④ 외국항행용역 ⑤ 비거주자·외국인에게 공급 ⑥ 공인인증서 발급용역 ⑦ 무인자동판매기 ⑧ 전기·도시가스 사업자 ⑨ 도로·시설 운영 용역의 경우 등

수정세금계산서 발행

종이 세금계산서는 특성상 잘못 발행했으면 찢어버리고 새로 발행해주면 되지만 전자세금계산서는 전송이라는 단계를 거치기 때문에 세금계산서의 변경사항이 생기면 수정 발행할 수밖에 없다.

수정하는 사유는 두 가지 경우로 나누어 볼 수 있다.

① 내가 손가락이 잘못되거나 딴생각을 하거나 작성방법을 몰라 개인적 실수로 잘못 발행했을 때 즉 내 실수로 잘못 발행한 경우

② 나는 ①번과 같은 잘못을 안 했는데, 상대방이 갑자기 계약을 해지할지, 상품을 반품할지 거래처가 깎아 달라고 해서 사장님이 갑자기 거래 관계상 어쩔 수 없이 깎아 줄지 어찌 알아요. 어쩔 수 없이 거래상황이 바뀌어서 발행하는 경우다.

①은 내 잘못, ②는 아무도 예측 불가능한 거래의 흐름

따라서 ①의 경우는 원래 작성 자체가 실수이므로 기재 내용을 바르게 수정해야 하고

②의 경우는 전에 발행한 전자세금계산서 자체가 잘못된 것은 아니므로 새로운 거래로 생각해 새로운 전자세금계산서를 발행하면 된다.

②는 엄밀히 말하면 수정이 아니다.

내 잘못이 아닌 수정세금계산서 발행

내 잘못이 아닌 수정 전자세금계산서 발행 사유는 다음의 경우가 있다.

❶ 환입 = 판매한 상품 일부가 반품되는 경우 : 반품된 날을 작성일자로 적고, 비고란에 처음 작성일자를 적은 후 환입된 금액만큼 마이너스(−) 세금계산서 발행

이 거래는 일부취소를 하는 경우가 해당한다.

❷ 계약의 해제 = 계약의 해제로 상품이 공급되지 않거나 상품 전체가 반품된 경우 : 계약이 해제된 날을 작성일자로 적고, 비고란에 처음 작성일자(내국신용장 개설일)를 적은 후 환입된 금액만큼 마이너스(−) 세금계산서 발행

이 거래는 전부 취소하는 경우가 해당한다.

❸ 공급가액 변동 = 기존 판매 상품의 가격을 깎아 주거나 올리는 경우 : 증감 사유가 발생한 날을 작성일자로 적고, 비고란에 처음 작성일자를 적은 후 환입된 금액만큼 마이너스(−) 세금계산서 발행

❹ 내국신용장 사후 개설 = 내국신용장 등이 사후에 발급된 경우

내국신용장이 개설된 때에 그 작성일은 <u>처음 작성일로 적고</u> 비고란에 <u>내국신용장 개설일</u> 등을 적어서 발행한다.

11월 1일 공급가액 1,000,000원(세액 100,000원)인 상품을 판매했다.

> **해설**

❶ 환입 : 12월 12일 500,000원(세액 50,000원)에 해당하는 상품이 반품된 경우

❷ 계약의 해제 : 12월 12일 1,000,000원(세액 100,000원)에 해당하는 상품이 반품된 경우

❸ 공급가액 변동 : 12월 12일 거래처 부탁으로 1,000,000원(세액 100,000원)의 상품을 800,000원(세액 80,000원)으로 깎아 준 경우

각각 발행일은 12월 12일, 비고란에 11월 1일 기재 후 다음 달 1월 10일까지 수정 전자세금계산서를 발행하면 가산세는 없으나 이후 발행하면 전자세금계산서의 수정 때문이 아닌 전자세금계산서 미발행 및 지연전송에 따른 가산세를 내야 한다.

예를 들어 6월 20일 재화를 100만 원에 공급한 후, 7월 5일에 20만 원에 대해서 반품(환입)이 발생한 경우 100만 원에 대해서는 6월 20일을 작성일자로 해서 발행하고, 반품된 20만 원에 대해서는 7월 5일을 작성일자로 해서 환입으로 발행한다.

100만 원은 1기 확정(개인) 때 신고하고, 20만 원에 대해서는 2기 예정(법인) 또는 확정(예정)신고 때 신고한다.

구분	의미	방법	작성월일	비고란	발급기한
새로운 작성 일자 생성	공급 가액 변동	증감되는 분에 대하여 정(+) 또는 음(−)의 세금계산서 1장 발급	변동 사유 발생일	처음 세금계산서 작성일	변동사유 발생일 다음 달 10일까지 발급
	계약의 해제	음(−)의 세금계산서 1장 발급	계약해제일	처음 세금계산서 작성일	계약해제일 다음 달 10일까지 발급
	환입	환입 금액분에 대하여 음(−)의 세금계산서 1장 발급	환입된 날	처음 세금계산서 작성일	환입된 날 다음 달 10일까지 발급
당초 작성일자	내국신용장 사후 발급	음(−)의 세금계산서 1장과 영세율 세금계산서 1장 발급	당초 세금계산서 작성일자	내국신용장 개설일	내국신용장 개설일 다음 달 10일까지 발급 (과세기간 종료 후 25일 이내에 개설된 경우 25일까지 발급)

내 잘못으로 수정세금계산서 발행

내가 손가락이 잘못되거나 딴생각을 하거나 작성 방법을 몰라 개인적 실수로 잘못 발행했을 때이다. 이는 노트에 틀린 글자를 쓰면 지우고 그 자리에 다시 쓰는 것과 같이 틀린 내용을 고치는 것이다.

전자세금계산서 발행 시 내 사업자등록 내역은 자동으로 표시되므로 상대방의 사업 자등록 내용을 잘못 적거나, 발행일을 잘못적거나 금액을 잘못 적는 경우가 많다.

이 경우는 수정사항을 고친 후 처음 발급한 세금계산서의 내용대로 마이너스(−)로 발급한 후 올바르게 수정해서 다시 발행한다.

필수적 기재 사항의 정정은 착오 정정과 착오 외의 사유 정정으로 나눈다.

▷ 필수적 기재 사항을 착오로 잘못 적은 경우

당초 분을 취소하는 세금계산서 1장을 발행한 후 바르게 정정한 세금계산서 1장을 발행한다. 총 2장 발행이다.

틀린 내용 수정이므로 작성일자는 당초 일자가 되고, 금액란에는 당초 분 취소 세금계산서에는 당초 금액 전체를 마이너스(-)로 작성하고, 정정 세금계산서에 올바른 금액을 기재한다.

공급받는 자를 제외한 필수적 기재 사항을 잘못 기재하여 수정세금계산서를 발급한 경우 자진하여 수정하면 가산세가 부과되지 않는다. 다만, 틀린 세금계산서로 부가가치세 신고를 한 경우 당초 납부해야 할 부가가치세를 적게 낸 결과가 되면 수정 세금계산서 자체에 대한 가산세는 없지만, 부가가치세 과소 납부에 대한 신고 관련 가산세는 있다.

📂 필수적 기재 사항이 착오 외의 사유로 잘못 적힌 경우

수정세금계산서 발급 사유 중 필수적 기재 사항의 정정은 사실을 인지한 날 동일 과세기간 내가 아니라도 언제든지 가능하지만(가산세도 없음), 착오 외의 사유는 당초 세금계산서의 확정신고기한 다음날부터 1년까지 기한이 지난 후에는 수정발행 할 수 없다.

착오 외의 사유로 가장 대표적인 경우가 공급받는 자를 전혀 다르게 기재하는 경우이다. 사업자번호가 있음에도 주민등록번호로 발행하는 경우, A 거래처에 발행해야 하는데, B 거래처에 발행하는 경우 등이다. 수정발급 방법은 앞서 설명한 필수적 기재 사항을 착오로 잘못 적은 경우와 같다.

❶ 확정신고기한 다음날부터 1년 이내에 수정세금계산서를 발행하는 경우, 공급자와 공급받는 자 모두 세금계산서 관련 가산세를 부담하지 않는다. 이는 납세자의 자발적인 오류 수정을 장려하고, 성실한 납세 의지를 인정하는 세법의 취지를 반영한 것이다.

❷ 확정신고기한 다음날부터 1년이 지난 후 수정을 할 경우는 공급자에게는 미발행 가산세를 부과하며, 공급받는 자는 매입세액공제를 받을 수 없다.

수정 전자세금계산서 착오와 착오 외의 구분

필수적 기재 사항의 정정은 착오 정정과 착오 외의 사유 정정으로 나눈다.

이것은 구분은 명확히 할 수 없다. 개별적인 사항에 따라 종합적인 판단을 거쳐 착오인지 착오 외의 사유인지 판단을 해야 한다.

1. 필수적 기재 사항 등이 착오로 잘못 적힌 경우(착오로 보는 경우)
- 작성연월일 잘못 기재(부가 22601-746, 1991.6.15)
- 세금계산서 발급 의무 면제 거래에 대해 세금계산서 발급(부가 22601-1789, 1987.8.31)
- 과세 · 면세비율 계산 착오로 공급가액이 달리 표기(부가 46015-1109, 1995.6.19)
- 당초 착오로 주민등록번호를 기재하여 발급하고 이를 사업자등록번호로 수정하는 경우(부가 46015-2135, 1999.7.26)

2. 필수적 기재 사항 등이 착오 외의 사유로 잘못 적힌 경우(착오 외로 보는 경우)
- 공급자 및 공급받는 자를 당초 다르게 기재한 경우(부가 46015-3833, 2000.11.27)
- 본점에서 재화를 공급하고 지점 명의로 세금계산서를 발급한 경우(서면 3팀-1818, 2007.6.26)
- 과세 대상 재화를 공급하고 계산서를 발급한 경우((부가 22601-794, 1985.4.30)

☞ 전자세금계산서를 착오로 이중 발급한 경우

처음 발급한 세금계산서의 내용대로 한 장을 마이너스(-)로 발급한다.

☞ 면세 등 발급 대상이 아닌 거래 등에 대하여 발급한 경우

면세는 세금계산서 발급 대상이 아니므로 처음 발급한 세금계산서의 내용대로 한 장을 마이너스(-)로 발급한다.

☞ 세율을 잘못 적용하여 발급한 경우

처음 발급한 세금계산서의 내용대로 마이너스(-)로 발급한 후, 정상 세율을 적용해 다시 발행한다.

구분		작성발급 방법			발급기한
		방 법	작성월일	비고	
기재 사항 등이 잘못 적힌 경우	착오	당초 발급 건 음(-)의 세금계산서 1장과 정확한 세금계산서 1장 발급	당초 세금계산서 작성일자	–	착오 사실을 인식한 날
	착오외				확정신고기한 다음날부터 1년까지 발급
세율을 착오로 잘못 작성한 경우					착오 사실을 인식한 날
착오에 의한 이중 발급				–	착오 사실을 인식한 날
면세 등 발급 대상이 아닌 거래					착오 사실을 인식한 날

📝 수정세금계산서 발행시 가산세

구 분	사 유
가산세가 없는 경우	① 계약해제 · 취소 ② 공급된 재화의 환입 ③ 계약 해지로 추가 · 차감 금액 발생 ④ 일반재화 · 용역 공급 후 과세기간 종료 후 25일 이내에 내국신용장 · 구매승인서 발급(영세율) ⑤ 세금계산서 필수적 기재 사항의 착오 기재 ⑥ 기타 사항의 착오 기재 ⑦ 전자세금계산서의 착오 이중 발행 ⑧ 면세거래를 과세로 잘못 발행 기재 ⑨ 세율을 잘못 적용하여 발행
조건부 가산세 면제	① 필수적 기재 사항 착오 기재 : 자진 수정 시 가산세 없으나, 세무조사 통지, 세무조사관 현지 확인, 과세자료 해명 안내 등이 경정할 것을 미리 알고 수정한 경우는 가산세 부과됨. ② 필수적 기재 사항 이외 착오 기재 : 확정 신고기한 다음날부터 1년 이내에 수정 세금계산서 발행 시 가산세 없으나, 세무조사 통지 · 현지 확인 · 해명 안내 등 이후에는 가산세 부과임.

주 수정 세금계산서 관련 가산세는 없어도, 부가가치세 과소신고에 따른 가산세는 발생할 수 있다.

수정세금계산서 발급에 따른 부가가치세 수정신고 대상 여부

구 분	사 유	부가가치세 수정신고 대상 여부		
		작성연월	대상	사유
당초 작성일자	신고기한 내 수정 사유 발생	당초 작성일자	대상 아님	신고기한 내 당초 및 수정세금계 산서가 발급한 경우 합산신고
	신고기한 경과 후 수정 사유 발생		대상	신고기한 경과 후 수정세금계산 서 발급한 경우 합산신고 불가로 수정신고 대상임
새로운 작성일자 생성	공급가액 변동	변동 사유 발생일	대상 아님	환입 등 수정 사유가 발생한 시 기가 공급 시기이므로 사유 발생 한 과세기간에 신고대상임
	계약의 해제	계약해제일		
	환입	환입된 날		

거래처 경조사비 증빙처리

비용인정 되는 경조사비	비용인정 안 되는 경조사비
기업업무추진비(= 접대비)를 지출하는 경우는 원칙적으로 3만 1원부터 법정지출증빙을 받아야 한다. 다만, 경조사비로 지출하는 경우는 20만 원까지의 경조사비는 법정지출증빙을 사용해서 지출하지 않아도 되나 청첩장·부고장 등 객관적인 증빙을 갖추어야 기업업무추진비로 인정받아 비용처리를 할 수 있다. 세법상 경조사비에 대한 명확한 규정은 없으나 청첩장·부고장 등 객관적인 증빙이 없더라도 20만 원까지의 경조사비는 축의금·부의금을 지급한 사람이나 수취자가 상대방, 장소, 일시, 지급을 확인한 내역이 있는 확인증(청첩장 등)과 함께 지출결의를 해서 지출하는 경우는 기업업무추진비로 인정받을 수 있을 것이다.	20만 원까지의 경조사비는 법정지출증빙을 받지 않아도 기업업무추진비(= 접대비)로 인정받을 수 있으나 20만 1원부터는 법정지출증빙을 받아야 기업업무추진비로 인정받을 수 있다. 법정지출증빙을 받지 못한 20만 원 초과한 경조사비는 초과액만 비용으로 인정받지 못하는 것이 아니라 전체금액에 대해 비용으로 인정받지 못한다. 예를 들어 30만 원의 경조사비 지출액에 대해서 법정지출증빙을 받지 못한 경우 20만 원은 비용인정 되고, 10만 원은 비용인정이 안 되는 것이 아니라 30만 원 전체가 비용인정이 안 되는 것이다. 또한 20만 원에는 현금뿐만 아니라 화환 금액도 포함된 금액을 말한다.

사례별 챙겨야 할 적격증빙의 종류

거래유형	증빙 종류	비 고
거래 건당 3만 원 초과 금액의 과세 재화·용역 거래	세금계산서, 신용카드매출전표, 현금영수증	3만 원 이하는 일반영수증이나 송금명세서 가능
거래건당 3만 원 초과 금액의 면세 재화·용역거래	계산서, 신용카드매출전표, 현금영수증	3만 원 이하는 일반영수증이나 송금명세서 가능
건당 3만 원 초과 기업업무추진비 지출(3만 원~)	세금계산서, 신용카드매출전표, 현금영수증	법인카드에 한함, 개인카드 불가능
건당 3만 원 이하 기업업무추진비 지출(~3만 원)	영수증, 송금명세서, 신용카드매출전표, 현금영수증	개인카드 가능
외부인 원천징수 대상 거래(인적용역, 원고료, 경품 지급 등)	원천징수영수증, 지급명세서	사업소득, 기타소득 등으로 처리(원천징수 안 한 경우 법정지출증빙 요함)
건물(부속 토지 포함) 구입시	계약서 사본과 대금 지급 사실 서류 등 제출	법인세 신고 시(주택 제외)
사업자 아닌 자로부터의 구입	계약서, 거래명세표 등 제반 증빙서류 및 대금 지급 내역	사업자등록이 말소된 거래처로부터 원재료를 매입한 경우 등
읍·면 지역 소재 연 매출 4,800만 원 미만 간이과세자(신용카드가맹점 아님)로부터의 매입	영수증(신용카드가맹점이라면 신용카드 매출전표)	세금계산서 등 의무 없음(연 매출 4,800만 원~1억 400만 원 간이과세자는 세금계산서 의무 있음).
농어민으로부터 재화·용역을 직접 공급받은 경우	송금명세서, 영수증, 거래 사실 입증서류 등	작물생산업·축산업·복합농업, 임업 또는 어업 종사 농어민(법인은 제외)
회비, 제세공과금, 노동조합비	송금명세서, 법인의 사규 규정	재화·용역의 공급거래가 아님
월 단위 합산해서 식대(3만 원 초과) 지급 시	세금계산서, 신용카드매출전표, 현금영수증	3만 원 이하 시 영수증 가능

거래유형	증빙 종류	비 고
사업의 양도, 방송용역, 전기통신용역, 공매·경매·수용, 택시운송용역, 항공기 항행용역, 금융·보험용역	영수증, 송금명세서, 거래 사실 입증서류 등	금융·보험업 법인이 금융·보험업 이외의 사업자라면 법정지출 증빙을 구비해야 함
토지 또는 주택 구입, 주택임대용역(법인제외) 공급받은 경우	매매계약서와 대금 지급 사실 서류, 영수증 등	
계약서에 의한 판매장려금 지급	판매장려금지출명세서	재화·용역거래가 아님
위약금 등 지급	영수증, 송금명세서, 거래 사실 입증서류 등	재화·용역거래가 아님
공급대가 지연이자(연체이자)	영수증, 송금명세서	부가가치세 과세표준에서 제외
전산 발매 통합관리 시스템 운영사업자의 입장권·승차권·승선권	입장권·승차권·승선권, 영수증, 송금명세서, 거래 사실 입증서류 등	영화상영관, 공연장, 관광·체육시설 운영사업자, 고속버스, 여객선
연 매출 4,800만 원 미만 간이과세자의 부동산임대용역, 개인의 임가공용역, 운송용역(화물운송대행용역은 제외), 항공법에 의한 상업서류 송달용역, 부동산중개업자 중개수수료, 인터넷·PC통신 및 TV홈쇼핑, 주문판매, 입장권·승차권·승선권	금융기관을 통한 거래로서 송금명세서 제출	법인세 과세표준신고서에 첨부 * 미등록사업자로부터의 부동산임대용역은 특례 대상이 아님(법정지출증빙을 수취해야 함)
법인 부담 의료비 지급	계산서, 원천징수영수증	의료기관이 법인 : 계산서 의료기관이 개인 : 사업소득으로 원천징수
상품권 구입 대가	재화·용역거래 아님(상품권 사용 시에 세금계산서, 계산서, 신용카드매출전표, 현금영수증 또는 영수증 등 수취)	
상품권 구입 기업업무추진비 사용	세금계산서, 신용카드매출전표, 현금영수증	
증여하는 경우	영수증, 송금명세서, 거래 사실 입증서류 등	
국가·지자체·비영리법인과의 거래	고지서, 송금명세서, 영수증 등	
국외에서 재화·용역 공급대가 지급	영수증, 대금 지급 내역, 거래 사실 입증서류 등	세관장이 세금계산서나 계산서 발급 시는 제외
간주임대료에 대한 부가가치세 부담	대금 지급 사실 입증서류 등	세금계산서 발급·수취 의무 면제

(개인)신용카드 지출액의 증빙처리

📝 개인카드 또는 법인카드 사용 시 업무처리

구 분			비 고
개인신용카드	일반경비		다른 증빙에 의해 업무용으로 사용한 것이 확인되는 경우 전액 비용인정이 된다. 특히 개인사업자는 가사비용(개인용도) 지출액을 업무용 지출로 처리하는 편법을 사용하면 안 된다.
	기업업무추진비	3만원 까지 (경조사비는 20만 원)	청첩장, 영수증 등 증빙 수취 시 비용인정
		3만 1원부터 (경조사비는 20만 원)	반드시 법인카드를 사용해야 비용이 인정된다. 개인카드 사용 시 비용은 인정 안 되고, 가산세는 없다. 단, 개인사업자의 경우 원천적으로 법인카드가 없으므로 개인카드를 사용해도 비용인정은 되나 될 수 있으면 사업용 카드를 사용해야 한다.
	비용 인정받은 개인카드 사용분 연말정산 시 처리		비용으로 인정받은 개인카드 사용분은 연말정산 시 신용카드 소득공제 대상에서 스스로 차감한다.
법인신용카드	업무관련 지출비용	기업업무추진비(경조사비는 20만 원 포함)	증빙을 받아도 세법상 기업업무추진비 손금 인정 범위 내의 금액만 비용인정을 받을 수 있다.
		일반비용	전액 비용인정
	법인카드 개인 사용분		비용인정이 안 된다. 비용으로 인정받기 위해서는 사용한 임직원의 급여로 보아 근로소득세를 신고 · 납부 해야 한다. 법인카드를 개인적으로 사용했을 때는 세무상 불이익을 받지 않기 위해서는 나중에 소명을 위해 사용금액을 현금으로 주고받지 말고 반드시 사용자 개인 계좌에서 법인계좌로 입금해야 안전하다.

구 분	비 고
부가가치세 매입세액공제	공급자의 공급가액과 세액 구분, 공급받는 자의 사업자등록번호를 기재해서 발행 받은 경우, 부가가치세 신고 시 매입세액공제가 가능하다. 단, 면세 구입 및 연 매출 4,800만 원 미만 간이과세자로부터 받은 신용카드 매출전표 및 매입세액불 공제 대상 지출은 매입세액공제가 불가능하다.

📝 직원 개인카드를 사용했을 때 발생하는 문제

📂 개인카드 영수증 수취 및 필수 기재 사항 확인 업무

직원 개인카드 사용내역은 회사가 수집하는 것이 불가능하므로 직원으로부터 꼭 영수증을 받아야 한다.

그리고 수취한 영수증의 세무 처리를 위해 판매처의 사업자등록번호와 영수일시, 영수금액 정보가 꼭 확인되어야 하고, 관리 방법에 따라 카드 번호 정보도 필요할 수 있으므로 영수증 상에 해당 정보가 정확히 기재되어 있는지 확인하는 업무가 필요하다. 혹시라도 직원으로부터 전달받은 영수증에 필수 정보들이 불분명하게 기재되어 있다면 영수증을 재요청하여 다시 받아야 한다.

📂 비용 정산

회사를 위해 지출한 개인카드 결제금액은 회사통장에서 직원 개인 통장으로 환급해 주어야 한다. 환급해야 할 금액이 발생할 때마다 입금하거나, 일정기간을 정해서 그 기간동안 사용한 금액을 합산해서 입금하거나 혹은 급여에 포함해서 입금하는 등 여러 방법 중, 하나의 방법을 정해서 꼭 직원에게 그 금액을 돌려주어야 한다.

이 과정에서 직원 개인카드 사용 내역을 엑셀 등으로 정리하는 작업 등이 필요할 수 있다. 따라서 업무가 늘어나게 된다.

📂 수기 전표 입력

법인사업자가 법인 명의로 발급받은 카드, 개인사업자가 사업자 명의로 발급받고 홈택스에 등록한 카드의 사용내역은 홈택스에서 제공하는 시기에 맞춰 사용 내역을 전산으로 조회할 수 있고, 그 기능을 활용하여 전표 입력도 더욱 편하게 진행할 수 있지만, 직원 개인카드 사용내역은 그 내역 하나하나를 수기로 전표 처리해야 하므로 상대적으로 더 많은 작업이 필요하다. 또한, 수기로 전표를 입력한다면 오류가 발생할 수 있다.

📁 기장료가 올라갈 수 있다.

세무대행 서비스의 요금 인상 가능성이다. 법인카드나 사업용 카드 사용내역만 존재하는 사업장보다 직원 개인카드 사용내역이 많은 사업장의 업무량을 비교했을 때, 세무대행 회사 처지에서는 개인카드 사용내역이 많은 사업장에게 상대적으로 더 비싼 서비스 요금을 요구할 수도 있다. 한정된 시간을 두고 고객사별로 소요되는 업무량이 달라지기 때문이다. 물론 이 점은 자체 기장을 하는 회사는 고려 대상이 아니지만, 경리직원의 일이 많아진다.

📁 연말정산 할 때 주의할 점

사업을 위해 부득이하게 지출한 직원 개인 명의 카드 사용내역은 그 직원의 연말정산에도 영향을 미친다.

연말정산 시 직원은 카드 사용금액도 공제하게 되는데, 직원이 본인 개인명의 카드로 회사 비용을 지출한 내역은 직원 본인의 소비로 볼 수 없으므로 연말정산에서 제외되어야 한다.

따라서 회사에 '국세청 간소화 자료'를 제출할 때 신용카드 등 사용내역에서 회사 비용 목적으로 지출한 내역은 제외하고 제출해야 한다. 직원 입장에서 그 내역을 하나하나 살펴서 전달하는 것도 번거로운 업무겠지만, 연말정산 작업을 실제로 진행하는 사람 입장에서도 전달받은 내용을 유의하여 신고를 진행해야 하는 수고로움이 발생한다.

귀찮고 지금 당장 안 걸리겠지 하는 생각에 무시하고 넘어가는 예도 있는데, 추징 기간이 5년이 되므로 5년 안에 걸릴 가능성이 크다는 점을 명심해야 한다.

간이과세자 또는 개인과 거래 시 증빙 처리

간이과세자와 거래 시 증빙 관리

구 분			3만 원까지	3만 1원부터	법정지출증빙을 받지 않은 경우
연매출 4,800 만원 미만	읍·면 지역에 소재	신용카드가맹점인 경우	간이영수증 및 송금영수증	신용카드매출전표	증빙불비가산세 2%
		신용카드가맹점이 아닌 경우	간이영수증 및 송금영수증		가산세 없음
	읍·면 지역 이외에 소재하는 경우		간이영수증 및 송금영수증	신용카드매출전표	증빙불비가산세 2%
연 매출 4,800만 원~1억 400만 원			간이영수증 및 송금영수증	세금계산서 등 법정지출증빙	증빙불비가산세 2%

따라서 간이과세자와 거래할 경우는 신용카드를 사용하는 것이 좋으며, 연 매출 4,800만 원 미만 간이과세자에게 임대료를 지급하는 경우는 은행을 통해서 송금하고 송금명세서를 증빙으로 보관해야 한다. 반면 연 매출 4,800만 원~1억 400만 원 간이과세자에게는 세금계산서를 받는다.

개인과 거래 시 증빙 관리

개인은 사업 규모를 가지고 있으나 단지 사업자등록을 안 한 미등록사업자와 순수 개인이 있다.

각각의 경우 세무상 처리 방법은 달라질 수 있으며, 그 처리 방법은 원칙적으로 다음과 같다.

구 분	증빙처리
미등록사업자와의 거래	거래상대방이 미등록사업자인 경우는 법정지출증빙 수취가 불가능하므로 가급적 피하는 것이 바람직하나, 불가피한 경우 거래증빙특례규정(거래금액이 3만 원 미만이거나 소득세 원천징수를 한 경우 등)을 적용받지 아니한 경우 거래증빙불비가산세가 적용될 수 있다.
개인과의 거래	순수 개인에게 재화나 용역을 공급받는 경우는 법정지출증빙의 수취의무가 없다.

개인과 거래하는 경우 증빙처리를 위해서는 다음과 같이 처리한다.

❶ 거래대금은 온라인 계좌이체를 통해 지급해야 한다. 이 조건이 부합되지 않으면 증빙불비에 따른 가산세를 부담해야 한다.

❷ 법인세법 시행규칙 별지 24호 서식 "경비 등의 송금명세서"를 작성하여 법인세 신고할 때 제출하면 증빙불비에 따른 가산세를 면할 수 있으며, 손금 인정이 가능하다.

그리고 해당 거래에 대해서 업무 무관 거래로 소명 요청에 대비해 내부 보관용으로 거래명세서를 만들어 보관해 놓는 것이 좋다. 거래명세서는 공급자의 서명을 받아두는 것이 좋다.

또한 혹시 그 지출 사실을 입증해야 하는 사태가 발생할 수 있으므로 개인의 인적사항(성명, 주민등록번호, 주소 등)과 금액, 공급내역 등이 기재된 일반영수증을 받아두면 더욱 확실한 증빙이 된다.

 회삿돈을 개인적으로 지출하고 증빙을 첨부한 경우

❶ 법인회사 사장님의 개인적인 회삿돈 사용액은 사장님에 대한 급여로 처리 후 원천징수를 한다. 물론 개인적인 회삿돈 사용액을 나중에 돌려주는 경우 회사가 대표이사에게 빌려준 것으로 보아 원금뿐만 아니라 적정 이자도 함께 받아야 하는 것이 원칙이다. 만일 실질적으로 받는 이자가 가중평균이자율과 당좌대월이자율 중 법인이 선택한 방법보다 적은 경우는 동 차액에 대해서 손금불산입으로 법인세를 추가 부담하게 될 뿐만 아니라 사장

개인적인 급여로 보아 소득세도 추가 부담하게 된다.

❷ 사장님 개인적인 법인카드 사용액은 회사의 비용으로 인정받을 수 없을 뿐만 아니라 부가가치세 신고 시 매입세액도 공제받을 수 없다. 우선 들키지 않을 것이라고 비용으로 처리하는 경우 발각 시 세금을 추징당하고 가산세의 부담도 생긴다.

❸ 개인회사 사장님이 임의로 가지고 가는 회삿돈은 인출금 계정으로 처리하며, 법인과는 달리 커다란 제재는 없지만, 비용처리는 어렵다.

사무실 관리비의 증빙처리

관리비 지급 시 증빙

일반과세자인 부동산임대사업자가 해당 부동산을 타인(임차인)에게 사용하게 하고 그 대가를 받는 경우는 관리비도 세금계산서를 발행하도록 하고 있으므로 동 관리비에 대해서는 세금계산서 등 법정지출증빙을 받아야 한다. 즉, 건물주가 부가가치세가 과세되는 부동산임대료와 당해 부동산을 관리해 주는 대가로 받는 관리비를 구분하지 않고 받는 경우는 전체금액에 대해서 세금계산서를 받아야 하며, 보험료·수도료 및 공공요금 등을 별도로 구분·징수해서 건물주가 납입을 대행하는 경우(공동관리비)는 임차인이 부담한 전기료·가스료 등 과세 대상에 대해서는 임대인 명의로 세금계산서를, 면세되는 수도료 등에 대해서는 계산서를 발행받아야 한다.

구 분	증빙처리
부가가치세를 부담하는 전기료·가스료	세금계산서를 증빙으로 받아서 보관한다.
부가가치세를 부담하지 않는 수도료	계산서를 증빙으로 받아서 보관한다.

고객의 주차료 대납액

사업자가 자기의 고객을 위해서 임차해서 사용하는 주차장의 임차료에 대해서는 세금계산서를 발급받아야 하며, 이때 부담한 매입세액은 매출세액에서 공제된다.

이는 기업업무추진비(= 접대비)로 보지 않는다.

📝 오피스텔 경비용역

오피스텔에 제공되는 경비용역의 경우라도 업무용 오피스텔의 경우 부가가치세가 과세 되는 것으로 보므로 세금계산서를 발급받아 증빙으로 보관해야 한다.

📝 사무실 청소용역

사무실 청소용역과 관련해서 용역업체에 대행시키는 경우 동 업체로부터 세금계산서 등 법정지출증빙을 받아야 하며, 청소용역을 고용해서 사용하는 경우 일용근로자에 해당하므로 원천징수 후 원천징수영수증을 증빙으로 보관하면 된다.

지출결의서는 세법에서 인정하는 증빙이 아니다.

결론부터 말하면 지출결의서는 법에서 인정하는 증빙이 아니라 회사에서 임의로 만들어 사용하는 사적 증빙이다. 따라서 법적인 효력을 가지는 서류가 아니다.

예를 들어 출장비를 일비로 지급한다고 세금계산서 등 법정지출증빙을 받지 않아도 되는 예외를 세법에서 인정해주는 것이 아니다. 따라서 건당 3만 원 초과 지출 시에는 다른 비용지출과 같게 세금계산서 등 법정지출증빙을 수취해야 경비인정을 받을 수 있다.

또한 출장비에 대해서 세금계산서 등 법정지출증빙을 받는 대신 지출결의서를 작성한다고 해서 해당 지출결의서를 세금계산서와 같이 법정지출증빙으로 인정해주는 세법상 예외가 있는 것도 아니다. 즉 지출결의서는 회사에서 임의로 작성하는 사적 증빙이지 세법에서 인정하는 법정지출증빙이 될 수는 없다.

결론은 법정지출증빙이 없으면 지출결의서가 법정지출증빙을 대신하는 것도, 법정지출증빙의 역할을 하는 것도 아니다. 다만 그래도 지출결의서를 작성하라고 하는 이유는 출장비(일비)에 대한 법정지출증빙이 없는 경우 해당 비용에 대해 100% 비용인정을 못 받는데, 지출결의서라도 작성하는 경우 지출 사실이 인정되면 지출액의 2%를 가산세로 부담하는 대신 100% 비용처리가 가능하기 때문이다.

물론 기업업무추진비의 경우는 세금계산서 등 법정지출증빙을 받지 못한 경우 지출결의서를 작성해도 무조건 비용인정을 받을 수 없다.

참고로 실무자들이 헷갈리는 게, 결과적으로는 똑같은 출장비인데 일비라고 명칭을 바꾸거나 똑같은 복리후생비인데 그 명칭을 바꾸어 버리면 뭐 특별한 예외가 있는지 생각하는 것이다.

그러나 세법에서는 명칭과 관계없이 그 지출 성격에 따라 판단하므로 그 성격을 보고 업무처리를 하면 된다.

| 과세 대상인 지출의 계정과목을 복리후생비로 처리 | 세금을 안 내거나 덜 내기 위해 명칭을 임의로 변경 |

실질에 따라 과세 되는 것이 원칙

만일 명칭을 보고 결정이 된다면 세금 내기 좋아하는 사람 빼고는 다 세금 안내는 명칭을 사용하지 않을까?

너무 당연한 이야기를 왜 말하냐?

가끔 초보분들이 증빙이 없으면 지출결의서가 모든 경비 문제를 해결해 줄 것으로 오해하는 분들이 있어 적어본다.

유형자산 및 재고자산을 폐기하는 경우 증빙

유형자산을 폐기하는 경우 증빙

유형자산의 개체 또는 기술의 낙후로 인해서 생산설비 일부를 폐기한 경우는 당해 자산의 장부가액에서 1천 원을 공제한 금액을 폐기일이 속하는 사업연도의 손금(비용 처리)에 산입할 수 있으며, 여기서 폐기한 경우란 창고 등에 보관 중인 것을 의미하는 것이 아니라 폐기물처리업자 등을 통해서 일정한 절차에 의해서 처리해야 하므로 폐기목록, 폐기자산의 사진, 폐기자산 품의서, 감가상각 대장 사본(취득원가, 충당금을 확인할 수 있는 자료) 등 그 사실을 객관적으로 증명할 수 있는 서류를 갖추어야 추후 해당 처리에 대한 문제가 발생하지 않는다.

재고자산을 폐기하는 경우 증빙

실무상 재고자산을 폐기 처분하고자 하는 경우 그 폐기사실이 객관적으로 입증될 수 있는 증거(소각 시 이를 입증하는 소각 품목, 소각 수량, 소각 사진, 폐기처분 의뢰 시 이를 입증할 수 있는 증빙서류 등)를 갖추면 될 것으로 판단하나 국세청에서는 그 기준을 더 엄격히 적용하고 있다.

단순히 폐기처분 사진이나 내부품의서 등은 객관적인 자료로 인정하지 않는바

❶ 폐기물관리법상 사업장 폐기물 수집 · 운반업자에 의한 폐기물처리확인서

❷ 특수 관계없는 재활용업자와의 재활용물품거래내역서 등 거래증빙

❸ 상품교환에 따른 반품 대장 작성

❹ 보험처리내역서 등을 갖추는 것이 좋다.

결과적으로 회사 자체적으로 만들 수 있는 증빙서류만으로는 인정을 못 받고, 제3자와 거래를 통해 상호검증이 가능한 경우에만 확실히 인정받을 수 있다는 점이다.

국세청의 처리는 세법이 추구해온 증빙의 상호검증기능에 충실한 업무처리이다. 즉, 모든 증빙의 대원칙은 회사의 임의적인 처리가 아닌 서로 모르는 관계인 제3자와 상호검증을 통해서만 인정을 해주겠다는 것이다(세금계산서와 같이).

귀 질의의 경우 폐기처분 하고자 하는 재고자산의 상품 가치 · 시장 교환성 유무 및 AS 용도로의 재활용 등이 불분명하여 정확히 회신할 수 없으나, 법인이 재고자산을 폐기처분 하고자 하는 경우 폐기물관리법의 적용을 받는 폐기물은 당해 법률의 절차에 따라 폐기하는 등 그 폐기사실이 객관적으로 입증될 수 있는 증거를 갖추어 처리하는 경우에, 폐기처리가 속하는 사업연도의 손금에 산입할 수 있는 것입니다(서면 인터넷 방문상담 2팀 -1613, 2004.07.30.).

관할 세무서에서 소명자료 요구 시 증빙관리의 중요성

최근 들어 국세청 전산망의 발달로 거래 쌍방 간의 거래상황 체크를 통해 뜻하지 않은 불부합 자료(= 판매자와 구매자의 거래신고 내역을 쌍방체크 한 결과 거래신고 내역이 일치하지 않는 거래자료)가 나타나는 경우가 빈번해졌다. 물론 정상적인 거래의 경우 입증을 통해 문제해결이 간단할 수도 있으나 비정상적인 경우뿐만 아니라 정상적인 경우에도 실무자들이 입증상의 어려움으로 인해서 세금을 추가납부 하거나 가산세의 부담을 지는 경우가 상당히 많다.

따라서 거래 시에는 반드시 세무조사나 소명자료 요구에 대비해 철저한 서류 및 증빙의 구비가 필수적이라 할 수 있다. 즉 모든 거래상황에서는 계약서나 거래명세서 등 내부증빙뿐만 아니라 세금계산서 등 세법에서 인정하는 법정지출증빙을 반드시 받도록 하고 현금거래 시에는 반드시 법인의 경우 법인통장, 개인의 경우 사업용 계좌 등 금융거래를 이용하는 것이 좋다. 물론 최근에는 금융거래 조작 등을 통해서 가공의 거래를 합리화시키려고 노력하는 업체가 많음으로 인해서 세무공무원이 불성실 신고가 발생하는 경우 금융거래의 신뢰보다는 해당 업체의 납세 신뢰성을 우선적으로 판단하는 경향이 지배적이므로 평소에 세금과 관련된 문제를 손쉽게 해결하기 위해서는 항상 기업의 납세성실도를 높여두는 것도 실무테크닉 중의 하나라고 생각된다. 즉, 납세성실도가 높지 않은 기업은 특정 사안이 발생하는 경우 납세성실도가 높은 기업에 비해 금융거래에 대해서도 신뢰를 받지 못하고 세금을 추징당할 수 있다.

위에서 설명하고자 하는 것은

첫째 나중에 발생할 세무조사에 대비해 증빙자료를 반드시 챙겨두라는 점과

둘째 모든 현금거래는 금융거래를 우선으로 하고

셋째 기업의 납세성실도를 잘 관리하라는 것이다.

증빙을 철저하게 챙긴다.

현금거래는 금융거래를 한다.

납세성실도를 잘 관리한다.

이와 같은 세 가지 조건을 모두 충실히 한다면 혹시 발생할지도 모르는 세무상 손해에 대해서도 조세쟁송 등을 통해서 적극적으로 해결할 수 있고, 결과적으로 기업의 금전적 손해를 최소화할 수 있다. 직원의 급여를 몇 푼 올려주는 데 인색하기보다는 능력 있는 직원을 고용해 이와 같은 문제를 사전에 대비하는 것이 더 큰 기업의 이익이 되는 것이다.

 대금을 지급할 때는 반드시 통장을 이용하라

사업을 위해서 지출되는 경비, 예를 들어 월세, 권리금, 인테리어 비용, 물품 구입비 등을 비용으로 인정받기 위해서는 신용카드매출전표, 현금영수증, 직불카드영수증, 세금계산서, 계산서 등 법정지출증빙을 받아야 한다. 하지만 일일이 법정지출증빙을 받지 않더라도 금융사를 통해 계좌이체 또는 무통장으로 경비를 지급하면 몇 가지 유익한 점이 있다.

첫째, 별 수고 없이 사업 지출에 대한 증빙서류를 남길 수 있다.

사업을 위해 지출한 비용을 제대로 소명하지 못하면 예상치 못한 세금을 내야 할 수도 있다. 이런 경우가 발생하는 원인은 고의적으로 다른 사람의 이름을 빌려 사업을 하는 사람(일명 '자료상')이 있기 때문이다. 자료상은 어떤 사업자와는 정상적으로 거래하고, 어떤 사업자와는 불법으로 거래한다. 따라서 불가피하게 자료상과 거래를 하는 경우도 통장을 이용하는 게 유리하다.

흔히 국세청은 자료상에서 물품을 구입한 사업자에게 구입내역을 소명하라고 요구한다. 자료상과는 연락이 되지 않는 경우가 많기 때문이다. 이런 때를 대비해 거래 상대방에 대해 반드시 확인해야 한다. 상대방 사업자가 폐업했는지, 계속 사업을 하는지는 홈택스 홈페이지(www.hometax.go.kr)에서 사업자 상태 조회를 통해 쉽게 확인할 수 있다.

둘째, 눈에 보이는 절세 효과다.

창업 당시 권리금으로 5,000만 원을, 인테리어비용으로 4,000만 원을 계좌이체로 지불한 경우. 이를 통해 얻은 절세 효과가 제법 크다.

이는 권리금 등의 영업권은 5년간 상각을 통해 비용으로 인정받을 수 있기 때문이다.

- 매년 경비로 인정되는 금액 : 1,800만 원[(5,000만 원 + 4,000만 원) ÷ 5]
- 절세가능액 : 108만 원[1,800만 원 × 6%(종합소득세 최저세율)]
- 가산세 부담액 : 36만 원[1,800만 원 × 2%(증빙불비가산세)]

즉 권리금 등을 아무 증빙 없이 현금으로 주는 것보다 세금계산서는 못 받아도 금융기관을 통해 거래하는 경우 매년 72만 원(108만 − 36만 원)의 경제적인 이익을 얻을 수 있다. 비록 권리금 등을 지급하고 세금계산서를 받는 경우는 증빙불비가산세를 부담하지 않아도 되므로 108만 원 그대로 절세 효과가 발생한다.

증빙을 받지 않은 경우 부담해야 하는 가산세

증빙불비가산세

증빙불비가산세를 부담한다는 것은 가산세를 부담하고 비용으로 인정을 받는다는 것이고, 증빙불비가산세를 부담하지 않는다는 것은 비록 가산세는 부담하지 않지만 더불어 비용인정도 받지 못한다는 의미이다.

구분		비용인정 및 가산세
일반비용	법정지출증빙을 받은 경우	비용인정도 되고 가산세도 없음
	법정지출증빙을 받지 못한 경우	법정지출증빙 외 증빙자료가 있는 경우 비용인정은 되나 가산세는 있다(구입액의 2%).
업무 추진비	법정지출증빙을 받은 경우	비용인정도 되고 가산세도 없음
	법정지출증빙을 받지 못한 경우	법정지출증빙 외 소명자료가 있는 경우에도 비용인정 안 되나, 가산세도 없음

증빙불비가산세를 내는 경우

사업자에게 3만 원을 초과하는 재화와 용역을 공급받고 법정지출증빙을 받지 않았을 때 증빙불비가산세를 내야 한다. 물론 법정지출증빙을 안 받아도 되는 지출증빙수취특례의 경우에는 적용되지 않고, 사업자가 아닌 자로부터 공급받는 경우도 적용되지는 않는다.

사업자(소규모사업자, 일정 요건의 추계과세자 제외)가 3만 원이 초과하는 비용에 대해 법정지출증빙(세금계산서, 계산서, 신용카드 매출전표, 현금영수증 등)을 받지 않거나, 사실과 다른 증빙을 받은 경우 동 금액에 가산세율 2%를 내야 한다.

📂 증빙불비가산세를 내지 않는 경우

증빙 특례규정에 따른 면제 대상 금액과 손금(필요경비)불산입 대상 업무추진비 금액(3만 원 초과 업무추진비 지출로 증빙을 받지 않은 경우)은 제외된다.

다음의 경우는 대표적으로 흔히 발생하는 사례이며, 더 있을 수 있다. 절대적인 사례는 아니다.

❶ 사업자가 아닌 자와 거래의 경우(개인으로부터 구입하는 경우)

❷ 증빙 특례규정에 따라 증빙 수취가 면제되는 경우(경비 등의 지출증빙특례)

---

❶ 부가가치세법상 사업의 포괄양도 양수인 경우

❷ 방송용역, 통신용역, 국외 거래(해외 출장비 등), 공매 경매 수용의 경우

❸ 각종 운송용역인 택시운송용역, 입장권, 승차권, 승선권, 항공기 항행용역

❹ 토지 건물을 구입한 경우로서 거래내용이 확인되는 매매계약서 사본을 확정신고 시 제출한 경우(그러나 이미 세금계산서 등을 발급받은 경우는 해당하지 않는다.)

❺ 간주임대료 부가가치세, 연체이자(연체료는 부가가치세 과세 대상이 아님)

❻ 경비 등의 송금명세서 제출 대상 거래

가. 간이과세자에게 지급하는 부동산 임대용역

나. 임가공용역(법인을 제외함)

다. 간이과세자인 운수업을 영위하는 자에게 지급하는 운송용역

라. 간이과세자로부터 재활용 폐자원 등을 공급받는 경우

마. 홈쇼핑, 우편 주문 판매 등(인터넷, PC통신, TV홈쇼핑의 경우)

---

❸ 3만 원 초과 일반업무추진비 지출로 법정지출증빙을 받지 않아 비용 자체를 인정받지 못하는 경우

❹ 20만 원 초과 경조사비 지출로 법정지출증빙을 받지 않아 비용 자체를 인정받지 못하는 경우(주의 : 청첩장 등은 법정지출증빙이 아니며, 소명용 증빙이니 법정지출증빙으로 착각하면 안 된다.)

❺ 업무용 지출이 아니라 비용 자체를 인정받지 못하는 지출

❻ 인적용역에 대해 세금계산서 등을 대신해 원천징수 후 원천징수영수증(지급명세서)을 제출한 경우

❼ 실질적으로 폐업 신고를 하고 폐업한 사업자로부터 과세된 폐업 시 잔존재화(사업용 고정자산 포함)를 구입한 경우(법인 46012-1774, 2000.08.16.) : 사업자로부터 구입한 것으로 보지 않기 때문

❽ 다음의 소규모사업자

가. 해당 과세기간 신규 사업 개시자 또는

나. 직전 과세기간 사업소득 수입금액 4,800만 원 미만 사업자 또는

다. 연말정산 대상 사업소득만 있는 자

소규모사업자의 경우 증빙불비가산세 뿐만 아니라 영수증수취명세서미제출가산세 및 무기장 가산세도 적용되지 않는다.

📂 증빙불비가산세를 내는 시점

자진 신고·납부는 말 그대로 사업자가 결산 세무조정시 법정지출증빙 미수취분에 대하여 스스로 가산세를 법인세나 종합소득세에 합산하여 납부하는 것인데, 이를 세무조정 시 누락하여 추후 세무조사에서 적발될 경우는 가산세가 부과된다.

그러나 세무조사에서 적발되더라도 이중으로 가산금을 내야 하는 것은 아니다. 따라서 경리실무자들은 자진 신고한 뒤 내거나, 세무조사에서 적발된 후 가산세를 추징당하는 것이나 별반 차이가 없으므로 복잡하게 자진신고를 하지 않을 수도 있다.

그러나 실제 세무조사 시에는 증빙불비가산세 건뿐만 아니라 일반조사(법인세, 종합소득세, 부가세, 원천세 등), 특별조사, 추적조사 등을 추가로 시행할 수 있으므로 이러한 조사들을 통해 추가로 세무상 불이익을 당할 수 있다. 따라서 경리실무자들은 이러한 점을 유념하여 거래 시 반드시 법정지출증빙을 수취해야 한다.

또한, 창업 초기 회사에서 자산인 비품이나 기계장치 등 고정자산을 구입할 때 관리시스템이 제대로 정착되지 않거나 피치 못할 사정으로 세금계산서나 계산서, 신용카드매출전표처럼 적격증빙을 수취하지 못할 경우가 많은데, 창업주들은 증빙 수취만큼은 꼭 신경 써야 한다.

구 분	업무처리
증빙불비가산세를 적용하지 않는 회사	❶ 국가 및 지방자치단체와 비영리법인(수익사업과 관련된 부분은 제외) ❷ 직전 연도 수입금액이 4,800만 원 이하인 사업자
증빙불비가산세	거래금액의 2%(산출세액이 없는 경우에도 적용)
증빙불비가산세 납부 시점	결산 확정 후 세무조정 시 법정지출증빙을 받지 못한 거래금액에 대해서 법인세(개인사업자의 경우 종합소득세 납부 시)를 납부할 때 발생하며, 자진 신고·납부 해야 하는 것이다.
증빙불비가산세를 내지 않는 경우	❶ 수익사업을 영위하지 않는 비영리법인(사업자등록 의무가 없어 정규영수증 수취 불가), 금융·보험업을 영위하는 법인, 국내사업장이 없는 법인, 국내사업장이 없는 비거주자 등과의 거래 ❷ 법정지출증빙을 갖추지 않아 손금불산입 되는 기업업무추진비 ❸ 실물거래가 없는 가공거래로서 손금에 산입하지 않은 경우
3만 원 초과 기업업무추진비에 대해서 적격증빙을 안 받은 경우	비용 자체를 인정받지 못하는 대신 증빙불비가산세도 없다.
3만 원 초과 기업업무추진비를 제외한 일반비용에 대해서 적격증빙을 안 받은 경우	비용을 인정받는 대신 증빙불비가산세도 납부해야 한다.

📝 영수증 수취 명세서 미제출 가산세

증빙불비가산세와 더불어 같이 생각해봐야 할 항목이 바로, 영수증수취명세서미제출 가산세이다.

사업자(소규모사업자, 일정 요건의 추계과세자 제외)가 거래 건당 3만 원을 초과하는 거래에서 법정지출증빙(세금계산서, 계산서, 신용카드 매출전표, 현금영수증 등)이 아닌 영수증을 수취하고 영수증수취명세서를 미제출·부실기재한 경우, 지급금액의 1% 가산세를 부과하는 것을 말한다. 즉, 간이영수증을 받았는데 영수증수취명세서를 미제출하거나 부실 기재한 경우에 적용되는 가산세이다.

소규모사업자의 경우 영수증수취명세서를 미제출하거나 부실기재한 경우가 많으므로 결국 가산세는 증빙불비가산세 2%가 아닌 영수증수취명세서 미제출가산세까지 합쳐져 3%가 될 가능성이 크다.

제4장

세금 신고와 경비처리 업무매뉴얼

사업자가 내야 하는 세금의 종류

초보들이나 1인 기업의 경우 신고날짜를 챙기는 것에서부터 시작해야 한다. 기장대리 (세무서나 회계사에게 장부를 작성 관리해달라고 맡기는 행위)를 맡기지 않고 혼자서 하는 1인 사장의 경우 신고날짜를 놓치는 경우가 많으니 특히 유의해야 한다.

크게 중요한 세금은 소비에 대한 세금인 부가가치세와 소득에 대한 세금인 소득세와 법인세가 있다. 그리고 인적용역에 대한 원천세가 있다.

구 분	법인세금	개인회사 세금
매출액 100만 원(소득)	법인세	종합소득세
부가가치세 10만 원	부가가치세	부가가치세
+		
임직원 세금	원천징수	원천징수

📝 물품을 사고파는 소비 시 납부하는 부가가치세

소비에 대한 세금은 돈을 쓰거나, 물건을 파는 경우 내는 세금이다. 즉, 팔고 살 때 내는 세금이다.

사는 사람은 부가가치세를 내고 사고, 파는 사람은 팔 때 소비자에게 부가가치세를 받아서 부가가치세 신고·납부 기간에 관할 세무서에 내는 것이다(내는 것은 세법에서는 납부라고 한다).

결과적으로 부가가치세는 소비자가 부담하지만, 사업주는 부가가치세를 받아서 내기 전 모두 써버리고 납부할 때가 되면 괜히 내 돈이 나가는 느낌이 드는 것이다.

일부 사업자는 세금을 내기 싫어 물건을 팔지 않은 것처럼 매출을 속이는 경우가 많아 세무서는 세금계산서나 신용카드 매출전표 같은 증빙을 만들어 판매자와 구매자가 상호 제출하게 해 상호 대조를 함으로써 탈세를 방지하고 있다.

📋 돈이 들어오고 나가는 소득에 대한 세금 소득세와 법인세

소득은 흔히 돈을 버는 것을 말한다. 회사가 돈을 벌면 소득에 대해 법인세나 소득세 중 하나를 납부하게 되는데, 주식회사와 같은 법인이 납부하는 세금이 법인세, 개인사업자나 개인이 납부하는 세금이 소득세이다.

소득세 중 개인사업자가 가장 민감한 세금이 종합소득세 중 사업소득세이고, 일반 개인이 가장 민감한 세금은 양도소득세이다.

📋 종업원에 대한 급여에 대해서는 근로소득세 원천징수

영리든 비영리든, 법인이든 개인이든 구분하지 않고, 급여를 지급하는 자는 근로자에게 근로소득세를 무조건 원천징수 한 후 매달 10일 신고·납부를 해야 한다.

📋 인적용역에 대한 대가를 지급하는 경우에도 원천징수

실무에서 자주 발생하는 원천징수는 앞서 말한 급여에 대한 원천징수가 가장 대표적이며, 사업소득, 기타소득, 이자소득 등에 대한 원천징수가 가장 많이 발생한다.

사업소득과 기타소득은 상호 고용관계가 없는 인적용역에 대한 소득인데, 계속적 반복적인 경우는 사업소득으로 봐 지급액의 3.3%를 원천징수 후 다음 달 10일 신고 및 납부를 한다. 반면 일시적 비반복적인 경우는 기타소득으로 지급액의 8.8%를 원천징수 한다.

참고로 고용관계가 성립하는 임직원에 대한 대가는 무조건 근로소득이 되는 것이며, 급여는 근로소득, 별도의 대가는 사업소득이나 기타소득으로 구분되지 않는다.

구 분	소득 구분
고용관계가 성립하는 경우 인적용역 소득	무조건 근로소득
고용관계가 성립하는 않는 경우 인적용역 소득	사업소득 또는 기타소득

이자소득에 대한 원천징수는 주로 개인 간 또는 개인과 회사 간 또는 회사와 회사 간 돈거래로 발생하는 이자 세금인 비영업대금인데 이는 지방소득세 포함 27.5%의 세금을 부담한다.

📝 부가가치세와 법인세, 소득세는 모두 예정과 확정이 있다.

부가가치세와 법인세, 소득세는 모두 예정과 확정이 있는데, 예정이 있는 이유는 세금을 한꺼번에 내게 되면 부담스러우므로 예정기간에 일단 얼마를 내고, 확정 때 정확한 세금을 내는 원리다(실무자는 2번 신경 써야 하니 오히려 귀찮을 수 있다).

소득세와 법인세의 예정은 중간예납이라는 표현을 써 1년 중 6개월분에 대해 중간예납을 한 후, 1년 치 소득을 합해 확정신고를 하게 된다. 소득세 확정신고는 종합소득세 확정신고·납부(5월)라고 하고, 법인세의 확정신고는 법인세 신고·납부(3월)라고 한다.

이같이 법인세와 소득세는 법인과 개인이 세금의 종류만 다를 뿐 1번 예정 1번 확정이라는 절차는 같다.

반면 부가가치세는 법인과 개인이 틀린 데, 법인은 4번, 개인은 일반과세자는 2번, 간이과세자는 1번 신고 및 납부를 한다. 즉, 법인은 4번의 신고·납부 기간 모두를 신고·납부하게 되며, 개인 중 일반과세자는 예정 2번을 생략하고 2번의 확정신고 및 납부만(2번은 납부만 한다) 한다.

📝 영리법인, 비영리법인의 세금은 동일하다.

가끔 비영리법인의 경리담당자는 비영리가 붙어 세금도 안 내도 되는지 착각하는 경우가 있는데, 세법은 형식을 중요시하지 않고 실질을 중요시한다(이를 세법에서는 실질과세의 원칙이라고 한다.).

쉽게 말해 사업자등록증을 중요시하는 것이 아니라 그 회사가 파는 물품이 뭐고, 물품을 팔아서 소득을 내느냐가 중요하다는 것이다.

물품을 중요시한다는 것은 일반과세자가 과세물품인 사탕을 팔든 면세사업자가 사탕을 팔든 똑같이 세금을 부담해야 한다는 것이다. 일반과세자가 파는 사탕에는 사업자등록증상 과세사업자라고 10%의 부가가치세를 과세하고, 면세사업자는 사업자등록증상 부가가치세가 면세되는 사업자라고 사탕에 대해 부가가치세 10%를 면제해주는 것은 아니라는 것이다.

또한, 영리법인은 사업을 해서 번 돈을 법인세로 내고, 비영리법인은 무조건 번 돈을 내지 않는 것은 아니다. 비영리법인은 고유목적에서 번 돈에 대해서만 세금을 내지 않는 것이지, 부동산임대나 광고와 같이 수익사업에서 번 돈에 대해서는 영리법인과 동일하게 세금을 낸다.

부가가치세 계산과 신고·납부 방법

부가가치세는 소비세이다. 즉 제품을 판매할 때 구매자에게 10%의 부가가치세를 추가로 받고, 원재료를 구매할 때 판매자에게 추가로 10%의 부가가치세를 준 후 차액에 대해서 납부하는 세금이다.

엄밀히 말하면 부가가치세는 상대방에게 추가로 받은 10%를 대신 내주는 세금이다. 하지만 대다수 사업자는 더 받은 것은 생각 안 하고 내 주머니에 들어온 돈이 바로 나가지 않고 일정 기간이 지나서 나가다 보니 내가 직접 내는 세금으로 착각해 아깝게 생각한다.

그리고 부가가치세는 (판매 시 받은 부가가치세 − 구매 시 준 부가가치세)를 납부하는 단순한 구조로 되어 있어 1~2번 신고 경험만 있으면 초보자도 쉽게 홈택스를 활용해 부가가치세 신고·납부가 가능하다. 반면 다음에 설명할 종합소득세나 법인세 등은 수익과 비용을 실무자가 직접 판단할 수 있는 능력이 있어야 하고 각종 공제항목도 일일이 적용 여부를 판단하는 능력이 필요하므로 초보자는 신고에 어려움을 겪는 세금이다.

부가가치세의 계산 방법

간이과세자인 경우

	매출액(과세 판매 합계금액) × 10%(세율) × 업종별 부가가치율
−	공급대가(부가가치세 포함금액) × 0.5%
=	부가가치세 납부세액

📂 일반과세자인 경우

매출액(과세 판매 합계금액) × 10%(세율)

➡ 매출액 100% + 부가세 10%

－ 매입액(과세 구입 합계금액) × 10%(세율)

➡ 매입액 100% + 부가세 10%

＝ 부가가치세 납부세액

업종 / 연도	업종별 부가가치율
1. 소매업, 재생용 재료수집 및 판매업, 음식점업	15%
2. 제조업, 농업 · 임업 및 어업, 소화물 전문 운송업	20%
3. 숙박업	25%
4. 건설업, 그 밖의 운수업, 창고업, 정보통신업, 그 밖의 서비스업	30%
5. 금융 및 보험 관련 서비스업, 전문 · 과학 및 기술서비스업(인물사진 및 행사용 영상 촬영 업 제외), 사업시설관리 · 사업지원 및 임대서비스업, 부동산 관련 서비스업, 부동산임대업	40%

📝 부가가치세의 신고 및 납부

📂 부가가치세의 신고 및 납부 기간

사업자		신고 · 납부 기한	신고 · 납부 할 내용
간이 과세자	1기 확정	7월 1일~7월 25일	예정 부과액 납부. 단, 세금계산서를 발행한 경우 신고 및 납부
	2기 확정	다음 연도 1월 1일~1월 25일	전년도 1월 1일~12월 31일간의 사업실적
	연 매출 4,800만 원 미만 간이과세자는 납부의무가 면제되므로 신고만 하면 되고, 연 매출 4,800만 원~1억 400만 원인 간이과세자는 세금계산서를 발행할 수 있으므로 7월 25일 1기 확정신고 기간에는 신고 및 납부를 해야 한다.		

사업자		신고 · 납부 기한	신고 · 납부 할 내용
일반 과세자	1기 예정	4월 1일~4월 25일	1월 1일~3월 31일간의 사업실적
	1기 확정	7월 1일~7월 25일	4월 1일~6월 30일간의 사업실적
	2기 예정	10월 1일~10월 25일	7월 1일~9월 30일간의 사업실적
	2기 확정	다음 연도 1월 1일~1월 25일	10월 1일~12월 31일간의 사업실적
	개인 일반과세자와 직전 과세기간(6개월) 공급가액 합계액이 1억 5천만 원 미만인 소규모 법인은 1기 확정과 2기 확정 때만 신고 · 납부를 하고, 1기 예정과 2기 예정 때에는 고지서(예정)대로 납부를 하면 된다.		

부가가치세 확정신고 · 납부를 할 때는 예정고지(개인 일반과세자, 영세법인) 또는 예정 부과(간이과세자)로 낸 세금을 차감한 후 납부한다.

 부가가치세 예정고지와 예정신고 대상자

1. 부가가치세 예정 고지 대상자

① 개인사업자 : 모든 일반과세자

② 법인사업자 : 직전 과세기간 공급가액 합계액이 1억 5천만 원 미만 법인

③ 고지 금액 : 직전 과세기간 납부세액의 1/2. 단 예정고지 납부세액이 50만 원 미만이라면 별도로 고지하지 않는다.

④ 예정고지 세액을 꼭 내야 하나요? 고지세액을 정당한 사유 없이 내지 않으면 가산세가 부과된다. 휴업이나 사업 부진으로 예정고지 세액을 납부하기 힘들다면 꼭 예정신고를 해야 한다.

⑤ 공급가액은 부가가치세법상 과세매출 합계액만을 의미하며 면세매출은 포함되지 않는다.

(세무 대리인) 홈택스 세무대리인 접속 〉세무대리/납세관리 〉세무대리인 공통 〉부가세 수임 납세자 예정고지 조회 화면에서 전체 수임납세자 일괄 조회가 가능하다.

2. 예정고지 세액의 계산

직전 과세기간의 납부세액에서 다음의 공제 등을 가감한 금액의 1/2을 고지한다(1천원 미만의 단수는 버림).

① 신용카드 등의 사용에 따른 세액공제

② 전자세금계산서 발급 전송에 대한 세액공제

③ 전자신고 세액공제(2025년부터 부가가치세, 법인세, 종합소득세 폐지)

④ 일반택시운송사업자의 부가가치세 납부세액 경감세액

⑤ 결정 또는 경정내역이 반영된 금액

⑥ 수정신고 또는 경정청구에 따른 결정이 있는 경우 그 내용이 반영된 금액

3. 예정 고지세액 납부 대신 예정신고를 할 수 있는 사업자

① 휴업 또는 사업 부진 등으로 인하여 각 예정신고기간의 공급가액 또는 납부세액이 직전 과세기간(6개월)의 공급가액 또는 납부세액의 3분의 1에 미달하는 자

② 각 예정신고기간 분에 대하여 조기환급을 받으려는 자

③ 직전 과세기간 공급가액 합계액이 1억 5천만 원 이상인 법인

부가가치세 신고 때 챙겨야 하는 서류

📂 매출 및 매입자료

구분	준비서류	비 고
매출 자료	① 전자 외 세금계산서 및 계산서(종이)	전자세금계산서는 홈택스에서 조회 가능. 종이 발행분은 조회가 불가능하며, 직접 입력
	② 신용카드 및 현금영수증 매출내역	카드단말기회사 문의나 단말기 내 조회가 가능하며, 홈택스에서 조회 가능
	③ 현금매출 및 기타 수수료 매출 등	현금영수증이 발행되지 않은 현금매출은 확인이 어렵기 때문에 정리해두어야 한다.
	④ 업종별 필요서류	• 부동산임대업 : 부동산임대현황 관련 서류, 임대내용 변경 시 임대차계약서 • 전자상거래업 : 인터넷 쇼핑 사이트 매출내역 • 수출입업 : 수출신고필증, 인보이스, 수출/입 계약서, 내국신용장, 외화 입·출금 내역 등
매입 자료	① 전자 외 세금계산서 및 계산서(종이)	전자세금계산서는 홈택스에서 조회 가능. 종이 발행분은 조회가 불가능하며, 직접입력
	② 신용카드 및 현금영수증 매출내역	카드단말기회사 문의나 단말기 내 조회가 가능하며, 홈택스에서 조회 가능
	③ 현금매출 및 기타 수수료 매출 등	현금영수증이 발행되지 않은 현금매출은 확인이 어렵기 때문에 정리해두어야 한다.
	④ 업종별 필요서류	• 부동산임대업 : 부동산 임차현황 관련 서류, 임대내용 변경 시 임대차계약서 • 전자상거래업 : 인터넷 쇼핑 사이트 매입내역 • 수출입업 : 수출신고필증, 인보이스, 수출/입 계약서, 내국신용장, 외화 입·출금 내역 등

📂 업종별 부가가치세 신고서 주요 첨부서류

서식명	업종별 제출 대상
매출처별세금계산서합계표	모든 업종(일반, 간이)
매입처별세금계산서합계표	모든 업종(일반, 간이)
공제받지 못할 매입세액 명세서	모든 업종(일반, 간이)
부동산임대공급가액명세서	부동산임대업종(일반, 간이)
현금매출명세서	전문 직종, 예식장 등
의제매입세액공제신고서	모든 업종(일반)
신용카드매출전표 등 발행금액 집계표	모든 업종(일반(개인), 간이)
사업장 현황명세서	음식, 숙박, 서비스(일반, 간이)
신용카드 매출전표 등 수령명세서	모든 업종(일반, 간이)
재활용폐자원 및 중고자동차 매입세액 공제신고서	재활용, 중고자동차 수집업(일반)
건물 등 감가상각자산 취득명세서	고정자산 취득자
수출실적명세서 등 영세율 첨부서류	영세율매출신고자(일반, 간이)

※ 위에서 간이는 연 매출 4,800만 원~1억 400만 원인 세금계산서 발급 가능 간이과세자를 말한다.

📂 부가가치세 신고 시 추가로 챙겨야 하는 서류

홈택스 수임동의란 세무대리인이 수임 회사의 세무신고를 진행할 수 있도록 관련 정보제공을 동의하는 절차이다. 수임 회사로부터 전달받은 서류를 확인 후 세무대리인이 먼저 홈택스 수임동의 요청을 하며, 수임 회사는 이를 확인 후 수락해주면 된다.

❶ 세무대리 · 납세관리을 클릭하여 다음 화면으로 이동

❷ 나의 세무대리 관리 → 나의 세무대리 수임동의를 클릭

❸ 세무대리인 상호와 사업자번호를 확인한 후 동의 버튼을 클릭

구 분	내 용
수기 세금계산서/계산서	• 홈택스를 통해 전자로 발급되지 않고, 수기로 작성하거나 프린트하여 발행되는 세금계산서 • 전자(세금)계산서는 일괄 수집한다.

구 분	내 용
국외 매출 내역	수출, 애플리케이션 매출, 광고 매출 등의 국외에서 발생한 매출내역을 신고한다(페이팔, 이베이, 아마존, 구글, 애플) 등 해외쇼핑몰 매출내역 • 선적을 통한 물품 수출 : 수출신고필증 • 애플리케이션 매출 : 구글, 애플 앱스토어 정산서 : 구글 애플 앱스토어 매출 조회 • 광고 매출 등 기타 인보이스 발행을 통한 서비스매출 : 외화매입증명서(부가가치세 신고용) : 입금된 은행 창구에서 발급받을 수 있다.
전자상거래 카드전표(지출증빙용 현금영수증)	전자상거래 구매시 판매자 정보가 유플러스, 이니시스, 네이버 등으로 결제 대행사 상호만 적용된다. 따라서 해당 비용이 어떤 것인지 식별이 곤란하다. 따라서 해당 전표를 출력해 일자별로 모아서 세무사사무실에 전달한다.
오픈마켓/ 소셜커머스 매출내역	오픈마켓 및 소셜커머스(쿠팡, 인터파크, 지마켓, 옥션, 티몬, 위메프, 11번가, 네이버 스토어팜, 카카오 등)를 통해 발생하는 매출 내역이다. : 각 오픈마켓, 소셜커머스 홈페이지 내 판매자 관리페이지에서 조회할 수 있다.
현금매출 내역	세금계산서, 계산서, 현금영수증을 발급하지 않고 법인계좌(개인사업자의 경우 사업용 계좌)로 입금되는 현금매출 내역을 현금매출이 입금되는 계좌의 금융기관 홈페이지에서 해당 부가가치세 기간의 거래내역을 조회 후 다운로드한 엑셀 파일에서 현금매출 입금 분만 정리한다.
카드매출 승인내역	나이스 페이, 이니시스, 카카오페이, 유플러스, 다날, 네이버페이 등 결제대행사, PG사, 벤사 등에서 제공하는 매출내역으로 온·오프라인 카드, 가상계좌 결제 등이 이에 해당한다. : 각 결제 대행사의 홈페이지에서 직접 조회 또는 결제대행사의 고객센터 유선 상담을 통한 자료 수취가 가능하다.
개인신용카드 사용분	• 사업 관련 비용을 임직원의 개인카드로 대금을 지급한 경우 매입세액공제가 가능하다. • 매출처의 사업자등록번호가 반드시 기재되어 있어야 부가가치세 공제가 가능하다. (Excel 파일 다운로드 시 카드사 사이트상에서 사업자번호가 기재되지 않은 파일만 다운로드 가능하다면, 해당 카드사에 직접 요청할 수 있다.)
기타매출 승인내역	• 결제 대행 : 배달의민족, 요기요 등 • 배달 대행 결제 내역
홈택스 미등록 카드내역	(개인사업자 대상) 사업용으로 사용한 카드에 대해 카드사에 세금 신고용으로 자료 조회 후 전달
사업자등록 전 매입세액	신설법인의 경우, 법인설립 전 사용한 비용에 대해 적격증빙을 구비한 경우 매입세액공제가 가능하다. 개인의 경우 주민등록번호로 발급받는다.

홈택스를 활용한 부가가치세 신고

전자신고 매뉴얼을 책에 다 담으면 원가 상승으로 책 가격이 상승하므로 매뉴얼은 다운로드 후 참고할 수 있도록 별도 안내해 주고 있다.

❶ 국세상담센터(https://call.nts.go.kr)에 접속 후 상단 > 참고자료 > 부가가치세를 클릭한다.

	자주묻는	동영상	참고자료	이용안내	센터 소개
국세상담 공지사항 세법상담정보 홈택스 이용정보		종합소득세 연말정산 부가가치세 법인세 양도소득세 상속세 증여세 종합부동산세 장려금 수어동영상	종합소득세 연말정산 부가가치세 법인세 양도소득세 상속세 증여세 장려금	전화상담 이용안내 인터넷 상담하기 상담사례 검색하기 세무 서식	연혁 및 기본사항 센터장 인사말씀 위치안내(약도) 센터 소개영상 정보공개

❷ 참고자료 게시판을 보면 부가가치세 전자신고 매뉴얼이 있다.

전체 22 건   페이지 1 / 3

번호	제목	작성자	등록일	조회
22	(2023년 1기 확정) 부가가치세 신고안내 매뉴얼	총관리자	2023.07.03	922
21	(일반과세자) 간주임대료 계산(2023년 1기 확정)	총관리자	2023.06.28	259
20	(2023년 1기 확정) 일반과세자의 부가가치세 신고서 작성 방법(부동산...	총관리자	2023.06.28	286
19	(2023년 1기 확정) 일반과세자의 부가가치세 전자신고 방법(부동산임대...	총관리자	2023.06.28	323
18	(일반과세자) 간주임대료 계산(2022년 2기 확정)	총관리자	2023.05.04	147
17	(2022년 확정) 일반과세자의 부가가치세 신고서 작성방법(부동산임대업...	총관리자	2023.05.04	173
16	(2022년 확정) 간이과세자의 부가가치세 신고서 작성방법(부동산임대업...	총관리자	2023.05.04	170
15	(2022년 확정) 간이과세자의 사례로 배우는 부가가치세 전자신고 방법(...	총관리자	2023.05.04	169

부가가치세 신고 체크포인트

구 분	부가가치세 성실신고 체크리스트
매출신고누락	• 전자세금계산서 및 종이 세금계산서 발행분 확인 • 신용카드 · 현금영수증 발행분 확인 • (현금매출) 계좌이체 · 핀테크 결제 등으로 받은 결제 대금 확인 • (영세율) 수출통관내역, 내국신용장 · 구매확인서 관련 매출 확인 • (첨부서류) 부가가치세법 및 조세특례제한법상 영세율 적용을 위한 필수 서류 준비 • (겸업) 과 · 면세 겸업사업자 과세 매출 적정 확인 • (차명계좌) 직원 · 친척 명의를 이용하여 입금받은 금액의 신고누락 여부 확인
매입세액불공제	• (세금계산서) 폐업, 간이, 면세사업자로부터 매입액은 공제 제외 • (신용카드) 사업 무관, 개인적 사용, 기업업무추진비(= 접대비) 목적 사용은 공제 제외 • (비영업용 소형 승용차) 구입, 유지, 임차(렌트) 매입액은 공제 제외 • (이중 공제) 매입 세금계산서 대금결제를 신용카드로 한 경우 • (겸업) 과 · 면세 겸업사업자 공통매입세액 안분 적정 확인 • (사실과 다른 세금계산서 관련 매입세액) 실제로 재화 또는 용역을 공급받지 않고 매입 세금계산서 수취분 제외
부당 공제	• (공제 초과) 농 · 축 · 임 · 수산물 의제매입세액공제 한도 초과 여부 확인 * 법인사업자의 한도율은 과세표준의 40% • (매입처 확인) 일반과세자로부터 매입한 재활용 폐자원 관련 매입세액은 공제 제외 • (가산세) 전자세금계산서 미전송, 지연전송 확인 • (신용카드 발행세액 공제 연간 한도) 연간 1,000만 원 초과 여부 확인 • (신용카드 발행세액 공제 배제) 법인 및 직전연도 공급가액 10억 원 초과 개인사업자

매입세액공제 가능 여부 판단기준

첫째, 매입세액공제를 위해서 가장 먼저 상대방으로부터 받은 세금계산서, 신용카드 매출전표, 현금영수증, 지로용지에서 구입 가격(공급가액)과 부가가치세가 구분되어 있는지 확인한다.

면세사업자 및 연 매출 4,800만 원 미만 간이과세자에게 받는 경우 부가가치세가 구분되어 있지 않다. 이 경우는 매입세액공제를 받을 수 없다. 또한 일반과세자로부터 받아도 구입하는 물품이 면세 물품일 경우는 부가가치세가 구분표시 되어 있지 않으므로 역시 매입세액공제가 불가능하다.

둘째, 구입 가격(공급가액)과 부가가치세가 구분 기재되어 있는 경우 공급자 등록번호, 공급자 명칭, 공급받는 자 등록번호, 작성연월일이 표시되어 있는지 확인한다.

세금계산서 발행 시 반드시 기재해야 하는 항목이 있는데, 이를 필수적 기재 사항이라고 하며, 이 중 하나라도 기재되어 있지 않으면 매입세액공제가 불가능한 세금계산서로 세법상 증빙으로 보지 않는다.

- 공급하는 사업자의 등록번호와 성명 또는 명칭
- 공급받는 자의 등록번호
- 공급가액과 부가가치세
- 작성연월일

셋째, 현금영수증을 받은 경우 해당 현금영수증이 지출증빙용인지 확인한다. 만일 소득공제용의 경우 홈택스에 들어가 지출증빙용으로 변경해준다.

현금영수증은 지출증빙용과 소득공제용으로 구분이 된다. 이 중 지출증빙용은 사업자가 경비인정을 받기 위해 발급받는 것이고, 소득공제용은 근로자가 연말정산을 받을 때 소득공제를 위해 발행받는 증빙을 말한다. 따라서 사업자는 지출증빙용으로 발급받는 것이 원칙이며, 혹시 소득공제용으로 발급받은 경우 홈택스 전자(세금)계산서 · 현금영수증 · 신용카드 > 현금영수증(매입 · 지출증빙) > 현금영수증(근로자 · 소비자) > 현금영수증 사업자용으로 용도변경을 통해 변경한다.

넷째, 신용카드 매출전표를 받은 경우 판매자가 연 매출 4,800만 원 미만 간이과세자이거나 면세사업자의 경우 부가가치세액이 구분표시 되지 않으므로 매입세액공제를 받아서는 안 된다.

가끔 단말기 설정의 잘못으로 일반과세자인데 부가가치세가 구분표시 안 되거나, 간이과세자인데 부가가치세가 구분표시 되어 나오는 경우가 있으므로 이런 특이한 상황은 유의해야 한다.

다섯째, 구입 가격(공급가액)과 부가가치세가 구분되어있는 세금계산서 등을 받아도 업무와 관련 없는 지출의 경우, 기업업무추진비(= 접대비)로 지출한 금액의 경우, 차량 중 비영업용소형승용차와 관련된 지출의 경우에는 예외적으로 매입세액공제가 안 되므로 부가가치세 신고 시 매입자료에서 스스로 빼야 한다. 쉽게 말해

- 자영업자의 경우 일요일 마트에 가서 집에서 먹을 장을 보고 신용카드 결제 후 동 전표를 첨부하는 경우(업무와 관련 없는 지출)
- 거래처 사장님과 술을 마시고 카드 결제 후 동 전표를 첨부하는 경우(기업업무추진비)
- 도소매, 제조업, 서비스업 영업사원이 승용차를 영업용으로 이용하면서 주유비를 카드로 결제하는 경우(비영업용소형승용차) 등은 매입세액을 공제받지 못하는 지출이 된다.

가끔 홈택스에 뜨는 자료를 100% 신뢰해 회사 자료와 차이 부분에 대해 고민하는 경우가 있는데, 모든 세금 신고의 책임은 홈택스가 지는 것이 아니라 회사가 지는 것이다.

따라서 회사가 파악한 자료와 홈택스 자료가 차이가 나는 경우 회사가 신뢰할 수 있는 자료로 스스로 결정해 신고해야 하며, 매입세액공제 대상으로 조회되어도 실제 매입세액불공제 대상의 경우 회사 스스로 불공제로 수정해 신고해야 한다.

나중에 홈택스 믿고 신고했다고 우겨도 가산세 부담을 벗어날 수는 없다.

부가가치세 매입세액불공제

사업자가 자기의 사업을 위해서 사용되었거나 사용될 재화 또는 용역의 공급 및 재화의 수입에 대한 매입세액은 매출세액에서 공제되지만, 아래의 경우에는 거래징수 당한 사실이 세금계산서 등에 의해서 입증된다고 하더라도 그 매입세액은 매출세액에서 공제받지 못한다.

❶ 매입처별세금계산서합계표를 미제출·부실 기재한 경우
❷ 세금계산서를 미수령 및 부실 기재한 경우
❸ 사업과 직접 관련이 없는 지출에 대한 매입세액
❹ 비영업용소형승용차의 구입과 유지에 관한 매입세액
❺ 기업업무추진비(= 접대비) 및 이와 유사한 비용의 지출에 관련된 매입세액
❻ 부가가치세가 면제되는 재화 또는 용역을 공급하는 사업에 관련된 매입세액과 토지 관련 매입세액
❼ 사업자등록 전의 매입세액

세금계산서 미수령 및 합계표의 미제출·부실기재

🗂 매입세액으로 공제되지 않는 경우

• 세금계산서를 발급받지 않은 경우 또는 발급받은 세금계산서에 필수적 기재 사항의 전부 또는 일부가 기재되지 않았거나 사실과 다르게 기재된 경우의 매입세액. 여기서 필수적 기재 사항이란 공급자의 등록번호와 성명 또는 명칭, 공급받는 자의 등록번호, 작성연월일, 공급가액과 부가가치세액을 말한다.

- 신고 시 매입처별세금계산서합계표를 미제출한 경우와 제출하였으나 기재사항 중 거래처별 등록번호 또는 공급가액의 전부 또는 일부가 기재되지 않은 경우 및 사실과 다르게 기재된 매입세액

📂 매입세액으로 공제 가능한 경우

- 매입처별세금계산서합계표 또는 신용카드매출전표 등 수령명세서를 수정신고, 경정청구, 기한후신고시 제출하는 경우(가산세 없음)
- 기재 내용이 착오로 잘못 기재된 경우로 세금계산서 등에 의하여 거래 사실이 확인되는 경우
- 사업자가 발급받은 세금계산서 또는 신용카드 매출전표 등을 경정기관의 확인을 거쳐 정부에 제출하는 경우(가산세 있음)
- 공급시기 이후에 발급받은 세금계산서로서 해당 공급시기가 속하는 과세기간에 대한 확정 신고기한 다음날부터 1년 안에 발급받은 경우(공급일이 속하는 달의 다음 달 10일(다음 달 10일이 공휴일 또는 토요일일 때는 해당 일의 다음 날)까지 발급받은 경우 포함)
- 공급가액이 과대 계상된 경우 실지 거래 해당 분
- 발급받은 전자세금계산서로서 전송되지 않았으나 발급한 사실이 확인되는 경우 : 전자세금계산서 외의 세금계산서로서 공급시기가 속하는 과세기간에 대한 확정 신고기한 다음날부터 1년 안에 발급받았고, 거래사실도 확인되는 경우
- 사업자등록을 신청한 사업자가 사업자등록증 발급 일까지의 거래에 대해서 해당 사업자 또는 대표자의 주민등록번호를 적어 발급받은 경우
- 발급받은 세금계산서의 필수적 기재 사항 중 일부가 착오로 사실과 다르게 적혔으나 그 세금계산서에 적힌 나머지 필수적 기재 사항 또는 임의적 기재 사항으로 보아 거래 사실이 확인되는 경우
- 재화 또는 용역의 공급시기 이후에 발급받은 세금계산서로서 해당 공급시기가 속하는 과세기간에 대한 확정신고기한 다음날부터 1년 안에 발급받은 경우(세금계산서 발급 특례규정에 따라 발급받은 경우 포함)

구 분	매입세액공제 여부
동일 과세기간 내 확정 신고기한 다음날부터 1년 안에 발급	매입세액공제
동일 과세기간 내 확정 신고기한 다음날부터 1년이 지나서 발급	매입세액불공제

- 발급받은 전자세금계산서로서 국세청장에게 전송되지 않았으나 발급한 사실이 확인되는 경우 매입세액공제가 된다.
- 전자세금계산서 외의 세금계산서로서 재화나 용역의 공급시기가 속하는 과세기간에 대한 확정신고기한 다음날부터 1년 안에 발급받았고(세금계산서 발급 특례규정에 따라 발급받은 경우를 포함), 그 거래 사실도 확인되는 경우
- 실제로 재화나 용역을 공급하거나 공급받은 사업장이 아닌 사업장을 적은 세금계산서를 발급받았더라도 그 사업장이 총괄납부 또는 사업장단위과세사업자에 해당하는 사업장의 경우로서, 그 재화나 용역을 실제로 공급한 사업자가 납세지 관할 세무서장에게 해당 과세기간에 대한 납부세액을 신고하고 납부한 경우 매입세액공제 가능
- 재화 또는 용역의 공급시기가 되기 전에 대가의 전부 또는 일부를 미리 주고 발급받은 세금계산서로써 재화 또는 용역의 공급시기가 그 세금계산서의 발급일로부터 6개월 이내에 도래하고 해당 거래사실이 확인되어 납세지 관할 세무서장 등이 결정 또는 경정하는 경우
- 공급가액이 과대계상 된 경우 실지 거래 해당 분. 예를 들어 실지 세금계산서 상 금액이 100만 원인데, 200만 원으로 신고 된 경우 100만 원은 공제가 되며, 과대계상 분 100만 원(200만 원 - 100만 원)은 가산세 대상이다.

 본점과 계약 후 지점에서 용역을 제공받은 경우 세금계산서

본점과 계약 후 지점에서 용역을 제공받은 경우 세금계산서는 본점 또는 지점의 어느 쪽에서도 발급받을 수 있다.

 사업자등록증 정정 안 하고 세금계산서를 발급받은 경우

사업자가 사업장 이전, 상호 변경 등 사업자등록 정정 사유가 발생하였으나 정정하지 않고 세금계산서를 발급받

은 경우 그 거래 사실이 확인되는 때에는 그 세금계산서의 매입세액을 매출세액에서 공제하거나 환급할 수 있다.

직권말소 기간에 수수한 세금계산서 매입세액공제

사업자등록이 직권말소 된 후 계속 사업을 영위함이 확인되어 당해 말소가 해제된 경우 동 직권말소 기간에 수수한 세금계산서는 정당한 세금계산서로서 매입세액공제가 가능하다.

사업과 직접 관련 없는 지출

사업과 직접 관련이 없는 지출에 대한 매입세액은 매출세액에서 공제하지 않으며, 사업과 직접 관련 없는 매입세액의 범위는 다음과 같다.

- 사업자가 그 업무와 관련 없는 자산을 취득·관리함으로써 발생하는 취득비·유지비·수선비와 이와 관련되는 필요경비
- 사업자가 그 사업에 직접 사용하지 않고 타인(종업원을 제외한다)이 주로 사용하는 토지·건물 등의 유지비·수선비·사용료와 이와 관련되는 지출금
- 사업자가 그 업무와 관련 없는 자산을 취득하기 위해서 차입한 금액에 대한 지급이자
- 공동경비 중 공동사업자가 분담 비율을 초과하여 지출하는 경비
- 사업자가 공여한 「형법」에 따른 뇌물 또는 「국제상거래에 있어서 외국공무원에 대한 뇌물방지법」상 뇌물에 해당하는 금전과 금전 외의 자산 및 경제적 이익의 합계액

회식비, 식대, 야유회 등 지출 비용의 매입세액공제

1. 사업자가 직원의 회식비, 식대를 부담하고 세금계산서, 신용카드 매출전표, 지출증빙용 현금영수증을 받은 경우 매입세액공제가 가능하다.
2. 직원들의 사기 진작과 복지를 위해 야유회 등을 개최하면서 지출하는 버스 임차료, 도시락 비용 등은 복리후생비로 매입세액을 공제한다.

구 분	부가가치세 매입세액공제 여부
직원 식대	공제 가능
거래처와 식대	공제 불가
개인사업자 대표 식대	공제 불가
법인사업자 대표 식대	공제 가능

3. 종업원 복리후생 목적으로 취득한 콘도 회원권을 과세사업에 사용한 경우 매입세액공제가 가능하다.

4. 사업자가 그 종업원에게 사택으로 무상으로 제공하는 국민주택규모를 초과하는 주택과 이에 부수되는 복리후생시설은 매입세액공제가 된다.

 사업자가 구입한 가정용품의 매입세액공제

사업자가 자기의 사업과 관련된 재화 또는 용역을 공급받고 부가가치세액이 별도로 구분 가능한 신용카드매출전표를 발급받은 경우 그 부가가치세액은 매출세액에서 공제할 수 있는 것이나, 자기의 사업과 관련 없이 가정에서 사용하기 위해서 구입한 가정용품 등에 관련된 매입세액은 공제할 수 없다.

 고객 또는 거래처 방문 차량 주차비의 매입세액공제

고객서비스를 받거나 매장 또는 회사를 방문하는 동안의 주차비를 회사에서 부담하고 세금계산서를 받는 경우 동 주차료는 매입세액공제가 가능하다.

 호텔을 임차해서 사택으로 제공 시 매입세액공제

사업자가 호텔을 임차해서 외국인 대표이사에게 사택으로 제공하고 호텔운영업자로부터 세금계산서를 발급받은 경우 사업과 관련해서 사용된 것이라면 매입세액공제가 가능하다.

 # 비영업용소형승용차의 구입·임차 및 유지비

부가가치세법상 비영업용소형승용차의 구입과 유지 관련 비용은 매입세액공제가 안된다.

많이들 헷갈리는데, 업무용과 영업용은 엄연히 다르다. 즉, 부가가치세 매입세액공제가 되는 영업용과 흔히 회사업무를 하면서 사용하는 영업용 또는 업무용과는 엄연히 다른 의미로 사용된다.

"회사에서 차량을 운행하면 모두 영업용차량 아닌가요? 따라서 영업용차량이니까 공제받을 수 있는 거 아닌가요?"라고 물어보는 경우가 있는데, 회사에서 운영하는 차량은 세법상 말하는 영업용이 아닌 업무용이다.

부가가치세법에서 말하는 영업용차량이란 운수업(택시, 버스), 자동차판매업, 자동차임대업(리스, 렌트카업), 운전학원업, 출동서비스업 등의 업종을 하는 법인이나 사업자가 자동차를 영업에 직접 이용하는 것을 의미하므로 업무용과는 다르다. 차량으로 노란색 번호판을 달고 있다.

따라서 도소매업, 제조업 등 일반 법인이나 개인사업자의 경우 영업용차량에 해당하지 않아 매입세액공제를 받을 수 없다.

그리고 관련 비용도 차와 묶어서 같은 규정이 적용되는데, 관련 비용은 수리비, 주차비, 주유비, 리스비, 렌트비 등 명칭과 관계없이 모든 승용차 관련 비용을 포함한다.

해당 업종(운수업(택시, 버스), 자동차판매업, 자동차임대업(리스, 렌트카업), 운전학원업, 출동서비스업 등의 업종, 장례식장 및 장의 관련업을 영위하는 법인차량과 운구용 승용차)이 아닌 법인이나 개인사업자의 경우 개별소비세 과세 대상 차량의 구입, 유지, 임차에 관한 비용은 매입세액공제를 받지 못한다. 자가 소유, 리스, 렌트 차량 구별 없이 같게 적용된다.

구 분	공제 가능 차량
영업용으로 인정되는 경우	○ 운수업 ○ 자동차판매업 ○ 자동차임대업 ○ 운전학원업 ○ 「경비업법」 제2조 제1호 라목에 따른 기계 경비업무를 하는 경비업. 이 경우 법 제10조 제2항 제2호에서의 자동차는 「경비업법」 제16조의3에 따른 출동차량에 한정하여 적용한다. ○ 장례식장 및 장의 관련업을 영위하는 법인차량과 운구용 승용차
공제가능 차량	○ 화물차 : 화물칸이 따로 구별되어 짐을 실을 수 있는 차량

구 분	공제 가능 차량
	O 벤 승용차 : 운전석과 조수석 외에는 좌석이 없는 차량으로 운전석 뒤 칸에 물건을 실을 수 있게 좌석 시트 대신 공간으로 구성된 차량 O 경차 : 1,000cc 미만 차량으로 모닝, 스파크, 레이 등 O 125cc 이하의 이륜자동차 O 정원 9인승 이상의 승용차 : 카니발 9인승 등
차량유지비용	하이패스 단말기 구입비용, 네비게이션, 세차, 수리 비용, 주유비, 주차 비용 등

📂 차량 제조사별 매입세액공제 되는 차량

제조사	공제 구분
현대자동차	• 공제 : 스타렉스(9인승), 산타모(9인승), 트라제 XG(9인승), 아토스(4인승 경차), 그레이스 미니버스(9, 12인승), 스타렉스 왜건(11, 12인승), 갤로퍼-밴, 그레이스 밴, 스타렉스 밴, 포터 등 • 불공제 : 투싼x(5인승), 싼타페(7인승), 베라크루즈(7인승), 산타모(5, 6, 7인승), 갤로퍼(5, 6인승), 스타렉스(7인승), 테라칸(7인승), 트라제XG(7인승), 아반떼, 쏘나타(LF, YF, NF, EF), 제네시스, 엑센트, 베르나, 그랜저, 에쿠스, 다이너스티, 투스카니, 벨로스터 등
기아자동차	• 공제 : 레이, 모닝, 비스토, 카니발R(9인승), 카니발R(11인승), 카니발 R-리무진(11인승), 프레지오(12, 15인승), 레토나 밴, 모닝 밴, 레이 밴, 스포티지 밴, 카니발 밴, 프레지오 밴, 봉고3 등 • 불공제 : 레토나(5인승), 록스타(5인승), 쏘렌토R(7인승), 카니발(7인승), 스포티지R(5, 7인승), 뉴카렌스(7인승), 카니발R-리무진(7인승), 프라이드, 쏘울, 포르테, 스펙트라, K3, K5, K7, K9, 옵티마, 오피러스 등
쌍용자동차	• 공제 : 뉴 로디우스(9인승), 코란도 투리스모(9인승), 이스타나(11, 12, 14, 15인승), 로디우스(11인승), 코란도 투리스모(11인승), 액티언 스포츠(5인승), 무쏘 밴, 무쏘 스포츠(5인승), 코란도 밴(3인승), 코란도 스포츠(5인승) 등 • 불공제 : 카이런(7인승), 렉스턴(5, 7인승), 무쏘(5, 7인승), 체어맨(5인승), 코란도 패밀리(4, 5, 6인승) 등
GM 자동차	• 공제 : 스파크(5인승 경차), 스파크 밴, 다마스 밴, 마티즈 밴, 라보(2인승), 마티즈(5인승 경차), 티코(5인승 경차) 등 • 불공제 : 레조(7인승), 젠트라, 크루즈, 말리부, 칼로스, 라세티, 토스카, 베리타스, 알페온, 캡티바, 올란도 등

🗒 경유 차는 되고, 휘발유, 전기차는 안 된다.

주유할 때 경유는 공제가 되고, 휘발유는 공제가 안 된다고 생각하는 실무자들이 많다.

그러나 매입세액공제는 주유하는 기름의 종류에 따라 공제가 되고, 안 되고가 결정되는 것이 아니라, 법적으로 업종과 차종에 따라 공제 가능 여부가 결정된다. 다만, 주유를 휘발유로 하는 차종의 대다수는 매입세액공제가 안 되는 일반승용차(경차를 제외한 모든 승용차라고 보면 됨)가 많고, 매입세액공제가 되는 차종이 상대적으로 경유를 주유하는 차종(다마스, 트럭, 9인승 승합차 및 운수업 사용 차종)이 많다 보니, 이런 오해를 가질 수 있다.

🗒 매입세액공제는 안 돼도, 경비처리는 된다.

회사업무를 위하여 사용하였으나 부가가치세 공제 차량에 해당하지 않는다면 매입세액공제는 받지 못하나, 비용처리는 가능하다. 단, 임직원전용자동차보험 가입과 운행기록부 작성 여부에 따라 비용인정 조건이 달라진다.

❶ 임직원전용자동차보험에 가입하지 않았을 때는 전액 비용으로 인정받지 못한다.

❷ 임직원전용자동차보험에 가입하고 운행기록부를 작성하지 않은 경우, 연 1,500만 원까지만 비용으로 인정된다. 즉 1,500만 원 이하인 경우는 운행기록을 작성, 비치하지 않아도 연 1,500만 원(감가상각비 포함)까지는 비용 인정되지만, 업무용 승용차 관련 비용명세서 미제출·불성실 제출 시 가산세를 부담할 수 있으므로 차량운행일지의 작성을 권한다.

사업자가 전용 보험에 가입하지 않았거나, 사적으로 사용했다는 것이 확인되면 그 금액은 비용으로 인정되지 않는다.

사업자가 업무용 승용차 관련 비용명세서에서 업무 사용 비율을 100%로 기재해 신고했지만, 해당 차량의 운행기록부와 출장관리부, 유지관리비 등 지출 내역을 분석한 결과 업무 사용 비율은 그보다 낮게 나타나면 손금불산입하고 사용자에게 상여처분해 소득세를 추가 부담한다.

실무적으로는 세무조사 등을 통하지 않는다면 국세청은 비용명세서상 내용과 실제 사용 내용을 비교하기는 어렵다. 이 때문에 2022년부터 업무용 승용차 관련 비용명세서 미제출 및 불성실 가산세(1%)를 신설했다. 이 가산세는 2022년 1월 1일 이후 개시하는 과세연도부터 적용된다. 가산세를 물지 않으려면 관련비용 명세서를 제출해야 한다.

❸ 임직원 전용 자동차보험에 가입하고 운행기록부를 작성한 경우, 차량 업무 사용 비율만큼 비용으로 인정돼 연 1,500만 원을 넘는 때도 비용인정을 받을 수 있다. 여기서 업무 사용 비율이란 총 주행거리에서 업무용 사용 거리가 차지하는 비율을 의미한다.

1. 임직원전용자동차보험에 가입

법인이 법인차량 관련 비용을 회사경비로 처리하려면 먼저 임직원 전용자동차보험에 가입해야 한다(개인 복식부기의무자는 2대 이상). 이 경우 운전자의 범위는 법인의 임직원으로 한정된다(당해 법인과 계약관계에 있는 업체의 임직원도 포함되지만, 임직원의 가족·친족은 반드시 제외해야 함).

법인차량 중 임직원 전용자동차보험에 가입해야 하는 자동차는 승용차다(부가가치세법상 비영업용소형승용차의 범위와 같다.). 택시나 화물차 등은 사적 용도로 사용할 개연성이 낮아 동 보험에 가입하지 않더라도 세법상 비용으로 인정된다.

렌터카 회사에서 차량을 빌려 사용한다면 렌터카 회사에서 임직원 전용자동차보험에 가입해야 한다.

그리고 개인사업자는 2024년부터 모든 복식부기의무자는 의무가입 대상이다.

2. 차량운행일지의 작성·비치

회사는 차량운행일지를 작성·비치한 경우에만 비용으로 인정받을 수 있다. 업무 이외의 목적으로 사용한 금액은 경비로 인정받지 못한다. 원칙적으로 운행기록을 작성해 업무사용비율을 계산하고 모든 경비를 그 비율만큼만 인정한다. 업무사용비율이란 업무용 사용 거리 ÷ 총 주행거리의 비율을 의미한다.

임직원 전용 자동차보험에 가입했지만, 운행기록을 작성하지 않으면 연간 1,500만 원까지만 비용으로 인정된다. 단, 해당 사업연도의 업무용 승용차 관련 비용이 대당 1,500만 원 이하인 경우는 운행기록을 작성, 비치하지 않아도 업무 사용 비율을 100%로 인정해준다.

구 분	법 인	개 인
임직원전용자동차보험	의무가입, 미가입 시 전액 손금불산입	2대 이상 의무가입. 성실신고 확인 대상자, 전문직 미가입 시 전액(복식부기의무자 50%) 필요경비불산입
업무 사용 제외금액 소득처분	상여 등 귀속자에 따라 처분	인출로 처분
운행기록일지	의무 작성	의무 작성
	• 운행기록을 작성하지 않으면 연간 1,500만 원까지만 비용으로 인정 • 1,500만 원 이하인 경우는 운행기록을 작성, 비치하지 않아도 업무사용비율을 100%로 인정	

개인사업자의 경우 간편장부대상자는 운행일지 작성 의무대상이 아니다. 개인사업자 중 모든 복식부기의무자는 2대 이상부터 법인과 동일하게 업무전용자동차보험에 가입히고 운행일지를 작성해야 한다.

마지막으로 업무용 승용차가 여러 대라면 감가상각비·임차료·유류비·수선비 등을 차량별로 분류해 두는 게 필요하다. 보험에 가입했을 때 임직원이 아닌 가족 등이 사적으로 사용하다 사고가 난 경우 보상을 받을 수 없으므로 임직원의 가족이 회사의 업무용 승용차를 운전해서는 안 된다.

렌트 차량은 해당 사업연도에 속한 임차 기간 전체가 임직원 전용 자동차보험에 가입된 경우에만 비용 혜택을 받을 수 있으므로 렌터카 회사가 보험에 가입했는지 반드시 확인해 불이익을 받지 않도록 주의할 필요가 있다.

3. 법인과 개인사업자의 차량 관련 비용처리

법인은 임직원 전용 자동차보험에 가입이 안 되어 있으면, 전액 비용으로 인정받는 것이 불가능하다.

임직원 전용 자동차보험에 가입 후 운행기록부 작성 여부에 따라 비용인정 금액이 결정된다.

구 분	매입세액 공제여부	비용인정(승용차 1대당)		
❶ 우측의 비용인정 차종 및 업종 차량은 운행일지를 작성 안 해도 됨	공제 가능	비용인정 차종 : 경차, 트럭 등 화물차, 9인승 이상의 승합차 업종 : 운수업, 자동차판매업, 자동차임대업, 운전학원업, 경비업법 등 노란색 번호판, 장례식장 및 장의 관련업을 영위하는 법인차량과 운구용 승용차		
❶ 이외의 모든 차종	불공제	임직원전용자동차보험에 미가입		불인정
		임직원전용자동차보험에 가입	운행기록부 작성	인정(업무 사용 비율만큼)
			운행기록부 미작성	인정(1,500만 원 한도)

개인사업자의 경우 2024년부터 모든 복식부기의무자는 2대 이상일 경우 가입대상이며, 미가입 시 성실신고 확인 대상자, 전문직은 전액, 이를 제외한 복식부기의무자는 50% 필요경비불산입한다.

구 분	매입세액 공제여부	비용인정(승용차 1대당)
❶ 우측의 비용인정 차종 및 업종 차량은 운행일지를 작성 안 해도 됨	공제 가능	비용인정 차종 : 경차, 트럭 등 화물차, 9인승 이상의 승합차 업종 : 운수업, 자동차판매업, 자동차임대업, 운전학원업, 경비업법 등 노란색 번호판, 장례식장 및 장의 관련업을 영위하는 법인차량과 운구용 승용차

구 분	매입세액 공제여부	비용인정(승용차 1대당)		
❶ 이외의 모든 차종 : 모든 복식부기의무 자는 2대 이상인 경우 임직원전용자동차보 험 의무가입대상	불공제	임직원전용자동차보험에 미가입		가. 성실신고 확인 대상자, 전문 직은 전액 필요경비불산입 나. 가를 제외한 복식부기의무 자는 50%만 필요경비 인정
		임직원전용자동 차보험에 가입	운행기록부 작성	인정(업무 사용 비율만큼)
			운행기록부 미작성	인정(1,500만 원까지)

차량사고로 보험금 수령 시 부담하는 부가가치세 신고·납부

차량의 사고로 보험처리 시 보험사에서는 차량 수리비에 대한 "공급가액"만 피보험자(사고 차량)에게 지급하므로 해당 회사에서 사고 차량의 수리비에 대한 부가가치세는 회사부담으로 처리해야 하는 것이다.

반면 회사에서 부담한 부가가치세는 비영업용소형승용차인 경우 비록 세금계산서를 받는다고 해도 매입세액불공제 대상이므로 동 비용을 계정과목으로는 부가가치세대급금으로 처리하는 것이 아니라 차량유지비 또는 수선비로 처리해야 한다.

보험사고 자동차 수리비에 대한 세무상 예규를 살펴보면 다음과 같다.

- 보험사고 자동차에 대한 수리용역을 제공하는 사업자는 당해 용역대가의 지급자 또는 차량의 소유자 여부를 불문하고 실제 자기책임 하에 자동차 수리 용역을 제공받는 자에게 세금계산서를 발급하는 것이다.
- 이 경우에 피보험자의 청구가 있을 때는 자동차에 생긴 손해에 대해서 수리로서 보험금의 지급에 갈음하기로 한 보험약관에 따라 보험회사가 차량 정비사업자로부터 자기책임 하에 수리용역을 공급받을 때만 보험회사를 「실제 자기책임 하에 자동차 수리용역을 제공받는 자」로 적용하고, 약정에 의해서 보험회사의 사전승인을 받아 수리용역을 제공하는 경우도 보험회사가 공급받는 자가 되는 것이다. 즉 보험회사가 공급받는 자로 되는 것은 사전약정이나 약관 등에 의하여 보험회사가 계약의 당사자가 되고 계약내용에 대한 책임과 의무가 보험회사에 귀속되는 경우라 할 수 있다.

업무용 렌트카(리스차량 포함) 대여금의 매입세액공제

사업자가 승용차 대여업(렌트카)을 영위하는 자로부터 승용차를 임차해 업무용으로 이용하는 경우와 용역회사로부터 차량용 기사를 이용할 때 있어서 그 대가를 지급하고 발급받은 세금계산서의 매입세액은 매출세액에서 공제하지 않는 것이다. 즉, 개별소비세가 과세되는 비영업용소형승용자동차의 구입 및 유지(리스 및 수선비용, 유류 등을 포함) 관련 매입세액은 매입세액불공제 대상에 해당한다.

종업원(직원) 차량을 업무용으로 이용 시 매입세액공제

사업자가 직원의 출퇴근용 또는 회사업무용으로 사용하는 비영업용소형승용자동차를 주차하는 주차장 임차료와 관련된 매입세액은 매입세액불공제가 되는 것이다. 부가가치세 과세사업자가 사원의 복리후생을 위해 사원의 소형 승용차 유지관리비를 지원할 때 당해 지원비와 관련된 매입세액은 비영업용소형승용차의 유지에 관한 매입세액이므로 매입세액을 불공제하는 것이다.

직원 전용 주차장 임차료의 매입세액공제

직원 출·퇴근 및 회사업무용 소형승용자동차의 주차난 해소를 위해 소형승용자동차 전용주차장을 임차해 주차장 관리는 용역회사로 하여금 대행토록 하고 주차장 임차료와 주차장 관리비를 지급하는 경우 비영업용 소형승용자동차는 매입세액불공제 된다.

승용차 매각 시 부가가치세 과세

과세사업자가 사업용 자산인 소형 승용차를 매각하는 경우 거래당사자의 매입세액공제 여부를 불문하고 부가가치세가 과세 된다. 즉, 매입세액불공제 되었더라도 매각 시 재화의 공급으로 과세 된다.

유료도로 통행료의 매입세액공제

매입세액이 공제되는 차량을 이용해서 유료도로 사업자에게 통행료를 지급하면서 발급받은 세금계산서나 신용카드매출전표 상의 매입세액은 공제된다.
따라서 매입세액불공제 되는 차량의 경우에는 동 통행료도 매입세액이 불공제된다.

소형, 중형, 대형 승용차 구입 및 유지비용의 매입세액공제

- 운수업, 자동차판매업, 자동차임대업, 운전학원업, 무인 경비업(「경비업법」상 기계 경비업)의 출동 차량 및 이와 유사한 업종에 직접 영업으로 사용되는 것만 매입세액공제 가능하며, 이외의 업종은 트럭, 9인승 이상 자동차, 경차만 매입세액공제가 가능하다.
- 휘발유 차량이든 경유 차든 유종에 상관이 없다.
- 회사소유 차량이든, 개인소유 차량이든, 리스 차량이든, 렌트 차량이든 상관없이 동일한 기준이 적용된다. 따라서 여행업자가 관광객에게 승용자동차를 임차해서 제공하는 경우, 차량용 네비게이션 등 제조업자가 제품

성능실험용 자동차의 구입과 유지관련 비용, 소형승용차의 대리운전 용역을 제공받는 경우 매입세액은 공제되지 않는다. 다만, 주유소 운영사업자가 주유 사고로 인해 수리기간 동안 다른 소형승용차를 임차해서 제공하는 경우 동 임차비용 및 자동차판매업을 영위하는 사업자가 자동차를 판매한 후 당해 자동차에 대한 수리용역을 제공하는 기간동안 고객이 사용할 승용자동차를 임차하고 지불한 대가는 매입세액공제가 된다.

기업업무추진비(= 접대비) 지출과 관련된 매입세액

기업업무추진비 및 이와 유사한 비용의 지출에 대한 매입세액은 불공제된다.

골프 회원권 매입 후 접대목적으로 사용한 경우

골프 회원권을 임직원의 복리후생 목적으로 취득한 경우라도 골프 회원권의 이용실태로 보아 접대목적으로 사용하고 있는 경우 매입세액은 불공제된다.

부가가치세가 면제되는 사업 및 토지 관련 매입세액

부가가치세가 면제되는 재화 또는 용역을 공급하는 사업(부가가치세가 과세되지 않은 재화 또는 용역을 공급하는 사업 포함)과 관련된 매입세액(투자에 관련된 매입세액 포함)과 토지 관련 매입세액은 불공제된다.

농·어업용 면세유류 판매업자는 안분계산하지 않고 전액 공제가 가능하다.

면세사업자의 매입세액

부가가치세가 면제되는 범위에는 과세되지 않는 것을 포함한다.

면세사업자는 부가가치세 납부의무가 없는 사업자이므로 공급받을 때 거래징수 당한 매입세액을 공제받지 못하며, 면세사업자의 경우 매입세액은 취득원가를 구성해서 감가상각을 통해 제조원가 또는 매출원가에 가산해서 최종소비자에게 전가된다. 면세사업과 과세사업을 겸용하는 사업자는 과세사업과 관련된 매입세액을 공제하기 위해 매입세액을 당해 과세기간 공급가액·총매입가액·총예정공급가액 또는 총예정공급면적에 의해 안분계산과 정산을 통해 매입세액을 공제한다.

📂 토지 관련 매입세액의 범위

- 토지의 취득 및 형질변경, 공장부지 및 택지의 조성 등에 관련된 매입세액
- 건축물이 있는 토지를 취득해서 그 건축물을 철거하고 토지만을 사용하는 경우는 철거한 건축물의 취득 및 철거 비용에 관련된 매입세액
- 토지의 가치를 현실적으로 증가시켜 토지의 취득원가를 구성하는 비용에 관련된 매입세액 다만, 토지와 구분되는 감가상각자산인 구축물에 해당하는 경우 당해 공사와 관련된 매입세액은 공제가 된다. 여기서 구축물이란 토지 위에 정착 건설한 건물 이외의 하수도(배수 공사), 굴뚝, 경륜장, 포장도로(진입도로 포장 공사), 교량, 도크. 방벽(옹벽 공사), 철탑, 터널 기타 토지에 정착된 모든 토목 설비나 공작물(바닥 콘크리트 공사)을 포함한다.

토지 관련 매입세액 중 매입세액공제가 되는 경우와 안 되는 경우

1. 토지 관련 매입세액에 해당해서 매입세액불공제 되는 경우

① 건물이 있는 토지를 취득해서 그 건축물을 철거하고 토지만을 사용하는 경우는 철거한 건축물의 취득 및 철거 비용에 관련된 매입세액

② 토지의 취득을 위한 직접적인 비용으로 발생한 수수료 등 토지의 취득에 소요된 것이 명확한 대출금 관련 매입세액

③ 사업자가 금융 자문 용역을 공급받고 발급받은 세금계산서의 매입세액 중 토지의 취득과 관련된 매입세액

④ 공장건물 신축을 위해서 임야에 대지 조성공사를 하는 경우 해당 공사비용 관련 매입세액

⑤ 토지의 조성과 건물·구축물 등의 건설공사에 공통으로 관련되어 그 실질 귀속을 구분할 수 없는 매입세액 중 총공사비(공통비용 제외)에 대한 토지의 조성 관련 공사비용 비율에 따라 계산한 매입세액

⑥ 토지의 취득을 위해서 지급한 중개수수료, 감정평가비, 컨설팅비, 명의이전 비용에 관련한 매입세액

⑦ 과세사업을 하기 위한 사업계획 승인 또는 인·허가 조건으로 사업장 인근에 진입도로를 건설하여 지방자치단체에 무상으로 귀속시킨 경우 진입도로 건설비용 관련 매입세액

2. 토지 관련 매입세액으로 보지 않아 매입세액공제

① 동장 또는 건축물을 신축하면서 건축물 주변에 조경공사를 하여 정원을 만든 경우 해당 공사 관련 매입세액

② 과세사업에 사용하기 위한 지하 건물을 신축하기 위해서 지하실 터파기에 사용된 중기 사용료, 버팀목 및 버팀 철근 등에 관련된 매입세액

③ 토지와 구분되는 감가상각자산인 구축물(옹벽, 석축, 하수도 맨홀 등) 공사 관련 매입세액

④ 공장 구내의 토지 위에 콘크리트 포장 공사를 하는 경우 해당 공사 관련 매입세액

⑤ 과세사업에 사용해오던 자기 소유의 노후건물을 철거하고 신축하는 경우 해당 철거비용과 관련된 매입세액

 부동산 중개수수료의 매입세액공제

1. 부동산 취득 시 중개수수료 등에 대한 매입세액공제

토지 및 건물 취득 시 사업자가 지급한 부대비용(중개수수료 등)의 매입세액 중 토지취득에 관련한 매입세액은 공제되지 않는 것이며, 토지 관련 매입세액이 구분되지 않는 경우는 공통매입세액으로 안분계산한다.

2. 부동산 매각 시 중개수수료 등에 대한 매입세액공제

부동산임대업자가 과세사업에 사용하던 건물과 부속 토지를 양도하기 위해서 부동산컨설팅 및 중개수수료를 지출하면 매입세액공제가 가능하다.

 주차장 조성공사 및 진입도로 포장공사 비용의 매입세액공제

주차장 운영업을 영위하기 위해서 임차한 토지에 콘크리트 포장 공사를 한 경우 당해 공사에 관련된 매입세액 및 사업장에 진입하는 도로 건설을 위해서 타인의 토지 위에 포장 공사를 하고 지출한 공사비는 매입세액공제가 가능하다.

 진입도로공사 비용 등의 매입세액공제

사업자가 토지 위에 공장 부지조성 공사(옹벽 등), 진입도로 공사(포장 · 통신시설 · 상하수도 등)를 하고 이와 관련된 비용이 토지와 구분되는 감가상각 대상 자산인 별도의 구축물에 해당하는 경우 당해 매입세액은 공제되는 것이나, 공장 부지 정리공사 비용 등과 같이 별도의 구축물에 해당하지 않는 경우는 토지 관련 매입세액으로 공제되지 않는다.

📝 사업자등록 전 매입세액

사업자등록을 하기 전의 매입세액은 매출세액에서 공제하지 않는다. 다만, 공급시기가 속하는 과세기간이 끝난 후 20일 이내에 등록 신청한 경우 그 공급시기 내(등록신청 일부터 공급시기가 속하는 과세기간 기산일(1월 1일 또는 7월 1일)까지 역산한 기간 내) 매입세액은 공제할 수 있다.

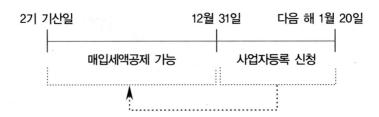

미등록사업자는 사업자등록 전의 매입액에 대해서 다음의 기간 내에 세금계산서를 받는 경우 매입세액공제가 가능하다.

1월 1일~6월 30일 : 7월 20일까지 등록신청 시 매입세액공제가 가능

7월 1일~12월 31일 : 다음 연도 1월 20일까지 등록신청 시 매입세액공제가 가능

구 분	매입세액공제 여부
공급시기 6월 10일, 사업자등록신청일 7월 20일	매입세액공제
공급시기 6월 10일, 사업자등록신청일 7월 20일 7월 20일에 6월 10일 자로 세금계산서 소급 작성	매입세액불공제
공급 시기 6월 10일, 사업자등록신청일 7월 25일	매입세액불공제

부가가치세 매입세액불공제 금액의 비용처리

구분	매입세액	세무상 처리
손금 산입	비영업용 소형승용차의 구입유지에 관련된 매입세액	❶ 구입관련 매입세액 : 자본적 지출 ❷ 유지관련 매입세액 : 차량유지비(손금)
	기업업무추진비(= 접대비) 관련 매입세액	기업업무추진비로 보아 업무추진비 한도 시 부인 계산
	토지조성을 위한 자본적 지출 관련 매입세액	토지에 대한 자본적 지출
	영수증(간이세금계산서) 분 매입세액	지출내용에 따라 손금 또는 자본적 지출
	간주임대료 매입세액	임차인이나 임대인 중 부담한 자의 손금
손금 불산입	등록 전 매입세액	손금불산입
	사업과 관련 없는 매입세액	손금불산입
	세금계산서 미수취 · 미제출 부실기재분 매입세액	손금불산입

신용카드매출전표의
매입세액공제 요약

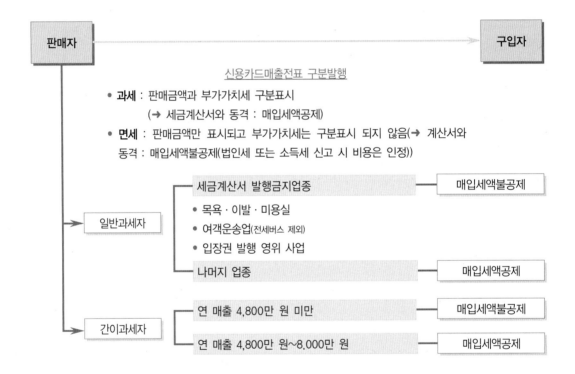

신용카드매출전표 구분발행

- **과세** : 판매금액과 부가가치세 구분표시
  (➡ 세금계산서와 동격 : 매입세액공제)
- **면세** : 판매금액만 표시되고 부가가치세는 구분표시 되지 않음(➡ 계산서와
  동격 : 매입세액불공제(법인세 또는 소득세 신고 시 비용은 인정))

일반과세자
- 세금계산서 발행금지업종 → 매입세액불공제
  - 목욕 · 이발 · 미용실
  - 여객운송업(전세버스 제외)
  - 입장권 발행 영위 사업
- 나머지 업종 → 매입세액공제

간이과세자
- 연 매출 4,800만 원 미만 → 매입세액불공제
- 연 매출 4,800만 원~8,000만 원 → 매입세액공제

세법에서는 일반과세자 및 연 매출 4,800만 원 이상 간이과세자가 재화 등을 공급받고 부가가치세액이 별도로 구분 가능한 신용카드매출전표나 현금영수증을 발급받은 때에는 그 부가가치세액은 공제할 수 있는 매입세액으로 본다(단, 신용카드매출전표 등 수령명세서를 제출하고, 신용카드매출전표 등을 보관해야 함). 다만, 일반사업자가 신용카드매출전표나 현금영수증 등을 발급하였다면 거래상대방이 세금계산서를 요구하더라도 다시 그 발급금액에 대해 세금계산서를 발급할 수 없다.

홈택스에 등록된 신용카드 공제 여부 확인 후 수정(공제, 선택불공제, 당연불공제)

개인사업자가 자신의 개인신용카드로 사업에 필요한 물품을 구매하거나, 서비스를 받을 경우, 사업에 필요한 것임을 반드시 증명해야 하지만 법인카드나 사업용 신용카드로 사업에 필요한 물품을 사거나 서비스를 받으면 국세청에 자동 등록된다.

법인카드나 등록된 사업용 신용카드에 대해서는 국세청이 직접 신용카드 매입자료를 카드사로부터 제출받아 데이터베이스를 구축하기 때문이다.

국세청에서 해당 신고 기간 분에 대한 신용카드 사용 내역을 조회하면 공제받을 금액의 합계액이 표시됨을 알 수 있다. 물론 부가가치세 매입세액공제와 불공제 여부는 본인이 직접 선택해서 결정하고 신고 시 불성실 신고에 대한 모든 책임도 본인이 져야 한다. 즉 국세청 홈택스에 사업용 신용카드를 등록해서 쓰지만, 홈택스에 사업용 신용카드를 등록했다고 해서 무조건 알아서 공제되는 것은 아니다.

애매한 지출항목에 대해서는 선택 불공제로 구분되며, 사업용으로 지출한 비용일 경우는 공제로 변경해서 부가가치세를 공제받을 수 있다. 이에 대해 잘 모르는 사업자가 많아 당연히 받아야 하는 공제를 놓치거나 받지 말아야 할 공제를 받는 경우가 발생한다.

이는 홈택스 > 전자(세금)계산서·현금영수증·신용카드 > 신용카드 매입 > 사업용 신용카드 사용내역 > 사업용 신용카드 매입세액 공제 확인/변경에서 변경할 수 있다. 당연불공제는 상대 사업자가 연 매출 4,800만 원 미만 간이과세자, 면세사업자 등의 이유로 애초에 부가가치세 공제를 못 받는 경우이며, 선택 불공제는 부가가치세 공제를 받을 수 있을지, 없을지 명확하게 파악할 수 없는 경우다. 선택 불공제로 표시된 결제 내역에서 사업용 지출이 맞으면, 공제로 변경하면 된다. 여기서 공제로 변경하면 부가가치세 신고 시 해당 금액을 공제받거나 환급받을 수 있다. 다만 변경 및 변경을 안 해서 세금 문제가 발생하는 때의 책임은 본인이 져야 한다. 즉 불공제를 공제로 변경하는 것도 중요하지만, 공제를 불공제로 변경하는 것이 더 중요하다. 불공제 대상이 공제로 되어있는 경우 이를 변경해야만 추후 과소납부로 인한 가산세를 사전에 방지할 수 있다.

구 분	공급자 업종 및 사업자 구분	매입세액 공제 여부 결정
공제	일반과세자 및 간이과세자(세금계산서 발급사업자) 거래분 중 [선택불공제] 대상에 해당되지 않는 경우로 부가가치세 세액공제 및 종합소득세(법인세) 신고 때 필요경비 인정이 된다.	
	부가가치세 일반과세자로서 선택 또는 당연히 불공제에 해당하지 않는 거래	매입세액공제가 가능하며, 매입세액공제 대상이 아닌 경우 불공제로 수정 가능
선택불공제	일반과세자 및 간이과세자(세금계산서 발급사업자) 거래분 중 거래처업종이 음식점, 숙박, 마트, 항공운송, 승차권, 주유소 등 자동차 관련 업종, 과세유흥업소, 자동차 구입비, 기타(식당, 사우나, 골프연습장, 온천, 공연·영화입장료, 운전학원, 과세 진료비, 기타 식료품 소매업 등)인 경우로, 부가가치세 매입세액공제 대상에 해당하는 경우 [공제]로 수정이 가능하다.	
	사업 무관, 접대 관련, 개인 가사 지출, 비영업용 자동차 등은 불공제 대상 [예] 음식, 숙박, 항공운송, 승차권, 주유소, 차량 유지, 과세유흥업소, 자동차 구입, 골프연습장, 목욕, 이발 등	불공제 대상으로 분류되었으나 사업 용도로 이용한 건은 공제로 수정 항공운송, 승차권, 성형수술, 목욕, 이발 등의 지출은 매입세액불공제 대상임
당연불공제	거래처가 간이·면세사업자인 거래분으로, 부가가치세 세액공제는 어려우나 종합소득세(법인세) 신고 때 필요경비 인정이 된다.	
	간이과세자 및 면세사업자와 거래	매입세액공제 불가

종합소득세 신고·납부 방법

소득세는 개인의 소득에 대해서 납부하는 세금이다.

소득세를 신고 및 납부하는 방법은 원천징수와 종합소득세 신고 두 가지 방법이 있다. 여기서 원천징수는 원천징수의무자가 대가를 지급할 때 일정한 세금을 미리 지급액에서 차감해서 대신 신고 및 납부해주는 방법을 말한다. 반면, 종합소득세는 원천징수로 모든 납세의무가 종결되는 것이 아니라 1년간의 소득을 모두 합산해서 세금을 신고 및 납부하는 방법을 말한다. 따라서 종합과세 대상에 해당하는 소득은 비록 원천징수로 세금을 납부했다고 하더라도 종합소득으로 납부해야 할 세금을 미리 납부한 것에 불과하며, 나중에 종합소득세에 합산해서 다시 세금을 정산해야 한다.

이같이 어차피 종합소득세로 신고 및 납부해야 할 세금을 미리 내는 것을 기납부세액이라고 하며, 원천징수 세액(중간예납 세액, 수시부과 세액도 원천징수 세액과 함께 기납부세액에 해당한다)이 이에 해당한다.

종합과세란 아래 표에서 보여주는 바와 같이 이자소득, 배당소득, 사업소득, 근로소득, 연금소득, 기타소득 중 원천징수 되는 소득을 제외한 소득을 합해서 종합소득금액을 구하는 것이다.

그리고 종합소득세를 신고하는 방법은 장부를 작성한 후 장부에 따라 신고하는 기장에 의한 신고와 장부를 작성하지 않은 경우 수입과 지출을 정확히 알 수 없어 사업자의 소득과 비용을 추산해서 신고하는 추계에 의한 신고가 있다.

> 장부에 의한 종합소득세 계산과 무기장(추계)에 의한 신고 방법(장부 미작성)에 의한 종합소득세 계산 방법의 차이는 종합소득금액을 구하는 방법의 차이이다.

소득세

종합소득	이자소득				이자소득금액
	배당소득				배당소득금액
	사업소득	−	필요경비	=	사업소득금액
	근로소득	−	근로소득공제	=	근로소득금액
	연금소득	−	필요경비	=	연금소득금액
	기타소득	−	필요경비	=	기타소득금액

[기장 한 경우 종합소득세의 계산 흐름]

총 수 입 금 액	−	필요경비	=	종 합 소 득 금 액
종 합 소 득 금 액	−	종합소득공제	=	과 세 표 준
과 세 표 준	×	기본세율	=	산 출 세 액
산 출 세 액	−	세액공제 및 감면세액 + 가산세	=	결 정 세 액
결 정 세 액	−	기납부세액	=	자 진 납 부 (환급)할 세액

[기장을 안 한 경우(추계신고) 종합소득세의 계산 흐름]

총 수 입 금 액	−	경비율 제도 주)	=	종 합 소 득 금 액
소 득 금 액	−	종합소득공제	=	과 세 표 준
과 세 표 준	×	기본세율	=	산 출 세 액
산 출 세 액	−	세액공제 및 감면세액 + 가산세	=	결 정 세 액
결 정 세 액	−	기납부세액	=	납부(환급)할 세액

^{주)} 일반율(타가율)은 임대를 해서 운영하는 것을 말하며, 자가율은 본인의 집에서 하는 경우

기준경비율 대상자는 ❶과 ❷ 중 적은 금액을 필요경비로 보며, 단순경비율 대상자는 수입금액 − (수입금액 × 단순경비율)을 필요경비로 본다.

❶ 수입금액 − 주요경비(매입비용 + 임차료 + 인건비) − 기타경비(수입금액 × 기준경비율(복식부기 의무자는 1/2))

❷ [수입금액 − (수입금액 × 단순경비율)] × 소득상한배율(2.8 복식부기의무자 3.4)

※ 간편장부대상자가 추계에 의한 방법으로 신고한 경우 무기장가산세가 부가될 수 있는데, 소규모사업자의 경우 가산세가 부과되지 않는다.

※ 소규모사업자란, 해당 과세기간에 신규로 사업을 개시한 사업자 또는 직전 과세기간 수입금액이 4,800만 원 미만인 사업자를 말한다.

📝 사업소득 금액의 계산 방법

5월은 종합소득세 신고·납부의 달이고, 주요 신고 대상은 개인사업자이다.

그리고 개인사업자의 소득은 종합소득세 중 사업소득이다.

그러나 개인사업자가 신고의 주를 이루다 보니 사업소득이 곧 종합소득처럼 인식될 수도 있다. 하지만 사업소득은 종합소득에 속하는 하나의 소득이다.

이같이 개인사업자는 종합소득세 신고를 위해 사업소득 금액을 구해야 하는데, 사업소득 금액을 계산하는 방법은 사업자가 갖추어 두고 기록한 장부에 의하여 계산하는 것이 원칙이나 개인사업자에게만 예외적으로 정부에서 정한 방법에 따라 소득금액을 추산하여 계산하는 방법(추계과세)을 허용하고 있다.

그러나 예외를 허용해주는 대신 원칙을 어긴 대가로 산출세액의 20%인 무기장 가산세를 별도로 내고 있다.

📂 장부를 기록한 사업자의 소득금액(원칙)

> 사업소득 금액 = 수입금액(일반적으로 부가가치세 신고 매출금액) − 필요경비(부가가치세 신고 매입금액 + 기타 사용한 경비)

일반적으로 부가가치세 신고 시 신고한 매출액에서 비치·기장한 장부에 의한 실제 발생한 경비를 차감하여 소득금액을 산출한다.

매출에서 비용을 뺀 순이익에 대해서 세금을 내는 것으로 생각하면 된다.

특히 복식부기에 의한 신고는 어떻게 하는지 물어보는 분들이 많은데, 법인의 법인세 신고와 같이 회사에서 작성한 복식 장부와 재무제표를 기반으로 세무조정을 거쳐서 신고·납부하는 것을 말한다. 즉, 법인세 신고·납부와 약간의 규정 차이는 있지만, 방식은 같다. 다만, 법인과 달리 영세 개인사업자에 한해서 복식 장부가 아닌 간편장부라는 것을 법에서 만들어 이도 장부기장으로 인정해주고 있다.

📂 장부를 기록하지 않은 사업자의 소득금액(예외)

1. 기준경비율 적용대상자

> 사업소득 금액 = 수입금액 − 주요경비 − (수입금액 × 기준경비율)

주 매입비용 + 임차료 + 인건비는 증빙에 의한 금액을 이를 제외한 경비는 기준경비율을 적용하는 방법이다.

2. 단순경비율 적용대상자

> 사업소득 금액 = 수입금액 − (수입금액 × 단순경비율)

주 매입비용 + 임차료 + 인건비를 별도로 구분하지 않고 모든 경비에 대해 단순경비율을 적용한다.

주 기준경비율과 단순경비율 적용 방법의 차이는 기준경비율 적용은 매입비용, 임차료, 인건비에 대해서는 적격증빙에 의해 확인되는 금액을 인정하고, 이를 제외한 경비에 대해서 기준경비율을 적용하는 반면, 단순경비율 적용은 매입비용, 임차료, 인건비를 별도로 구분하지 않고 모든 경비에 대해서 단순경비율을 적용한다는 점이다.

기준경비율이나 단순경비율은 정부에서 지역이나 사업자의 개별적 특성과 상관없이 각 업종별 전국 공통 경비율을 일률적으로 제정·고시한다.

직전년 수입금액이 4,800만 원 이상인 사업자가 장부를 기록하지 않고 종합소득세를 신고하면 무기장 가산세 20%를 추가 납부해야 한다. 다만, 해당 연도 신규개업자는 무기장 가산세가 없다. 즉, 세법상 모든 사업자는 장부를 갖추고 기록할 의무가 있으므로 이를 어기고 장부에 의하여 종합소득세를 신고하지 않으면 무기장 가산세를 부과하는 것이다. 다만, 직전년 수입금액이 4,800만 원 미만인 소규모사업자와 신규개업자는 무기장 가산세를 물리지 않는다.

기장에 의한 신고	무기장(추계)에 의한 신고
• 복식장부에 의한 사업소득 금액 • 간편장부에 의한 사업소득 금액	• 기준경비율에 의한 사업소득 금액 • 단순경비율에 의한 사업소득 금액

📂 기장에 의한 신고 방법

장부에 의해 종합소득세를 신고하는 경우 기본적으로 복식부기 의무자와 간편장부대상자로 구분한다.

구 분	복식부기 의무자	간편장부 대상자
농업, 임업, 어업, 광업, 도매 및 소매(상품중개업 제외), 부동산매매업[비주거용 건물 자영업만 해당], 부동산개발 및 공급업, 기타 아래에 해당되지 아니하는 사업	3억원 이상자	3억원 미만자
제조업, 숙박 및 음식업, 전기·가스·증기 및 수도사업, 하수·폐기물처리, 원료재생 및 환경복원업, 건설업(비주거용 건물 건설업은 제외하고 주거용 건물 개발 및 공급업 포함), 운수업, 출판·영상·방송통신 및 정보서비스업, 금융 및 보험업, 상품중개업, 욕탕업	1.5억원 이상자	1.5억원 미만자
부동산임대업, 전문·과학 및 기술서비스업, 사업시설관리 및 사회복지 서비스업, 예술·스포츠 및 여가관련 서비스업, 협회 및 단체, 수리 및 기타 개인서비스업, 가구 내 고용 활동, 부동산 관련 서비스업(부동산 중개, 관리), 동산임대업	7,500만원 이상자	7,500만원 미만자

주 위의 금액에 따라 복식부기 의무자와 간편장부대상자를 구분하는데, 그 기준은 신고하는 연도 5월 기준 전전연도 수입금액 기준이다(예 : 2025년 5월 신고의 경우 2023년도 수입금액).

위의 표에서 복식부기 의무자는 스스로 조정을 하거나 세무사를 통해서 하거나 둘 중 하나의 방법으로 신고하면 된다. 반면 복식부기 의무자 중 아래 표의 수입금액을 넘어서는 사업자는 세무사 등 전문가를 통해 조정한 후 신고해야 한다.

구 분	복식부기의무자 [외부조정대상자]	성실신고 대상자
농업, 임업, 어업, 광업, 도매 및 소매(상품중개업 제외), 부동산매매업[비주거용 건물 자영업만 해당], 부동산개발 및 공급업, 기타 아래에 해당되지 아니하는 사업	6억 이상자	15억 원 이상
제조업, 숙박 및 음식업, 전기·가스·증기 및 수도사업, 하수·폐기물처리, 원료재생 및 환경복원업, 건설업(비주거용 건물 건설업은 제외하고 주거용 건물 개발 및 공급업 포함), 운수업, 출판·영상·방송통신 및 정보서비스업, 금융 및 보험업, 상품중개업, 욕탕업	3억 이상자	7.5억 이상
부동산임대업, 전문·과학 및 기술서비스업, 사업시설관리 및 사회복지 서비스업, 예술·스포츠 및 여가 관련 서비스업, 협회 및 단체, 수리 및 기타 개인서비스업, 가구 내 고용 활동, 부동산 관련 서비스업(부동산중개, 관리), 동산임대업	1억5천 이상자	5억원 이상

기장에 의한 신고 방법(장부 작성)

복식부기 의무자
- 위의 표와 같이 업종별로 직전연도 매출액이 일정 금액 이상인 사업자

간편장부대상자
- 위의 표와 같이 업종별로 직전연도 매출액이 일정 금액 미만인 사업자
- 당해연도 사업을 개시한 신규사업자

예를 들어 음식업을 운영하는 홍길동의 전전연도 수입금액이 1억 5천만 원 이상이라고 하면, 간편장부로 기장한 경우 기장한 것으로 인정해주지 않는다. 반면, 복식부기로 기장을 했다면 기장한 걸로 인정해준다. 즉, 앞서 표상의 업종의 규모에 따라 간편장부 대상인지, 복식부기 의무자인지 판단한 후 기장 방법을 결정하면 되며, 도저히 장부를 적을 수 없는 경우에는 기준경비율에 의해 종합소득세를 신고 및 납부하면 된다. 무기장에 의한 신고는 수입금액을 추정치로 신고한다고 해서 추계에 의한 신고라고 부른다.

만일 복식부기 의무자가 간편장부가 편하다고 간편장부에 의해 신고하는 경우 무기장에 의한 신고로 본다. 반면 간편장부대상자가 복식부기에 의해 신고하는 경우는 아

무 문제 없이 신고할 수 있을 뿐만 아니라 기장세액공제도 받을 수 있다.

구 분	해 설
기장한 것으로 보는 경우	❶ 간편장부대상자가 간편장부 또는 복식 장부를 작성해서 신고한 경우
	❷ 복식부기 의무자가 복식부기에 의해 장부를 작성해서 신고한 경우
무기장으로 보는 경우	❶ 간편장부나 복식부기에 의한 장부를 작성하지 않고 신고한 경우
	❷ 복식부기 의무자가 간편장부에 의해 신고한 경우

📂 무기장에 의한 신고 방법

장부에 의해 종합소득세를 신고하지 않는 경우 기본적으로 기준경비율과 단순경비율로 구분한다.

경비율로 신고하는 것은 장부 작성을 하지 않는 것이 전제된 조건이고, 소규모 과세자가 아닌 장부를 충분히 작성할 수 있는데 안 하고 신고하는 경우 장부 작성을 유도하기 위해 무기장 가산세를 매기게 된다. 따라서 사업자는 무기장 가산세의 부담까지도 충분히 고려해서 방법을 결정해야 한다. 또한 간편장부대상자가 복식부기에 의한 신고 시 10%의 세액공제 혜택을 주므로 이도 고려해서 신고방법을 결정한다.

구 분	기준경비율 적용대상자	단순경비율 적용대상자
농업, 임업, 어업, 광업, 도매 및 소매(상품중개업 제외), 부동산매매업[비주거용 건물 자영업만 해당], 부동산개발 및 공급업, 기타 아래에 해당되지 아니하는 사업	6천만원 이상자	6천만원 미만자
제조업, 숙박 및 음식업, 전기 · 가스 · 증기 및 수도사업, 하수 · 폐기물처리, 원료재생 및 환경복원업, 건설업(비주거용 건물 건설업은 제외하고 주거용 건물 개발 및 공급업 포함), 운수업, 출판 · 영상 · 방송통신 및 정보서비스업, 금융 및 보험업, 상품중개업, 욕탕업	3천 6백만원 이상자	3천 6백만원 미만자
부동산임대업, 전문 · 과학 및 기술서비스업, 사업시설관리 및 사회복지 서비스업, 예술 · 스포츠 및 여가관련 서비스업, 협회 및 단체, 수리 및 기타 개인서비스업, 가구 내 고용 활동, 부동산 관련 서비스업(부동산중개, 관리), 동산임대업	2천 4백만원 이상자	2천 4백만원 미만자

기준경비율 대상 사업자

인건비, 매입액, 임차료만 증빙에 의하고 나머지 필요경비는 기준경비율을 적용

 단순경비율 대상 사업자

증빙에 의하지 않고 모든 필요경비를 단순경비율 적용

무기장 가산세

복식부기의무자든 간편장부대상자든 추계신고(무기장)를 하게 되면, 무기장 가산세가 있다.

> **무기장 가산세 = 산출세액 × (무기장 소득금액/종합소득금액) × 20%**

납부세액이 아니고 산출세액(납부세액 = 산출세액 − 세액공제·감면)이므로 각종 세액공제와 감면을 적용하기 전의 금액이다.

산출세액의 20%를 가산세로 내므로 납부세액이 없더라도 산출세액이 있다면 가산세가 있다.

그리고 무기장 소득금액은 추계신고 시 수입금액에 경비율을 적용해 계산된 소득금액을 의미한다.

예를 들어 종합소득금액이 1억 원(근로소득금액 : 6,000만 원, 사업소득 금액 : 4,000만 원)이고 산출세액이 200만 원, 사업소득을 무기장 해 추계신고 하는 경우 무기장 가산세는 다음과 같다.

무기장가산세 = 200만 원 × 4,000만 원/1억 원 × 20% = 16만 원

무신고가산세(무신고가산세·과소신고 가산세)와 무기장 가산세가 동시에 적용되는 경우는 그중 큰 금액에 해당하는 가산세만 적용하고, 같은 경우에는 무신고가산세(무신고가산세·과소신고 가산세)를 적용한다.

추계신고 시 복식부기 의무자는 당연히 무기장가산세가 적용되며, 간편장부대상자는 간편장부를 작성해야 하는데, 추계신고를 하게 되면, 무기장 가산세 20%를 납부해야 하지만, 다음의 소규모사업자는 추계신고를 하더라도 무기장, 무신고가산세가 없다.

❶ 당해연도 신규사업자

❷ 직전 과세기간 총수입금액의 합계액이 4,800만 원 미만인 사업자

---

1. 추계신고 시 가산세

복식부기 의무자 : 복식부기 의무자가 추계신고한 경우 신고를 하지 않은 것으로 간주해 가산세 적용(①, ②, ③ 중 큰 금액)

① 무신고 납부세액 × 20% → 무신고가산세

② (수입금액 − 기납부세액 관련 수입금액) × 7/10,000 → 무신고가산세

③ 산출세액 × [무(미달)기장 소득금액/종합소득금액] × 20% → 무기장 가산세

전문직 사업자는 직전 연도 수입금액 규모와 관계없이 복식부기 의무자이므로 무신고가산세 적용

간편장부대상자 : 간편장부대상자가 추계신고 한 경우 가산세 적용

산출세액 × [무(미달)기장 소득금액 ÷ 종합소득금액] × 20%

2. 복식부기 의무자가 간편장부로 신고 시 가산세

복식부기 의무자가 소득세 확정신고 시 복식부기에 의해 소득세를 신고하지 않고 간편장부에 의하여 신고하는 경우 소득세를 신고하지 않은 것으로 본다(무신고가산세).

복식부기 의무자가 간편장부로 신고 시 : 일반 무신고가산세를 적용한다.

[①, ② 중 큰 금액]

① 무신고 납부세액 × 20% → 무신고가산세

② (수입금액 − 기납부세액 관련 수입금액) × 7/10,000 → 무신고가산세

[참고] 부정 무신고가산세

[①, ② 중 큰 금액]

① 무신고 납부세액 × 40%(국제 거래 수반 시 60%), → 무신고가산세

② (수입금액 − 기납부세액 관련 수입금액) × 14/10,000 → 무신고가산세

종합소득세의 신고 · 납부와 환급

소득세는 고지되는 세금이 아니라 스스로 신고 · 납부해야 하는 세금이므로 5월 1일에서 5월 31일 사이에 직접 신고하고 납부해야 한다.

특 징	해 설
신고납부제도	스스로 세금을 계산해서 신고 및 납부하는 것을 말한다.
누진세율적용	소득이 증가할수록 세율이 점차 올라가는 구조를 말한다.

종합소득세 환급

 환급 사업자

미리 납부한 세금(원천징수 세액, 중간예납 세액)이 납부할 세금보다 많은 경우 환급신청이 되며, 1~2개월 후 환급이 된다.

개인사업자의 경우 중간예납으로 납부한 세액이나 각종 원천세를 기납부세액이라 해서 최종 산출된 세액에서 차감한다. 차감하여 수취한 소득에 대하여 종합소득세 신고 진행 과정에서 최종적으로 산출된 세액이 미리 납부한 세액보다 작은 경우(마이너스가 나는 경우) 환급액이 발생한다.

환급액은 중간예납 및 각종 원천세 등 미리 납부한 세액을 한도로 발생하며, 온라인 환급신청 시 종합소득세 납부내역을 점검하고 신고서 보내기 버튼까지 완료해야 서류가 국세청으로 정확하게 전송된다.

종합소득세 환급은 신고 절차를 밟으면 자동으로 신청접수가 이루어지며 환급받을 계좌번호를 서류에 적은 주소지에 따라 신청한 후 1~2달 이내에 환급이 진행된다.

법인세 신고·납부 방법

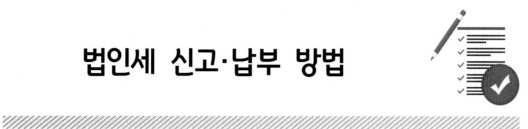

각 사업연도 소득은 각 사업연도의 소득을 과세대상으로 한다. 여기서 각 사업연도 소득은 익금총액에서 손금총액을 차감하여 계산한다.

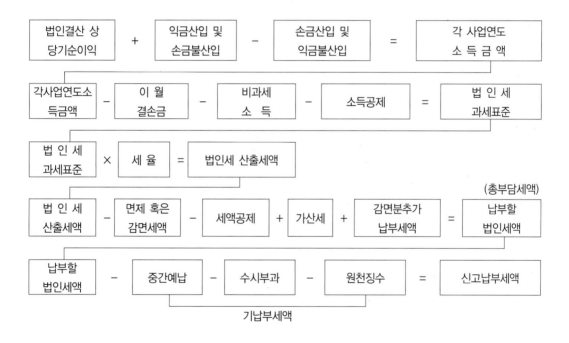

법인세의 익금과 손금은 기업회계의 수익비용과 대부분 일치하고, 약간의 차이가 있을 뿐이다. 따라서 기업의 재무제표상의 당기순이익을 기초로 하여 회사결산 내용과 법인세법과의 차이만을 세무조정 함으로써 간편하게 각 사업연도 소득금액을 구할 수 있다.

익금이란 자본 또는 출자의 납입 및 법인세법에서 규정하는 것을 제외하고 그 법인의 순자산을 증가시키는 거래로 인하여 발생하는 수익금액을 말한다(회계상 수입과 비슷한 의미).

그리고 손금이란 자본 또는 지분의 환급, 잉여금의 처분 및 법인세법에서 규정하는 것을 제외하고 그 법인의 순자산을 감소시키는 거래로 인하여 발생하는 손비의 금액을 말한다(회계상 비용과 비슷한 의미). 또한 내국법인의 각 사업연도에 속하거나 속하게 될 손금의 총액이 익금의 총액을 초과하는 경우 그 초과하는 금액은 각 사업연도의 결손금이 된다.

익금산입 및 익금불산입

익금산입	익금불산입
① 사업수익 금액 : 사업에서 생기는 수입금액으로 도급금액, 판매금액, 보험료액 등은 포함하되, 기업회계기준에 의한 매출에누리 금액 및 매출할인 금액은 제외한다.	① 주식발행초과금
	② 감자차익
	③ 합병차익/분할차익
② 자산(자기주식)의 양도금액	④ 자산수증익 또는 채무면제익 중에서 이월결손금 보전에 쓰인 금액
③ 자산의 임대료	⑤ 이월익금
④ 자산수증이익	⑥ 법인세 환급액
⑤ 채무면제이익	⑦ 지주회사의 수익배당금액/일반 법인의 수익배당금액
⑥ 손금에 산입했다가 다시 환입한 금액	⑧ 부가가치세 매출세액
⑦ 간주임대료 당해 사업연도의 보증금 등의 적수 – 임대용 부동산의 건설비 상당액의 적수 × 1/365 × 정기예금이자율 – 당해 사업연도의 임대사업 부분에서 발생한 수입이자와 할인료, 배당금, 신주인수권처분이익 및 유가증권처분이익의 합계액	⑨ 자산의 일반적인 평가차익
	⑩ 국세, 지방세 과오납금의 환급액에 대한 이자
⑧ 의제배당	
⑨ 특수관계인인 개인으로부터 저가로 매입한 유가증권의 시가와 차익	
⑩ 기타 수익으로 법인에 귀속되었거나 귀속될 금액	

📝 손금산입 및 손금불산입

손금산입	손금불산입
① 재고자산의 매입가액과 판매부대비용 ② 양도한 자산의 장부가액	
③ 여비와 교육훈련비	임직원 아닌 지배주주 및 그 특수관계자의 여비와 교육훈련비
④ 영업자가 조직한 단체에 대한 조합비와 협회비	
⑤ 법 소정 자산의 평가차손	법 소정 자산 이외의 자산의 평가차손
⑥ 광고선전비	
⑦ 인건비	❶ 비상근임원 보수 중 부당행위계산 부인 해당액 ❷ 노무출자사원의 보수 ❸ 지배주주 및 특수관계자에 대한 과다 지급 인건비 ❹ 임원상여금 한도 초과액 ❺ 임원 퇴직금 한도 초과액
⑧ 제세공과금	❶ 조세 중 법인세비용 · 매입 부가가치세 · 개별소비세 · 교통 · 에너지 · 환경세 · 주세, 증자 관련 등록면허세 ❷ 공과금 중 임의적 부담금과 제재목적 부과금 ❸ 벌과금, 가산세와 징수불이행 세액, 가산금과 체납처분비
⑨ 기업업무추진비	❶ 건당 3만 원(경조사비는 20만 원) 초과분 중 법정지출증빙 미수취분 ❷ 기업업무추진비 한도 초과액
⑩ 기부금	❶ 특례기부금 한도 초과액 ❷ 일반기부금 한도 초과액 ❸ 비지정기부금
⑪ 수선비	
⑫ 감가상각비	감가상각비 한도 초과액
⑬ 지급이자	❶ 채권불분명 사채이자 ❷ 비실명 채권 · 증권이자

손금산입	손금불산입
	❸ 건설자금이자
	❹ 업무무관자산 등 관련이자
⑭ 특수관계자로부터 양수한 자산의 장부가액이 시가 (실제 취득가액이 시가에 미달하는 경우는 실제 취득가액)에 미달하는 경우 그 미달금액에 대한 감가상각비 상당액	
⑮ 비용으로 처리한 장식·환경미화 등을 위한 소액 미술품	
⑯ 기타의 손비 : 광산업의 탐광비, 무료진료의 가액, 업무와 관련 있는 해외 시찰비·훈련비, 맞춤형 교육을 위한 지출, 업무와 관련해서 지출한 손해배상금, 기증한 잉여 식품의 장부가액, 우리사주조합에 출연하는 자산주의 장부가액 또는 금품, 보험업을 영위하는 법인이 기업회계기준에 의해서 계상한 구상손실	❶ 자본거래 등 : 잉여금의 처분을 손비로 계상한 금액, 배당건설이자, 주식할인발행차금(신주발행비 포함) ❷ 업무무관비용 : 업무무관자산의 유지비와 관리비, 업무무관자산의 취득을 위한 차입비용, 출자임원에게 제공한 사택의 유지비, 타인이 주로 사용하는 자산에 대한 비용

기업회계와 세무회계의 차이

회사에서 경비를 지출하면 비용을 지출했다는 말로 표현한다. 비용 = 돈과 같은 의미로 머릿속에 무의식중에 인식한다.

그리고 세금은 간단히 익금(수익) - 손금(비용)인 소득에 대해서 납부를 하게 되므로 수익이 많으면 그에 대한 비용이 많아야 세금도 적게 내게 된다. 따라서 회사에서 돈만 나가면 장부에 열심히 뭐 얼마, 뭐 얼마하고 적고 증빙을 첨부한다.

그러면 무조건 장부대로 세무서에서는 너희 회사는 수익은 얼마인데 비용은 얼마를 지출했으니 세금은 얼마만 납부하라고 할까?

그렇지는 않다. 너희는 비록 얼마의 비용을 지출했으나 세무 당국인 내가 세금을 부과하기 위한 입장에서 봤을 때 얼마만 비용으로 인정을 해주고 요것 요것은 비용으로 인정을 못 해주겠다. 라고 할 것이다.

이렇게 회사에서 장부상 비록 비용으로 처리를 했으나 세무 당국 입장에서 요것은 비용으로 인정을 못 해주겠다는 것이 손금불산입이고 그래 너희 말대로 모두 인정을 해줄게 하는 것이 손금산입이다.

그리고 이를 개인회사의 입장에서는 표현하면 필요경비불산입이고, 필요경비산입이 되는 것이다. 물론 손금산입과 필요경비산입, 손금불산입과 필요경비불산입은 법인과 개인의 운영방식 등 제도적인 차이로 인해 세세 항목은 약간의 차이는 있으나 기본 개념은 같다.

반면 익금산입, 익금불산입, 총수입금액산입, 총수입금액불산입은 반대로 생각하면 된다. 회사에서 내가 얼마를 팔았다. 하고 장부상 기록을 해도 국세청에서는 너는 얼마를 팔았어도 내가 본 입장에서는 이것 이것을 수익으로 봐주지 않을 거라고 하는 것이 익금불산입이고, 그래 너희 말대로 수익으로 본다. 라는 것이 익금산입이다. 이를 개인회사의 입장에서 보면, 총수입금액불산입, 총수입금액산입이 되는 것이다.

그리고 이같이 회사의 장부상 내역을 가지고 세법에 따라 국세청 입장으로 조정하는 과정을 **세무조정**이라고 하는 것이다. 따라서 모든 회사는 결산 시 회계기준에 따라 작성한 장부를 기본으로 해서 국세청이 요구하는 조건에 맞게 세무조정을 해서 세금을 납부하게 된다. 이를 회계에서는 세무회계라고 한다.

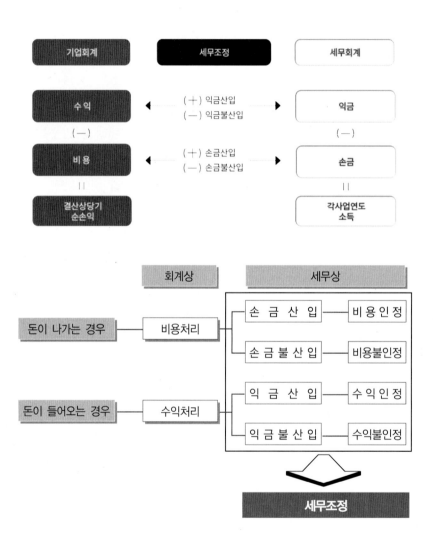

구 분	세무조정(가산)	구 분	세무조정(차감)
익금산입 (총수입금액산입)	회계상으로는 이익이 아닌데 세법상으로는 이익으로 인정 ➜ 과세소득을 증가시킴	손금산입 (필요경비산입)	회계상으로는 비용이 아닌데, 세법상으로는 비용으로 인정 ➜ 과세소득을 감소시킴
손금불산입 (총수입금액불산입)	회계상으로는 비용, 세법상으로는 비용으로 인정하지 않음 ➜ 과세소득을 증가시킴	익금불산입 (필요경비불산입)	회계상으로는 이익, 세법상으로는 이익으로 인정하지 않음 ➜ 과세소득을 감소시킴

사업소득세와 법인세의 세법 차이

수입이자와 수입배당금

법인(법인세)	개인사업자(소득세)
법인세 신고 때 익금에 산입한다. 다만 일반 법인주주가 받는 수입배당금에 대해서는 이중과세 조정을 위해 다음의 금액을 익금불산입한다. • 출자비율이 50%(상장법인은 30%) 미만인 경우 : 수입배당금의 30%를 익금불산입 • 출자비율이 50%(상장법인은 30%) 이상 100% 미만인 경우 : 수입배당금의 50%를 익금불산입 • 100%인 경우 : 수입배당금의 100%를 익금불산입	수입이자는 이자소득으로 수입배당금은 배당소득으로 과세한다. 따라서 개인사업자가 손익계산서에 이자수익 또는 배당금수익을 계상한 경우는 이를 총수입금액 불산입으로 세무조정을 해야 하며, 금융소득종합과세 여부를 검토해야 한다.

인건비

구 분	법인(법인세)	개인사업자(소득세)
인건비	부당행위계산부인에 해당하지 않는 한 손금산입 : 대표이사 인건비도 손금인정	사업자(공동사업자 포함) 및 사업에 종사하지 않는 사업자 가족의 인건비는 필요경비 불산입
건강보험과 국민연금	손금인정	건강보험은 필요경비 인정. 국민연금은 필요경비불산입하고 연금보험료 공제

구 분	법인(법인세)	개인사업자(소득세)
퇴직급여충당금	대표자도 퇴직급여충당금 설정 대상이다.	대표자(고용사업자 포함)나 사업에 종사하지 않는 가족은 퇴직급여충당금 설정대상이 아니다. 따라서 퇴직급여충당금 한도액 계산시 총 급여액과 퇴직급여추계액에서 대표자와 사업에 종사하지 않는 가족에 대한 것은 제외한다.
퇴직급여·연금충당금 한도 계산상 추계액	한도 계산 시 추계액은 일시퇴직기준과 보험수리적 기준 모두 인정	한도 계산시 추계액은 일시퇴직기준만 인정

대표이사(사장)에 대한 가지급금 인정이자

법인(법인세)	개인사업자(소득세)
• 업무무관가지급금으로 봐 업무무관자산에 대한 지급이자 손금불산입 • 적정이자 미수령 시 부당행위계산부인 규정을 적용해 인정이자 익금산입	• 업무무관가지급금이 아닌 출자금의 인출로 본다. 따라서 업무무관자산에 대한 지급이자는 필요경비불산입한다. • 적정이자 미수령 시 부당행위계산부인 규정을 적용하지 않는다.

유형자산의 처분손익과 감가상각 시부인

구 분	법인(법인세)	개인사업자(소득세)
처분손익 세무조정	양도가액을 익금, 장부가액을 손금으로 한다. 따라서 처분이익은 익금, 처분손실은 손금산입	• 간편장부대상자 : 처분이익은 총수입금액불산입, 처분손실은 필요경비불산입 • 복식부가의무자 : 사업용 유형자산을 양도함으로써 발생하는 소득(토지·건축물의 양도소득으로서 양도소득세 과세대상에 해당하는 경우는 제외한다)은 사업소득으로 과세하되, 건설기계는 2018년 1월 1일 이후 취득한 경우로 한정한다.
양도자산의 감가상각 시부인 계산	양도일까지의 감가상각비에 대해 시부인 계산을 하지 않는다.	시부인 계산을 한다(월할상각) 양도자산의 상각범위액 = 1년의 상각범위액 × 사용월수(1개월 미만은 1개월) ÷ 12

구 분	법인(법인세)	개인사업자(소득세)
토지 또는 건물(건물에 부속된 시설물과 구축물을 포함) 등 양도소득세 과세대상에 해당하는 사업용 유형자산처분손익	양도소득으로 과세	양도소득으로 과세
차량 및 운반구, 공구, 기구, 비품, 선박, 항공기, 기계장치, 동물과 식물 등 양도소득세 과세대상에 해당하지 않는 사업용 유형자산처분손익	사업소득으로 과세	과세 제외

📝 업무용 승용차 관련 비용

구 분	법인(법인세)	개인사업자(소득세)
적용대상	모든 법인	복식부기의무자
업무사용금액의 계산방법	1. 업무전용자동차보험에 가입한 경우 업무사용금액 = 업무용승용차 관련 비용 × 업무사용비율 2. 업무전용 자동차보험에 가입하지 않은 경우 전액 손금불산입	1. 특례 적용대상자 외의 경우 업무 전용 자동차보험의 가입의무가 없으므로 다음과 같이 계산한 업무 사용금액 전액을 필요경비 인정 업무사용금액 = 업무용승용차 관련 비용 × 업무사용비율 2. 특례 적용대상자의 경우 1-1. 업무용승용차 중 1대 : 업무전용자동차보험의 가입여부와 상관없이 위1의 규정과 동일하게 계산한 업무 사용금액 전액을 필요경비로 인정 1-2. 업무용 승용차 중 1대를 제외한 나머지 차량(2대 이상) ① 업무전용자동차보험에 가입한 경우 : 업무사용 금액 전액을 필요경비 인정 ② 업무전용 자동차보험에 가입하지 않은 경우 : 업무 사용 금액의 50%만 필요경비 인정(성실신고 대상자는 필요경비불산입)
소득처분	업무 사용금액이 아닌 금액은 손금불산입하고 상여 · 배당 등으로 처분한다.	별도로 소득처분을 하지 않는다(인출금).
부동산임대업을 주업으로 하는 법인 등에 대한 특례규정	규정 있음	규정 없음

[주] 특례 적용대상자 : 복식부기 의무자, 성실신고 확인 대상 사업자(직전 과세기간의 성실신고 확인 대상 사업자를 말함), 간이과세 배제 대상 전문직 업종 사업자를 말한다.

[주] 부동산임대업을 주업으로 하는 법인 등에 대한 특례규정 :

① 운행기록 미작성 시 1,500만 원 기준이 아닌 500만 원을 기준으로 한다.

② 업무 사용 감가상각비 한도 초과액 계산시 기준금액과 처분손실 한도를 800만 원이 아닌 400만 원으로 한다.

즉시상각의 의제

구 분		법인(법인세)	개인사업자(소득세)
시설 개체·기술 낙후로 생산설비 폐기	폐기시	결산서에 계상하면 1,000원을 제외한 금액을 손금인정	폐기손실 필요경비불산입
	처분시	1,000원을 손금산입	처분손실 필요경비산입 가능
사업의 폐지 또는 사업장의 이전으로 임대차 계약에 따라 임차한 사업장의 원상회복을 위해 시설물을 철거하는 경우	폐기시	결산서에 계상하면 1,000원을 제외한 금액을 손금 인정	처분손실 필요경비산입 가능
	처분시	1,000원을 손금산입	
추계 시 감가상각의제 적용 대상 자산		감가상각자산	감가상각자산(건축물은 제외)

기부금 공제율

구 분	법인(법인세)	개인사업자(소득세)
정치자금기부금	전액 손금불산입	100%
특례기부금	50%	100%
우리사주조합기부금	30%	30%
일반기부금	10% (사회적기업은 20%)	30% (종교단체 기부금은 10%)

📝 현물기부금

구 분		법인(법인세)	개인사업자(소득세)
특례기부금		장부가액	큰 금액(시가, 장부가액)
일반기부금	특수관계자	큰 금액(시가, 장부가액)	
	특수관계자 이외의 자	장부가액	
비지정기부금		큰 금액(시가, 장부가액)	

📝 충당금

구 분	법인(법인세)	개인사업자(소득세)
대손충당금	금전소비대차 계약에 의한 대여금 및 유형자산처분 미수금도 대손충당금 설정 대상 채권에 해당한다.	**대여금** : 대손충당금을 설정할 수 없다(다만, 금융업의 경우에는 대여금에 대하여도 대손충당금을 설정할 수 있다). **유형자산 처분 미수금** : 대손충당금을 설정할 수 없다. 다만, 복식부기의무자의 사업용 유형자산(토지·건물 제외, 건설기계는 2018년 1월 1일 이후 취득한 경우로 한정한다) 처분 미수금은 대손충당금을 설정할 수 있다.
	설정율 : 1%와 대손실적률 중 큰 비율	설정율 : 1%와 대손실적률 중 큰 비율
일시상각 충당금	공사부담금·국고보조금 등·보험차익, 물적분할·현물출자·교환 등으로 인한 자산양도차익	국고보조금과 보험차익
	결산조정은 물론 신고조정에 의한 손금산입도 인정한다.	결산조정만 인정한다.

퇴직급여충당금과 퇴직연금충당금 한도액 계산상 퇴직급여추계액을 법인세법에서는 Max[① 일시퇴직기준 퇴직급여추계액, ② 보험수리적기준 등 퇴직급여추계액]으로 하고 있으나 소득세법에서는 일시퇴직기준 퇴직급여추계액으로 계산한다.

📋 감가상각의제 적용 대상

추계신고 · 결정 · 경정하는 경우 감가상각의제에 대한 감가상각비를 계산하여 계상한 것으로 보는데, 그 대상은 다음과 같은 차이가 있다.

구 분		법인(법인세)	개인사업자(소득세)
감면 받은 경우 감가 상각의제	감가상각의제액 발생 사업연도	감가상각의제액을 손금산입(△유보)으로 세무조정	감가상각의제액을 세무조정하지 않음
	그 후 과세연도	상각범위액 계산의 기초가 됨. 자산가액에서 감가상각의제액 공제	상각범위액 계산의 기초가 됨. 자산가액에서 감가상각의제액 공제
	양도 시	△유보 잔액을 익금산입	감가상각의제액은 처분손익에 영향이 없음
추계하는 경우 감가상각의제		감가상각자산에 대한 감가상각비를 손금에 산입한 것으로 봄	감가상각자산(건축물은 제외)에 대한 감가상각비를 필요경비에 계상한 것으로 봄

📋 기타 차이점

구 분	법인(법인세)	개인사업자(소득세)
과세근거법	법인세법	소득세법
과세기간	정관에 정하는 회계기간	매년 1월 1일부터 12월 31일까지
과세소득	익금의 총액 − 손금의 총액	총수입금액 − 필요경비
과세범위	분리과세가 인정되지 않음	특정 소득에 대해서는 종합과세를 하지 않고 원천징수만으로 분리과세
이중과세 여부	법인에게 법인세 과세 후, 주주의 배당에 대해 소득세 과세	하나의 원천소득에 대해 이중과세가 되지 않음
납세지	법인등기부등본 상의 본점/주사무소	개인기업의 주소지
기장의무	수입금액과 관계없이 복식부기 의무자	수입금액에 따라 간편장부대상자, 복식부기 의무자로 구분
소득처분	사외유출 · 유보 · 기타	별도 규정 없음

구 분	법인(법인세)	개인사업자(소득세)
자금인출	법인의 돈을 종업원인 대표이사가 유용하는 것으로 보아 업무무관가지급금으로 처리한다 : 인정이자 익금산입, 지급이자 손금불산입	법정자본금이 없으므로 대표자가 임의로 자금을 인출할 수 있다. 즉 개인의 돈을 개인이 유용하는 것이므로 특별한 제재는 없다. 따라서 자금의 인출이 많은 경우 개인회사의 자본금은 감소할 수도 있다.
기업업무추진비(= 접대비) 시부인 계산	법인 단위로 시부인 계산	사업장 단위로 계산
유가증권처분손익	익금·손금으로 인정	사업소득 총수입금액·필요경비로 인정하지 않음
자산의 평가이익	• 원칙 : 익금으로 인정하지 않음 • 예외 : 법률에 의한 유형·무형자산 평가이익은 익금 인정	사업소득 총수입금액으로 인정하지 않음
자산의 평가손실	다음의 평가손실은 손금인정(결산조정 사항) • 천재 등으로 인한 유형자산평가손실 • 파손 등으로 인한 재고자산평가손실 • 법 소정 주식의 평가손실	다음의 평가손실은 필요경비 인정(결산조정 사항) • 천재 등으로 인한 유형자산평가손실 • 파손 등으로 인한 재고자산평가손실

[주] 결산조정이란 회사가 직접 장부에 반영해야 인정해준다는 의미이다.

구 분	법인(법인세)	개인사업자(소득세)
외화자산부채	• 평가손익 : 익금·손금으로 인정 (일반 법인은 선택평가) • 상환 손익 : 익금·손금인정	• 평가손익 : 사업소득 총수입금액·필요경비로 인정하지 않음 • 상환 손익 : 사업소득 총수입금액·필요경비로 인정
재고자산 자가소비	별도 규정 없다. 부당행위계산 해당액은 익금산입	재고자산을 가사용으로 소비하거나 종업원·타인에게 제공한 경우 매출로 봐 시가를 사업소득 총수입금액에 산입하고 원가를 사업소득 필요경리로 처리한다.
가사관련경비	별도 규정 없다. 부당행위계산 해당액은 손금불산입	사업소득 필요경비로 인정하지 않는다.
자산수증이익 채무면제이익	익금으로 인정한다. 단, 자산수증이익(보조금 관리에 관한 법률 등 관련법률에 따라 지급받는 국고보조금 등은 제외함) 및 채무면제이익을 이월결손금 보전에 충당한 경우 익금불산입	• 사업과 무관한 것 : 증여세 과세(사업소득 총수입금액 산입) • 사업과 관련한 것 : 사업소득 총수입금액 산입. 단, 자산수증이익(보조금 관리에 관한 법률 등 관련법률에 따라 지급받는 국고보조금 등은 제외함) 및 채무면제이익을 이월결손금 보전에 충당한 경우 총수입금액불산입

경비처리 시 점검 사항과 매입세액공제

매출액에서 뺄 수 있는 경비는 사업과 관련하여 지출한 경비로, 이를 필요경비(법인 손금)라 한다.

회계상 모든 비용은 전액 비용인정이 되나, 세법에서는 기업업무추진비와 기부금과 같이 일정한 한도 내에서만 비용으로 인정해주는 지출이 있다. 즉 회계 장부상 비용 으로 전표 처리를 했어도 일정 한도를 초과한 금액은 경비로 인정해주지 않는다. 또 한, 3만 원 초과 비용지출에 대해서는 반드시 세금계산서, 계산서, 현금영수증을 받거 나 신용카드로 결제해야 하며, 이를 어기는 경우 가산세(거래금액의 2%)를 부담한다. 따라서 3만 원 초과 거래에 대해서는 세법에서 인정하는 세금계산서 등 적격증빙을 반드시 받아야 한다.

그리고 거액의 돈은 현금으로 지급하지 않고 온라인으로 송금하는 것이 세무상 바람 직하다. 이유는 추후 세무조사가 진행되는 경우 큰 금액의 거래는 반드시 지급한 증 빙을 요구하는데, 온라인 송금영수증과 계약서, 입금표, 거래명세표를 소명자료로 제 출한다면 문제없이 해결될 것이기 때문이다.

회사를 운영하는 사장님 중에 아무거나 영수증만 있으면 무조건 경비인정을 해준다 고 생각하는 분들이 많다.

그래서 평소에 마트에서 가정용으로 사용한 비용 및 주말에 골프 치고 발생하는 비 용, 하물며 자녀 학원비 영수증까지 경비 처리하라고 하는 사장님이 있다.

그러나 경비인정을 받기 위해서는 사적비용은 안 되고 업무용 지출이어야 한다.

국세청이 내가 사적비용 경비처리 한다고 자기들이 어떻게 알아!

나는 소규모 회사인데 괜찮겠지! 이런 생각은 버려야 한다.

📝 경비처리 할 때 꼭 점검할 사항

📁 경비지출의 업무 관련성 확인

업무와 관련 없는 개인 지출, 가족 지출 등에 대해서 회사경비로 처리하는 사장님도 많고 실무자도 많은데, 이는 원칙은 경비처리가 안 된다. 따라서 실무자는 다음 사항을 항상 점검 확인 후 경비처리를 한다.

- 업무용 차량 보유 현황, 용도 등을 검토해 가정용 차량 유지 · 관리비 등 업무무관 경비의 변칙 비용처리 여부를 확인한다.
- 가족 및 친척 명의로 지급한 통신비 및 해외 통신비 내역 등을 확인해 개인적 경비의 변칙 비용처리 여부를 확인한다.
- 접대성(기업업무추진비) 경비 또는 가족 및 개인 지출경비 등을 복리후생비로 처리하는 등 개인적 경비의 변칙 비용처리 여부를 확인한다.
- 차입금 현황, 차입처, 차입금 용도 등을 검토해 사업과 관련 없는 차입금 이자의 이자비용 처리 여부를 확인한다.
- 유형자산의 취득목적 및 실물 등을 검토해 업무무관자산, 가공자산에 대한 감가상각비 처리 여부를 확인한다.
- 사업용, 비사업용 건물 소유 현황 등을 검토해 개인적 경비의 변칙 비용처리 여부를 확인한다.

📁 경비지출에 대한 적격증빙 수취와 적격성 확인

- 지출 비용(손익계산서 항목, 원가명세서 항목)에 대한 법정지출증빙 수취를 확인한다.
- 3만 원 초과 거래에 대해 법정지출증빙이 없는 비용의 명세 및 미수취 사유를 확인한다.
- 장부상 거래액과 법정지출증빙 금액의 일치 여부를 전수 조사해 법정지출증빙보다 과다 비용 계상한 항목 등 지출 비용에 대한 적격 여부도 확인한다.
- 배우자 및 직계존비속에 지급한 인건비가 있는 경우 실제 근무 여부를 확인한다.

- 유학·군 복무 중인 자 등에 대한 인건비 처리 여부를 확인한다.
- 유령직원의 급여처리(특히 아르바이트, 일용직 등의 가공 인건비) 여부를 확인한다.

📂 수입금액 매출누락 및 가공매입 점검

- 총수입금액 내역 검토, 매출 증빙 발행 현황, 원천징수 대상 봉사료 신고 현황 및 지급명세서 제출 현황을 종합적으로 분석해 부가가치세, 개별소비세 과세표준을 비롯한 사업 현황(종업원 수, 사업용 자산)과 인건비, 원재료비와의 관계를 비교·분석한다.
- 고액 현금거래에 대한 현금영수증 발급 여부를 확인한다.
- 누락한 수입금액에 대한 장부 외 경비 존재 여부를 확인한다.
- 친인척, 종업원 명의 계좌에 입금된 수입금액의 누락 여부를 확인한다.
- 실제 재고와 장부상 재고의 일치 여부를 확인한다.

  특히, 업종별 특성에 맞게 비보험 항목(의료업), 성공보수(전문자격사), 종업원 봉사료, 친인척, 종업원 명의 계좌에 입금된 수입금액(현금수입업종) 등 탈세가 빈번한 항목의 매출누락을 집중적으로 점검한다.

📝 주요 지출의 경비처리

회사의 업무와 관련된 지출은 적격증빙을 첨부해 회사의 전표 처리를 한 경우 대다수 특별한 제약 없이 세법에서도 비용으로 인정해준다. 다만 세법에서는 일정한 비용한도를 정해둔 항목이 있으므로 이는 반드시 체크 해둬야 한다.

구 분	비용처리
사장 개인 사적비용	사장의 개인적인 골프비용, 동창회 회비, 콘도 이용요금 등은 사적비용으로 경비 처리하면 안 된다.
사업자 관련 대출 경비처리	대출 원금은 비용처리가 안 되고 이자비용은 경비처리가 가능하다. 이자비용에 대해 경비처리를 하는 경우 부채증명원과 이자상환내역증명원을 발급받으면 된다. 다만, 주택 관련 대출에 대해서는 경비처리가 불가능하다.

구 분	비용처리
	따라서 대출 시에는 개인 부동산을 담보로 대출을 받는 것보다는 사업자 대출을 받는 것이 더욱 쉽게 이자비용을 인정받는 방법이다.
차량유지비 등 자동차 관련 비용의 경비처리	자동차등록증상 자동차 명의가 대표자 본인(부부공동 가능) 명의인 보험료, 자동차세, 주유비 등은 경비처리가 가능하다. 물론 직원 명의 차량도 비용인정은 가능하나 차량운행일지 작성 등을 통해 업무용 지출 사실을 입증해야 하고, 보험료 등 극히 개인적인 지출항목은 비용으로 인정받지 못할 수 있다.
	업무용 차량의 유지비용은 경비처리가 가능하다. 단, 법인은 업무전용자동차보험에 가입하고, 차량운행일지를 작성해야 한다(개인사업자는 복식부기의무자로 2대 이상부터 적용). 단, 경차나 트럭은 업무전용자동차보험에 가입하지 않고, 차량운행일지를 작성하지 않아도 업무용으로 사용한 것만 입증되면 비용인정이 가능하다. 그리고 대리운전비용도 업무용 지출인 경우 인정된다.
	매입세액불공제 및 운행일지 작성 의무 차량은 흔히 말하는 승용차를 말하며, 업무용으로 사용하는 트럭이나 다마스, 경차, 배달 오토바이 비용은 매입세액공제가 가능하고, 업무전용자동차보험 가입 및 차량운행일지 작성의무 규정이 적용되지 않는다.
사업용 고정자산 매입비용	업무와 관련한 컴퓨터, 노트북, 프로그램 구입비, 책상 등 가구 구입비는 비용인정 된다. 사무실 없이 가정집을 사무실로 사용하는 경우 사업용과 가사용의 구분이 명확하지 않은 자산 및 지출(전기료, 가스료, 수도료 등)은 비용인정이 어려우나 컴퓨터 등 사무실 운영에 필수적으로 필요한 자산은 비용처리가 가능하다.
자산등록 없이 즉시 비용처리가 가능한 경우	사업용 고정자산은 일반적으로 감가상각을 통해 비용처리를 해야 하나 600만 원 미만의 수선비, 자산 가액 5% 미만 수선비, 3년 미만 주기의 수선비는 자산 계상 후 감가상각하지 않고 지출 즉시 비용처리가 가능하다.
	거래 단위별 취득가액 100만 원 이하의 지출금액 전화기(휴대용 전화기 포함), 개인용 컴퓨터(그 주변기기 포함)는 금액의 제한이 없이 자산등록을 안 하고 즉시 비용처리가 가능하다.
통신비(개인소유 핸드폰 사용료)	본인 핸드폰비, 인터넷, 전화, 팩스비용 모두 가능하다. 단, 핸드폰은 회사명의로 구입 사용하는 것을 권한다. TV 설치비용은 업종 특성상 꼭 필요하지 않은 업종의 경우 비용처리가 힘들다.
	사업자가 핸드폰을 업무와 관련하여 사용하고 지급하는 핸드폰 사용료는 경비인정 된다. 그러나 종업원이 업무와 관련 없이 종업원의 개인 휴대폰 사용료를 회사가 부담하는 경우 근로소득세를 원천징수하고 경비인정을 받는다. 또한 핸드폰 기기 구입비용도 업무와 관련된 것은 경비처리가 가능하다.

구 분	비용처리
사업장 임차료	사업장 임차료는 비용인정 된다. 본인 집은 인정받기 힘들다.
사업장 공과금	수도료, 전기료, 가스료, 관리비 등 사업과 관련된 공과금은 경비처리가 가능하다. 공동사용으로 공동부과되는 경우 본사 사용부담분만 인정된다. 임직원에게 사택을 제공하는 경우 임직원이 사용하는 수도료, 전기료, 가스료, 관리비 등은 임직원 본인이 부담해야 하며, 이를 회사가 대신 부담해주는 경우 해당 임직원의 급여로 봐 원천징수 신고 및 납부를 해야 비용인정이 가능하다.
인건비	세금 신고를 한 인건비만 경비처리가 가능하다. 그리고 급여를 통장으로 지급하지 않고 현금으로 지급할 경우는 꼭 급여대장을 작성해 두어야 한다. 만일 인건비를 축소 신고한 경우 해당 금액만 경비인정이 가능하다. 또한 3.3% 프리랜서 근로자의 경우 근로소득이 아닌 사업소득으로 신고해야 하며, 해당 근로자를 위해 지출하는 식사대, 여비교통비 등 모든 경비는 복리후생비가 아닌 사업소득에 포함해서 원천징수 신고 및 납부를 해야 한다.
배우자 인건비	배우자 인건비는 근로소득으로 봐 경비처리가 가능하다. 단, 실제로 근로를 제공한 증거 자료(출퇴근 기록 및 업무일지, 급여 이체와 4대 보험 및 근로소득세 신고자료 등)를 확보해 두어야 한다. 이 경우 배우자도 4대 보험 납부를 한 경우 비용으로 인정된다. 배우자 및 아들, 딸 등 자녀 및 친인척 인건비는 세무조사 시 중점 점검 대상이므로 근태기록을 확실히 관리해야 한다.
4대 보험료	4대 보험 중 직원(법인 대표이사 포함)부담 분은 경비처리가 가능하다. 하지만 개인회사 사장 4대 보험료 중 건강보험료는 경비처리가 가능하나 국민연금은 인출금처리 후 종합소득세 신고 시 경비처리가 아닌 연금소득공제를 받는다. 참고로 4대 보험 대납액의 경우도 인건비로 봐 연말정산 시 합산해 연말정산을 해야 한다.
식대 지출액	종업원의 20만 원 식대 비과세 대신 식사를 제공하는 경우 경비인정이 된다. 구내식당 비용도 경비인정 된다. 단 구내식당에서 식사를 제공하면서 식대 20만 원을 지급하는 경우 해당 20만 원은 비과세가 아닌 과세로써 급여에 합산해 원천징수 신고 및 납부를 해야 한다. 개인회사 사장 본인의 식대는 경비처리가 안 되는 것이 원칙이다(인출금처리). 하지만 1인 회사를 제외한 사장의 식사비를 직원 식비에 끼어 경비 처리하는 세무 대리인도 있으니 참고한다.
부가가치세, 종합소득세 납부액	부가가치세 및 종합소득세 납부액은 경비인정이 되지 않는다. 다만, 부가가치세가 면세되는 사업자가 부담하는 매입세액, 비영업용소형승용차 유지에 관한 매입세액은 경비처리가 가능하다.

구 분	비용처리
기업업무추진비(= 접대비)	3만 원 초과 기업업무추진비(= 접대비)는 법정지출증빙을 갖춰야 기업업무추진비(= 접대비)로 인정된다. 단, 법인은 반드시 법인카드를 사용해야 한다. 반면, 경조사비(청첩장, 부고장)는 20만 원까지 경비처리 된다. 매출보다 상대적으로 많은 양의 경조사비를 비용 처리하는 경우가 있는데. 이 경우 소규모 회사라도 소명 요구가 올 수 있으니 자료 상을 통한 청첩장 구입 등은 조심해야 한다.
기부금	일반적으로 개인사업자의 경우 기부액 × 본인의 과세표준 구간 세율 정도의 세금을 절세할 수 있다. 교회나 절 등 종교 시설에 대한 헌금 또는 공익단체에 기부한 내역 영수증을 반드시 챙기는 게 좋다. 다만, 기부금 한도와 단체 등에 대한 제한이 있을 수 있으니 확인이 필요하다. 법에서 인정한 특례기부금, 일반기부금만 인정된다. 개인의 동창회 기부금, 이익단체 기부금은 비용인정이 되지 않는다.
공동사업자의 출자와 관련된 차입금이자	공동사업자가 출자를 위해 차입한 차입금의 이자는 경비처리가 불가능하다. 하지만 회사설립 후 회사 운용자금으로 차입한 이자비용은 경비처리가 가능하다.
경품으로 제공한 상품 등	사업자가 판매촉진을 위하여 경품부 판매를 하는 경우 경품으로 제공하는 상품 등은 경비로 인정된다. 그리고 불특정다수인을 대상으로 견본 등 무상으로 제공되는 것도 경비인정이 된다.
시설의 개체나 원상복구 비용	폐업할 때 사업장 원상복구 비용 등에 대한 경비는 비용인정 된다.

📝 지출 사례별 매입세액공제 여부 판단

구 분	공제	지출항목
복리후생비		실비변상적인 성질의 급여 및 복리후생비와 관련하여 발생한 부가가치세액은 매입세액공제가 된다.
식비/회식비 : 개인사업자	공제	직원의 복리후생 목적이면 매입세액공제
	불공제	사업주 대표자 본인의 식대에 대해서는 사업 무관한 것으로 보아 매입세액불공제
식비/회식비 : 법인사업자	공제	직원의 복리후생 목적이면 매입세액공제

구 분	공제	지출항목
	불공제	거래처 등 기업업무추진비 성격 : 매입세액불공제 대표이사의 식사비 : 이론상 매입세액공제(원칙), 실무상 불공제 처리하는 세무대리인도 있다.
기업업무추진비(= 접대비)	공제	특정인이 아닌 일반 대중을 위한 광고선전비, 종업원을 위한 복리후생비 관련 매입세액은 공제
	불공제	접대비 및 이와 유사한 비용인 교제비, 기밀비, 사례금 등의 관련 매입세액불공제
비영업용 승용차의 취득비용	공제	배기량 1,000CC 미만의 국민차, 배기량 125CC 이하의 이륜자동차, 승합자동차(탑승 인원 9인승 이상), 화물승합차에 해당하는 라보, 다마스 등
	불공제	승용자동차(8인승 이하)로서 개별소비세가 과세 대상인 자동차는 매입세액불공제
비영업용 승용차의 유지비용	공제	취득비용이 공제되는 자동차의 수선비, 소모품비, 유류비, 주차료. 렌트비용
	불공제	취득비용이 공제되지 않는 자동차의 수선비, 소모품비, 유류비, 주차료. 렌트비용
호텔 등 숙박비		업무와 관련하여 출장하고 일반과세 사업자인 숙박업소에서 신용카드 등을 사용한 경우 매입세액공제
통신요금(휴대폰, 전화, 인터넷)		사업과 관련하여 발생한 통신비는 매입세액공제
전기요금, 가스요금, 수도요금, 건물관리비	공제	사업장에서 지출하는 전기요금, 도시가스 요금, 건물관리비는 부가가치세 과세대상으로, 세금계산서를 발급받으면 부가가치세 매입세액공제
	불공제	수도 요금은 면세이기 때문에 매입세액불공제
우편요금	공제	소포우편물을 방문 접수하여 배달하는 용역은 매입세액공제
	불공제	우편 등기는 부가가치세가 면세항목으로 매입세액불공제
콘도회원권 취득	공제	종업원의 복리후생적인 목적으로 취득한 경우
	불공제	사업과 직접 관련 없는 지출에 대한 것, 즉 손님 접대를 위한 콘도미니엄을 매입한 경우
골프회원권 취득	공제	종업원의 복리후생적인 목적으로 취득한 경우
	불공제	해당 회원권을 사용하여 거래처 등에 접대하는 경우
국외 사용액		국내의 일반과세자로부터 세금계산서 또는 신용카드 매출전표를 받았을 때 매입세액공제가 가능한 것이므로, 해외 사용분은 매입세액불공제
택시요금		여객운송업종은 매입세액불공제

구 분		공제	지출항목
여객운송용역 업종		공제	전세버스
		불공제	항공권 · KTX · 고속버스 · 택시요금
컴퓨터, 책상, 의자, 냉장고 등 집기 구입		사업과 관련되었으면 매입세액공제	
전기요금, 전화요금, 인터넷 사용료		사업자등록번호를 제시하고 세금계산서 발급받으면 매입세액공제	
입장권을 발행하는 업종		공연 · 놀이동산 · 영화관 등은 매입세액불공제	
주차비	고객 또는 거래처 방문 차량	공제	세금계산서를 수취하는 경우 공제 가능
	직원 출퇴근 차량용	불공제	업무와 관련되지 않은 용도 공제 불가
작업복 등		사업 관련 복리후생비로 매입세액공제	
직장체육비 등		개인 여가가 아닌 영업활동 증대를 위한 직원 복지 차원일 때는 매입세액공제	
무기명 선불카드 또는 기프트 카드 사용분		매입세액불공제	
직불카드 및 기명식 선불카드 사용분		매입세액공제	
분식점	일반과세자	공제	
	간이과세자	불공제	불공제. 단, 2021년 7월부터 연 매출 4,800만 원~1억 400만 원 간이과세자는 공제
직원 단합을 위한 영화, 공연 관람		입장권 발행 사업자는 세금계산서 발행 불가 업종으로 매입세액불공제	
유흥주점 및 골프장 등		가능	사회통념상 인정 가능 범위의 회식 등 입증 가능한 사업 관련 비용(실무적으로는 받기 힘 듦)
		불공제	기업업무추진비(= 접대비) 관련 지출일 경우 불가
출장 등 업무 관련 항공, 철도 운임(해외 출장 제외)		국내외 출장 등을 위해 사용한 항공기 운임, 철도 운임, 고속버스, 택시 등의 여객 운임은 불공제항목이다. 단, 호텔 등 숙박의 경우는 업무와 관련이 있는 경우 매입세액공제가 가능하다.	
목욕, 이발		공연 · 놀이동산 입장권, 목욕, 이발, 미용업 이용요금은 매입세액공제가 되지 않는다.	
면세 재화 및 용역의 구입		매입세액공제가 되지 않는다.	
국외에서 사용한 금액		국내 사업자가 아닌 자로부터 재화 등을 공급받는 해외 사용분에 대해서는 매입세액공제가 되지 않는다.	

📓 세법상 한도가 정해져 있는 지출

네이버 경리쉼터 카페(https://cafe.naver.com/aclove/443545) 참고

📓 대표자 상여 처분될 수 있는 주요 경비지출

회사 장부상 비용지출로 전표 처리를 했는데, 세법상 그 귀속이 명확하지 않은 지출에 대해서는 대표자 상여로 처분해 대표자로부터 근로소득세를 원천징수 한다.

따라서 회사는 경비지출 시 적격증빙을 반드시 첨부해 이러한 사태를 사전에 방지해야 한다.

📂 법인의 업무 목적 이외 신용카드 등 사용 여부

법인 신용카드·직불카드 등 사용 자료 중 개인 골프비용, 피부미용실, 성형외과, 해외여행, 입시학원, 가사비용 등 업무와 관련 없는 경비를 복리후생비, 수수료 계정 등으로 회계처리한 비용이 있는 경우 손금부인 후 소득 귀속에 따라 대표자 상여로 처분한다.

📂 상품권 과다 매입 후 법인의 업무 목적 이외 사용

법인카드 등으로 상품권을 구입해 업무 목적 이외에 사용하고, 복리후생비, 수수료 계정 등으로 회계처리한 경우 손금부인 후 소득 귀속에 따라 대표자 상여로 처분한다.

상품권을 접대목적으로 사용한 경우는 기업업무추진비(= 접대비)로 계상하고 한도액 시부인 계산을 하여 한도초과액은 손금불산입 기타사외유출 처분한다.

📂 실제 근무하지 않는 대표이사·주주의 가족에 대한 인건비 계상

실제로 근로를 제공하지 않는 대표이사·주주 등의 가족 등에게 지급한 것으로 처리한 인건비는 손금부인 후 소득 귀속에 따라 대표자 상여로 처분한다.

📑 자료상 등 불성실 납세자와의 거래 적정 여부

실물거래 없이 자료상, 세금계산서 발급위반자, 폐업자로부터 세금계산서 등을 수취하여 원가 등에 계상한 때에는 관련 비용은 손금부인 후 소득 귀속에 따라 대표자 상여로 처분한다.

📑 법인 전환, 세무조사 후 원가 과대계상

개인에서 법인으로 전환한 사업자로서 특별한 사유 없이 신고소득률이 동종업종 대비 저조하거나 전년 대비 감소한 원인이 원가의 과대계상 및 매출누락인 경우 손금부인 또는 익금산입 후 대표자 상여로 처분한다.

세무조사를 받은 후 특별한 사유 없이 신고소득률이 조사를 실시한 사업연도보다 하락한 경우 원가의 과대 계상액에 대해 손금부인 후 대표자 상여로 처분한다.

📑 업무 목적 이외 사용한 경비를 사업소득 지급으로 처리

기업자금을 업무 목적 이외의 용도로 유출하고 지급수수료 등으로 계상한 후 실제 용역을 제공하지 않은 친족 등에게 사업소득을 지급한 것으로 처리하여 사업소득 지급명세서를 제출한 경우 손금부인 후 소득 귀속에 따라 대표자 상여로 처분한다.

기업업무추진비(=접대비) 한도액 계산

구 분			처리 방법
기밀비나 증빙이 없는 기업업무추진비 등			손금불산입(비용 불인정)
3만 원 초과 기업업무추진비로서 법정지출증빙을 받지 않은 경우			손금불산입(비용 불인정)
일반 기업업무추진비 (= 접대비) 한도 계산	한도 초과액		손금불산입(비용 불인정)
	한도 내 금액	법정지출증빙 미수취액	손금불산입(비용 불인정)
		법정지출증빙 수취액	손금 인정(비용인정) 한도액 계산

기업업무추진비 한도액 = ❶ + ❷ [특수법인 (❶ + ❷) × 50%]

❶ 1,200만 원(중소기업의 경우에는 3,600만 원) × 당해 사업연도의 월수 ÷ 12

❷ (수입금액 × 적용률) + (특정 수입금액(특수관계자 거래) × 적용률 × 10%)

전통시장 기업업무추진비 특례 = (❶ + ❷)의 10% 추가

주 월수는 역에 따라 계산하며, 1월 미만은 1월로 본다. 예를 들어 6월 14일에 신설한 법인으로서 첫 사업연도가 6월 14일부터 12월 31일이라면 사업연도 개시일인 6월이 포함되므로 사업연도 월수는 7개월이다.

문화 기업업무추진비 한도액 = Min(❶ + ❷)

❶ 문화 기업업무추진비

❷ 일반 기업업무추진비 한도액 × 20%

[적용률]

수입 금액	일반수입금액	기타수입금액
100억원 이하	0.3%	특수관계자와의 거래에서 발생한 수입금액에 대하여 그 수입금액에 적용률을 곱하여 산출한 금액의 10%
100억원 ~ 500억원	3,000만원 + (수입금액 - 100억원) × 0.2%	
500억원 초과분	1억 1천만원 + (수입금액 - 500억원) × 0.03%	

구 분	처리 방법
비 고	기업업무추진비로 인정을 받기 위한 비용지출은 다음의 세 가지로 볼 수 있다. ❶ 건당 3만 원 초과의 기업업무추진비로서 법정지출증빙을 사용한 기업업무추진비 (세금계산서, 계산서, 신용카드, 지출증빙용 현금영수증) ❷ 건당 3만 원 이하의 기업업무추진비로서 영수증 등을 받은 금액 ❸ 현물 기업업무추진비(자사 제품을 거래처에 증정하는 경우 등)
소득처분	법인이 기업업무추진비로 계상한 금액 중 허위 또는 업무와 관련 없는 지출임이 확인되는 금액에 대해서 당해 지출금액을 비용 불인정하고 귀속자에 대한 상여·배당, 기타소득 또는 대표이사에 대한 상여로 보아 배당소득, 기타소득, 근로소득세를 원천징수 후 납부한다.

제5장

법인카드
관리 매뉴얼

법인카드 관리와 사용할 때 주의할 점

법인카드는 사용 규정을 만들어 사용하라

법인카드 사용 규정을 정해서 공금을 사적으로 사용하는 일이 없도록 임직원에게 사용범위와 법인카드 사용 시 사용신청서 또는 지출결의서를 작성토록 하고, 사용 후 반드시 적격증빙을 첨부하는 등 관련 기준을 교육하는 것도 가장 좋은 방법이다.

물론 이를 위해서는 경영자의 의지가 가장 중요하다.

법인카드 사용신청서는 인터넷에서 서식을 쉽게 다운로드 받을 수 있다.

사용일자와 장소, 예상금액, 지출 목적 등을 기입할 수 있다. 이때, 신청서에 작성한 금액과 실제 지출액이 다를 경우에는 그에 대한 사유도 반드시 확인해야 한다.

특히 다음의 지출은 각별한 주의가 필요하다.

◈ 업무시간 외 주말, 공휴일, 심야, 새벽에 사용하는 경우

◈ 사업장과 거리가 먼 곳에서 사용하는 경우

◈ 동일한 거래처에서 여러 차례 분할 사용하는 경우

◈ 현금화가 쉬운 사치성 물품(금, 귀금속, 주류, 골프용품 등)을 구매하는 경우

◈ 가족 및 친인척을 동반하여 출장가는 경우

◈ 백화점에서 명절선물이나 상품권을 구입할 경우

구입한 상품권을 어느 거래처에게 전달하였는지까지 연계해서 관리한다.

◈ 마트의 경우 가사경비로 분류될 가능성이 크므로 직원 간식비용 및 사무용품 관련 비용을 인정받으려면 구입내역이 나와 있는 영수증을 같이 보관하는 것도 하나의 방법이다.

◎ 고급 술집과 골프장 비용의 경우 기업업무추진비(= 접대비)로 처리할 수 있으나, 사용 빈도와 금액이 과하게 많으면 문제가 될 수 있다. 또한 골프장은 임직원 체력단련비로는 복리후생비 처리가 어려운 것이 현실이다.

◎ 피부과, 성형외과 등 미용과 관련된 병원비 지출액

법인카드 사용 규정은 법인카드를 사용하는 이에게 중요한 부분이기 때문에 법인카드 사용 규정에 대해 정확히 숙지하고 있는 것이 중요하다. 법인카드 사용 규정에 법인카드로 지출이 가능한 것은 사내 소모품, 사무기기, 각종 비품 등 구매대금, 광고비, 기업업무추진비, 회의비, 차량 및 보험 관련 비용, 복리후생비, 직무교육비 등 특정 비용으로 제한해야 한다.

법인카드 사용을 제한해야 하는 업종 예시

1. 일반유흥주점 : 접객 요원을 두고 술을 판매하는 유흥주점(룸살롱, 단란주점, 가라오케, 가요주점, 요정, 비어홀, 맥주 홀, 카페, 바, 스넥 칵테일 등)

룸살롱 등은 접대목적으로 사용할 경우가 많으므로 반드시 법인카드로 결제하는 것이 좋으나, 너무 잦은 사용과 거액의 사용은 문제가 될 소지가 많이 있다.

2. 무도 유흥주점 : 무도시설을 갖추고 술을 판매하는 유흥주점(클럽, 극장식 주점, 나이트클럽, 카페, 스텐드바, 유흥주점 등)

3. 위생업종 : 이·미용실, 피부미용실, 사우나, 안마시술소, 발 마사지, 네일아트 등 대인 서비스

4. 레저업종 : 실내·외 골프장, 노래방, 노래연습장, 사교춤교습소, 전화방, 비디오방, 골프연습장, 헬스클럽, PC방

국세청은 골프장에서의 임직원 체력단련은 복리후생비로 인정해주지 않고 있다. 따라서 골프장에서 사용한 법인카드는 복리후생비보다는 기업업무추진비로 처리하는 것이 좋다.

5. 사행업종 : 카지노, 복권방, 오락실, 카지노에서는 법인카드를 사용하지 않는 것이 좋다.

6. 기타업종 : 성인용품점, 총포류 판매

7. 기타주점 : 대포 집, 선술집, 와인바, 포장마차, 간이 주점, 맥주 전문점, 생맥주 집

위 내용은 직원 복리후생비 처리상의 법인카드 사용 제한업종이고, 기업업무추진비 지출 시에는 예외일 수 있다.

법인카드 사용을 제한해야 하는 구매 물품 예시

1. 금, 은, 보석 등 귀금속류

2. 양주 등 고가의 주류

3. 골프채, 골프가방, 골프화, 골프공 등 골프용품

4. 영양제, 비타민제 등 건강보조식품

5. 향수, 선글라스 등 고급 화장품이나 액세서리류

법인카드는 공식행사 등 특별한 경우를 제외하고는 주류 구매에 사용을 제한해야 한다.

법인카드 관리요령

제1조(목적) 이 요령은 ○○○(이하 '○○○'이라 한다)의 법인카드 관리 및 사용에 관하여 필요한 사항을 규정함을 목적으로 한다.

제2조(적용 범위) 이 요령은 ○○○에 적용하며, 법인카드 관리 및 사용에 관련한 다른 규정을 제외하고는 이 요령을 적용한다.

제3조(용어의 정의) 이 요령에서 사용하는 용어의 정의는 다음 각호와 같다.

1. "법인카드"란 이 요령의 기준에 따라 금융기관 또는 카드사에서 ○○○의 명의로 발급되는 모든 카드를 말한다.

2. "하이브리드카드"란 체크카드와 신용카드의 기능을 모두 갖춘 카드로, 결제금액 한도인 건당 50만원, 일 300만원 이하의 경우 등에 대금이 즉시 법인계좌에서 인출되는 카드를 말한다.

3. "하이패스카드"란 톨게이트 통행료 결제 시스템인 하이패스 및 주유전용 기능을 가진 카드를 말한다.

4. "유류구매카드"란 정부의 유류가격 안정화 정책에 따라 조달청과 카드사가 연계하여 공급한 유류전용 카드를 말한다.

5. "클린카드"란 법인카드의 부적절한 사용을 사전에 차단하기 위하여 유흥업소 등으로 분류된 제한업종에의 사용이 금지된 법인카드를 말한다.

6. "주관부서"란 「직제규정」에 의한 회계업무를 담당하는 부서로서, 법인카드의 발급 및 운용에 대한 업무를 총괄하며, "주관부서책임자"는 주관부서의 부서장으로 한다.

7. "집행부서"란 배부받은 법인카드의 관리 및 사용책임이 부여된 부서를 말하며, "집행부서책임자"는 집행부서의 부서장으로 한다.

8. "관리책임"이란 법인카드 관리에 있어서 보관, 예산준수, 사용자의 통제 등 선량

한 관리자의 주의의무를 부담하는 책임을 말하며, "관리책임자"는 본사, 연구소, 본부의 각 팀장으로 한다. 단, 직제규정상 팀장이 없는 부서는 부서장으로 한다.

9. "사용책임" 이란 법인카드를 실제 사용함에 있어서 분실 및 오용 등으로 인한 책임을 말한다.

10. "보조금카드" 란 국고보조금 집행을 위해 발급받은 카드를 말한다.

제4조(법인카드의 사용대상) 모든 예산은 법인카드로 집행함을 원칙으로 한다. 단, 다음 각호의 경우는 예외로 한다.

1. 사업자와의 거래로 세금계산서, 계산서를 수취하는 경우

2. ○○○으로 발급된 현금영수증을 수취하는 경우

3. 여비규정에 따른 출장비 또는 각종 포상금 등 정액을 지급하는 경우

4. 해외에서 부득이하게 개인카드를 사용하여야 하는 경우

5. 기타 불가피하게 현금으로 사용하여야 하는 경우

제5조(법인카드 발급 및 재발급) ① 법인카드는 클린카드로 발급하여 운용한다.

② 주관부서 책임자 및 집행부서 책임자는 클린카드를 발급 및 재발급 할 경우 별표 1의 사용 제한업종을 의무적으로 등록하고 클린카드를 철저히 관리하여야 한다.

③ 집행부서 책임자는 법인카드를 발급하고자 할 경우 별지 제1호서식의 법인카드 발급신청서를 주관부서 책임자에게 제출하여 승인을 얻어야 하며, 주관부서 책임자는 그 결과를 집행부서 책임자에게 통보하여야 한다.

④ 임직원은 법인카드의 훼손 및 기타 사유로 인하여 법인카드를 재발급하는 경우 별지 제1호서식의 법인카드 재발급신청서를 작성하여 집행부서 책임자에게 결재를 득한 후 재발급하여야 하며, 집행부서 책임자는 재발급한 결과를 주관부서 책임자에게 보고하여야 한다. 다만, 본사의 경우에는 주관부서 책임자의 승인을 득한 후 법인카드를 재발급해야 한다.

⑤ 주관부서 책임자는 별표 2의 기준에 따라 법인카드를 발급한다. 다만, 인원수 등 업무 여건에 따라 법인카드 수량을 증감할 수 있다.

제6조(법인카드 관리 및 사용책임) ① 임원, 집행부서책임자 및 관리책임자는 보유하고 있는 법인카드에 대한 관리책임을 진다.

② 법인카드 사용자는 관리책임자로부터 법인카드를 수령 · 반납 시까지 사용책임을 진다.

제7조(법인카드 사용 및 정산) ① 임직원은 업무수행을 위하여 법인카드를 사용할 경우 관리책임자로부터 법인카드를 수령하여 사용한다.

② 법인카드 사용자는 법인카드 사용 후 지출증빙을 첨부하여 다음 각호에 따른 기한까지 지출결의서를 제출하여야 한다.

1. 신용카드 : 사용일 익월 15일

2. 체크카드 : 사용일로부터 10 근무일이내

③ 제2항과 관련하여 기한 내에 지출결의서를 작성할 수 없는 경우에는 별지 제9호서식의 법인카드 지출 지연사유서를 제출하여야 한다.

제8조(법인카드의 관리) 주관부서 책임자 및 집행부서 책임자는 법인카드의 발급, 수령 및 폐기현황 등을 파악하기 위하여 별지 제2호서식의 법인카드 관리대장을 작성하고 관리하여야 한다.

제9조(한도 증액) ① 임직원은 업무수행을 위하여 사용 한도를 증액하고자 할 경우 별지 제3호서식의 법인카드 한도 증액신청서를 주관부서 책임자에게 제출하여 승인받은 후 한도를 증액한다. 다만, 일회성 행사 등으로 한시적 증액 후 다시 감액조치한 경우에는 이 과정을 생략할 수 있다.

② 주관부서 책임자는 별표 2의 집행부서의 법인카드 수량 및 한도액 관리기준 및 업무 여건에 따라 법인카드 한도액을 증감할 수 있다.

제10조(법인카드 사용자 의무) ① 임직원은 법인카드를 업무외의 용도로 사용하여서는 아니 되며, 타인에게 대여하거나 양도하여서도 아니 된다.

② 임직원은 업무와 관련한 경비지출을 위하여 개인명의의 카드를 사용하여서는 아니 된다. 단, 제4조 제4호의 경우는 예외로 한다.

③ 임직원은 신용카드매출전표 또는 ERP에 실사용자를 기재하여야 한다. 이 경우 실사용자는 당일 카드 사용 시 참석한 집행부서의 최상급자를 기재한다.

④ 임직원은 주어진 예산 범위 내에서 법인카드를 사용하여야 한다.

⑤ 임직원은 클린카드의 사용 제한업종으로 등록된 업소에서 법인카드를 사용하여서는 아니 된다.

⑥ 임직원은 다음 각호에 해당하는 경우는 법인카드를 사용하여서는 아니된다. 다만, 법인카드사용이 불가피한 경우에는 출장명령서나 사전 내부 결재 사본 또는 별지 제4호서식의 법인카드 휴일 및 심야 사용신청서를 갖추어야 하며 법인카드 사용자는

지출결의 시 이를 첨부해야 한다.

1. 토요일 및 공휴일

2. 비정상 시간대(23시~익일 06시) 사용

3. 관할 근무지와 무관한 지역

⑦ 착오로 법인카드를 잘못 사용한 경우 별지 제10호 서식의 법인카드 사용확인서를 작성하여 집행부서 책임자의 결재를 득한 후 사업장별 회계 담당 부서에 제출하여야 하며, 해당 금액을 법인카드 결제계좌에 즉시 입금하여야 한다.

제11조(업무추진비 집행) ① 임원은 업무추진비를 예산 범위 내에서 법인카드로 집행하여야 한다. 다만, 10만 원 이하 경조금은 현금으로 집행할 수 있다.

② 임원은 업무추진비를 건당 30만 원 이상 집행할 경우 별지 제5호서식의 업무추진비 집행계획(내역)을 작성하여 지출전표에 첨부하고 지출결의를 하여야 한다. 건당 50만 원 이상 집행하고자 하는 경우는 사전에 별지 제5호서식의 업무추진비집행계획(내역)에 대하여 일상 감사를 득하고, 지출전표에 첨부하여 지출결의를 하여야 한다.

③ 다음 각호의 어느 하나에 해당하는 경우 업무추진비 집행을 해서는 안 된다.

1. 기관 간의 비공식적인 섭외 및 업무와 무관한 각종 후원금 지급

2. 개인 명의의 불우이웃돕기 성금

3. 재해 의연금 등 기타 갹출성 성금

4. 법령에 근거하지 않는 현금 지급

제12조(하이브리드카드) ① 임직원은 경비, 업무추진비, 소모성 비품 구매 등에 대해서는 하이브리드카드를 우선 사용해야 한다. 단, 검사업무 출장에 직접적으로 소용되는 비용과 보조금 및 연구용역비 집행은 예외로 한다.

② 임직원은 하이브리드카드를 사용할 경우 계좌에서 자금이 즉시 출금되므로 결제 취소 및 변경 등에 유의하여야 한다.

③ 하이브리드카드 사용자는 체크카드 결제를 취소한 경우 별지 제6호서식의 하이브리드카드 결제 취소 사유서를 작성하여 관리책임자의 결재를 득하여야 한다. 취소한 자가 관리책임자인 경우는 집행부서 책임자의 결재를 득하여야 한다.

④ 하이브리드카드 결제 취소사유서는 취소일로부터 3 근무일 이내에 사업장별 회계 담당 부서에 제출하여야 한다.

⑤ 하이브리드카드 사용일 당일 취소 후 당일에 취소금액이 전액 입금되는 경우는

제3항 및 제4항의 과정을 생략한다.

제13조(유류구매카드) ① 임직원은 ○○○ 소유차량의 유류비 및 에너지 절감을 위하여 유류 구입 시 유류구매카드를 사용할 수 있다.

② 임직원은 유류구매카드를 조달청에 등록된 주유소에서 사용하여야 하며, 유류구매 외의 다른 용도로 유류구매카드를 사용하여서는 아니 된다.

제13조의2(보조금 카드) ① 보조금 카드는 신용카드로 발급받아 사용한다.

② 보조금 집행을 위해 법인카드를 사용하는 경우, 보조금 카드를 사용하여야 한다. 단, 다음의 각호의 경우에는 예외로 한다.

1. 교통, 통신시설 미비 등으로 카드사용이 곤란한 경우

2. 비노출 검사출장 시 비노출 시료 채취비를 결제하는 경우

제14조(법인카드 마일리지) ① 법인카드 사용으로 인해 발생한 마일리지는 매년 말, 주관부서에서 현금으로 환급받는 것을 원칙으로 하고, 그 밖의 기타이익으로 회계처리한다. 단, 법인카드사 규정에 따라 연구소 및 본부의 집행부서에서도 환급받을 수 있다.

② 임직원은 법인카드 마일리지를 상품권 및 유가증권, 기프트카드 등의 기타 용도로 사용하여서는 아니 된다.

제14조의2(항공마일리지) ① 공무상 국외 출장자는 항공사에 회원가입하고 항공마일리지를 적립하여야 한다.

② 임직원은 공무출장과 관련하여 사용 및 누적된 항공마일리지의 변경사항을 별지 제7호서식의 항공마일리지 신고서를 작성하여 주관부서 책임자에게 제출하여야 한다.

③ 공무상 국외 출장으로 적립된 항공마일리지는 본인의 다른 공무출장의 마일리지 항공권 확보 및 항공기 좌석 등급의 상향조정 등에 우선하여 사용한다. 다만, 공무상 국내 출장 시에는 공동구매나 저비용항공사의 항공권을 우선하여 구매하여야 한다.

제15조(법인카드의 분실 및 도용사고) ① 법인카드 사용자는 분실 및 도용사고에 유의하여야 한다. 주관부서 책임자는 연간 2회 이상 법인카드를 분실한 집행부서에 법인카드 사용 제한을 명할 수 있으며 이를 통보받은 집행부서는 이를 따라야 한다.

② 법인카드 사용자는 법인카드 분실을 인지하였을 경우 즉시 해당 카드사에 분실신고를 하여 부정 사용을 방지하여야 한다. 집행부서 책임자는 제5조 제4항에 따라 법인카드를 재발급한다.

③ 법인카드가 도용되어 결제 내역이 생성된 사실을 확인한 즉시 집행부서 책임자는 주관부서 책임자에게 그 사실을 보고하고, 해당 카드사에 보상신청서 작성 및 제출하는 등의 적절한 조치를 취해야 한다. 조치가 완료된 후 집행부서 책임자는 주관부서 책임자에게 완료 사실을 보고하여야 한다.

④ 제2항 및 제3항의 조치를 취하지 않음으로써 발생하는 손실비용은 법인카드 사용자가 부담하여야 한다.

⑤ 기타 법인카드 분실 등의 관리책임 소홀로 인하여 발생하는 손실비용은 법인카드 관리책임자가 부담하여야 한다.

제16조(법인카드의 반납 및 폐기) ① 집행부서 책임자는 임원의 인사이동, 부서 폐지 등의 사유로 법인카드를 사용할 수 없게 되는 경우 사유 발생 즉시 주관부서 책임자에게 별지 제8호서식의 법인카드 반납신청서를 제출하고, 법인카드를 반납하여야 한다. 단, 카드사 변경 등으로 주관부서 책임자가 일괄폐기한 경우 이 과정을 생략한다.

② 주관부서책임자는 제1항에 따라 수령한 법인카드를 폐기하고, 카드사에 해지 요청을 하는 등 이에 따른 적절한 조치를 취해야 한다.

③ 법인카드 과다 보유로 인한 부작용을 방지하기 위해 집행부서 책임자는 6개월 이상 무실적 법인카드 등 불필요한 법인카드가 발생한 경우 법인카드를 주관부서에 반납하여야 하며, 주관부서 책임자는 법인카드 보유 수량의 적정성에 대한 개선을 요청할 수 있다.

제17조(모니터링) ① 주관부서 책임자 및 감사 부서장은 집행부서의 법인카드 사용내역을 실시간으로 조회하여 감시·감독할 수 있다.

② 주관부서 책임자는 집행부서의 법인카드의 올바른 관리 및 사용을 위하여 집행부서의 법인카드 관리실태에 대한 불시 점검을 할 수 있다.

③ 관리책임자는 법인카드 승인내역에 대해 SMS 문자서비스를 수신하여야 한다. 단, 시료채취를 위해 발급받은 카드의 승인내역은 제외한다.

제18조(법인카드 사용 제한) ① 임직원은 법인카드를 사용할 경우 예산 집행의 투명성 및 정당성을 확보하기 위하여 이 요령을 엄격히 준수하여야 한다.

② 법인카드 사용자가 이 요령에 부적합한 목적·방법으로 법인카드를 사용한 경우 주관부서 책임자는 법인카드의 정지, 회수 등 제한 조치를 가할 수 있으며, 직원 상벌 요령에 따라 징계할 수 있다.

③ 제1항을 위반하여 손실비용이 발생하였을 경우 법인카드 사용자와 법인카드 관리책임자가 연대하여 배상책임을 질 수 있다.

④ 모든 법인카드는 불법복제 등에 의한 도용을 예방하기 위해 해외에서의 사용을 제한한다. 단, 별표 2에 따른 해외업무용 카드는 제외하며, 해외에서 법인카드를 사용하고자 할 경우는 주관부서 책임자에게 별지 제11호서식의 법인카드 해외사용 신청서를 제출하여 승인을 얻어야 한다.

부 칙

이 규정은 2025년 1월 1일부터 시행한다.

[별표1] 클린카드 제한업종
[별표2] 집행부서별 카드 수량 및 한도액 관리기준
[별지1] 법인카드 발급신청서
[별지2] 법인카드 관리대장
[별지3] 법인카드 한도 증액 신청서
[별지4] 법인카드 휴일 및 심야 사용신청서
[별지5] 업무추진비 집행계획(내역)
[별지6] 하이브리드카드 결제 취소사유서
[별지7] 항공마일리지 신고서
[별지8] 법인카드 반납신청서
[별지9] 법인카드 지출 지연사유서
[별지10] 법인카드 사용확인서
[별지11] 법인카드 해외사용 신청서
[별표 1]

클린카드 제한업종

구분	대상 업소 예시
유흥업종	한국표준산업분류의 일반유흥주점과 무도 유흥주점 1. 일반유흥주점 : 접객 요원을 두고 술을 판매하는 유흥주점(룸싸롱, 단란주점, 가라오케, 가요주점, 요정, 비어홀, 맥주 홀, 바 등) 2. 무도 유흥주점 : 무도시설을 갖추고 술을 판매하는 무도 유흥주점(클럽, 극장식 주점, 나이트클럽, 스텐드바, 유흥주점 등)

구분	대상 업소 예시
위생업종	아미용실, 피부미용실, 사우나, 안마시술소, 발 마사지, 스포츠마사지, 네일아트, 지압원 등 대인서비스
레저업종	골프장, 골프연습장, 골프용품, 스크린골프장, 노래방, 사교춤, 전화방, 비디오방, 당구장, 헬스클럽, 기원, PC방, 스키장, 수영장, 보드카페, 휴게텔, 산소방, DVD방
사행업종	카지노, 복권방, 오락실, 도박장, 경마장
기타업종	성인용품점, 총포류 판매점 등

※ 기획재정부「공기업·준 정부기관 예산 집행지침」의 클린카드 제한업종 지침 준용

[별표2]

집행부서별 카드 수량 및 한도액 관리기준

구 분		보유 대상		수 량	한도액 (천원)	비고
카드 종류	용도					
하이 브리드	일반 업무	임원		1매	월 5,000	
		팀장	본사 및 연구소	3매 이내*		
			본부	1매		
	해외 업무	본사 및 연구소	회계업무 및 해외· 연구업무 담당 팀장	1매	월 10,000	
신용 카드	검사 업무	검사출장	검사업무 담당 팀장	검사업무용 차량당 1매	월 5,000	
		비노출		비노출 차량당 1매		감사실 2매
	보조금 집행	본사 및 연구소	보조사업 담당 팀장	2매 이내**	월 5,000	특수검사팀 검사업무 차량당 1매
		본부	검사업무 담당 팀장	검사업무용 차량당 1매		
	유류 구매카드	본사, 연구소, 본부		사업장당 2매 이내	월 10,000	
	정책연구	정책연구업무 담당 팀장		연구과제당 2매 이내	월 10,000	

  * 본사 주무팀, 연구소 소속팀 이외 2매
 ** 본사 법인카드 담당팀은 여분의 카드 보유 가능(정수 2배 이내)
*** 장기 파견자에 한하여 카드 발급 가능

법인카드 ☐ 발 급 / ☐ 재발급 신청서

소 속:

신청자:

카드 번호					–					–					–				

1. 발급신청에 관한 사항

부서명		용도	

2. 사고 신고에 관한 사항

일 자	년 월 일	신고일자	년 월 일
신고내용			

3. 재발급 신청에 관한 사항

재발급	구 분	☐ 분실 ☐ 훼손(교체) ☐ 기타
	사 유	

[별지 제2호서식]

법인카드 관리대장

번호	부서명	카드번호	유효기간	결제계좌	한도 (백만원)	용도	비고

법인카드 한도 증액 신청서

소 속 :

신청자 :

일 자 :

카드 번호				–				–				–			

변 경 전 한 도		변경 후 한도	
증 액 사 유			
비 고			

[별지 제4호서식]

법인카드 휴일 및 심야 사용신청서

담당	팀장

소 속 :

신청자 :

일 자 :

카드 번호				–				–				–			

사 용 예 정 일 시	20 년 월 일 00:00
사 용 목 적	
예 산 과 목	
사 유	※ 휴일 또는 심야 사용 사유
비 고	

업무추진비 집행계획(내역)

년   월   일

(단위 : 원)

부 서 명		집 행 자	
사 용 일 자		장 소	
집행대상(인원)	※ 회사(기관)명, 부서, 성명		
집 행 목 적	※사업추진, 업무협의 등 구체적 명기		
집 행 사 유 (내 역)	※ 집행계획 제출 시, 집행 사유(구체적 회의, 협의 내용) 명기 ※ 집행내역 제출 시, 품목(석식, 기념품 등), 참석인원 등		
예 상 금 액	※ 사전 제출 시 작성	실제 집행액	※ 사후 제출 시 작성
비 고	※ 관련 자료 첨부 등		

하이브리드카드 결제 취소사유서

소 속 :

사용자 :

카드 번호				–				–				–			

사 용 일 시	20 년 월 일 00:00 (최초 결제일)
취 소 일 시	20 년 월 일 00:00 (취소 요청일)
사 용 처	
원 결 제 금 액	원
취 소 금 액	원
발 생 수 수 료	원
취 소 사 유	
수수료 처리방안	예시) 현금 처리 또는 ○○○비 집행 예정

항공마일리지 신고서

소 속		직 급		성 명	
출 장 내 역	출 장 명				
	일 정		년 월 일 ~ 년 월 일(박 일)		
	출 장 지				
항 공 권	좌 석 등 급		☐ Business Class ☐ Economy Class ☐ 기타		
	정 액 운 임				
	청 구 금 액				

마일리지 변동 사항					
여정 1			여정 2		
기 존	마일(항공)		기 존	마일(항공)	
변 동	☐ 적립 ☐ 사용		변 동	☐ 적립 ☐ 사용	
사 용 방 법	☐ 구매 ☐ 업그레이드		사 용 방 법	☐ 구매 ☐ 업그레이드	
누 적	마일(항공)		누 적	마일(항공)	
보 유 마 일 리 지	마일(항공), 마일(항공)				

위와 같이 항공운임 및 항공마일리지 사용내역을 신고합니다.

년 월 일

신 고 인   성 명   (서명 또는 인)

※ 공무로 인해 보유하게 된 마일리지에 대해서만 신고한다.

※ 정액 운임은 항공운임 총액을 말하며, 청구 금액은 공적 마일리지를 활용한 이후에 필요한 항공운임의 총액을 말한다.

※ 마일리지 변동사항은 항공사가 다른 경우 여정별로 나눠서 기입하며, 동일한 항공사를 이용한 경우 합산하여 작성할 수 있다.

※ 보유 마일리지는 항공사별로 작성하되, 금번 출장으로 인한 마일리지 변동 내역이 반영된 마일리지를 말하며, 변동사항이 없는 경우에도 보유한 마일리지에 대해 작성한다.

법인카드 반납 신청서

소　속 :

신청자 :

일　자 :

카드 번호				–				–				–			

사　　유	
비　　고	

법인카드 지출 지연사유서

소　속 :

사용자 :

카　드 번　호				–				–				–			

사　용　일　시	20 년 월 일 00:00
사　용　금　액	
사　용　처	
예　산　과　목	
사　　유	

[별지 제10호서식]

법인카드 사용확인서

소　속 :

사용자 :

카드 번호					–				–				–			

사　용　일　시	20 년 월 일 00 : 00
사　용　금　액	
사　용　처	
사　　　유	
입　금　증　빙	※ 오인 사용한 금액을 법인계좌에 입금한 증빙 첨부

[별지 제11호서식]

법인카드 해외사용 신청서

소　속 :

사용자 :

일　자 :

카드 번호					–				–				–			

사 용 예 정 기 간	20 년 월 일 ～ 20 년 월 일
사 용 목 적	
예 산 과 목	
사 용 예 정 금 액	
비　　　고	

📝 법인카드라고 무조건 인정해주지 않는다.

경비의 투명성을 높이기 위해 지급되는 카드인 만큼 법인카드 사용 규정은 엄격해야 한다.

법인카드 사용 시 업무와 직접적인 관련이 없는 경우에는 업무와 관련이 있음을 증명해야 하는 자료가 필요하다.

법인카드 사용 관련 입증자료가 필요한 경우

다음의 지출에 대해서는 경비에서 부인될 소지가 크므로 사용 내역 및 이유를 자세히 기록해두는 것이 좋다.

① 근무일이 아닌 공휴일 또는 주말 사용 시

② 평소 업무장소에서 멀리 벗어난 곳이거나 업무장소 외에서 사용 시

③ 정상적인 업무시간 외, 심야 혹은 새벽에 사용 시

④ 본인이 아닌 친인척이 사용하거나 친인척을 동반한 출장, 기타 장소에서 사용한 경우

⑤ 특정 장소에서 여러 차례 걸쳐서 집중적으로 사용된 경우

⑥ 현금화하기 쉬운 품목 또는 사치성 물품 구입 시(상품권, 금, 골프용품, 고가의 주류 등)

⑦ 병원, 미용실 등 업무와 관련성이 없어 보이는 곳에서 사용한 경우 복리후생비 차원으로 병원비를 결제하는 경우 개인카드로 결제한 후 복리후생비로 처리하는 것이 좋다.

⑧ 한 거래처에서 같은 날 여러 번 분할 해서 사용한 경우

⑨ 마트 사용액

대부분 가사경비인 경우가 많아 경비가 부인되기 쉬우나, 직원 부식비, 사무용품 관련 경비는 비용인정이 가능하다. 다만, 업무 관련성을 입증할만한 사용내역 영수증 등을 별도로 모아 보관해 두는 것이 좋다.

⑩ 미용실, 사우나, 스포츠센터

일부 업종을 제외하고는 법인사업과의 연관성을 찾기 어렵다. 대부분 개인적인 지출에 해당해 경비가 부인되므로, 업무와 관련성이 있다면 반드시 입증할만한 서류를 준비해 두어야 한다.

법인카드는 반드시 지출 내역이 업무와 관련이 있음을 입증할 수 있어야 한다.

업무와 무관하다고 판단되는 항목의 경우 법인세법상 비용으로 인정이 안 된다.

비용으로 인정되지 않는 경우 부가가치세 신고 시 매입세액공제가 되지 않아 사용한 금액에 따라 당연히 부가가치세가 증가하는 것은 물론 입증자료가 없어 경비가 인정되지 않으므로 납부해야 하는 법인세가 늘어나거나 가산세가 발생하게 된다.

부당한 신고에 대해서는 약 20~40%까지의 가산세가 발생할 수 있으니 꼭 주의하길 바란다.

법인카드 사용 내역은 세무조사 시 주의 깊게 살펴보는 항목 중 하나이다.

법인카드를 업무 목적으로 사용하지 않고 사적인 용도로 사용하면 회사와 사용자 모두에게 세금 부담이 증가함을 잊지 말아야 한다. 특히 회사대표는 이점을 잊지 말고 사적 사용에 관한 규정을 완비하고 지출내역을 꼭 검증하는 시스템을 마련해야 한다.

[법인카드 사용 후 경비인정을 못 받는다면]

법 인	개 인
• 부가가치세 신고 시 공제되지 않기 때문에 사용금액의 10%만큼 부가가치세가 증가한다. • 법인세법상 경비인정도 부인되어 납부할 법인세 증가, 가산세가 발생한다. • 법인세의 부당 신고에 대해서는 20%~40%까지의 가산세를 부담할 수도 있다.	• 업무상 사용을 인정받지 못한 금액은 법인카드 사용자의 소득(급여, 상여 등)으로 보기 때문에 소득세가 부과된다. • 소득 증가에 따른 4대 보험도 증가한다.

📝 법인카드 사적 지출액은 비용처리 하면 안 된다.

법인카드를 사적으로 사용한 경우는 개인 통장에서 법인통장으로 사적 사용액을 입금해주어야 한다. 또한, 사적인 사용액에 대해서는 법인의 경비로 처리하면 안 된다.

❶ 법인사업자의 대표이사나 등기이사의 경우 법인카드를 굳이 사용하지 않아도 업무와 관련된 것만 본인의 개인카드를 사용한 후 회사경비로 증빙 처리할 수 있다.

❷ 개인카드 사용 시 개인 종합소득세 공제보다, 사업자 부가가치세 그리고 법인세 공제로 활용하는 것이 더 많은 세금 공제 혜택을 받을 수 있다.

❸ 회사 지출로 비용처리 한 사용 내역의 경우 개인 세금에 포함되지 않기 때문에 연말정산 시 공제자료로 제출하면 안 된다.

📝 법인카드 부정 사용에 주의하라

📂 법인카드의 부정 사용유형으로 인한 해고

영업활동비, 기업업무추진비, 선물비 등에 대한 법인카드 부정 사용

가장 흔한 법인카드 부정 사용유형인데, 노동위원회 등에서는 법률적 판단 시 대략 아래와 같은 사항들을 쟁점으로 본다.

⊙ 회사의 지침이나 규정에 제시된 방법대로 사용했는지

⊙ 정해진 금액, 용도로 사용했는지

⊙ 활동비 지출에 대해 주기적으로 결재나 승인을 받았는지

⊙ 부정 청탁법 위반 여지는 없는지

⊙ 사적 사용으로 의심되는 사정들이 얼마나 있는지(휴일 · 휴가 시 사용, 자택 인근에서 사용 등)

⊙ 상대 고객 등에 대한 사용 소명 정도

⊙ 위반 금액이나 횟수, 기간 등

📂 식대, 교통비, 주유비 등에 대한 법인카드 부정 사용

⊙ 회사의 지침이나 규정에 제시된 방법대로 사용했는지

⊙ 정해진 금액, 용도로 사용했는지

⊙ 식대 한도나 용도를 넘어서 사용했는지(회의비, 회식비 등)

⊙ 교통비나 주유비의 경우, 용도나 범위를 넘어서 사용했는지

(실제 업무와 직결되지 않는 사용, 사적 · 공적 사용 범위가 혼재된 사용 등)

⊙ 주기적 승인이나 결재 여부

⊙ 위반 금액이나 횟수, 기간 등

📂 유흥업소 등 제한 업소에 대한 법인카드 부정 사용

⊙ 클린카드 등 규정이나 지침에 설정된 제한여부

◉ 제한 업소 해당 여부나 확인 가능성

◉ 사용의 불가피성

◉ 위반 금액, 횟수 및 기간 등

📂 법인카드 상품권 부정 구매 및 카드깡 의심 등 부정 사용

법인카드로 상품권을 과다하게 구매하여 사용하는 경우가 증가함에 따라 국세청은 법인카드로 거액의 상품권을 구매하는 경우도 체크하고 있다.

◉ 규정, 지침상 상기 제한 설정 여부

◉ 부정 구매의 구체적 경위나 불가피성 정도

◉ 카드깡 또는 현금화 의심 사정의 정도

◉ 위반 금액, 횟수 및 기간 등

📂 법인 개별카드 부정 사용

◉ 개별법인카드 사용 관련 규정이나 지침 및 사용 관행 세부적 내용에 대한 부합
   여부

◉ 상기 규정, 지침 위반에 대한 구체적 경위나 불가피성

◉ 위반 금액 반환, 정산 요구에 대한 근로자 측의 구체적 반응

📂 해외사용

해외의 경우 건당 3만 원 초과 사용 시 법정지출증빙을 수취해야 하는 제한이 없어 (기업업무추진비(= 접대비)는 예외) 신용카드를 사용할 수 없는 곳이라면 일반영수증을 수취해도 무방하다.

📂 신용카드 매출전표 상의 상호와 실제 사용한 상호일치 여부 확인하기

간혹 세금탈루 등의 목적으로 위장 상호로 등록된 가맹점으로 카드를 결제시키는 경우가 있는데 위장 상호로 등록된 가맹점이 세금 상의 문제가 있을 때는 경비가 인정되지 않을 수 있으므로 주의해야 한다.

구 분			처리방법
개인신용카드	일반경비		업무용으로 사용한 것이 확인되는 경우 전액 비용인정
	접대비(기업업무추진비)	3만원 이하	개인카드 사용도 가능하며, 영수증 등 증빙수취 시 비용인정 (법인카드 미사용도 가능)
		3만원 초과	반드시 법인카드를 사용해야 비용인정. 개인카드 사용은 비용 불인정(해외 접대비도 국내 접대비와 동일) 개인사업자는 사업용 신용카드 사용
	비용 인정받은 개인카드 사용분 연말정산 시 소득공제		신용카드 소득공제 안 됨
법인신용카드	법인은 반드시 법인카드 사용을 권장. 해외출장 시에도 법인카드를 사용하면 증빙 수취에 편리		
	업무용 지출 비용		3만 원 초과 지출 시 접대비(기업업무추진비)는 반드시 법인카드를 사용해야 비용인정 법인카드 결제 시 세무상 접대비(기업업무추진비) 손금 인정 범위 내에서 모든 비용인정
	법인카드 개인 사용분		비용인정 안 됨(금액을 돌려받거나 돌려받지 않는 경우 급여로 보아 원천징수 후 신고·납부) 우연히 개인적 지출을 법인카드로 결제한 경우 반드시 개인 통장에서 법인통장으로 해당 금액을 입금해 소명자료를 만들어둬야 한다.
	부가가치세 매입세액공제		과세사업자 : 부가가치세 신고시 매입세액공제 가능 간이과세자(연 매출 4,800만 원 미만), 면세사업자에게서 받은 것은 매입세액공제 안 됨. 연 매출 4,800~1억 400만 원 간이과세자(세금계산서 발급 가능 간이과세자)는 매입세액공제 가능 1건의 거래에 대해 세금계산서와 신용카드매출전표를 둘 다 받았을 때는 세금계산서 우선 매입세액불공제 분도 세금계산서와 동일하게 매입세액공제가 안 됨

법인카드 사용 관련
입증자료가 필요한 경우

📝 법인카드 사용 규정

회사는 법인카드로 결제한 비용이 업무와 관련이 있음을 입증하는 증거 자료가 있어야 한다.

검토 결과 업무 관련성이 없을 것으로 보이는 경우는 구체적인 입증자료를 모아 두어야 한다. 특히 법인카드 사용 관련 입증자료가 필요한 때가 있는데, 공휴일이나 휴무일에 사용하는 경우, 업무를 주로 수행하는 지역에서 크게 벗어나서 사용하는 경우 등 아래 소개하는 사항에 포함되는 경우는 업무와 연관이 되어 법인카드를 사용했다는 증거가 있어야 하므로 반드시 객관적인 소명자료를 준비해 두어야 한다.

📝 법인카드 사용 관련 입증자료가 필요한 경우

▷ 공휴일이나 휴무일에 사용하는 경우

국세청 전산시스템은 법인카드 사용액 중 주말, 공휴일 사용분에 대해서는 별도 체크가 가능하며, 특히 회사 근처가 아닌 사업과 무관한 장소에서 마트, 생활용품, 의류 등을 구입한 것은 일차적으로 사업과 무관한 것으로 분류한다. 또한 대표이사 집 근처 주말 사용분은 사적 경비로 보아 비용에서 부인될 수 있다. 따라서 주말에 법인카드를 사용하는 경우는 반드시 지출결의서에 신용카드 매출전표를 첨부하여 사용내역을 구체적으로 기재하여 관리해야 한다.

⊙ 업무를 주로 수행하는 지역에서 크게 벗어나서 사용하는 경우

⊙ 심야 시간이나 새벽에 사용하는 경우(정상 근무 외의 시간)

⊙ 사치성이나 현금화하기 쉬운 물품을 구입하는 경우(상품권과 같은 유가증권이나 귀금속, 골프용품 등)

백화점, 병의원, 웨딩홀, 장례식장, 카지노, 면세점 등에서 사용하는 경우는 사용처 별로 국세청에서 전산체크하여 사적 경비로 보아 전액 비용에서 부인될 수 있다.

과다한 상품권 구입의 경우 대표이사의 사적 사용으로 보아 비용 자체가 부인되고 대표이사에게 상여로 처분될 수 있으며, 거래처에게 접대한 경우라도 받은 사람이 밝혀지는 경우 수령자에 대해 기타소득으로 과세될 수 있다. 만일 수령자에게 기타소득으로 과세되는 경우는 법인의 영업상 타격으로 이어질 수 있을 뿐만 아니라 부정 청탁 및 금품 등 수수의 금지에 관한 법률(일명 김영란법) 저촉 대상의 경우 법적 처벌까지 이어질 수 있다. 국세청에서는 법인카드로 결제한 상품권 구입에 대해 매년 전산 분석하여 철저하게 사후관리하고 있음을 꼭 알아야 한다.

따라서 경영상 부득이하게 상품권 구입할 때는 회사 내부적으로 문제가 없도록 지출결의서 등에 사용 내역을 명시해야 하고, 만약 내역을 뚜렷하게 밝힐 수 없는 경우에는 법인자금으로 구입하는 것을 삼간다.

신변잡화 및 가정용품 구입이나 개인적 치료비용, 피부미용실, 성형외과에서 사용은 개인적 용도 사용으로 의심받을 가능성이 크므로 사용을 자제한다. 또한, 골프 비용을 법인카드로 결제한 경우 개인적 지출로 의심받을 가능성이 크므로 사용 목적과 사용처 등 사용내역을 지출결의서에 메모해 두는 것이 중요하다.

⊙ 친인척이 사용하거나 가족을 동반한 출장에서 사용하는 경우

⊙ 한 거래처에서 같은 날 여러 번 분할 해 사용한 경우

⊙ 병원, 미용실 등 업무와 관련성이 없어 보이는 곳에서 사용한 경우

⊙ 대표이사나 임원 카드 사용분에 대해서도 지출결의서를 작성하고 사용내역을 반드시 기재해야 한다.

통상 법인의 경우 법인카드의 직원 사용분은 지출결의서를 작성하거나 사적으로 사용할 수 없으므로 업무 관련 비용으로 인정받는데, 있어서 큰 문제가 없다.

그러나 대표이사나 임원의 경우는 지출결의서를 작성하지 않고 법인카드 사용 명세서만으로 경비로 처리하는 것이 통상적인 관례인데, 최근 세무조사 시 이러한

비용들에 대해 법인이 업무 관련성을 입증하지 못하는 경우 비용을 부인하여 세금을 추징하는 사례가 늘고 있다. 따라서 임원의 법인카드 사용분도 신용카드 매출전표를 반드시 수취하고, 지출결의서에 사용내역을 메모해야 세무조사 시 부인되는 금액을 최소화할 수 있으므로 반드시 신용카드 매출전표에 사용내역을 메모해 두는 것이 중요하다.

📝 법인카드 사용 후 경비인정을 받지 못하면 발생하는 손해

업무와 연관이 되어 법인카드를 사용했다는 증거가 인정받지 못하게 된다면 법인과 개인에게 불이익이 따른다.

📁 법인

⊙ 부가가치세 신고 시 공제가 되지 않기 때문에 사용금액의 10%만큼 부가세가 증가한다.
⊙ 법인세법상 경비인정도 부인되어 납부할 법인세도 증가하며, 가산세가 발생한다.
⊙ 법인세의 부당신고에 대해서는 20%~40%까지의 가산세를 부담할 수도 있다.

📁 개인

⊙ 업무상 사용을 인정받지 못한 금액은 법인카드 사용자의 소득(급여, 상여 등)으로 보기 때문에 소득세를 추가 납부한다.
⊙ 소득 증가에 따른 4대 보험 부과액도 증가한다.
⊙ 업무에 사용한 법인카드로 인해 적립된 포인트나 마일리지의 경우 직원이 개인적으로 사용할 때도 소득세가 과세될 수도 있다. 단, 개인카드로 업무 관련 비용을 사용하고 난 뒤에 해당 영수증을 회사에 제출하고 정산을 받는 경우는 법인세법상 경비인정이 가능하다. 또한 기업업무추진비의 경우에는 법인카드로 결제를 해야만 세법상 비용으로 인정될 수 있다는 점은 항상 유의해야 한다.

📝 임직원 개인신용카드 사용분도 비용으로 인정받을 수 있나?

법인인 법인카드가 아닌 임직원 개인신용카드로 비용을 지출한 경우 다음의 경우에는 비용으로 인정받을 수 있다. 물론 기업업무추진비(= 접대비)를 제외한 비용은 매입세액공제도 가능하다.

◉ 업무 관련 지출이어야 한다.

◉ 일반비용은 금액과 관계없이 증빙으로 인정이 되나, 기업업무추진비는 3만 원까지만 증빙으로 인정된다.

그러나 여기서 주의할 점은 개인신용카드 사용분에 대해 비용으로 인정받으면, 개인은 연말정산 시 소득공제를 받으면 안 된다는 점이다. 따라서 연말정산 시 스스로 알아서 제외하고 연말정산을 받아야 한다.

반면, 개인사업자는 법인카드 자체가 없으므로 가사 관련 비용 등을 제외한 업무 관련성만 입증되면 모든 비용지출액에 대해서 법정지출증빙으로 인정된다. 단, 사업용 신용카드를 사용하고 결제계좌를 사업용 계좌와 연결해야 한다.

📝 법인카드 사적 지출액의 처리

법인카드를 사적으로 사용한 경우는 개인 통장에서 법인통장으로 사적 사용액을 입금해주어야 한다. 또한, 사적인 사용액에 대해서는 법인의 경비로 처리하면 안 된다.

◉ 법인의 대표이사나 등기이사의 경우 법인카드를 굳이 사용하지 않아도 업무와 관련된 비용(기업업무추진비 제외)은 본인의 개인카드를 사용한 후 회사경비로 증빙 처리할 수 있다.

◉ 개인카드 사용 시 개인 종합소득세 공제보다, 사업자 부가가치세 그리고 법인세 공제로 활용하는 것이 더 많은 세금 공제 혜택을 받을 수 있다.

◉ 회사 지출로 비용처리 한 사용내역의 경우 개인 세금에 포함되지 않기 때문에 연말정산 시 공제자료로 제출하면 안 된다.

📝 세무조사 시 중점 관리 항목 법인카드 사용 내역

법인카드 사용내역은 세무조사 시 주의 깊게 살펴보는 항목 중의 하나이다.

법인카드를 업무 목적으로 사용하지 않고 사적인 용도로 사용하면 회사와 사용자 모두에게 세금 부담이 증가됨을 잊지 말아야 한다. 법인 대표는 이점을 잊지 말고 사적 사용에 관한 규정을 완비하고 지출내역을 꼭 검증하는 시스템을 마련해야 한다.

법인카드로 상품권 구입 시
경비와 증빙 처리

사업목적상 접대나 광고 선전 목적 또는 직원 복리후생 목적으로 상품권을 구매해 지급하는 경우가 종종 생긴다.

그럼 증빙으로 무엇을 구비해야 할까?

가장 손쉬운 것이 신용카드이다. 그럼 법인카드(법인경비)로 상품권을 사도 문제가 없을까?

법인카드로 상품권을 못 살 이유는 없다.

법인이 지출한 비용 중 사업과 무관하게 사용된 경비는 손금불산입으로 경비가 인정되지 않는다. 즉, 업무 관련 지출만 경비로 인정된다. 법인이 상품권을 구입해서 사용하게 된다면 대부분 기업업무추진비, 광고선전비, 판매부대비용, 복리후생비 중 하나에 해당하는 경우가 대부분이다. 법인이 사업을 위해 지출한 비용으로서 기업업무추진비, 광고선전비, 또는 판매부대비용은 다음과 같이 구분한다. 단, 아래의 모든 경우는 업무와 관련한 지출이라는 전제가 있다. 따라서 업무와 무관하게 상품권을 사용한다면 이는 회사와 관련이 없는 사적 지출이 되므로 경비처리가 불가능하다.

> • 지출의 상대방이 사업과 관련 있는 사람이고 지출의 목적이 접대 행위로 사업관계자들 간에 친목 도모를 목적으로 하면 기업업무추진비로 분류한다.
> • 지출의 상대방이 불특정 다수이고 지출의 목적이 구매 의욕을 자극하는데, 목적이 있으면 광고선전비에 해당한다.

- 지출의 성질, 액수 등이 건전한 사회통념이나 상관행에 비추어 볼 때 상품 또는 제품의 판매에 직접 관련해 정상적으로 드는 비용으로 인정되는 것이라면 판매부대비용으로 분류한다.
- 직원에게 명절이나 생일에 상품권을 지급하는 경우 이는 복리후생비 처리가 가능하다.

상품권을 광고선전비나 복리후생비로 처리하냐? 기업업무추진비로 처리하냐? 는 중요한 문제이다.

광고선전비나 복리후생비는 한도가 없는 반면, 기업업무추진비(= 접대비)는 한도가 있어 경비처리에 그만큼 제약이 있기 때문이다.

상품권은 화폐대용증권으로 현금과 같다.

상품권은 화폐대용증권으로 상품권 구입은 돈과 상품권이라는 현금 교환의 성격이므로, 구입할 때, 바로 비용처리가 되는 것이 아니라, 해당 상품권을 사용할 때, 지출 성격에 맞게 비용처리가 가능하다. 상품권의 판매에 대해서는 화폐대용증권이므로 부가가치세도 과세되지 않는다.

그리고 회사에서 상품권 구매의 주요 목적은 상대방에게 선물로 주기 위한 경우가 많은데, 상품권을 주면서 상대방에게 증빙을 발행해 달라고 하기가 곤란한 경우가 많다. 따라서 상품권 구매 시에는 신용카드로 구매하고 동 매출전표를 증빙으로 보관하는 것이 가장 좋은 방법이다.

상품권의 회계처리

상품권의 전표처리와 관련해서는 상품권은 유가증권이므로 구입할 때는 유가증권으로 계상하고, 사용한 시점에 지출 성격에 따라 접대비(=기업업무추진비), 광고선전비, 복리후생비로 회계처리 한다.

📂 상품권 구입 회계처리

거래처 접대용으로 상품권 10,000,000원(100,000원권 100매)을 법인명의 신용카드로 구입하였다.

유가증권(상품권)	10,000,000 /	미지급금	10,000,000

^주 상품권 : 상품권은 당좌자산으로 분류하며, 계정과목은 상품권 또는 유가증권으로 처리한다.

^주 상품권은 부가가치세법상 화폐대용증권으로 매입세액공제를 받을 수 없다.

📂 상품권 사용 회계처리

상품권 중 40매는 직원에게, 60매는 거래처에 선물하다.

급여	4,000,000 /	유가증권(상품권)	10,000,000
접대비	6,000,000		

^주 임직원에게 지급하는 상품권은 복리후생비로 처리한 후 근로소득세 신고·납부 때 급여에 합산해 과세하거나, 지급 시 즉시 급여로 처리한다(최종적으로 급여에 포함되고 원천징수를 해야 함).

📝 상품권의 세무상 경비처리

직원에게 명절이나 생일에 상품권 지급 시 복리후생비로 비용처리가 가능하지만, 급여 성격으로 보아 근로소득 원천징수를 해야 한다. 다만 직원의 결혼 등 경조사로 상품권 지급 시에는 급여로 보지 않기 때문에 원천징수 없이 비용처리가 가능하다.

거래처 임직원에게 상품권 지급시 접대비(=기업업무추진비)로 비용처리가 가능하지만, 이 역시 기타소득으로 원천징수를 해야 하는 것이 원칙이다.

그러나 실무상 원천징수가 이루어지기 어려운 경우가 많은데, 이 경우 근로소득이나 기타소득으로 원천세 신고를 하고 법인이 대납하는 예도 많다. 원천징수 세액을 징수하지 않고 법인이 대신 납부하는 경우에는 법인의 각 사업연도 소득금액 계산상 이를 손금에 산입하지 않는다.

반면 원천징수 의무 없이 비용처리가 가능한 예도 있다. 지출의 상대방이 불특정 다수이고 지출의 목적이 구매 의욕을 자극하는 데 있거나, 지출의 성질 액수 등이 건전한 사회통념이나 상관행에 비추어 볼 때 상품 또는 제품의 판매에 직접 관련해 정상적으로 드는 비용으로 인정되는 것이라면 광고선전비나 판매부대비용으로 경비처리가 가능하다.

지급상대방이 거래처일 경우 (지급받는 자의 사업소득을 구성하는 경우)	지급상대방이 거래처 임직원일 경우 (지급받는 자의 사업소득을 구성하지 않는 경우)
지급한 상품권의 상대방이 법인이며 그 상품권을 임직원에게 대신 지급할 경우, 거래처 임직원이 고용관계에 따라 명절 때 지급받는 상품권의 경우 해당 상품권 가액은 지급 당시의 시가로 계산되어 거래처 법인의 익금(총수입금액)에 산입되며, 동 상품권을 임직원에게 지급 시 시가 상당액은 해당 거래처 임직원의 근로소득에 포함하여 거래처에서 원천징수를 해야 한다(서면 1팀-259, 2007.02.21.). 따라서 상품권을 거래처에 지급하는 회사는 별도의 원천징수 의무는 발생하지 않는다.	지급하는 해당 상품권의 시가 상당액은 거래처 임직원의 사례금에 해당할 것으로 사료 되며, 건당 5만원 초과 시에는 지급액의 22%를 기타소득으로 원천징수하고 지급명세서를 세무서에 제출해야 한다(국세청 상담 상품권 구매(2017.04.18.)).

📝 상품권 접대 시 주의할 사항

일반 물품을 구입하여 거래처에 접대목적으로 지급하는 경우엔 어떤 물품을 구입했는지를 알 수 있으므로 그 물품의 종류나 지급 경위를 보면 접대비(=기업업무추진비) 성격의 비용인지를 유추할 수 있다.

그런데 상품권은 구입 후에 거래처에 지급했는지, 다시 현금화했는지, 개인적으로 사용했는지를 명확히 알 수가 없으므로 증빙을 갖추지 않으면 문제가 될 소지가 크다. 국세청에서도 주의 깊게 보는 항목 중의 하나이므로 상품권으로 접대비(=기업업무추진비)를 지출하는 회사가 있다면 반드시 증빙 처리에 신경 써야 한다.

상품권으로 접대비(=기업업무추진비) 처리 시 관련 증빙은 내부 품의서와 거래처별 일자와 금액을 상세히 기재한 접대비(=기업업무추진비) 지급 대장을 작성해 두는 것이 좋다.

만약 증빙을 갖추지 못하면 상품권을 사고, 이를 현금화해서, 대표자 등이 개인적인 목적으로 사용했다고 본다.

또한 거래처에 대한 접대 및 임직원 복리후생 목적으로 사용했더라도, 그 실제 귀속자를 제시하지 못하면, 전액 대표자에 대한 상여로 처리되며, 카드깡으로 의심받을 가능성이 크다.

상품권을 장부에는 전액 비용처리 한 후, 세무조사 시, 거래목적으로 사용했다고 주장해도, 받은 자를 밝히지 못하는 경우, 법인세 및 개인 상여에 대한 급여 세금으로, 막대한 세금이 추징될 수 있다는 점을 간과해서는 안 된다.

그러므로 상품권을 신용카드로 샀다고 해서 안심해서는 안 되고 지출금액에 따라 금액이 과다한 경우에는 지급 대장을 구비 해야 추후 국세청의 소명 요구에 대응할 수 있다.

- 상품권 구입과 관련한 카드명세서나 지급증빙을 보관한다(외부 증빙 관리).
- 상품권 지급기준에 대해 공지한 내역을 보관한다(광고선전비).
- 기준에 따라 지급한 상품권의 지급내역을 기재한다(내부증빙 관리).

상품권을 비용처리하고 나서 현금화하거나, 상품권 관리대장을 비치하지 않아서 사용처가 불명확하다고 세무서에 적발되는 경우는 법인세법상 대표자 상여로 처리될 수 있음을 주의해야 한다.

상품권의 경비처리

직원에게 명절이나 생일에 상품권 지급 시 복리후생비로 비용처리가 가능하지만, 급여 성격으로 보아 근로소득세를 원천징수 해야 한다. 다만 직원의 결혼 등 경조사로 상품권 지급 시에는 급여로 보지 않기 때문에 원천징수 없이 비용처리가 가능하다.

거래처 임직원에게 상품권 지급 시 접대비(=기업업무추진비)로 비용처리가 가능하지만, 이 역시 기타소득(사례금)으로 원천징수를 해야 하는 것이 원칙이다.

그러나 실무상 원천징수가 이루어지기 어려운 경우가 많은데, 이 경우 근로소득이나 기타소득으로 원천세 신고를 하고 법인이 대납하는 경우도 많다. 이 경우 원천징수 세액을 징수하지 않고 법인이 대신 납부하는 경우에는 법인의 각 사업연도 소득금액 계산상 이를 손금에 산입하지 않는다.

반면 원천징수 의무 없이 비용처리가 가능할 수 있다.

지출의 상대방이 불특정 다수이고 지출의 목적이 구매 의욕을 자극하는 데 있거나, 지출의 성질, 액수 등이 건전한 사회통념이나 상관행에 비추어 볼 때 상품 또는 제품 의 판매에 직접 관련해 정상적으로 드는 비용으로 인정되는 것이라면, 광고선전비나 판매부대비용으로 경비처리가 가능하다.

🗂 상품권을 임직원에게 준 경우

법인이 상품권을 구입해서 임직원에게 준 경우는 명칭과 관계없이 근로소득에 해당 한다. 즉 근로자에게 상품권을 지급하면 그에 상응하는 상품권 액면금액만큼 근로소 득에 합산해야 하며, 근로소득세를 신고·납부 해야 한다.

만일, 원천징수를 하지 않은 경우는 원천징수 납부 지연 가산세 및 지급명세서 미제 출가산세를 납부해야 한다.

구 분	세무상 처리	법정지출증빙
소득세법상 과세대상소득(근로소 득) 여부 판단	외부에서 구입뿐만 아니라 자사 생산제품을 제공 시 에도 해당 직원의 근로소득에 해당한다. 근로소득세 원천징수 시 근로소득 대상 금액은 원가가 아닌 판매 가액 즉 시가가 된다.	소액으로 근로소득세 처리를 안 하는 경우는 법정지출증 빙을 받아야 하며, 급여처리 시에는 원천징수영수증(지급 명세서)을 받아야 한다.
법인세법상 비용인정 여부 판단	사회 통념상 타당한 범위 내의 금액은 비용인정 된다.	
부가가치세 과세대상 여부 판단	금전이나 상품권 등으로 지급하는 경우는 과세대상이 아니나, 현물로 지급하는 경우 개인적 공급으로서 부 가가치세 과세대상이다.	

🗂 상품권을 거래처에 준 경우

사업상 접대목적으로 상품권을 준 경우 수령한 자가 누구인지 특정할 수 있어야 한 다. 즉, 상품권 관리대장을 사내에 갖추어 언제, 누구에게, 어떤 목적으로 지급했는지, 업무 관련성이 있는지를 입증할 수 있어야 한다.

입증하지 못할 경우는 모두 대표자가 가져간 것으로 보아 대표자의 상여로 소득 처분되어 근로소득세를 신고·납부해야 한다.

회사 입장에서는 누구에게 지급했는지 사정상 밝힐 수 없는 경우가 많다. 따라서 회사가 세금을 더 많이 추징당하더라도 수령자를 밝히지 않고 대표자 상여로 처분받는 쪽을 선택하는 경우가 많다.

구 분	법정지출증빙
구입시	세금계산서 등 법정지출증빙을 받지 않아도 된다. 관련 소명자료로 영수증 정도면 충분하다.
제공시	세금계산서 등 법정지출증빙을 받아야 한다. 그러나 상품권을 선물하면서 상대방에게 증빙을 달라고 할 수 없는 것이 현실이다. 따라서 구입 시 신용카드 결제 후 신용카드매출전표를 법정지출증빙으로 사용해야 한다.

📝 상품권 경비처리와 관련한 증빙관리

상품권의 구입과 지급 시에는 지급대상과 지급일자 등이 포함된 지출결의서와 관련 증빙을 꼼꼼히 작성하는 게 좋다.

◉ 상품권 구입과 관련한 카드명세서나 법정지출증빙을 보관한다.

◉ 광고선전비 처리를 위해서는 상품권 지급기준에 대해 공지한 내역을 보관한다.

◉ 상품권과 관련해서 법인카드로 결제를 했어도, 국세청 소명에 대비해 지급날짜, 지급상대방, 지급목적, 금액, 연락처 및 수취인 서명 등을 기재한 상품권 지급대장을 작성 비치해 두어야 한다.

기업업무추진비 소명 자료준비

지급날짜, 지급상대방, 지급목적, 금액, 연락처 및 수취인 서명 등을 기재한 상품권 지급대장을 작성 비치해 둔다.

상품권은 법인카드 또는 개인사업자의 사업자 카드 및 현금 구매가 가능하며 해당 영수증을 보관해야 한다.

계속 반복해 말하지만, 상품권 구입시 결제한 카드 영수증만으로는 상품권의 사용처를 알 수 없으므로 지급날짜, 지급상대방, 지급목적, 금액, 연락처 및 수취인 서명 등을 기재한 상품권 지급 대장을 작성 비치해야 객관적인 사실로 인정받아 기업업무추진비로 비용처리를 받을 수 있으므로 꼭 유의해야 한다.

세무조사 때 상품권에 대한 조사사항

◉ 상품권을 복리후생비로 사용했는지
◉ 상품권을 기업업무추진비로 사용했는지
◉ 상품권을 깡을 해서 자금조달 목적으로 사용했는지 검증한다.

즉 신용카드로 상품권을 구입한 경우 그 내역을 세무조사 시 무조건 본다고 생각하면 된다.

그 귀속을 밝히지 못하면 법인세 추징뿐만 아니라 대표자에게 귀속되어 대표자의 근로소득세가 증가할 수 있다.

주말 및 공휴일 법인카드 사용 시 주의할 내용

주말 및 공휴일에 지출할 경우는 업무와의 관련성을 생각하고 되도록 법인카드 및 사업용 카드를 사용하지 않는 것이 현명하다. 집 근처의 지출 및 골프장 등의 유흥장소 지출은 더욱 조심해야 한다.

만일 진짜 업무와 관련한 지출이라고 한다면 지출증빙 영수증에 누구와 무슨 목적으로 지출하였는지 반드시 기록해두어야 한다.

또한 접대성 경비는 복리후생비로 돌려서 처리하면 안 되며, 반드시 접대비(=기업업무추진비)로 회계처리하여 부가가치세 매입세액공제는 받지 못할지라도 필요경비로 인정받을 수 있도록 해야 한다.

특히 법인의 경우 기업업무추진비 한도금액을 초과해서 이를 직원 복리후생비로 돌려 처리하는 경우가 많은데, 사용한 금액은 기업업무추진비 한도 초과로 필요경비 부인을 받을지라도 최소한 업무무관경비로 법인세를 내면서 상여 처분으로 개인 소득세까지 내는 일은 피해야겠다.

주말 나들이나 골프 등 사적인 취미활동에 회사 차를 이용할 때는 개인 비용으로 주유하고 이를 기록해 놓아야 불이익을 막을 수 있다. 다만, 음식점 등 주말 장사를 하는 경우는 휴무일에 지출하는 비용이 문제가 될 수 있다.

항목	주의사항
근무일이 아닌 공휴일 또는 주말, 휴무일에 사용	공휴일 또는 주말, 휴무일에 근무가 있는 경우 사용이 가능하지만 국세청은 의심할 수 있으므로 객관적인 증빙 구비가 필수다.

항목	주의사항
사업장 주소가 멀리 떨어진 곳에서 사용	출장, 외근이 있는 경우 사용이 가능하다.
업무외 시간 심야, 새벽 시간 사용	야근, 3교대 작업 등 특수한 근무의 경우 사용이 가능하다.
고가의 물품 구입(운동용품, 가방, 시계 등등)	대표이사나 가족이 구입하는 사치품은 사적비용으로 판단될 가능성이 크며, 거래처 기업업무추진비 차원에서는 사용할 수 있다.
과도한 상품권 구입	거래처 기업업무추진비, 직원복지 차원의 지급은 사용할 수 있다. 다만 상품권 사용 내역을 관리하는 장부를 별도로 만들어 작성해 두는 것이 좋다.
업무와 관련성이 떨어지는 지출(미용실, 병원비, 학원비, 사우나)	업종에 따라 미용, 의료비가 사업과 밀접한 관련이 있다면 사용이 가능하다(연예인, 운동선수, 인플로언서 등).
골프연습장, 테니스 연습장 운동비용	거래처 기업업무추진비 차원에서 사용할 수 있다.

법인카드 공휴일(비근무일) 사용사유서

부　　　서　　　명	
사　　　업　　　명	
사　용　카　드　번　호	
사　　　용　　　금　　　액	
일　시　　　및　　　장　소	
참석자	회　　사　　내	
	회　　사　　밖	(소속 및 성명)
사　　　　　유	

법인카드 관리 및 사용지침에 따라서 사유서를 제출합니다.

202 .　　.　　.

사용자 :　　　　　(인)

관리책임자 :　　　　　(인)

법인카드 포인트 회계처리

법인 신용카드를 사용하고 법인카드 포인트로 혜택을 받는 부분은 잡이익으로 처리해 손익에 반영해야 한다.

포인트 쌓였을 때

소비자 처지에서는 법인카드 사용으로 포인트가 쌓여도 별도 회계처리를 하지 않는다.

포인트를 상품권으로 교환했을 때

포인트로 상품권 구입시, 차변에 현금(혹은 상품권이라는 계정과목을 만들거나), 대변에 잡이익으로 처리하는 것이 무방하다. 상품권은 현금 및 현금성 자산이므로 현금으로 회계 처리하면 적요에 상품권이라고 간단하게 적으면 된다.

포인트로 교환한 상품권을 사용했을 때

상품권으로 물건을 구입할 경우, 차변에는 구매한 물건과 적절한 자산 계정과목(비품, 소모품 등)을, 대변에는 현금이나 상품권 계정을 차감하면 된다. 즉 사용내역에 따라 적절한 계정과목을 사용한다.

제6장

일용근로자 업무매뉴얼

세법상 일용근로자와
4대 보험 적용 일용근로자

세법에서 말하는 일용근로자

일용근로소득은 근로를 제공한 날 또는 시간에 따라 근로 대가를 계산하거나, 근로를 제공한 날 또는 시간의 근로 성과에 따라 급여를 계산하여 받는 소득으로 다음에 해당하는 소득이다.

❶ 건설공사 종사자. 근로계약에 따라 일정한 고용주에게 3월(또는 1년) 이상 계속하여 고용되어 있지 않고, 근로 단체를 통하여 여러 고용주의 사용인으로 취업하는 경우 이를 일용근로자로 본다. 다만 다음의 경우에는 상용근로자로 본다.

가. 동일한 고용주에게 계속하여 1년 이상 고용된 자

나. 아래의 업무에 종사하기 위하여 통상 동일한 고용주에게 계속하여 고용되는 자

㉮ 작업준비를 하고 노무자를 직접 지휘 · 감독하는 업무

㉯ 작업 현장에서 필요한 기술적인 업무, 사무 · 타자 · 취사 · 경비 등의 업무

㉰ 건설기계의 운전 또는 정비업무

❷ 하역(항만)작업 종사자(항만근로자 포함). 근로계약에 따라 일정한 고용주에게 3월 이상 계속하여 고용되어 있지 아니하고, 근로 단체를 통하여 여러 고용주의 사용인으로 취업하는 경우는 이를 일용근로자로 본다. 다만, 다음의 경우에는 상용근로자로 본다.

가. 통상 근로를 제공한 날에 근로대가를 받지 아니하고 정기적으로 근로대가를 받는 자

나. 다음 업무에 종사하기 위하여 통상 동일한 고용주에게 계속하여 고용되는 자

㉮ 하역작업 준비를 하고 노무자를 직접 지휘·감독하는 업무

㉯ 주된 기계의 운전 또는 정비업무

❶ 또는 ❷ 외의 업무에 종사하는 자로서 근로계약에 따라 동일한 고용주에게 3월 이상 계속하여 고용되어 있지 아니한 자

예를 들어 3월, 4월, 6월, 격월로 3개월 이상 근무했을 경우 3, 4월 근무 후 근로계약이 종료된 상태에서 6월에 다시 재고용된 것이라면, 연달아 3개월 이상 고용된 것이 아니므로 일용근로자에 해당한다.

반면, 3월에 5일, 4월에 10일, 5월에 10일씩 매일 연속해서 3개월을 근무하지 않고 필요에 따라 부정기적으로 시급 또는 일급을 지급하는 계약을 체결하고 근무한 경우는 중간에 일용관계가 중단되지 않고 계속되어 오고, 최초 근무일을 기준으로 민법상 역에 의하여 계산한 기간이 3개월 이상이라면 상용근로자로 보아야 한다.

구 분		기 준
노동법		1일 단위의 계약기간으로 고용되고, 1일의 종료로써 근로계약도 종료하는 계약 형식의 근로자
세법	일반	3개월 미만의 기간 동안에 근로를 제공하는 사람
	건설업	1년 미만의 기간 동안에 근로를 제공하는 사람

주 미만이므로 딱 3개월이 되는 시점에는 일용근로자에서 상용근로자로 그 지위가 변경되게 된다. 따라서 세법상 일용근로자일 때 계산하던 방식으로 세금을 공제하는 것이 아니라 간이세액표에 따라 세금을 공제해야 한다.

4대 보험에서 말하는 일용근로자

4대 보험에서 말하는 일용근로자는 근로계약 기간을 기준으로 1개월 미만으로 고용된 근로자를 의미한다. 즉 1일 단위로 근로계약을 체결한 자라 하더라도 계속근로기간이 1개월을 넘어가면 4대 보험에서의 일용근로자로 보지 않고 상용근로자로 본다.

구 분	기 준
단시간근로자	• 1개월 동안 60시간 미만 단시간 상용근로자 • 상용직으로 고용돼 월 소정근로시간이 60시간 미만인 자 • 고용계약 기간이 1개월 이상이지만 월 소정근로시간이 60시간 미만인 근로자로, 보통 파트타임 형식으로 고용되며, 고용보험 적용 제외 근로자이다. 다만, 3개월 이상 고용되는 경우는 고용보험 적용 대상이며, 피보험자격취득신고를 해야 한다. [예시] 편의점에서 1일 1시간씩 단시간으로 1개월 이상 아르바이트하는 학생
일용근로자	• 근로계약 기간을 기준으로 1개월 미만으로 고용된 근로자 • 1개월 미만 동안 고용되는 근로자로서 고용계약이 일일 단위로 이루어지고, 일급 형식으로 보수가 지급되는 근로자를 말한다. • 일용근로자는 고용보험 적용 대상이며, 근로내용확인신고서를 제출해야 한다. [예시] 식당에서 일당을 받으며 10일간 주방 보조업무를 한 근로자
상용근로자	근로계약 기간을 기준으로 1개월 이상으로 고용된 근로자

1. 고용보험 : 의무가입

근로시간 근로일과 상관없이 의무가입 대상이며 단, 월 소정근로시간 60시간 미만(1주간 소정근로시간 15시간 미만 포함)인 사람과 65세 이후에 새로 고용된 사람은 제외된다.

① 근로내용확인신고서(근무 다음 달 15일까지)를 제출함으로써 고용/산재보험 가입이 함께 진행된다.

② 일용근로자가 10명 이상인 경우, 전자신고를 하도록 규정되어 있다.

2. 국민연금 / 건강보험

① 1개월 이상 근무하면서 월 8일 이상 근무한 경우 가입대상

② 1개월 이상 근무하면서 월 60시간 이상 근무한 경우 가입대상

[주의] 일용근로자는 복수의 회사에서 근무할 수 있고, 복수의 회사로부터 급여를 지급받을 수 있다. 다만, 근로내용 확인신고서 제출 시 각 업체에서 근무한 날짜를 작성하여 제출하게 되는데, 타 업체에서 근무한 날짜와 동일한 날짜에 2회사에서 근무했다고 신고가 되는 경우, 근무내용이 사실인지 소명 요구를 받을 수 있다.

일용근로자의 업무 체크포인트

구 분	해 설
일용근로자 신고 의무사항	• 일용근로자 4대 보험 가입 및 근로내용확인신고서 제출 　근무 다음 달 15일까지 제출한다. 근로내용확인신고서를 제출함으로써 고용보험 및 산재보험 가입이 함께 진행된다. 타 업체에서 근무한 날짜와 같은 날짜에 우리 회사에서 근무하였다고 신고가 되는 경우, 근무내용이 사실인지 소명 요구를 받을 수 있다. • 원천세 신고/납부 : 급여를 지급한 달의 익월 10일까지 신고·납부를 한다. • 지급명세서 제출 : 다음 달 말일 제출한다(매달 말일 제출). 근로내용확인신고서 제출시 제출 생략 가능
근로내용확인 신고서 제출	산재보험, 고용보험은 매달 15일 일용근로자 근로내용확인신고서를 제출해야 한다. ❶ 매월별로 각각 신고(여러 달을 한 장에 신고할 수 없음)해야 한다. ❷ 일용근로자 고용정보 신고 대상이 10인 이상의 경우는 전자신고를 해야 한다. ❸ 1개월간 소정근로시간이 60시간 미만인 근로자에 대해서는 산재보험 고용정보신고(근로내용확인신고서를 제출한 경우 일용근로자는 산재보험 고용정보 신고를 한 것으로 봄)를 하지 않을 수 있다. 따라서 이 경우 근로내용확인신고서를 제출하지 않은 경우는 다음 연도 3월 15일 보수총액신고서의 "그 밖의 근로자 보수총액"란에 기재하며, 근로내용확인신고서를 제출한 경우는 보수총액신고서의 "일용근로자의 보수총액"란에 기재한다.
원천징수 세액계산	(일당 − 15만 원) × 2.7% × 근로일수 [주] 지방소득세는 10%이다. [주] 소액부징수 : 일당을 매일 지급하면서 일당이 187,000원 이상의 경우 납부할 세액이 있고, 이하인 경우는 없다. 매일 일당을 지급하는 경우 징수세액이 1,000원 미만은 소액부징수로 세금 자체를 내지 않는다. [주] 식비나 교통비는 현물로 제공되는 경우 비과세가 된다.

구 분				해 설
고용주	지급 방법	세액계산액		소액부징수 적용 여부
동인한 사업주	매일 지급 계약	1일차 999원		지급일을 기준으로 원천징수 세액이 1,000원 미만이므로 소액부징수가 적용돼 납부할 세금이 없다.
		2일차 999원		
동인한 사업주	일괄 지급 계약	1일차 999원		지급일을 기준으로 원천징수 세액이 1,998원(999원 + 999원)으로 소액부징수 기준금액이 1,000원을 초과하므로 원천징수 세액을 납부한다.
		2일차 999원		
서로 다른 고용주	갑 고용주	원천징수 세액 800원(오전 근무)		소액부징수는 사업장별로 판단하므로, 갑과 을 사업장 소득 모두 원천징수 세액이 없다.
	을 고용주	원천징수 세액 700원(오후 근무)		

일용근로자가 유급휴일에 대해 지급받는 주휴수당·작업능률에 따라 지급받은 수당은 월~금요일까지 각각 일당이 15만 원이고 주휴수당은 15만 원이라고 치면, 각 요일마다 3만 원씩 더해 일당 18만 원으로 원천징수 세액을 계산해야 한다.

신고 및 납부	원천징수이행상황신고서 작성	❶ 납부세액이 있는 경우 원천징수이행상황신고서 일용근로자란에 작성해서 제출하고 납부세액은 금융기관에 납부 ❷ 납부세액이 없는 경우 원천징수이행상황신고서 일용근로자 〉 총급여액란만 작성해서 제출
	지급명세서 제출	지급명세서 제출 : 지급일의 다음 달 말일 매월 15일까지 「근로내용확인신고서」를 제출하는 경우 지급명세서의 제출을 생략할 수 있다.
증빙 관리	법정증빙	원천징수영수증(지급명세서), 원천징수이행상황신고서
	내부증빙	일용근로자 임금(노임)대장, 주민등록등본(또는 주민등록증 사본), 계좌 이체 내역 등
지급명세서 가산세		미제출·불분명 제출 등은 0.25%, 지연제출은 0.125% 가산세가 부과된다. 미제출은 법정기한까지 제출하지 않은 경우를 말하며, 불분명 제출은 지급자 또는 소득자의 주소·성명·납세번호·고유번호(주민등록번호)·사업자등록번호, 소득의 종류·지급액 등을 적지 않았거나 잘못 적어 지급 사실을 확인할 수 없는 경우다. 지연제출은 제출기한이 경과한 후 1개월 이내 제출한 경우를 말한다.

구 분	해 설
일용근로자의 4대 보험	1. 1개월 이상 고용 일용근로자 ⊙ 국민연금은 1개월 이상 계속 근로를 하면서 ① 1개월간 근로일수가 8일 이상, ② 1개월 근로시간이 60시간 이상, ③ 1개월 동안의 소득이 [보건복지부 장관이 정하여 고시하는 금액(220만 원)] 이상인 근로자는 가입 의무가 있다. ⊙ 건강보험은 근로시간과 상관없이 고용 기간이 1개월 이상이면서 1개월 동안 근무일수가 8일 이상이면 가입해야 한다. ⊙ 고용보험과 산재보험은 무조건 가입 대상이다. 2. 1개월 미만 고용 일용근로자 ⊙ 국민연금과 건강보험은 가입 대상이 아니다. ⊙ 고용보험과 산재보험은 무조건 가입 대상이다.
일용근로자의 주휴수당	일용근로자도 근로기준법의 적용을 받는다. 그러므로 근로기준법의 주휴일과 관련된 규정의 적용을 받는다. 주휴수당이 발생하기 위한 요건은 다음과 같다. ① 1주 동안 소정근로일을 개근할 것(조퇴 또는 지각은 개근한 것으로 본다.) ② 1주간 소정근로시간이 15시간 이상일 것 위의 요건에 따라 1주 동안의 소정근로일을 개근하고, 1주 소정근로시간이 15시간 이상이면 실제로 근로하지 않더라도 주휴수당이 지급된다. 일반적으로 1일 단위로 근로계약이 체결되고, 계속근로가 예정되지 않은 일용직 근로자의 경우에는 위의 요건을 충족할 수 없으므로, 주휴수당이 발생하지 않는 것이 일반적이다. 그러나 일용직 근로자도 근로 형태에 따라 다르게 해석할 수 있다. 임금 자체만 일당으로 정해져 있어 일용직 근로자로 불릴 뿐 실질은 상용직 근로자와 다를 것이 없는 건설 현장에 근로를 제공하는 일용직 근로자의 경우에는 어느 현장에 공사기간이 끝날 때까지 계속해서 고용해서 사용되는 경우가 많다. 즉 명칭은 일용직 근로자이나 사실상 기간제 근로계약을 체결한 셈이 된다. 또한 사업주가 특정되어있는 상태에서 1일 단위로 근로계약을 계속해서 체결하고, 결과적으로 일정 기간을 계속 근로를 제공한 일용직 근로자의 경우에도 주휴수당을 지급해야 하는 것으로 해석할 수 있다. 여기서 1주일이란 연속된 7일 단위를 의미하는 것이므로 꼭 월요일~일요일까지의 1주일을 의미하는 것은 아니다. 예를 들어 수요일부터 화요일까지도 1주일이 된다. 1주간의 근로관계가 지속되는 기간동안의 소정근로일에 개근하였다면 1주를 초과한 날(8일째) 근로가 예정되어있지 않더라도 주휴수당 발생한다.

구 분	해 설
일용근로자의 연차휴가	1일 단위로 근로계약을 체결하고 계속근로가 예정되지 않은 일용직 근로자와 같은 경우는 근로기준법상 연차휴가 요건을 충족할 수 없어 연차유급휴가가 발생하지 않는 것이 원칙이다. 그러나 연차수당도 주휴수당의 경우와 마찬가지로 1일 단위로 계속해서 근로를 제공하여 일정기간의 근로를 제공하거나, 일정기간 계약을 맺고 임금 자체만 일당으로 지급받는 일용직 근로자를 사용하여 실질적으로 상용직 근로자로 볼 수 있는 경우에는 연차휴가의 요건만 충족하면 연차수당이 발생할 수 있다. 즉 사업주가 특정된 일용직 근로자가 1년간 80% 이상 출근한 경우는 15일의 연차유급휴가가 발생할 수 있다. 또한 1년 미만의 계약을 체결하여 근로를 제공하는 일용직 근로자의 경우나 1일 단위로 계속해서 근로를 제공하여 1달 개근한 일용직 근로자의 경우에도 1개월 동안 소정근로일수를 개근한 경우는 1달에 1개씩 연차수당이 발생할 수 있다. 일용직 근로자가 연차유급휴가의 요건을 충족하더라도 고용된 사업장이 상시근로자 5인 이상 사업장이어야 한다.
일용근로자의 **퇴직금**	일용근로자도 계속 근무기간이 1년 이상의 경우 퇴직금을 지급해야 한다. 물론 일용근로자로 근로를 제공하다가 정규직으로 전환 후 계속근로를 제공한 경우 일용근로자로 근로를 제공한 기간도 근속연수에 포함한다.

일용근로자와 단시간 근로자의 4대 보험 적용

📝 1개월 이상(= 1개월 동안) 월 8일 이상의 판단기준

구 분	의미	예시	자격취득일
1개월 이상 근로	최초 근로(고용)일부터 1개월이 되는 날까지 근로하거나, 그날 이후까지 근로한 경우(연달아 2개월 근로)		
월 8일 이상 근로	최초 근로(고용)일부터 1개월이 되는 날까지 8일 이상 근로한 경우	예를 들어 7월 10일~8월 9일까지 8일 이상 근로한 경우	최초 근로일
	다음 달 초일부터 말일까지 근로일수가 8일 이상인 경우	예를 들어 8월 1일~8월 30일까지 8일 이상 근로한 경우	전월 근로일(8일 미만)이 있고 해당 월 초일부터 말일까지 8일 이상 근로한 경우 : 해당 월 초일

[주] 월 초일부터 말일까지 8일 이상 근로해서 해당 월초 일에 건강보험 및 국민연금을 취득한 후 다음 달 초일부터 말일까지 근로일수가 8일 미만인 경우 해당 최종 월 초일(1일)이 상실일이 된다. 반면 계속 8일 이상으로 최종근무일이 속하는 달까지 8일 이상 근무한 경우 상실일은 최종 근로일의 다음 날이 된다.

[가입기준 판단]

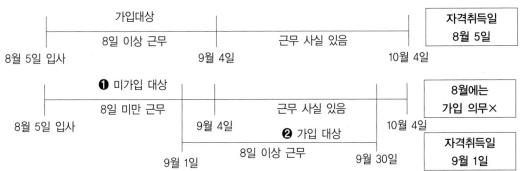

📝 국민연금

구 분	가입 제외 대상
일용직 근로자	① 건설업 : 1개월 이상(동안) 8일 미만 근로 ② 건설업 외 업종 : 1개월 이상(동안) 8일 미만 또는 1개월 이상(동안) 근로시간이 60시간 미만인 사람 1. 1개월 미만 계약이라도 1개월 이상 계속근로 내역이 있는 경우 가입 대상이다. 2. 1개월 미만은 원칙은 가입 대상이 아니나, 1개월간 근로일수가 8일 이상이거나 근로시간이 60시간 이상이면 최초 근로일부터 사업장가입자로 취득된다. 3. 최초 1개월 동안에 8일 이상 또는 1개월 동안 60시간 이상의 기준을 충족하지 않았다면, 입사한 달의 다음 달(2달에 걸쳐 근무) 초일부터 말일까지의 기간동안 근로일수가 8일 이상이거나 근로시간이 60시간 이상인지 판단해, 두 경우 중 하나를 충족할 때는 해당 월의 1일부터 사업장가입자로 가입된다. 4. 1개월 동안의 소득이 월 220만 원 이상인 근로자는 근무일수 및 시간과 관계없이 가입 의무가 있다(건강보험과 차이).
단시간 근로자	1개월 동안 소정근로시간 60시간 미만. 단 1개월 동안의 소득이 월 220만 원 이상인 근로자는 근무일수 및 시간과 관계없이 가입 의무가 있다.

1개월 미만의 기한부 근로자는 국민연금의 가입 대상이 아니다. 단 3개월 이상 근로를 제공한 사람은 근로자의 동의가 있을 경우 가입 대상이다. 즉 근로자의 동의가 요건이다.

1개월 소정근로시간 60시간 미만 근로자는 근로자의 동의가 없으면 몇 달을 연속으로 일해도 가입 대상이 아니다.

국민연금공단에서 세무서에 신고한 일용직 지급명세서를 보고 국민연금을 소급 적용해 가입시키려고 할 때 1개월 소정근로시간 60시간 미만 근로자에 해당하면 근로자의 동의 없이는 가입할 수 없으므로 이 논리를 펼 수가 있다.

그리고 이론상 건설업 현장 일용직에 60시간 미만 단시간근로자가 있다면 국민연금 가입 대상에서 제외되지만, 현실적으로 건설업 현장 일용직의 경우 60시간 미만 단시간근로자로 보지 않는다. 이는 근로계약서 작성 문제도 있고 근로계약서상에 날짜를 특정하기도 건설 공정상 쉽지 않기 때문이다.

📋 건강보험

1개월 이상(동안) 근무하면서 8일 이상 일하는 일용근로자는 건강보험 가입대상이다. 따라서 1개월 미만 근로나 1개월 이상 근로해도 8일 미만 근로 시에는 가입대상이 아니다.

그리고 1개월 소정근로시간 60시간 미만 단시간근로자도 건강보험 가입 제외 대상이다. 또한 건강보험은 3개월 이상 근로 시 가입조건이 없다. 즉 월간 60시간 미만 단시간근로자가 되면 3개월 이상 일하더라도 건강보험 가입대상이 아니다.

구 분	가입 제외 대상
1개월 미만 고용된 근로자	• 국민연금과 건강보험 가입 제외 대상 • 고용 및 산재보험의 가입 대상 • 최초 근로일을 기준으로 1개월 미만의 기간만 근로하는 경우 그동안의 근로일수나 근로시간에 상관없이 국민연금과 건강보험이 적용되지 않는다.
1개월 이상 고용된 근로자	• 사회보험법상의 일용근로자가 아니고 상용근로자이다. • 근로계약서상 1개월 이상의 근로기간이 명시돼 있는 경우는 원칙은 고용 및 산재보험 및 국민연금과 건강보험 가입 대상이다. • 근로시간과 상관없이 고용기간이 1개월 이상인 경우 가입대상이다. • 1개월 미만은 원칙은 가입 대상이 아니나, 1개월간 월 8일 이상 근로를 제공하는 경우 직장가입자로 적용된다. • 사업장에서 일한 지 1개월이 되는 날까지 근로일이 8일 이상이면 최초 근로일부터 적용되고, 전월에 8일 미만 당월에 8일 이상 근로한 경우는 해당 월의 1일부터 적용된다.

1개월 미만인지 이상인지의 판단 방법

1. 근로계약서상 1개월 이상의 근로기간이 명시돼 있는 경우에는 실제 계속근로기간과 상관없이 최초 근로일을 기준으로 국민연금과 건강보험에 가입해야 한다.

2. 만약 근로계약서상 근로기간이 1개월 미만이거나 근로계약서가 없는 경우라면 1개월 동안 근로일수(8일) 또는 근로시간(60시간)을 기준으로 판단된다.

📝 고용보험과 산재보험

고용보험과 산재보험의 경우 1개월 미만으로 근로하는 자도 적용됨이 원칙이다.
고용보험법 시행령 제3조에서 1개월간 소정근로시간이 60시간 미만인 단시간근로자
는 적용에서 제외되나, 3개월 이상 계속 근로를 제공하는 자와 1개월 미만 동안 고용
되는 일용근로자는 적용된다고 규정하고 있다. 따라서 소정근로시간이 60시간 미만이
라 하더라도 3개월 이상 고용된 일용근로자라면 고용보험에 가입해야 한다.

☞ 고용보험

구 분	가입 제외 대상
일용직 근로자	하루 일해도 고용보험 대상이 된다.
단시간근로자	1개월 소정근로시간이 60시간 미만의 경우 가입 제외 대상이다. 단, 3개월 이상 일하는 경우 고용보험 가입 대상이다. 즉, 60시간 미만 근로자가 3개월 이상만 일하면 무조건 고용보험 가입 대상이다. 반대로 3개월 미만 일하면 고용보험 가입 대상이 아니다.

☞ 산재보험

구 분	가입 제외 대상
일용직 근로자	하루 일해도 산재보험 가입 대상
단시간 근로자	무조건 가입 대상(하루 1시간 일해도 가입 대상)

근로내용확인신고서 제출

고용보험, 산재보험은 매달 15일 일용근로자 근로내용확인신고서를 제출해야 한다. 그달에 일용근로자가 지급받은 보수총액은 「근로내용확인신고서」에 작성된 그달의 보수총액으로 하며, 사업주는 매월 일용근로자의 「근로내용확인신고서」를 다음 달 15일까지 근로복지공단에 제출해야 한다.

근로복지공단은 「근로내용확인신고서」 상의 일용근로자 보수 및 고용정보로 그달의 보험료를 산정하여 신고서를 제출한 날이 속하는 달의 월별보험료에 합산하여 부과한다.

❶ 매월별로 각각 신고(여러 달을 한 장에 신고할 수 없음)해야 한다.

❷ 일용근로자 고용정보 신고 대상이 10인 이상의 경우는 전자신고를 해야 한다.

❸ 1개월간 소정근로시간이 60시간 미만인 근로자에 대해서는 산재보험 고용정보신고(근로내용확인신고서를 제출한 경우 일용근로자는 산재보험 고용정보신고를 한 것으로 봄)를 하지 않을 수 있다. 따라서 이 경우 근로내용확인신고서를 제출하지 않은 경우는 다음연도 3월 15일 보수총액신고서의 "그 밖의 근로자 보수총액"란에 기재하며, 근로내용확인신고서를 제출한 경우는 보수총액신고서의 "일용근로자의 보수총액"란에 기재한다.

📝 일용근로자의 월별보험료 산정

일용근로자의 월별보험료는 그달에 일용근로자가 지급받은 보수총액을 월평균보수로 보아 월별보험료를 산정하여 부과한다.

그달에 일용근로자가 지급받은 보수총액은「근로내용확인신고서」에 작성된 그달의 보수총액으로 하며, 사업주는 매월 일용근로자의「근로내용확인신고서」를 다음 달 15일까지 근로복지공단에 제출해야 한다. 근로복지공단은「근로내용확인신고서」상의 일용근로자 보수 및 고용정보로 그달의 보험료를 산정하여 신고서를 제출한 날이 속하는 달의 월별보험료에 합산하여 부과한다.

📝 일용근로자의 보험료 정산 : 보수총액 신고

일용근로자의 월별보험료는「근로내용확인신고서」에 의하여 산정·부과되므로 보수총액신고시 일용근로자의 보수총액에 대한 정산을 수행해야 한다. 따라서 일용근로자의 경우 일반근로자와 동일하게 다음 연도 3월 15일까지 보수총액을 신고해야 한다.

📝 근로내용확인신고서 제출

📁 근로내용확인신고 대상 일용근로자

1일 단위로 근로계약을 체결한 근로자 또는 근로계약 기간이 1개월 미만인 근로자 (비교 : 1월간 소정근로시간이 60시간 미만인 단시간근로자, 만 65세 이상 이후 고용된 근로자는 신고 제외 대상이지만 일용근로자는 신고 대상)

구 분	신고방법
건설업 일용근로자	① 원칙 : 원수급인 원수급인은 하도급 소속 근로자를 포함하여 현장 전체 일용근로자에 대한 신고 의무가 있다. ② 예외 : 하수급인 하수급인 승인 사업주 승인 또는 하수급인 명세를 받은 경우는 하수급인은 본인 소속 일용근로자에 대해 근로내용확인신고를 할 수 있다.
외국인 일용근로자	① 당연적용 대상 외국인 근로자 : 국내 근로자와 동일하게 신고 ② 임의가입 대상 외국인 근로자 : 고용보험 가입 희망 시에는 근로내용확인신고서 제출기한까지 외국인 고용보험 가입 신청서 함께 제출

📂 근로내용확인신고서 신고기한

일용소득에 대해 급여를 지급한 달의 다음 달 15일까지 제출해야 한다. 또한, 월별로 각각 신고해야 한다. 즉, 여러 달을 한 장에 신고할 수 없다.

예를 들어 2025년 1월 근무 시 근로내용확인신고서는 2월 15일에 신고하면 된다.

건설업과 벌목업의 사업장은 자진신고 사업장이므로 고용보험만 체크하고 이외의 업종은 고용, 산재보험에 체크하여 신고해야 한다.

건설업의 경우 다수의 일용근로자를 고용하는 업종으로, 일용직 근로내용확인신고는 건설업 4대 보험관리에 있어 가장 기본적인 신고업무 중 하나이다.

일용근로자 고용·산재보험 신고의 경우 실무적으로 매번 자격취득·상실 신고를 할 수 없으므로, 고용보험법에서는 한 달에 한 번 일용직 근로내용확인신고를 한 경우 일용직에 관한 고용·산재보험 취득·상실 신고 및 이직확인서 신고를 모두 한 것으로 규정하고 있다.

구 분	신고기한 및 신고방법
신고기한	다음 달 15일까지
신고방법	팩스 신고, 방문 신고, 전자신고 (전자신고 : 고용·산재보험 토탈서비스 http://total.kcomwel.or.kr) (신고 대상 일용근로자가 10인 이상의 경우 : 전자신고만 가능)

📂 근로내용확인신고서 제출 방법

일용직 신고 시 2가지 항목을 신고해야 하는데, 일용직 근로내용확인신고서를 제출하는 경우 일용근로소득 지급명세서의 제출을 생략할 수 있다. 단, 일용직 근로내용확인신고 예외 대상으로 일용직 근로내용확인신고서를 제출하지 않은 경우 일용근로소득 지급명세서를 제출해야 한다.

① 일용근로소득 지급명세서
② 일용직 근로내용확인신고서

일용근로자 수가 10명 이상일 경우 무조건 전자신고를 해야 한다.

📂 근로내용확인신고서 작성 방법

[작성 방법]

건설업·벌목업 사업장 : 고용보험만 체크, 건설업·벌목업 이외 업종 : 고용보험·산재보험 동시 체크

☑ "직위"는 고용관리 책임자가 해당 사업장에서 부여받은 직위(예시 : 부장, 팀장, 과장, 사원 등)를 작성하고, "근무지"는 고용관리 책임자가 근무하는 사업장 중 해당하는 칸에 체크하며, "직무내용"은 고용관리 책임자의 임무 외에 겸직하고 있는 직무내용에 해당하는 다음의 코드 번호를 적습니다(직무내용이 여러 개인 경우 모두 적을 수 있습니다).

01. 인사·노무   02. 회계·세무·경리   03. 경영·관리

04. 홍보·영업   05. 기술·기능   06. 그 밖의 직무

(건설업의 경우) 고용관리 책임자 성명, 주민등록번호 입력

1) 건설업의 경우 공사별로 고용관리 책임자 지정·신고 의무

2) 고용관리책임자 : 해당 사업장 고용보험에 가입된 상용 직원으로 지정(사업주 제외)

3) 위반 시 100만 원 이하 과태료

일용직 근로자별 주민등록번호, 성명, 국적, (외국인인 경우) 체류자격 입력

☑ "하수급인 관리번호"는 원수급인이 제출한 고용보험 하수급인명세서에 따라 근로복지공단으로부터 부여받은 관리번호를 말합니다.

신고 주체	신고 방법
원칙 : 원수급인	원수급인은 하도급 소속 근로자를 포함하여 현장 전체 일용근로자에 대한 신고 의무가 있습니다.
예외 : 하수급인	하수급인 사업주 승인 또는 하수급인 명세를 받은 경우는 하수급인은 본인 소속 일용근로자에 대해 근로내용확인신고를 할 수 있습니다.

신고 대상 : 1일 단위로 근로계약을 체결한 근로자 또는 근로계약기간이 1개월 미만인 근로자(참고 : 1월간 소정근로시간이 60시간 미만인 단시간 근로자는 신고 제외 대상이지만 일용근로자는 신고 대상)

외국인 일용근로자의 경우

1. 당연적용 대상 외국인 근로자 : 국내 근로자와 동일하게 신고

2. 임의가입 대상 외국인 근로자 : 고용보험 가입 희망 시에는 근로내용확인신고서 제출기한까지 외국인 고용보험 가입신청서 함께 제출

☑ "직종부호"는 별지[한국고용직업분류(KECO, 2018) 중 소분류(136개) 직종 현황]를 참고하여 적습니다. : 건설종사자, 706

[✓]고용보험 [✓]산재보험 근로내용 확인신고서(일용근로자)(2025년 6월분)

※ 2쪽의 유의사항 및 작성방법을 읽고 작성하기 바라며, [　]에는 해당되는 곳에 "√" 표시를 합니다.

접수번호	접수일	처리기간: 7일

공통 사업장	사업장관리 번호 123-45-67890-0		명칭	가나다(주)
	사업자등록번호(국세청 일용근로소득 지급명 세서 갈음하여 제출하는 경우에만 적습니다)		하수급인관리번호(건설공사등 미승인 하수급인만 적습 니다)	
			공사명(유기사업명)	
	소재지 울산 중구 종가로 340		보험사무대행기관 번호	보험사무대행기관 명칭
	전화번호　(유선)　　　　(휴대전화)		팩스번호	
	고용관리 책임자	(성명)	(주민등록번호)　　　　　(직위)	
	(※건설업만 해당)	(직무내용)	(근무지)[　]본사 [　]해당 사업장(현장) [　]다른 사업장(현장)	

성명	홍 길 동																				
주민등록번호 (외국인등록번호)	123456-7890123					－					－					－					
국적　　체류자격	한국																				
전화번호(휴대전화)	010-1234-5678																				
직종 부호	701																				

근로일자 ("o"표시)	1	2	3	4	5	1	2	3	4	5	1	2	3	4	5	1	2	3	4	5
			✓	✓																
	6	7	8	9	10	6	7	8	9	10	6	7	8	9	10	6	7	8	9	10
			✓	✓																
	11	12	13	14	15	11	12	13	14	15	11	12	13	14	15	11	12	13	14	15
		✓																		
	16	17	18	19	20	16	17	18	19	20	16	17	18	19	20	16	17	18	19	20
	21	22	23	24	25	21	22	23	24	25	21	22	23	24	25	21	22	23	24	25
	26	27	28	29	30	26	27	28	29	30	26	27	28	29	30	26	27	28	29	30
	31					31					31					31				

근로일수	일평균 근로 시간	5 일	8 시간	일	시간	일	시간	일	시간
보수지급기초일수		5 일		일		일		일	
보수총액		560,000 원		원		원		원	
임금총액		560,000 원		원		원		원	
이직사유 코드		1							
보험료부과구분(해당하는 사람만 적습니다)									
부호　　　사유									

국세청 일용 근로 소득 신고	지급월		월		월		월		월
	총지급액(과 세소득)		원		원		원		원
	비과세소득		원		원		원		원
	원천　소득세 징수 액　지방 　　소득세		원		원		원		원
			원		원		원		원

「고용보험법 시행령」 제7조제1항 후단, 같은 법 시행규칙 제5조제2항 및 「고용보험 및 산업재해보상보험의 보험료징수 등에 관한 법률 시행규칙」 제16조의7 제2항 제1호에 따라 위와 같이 확인하여 신고합니다.

2025 년 07 월 10 일

신고인(사용자·대표자)　　　　　　　　　가나다(주) (서명 또는 인)

[　] 보험사무대행기관　　　　　　　　　　　　　(서명 또는 인)

근로복지공단 ○○지역본부(지사)장 귀하

☑ 근로자 근로일수 입력 : 근무시간, 공수 관계없이 출근일 입력

☑ 일용직 근로자의 일 평균 근로시간 입력

☑ 보수지급 기초 일수는 피보험기간 중 "보수지급의 기초가 된 일수"를 말하며, "보수지급의 기초가 된 일수"에는 현실적으로 근로하지 않은 날이 포함될 수 있고(무급휴일, 무급휴무일 또는 결근일 등) 보수지급일 수에서 제외하는 경우는 그 일수가 됩니다.

보수란 「고용보험법」에 따른 보수를 말합니다

☑ "보수총액"은 근로소득에서 비과세 근로소득을 뺀 금액을 말하며, 해당 월에 발생된 금액을 적습니다.

☑ "임금총액"은 「근로기준법」에 따른 임금으로서, 해당 월에 발생된 금액을 적습니다.

---

1. 건설업·벌목업 근로자 : 임금 총액(과세소득 + 비과세소득)만 기재

2. 건설업·벌목업 이외 근로자 : 보수총액(과세소득), 임금총액(과세소득 + 비과세소득) 함께 기재

일용근로자 근로내용확인신고(근로복지공단)로 일용근로소득지급명세서(국세청) 제출을 갈음하고자 할 경우는 건설업·벌목업 일용근로자도 '보수총액' 기재

보수총액은 보험료 산정기준, 임금 총액은 실업급여 등 보험급여 산정기준의 역할을 합니다.

☑ 이직 사유코드(반드시 기재)

2023년 6월 신고부터(신고일 기준) 이직 사유는 필수 입력사항입니다. 특별한 사정이 없으면 회사의 사정에 의한 이직으로 사유를 선택하면 됩니다. 일 단위 혹은 아주 짧은 근로계약 기간을 가지는 일용근로자들인 만큼 대부분은 계약기간 만료에 해당합니다. 단, '기타 개인 사정에 의한 이직'을 선택하는 경우 구직급여 수급 자격이 제한될 수 있으니 참고합니다.

1. 회사의 사정에 의한 이직(폐업, 공사중단, 공사 종료, 계약기간 만료 등)

2. 부득이한 개인 사정에 의한 이직(질병·부상, 출산 등)

3. 기타 개인 사정에 의한 이직(전직, 자영업을 위한 이직 등)

☑ "보험료 부과 구분"에는 다음에 해당하는 경우는 그 부호를 적습니다(※ 해당자만 적습니다)

| 부호 | 부과범위 | | | | 대상 종사자 |
| | 산재보험 | | 고용보험 | | |
	산재보험	임금채권부담금	실업급여	고용안정직업능력개발	
51	O	O	x	x	09. 고용보험 미가입 외국인 근로자 11. 항운노조원(임금채권부담금 부과 대상)
52	O	x	x	x	03. 현장 실습생(「산업재해보상보험법」 제123조 제1항에 따른 현장 실습생) 13. 항운노조원(임금채권부담금 소송승소)

부호	부과범위				대상 종사자
	산재보험		고용보험		
	산재보험	임금채권 부담금	실업 급여	고용안정직 업능력개발	
54	O	x	O	O	22. 자활근로 종사자(「국민기초생활보장법」 제14조의2에 따른 급여의 특례에 해당하는 자, 차상위계층, 주거·의료·교육 급여 수급자)
55	x	x	O	O	05. 국가기관에서 근무하는 청원경찰 06. 「선원법」 및 「어선원 및 어선 재해보상보험법」 적용자 07. 해외파견자 (「산업재해보상보험법」의 적용을 받지 않는 자)
56	x	x	O	x	16. 노조 전임자(노동조합 등 금품 지급)
58	O	x	x	O	21. 자활 근로종사자(생계급여 수급자)

국세청 일용근로소득 신고란은 근로내용확인신고를 통해 국세청 일용직 지급명세서 신고를 갈음하고자 할 경우(세무업무상 별도로 지급명세서 신고를 하는 경우 기재 불필요) 입력합니다. 즉 아래 란은 근로내용확인신고를 통해 국세청 일용직 지급명세서 신고를 갈음하고자 할 경우에만 작성합니다.

☑ "지급월"은 일용근로자에게 급여를 지급한 월(12월 말일까지 미지급한 금액은 12월)을 적습니다.

☑ "총지급액(과세소득)"은 일용근로자에게 지급한 급여액(비과세소득 제외)의 월별 합계금액을 적습니다.

☑ "비과세소득"은 생산직 일용근로자에게 지급한 야간근로수당 등이 이에 해당합니다.

☑ "소득세"는 [(1일 임금 − 비과세소득) − 근로소득공제(「소득세법」 제47조에 따른 금액)] × 원천징수세율(6%) − 근로소득세액공제(산출세액의 55%)를 적용하여 계산합니다. 다만, 소득세액이 소액부징수(1천원 미만인 경우)에 해당하는 경우는 "0"으로 적습니다.

☑ 원천징수액란의 "지방소득세"는 소득세의 10%를 적습니다.

☑ 일용근로소득신고 관련

가. 제1쪽의 "사업자등록번호란"에는 소득세법에 따른 원천징수의무자의 "사업자등록번호"를 적는다.

나. 사업주가 "사업자등록번호란" 및 "국세청 일용근로소득신고란"을 포함하여 근로내용 확인신고서를 작성·제출한 경우 일용근로소득 지급명세서를 별도로 국세청에 제출할 필요가 없다. 이 경우 "사업자등록번호란" 및 "국세청 일용근로소득신고란"을 미기재하거나 잘못 기재한 경우 국세청에 일용근로소득 지급명세서를 미제출·부실 제출한 것으로 보아 가산세가 부과될 수 있다.

다. 일용근로소득 신고 대상자에 대하여 근로내용확인신고서에 국세청 일용근로 소득신고란을 작성하지 않은 경우는 해당 일용근로자에 대한 일용근로소득 지급명세서를 별도로 국세청에 제출해야 한다.

📂 근로소득 지급명세서(국세청) 제출 면제

일용직 근로내용확인신고서(근로복지공단) 제출 시 '사업자등록번호'란 및 국세청 일용신고 소득신고'란에 체크/기재하면 근로소득지급명세서(국세청)를 별도로 제출하지 않아도 된다.

📂 근로내용확인신고 관련 과태료

구 분	과태료
미신고, 지연 신고 시 과태료	근로자 1인당 3만 원(과태료 합계 한도 100만 원)
거짓 신고 시 과태료	① 1회 위반 시 : 1인당 5만 원(한도 100만 원) ② 2회 위반 시 : 1인당 8만 원(한도 200만 원) ③ 3회 이상 위반 시 : 1인당 10만 원(한도 300만 원)
사업장 규모별 과태료 부과 시기	① 5인(건설업 총공사금액 5억 원) 이상 사업장 : 1개월 이상 지연 시 즉시 부과 ② 5인(건설업 총공사금액 5억 원) 미만 사업장 : 6개월 이상 지연 시 즉시 부과
근로자가 실업급여 부정수급 시	사업주의 거짓 신고로 근로자가 실업급여를 부정하게 수급시 사업주도 연대하여 책임을 진다.

구 분	귀속월	제출기한	유예기간
5인 미만	4월분	5월 15일	11월 14일
5인 이상			6월 14일

📂 일용근로자 근로 내용 오류정정 신고 방법

일용직의 근로일수, 보수총액, 임금 총액, 사업장 관리번호, 일 평균 근로시간, 체류자격, 이직 사유 코드 등 근로내용확인신고서를 잘못 제출할 수 있다. 잘못 제출된 신고서를 바탕으로 피보험자 이직확인서가 제출될 수도 있다.

이럴 때 근로내용확인신고서를 정정 또는 취소하는 서식이 바로 '일용근로내용 정정·취소 신청서'이다.

📝 일용근로자 근로 내용 취소 신고 방법

일용근로자가 아닌 사업소득자 또는 일반근로자 임에도 일용근로자로 착오 신고한 경우, 일용근로내용 취소 신청서를 작성한 후 이를 증명할 수 있는 서류(사업소득자 계약서, 일반근로자 근로계약서 등)와 함께 근로복지공단 관할지사로 FAX 접수할 수 있다.

📝 일용근로자 고용정보 확인방법

❶ 고용/산재보험 토탈서비스(total.kcomwel.or.kr)회원가입 후 사업장 인증서를 등록한다.

❷ 상단 메뉴 [사업장] > [정보조회]

❸ [정보조회] > [일용근로자 고용정보조회]

❹ 관리자 번호 입력 후 [조회] 버튼

관리번호 : 기본적으로 관리번호는 사업자등록번호-0이다.

[예] 206-92-78900-0

4대 보험에 가입한 모든 사업장은 관리번호를 부여받게 되는데, 간혹 사업자등록번호
와는 무관한 번호로 관리번호가 발행되는 경우가 있다. 이 경우, 4대 사회보험 정보
연계센터 로그인 > 왼쪽 메뉴 [관리번호 찾기]에서 확인할 수 있다.

 상용근로자(일반근로자)의 4대보험 가입현황 확인방법

상용근로자(일반근로자)의 4대 보험 가입현황은

4대 사회보험 정보연계센터(www.4insure.or.kr)에서 확인이 가능하다.

❶ 4대 사회보험 정보연계센터 회원가입 후 사업장 인증서를 등록한다.

❷ 상단 메뉴 [증명서 발급] → [증명서(가입내역확인) 신청/발급]

❸ 증명서 발급과 관련한 안내 사항 [확인] 버튼

❹ 사업장 가입자명부(현재 사업장에 가입 중인 직원 전체명단) 체크 후 [신청] 버튼

❺ 처리 중에서 출력 가능으로 처리 여부가 표시되며, 4대 보험 모두 출력 가능으로 표시될 때까지 새로고침을
해주면 된다.

❻ [출력하기]를 누르면 미리 보기가 가능하고, 가입 내역(발급 일자 현재 기준) 확인이 가능하다. 가입 여부
및 자격취득일(입사일) 등이 표시된다.

[근로내용확인신고서 엑셀] 검색어 입력을 한 후 검색하면 엑셀서식과 근로복지공단 토탈서비스 일용직 근
로내용확인신고서 엑셀 접수 방법에 대해서 설명해 준 블로그 등을 볼 수 있으므로, 이를 참고하면 도움이
된다.

일용근로자 원천징수와 지급명세서 제출

📋 일용근로자의 세금 계산

일용근로자는 매월 다음 달 말일까지 일용근로자 지급명세서를 제출해야 한다.

반면 근로내용확인신고서 제출 시 국세청 제출을 위한 사업자번호를 기재하고, 소득세, 지방소득세 공제 내역을 기재해서 제출한 경우 일용근로자 지급명세서를 제출 안 해도 된다.

국세청 제출을 위한 사업자번호 미기재 시 반드시 별도로 일용근로자 지급명세서를 제출해야 하니 주의해야 한다. 주 15시간 미만자 등 고용보험 가입이 안 되는 일용근로자 및 이중 취득으로 고용보험 가입이 안 되는 사업장의 경우 근로내용확인신고서를 제출할 수 없으므로 반드시 다음 달 말일 일용근로자 지급명세서를 제출해야 한다.

구 분	해 설			
원천징수 세액계산	**구 분**	**공제 방법**	**공제 기준급여**	**부담액**
	근로소득세	(일 급여액 − 15만 원) × 2.7% × 근무일 수	총급여 − 비과세 소득	근로자 전액 부담
	지방소득세	근로소득세의 10%	근로소득	근로자 전액 부담
	소액부징수	매일 일당을 지급하는 경우 징수세액이 건당 1,000원 미만은 소액부징수로 세금 자체를 내지 않는다. 일당 187,000원까지 소액부징수에 해당하는 금액이다. [(187,000원 − 15만 원) × 2.7% = 999원]까지는 납부할 세액이 없다.		

구 분	해 설

고용주	지급 방법	세액계산액	소액부징수 적용 여부
동인한 사업주	매일 지급 계약	1일 차 999원	지급일을 기준으로 원천징수 세액이 1,000원 미만이므로 소액부징수가 적용돼 납부할 세금이 없다.
		2일 차 999원	
동인한 사업주	일괄 지급 계약	1일 차 999원	지급일을 기준으로 원천징수 세액이 1,998원(999원 + 999원)으로 소액부징수 기준금액이 1,000원을 초과하므로 원천징수 세액을 납부한다.
		2일 차 999원	
서로 다른 고용주	갑 고용주	원천징수 세액 800원(오전 근무)	소액부징수는 사업장별로 판단하므로, 갑과 을 사업장 소득 모두 원천징수 세액이 없다.
	을 고용주	원천징수 세액 700원(오후 근무)	

일용근로자가 유급휴일에 대해 지급받는 주휴수당 · 작업능률에 따라 지급받은 수당은 월~금요일까지 각각 일당이 15만 원이고 주휴수당은 15만 원이라고 치면, 각 요일마다 3만 원씩 더해 일당 18만 원으로 원천징수 세액을 계산해야 한다.

구 분		해 설
신고 및 납부	원천징수이행 상황신고서 작성	❶ 납부세액이 있는 경우 원천징수이행상황신고서 일용근로자란에 작성해서 제출하고 납부세액은 금융기관에 납부 ❷ 납부세액이 없는 경우 원천징수이행상황신고서 일용근로자 〉 총급여액란만 작성해서 제출
	지급명세서 제출	지급명세서 제출 : 지급일의 다음 달 말일 매월 15일까지 「근로내용확인신고서」를 제출하는 경우 지급명세서의 제출을 생략할 수 있다.
증빙 관리	법정증빙	원천징수영수증(지급명세서), 원천징수이행상황신고서
	내부증빙	일용근로자 임금(노임)대장, 주민등록등본(또는 주민등록증 사본), 계좌이체 내역 등
지급명세서 가산세		미제출 · 불분명 제출 등은 0.25%, 지연제출은 0.125% 가산세가 부과된다. 미제출은 법정기한까지 제출하지 않은 경우를 말하며, 불분명 제출은 지급자 또는 소득자의 주소 · 성명 · 납세번호 · 고유번호(주민등록번호) · 사업자등록번호, 소득의 종류 · 지급액 등을 적지 않았거나 잘못 적어 지급 사실을 확인할 수 없는 경우다. 지연제출은 제출기한이 경과된 후 1개월 이내 제출한 경우를 말한다.

- 총지급액 = 일용근로소득 − 비과세소득
- 근로소득금액 = 총지급액 − 근로소득공제(일 15만 원)
- 산출세액 = 근로소득금액(과세표준) × 원천징수 세율(6%)
- 원천징수 세액 = 산출세액 − 근로소득 세액공제(산출세액의 55%)

💰 생산 및 그 관련직에 종사하는 경우 야간근로수당은 비과세

[간편 계산] 원천징수 세액 간편 계산 = (총지급액 − 15만 원) × 2.7%

일용근로자를 고용해서 7일 동안 일급 20만 원을 지급하고, 비과세소득이 없는 경우 원천징수 세액을 계산하는 방법은 다음과 같다.

해설

Ⅰ. 총지급액은 1,400,000원(200,000원 × 7일 = 1,400,000원)이다.

Ⅱ. 소득세(9,450원)는 다음과 같이 산정한다.

(1) 근로소득금액 : 200,000원 − 150,000원 = 50,000원

일용근로자는 1일 15만 원을 근로소득공제 하며, 다른 공제사항은 없다.

(2) 산출세액 : 50,000원 × 6% = 3,000원(원천징수 세율 6%를 적용한다)

(3) 세액공제 : 3,000원 × 55% = 1,650원(산출세액의 55%를 적용한다)

(4) 소득세 : 3,000원 − 1,650원 = 1,350원

※ 약식 계산 : (200,000원 − 150,000원) × 2.7% = 1,350원

(5) 원천징수 할 소득세는 소득세의 7일 합계액 9,450원(1,350원 × 7일 = 9,450원)이다.

Ⅲ. 지방소득세는 940원(135원 × 7일)이다(소득세의 10%를 적용한다).

📝 일용근로자 지급명세서 제출

일용근로자에게 근로소득을 지급하는 자는 일용근로소득 지급명세서를 일용근로소득 지급일이 속하는 달의 다음 달 말일까지 제출한다. 단, 12월 31일까지 해당 귀속 연도분의 일용근로소득을 지급하지 않은 때에는 12월 말일을 지급일로 보아 다음 해 1월 말일까지 제출한다. 한편, 휴업, 폐업 또는 해산한 경우에는 휴업일, 폐업일 또는 해산일이 속하는 달의 다음 달 말일까지 제출한다.

기한 내에 제출하지 아니하였거나, 제출된 지급명세서가 불분명하거나 기재된 지급금액이 사실과 다른 경우 제출하지 아니한 지급금액 또는 불분명한 지급금액의 0.25%를 결정세액에 가산하여 징수한다.

① 신고구분							□ 원천징수이행상황신고서 □ 원천징수세액환급신청서		② 귀속연월		2025년 10월
매월	반기	수정	연말	소득 처분	환급 신청			③ 지급연월		2025년 10월

원천징수 의 무 자	법인명(상호)	○○○	대표자(성명)	△△△	일괄납부 여부	여, 부
					사업자단위과세 여부	여, 부
	사업자(주민)등록번호	xxx-xx-xxxxx	사업장 소재지	○○○○○	전화번호	xxx-xxx-xx
					전자우편주소	00@00.00

❶ 원천징수 명세 및 납부세액 (단위 : 원)

소득자 소득 구분			코드	원천징수명세					⑨ 당월 조정 환급세액	납부 세액	
				소득지급 (과세 미달, 일부 비과세 포함)		징수세액				⑩ 소득세 등 (가산세 포함)	⑪ 농어촌 특별세
				④ 인원	⑤ 총지급액	⑥ 소득세등	⑦ 농어촌특별세	⑧ 가산세			
개 인 (거 주 자 · 비 거 주 자)	근로소득	간이세액	A01								
		중도퇴사	A02								
		일용근로	A03	1	1,400,000	9,450					
		연말정산 합계	A04								
		연말정산 분납신청	A05								
		연말정산 납부금액	A06								
		가감계	A10	1	1,400,000	9,450				9,450	
	퇴직소득	연금계좌	A21								
		그 외	A22								
		가감계	A20								
	사업소득	매월징수	A25								
		연말정산	A26								
		가감계	A30								
	기타소득	연금계좌	A41								
		종교인소득 매월징수	A43								
		종교인소득 연말정산	A44								
		그 외	A42								
		가감계	A40								
	연금소득	연금계좌	A48								
		공적연금(매월)	A45								
		연말정산	A46								
		가감계	A47								
	이자소득		A50								
	배당소득		A60								
	저축 등 해지 추징세액 등		A69								
	비거주자 양도소득		A70								
법인	내·외국법인원천		A80								
	수정신고(세액)		A90								
	총합계		A99	1	1,400,000	9,450				9,450	

❷ 환급세액 조정 (단위 : 원)

전월 미환급 세액의 계산			당월 발생 환급세액				⑱조정대상 환급세액 (⑭+⑮+⑯+⑰)	⑲ 당월조정 환급세액계	⑳ 차월이월 환급세액 (⑱-⑲)	㉑ 환 급 신청액
⑫ 전월미환급 세액	⑬ 기 환 급 신청세액	⑭ 차감잔액 (⑫-⑬)	⑮ 일반 환급	⑯ 신탁재산 (금융회사 등)	⑰ 그밖의 환급세액					
					금융 회사 등	합병 등				

일용근로소득 지급명세서(지급자 제출용)

[일용근로소득 지급명세서(원천징수영수증) 월별 제출집계표]

지급자	① 상 호 (법인명)		② 성 명 (대표자)		③ 사업자 등록번호	
	④ 주민(법인) 등록번호		⑤ 소재지 (주 소)			
	⑥ 전화번호		⑦ 전자우편주소			

❶ 월별 원천징수 집계현황

⑧ 귀속연도　2025	⑨ 지급월 (해당 월에 "○")	[ ]1월　[ ]2월　[ ]3월　[ ]4월　[ ]5월　[ ]6월 [ ]7월　[ ]8월　[ ]9월　[○]10월　[ ]11월　[ ]12월

⑩ 일용근로자수 (⑰번에 적은 칸의 개수. 다만, 동일 인의 경우 1명으로 합계)	⑪ 제출자료 건수 (㉑번에 적은 칸의 개수)	⑫ 과세소득 합계 (㉔번 합계)	⑬ 비과세소득 합계 (㉕번 합계)	원천징수세액 합계	
				⑭ 소득세 (㉖번 합계)	⑮ 지방소득세 (㉗번 합계)
1 명	1 건	1,400,000		9,450	940

❷ 소득자 인적사항 및 일용근로소득 지급내용
[일용근로소득 지급명세서(원천징수영수증)에 작성한 내용과 동일하게 작성합니다]

⑯ 번호	⑰ 성명 ⑱ 전화번호	⑲ 외국인여부 (외국인 "○")	⑳ 주민등록번호	귀속 ㉑ 근무월	㉒ 근무일수	㉓ 최종근무일	㉔ 과세소득	㉕ 비과세소득	원천징수세액 ㉖ 소득세	㉗ 지방소득세
1	홍길동		650120-1234567	10	7	10월 5일	1,400,000		9,450	940
2			-							
3			-							
4			-							
5			-							
6			-							
7			-							
8			-							

위와 같이 제출합니다.

2025년　　11월　　30일

징수의무자(지급자)　　　　　　　　　　　　(서명 또는 인)

※ 서식작성에 관한 설명은 제2~3쪽의 작성 방법을 참고하시기 바랍니다.

210mm×297mm[백상지80g/㎡ 또는 중질지80g/㎡]

일용근로소득 지급명세서(원천징수영수증)
([ ] 소득자 보관용   [ ] 지급자 보관용)

외국인 여부
(예, **아니오**)

원천징수 의무자 (지급자)	① 상 호 (법인명)		② 성 명 (대표자)	
	③ 사업자등록번호		④ 주민등록번호 (법인등록번호)	
	⑤ 소재지 (주 소)		⑥ 전화번호	
소득자	⑦ 성 명		⑧ 주민등록번호	
	⑨ 주 소		⑩ 전화번호	

⑪ 귀속연도	2025	⑫ 지급월 (해당 월에 "○")	[ ]1월 [ ]2월 [ ]3월 [ ]4월 [ ]5월 [ ]6월 [ ]7월 [ ]8월 [ ]9월 [○]10월 [ ]11월 [ ]12월

귀 속			⑯ 과세소득	⑰ 비과세소득	원천징수 세액	
⑬ 근무월	⑭ 근무일수	⑮ 최종근무일			⑱ 소득세	⑲ 지방소득세
10월	7일	10월 5일	1,400,000		9,450	940

위의 일용근로소득(원천징수 세액)을 지급(영수)합니다.

2025년   11월   30일

징수의무자(지급자)   (서명 또는 인)

※ 서식작성에 관한 설명은 제2~3쪽의 작성 방법을 참고하시기 바랍니다.

210mm×297mm[백상지80g/㎡ 또는 중질지80g/㎡]

영수증서(납세자용)

납부번호					수입징수관서			
분류기호	납부연월	납부구분	세목	발행번호	세무서명	서코드	계좌번호	QR코드
0126	2411	4	14		중부세무서	201	011989	
성명(상호)	○○○		주민등록번호(사업자등록번호)		xxx-xx-xxxxx		회계연도 2025	
주소(사업장)	○○○○○			일반회계	기획재정부소관		조세	

연도/기분											2025년 10월 귀속분		
세목명	납부금액												
	조	천	백	십	억	천	백	십	만	천	백	십	일
근로소득세										9	4	5	0
농어촌특별세													
계										9	4	5	0

왼쪽의 금액을 한국은행 국고(수납)대리점인 은행 또는 우체국 등에 납부합니다.
(인터넷 등에 의한 전자납부 가능)

납부기한 2025년 11월 10일

년   월   일
은   행   지
점
우체국 등

(수납인)

일용근로와 상용근로가 같이 있을 경우 둘의 합계분을 기재하여 납부한다. 위 신고서상에서는 일용근로만 있으므로 일용근로만 기재

위와 같이 작성한 원천징수이행상황신고서를 사업장 관할 세무서장에게 등기우편으로 발송하고 출력한 납부서는 가까운 은행이나 우체국에 납부한다.
물론 홈택스를 통해서도 신고·납부가 가능하다.

"유튜브에서 [일용근로소득 지급명세서 홈택스 직접 작성 따라 하기] 검색어 입력을 한 후 검색하면 홈택스를 통해 신고하는 방법을 동영상으로 알려준다."

일용근로자의 주휴일과 유급휴일

📂 주휴일과 주휴수당

일용근로자라 하더라도 근로계약 당시 근로시간을 15시간 이상으로 정하고, 1주 소정근로시간을 개근할 경우 주휴수당을 지급해야 한다. 물론 사용자가 주휴수당의 지급의무를 회피하기 위해 소정근로시간을 정하지 않고 일용직이라는 명목으로 계속하여 근로를 제공해온 경우라도 평균 내어 소정근로시간이 1주 15시간 이상이 된다면 당연히 주휴수당을 지급해야 한다.

일반적으로 1일 단위로 근로계약이 체결되고, 계속근로가 예정되지 않은 일용직 근로자의 경우에는 주휴수당이 발생하지 않는 것이 일반적이다.

그러나 일용직 근로자도 근로 형태에 따라 다르게 해석할 수 있다.

임금 자체만 일당으로 정해져 있어 일용직 근로자로 불릴 뿐 실질은 상용직 근로자와 다를 것이 없이 계속해서 1주일 이상 근로하는 일용직의 경우 1일분 일당이 더 지급되어야 한다.

📂 근로자의 날 유급휴일

근로자의 날(5월 1일)은 '근로자의 날 제정에 관한 법률'에 의해 근로기준법상의 유급휴일로 정해져 있으므로 일용직도 유급휴일로 부여해야 한다.

일용근로자의 연차휴가와 연차수당

일용직이나 임시직 근로자라 하더라도 사실상 계속해서 근로한 경우는 계속 근로로 볼 수 있어 1년 미만 근로자처럼 1개월 개근 시 1개의 연차휴가가 발생한다고 보면 된다(5인 미만 사업장, 1주 소정근로시간 15시간 미만자 제외).

연차수당을 사전에 지급할 수는 있지만 수당 지급을 이유로 연차휴가 사용을 거부할 순 없다(휴가 시 수당 환수 가능).

📝 일용근로자의 퇴직금

일용직은 퇴사 의사표시 후 사용자의 의사와 관계없이 그다음 날로부터 퇴사한 것으로 처리된다.

일용근로자도 1주 소정근로시간이 15시간 이상으로 1년 이상 계속 근로하고 퇴직하는 경우는 퇴직금을 지급해야 한다(1주 소정근로시간이 15시간 미만일 때는 제외). 특히, 일용직의 경우 중간에 일부 공백 기간이 있더라도 계속 근로로 인정될 수 있음에 유의해야 한다.

그리고 일용근로자로 근무하다가 근로관계의 종료 없이 정규사원이 된 경우 일용근로자로 근무한 기간도 계속근로기간에 포함한다.

> 형식적으로는 일용근로자이나 일용관계가 중단되지 않고 계속된 경우, 상용근로자로 보아 퇴직금을 지급해야
> 한다(대법 2004다66995 · 67004, 2006-04-28).

일용직 퇴직금 산정 시 계속근로기간과 관련해서는 근로계약의 형식이나 구체적인 고용 실태 등 제반 사실관계를 살펴 사용종속관계가 유지되고 있었는가에 따라 판단하고 있다(근기 68207-1631, 1996.12.11.).

계속근로 판단에 있어서 매년 일정기간 근로계약 기간이 단절된 경우라도 그 근로계약이 이루어지게 된 동기와 경위, 기간을 정한 목적과 당사자의 진정한 의사, 계절적 · 임시적 고용 여부, 근무기간의 장단 및 갱신회수, 동일사업(장)에서의 근무여부 등을 살펴 계속근로 여부를 판단한다(임금복지과-1121, 2010.5.27.).

일용근로계약을 맺었더라도 명목상 일용근로자에 해당되어 전체 기간에 대해 사용종속관계가 유지된 것으로 볼 수 있을 경우 특별한 사정이 없으면 실 근로연수 및 개근 · 출근율에 관계없이 사용종속관계가 유지된 전 기간을 계속근로기간으로 하여 퇴직금을 지급해야 한다(근로복지과-4042, 2013.11.29.).

일용근로자가 적게는 월 2~3일, 많게는 월 18~20일 이상 A 사업장에서 일용잡부로 8년간 근무하였을 경우, 특별한 사정이 없으면 실근로연수 및 개근 · 출근율에 관계없이 사용종속관계가 유지된 전 기간을 계속근로기간으로 하여 퇴직금을 지급해야 한

다(근로복지과-4042, 2013.11.29).

일용근로자가 개인 사정에 따라 본인의 진의에 의한 사직서를 제출한 후 개인 사정 해소 후 재입사한 경우는 근로관계의 단절로 봐 퇴직금을 지급하지 않아도 된다(근로복지과-4042, 2013.11.29).

제7장

수습(인턴)근로자 업무매뉴얼

수습근로자 적용 규정과 수습기간

- 수습에 관한 사항은 근로계약서에 명시한다.
- 수습근로자의 수습기간은 3개월 이내로 한다.
- 수습기간도 퇴직금과 연차휴가 등의 산정을 위한 근속연수에 포함한다.
- 수습기간 중의 임금은 최저임금의 90% 이상이 되어야 한다. 단, 근로계약기간이 1년 미만인 수습사용 근로자 및 1~2주의 직무훈련만으로 업무수행이 가능한 단순 노무 종사자는 최저임금액을 감액하지 않고 100%를 적용한다.
- 수습근로자도 정당한 사유 없이 해고하는 경우 불법 해고에 해당한다.

사업장에서 수습기간을 1~3개월 정도의 기간으로 운영하고 있다. 길게는 6개월까지 하는 회사도 있다.

일반적으로 3개월을 수습기간으로 하나 3개월 수습으로 계약 후 회사가 6개월로 수습기간을 연장하는 경우도 발생하는데, 이 경우 작성했던 근로계약서에 명시된 수습기간과 다르다면 근로조건 위반에 해당한다. 근로계약서에 수습기간이 구체적으로 명시되어 있고 수습기간 만료 시 연장에 관한 내용이 없음에도 불구하고 회사가 임의로 수습기간을 연장한다는 것은 엄연한 근로조건 위반에 해당하기 때문에 본인이 동의하지 않는 한 인정될 수 없다.

근로자의 근로조건은 취업규칙이나 단체협약, 근로계약서에 구체적으로 명시되어 있는데, 특히 개별근로자의 근로조건은 법적으로 새로 입사할 때 작성하는 근로계약서에 명시하고 근로자 본인에게 작성한 계약서를 배부하도록 강제하고 있다.

수습기간 급여의 계산과 지급

수습기간의 임금은 근로계약서, 취업규칙 등을 통해 본 급여보다 낮게 책정할 수 있는데, "얼마나 낮게 책정할 수 있는지"에 대해서는 통상임금이 최저임금법에서 규정한 최저임금의 90% 미만이어서는 안 된다.

대부분 기준(취업규칙 예시 : 수습기간의 임금은 본 급여보다 감액할 수 있고, 구체적인 금액은 당사자 간 개별 근로계약에서 정하는 바에 따른다)은 취업규칙에서 정하고, 개별 근로계약을 통해서 수습기간의 임금 감액률을 적용하고 있다. 따라서 통상임금이 최저임금법에서 규정한 최저임금의 90% 이상으로 본 급여의 70%, 80%, 90% 등 당사자 간 합의에 따라 근로계약에서 정하면 되는 부분이다.

즉, 실무자들이 흔히 알고 있는 급여의 90%를 지급한다는 말은 최저임금의 90%를 줘야 한다는 의미이지 책정된 급여의 90%를 무조건 줘야 한다는 의미는 아니다.

월급 지급

취업규칙이나 근로계약상 수습기간을 두는 경우는 통상임금(기본급 + 통상임금 수당)을 더한 임금 총액의 90% 이상을 월급으로 지급하면 되며, 시간외근로 수당(연장근로, 야간근로, 휴일근로)도 통상시급(일반적으로 통상임금 ÷ 209시간)의 90% 이상에 해당하는 임금을 기준으로 계산한다.

수습기간 중 70% 임금, 정당할까요?

사용자가 수습기간 동안은 본 채용 후 임금의 70% 또는 임금의 80%만 지급해준다고 하는데 이것이 적법한지 근로기준법 위반이 아닌지 궁금해하는 경우가 많다.

수습기간 중에 임금 감액 규정은 최저임금법에만 규정되어 있다. 따라서 1년 이상의 근로계약 기간으로 채용하면서 수습기간 3개월을 설정한 경우 임금을 감액 지급하기로 사용자와 근로자가 약정하는 것(본 채용 후 임금의 70% 또는 80%)은 위법이 아니다. 다만 본채용 후 임금의 70% 금액 또는 80% 해당하는 금액이 최저임금(최저월급) 미만에 해당한다면 이는 위법, 무효가 된다.

만약 수습기간 임금의 70% 또는 80%에 해당하는 금액이 최저임금의 90% 미만이라면 최저임금의 90%가 최소한 지급해야 하는 임금이 되며, 차액분에 대해서 임금체불이 되어 근로자는 사업장 주소지 관할 고용노동청에 진정을 제기하여 구제받을 수 있다.

참고로 대다수 회사는 최저임금법에 따라 수습기간의 임금을 통상임금의 90%로 규정하고 있으므로 괜히 노사 간의 쓸모없는 분쟁 방지 차원에서 90%로 규정하기를 권한다.

수습근로자의 급여 하한액

근로기준법 제43조에 따라 사용자는 특별한 규정이 있어 일부 공제하지 않는 이상 근로자에게 전액을 지급해야 하고, 최저임금법에 따라 최저임금액 이상의 급여를 지급해야 한다. 다만, 최저임금법 제5조 2항에 따라 1년 이상의 기간을 정하여 근로계약을 체결한 경우에 한 해 최저임금의 감액이 가능하다. 다만, 수습기간이 시작된 날로부터 3개월 이내인 자에 대해 최저임금의 90%를 지급할 수 있다.

1년 미만의 기간으로 근로계약을 체결한 경우 최저임금을 감액할 수 없으며, 1년 이상 계약이라 할지라도 단순노무직이라면 수습기간에도 최저임금 감액 적용이 불가능하다. 단순노무직이란 특별한 훈련이나 숙련기간이 필요 없이 누구나 간단한 직업 훈련만으로 업무수행이 가능한 경우를 의미한다.

단순 노무 업무로 분류되는 다음의 직종에 종사한 경우 최저임금 100% 전액을 지급해야 한다.

① 농림, 어업 및 기타 서비스 단순노무직

주차 관리 종사자, 가스 검침 및 점검원, 자동판매기 관리원, 주차 관리원, 구두 미화원, 세탁원, 환경 감시원, 대여제품 방문 점검원 등

② 건설 및 광업 관련 단순노무직

건설 단순 종사원, 광업 단순 종사원 등

③ 운송 관련 단순노무직

하역 및 적재 관련 단순 종사원, 배달원, 우편집배원, 택배원, 음식 배달원, 신문 배달원 등

④ 제조 관련 단순노무직

수동 포장원, 제품 단순 선별원 등

⑤ 청소 및 경비 관련 단순노무직

환경미화원, 건물 청소원, 쓰레기 수거원, 아파트 경비원, 건물 경비원 등

⑥ 가사, 음식 및 판매 관련 단순노무직

가사도우미, 육아 도우미, 패스트푸트 준비원, 주방 준비원, 주유원, 매장 정리원, 전단지 배포원, 주차 관리원, 세탁원 등

예를 들어 아르바이트든, 단기 계약직이든 수습기간을 둘 수는 있지만 1년 미만의 기간으로 근로계약을 체결한 경우 최저임금을 감액할 수 없다.

수습기간 중 4대 보험과 연차수당

 수습기간 중 4대 보험

최초 입사 시에는 사업장에서 신고한 소득으로 기준소득월액이 결정된다.

이때 신고하는 방법은 다음의 2가지 방법 중 선택할 수 있다.

> 1. 수습급여로 신고한 후 정규직 전환될 경우 고용·산재보험 포털이나, 건강보험 EDI에서 보수변경 신고를 하는 방법을 사용
> 2. 사업장에서는 근로계약 시 각종 수당(시간외수당 포함), 휴가비, 연간상여금 등을 포함(비과세소득 제외)하여 지급하기로 한 모든 소득을 고려한 월평균 급여를 신고하는 방법
> 예를 들어 수습기간 포함 근로 개시일로부터 1년간 지급하기로 정한 보수 총액 ÷ 12개월로 신고하는 방법을 사용. 단, 1년 미만의 경우 해당 근무 기간의 보수 총액을 기간으로 나누어 신고한다.

건강보험, 고용·산재의 경우 당해연도 보수가 확정된 시점에서 다시 산정한 보험료와 기납부한 월별보험료의 차이를 조정하여 보험료를 추가징수 또는 환급하는 정산 절차를 진행한다. 따라서, 1년간 납부하는 총금액은 결국 어떠한 경우에든 같다.

한편, 국민연금의 경우 연말정산 절차는 없으며, 다음 연도 6월에 국세청 연말정산 총급여를 기준으로 기준 보수월액을 재산정하여 다음 연도 7월부터 그 다음 연도 6월까지 동일 기준 보수월액으로 적용한다.

국민연금은 정산제도가 없지만, 건강보험이나 고용보험처럼 소멸성이 아니라 더 납부하면 더 받고 덜 납부하면 덜 받는 구조로 되어 있어, 결국 본인이 부담한 금액을 기

준으로 하므로 정산을 통해 급여와 꼭 일치하지 않아도 큰 실익은 없다고 보면 된다.

📝 수습기간의 연차휴가

상시근로자 5인 이상 사업장에서 4주 동안을 평균하여 1주간 소정근로시간이 15시간 이상인 근로자인 경우라면 연차유급휴가가 발생한다. 즉, 1년 미만 기간에 월 개근 시 1일의 연차휴가(최대 11일, 2017년 5월 30일 입사자부터 적용)와 1년간 80% 이상 출근율에 따라 15일에 대하여 연차유급휴가가 발생한다.

따라서 수습 중에도 연차휴가는 발생하며, 1년 미만 기간에 대한 연차는 입사 월을 기준으로 1년간 사용할 수 있고, 사용기간 종료 후 연차휴가사용촉진을 안 한 경우 수당으로 지급해야 한다.

결과적으로 수습근로자도 수습기간과 관계없이 다른 근로자와 같게 1년 미만의 월 단위 연차 및 1년 이상의 연 단위 연차가 발생한다.

수습기간의 연장

수습은 3개월이라고 법에 정해져 있는 건 아니다. 노동법상 '해고예고 의무 기간'이나 최저임금법이 정하는 기준 등에 따라 '3개월'로 진행하는 경우가 대부분이다

수습기간을 연장하고자 하는 때는 연장 전 근로자의 동의를 받거나 취업규칙에 근거가 마련되어 있어야 하고, 수습기간 연장의 합리적 이유가 있어야 한다(서울지법 남부지원 1987.7.16. 선고, 87가합390).

그리고 근로자의 동의가 있거나 근로자에게 통보되어야 효력이 있다(서울행법 20655, 2006.9.26. 선고). 즉 수습기간을 연장할 수는 있으나, 사용자의 일방적 연장은 인정되지 않고 수습기간 연장 관련 취업규칙에 규정이 있거나 연장 관련 근로자의 동의가 필요하고 수습기간 규정을 근거로 근로자에게 수습기간 연장에 대한 통보가 있어야 효력이 있다. 추가로 수습기간 연장에 대한 합리적 이유(연장의 합리적 이유에 대한 입증 책임은 사용자가 부담)가 있어야 하므로 수습기간 연장에 대한 사항은 신중하게 결정 후 시행할지? 여부를 판단해야 한다.

관련 규정 및 절차 준수

수습기간 연장에 대한 규정이 취업규칙에 있는지 여부와 연장할 경우 비단 취업규칙 규정에 있더라도 이를 근거로 통보하기보다는 수습근로자의 동의를 서면으로 작성하고 동의서 상에는 연장되는 수습기간과 연장 사유를 구체적으로 작성하는 절차가 필요하다.

연장 후 해고(수습계약 해지) 시 30일 전 해고예고

3개월 미만 수습기간 종료로 근로계약 해지 시에는 근로기준법 제26조(해고의 예고)에 따라 근로기준법 제27(해고사유 등의 서면통지)에 따른 해고서면 통지서를 30일 전 통지의무가 없으나, 연장으로 인해 3개월을 초과할 경우는 반드시 연장된 수습기간 연장 후 종료일 기준 30일 전에 반드시 해고서면 통지의 법적 절차적(해고예고) 의무가 발생하게 된다.

수습 기간 연장 후 해고 시 정당성 입증 책임 부담

회사는 취업규칙의 규정에 따라 수습기간을 연장한다는 근로자의 동의(기간과 이유 작성)를 받았다 하더라도 연장 후에도 개선사항이 보이지 않게 되어 해고 시에는 해고 사유에 대한 객관적인 입증자료 작성(평가결과 등)과 해고 사유가 정당하다는 입증책임이 회사에 발생한다.

절차위반 시 해고 사유 존재

수습근로자의 동의나 취업규칙상의 아무런 근거 없이 수습기간을 일방적으로 연장하거나 통보하는 경우 수습기간 연장으로 인정되지 않아 이때는 수습근로자 신분이 아니므로 연장 후 해고시에는 취업규칙상 해고사유가 있어야 해고할 수 있다.

수습 연장 거절하면 마음대로 해고해도 되나?

수습 연장을 거절한다고 해고할 수는 없다. 수습 기간이라도 정당한 해고 사유 없이는 해고할 수 없다. 해고 근거가 부족할 경우는 부당해고가 될 수 있고, 근로자가 부당해고 구제 신청을 한다면 여부를 다툴 수 있다. 이미 3개월이 지난 상황이라면 해고예고 의무도 있으므로 30일간의 해고예고 기간을 지켜야 한다.

30일의 해고예고 기간을 두거나, 즉시 해고를 할 때는 30일치 급여를 줘야 한다. 수습기간 최저임금의 90%를 급여로 받고 있었다면, 3개월이 지났으니 최소한 최저임금은 줘야 한다. 다만 수습기간 동안 약속한 연봉의 90%만 받기로 했으나 금액이 최저임금보다는 많았다면, 연장된 3개월 동안 똑같이 연봉의 90%만 줘도 법적으로는 문제가 없다. 법이 지켜주는 급여는 딱 최저임금까지다.

Q. 원래 수습은 3개월 아닌가요?

일반적으로 수습기간 3개월을 두기는 하지만 반드시 3개월이여야 하는 것은 아니다. 해당 업무의 특수성에 따라 근로자와 사용자가 동의한다면 3개월 이상도 수습으로 정할 수 있다.

Q. 인제 와서 수습기간 연장이라니… 그래도 되나요?

아니요. 근로계약서 내 또는 취업규칙에 수습 기간만료 시 연장에 관한 내용이 없다면 회사가 임의로 수습 기간을 연장할 수 없다.

또한 본인이 동의하지 않는 한 인정될 수 없다.

Q. 수습기간 연장을 거절하면 수습사원이라고 맘대로 해고할 수 있나요?

수습기간이라도 정식근로자와 마찬가지로 정당한 해고 사유 없이 해고할 수 없다.

정당한 사유 없이 해고할 경우 부당해고에 해당할 수 있고 노동위원회의 심판 대상이 될 수 있다.

Q. 수습기간은 왜 3개월일까?

수습 기간은 3개월이어야 한다고 정해져 있는 것은 아니지만 고용과 관련해 3개월이 기준이 되는 법 조항들이 있다. 해고와 임금이 대표적인 예이다.

우선 근로기준법상 3개월 미만 근무한 구성원에 대해서는 해고가 비교적 자유롭다. 근로기준법 제26조를 보면 '근로자가 계속 근로한 기간이 3개월 미만인 경우'에는 해고를 하기 30일 전 예고 통보를 하지 않아도 된다고 규정하고 있다. 따라서 수습근로자를 해고하고자 하는 때는 3개월을 다 채우기 전에 해야 한다.

물론 해고의 정당성을 넓게 인정해준다고 하더라도 수습기간 평가는 객관적으로 이루어져야 하며, 취업규칙 등에서 정한 절차를 지켜야 한다. 해고의 사유와 시기를 서면으로 통지하는 절차도 반드시 지켜야 한다.

그리고 임금도 수습기간 3개월 이내의 근로자에게는 예외 기준이 적용된다. 최저임금법 제5조에 따르면 1년 이상 근로계약을 체결하고 수습기간 3개월 이내에 있는 경우엔 최저임금의 90%만 지급해도 된다.

📝 수습 연장 거절로 인한 해고시 실업급여

회사에서 수습기간 연장을 거부해 수습기간 종료 후 근로관계의 종료를 통지하였다면 해고에 해당한다. 해고는 비자발적 퇴사에 해당하여 피보험단위기간 180일 충족에만 문제가 없다면 실업급여 수급이 가능하다.

수습기간 중 해고 통보와 해고예고 수당

수습기간 중 30일간에 한해 해고예고의 의무가 없을 뿐 정규 근로자와 동일한 정당한 해고 사유가 있어야 하며, 시용의 경우는 기간 중 근무 및 적격성에 대한 평가 등 객관적이고 사회적인 통념상 합리적인 근거(근무성적 평가표 등의 기준)가 존재해야 한다.

수습기간 중 정직원 전환이 어렵다는 이유로 갑자기 퇴사 처리를 하는 경우 해고예고수당을 지급해야 한다.

사업주가 근로자를 해고할 경우는 30일 전에 미리 알려야 하기 때문이다.

만약 30일 전에 알리지 않았을 경우는 해고 즉시 한 달 분의 통상임금을 해고예고수당으로 지급해야 한다. 단, 예외적으로 2019년 1월 15일 이후 근로계약을 체결한 3월 미만 근로자에게는 해고예고수당을 지급하지 않는다.

하지만 수습기간 연장으로 예를 들어 6개월의 수습기간을 둔 경우는 해고예고수당을 지급해야 한다.

제8장

퇴사자
업무매뉴얼

퇴사 시 기본업무 흐름

구 분	업무처리
사직서 수령	사직서(퇴직원)를 제출받는다.
급여 일할계산	근로기준법에는 급여 일할 계산에 관한 규정이 없으므로 실무에서는 다음의 두 가지 방법 중 한 가지 방법을 선택해서 적용하면 된다. 다만, 법률의 제한을 받는 것은 계산한 금액이 최저임금에 미달해서는 안 된다. 첫째, 월급제 근로자의 임금을 일할 계산할 경우, 월급을 해당 월의 일수로 나눈 후 무급, 유급일 수를 모두 포함한 근무일 수를 곱하여 산정하는 역에 따른 방법이다. 일할 계산금액 = 월급 나누기 해당 월 일수 곱하기 근무일 수로 계산한다. 주의할 점은 근무일 수는 월요일부터 일요일까지 모든 날을 포함한다. 예를 들어 월급 3,135,000원을 받는 근로자가 11월 20일까지 근무하고 퇴사하는 경우 3,135,000원 나누기 30일 곱하기 20일은 209만 원을 지급해야 한다. 둘째, 앞서 설명한 유급 근로시간을 기준으로 급여를 계산하는 방식이다. 월급을 유급 근로시간으로 나누고 여기에 실제 일한 유급 근무시간을 곱하면 된다. 주의할 점은 실제 유급시간 계산 시 일요일이나 빨간 날도 유급이므로 포함해야 한다는 점이다. 반면 토요일은 무급휴무일인 경우가 많으므로 토요일만 빼고 계산한다. 참고로 토요일을 회사 규정에서 유급으로 규정하고 있는 경우는 토요일도 포함해야 한다. 이 방법은 최저임금을 계산할 때, 월 최저임금 계산의 기준이 되는 방법이므로 가장 최저임금법의 위반 가능성이 낮은 가장 합리적인 방법이다. 예를 들어 일 8시간, 주 40시간을 근무하는 근로자가 월 급여 3,135,000원을 받다가 11월 20일까지 근무하고 퇴직하는 경우. 토요일은 3일이 있다고 가정하자 3,135,000원 나누기 209시간은 시급이 15,000원이 되고, 근무일 20일 중 토요일 3일로 유급 일은 17일이 된다. 17일 곱하기 8시간은 136시간이 된다. 따라서 일급은 136시간 곱하기 15,000원은 2,040,000원이 된다.

구 분	업무처리
4대 보험 상실신고 및 퇴직 정산	건강보험, 국민연금, 고용보험 등 4대 보험 상실 신고 및 퇴직 정산을 한다. 1. 건강보험(퇴직 정산) • 건강보험증의 사용은 퇴직일까지만 가능(건강보험 카드 즉시 반납) • 건강보험료는 퇴직일이 속하는 달까지 납부 • 1일이 퇴직일인 경우는 전달의 건강보험료까지 포함해서 연말정산을 하고, 2일~31일이 퇴직일인 경우는 해당 월까지의 건강보험료를 포함해서 연말정산을 한다.

구 분	업무처리
퇴사일(최종근무일의 다음 날)이 1일	전달의 건강보험료까지 포함해서 연말정산을 한다. 신고금액보다 많거나 적게 급여를 받은 경우 퇴직정산으로 인한 환급이나 납부 발생
퇴사일(최종근무일의 다음 날)이 2일~31일	퇴사 월까지의 건강보험료를 포함해서 연말정산을 한다. 신고금액보다 많거나 적게 급여를 받은 경우 퇴직정산으로 인한 환급이나 납부 발생(퇴사 달 한 달 치 보험료 + 정산보험료 부과 또는 환급)

2. 고용보험(퇴직 정산)
• 실업급여 대상은 비자발적 퇴직의 경우(정년, 계약만료, 권고사직)가 해당한다. 실업급여에 해당할 경우 "사실확인증명서"를 자세히 기재하고 해당 팀장에게 결재받는다.

구 분	업무처리
대상	부과고지 사업장의 상용근로자(건설업을 제외한 일반사업장)
정산보험료	고용보험료 = 보수월액 × 고용보험료율
신고방법	고용보험 피보험 자격상실 신고서 및 산재보험 근로자 고용종료 신고서에 근로자의 상실일, 상실 사유, 지급한 보수 총액을 작성하여 근로복지공단에 제출

3. 국민연금(퇴직 정산 없음)
• 국민연금 보험료는 퇴사일이 속하는 달까지 연금보험료를 납부한다.

구 분	업무처리
각종 융자금 정리	사우회 융자금, 근로복지기금 융자금, 전세금, 주택자금 등을 정리하고, 미상환 금액이 있는 경우 퇴직금에서 공제한다.
퇴직금 및 급여 정산	퇴직금 및 최종 월급을 퇴직일로부터 14일 이내에 본인 급여계좌로 입금해준다. 1. 중도 퇴사자 연말정산 1월 1일부터 12월 31일까지의 퇴사자에 대해서는 연말정산을 한 후 추가납부액은 추가로 징수하고 환급액은 환급해준 후 퇴사 처리를 해야 한다.

구 분	업무처리
	간혹 12월 31일 퇴직자도 연말정산을 해야 하는지 물어보는 경우가 있으나 12월 31일 현재 근무하는 직장에서 연말정산 후 퇴사 처리를 하는 것이 원칙이다. 또한 연말정산 결과 환급액에 대해서 환급을 안 해주고 퇴사 처리를 하는 경우 체불임금으로 처리된다.
	중도 퇴사자의 연말정산 방법은 일반적으로 근로자가 공제 관련 자료를 제출하지 않으므로 기본공제만 적용해서 연말정산을 실시하는 것이 일반적이다. 다만 공제 관련 자료를 제출하면 관련 공제사항을 적용해서 연말정산을 해 줘도 문제는 없다.
	2. 연차수당과 주휴수당 지급
	퇴직 시 연차휴가를 정산한 후 남은 연차에 대해서 연차수당을 지급하거나 연차를 소진한 후 퇴직할 수 있다.
	연차수당도 급여에 속하므로 반드시 연말정산 시 포함해서 정산해야 한다.
	참고로 퇴직으로 인해서 발생하는 연차수당에 대해서는 반드시 지급해야 한다.
	퇴사 시 주휴수당이 발생하는 경우 정산해서 주휴수당을 지급한다.
	3. 퇴직금 또는 퇴직연금 지급
	1년 이상 근속한 근로자나 1년 미만이라도 취업규칙 등에 지급하게 되어 있는 경우 퇴직금을 계산해 14일 이내에 퇴직금을 지급해야 한다.
	사내 적립의 경우 퇴직금을 근로자의 IRP 계좌로 이체 지급하고, 사외적립의 경우는 퇴직연금을 운용기관에서 근로자의 IRP 계좌로 이체한다.
	퇴직금과 DB형 퇴직연금은 회사에서 원천징수 의무가 있어 원천징수 신고·납부를 하거나 과세이연을 하고, DC형 퇴직연금 및 IRP 계좌의 경우 퇴직연금을 운용기관에 원천징수 의무가 있다는 점을 참고로 알아둔다.
이직확인서 제출과 실업급여	퇴사자가 이직확인서 제출을 요구하는 경우 이직확인서를 고용노동부 고용센터에 제출한다.
원천징수영수증 등 발급	다음 근무지에 제출할 원천징수영수증 등을 발급해준다. 다음 근무지에서 연말정산을 하라고 미루지 말고 현 회사에서 반드시 연말정산 후 원천징수영수증을 발급해줘야 한다.
출입카드 반납	퇴직 전까지 출입카드 반납
각종 증명서 발급	퇴직 후 경력증명서 및 퇴직 증명서 발급

사직의 효력과 사직서 보류의 효력

📝 마지막 근무일과 퇴직(사직)일

📂 마지막 근로일

공휴일과 평일 등의 구분 없이 근로가 종료된 당일이 마지막 근로일이 된다.

예를 들어 2025년 3월 7일 금요일까지 최종 근무를 하였다면 2025년 3월 7일 금요일이 마지막 근로일이 된다.

📂 퇴직(사직)일

공휴일과 평일 등의 구분 없이 마지막 근로일의 다음 날이 퇴직(사직)일이 된다. 즉 금요일까지 근무하고 퇴사하는 경우 퇴직일은 토요일이 된다.

예를 들어 2025년 3월 7일 금요일까지 최종 근무를 하였다면 다음 날인 2025년 3월 8일 토요일이 퇴직(퇴사)일이 된다.

근로자의 사직서 제출과 사용자의 합의에 의해 근로계약이 종료되었다면 사직서에 작성된 사직일(퇴사일) 날짜를 퇴사일로 본다. 즉, 사직(퇴사) 일을 사용자와 합의로 월요일로 정하였다면 금요일까지 근로를 하였다고 하더라도 근로관계는 일요일까지 존속하게 되며, 해당주의 주휴일 수당도 발생한다.

예를 들어 근로자와 사용자의 합의에 의거 2025년 3월 10일 월요일에 사직(퇴사)하기로 하고, 2025년 3월 7일 금요일까지 근로하였다면, 퇴직(퇴사)일은 2025년 3월 10일 월요일이 퇴직(퇴사)일이 되고, 임금은 2025년 3월 9일 일요일까지 계산해서 지급한다(주휴수당도 계산).

이직일, 퇴사일, 자격상실일의 관계

이직일 + 1일 = 퇴사일, 퇴직일, 자격상실(4대 보험)

2025년 1월 5일까지 근무했을 경우 이직일, 퇴사일, 자격상실일

① 이직일 : 2025년 1월 5일, ② 퇴사일 : 2025년 1월 6일, ③ 자격상실일 : 2025년 1월 6일

합의에 의한 근로계약의 해약

근로자 본인의 요구에 대해서 회사가 승낙함으로써 근로계약을 종료시키는 것은 쌍방의 합의에 따라서 종료된다는 점에서 해고 및 사직과 구별된다.

사직서의 제출

사직이란 임의퇴직을 의미한다. 이는 근로자 일방의 의사표시로 근로계약을 종료시키는 것으로 사직에 관해서는 관계 법령이 없으므로 특별한 사정이 없으면 근로계약을 종료시키는 취지의 해약 고지로 볼 수 있다.

사직서는 회사와의 근로 계약관계를 해지하는 의사표시를 담고 있는 것이므로 당사자 사이의 근로 계약관계는 회사가 사직서를 수락하는 합의 해지 또는 의원면직이 성립하게 되는 것이다.

퇴직 의사는 근로자가 구두 또는 서면으로 제약 없이 행할 수 있다. 다만, 퇴직이 성립되었다는 것을 입증하기 위해서 서면으로 제출하는 것이 필요하다.

사직서를 수리하지 않을 때 퇴직의 효력 발생 시기

민법 제660조에 의거 근로자해약의 자유를 보장받게 된다. 이때 근로계약 기간의 정함이 없는 경우에는 근로자가 자유로이 근로계약을 해지할 수 있으나 그 해지의 효

력은 원칙적으로 근로자가 정하는 것은 아니다. 즉, 근로자가 제출한 사직서에 기재된 일자가 퇴사일이 되는 것이 아니다.

일반적으로는 근로자가 정한 퇴사일로 결재하는 것이 대부분이지만 중요업무 진행 등을 위해서 결재를 하지 않고 보류할 수도 있다.

사직서를 수리하지 않을 경우 통고 일로부터 1월의 기간이 경과 하면 효력이 발생한다. 다만 일정한 기간(월급제 등)으로 정하여 정기 지급하는 경우는 사용자가 근로자의 퇴직의사표시를 통고받은 당기 후의 1임금 지급기(사직서를 제출한 달의 다음 달)가 경과한 때에 계약 해지의 효력이 발생한다.

임금 지급기가 매월 1일부터 말일까지인 경우, 2025년 9월 19일에 사직을 통고했다면 1임금 지급기인 10월 말일이 지나고 나서 2025년 11월 1일에 사직의 효력이 발생한다.

구 분	업무처리
❶ 시급제 근로자가 퇴직의사표시(사표 제출)를 했으나, 회사가 승낙(사표 수리)을 안 한 경우	시급제 직원의 경우 회사가 근로자의 퇴직 의사표시(사표 제출)를 받은 날로부터 1월이 경과 하면 해지의 효력이 생긴다(민법 제660조 제2항).
❷ 월급제 근로자가 퇴직의사표시(사표 제출)를 했으나, 회사가 승낙(사표 수리)을 안 한 경우	월급제 직원의 경우 사표를 제출한 후의 1 임금 지급기(그다음 달)가 경과 하면 효력이 생긴다(민법 제660조 제3항). 예를 들어 월급제 근로자의 임금 산정 기간이 매월 1일부터 말일까지 일 경우, 근로자가 10월 15일에 사직서를 제출한 경우 근로계약 해지의 효력은 10월이 지나고 나서 1 임금 지급기인 11월이 지나고 나서 12월 1일에 퇴직의 효력이 발생한다.
❸ 일용직 근로자의 경우	매일매일 근로계약을 체결하고 임금을 지급받는 일용직 근로자는 퇴사 의사표시 후 사용자의 의사와 관계없이 그다음 날로부터 퇴사한 것으로 처리된다. 즉, 건설 현장 일용근로자와 같이 근로계약을 1일 단위로 체결하고 그날의 근로 종료에 따라 사용종속관계가 종료되는 순수한 의미의 일용근로자인 경우는 근로자가 사표를 제출한 다음 날 퇴직의 효력이 발생한다.
❹ 휴직 중에 퇴직한 경우	근로자가 휴직 중에 퇴직할 경우 퇴직 시점은 사직서 수리일이 됨이 원칙이며, ❶, ❷에 따라 해석한다.

무단결근한 근로자의 퇴직일

회사가 무단결근하는 직원에게 계속근로의사를 물었는데 이미 본인은 퇴사한 것이라고 주장한다면 마지막으로 근로를 제공한 날의 다음 날이 퇴직일이 된다.

예를 들어 8월 24일까지 근무하고 일주일간 무단결근으로 직원에게 '계속 근무할 거면 내일부터 출근하고 그렇지 않을 때는 무단결근으로 인해 향후 불이익을 받을 수 있다.' 라고 8월 30일 문자를 보냈고, 사장님 8월 24일로 퇴직 처리해주세요.' 라고 답변을 받은 경우 퇴직일은 8월 25일이 된다.

다만 회사의 취업규칙에 무단결근으로 인한 당연 면직 조항 등을 별도로 정하고 있다면 이에 따라 처리한다. 그러나 근로자가 직접적으로 "오늘까지만 근무하고 퇴사하겠습니다.", "8월 30일로 퇴직 처리해주세요." 등 퇴직일을 명확히 밝힌 상황에서는 달리 해석해야 한다.

행정해석은 "근로자가 사용자에게 퇴직의 의사표시(사표 제출)를 한 경우 사용자가 이를 수리했거나, 당사자 간에 계약종료 시기에 관한 특약(단체협약, 취업규칙 및 근로계약 등)이 있는 경우 각각 그 시기(사표 수리한 시기 또는 특약에 의한 시기)에 계약 해지의 효력이 발생할 것이다." 라고 정하고 있다(노동부 예규 제37호). 즉, 근로자가 특정한 일자를 지정하여 퇴사한다면 그 날짜까지 근로관계는 계속된다고 보아야 한다. 따라서 앞서 예시를 기준으로 하면 8월 30일이 퇴사일이 된다.

4대 보험 퇴직 정산

구 분	급여에서 공제 여부
1일 퇴사자(마지막 근무일 전달)	• 국민연금, 건강보험, 고용보험료 전달까지 공제 건강보험, 고용보험 퇴직 정산은 전달 분까지 포함해서 정산 국민연금은 퇴직 정산이 없으므로, 고지액만 납부
2일~말일(마지막 근무일 1일~)	• 국민연금, 건강보험료, 고용보험료 이번 달까지 공제 건강보험, 고용보험 퇴직 정산은 전달 분 + 이번 달 납부분까지 포함해서 정산 국민연금은 퇴직 정산이 없으므로, 고지액만 납부

📝 국민연금 퇴직정산

근로자 퇴직 시 퇴직일이 속하는 달의 다음 달 15일까지 자격상실 신고를 해야 한다. 그러나 건강보험과 같이 신고를 하므로 그때까지 미루지는 않는다.

국민연금의 경우 퇴직정산 제도가 없으므로 퇴사할 때 보험료 정산을 하지 않아도 되며, 연말정산도 안 한다. 즉 부과된 금액을 내기만 하면 정산이 끝난다.

국민연금과 건강보험료의 부과 기준일은 최종근무일 매월 1일 기준이다. 만약에 퇴사일(퇴사일은 마지막 근무일의 다음 날을 의미함)이 1일이면 그달은 보험료를 부과하지 않아도 된다.

그러나 마지막 근무일이 1일(퇴사일은 2일)의 경우 퇴사 월의 국민연금을 공제해야 한다.

예를 들어 퇴사일이 4월 1일일 경우 마지막 근무일이 3월 31일이기 때문에 4월 국민연금을 내지 않지만(3월분까지만 납부), 퇴사일이 4월 2일일 경우 마지막 근무일이 4월 1일이기 때문에 4월 국민연금을 내야 한다.

구 분	보험료 부과
퇴사일(마지막 근무일의 다음 날)이 1일	그달은 보험료를 부과하지 않는다.
최종근무일 2일~말일	한 달 치 보험료를 부과한다.

[사례]

1. 퇴사일 6월 1일

마지막 근무일이 5월 31일 이기 때문에 보험료가 부과되지 않는다(5월분까지만 납부).

2. 퇴사일 6월 2일

마지막 근무일이 6월 1일(1일 기준)이기 때문에 한 달 치 보험료가 부과되므로 퇴사자 급여에서 공제한다.

📝 건강보험 퇴직정산

📂 퇴직정산 방법

사업장은 퇴사자가 발생하면 당해 연도 건강보험료에 대해 퇴사자 정산을 해야 한다. 퇴사한 직원의 건강보험료는 공단에서 정산처리가 진행된 이후에 결과를 알 수 있다. 그러므로 직원의 마지막 급여를 지급한 이후에 진행하면 보험료를 추가로 내는 일이 발생할 경우 퇴사한 직원에게 다시 연락해서 받아야 하는 일이 생기기도 한다.

다행히 연락되어 해당 금액을 받을 수 있으면 문제가 없지만, 연락이 안 되거나 공제한 금액이 실제보다 적은 금액이라면 사업장이 대신 내야 하는 경우도 있다. 따라서 직원의 마지막 급여에 정산금액을 미리 차감하거나 환급해주는 것이 가장 좋은 방법이다. 특히 건강보험료를 고지서에 따라 납부했고, 급여의 변동이 있는 경우는 추가 징수해야 할 가능성이 크므로 반드시 정산을 진행해야 한다.

중도퇴사자의 건강보험 정산하기 위해서 사업장은 퇴사일로부터 14일 이내에 자격상실신고를 해야 한다. 상실 일자는 마지막 근무한 날의 다음 날이다(상실 신고날짜와 자격상실 날짜는 다를 수 있다.).

4대 보험료 부과기준일은 1일, 고지기준일은 15일 기준이므로 매월 15일일 되기 전에 상실신고를 하면 해당 월에 바로 건강보험공단 측으로부터 정산금액이 고지되지만, 15일 이후에 신고하면 다음 달에 정산된 금액을 알 수 있다. 즉 이번 달에 반영이 될 수도 있고 다음 달에 반영될 수도 있으므로 퇴직정산을 반드시 해야 나중에 문제가 발생하지 않는다.

구 분	보험료 부과
퇴사일(최종근무일의 다음 날)이 1일	전달의 건강보험료까지 포함해서 연말정산을 한다. 신고금액보다 많거나 적게 급여를 받은 경우 퇴직정산으로 인한 환급이나 납부 발생
퇴사일(최종근무일의 다음 날)이 2일~말일	퇴사 월까지의 건강보험료를 포함해서 연말정산을 한다. 신고금액보다 많거나 적게 급여를 받은 경우 퇴직정산으로 인한 환급이나 납부 발생(퇴사하는 달 보험료 + 정산보험료 부과 또는 환급)

🗂 퇴직정산 신청과 확인

직장가입자 자격상실 신고를 마친 후, 공단에 퇴직정산을 요청하면 빠르면 그날 안에 늦어도 다음날 안으로는 건강보험 퇴직정산 보험료 산정내역을 받아볼 수 있다.

이 방법이 사실은 가장 정확하고 빠른 방법이라고 볼 수 있다.

현재까지 납부한 건강보험료와 장기요양보험료 금액이 나오고 보수총액 금액이 확정되어서 최종 납부 혹은 돌려받아야 하는 건강보험료가 정산금액에 나온다.

해당 금액만큼은 따로 급여대장의 퇴직정산보험료에 반영해 주면 된다.

참고로 퇴직정산 건강보험은 퇴직과 동시에 보수총액 신고를 해서 정산이 이루어지므로 3월에 하는 건강보험 보수총액 신고서에는 제외된다.

급한 경우에는 공단에 전화해서 퇴직정산금액을 팩스로 보내달라고 하면 알려준다.

EDI를 통한 신청은 신고/신청 ➜ 건강보험 신고/신청 ➜ 건강보험료 ➜ 퇴직정산/연말정산 재정산 신청서로 신청한다.

❶ 국민건강보험 EDI(https://edi.nhis.or.kr/) 접속 → 사업장 로그인

❷ 중도퇴사자 자격상실신고

❸ 보낸문서함 전체보기 클릭

❹ 건강보험 자격상실 신고 처리결과 확인

❺ 퇴직정산내역 확인 → 출력 클릭

❻ 퇴직정산보험료 확인

상세처리내역에 "정상처리"로 되어있다면, 정상적으로 상실신고처리 되었다는 뜻이다.

[작성 방법]

① 근로자의 성명을 입력 후 키보드의 엔터키를 누르면 해당자의 주민등록번호와 증 번호가 나타납니다.

② 정산구분에서 '연말정산' , '퇴직정산' 중 하나를 선택합니다.

③ 변경할 보수총액과 근무 월수를 입력합니다.

※ 한 달 중 하루라도 근무했을 경우 근무 월수에 포함

④ [대상자 등록] 버튼을 클릭하여 입력한 내용을 등록합니다.

⑤ [신고] 버튼을 클릭하여 신고합니다.

가. 정산연도 : 퇴사한 당해연도 입력. 단, 12월 31일 퇴사자 연말정산의 경우에는 입력하지 않습니다.

나. 상실일 : 말 일자 퇴사 시, 퇴사일 + 1 [예] 5월 31일 퇴사 시, 6월 1일 상실일

다. 보수월액 : 당해연도 보수 총액/근무 월수

라. 근무 월수 : 당해 1월~퇴사 당월까지의 근무 월

○ 근무 월수 : 연도 중 '근로 제공의 대가로 보수를 지급받은 기간 전체'를 의미

- 1일이라도 근무하여 근로의 대가로 보수를 받은 경우 근무월수 산정에 포함

- 휴직(산업재해 등으로 휴직할 경우 포함) 기타의 사유로 보수의 일부 또는 전부가 지급되지 아니하여 고지 유예 신청한 경우 해당 기간 동안은 근무 월수 산정에서 제외

※ 휴직 발생 해당연도의 휴직일이 속한 월과 종료 월은 근무 월수에 포함(단, 당해 휴직일이 매월 1일인 경우 근무 월수 산정에서 제외)

- 근로를 제공하지 않아 보수의 일부 또는 전부가 지급되지 않은 기간(직위해제, 무노동무임금, 기간제 교사의 방학기간 등)은 근무 월수 산정에서 제외

※ 정산보험료 환급금이 큰 사업장의 경우 사유를 반드시 확인(파업기간의 근무 월수 포함 여부 등)

○ 정산 월수 : 전년도에 보험료가 부과된 기간(근무 월수와 다를 수 있음)

예) 2025년 1월 12일에 입사하여 2025년 12월 31일까지 자격을 유지한 자의 경우,

- 근무 월수 : 보수가 지급된 1월~12월(1월~12월 : 12개월)

- 정산 월수 : 보험료가 부과된 2월~12월(11개월)

초일 취득(1일 입사)자는 입사 월부터 건강보험료를 납부하므로 근무 월수와 같다.

마. 납부한 보험료 : 당해 1월~ 퇴사 당월까지 납부한 보험료

결과는 받은 문서에서 확인할 수 있다. 이때 주의해야 할 점이 있는데 각각 퇴직정산에 나타나는 금액은 근로자부담 분과 사업자(회사)부담분이 합쳐서 표시된 금액이다. 따라서 이 금액을 근로자의 건강보험 퇴직정산 금액으로 모두 넣으면 안 되고 1/2에 해당하는 금액만 근로자부담 분으로 반영한다.

예를 들어, 퇴직정산 보험료가 15,000원이라면 근로자 부담분은 절반인 7,500원이므로 급여 공제 시 7,500원을 퇴직정산 보험료로 공제해야 한다.

퇴직정산 보험료가 +라면 보험료를 추가 납부를 해야 하고 -라면 보험료를 환급받는 것을 의미한다.

참고로 처리결과 내역의 숫자는 자격상실 신고서 접수 인원을 나타낸다. 예를 들어 세 명의 퇴사자에 대한 상실신고를 했다면 숫자가 3으로 표시된다.

퇴직정산(전년)은 전년도의 건강보험 정산내역이며, 건강보험 연말정산(4월) 이전 퇴사자라면 전년도 퇴직정산 보험료가 함께 정산되며, 건강보험 퇴직정산 이후 퇴사자라면 당해연도 건강보험료만 정산된다.

📝 고용보험 퇴직 정산

📂 퇴직정산 방법

퇴직정산의 대상이 되는 근로자는 부과고지 사업장에 근무하면서 고용정보가 관리되고 있는 상용근로자이며 일용근로자, 월 60시간 미만 단시간 상용근로자, 산재 고용정보 미신고 외국인 근로자는 매년 3월 15일까지「보수총액신고서」에 보수총액을 신고하여 정산한다.

2020년 1월 16일 퇴직한 퇴사자부터는 고용보험도 퇴직정산을 해야 한다. 퇴직정산을 한 경우 건강보험과 같이 보수총액신고시 신고를 안 해도 된다.

건강보험과 같이 퇴직하면서 그해 보수총액을 신고하고 바로 정산해서 퇴직자에게 정확한 금액을 추가징수 또는 환급한다.

퇴직 신고를 하면 건강보험처럼 바로 정산보험료를 알 수 있고 급여 지급일 전에 내용을 적용하여 공제 후 급여 지급을 하면 된다.

고용보험료는 보수월액에서 당해연도의 고용보험료율을 곱하여 구한다.

고용보험료 = 보수월액 × 고용보험료율

고용보험료율은 2022년 7월분부터 근로자는 0.9%이다.

고용보험 퇴직정산이 필요한 이유는 바로 매달 고용보험료 공제 시 보통 "원단위절사"가 이루어지기 때문인데, 이게 몇 달씩 쌓이다 보면 10원 단위 차액이 발생할 수 있으니 주의해야 한다. 예를 들어 급여가 월 2,155,500원인 경우 고용보험료는 매달 원단위 절사 후 19,390원을 징수한다. 10개월 근무 시 실제 공제액은 19,390원 × 10개월 = 193,900원이 된다.

그러나 해당 근로자의 10개월 급여는 월 2,155,500원 × 10개월 = 21,555,000원이 되고, 퇴직정산 시 동 금액의 0.9%는 193,990원으로 실제 공제해야 할 금액과 90원의 차이가 발생한다. 따라서 90원에 대해 추가 공제하는 퇴직정산을 해야 한다.

📂 고용·산재 퇴직정산 신고 방법

상실사유가 발생한 날(고용관계가 종료한 날)이 속하는 달의 다음 달 15일까지 해당 근로자의 보수총액을 작성하여 자격상실(고용종료) 신고를 한다.

근로자 자격상실(고용종료) 신고서에 근로자의 상실일, 상실사유 및 "지급한 보수총액"을 작성하여 공단으로 신고하면 퇴직정산 결과 반영 월의 월별보험료에 합산 고지(반영 월의 월별보험료보다 초과 시 2등 분하여 반영 월과 그다음 월 월별보험료에 각각 합산 고지, 추가부과, 반환·충당) 한다.

근로자 고용종료(자격상실) 신고 시 해당 근로자에게 지급한 보수총액을 신고하였으나 이후 추가로 보수를 지급하게 되었거나 착오로 신고한 경우 고용종료근로자 보수총액 수정신고서를 제출한다.

연도 중 요율 변경이 있어 보수총액을 기간별로 신고해야 하거나, 자활근로 종사자 및 노동조합 등으로부터 금품을 지급받는 노조 전임자 등 보수총액을 보험사업별로 신고해야 하는 경우 「고용종료근로자 보수총액 구분 신고서」을 추가로 제출한다.

고용·산재보험 토탈서비스(total.kcomwel.or.kr) 또는 서면 신고가 가능하다.

구 분	업무처리
대상	부과고지 사업장의 상용근로자(건설업을 제외한 일반사업장)
정산보험료	고용보험료 = 보수월액 × 고용보험료율
신고방법	고용보험 피보험 자격상실 신고서 및 산재보험 근로자 고용종료 신고서에 근로자의 상실일, 상실 사유, 지급한 보수총액을 작성하여 근로복지공단에 제출

📝 당월 입사 당월 퇴사자의 4대 보험

당월 입사 당월 퇴사는 4대 보험 적용 대상이 아니며, 2일 입사 다음 달 1일 전 퇴사의 경우 취득기간에 대한 납부액도 없다. 단, 입사일과 퇴사일에 1일(마지막 근무일)이 포함된 경우 보험료가 부과될 수 있다.

구 분	급여 공제
국민연금	당월 입사 당월 퇴사 시 부과되지 않으므로 공제 불필요. 단, 1일 입사자는 납부
건강보험	당월 입사 당월 퇴사 시 부과되지 않으므로 공제 불필요. 단, 1일 입사자는 납부
고용보험	(급여 – 비과세) × 0.9% 부과 공제 필요

주 당월입사 당월퇴사 할 때는 국민연금과 건강보험은 부과하지 않고 고용보험과 산재보험만 부과한다. 단 1일 입사자는 국민연금, 건강보험 모두 당월 입사 당월 퇴사인 경우라도 부과된다.

주 국민연금은 1일 입사자가 아니더라도 본인이 희망하는 경우 입사 월부터 적용이 가능하다(취득월 납부 희망 제도). 단, 같은 달 타 사업장에서 상실 신고를 한 경우 타 사업장에서 이미 납부하고 왔으므로 취득 월 납부가 안 된다(이중 납부가 되므로).

주 공제되지 않는다고 해서 처음부터 취득 신고를 안 해도 된다는 뜻은 아니다. 그러니 연금, 건강, 고용, 산재를 모두 취득 신고 후 상실 신고를 해야 한다. 다만, 공제액을 계산할 때 고용보험료만 계산하면 된다(1일 입사자는 건강, 국민, 고용 모두 공제).

주 실무상으로는 취득 후 상실 신고의 불편함 등 업무 편의를 위해 비록 상용근로자로 입사했더라도, 일용근로자로 신고하는 경우가 많다.

구 분	입사	퇴사
4월 1일 입사일 4월 중 퇴사일	4월분 국민연금, 건강보험, 고용보험, 산재보험료 모두 납부 당월 입사 당월 퇴사지만 1일 기준에 따라 모두 납부	
4월 2일 입사일 4월 중 퇴사일	당월 입사 당월 퇴사 고용보험, 산재보험료만 납부 국민연금, 건강보험료 미납부	
4월 1일 입사일 5월 1일 퇴사일 (마지막 근무일 4월 30일)	4월분 국민연금, 건강보험, 고용보험, 산재보험료 모두 납부(당월 입사 당월 퇴사지만 1일 기준 적용) 마지막 근무일이 4월 30일이므로 5월분 국민연금, 건강보험, 고용보험, 산재보험료 납부하지 않는다.	
4월 1일 입사일 5월 2일 퇴사일 (마지막 근무일 5월 1일)	4월분 국민연금, 건강보험, 고용보험, 산재보험료 모두 납부(1일 기준 적용)	5월분 국민연금, 건강보험, 고용보험, 산재보험료 모두 납부(1일 기준 적용) 5월의 경우 퇴사일이 5월 2일 경우 마지막 근무일이 5월 1일이므로 1일 기준에 따라 5월분도 납부한다.
4월 2일 입사일 5월 2일 퇴사일 (마지막 근무일 5월 1일)	국민연금, 건강보험료, 고용보험료 미납부	5월분 국민연금, 건강보험, 고용보험, 산재보험료 모두 납부(1일 기준 적용) 5월의 경우 퇴사일이 5월 2일의 경우 마지막 근무일이 5월 1일이므로 1일 기준에 따라 5월분도 납부한다.

중도 퇴사자 연말정산

근로자가 중도에 퇴직하는 경우, 퇴직하는 달의 근로소득을 지급하는 때에 연말정산을 하는데, 이를 중도 퇴사자 연말정산이라고 한다.

중도퇴사자는 퇴직 시점에 세금을 정산하여 퇴직할 때 회사에서 환급받거나 납부하게 된다. 다만, 이때는 정산을 위한 자료 제출 없이 근로자의 기본공제와 표준공제만을 반영하여 연말정산을 진행한다.

따라서 공제받지 못한 내역은 나중에 이직한 회사에서 재직자로 연말정산 시 반영하거나, 다음 해 5월 종합소득세 신고 시 공제받을 수 있다.

재취업 후 중도 퇴사 시 연말정산

종전근무지 근로소득원천징수영수증을 추가로 제출받아 현 근무지의 근로소득과 합산한 후 연말정산을 한다.

근로소득자「소득·세액공제 신고서」를 작성하여 제출해야 하지만 이를 생략하고 파악이 가능한 기본공제, 근로소득세액공제, 표준세액공제만 반영해서 연말정산을 한다. 다만, 파악이 가능한 연금보험료 공제, 특별소득공제(건강보험료, 고용보험료)와 다른 공제금액을 공제해도 문제가 되지는 않는다.

그리고 환급세액이 나오는 경우 14일 이내에 반드시 현 직장에서 환급해주어야 한다. 환급을 안 해주면 임금체불이 될 수 있다.

재취업이 아니고 현 근무지밖에 없는 경우

기본공제, 연금보험료 공제, 특별소득공제(건강보험료, 고용보험료)와 표준세액공제만 반영해서 중도 퇴사자 연말정산 후 원천징수영수증을 발급해준다. 물론 아래의 공제 항목에 대해 자료가 있으면 반영해서 연말정산을 해주면 재취업을 못 하면 해야 하는 내년 5월 종합소득세 신고 및 납부를 생략할 수 있다. 하지만 대다수 퇴직자가 근로소득자「소득·세액공제 신고서」와 함께 공제 관련 증명서류를 제출하지 않으므로 근로자 본인에 대한 기본공제와 근로소득세액공제, 표준세액공제만 적용하여 연말정산을 해야 한다.

근무기간에만 공제되는 항목	근무기간과 상관없이 공제되는 항목
보험료, 의료비, 교육비, 주택자금 및 신용카드 사용액 등 공제 가능 항목 이외의 항목에 대해서는 퇴사 후~입사 전 기간은 공제되지 않는다. 즉, 근무기간에 해당하는 비용만 공제되는 것이다.	연금보험료 공제, 개인연금저축공제, 연금저축계좌 세액공제, 투자조합출자등 공제, 소기업/소상공인 공제부금 소득공제, 기부금공제, 월세액공제는 근무기간과 관계없이 총액에 대한 공제가 가능하다.

프로그램이 없어 중도퇴사자 연말정산을 자동으로 계산하기 불편한 경우 홈택스 연말정산 모의 계산을 활용해 계산해보는 것도 하나의 방법이다.

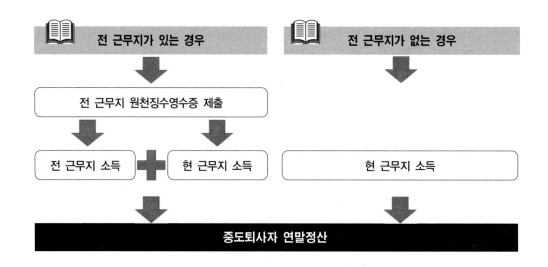

구 분	정산방법
재취업 후 중도 퇴사	1. 현 근무지 현 근무지에서는 종전근무지가 있은 경우 근로소득자로부터 종전 근무지 근로소득원천징수영수증 제출받아 중도퇴사자 연말정산을 한다. 2. 종전근무지 종전 근무지에 요청하여 근로소득 원천징수 영수증을 받아서 현근무지에 제출, 현근무지의 근로소득과 합산해야 한다.
종전 근무지가 없는 경우	국세청 홈택스를 통하여 직접 종합소득세 신고 기간(5월)에 신고해야 한다. 전 근무지의 근로소득원천징수영수증과 연말정산 간소화 서비스 자료를 토대로 종합소득세 신고를 한다.

중도 퇴사자 원천징수이행상황신고서 작성 방법

❶ 간이세액란은 매달 간이세액표에 따라 원천징수 한 인원과 총지급액 및 소득세 등을 기재한다.

A01란에는 중도퇴사자 포함. 비과세 제외한 총지급 원천징수 소득세를 기재한다. 즉, A01란에는 중도퇴사자를 포함한 재직자에게 해당 신고기간에 지급한 지급액과 소득세를 기재한다.

❷ 중도퇴사(A02)란은 중도퇴사자가 당해연도 퇴사 시까지 비과세를 제외한 총지급액을 기재하고 퇴사자 연말정산 후 원천소득세는 소득세 등란에 기재한다. 즉, A02란에는 연도 중 중도퇴사자 총지급액과 결정세액을 기재(퇴직 시 연말정산 결과)한다. 예를 들어 퇴사한 달인 2월분 급여를 2월에 모두 지급하였다면 2025년 2월 귀속, 2025년 2월 지급분 원천징수이행상황신고서의 간이세액란에는 지급액과 간이세액표에 따른 징수세액을 반영하고, 중도퇴사란에는 1월~2월 총지급액과 연말정산한 징수세액을 반영해야 한다.

참고로 1월 또는 2월 퇴사자의 경우 전년도 계속근로자 연말정산과 중도퇴사자 연말정산을 별도로 진행해야 한다. 중도퇴사자 연말정산시 연차수당을 급여에 반영하지 않고 정산해서, 나중에 재정산해야 하는 번거로움이 발생할 수 있으므로 반드시 연차수당을 포함해서 연말정산을 한다.

[사례]

① 2025년 6월분 근로소득 지급 : 10명, 총지급액 35,000,000원, 소득세 1,000,000원

② 2025 6월분 중도퇴사자 중간정산 : 1명, 총지급액 24,573,000원, 소득세 △520,000원(환급)

③ 2025년 6월분 퇴직소득 지급 : 1명, 총지급액 138,000,000원, 소득세 6,600,000원

④ 2025년 6월분 기타소득 지급 : 1명, 총지급액 300,000원, 소득세 12,000원

⑤ 2025년 6월분 비영업대금 이자소득 : 1명, 총지급액 1,600,000원, 소득세 400,000원

① 신고구분						□ 원천징수이행상황신고서 □ 원천징수세액환급신청서			② 귀속연월		2025년 7월
(매월)	반기	수정	연말	소득 처분	환급 신청				③ 지급연월		2025년 7월
원천징수 의무자	법인명(상호)		○○○		대표자(성명)		△△△		일괄납부 여부		여,(부)
									사업자단위과세 여부		여,(부)
	사업자(주민)등록번호		xxx-xx-xxxxx		사업장 소재지		○○○○○		전화번호		xxx-xxx-xx
									전자우편주소		00@00.00

❶ 원천징수 명세 및 납부세액

(단위 : 원)

소득자 소득 구분				코드	원천징수명세					⑨ 당월 조정 환급세액	납부 세액	
					소득지급 (과세 미달, 일부 비과세 포함)		징수세액				⑩ 소득세 등 (가산세 포함)	⑪ 농어촌 특별세
					④ 인원	⑤ 총지급액	⑥ 소득세등	⑦ 농어촌특별세	⑧ 가산세			
개인(거주자·비거주자)	근로소득		간이세액	A01	10	35,000,000	1,000,000					
			중도퇴사	A02	1	24,573,000	△520,000					
			일용근로	A03								
		연말정산	합계	A04								
			분납신청	A05								
			납부금액	A06								
			가감계	A10	11	59,573,000	490,000				490,000	
	퇴직소득		연금계좌	A21								
			그 외	A22	1	138,000,000	6,600,000					
			가감계	A20	1	138,000,000	6,600,000				6,600,000	
	사업소득		매월징수	A25								
			연말정산	A26								
			가감계	A30								
	기타소득		연금계좌	A41								
		종교인소득	매월징수	A43								
			연말정산	A44								
			그 외	A42	1	300,000	12,000					
			가감계	A40	1	300,000	12,000				12,000	
	연금소득		연금계좌	A48								
		공적연금(매월)		A45								
		연말정산		A46								
		가감계		A47								
	이자소득			A50	1	1,600,000	400,000				400,000	
	배당소득			A60								
	저축 등 해지 추징세액 등			A69								
	비거주자 양도소득			A70								
법인	내·외국법인원천			A80								
	수정신고(세액)			A90								
	총합계			A99	14	199.473,000	7.492,000				7.492,000	

❷ 환급세액 조정

(단위 : 원)

전월 미환급 세액의 계산			당월 발생 환급세액				⑱조정대상 환급세액 (⑭+⑮+⑯+⑰)	⑲ 당월조정 환급세액계	⑳ 차월이월 환급세액 (⑱-⑲)	㉑ 환급 신청액
⑫ 전월미환 급 세액	⑬ 기 환급 신청세액	⑭ 차감잔액 (⑫-⑬)	⑮ 일반 환급	⑯ 신탁재산 (금융회사 등)	⑰ 그밖의 환급세액					
					금융 회사 등	합병 등				

중도 퇴사자 지급명세서 제출 방법

중도 퇴사자의 원천징수영수증 즉 지급명세서는 수시로 제출하는 방법과 내년 3월에 계속 근로자 연말정산 분과 같이 제출하는 방법이 있다. 잊어버릴 것 같으면 수시제출을 하고, 한꺼번에 처리하고 싶으면 내년 3월에 계속 근로자 연말정산 분과 같이 제출하면 된다.

3월에 제출하는 경우 전년도 지급명세서는 올해 5월이 되어야 조회할 수 있다. 이유는 지급명세서는 원칙적으로 전 연도분을 올해 3월 10일까지 관할 세무서에 제출하기 때문이다.

2025년 5월 이전에는 홈택스에서 2024년 이전연도 지급명세서만 조회할 수 있다. 2024년 즉 연말정산의 대상이 되는 전 연도 지급명세서는 2025년 5월이 되어야 조회할 수 있다.

물론 현재 재직자와 구분해서 퇴사자의 근로소득만 따로 지급명세서를 수시로 제출할 수도 있으나, 그렇게 하는 회사는 거의 없다. 따라서 이직 후 현 직장에서 연말정산을 받기 위해서는 전 직장에서 반드시 원천징수영수증을 받아와야 한다. 즉, 연말정산을 하는 이 순간, 전 직장의 원천징수영수증은 홈택스에 없다.

원천징수영수증은 이듬해 5월부터 조회할 수 있다. 즉, 2024년 귀속 원천징수영수증은 2025년 5월부터 조회가 가능하다는 말이다. 다만, 회사가 중도 퇴사자의 지급명세서를 2024년 12월까지 수시 제출한 경우, 2025년 1월부터 조회할 수 있다.

그러나 전 직장에서 굳이 중도 퇴사자의 지급명세서만 따로 분리해서 12월까지 제출하지 않을 가능성이 크다.

그러면 다음의 2가지 방법 중 하나로 처리해야 한다.

1. 연말정산을 끝내려면 전 직장에 전화해서 원천징수영수증을 달라고 한다.

2. 5월에 종합소득세 신고를 한다.

중도 퇴사자 중 중도 퇴사자 연말정산 후 다른 직장으로 이직하지 않고 ① 급여가 작거나 부양가족이 많아서 원천징수 된 세금이 없는 경우 또는 이미 퇴사하면서 원천징수 된 세금을 다 돌려받은 경우 ② 근로소득 외에 다른 종합소득이 없거나 추가로 더 공제받을 사항이 없다면 굳이 5월에 종합소득세 신고를 하지 않아도 된다. 즉, 전 직장에 전화해 원천징수영수증 발행을 요청할 필요가 없다.

📝 12월 31일 퇴사자의 연말정산

12월 31일 퇴사자는 원칙은 중도퇴사자 연말정산으로 12월 31일까지 제출받은 서류를 기준으로 중도 퇴사자 연말정산 후 해당 근로자가 추가 세금 문제가 발생하면 5월에 스스로 종합소득세 신고 및 납부를 하도록 안내해야 한다.

원천징수이행상황신고서는 앞서 설명한 중도퇴사란에 기재 후 연말정산 신고를 한다. 반면, 12월분 근로소득을 다음 연도 2월 말일까지 지급하지 않은 경우, 다음 연도 2월 말일에 지급한 것으로 의제한다는 지급시기의제라는 원천징수 특례규정이 있다.

이 규정에 따라 12월 31일 퇴사자에 대한 급여를, 2월 말일까지 지급하지 않은 것으로 실무상 처리해, 다음 해 1월 10일 중도 퇴사자 연말정산으로 신고하지 않고, 계속 근로자의 3월 10일 연말정산 신고시, 포함해서 신고하는 경우도 있다.

이때 원천징수이행상황신고서는 중도퇴사가 아닌 연말정산란에 포함해서 신고한다.

한마디로 1월 10일 신고 때 누락하고 3월 10일에 신고하는 방법이다.

하지만 이 방법은 내부적으로 복잡하고 실무자가 번거로우므로 잘 사용하지 않는 방법이지만, 대표이사의 지시 등 부득이한 사유로 실무상 처리하는 경우도 많다.

또한 간혹 귀속일과 지급일을 다르게 신고하는 회사라면 12월 귀속분 급여를 1월에 지급하게 되고, 이 경우는 2월 10일까지 원천세 신고를 하므로 연말정산 서류를 2월 10일까지 다 챙겨서 제출하면 제대로 된 연말정산을 받을 수 있다.

이때는 별도로 5월에 확정신고를 하지 않아도 된다.

그럼 12월 31일 중도퇴사자 연말정산만 받고, 5월에 종합소득세 신고를 안 한 경우 실제로 환급이 발생하는 때는 환급을 못 받고 나중에 경정청구 등을 통해 환급받아야 한다.

반면, 실제로 납부세액이 발생하는데, 신고를 누락한 경우 가산세가 발생한다.

📝 퇴사자의 근로소득 원천징수영수증 확인 및 발급 방법

만약 퇴사한 회사에서 원천징수영수증을 받지 못했다면 회사는 퇴사자의 근로소득지급명세서를 홈택스를 통하여 상시 제출할 수 있으므로 회사가 근로소득지급명세서를 제출한 경우 근로자는 홈택스에서 본인의 근로소득원천징수영수증을 직접 확인할 수 있다.

홈택스 로그인 → 마이홈택스 → 연말정산·지급명세서 → 지급명세서 등 제출 내역

연차휴가의 퇴직 정산과 연차소진

퇴사 시 남은 연차휴가는 남은 연차휴가를 소진하고 퇴사하는 방법과 연차수당으로 지급하는 방법이 있다.

중소기업의 경우 연차수당을 주지 않기 위해 연차휴가를 소진한 후 퇴사 처리를 하는 경우가 많은데, 이에는 득실이 존재한다. 법적으로는 2가지 방법 모두 가능하다.

연차휴가의 정산은 매년 이루어져야 하나 퇴사 시 한꺼번에 이뤄지기도 한다. 1년 미만의 월 단위 연차는 1월 + 1일, 2월 + 1일, 3월 + 1일... 등 실제 발생한 연차일 + 1일(1월+1일)을 근무해야 한다. 또한 1년 연 단위 연차는 1년 + 1일, 2년 + 1일, 3년 + 1일.... 등 실제 발생한 연차일 + 1일(366일)을 근무해야 한다.

[연차휴가 계산의 핵심 공식]

1. 입사연도부터 1년간은 입사일로부터 1달 후 입사일과 같은 날이 마지막 근무일인 경우 1일씩 발생해 총 11일이 발생하고 이는 입사일로부터 1년간 사용할 수 있다(월 단위 : 입사일로부터 1년간만 발생).

[예시] 2025년 1월 2일 입사의 경우 2월 2일까지 근무하고 퇴사 시 1일의 연차휴가가 발생하고, 10월 1일까지 근무하고 퇴사하는 경우는 8일(2월 2일~9월 2일), 10월 2일까지 근무하고 퇴사하는 경우는 9일(2월 2일~10월 2일)이 발생한다.

2. 입사일로부터 딱 1년이 되는 입사일과 같은 날이 마지막 근무일인 경우 15일의 연차휴가가 발생한다.

[예시] 2025년 1월 2일 입사의 경우 1년이 되는 2026년 1월 2일이 마지막 근무일이거나 이후에도 계속근무 시에는 15일의 연차휴가가 발생한다. 그리고 이는 1년간 사용할 수 있다.

📝 연차휴가의 퇴직 정산기준

퇴사 시 연차휴가는

❶ 월 단위 연차휴가의 경우 미사용 월 단위 연차휴가를 계산한다.

❷ 연 단위 연차휴가의 경우 입사일 기준이 원칙이므로 최소 입사일 기준으로 연차 휴가를 계산한 후 다음의 표와 같이 처리한다.

구 분	연차휴가의 정산
입사일 기준보다 회계연도 기준으로 더 많은 휴가를 부여한 경우	입사일 기준보다 회계연도 기준으로 더 많은 휴가를 부여했으므로 연차휴가는 발생하지 않는다. 이 경우 사용자가 취업규칙 등에 입사일 기준보다 회계연도 기준으로 더 많은 휴가를 부여한 경우 연차휴가를 무조건 입사일 기준으로 재산정 또는 재정산 후 급여에서 삭감할 수 있다는 취지의 규정을 두고 있지 않다면, 근로기준법 제3조에 따라 근로자에게 유리한 연차휴가를 부여해야 한다. 따라서 회계연도 기준을 적용함으로써 더 부여된 연차휴가를 삭감할 수도, 그에 대한 임금을 차감할 수도 없다. 물론 퇴사 시 무조건 입사일 기준으로 한다는 규정이 있는 경우에는 급여에서 차감할 수 있다.
입사일 기준보다 회계연도 기준으로 더 적게 휴가를 부여한 경우	원칙은 입사일 기준이므로 회계연도 기준의 연차가 입사일 기준 연차보다 적게 부여된 경우 차이에 대해서는 추가로 부여하거나 연차수당을 지급해야 한다.

결론은 입사일 기준보다 회계연도 기준으로 더 많은 휴가를 부여한 경우 무조건 입사일 기준을 적용한다는 취지의 회사 규정이 없으면 입사일 기준과 회계연도 기준 중 근로자에게 유리한 기준을 적용해 정산한다.

📝 연차휴가의 퇴직 정산 공식

구 분	발생	정산분
2017년 5월 29일 입사자까지	❶ 1년간 : 1월 개근 시 월 단위 연차 총 11일 ❷ 1년이 되는 날 : 1년 개근 시 연 단위 연차 15일 ❸ 2년이 되는 날 : 15일 ❹ 3년이 되는 날 : 16일 계산식 = 15일 + (근속연수 - 1년) ÷ 2로 계산 후 나머지를 버리면 된다.	정산 연차 일수 = [15일 + (❸ + ❹ + ... - 연 단위 연차휴가사용촉진)] - 사용한 일수
2017년 5월 30일 입사자부터	❶ 1년간 : 1월 개근 시 월 단위 연차 총 11일 ❷ 1년이 되는 날 : 1년 개근 시 연 단위 연차 15일 ❸ 2년이 되는 날 : 15일	정산 연차 일수 = [26일 + (❸ + ❹ + ... - 연 단위 연차휴가사용촉진)] - 사용한 일수

구 분	발생	정산분
2020년 3월 1일 입사자부터	❹ 3년이 되는 날 : 16일 계산식 = 15일 + (근속연수 - 1년) ÷ 2로 계산 후 나머지를 버리면 된다.	정산 연차 일수 = [(26일 - 월 단위 연차휴가사용촉진) + (❸ + ❹ + .. - 연 단위 연차휴가사용촉진)] - 사용한 일수

📝 남은 연차에 대한 보상

📂 남은 연차에 대한 보상방법

⊙ 연차휴가가 20일 남은 직원이 퇴사하는 경우 연차수당으로 20일분의 통상임금을 지급하면 된다. 반면, 연차휴가를 사용하는 때는 20일의 연차휴가는 토요일과 일요일을 빼고 20일이므로 약 1달 정도 퇴사가 미뤄지게 되고, 결국 약 1달분의 월급을 추가로 지급해야 한다.

⊙ 연차수당의 지급기준은 통상임금이고, 월급은 통상임금과 통상임금을 제외한 급여항목이므로, 연차휴가를 사용하고 퇴사함으로 인해 약 1달분 월급을 추가로 주는 경우 연차수당은 통상임금만 주고 끝나지만, 월급은 통상임금을 제외한 급여항목까지도 추가로 줘야 한다.

⊙ 연차휴가를 사용하고 퇴사하는 경우 계속 근속 일수가 늘어나 퇴직금이 증가한다. 연차휴가를 사용하고 퇴사하는 경우 퇴직이 1달 정도 미뤄져 결국 연차수당을 지급하는 경우보다 근속연수가 길어지고 퇴직금도 더 줘야 한다.

⊙ 약 1달간 4대 보험 상실기간이 미뤄지므로 1달분의 사업주 부담분 보험료가 추가로 발생한다.

📂 연차수당의 계산 방법

구 분	내 용
지급일	• 특별한 정함이 없는 한 연차휴가를 실시할 수 있는 1년의 기간이 만료된 후 최초의 임금 정기지급일에 지급해야 한다. • 퇴직자는 미사용 연차휴가에 대해서 미사용수당을 퇴직일로부터 14일 이내에 지급해야 한다.

구 분		내 용
원칙	월 단위 연차휴가	1. 2020년 3월 30일까지 발생한 연차 연차휴가 사용 촉진의 대상이 아니므로 미사용 연차휴가에 대해 무조건 연차수당을 지급해야 한다. 2. 2020년 3월 31일부터 발생하는 연차 ❶ 사용자가 연차휴가의 사용 촉진을 한 경우 : 연차휴가 수당 지급 의무 면제 ❷ 사용자가 연차휴가의 사용 촉진을 안 한 경우 : 연차휴가 수당 지급
	연 단위 연차휴가	다음의 2가지 요건을 모두 충족해야 한다. • 연차휴가 사용 촉진을 안 한 경우 • 휴가일 수의 전부 또는 일부를 사용하지 않은 경우 미사용 연차유급휴가 일수만큼의 미사용 수당을 지급해야 한다.
예외		• 퇴직으로 인해 연차를 사용하지 못하고 퇴직하는 경우는 퇴직 당시 발생한 연차 중 사용하지 못한 연차에 대한 수당은 지급해야 한다. • 연차휴가 사용 촉진을 한 경우 연차수당을 지급하지 않을 수 있다. 다만, 퇴직으로 인해 사용하지 못한 연차에 대해서는 연차휴가 사용 촉진을 해도 연차수당을 지급해야 한다. • 2022년 1월 1일부터 5인 이상 사업장은 빨간 날 쉬는 경우 연차휴가에서 차감할 수 없다. • 딱 1년이 되는 시점에 계속해서 근로가 예정되어있는 경우 15일의 연 단위 연차휴가가 발생하고, 근로관계의 종료로 계속근로가 예정되지 않은 경우 15일의 연 단위 연차는 발생하지 않는다는 것이 대법원의 해석이다. 따라서 계약직의 경우 딱 1년 365일이 되는 시점에 근로관계가 종료되고 다음 날 근로가 예정되어있지 않으므로 15일의 연 단위 연차휴가는 발생하지 않는다. 결론은 365일 근무한 경우 11일, 366일 근무의 경우 26일이 발생한다는 것이다.
계산기준		연차수당도 임금채권으로 발생일부터 3년간 지급하지 않으면 소멸한다. 연차유급휴가 미사용수당은 취업규칙에 달리 정함이 없는 한 발생한 달의 통상임금을 기초로 하여 산정한다. 그리고 중소기업의 경우 연차수당 청구권이 발생한 달에 연차수당을 지급하지 않고 퇴사 시점에 전체 근무 기간의 연차휴가를 계산해 수당을 정산하는 경우도 많다. 이 경우 수당 지급의 기준이 되는 통상임금은 퇴사 시점의 통상임금이 아니라 각 연차수당 청구권이 발생한 해당연도의 해당 월의 통상임금을 기준으로 계산한다. 예를 들어 2022년 12월 31일, 2023년 12월 31일, 2024년 12월 31일까지 미사용 연차가 있어 2025년 퇴사로 인해 연차수당을 정산하는 경우 2022년 12월 31일, 2023년 12월 31일, 2024년 12월 31일 각 연도의 남은 연차를 각 연도의 12월 31일 통상임금을 기준으로 계산해야 한다. 즉 모든 남은 연차 일수를 퇴사 시점의 통상임금을 적용해서 계산하는 것이 아니다.

연차수당의 근로소득세

연차수당도 근로소득에 해당하므로 지급하는 달에 해당 수당을 급여에 합산해 원천징수 신고 및 납부를 해야 한다.

정상적인 연차수당의 신고

연차수당의 귀속시기는 지급일이 아닌 지급의무가 확정되는 때를 기준으로 한다. 즉 2024년 12월 31일 기준 연차수당 지급이 확정된 때에는 비록 지급을 2025년 1월에 한다고 해도 2024년 연말정산 소득에 포함해 연말정산을 해야 한다. 즉, 법인이 근로자에게 지급하는 연차수당을 매년 12월 31일을 기준일로 하여 계산하고 지급은 다음 연도 1월에 하는 경우 동 연차수당에 대한 법인세법상 손금의 귀속사업연도는 그 기준일이 속하는 사업연도로 하는 것임(소득, 서이 46013-10270, 2003.02.06.)

예를 들어 회계연도 기준의 경우 2023년 1월 1일~12월 31일까지 개근하여 2024년 1월 1일~12월 31일까지 사용할 수 있는 15일의 연차휴가가 발생하였으나 이를 사용하지 않았다면 2024년 12월 31일 자로 연차휴가청구권은 소멸되고, 휴가청구권이 소멸되는 다음 날(2025년 1월 1일)에 연차유급휴가 근로 수당이 발생하게 된다. 이때 연차수당산정의 기준임금은 연차휴가 청구권이 최종적으로 소멸하는 월(12월 31일)의 임금을 기준으로 한다.

2024년 근무일 수에 따라 2025년 연차 일수를 확정하고, 2025년 연차휴가일수에 대한 수당을 2026년에 지급받은 경우라면 근로소득 수입 시기는 2025년이며, 연차수당은 지급이 확정된 날이 속하는 사업연도인 2025년의 손금으로 처리한다.

원천징수이행상황신고는 2026년 2월 10일까지 신고하며, 귀속연월은 2025년 12월, 지급연월은 2026년 1월로 기재한다(2026년 1월 급여분과 별지로 작성).

연차수당을 빼고 중도 퇴사자 연말정산을 한 경우

원천세 신고 시 2025년도에 발생한 근로소득과 연차수당을 합산하여 중도퇴사 연말정산을 재정산하여 납부할 세액을 계산하는 것이고 당초 중도 퇴사 연말정산한 내용을 수정신고 하는 것이 아니며 근로소득 기제출한 지급명세서를 재정산 내용으로 수정하여 제출하면 된다.

물론 해당 퇴사자에게 변경된 원천징수영수증을 재발행한다.

수정신고를 하는 것이 아니란 말은 추가지급 연차수당에 대해 수정신고를 안 하고 지급일이 속하는 달 원천징수이행상황신고서 A01에 연차수당을 넣어주고 A02에 소득세(재 연말정산한 소득세) 기재해서 신고하면 된다.

귀속은 12월 귀속 1월 지급으로 작성하면 된다.

그리고 연말정산 지급명세서는 수정신고 해줘야 한다는 말은 결국은 중도 퇴사자 연말정산을 다시 해서 변경된 내역에 따라 지급명세서를 재교부해야 한다는 의미이다. 즉 연차수당의 증가로 해당 근로자의 급여가 변경되었으므로 변경된 급여를 기준으로 연말정산을 다시 해 변경된 내역으로 지급명세서를 수정하고 퇴사자에게 다시 발급해줘야 한다.

이 경우 가산세(원천징수납부지연, 지급명세서제출불성실)는 부과되지 않는다.

연차수당의 퇴직금과 퇴직연금

퇴직금 및 DB형 퇴직연금제도

퇴직금 산정에 포함되는 연차수당은 1년 미만 근로자에 대한 월 단위 연차휴가 미사용분과 전전연도 발생한 연차휴가에 대해 전년도 미사용 연차수당이다.

구 분		내 용
월 단위 연차휴가 : 근로자가 입사하여 2년 차(1년 이상 2년 미만 근로)에 퇴직하는 경우는 최초 1년의 근로가 끝난 다음 날 발생하는 월차수당 금액의 3/12을 퇴직금 산정을 위한 평균임금 산정 기준임금에 산입한다.		3/12을 퇴직금 계산을 위한 평균임금에 가산
연 단위 연차 휴가	전년도 발생 연차휴가를 당해연도 사용 도중 퇴사로 인해 지급하는 연차수당	퇴직금 계산에 미포함
	전전년도 발생 연차휴가를 전연도에 미사용해 당해연도에 지급해야 하는 연차수당 중 당해연도 퇴직으로 인해 받아야 하거나 받은 연차수당	3/12을 퇴직금 계산을 위한 평균임금에 가산

[사례1]

예를 들어, 2024년 1월 1일 입사자는 매달 1일의 월 기준 연차휴가가 발생하고 이를 1년간 사용하지 않으면, 2025년 1월 1일에 미사용 연차수당이 발생한다.

그리고 2025년 퇴사 시에는 3/12을 퇴직금 계산 시 평균임금에 가산한다.

반면 2024년 1월 1일 입사자는 2025년 1월 1일이 마지막 근무일의 경우 15일의 연 단위 기준 연차휴가가 발생하고 이를 사용하다가 2025년에 퇴직으로 인해 발생하는 미사용 연차수당은 퇴직금 계산 시 평균임금에 가산하지 않는다.

[사례2]

2024년 입사자가 2025년도에 발생한 연차휴가를 사용하지 못해 2026년에 연차수당으로 받았다면, 2026년 퇴직 시 연 단위 기준 연차휴가에 대한 연차수당은 퇴직금 산정 시 3/12을 평균임금에 가산한다.

반면 이 경우 월 단위 기준 연차휴가는 2025년에 발생하고, 2026년 퇴직으로 인해 퇴직금 계산 기간 내에 월 단위 연차휴가에 대한 연차수당은 미발생한다.

📂 DC형 퇴직연금제

DC형 퇴직연금제 적용시 지급받은 모든 임금의 1/12을 퇴직급여로 지급해야 하기에 연차 미사용수당의 1/12만큼 퇴직적립금으로 납입해야 한다.

[고용노동부 행정해석]

근로자퇴직급여보장법에 따라 확정기여형(DC) 퇴직연금제도를 설정한 사용자는 연간 1회 이상 가입자의 연간 임금 총액의 12분의 1을 부담금으로 납부해야 하며, 가입자가 탈퇴한 때에 당해 가입자에 대한 부담금을 미납한 경우는 탈퇴일부터 14일 이내에 부담금을 납부해야 한다.

또한, 연간 임금 총액이란 당해 사업연도 중에 근로자에게 지급된 임금의 총액이라는 점에서 근로자의 퇴직으로 인해 비로소 지급 사유가 발생한 연차유급휴가 미사용수당도 근로의 대가로 발생한 임금에 해당함으로 DC형 퇴직연금 부담금 산정 시 산입(부담)해야 할 것으로 사료된다(퇴직연금복지과-87, 2008.4.1.).

[DB형과 DC형의 연차수당 반영 방법 비교]

DB형의 경우, 전전년도 출근율에 의하여 전년도에 발생한 연차휴가 중 미사용하고 근로한 일수에 대한 연차휴가미사용수당으로 퇴직 전 이미 발생한 연차수당의 3/12에 해당하는 금액을 입력하여 산정될 것이고, DC형은 전전년도 출근율에 의하여 전년도에 발생한 연차휴가 중 미사용하고 근로한 일수에 대한 연차휴가미사용수당에 대해 1/12만큼 납입되어야 한다.

퇴사자 주휴수당 정산

퇴사일(퇴직일, 사직일)은 마지막 근무일(근로 제공을 마지막으로 한 날)의 다음 날이다. 따라서 근로자의 마지막 근무일이 금요일이라면 사직서상 퇴사일(퇴직일, 사직일)은 특별한 사정이 없으면 토요일이다. 휴일이라도 상관없이 마지막 근무일의 다음 날이 퇴사일이다.

1주간 근로관계가 존속되고 그 기간 동안의 소정근로일에 개근하였다면 1주를 초과한 날(8일째)의 근로가 예정되어 있지 않더라도 주휴수당 발생한다.

(예) 소정근로일이 월~금, 소정 근로 개근, 주휴일이 일요일인 경우

① 월~금 근로관계 유지(토요일 퇴직) → 주휴수당 미발생

② 월~일 근로관계 유지(그다음 월요일 퇴직) → 주휴수당 발생

③ 월~금 다음 월요일까지 근로관계 유지(그다음 화요일 퇴직) → 주휴수당 발생

금요일이 마지막 근무일인 경우 주휴수당

최근 행정해석(임금근로시간과-1736, 2021. 8. 4.)에 따르면, 다음 주 근로가 예정되어 있지 않아도 1주일간 근로관계가 유지되고 있으며, 그 기간 동안의 소정근로일에 개근했다면 주휴수당을 지급해야 한다고 입장이다.

예컨대, 월요일부터 금요일까지 소정근로일인 근로자가 일요일까지 근로관계를 유지하고 그다음 월요일에 퇴직한 경우 과거에는 주휴수당이 발생하지 않았으나, 변경된 행정해석에 따르면 주휴수당이 발생한다. 반면에 금요일까지만 근로관계를 유지하고 토요일에 퇴직한 경우는 기존의 해석과 동일하게 주휴수당이 발생하지 않는

다. 다만, 소정근로일이 월요일부터 금요일까지인 근로자가 금요일까지 근무한 경우 퇴직일을 토요일로 해 실제 근로한 날인 금요일까지 근로관계를 유지한 것으로 할 것인지(주휴수당 미발생), 퇴직일을 월요일로 보아 일요일까지 근로관계를 유지한 것으로 할 것인지(주휴수당 발생)는 근로관계의 종료일이 설정되어 있지 않은 한 사업주가 재량으로 정할 수 있는 사항이다. 하지만 금요일까지 근무했음에도 일요일까지 근로관계를 유지한 것으로 처리하는 경우는 실무상 흔치 않은 경우이므로 일요일이 주휴일로써 금요일이 마지막 근무일인 경우 일반적으로 주휴수당은 발생하지 않는다.

퇴사일이란, 근로 계약관계가 종료된 날을 말한다. 따라서 금요일까지 실근로를 제공하였다면 퇴직일은 마지막 근로일의 다음 날인 토요일이다. 이러한 경우 금요일까지 근로제공에 대한 임금이 지급되어야 하며, 퇴직금 계산을 위한 평균임금 역시 마지막 근로일(금요일)까지의 근로제공에 대한 대가로서의 임금까지 계산한다. 퇴직일인 토요일 이후에는 근로 계약관계가 성립되지 않으므로 임금(주휴수당)이 발생하지 않는다.

따라서, 금요일이 마지막 근로일인 경우 퇴사일은 토요일이 되므로 주휴수당은 발생하지 않는다. 다만, 퇴사일이 월요일이 될 경우 주휴수당이 발생할 수 있다.

변경된 행정해석에 따르더라도 1주일간 근로관계가 유지되어야 하므로 주휴일이 일요일이라면 퇴직일이 언제인지에 따라 그 주의 주휴수당이 발생할 수 있다.

예를 들어 금요일까지 근로하고, 토요일이 퇴직일이 된다면 주휴수당이 발생하지 않지만, 일요일까지 근로관계를 유지한다고 서로 합의하였다면 퇴직일은 월요일이 되므로 주휴수당이 발생한다.

퇴직연금은 한 달을 다 채운 경우 1달분을 납입해야 하고, 월중의 퇴사인 경우 일할 계산해서 불입한다.

📝 토요일이 마지막 근무일인 경우 주휴수당

일요일이 주휴일인 사업장에서 토요일까지 근무 후 근로계약이 종료된 경우는 주휴수당이 없으며, 혹시 근로계약서상 일요일을 계약종료(마지막 근무일)일로 정했다면 주휴수당이 발생한다.

토요일까지 근무한 후 퇴직일(마지막 근무일의 다음 날)은 일요일, 월요일, 화요일로 구분해볼 수 있다.

일요일이 퇴직일이면 주휴수당은 미발생한다. 월요일이나 화요일을 퇴직일로 보면 주휴수당이 발생한다.

최소한 주휴일인 일요일까지 근로관계가 유지되고 월요일이 퇴직일이어야 주휴수당이 발생한다.

물론 퇴사자는 퇴직일을 월요일로 요청할 수는 있으나 이는 사업주가 승인해야 가능하다. 즉 근로자가 퇴사일을 월요일로 하여 제출하였고, 이를 사용자가 승인하는 경우 퇴사일은 월요일이 된다.

퇴직금과 퇴직연금 지급 절차

📝 퇴직금의 지급

사용자는 근로자가 퇴직한 경우는 그 지급 사유가 발생한 날부터 14일 이내에 근로자의 IRP 계좌로 퇴직금을 지급해야 한다. 다만, 특별한 사정이 있는 경우에는 당사자 간의 합의에 의해서 지급기일을 연장할 수 있다.

📝 퇴직연금의 지급 절차

퇴직금은 IRP 계좌로 입금한다.

근로자퇴직급여보장법에서는 퇴직연금 가입자가 퇴직하는 경우, 퇴직금을 개인형 IRP에 입금하도록 하고 있다. 단, ❶ 만 55세 이상의 퇴직자, ❷ 퇴직금이 300만 원 이하인 퇴직자, ❸ 퇴직과 동시에 출국하는 외국인, ❹ 사망을 사유로 퇴직금을 지급하는 경우 등은 일시금 지급을 허용하고 있다.

① 퇴직직원의 부담금이 퇴직연금계좌에 전액 입금 완료되었는지 확인한다. 반드시 전액 입금이 완료된 후에 지급처리한다.

② 기산일과 퇴직일 정보를 정확하게 기재한다. 기산일과 퇴사일 정보가 부정확할 경우, 퇴직소득세가 잘못 계산될 수 있다.

③ 퇴직연금 가입 이전에 중간정산을 했거나, 회사에서 별도로 지급한 퇴직금이 있다면 해당 지급액의 퇴직소득원천 징수영수증을 연금가입기관에 제출하면 퇴직소득세를 정산해서 신고할 수 있다.

🗁 근로자가 퇴직 전 금융회사를 선택하여 IRP에 가입

1. IRP 가입

근로자가 원하는 금융회사에 IRP계좌를 신설한다(계약서 및 가입 서류 작성).
IRP 퇴직연금 사업자는 가입자에게 가입확인서를 제공한다.

2. 퇴직 신청 / IRP 통보

근로자가 회사에 퇴직 신청을 한다. 퇴직신청서 작성 시 가입한 IRP(계약번호)를 기재한다.

3. 퇴직 청구 / 지급지시

회사는 퇴직을 확인하고 근로자가 가입된 퇴직연금 사업자에 퇴직금 청구를 한다.

4. 적립금 이전

퇴직연금 사업자는 근로자가 개설한 IRP 계좌로 퇴직금을 이전한다.
(이때, DC 가입자의 경우 투자하던 상품 그대로 이전할 수도 있다. 단, DC 퇴직연금 사업자와 IRP 사업자가 동일한 경우에 한한다.)

🗁 근로자가 퇴직 시까지 IRP에 가입하지 않은 경우

1. 퇴직 신청

근로자가 회사에 퇴직 신청을 한다.

2. IRP 개설 요청

근로자가 퇴직 청구서에 IRP 계좌를 정하지 않은 경우 규약에 미리 정한 해당 퇴직연금사업자의 IRP 계좌로 이전되므로, 해당 사업자가 근로자에 IRP 개설을 요청한다.

3. 퇴직 청구 / 지급지시

회사는 퇴직을 확인하고 퇴직금 청구를 한다.

4. 적립금 이전

퇴직연금사업자가 근로자의 IRP 계좌로 퇴직금을 이전한다.

IRP 퇴직연금사업자는 가입자에게 가입확인서를 제공한다.

 퇴직연금의 지급신청 시 첨부서류

📬 DB형 퇴직연금 지급신청 시 구비서류

⊙ 퇴직연금 퇴직급여 지급신청서(DB)

⊙ 퇴직소득원천징수영수증(회사에서 발행) : 기장 대리시 세무사사무실에 요청

⊙ 근로자(개별) 개인형 IRP 통장 사본(타 금융기관 IRP인 경우)

⊙ 일괄 지급(DB) 양식(필요시 제출)

다수인원 퇴사 시 전산 일괄등록을 위해 필요한 양식이다(10인 이상 퇴사 시 필수서류).

일괄 명부로 제출하는 경우에도 개인별 퇴직급여 지급신청서 제출이 필요하다.

[사망 퇴직 시 추가제출서류]

☑ 대표자 수익자 지정합의서

☑ 대표수익자 퇴직급여수령계좌 통장 사본(요구불 계좌)

☑ 피상속인 기본증명서, 가족관계증명서(상세), 사망확인서(필요시 제출)

☑ 상속인 전원의 실명확인증표 및 인감증명서

☑ 상속인이 미성년자인 경우 기본증명서(특정 또는 상세)

📂 DC형 퇴직연금 지급신청 시 구비서류

◉ 퇴직연금 퇴직급여 지급신청서(DC)

→ 회사에서 별도 지급분이 있고, 합산과세를 원하는 경우 지급금액에 대한 퇴직소득 원천징수영수증 추가 제출

◉ 근로자(개별) 개인형 IRP 통장 사본(타 금융기관 IRP인 경우)

[사망 퇴직 시 추가제출서류]

☑ 대표자 수익자 지정합의서

☑ 대표수익자 퇴직급여수령계좌 통장 사본(요구불계좌)

☑ 피상속인 기본증명서, 가족관계증명서(상세), 사망확인서(필요시 징구)

☑ 상속인 전원의 실명확인증표 및 인감증명서

☑ 상속인이 미성년자인 경우 기본증명서(특정 또는 상세)

[퇴직 지급 관련 추가서류 : 필요시 제출]

☑ 퇴직연금 반환 신청서

☑ 부득이한 사유에 의한 해지(지급) 신청서(퇴직연금)

☑ 퇴직연금 임원 퇴직급여 한도금액 확인서

☑ 일괄 지급 양식

☑ 일괄지급(DC – 중간정산특례 적용)

* 일괄지급 양식이란?

다수인원 퇴사 시 전산 일괄등록을 위해 필요한 양식이다(10인 이상 퇴사 시 필수서류).

일괄 명부로 제출하는 경우에도 개인별 퇴직급여 지급신청서 제출이 필요하다.

[중도 인출 신청서류]

☑ 퇴직연금 중도인출신청서 : 사유별 증빙서류는 신청서류는 일반적으로 퇴직연금 중도인출신청서에 안내 사항이 첨부되므로 이를 활용한다.

구 분	원천징수의무자	발급서식
퇴직금과 DB형 퇴직연금	회사, IRP 계좌이체 시 과세이연	퇴직소득원천징수 영수증
DC형 퇴직연금, IRP 계좌	퇴직연금 운용기관, IRP 계좌 관리기관	연금계좌원천징수 영수증

이직확인서 작성과 실업급여

📝 피보험단위기간 180일의 계산

퇴사자가 이직확인서 제출을 요구하는 경우 이직확인서를 고용노동부 고용센터에 제출한다.

참고로 실업급여의 요건인 180일은 유급휴일 일수를 말한다. 따라서 무급휴일이 있는 경우에는 180일에 포함되지 않는다.

월급제, 일급제 여부와 관계없이 1주간의 소정근로일이 5일인지 6일인지가 중요하다. 주휴일(일요일)은 법률상 유급휴일이므로 따질 필요는 없으며, 6일 근무(월~토)사업장이라면 1주 소정근로일이 6일이므로 1일의 유급주휴일을 합산하면 1주 7일 전부를 유급휴일로 인정받는다. 다만, 5일 근무(월~금) 사업장이라면 토요일을 회사에서 유급 휴무일로 정하고 있는지 무급휴무일로 정하고 있는지에 따라 다르다. 만약 유급휴무일로 정하고 있다면 1주 5일 근로일(유급) + 유급휴무일 1일(토요일) + 유급휴일 1일(일요일) = 7일 전부를 유급휴일로 인정받으므로 180일 요건에 부합된다.

그러나 토요일을 무급휴무일로 정하고 있다면 1주간의 유급휴일은 1주 5일 근로일(유급) + 유급휴일 1일(일요일) = 6일만 인정받으므로 180일 요건에 해당하지 않을 수 있다.

따라서 근로계약서, 회사의 사규에서 구체적으로 토요일의 성격에 대해 어떻게 정하고 있는지 확인해보기를 바란다. 아니면 공단에 문의를 해봐도 된다.

참고로 대다수 회사는 토요일을 무급휴무일로 정하고 있다.

구 분	180일에 포함 여부
토요일 근무사업장(유급)	포함
주5일 근무사업장	토요일 유급 휴무일의 경우 포함
토요일 무급휴무일인 경우	불포함

토요일이 유급휴일의 경우 일주일 7일이 모두 180일에 포함되지만, 토요일 무급휴일이어서 180일에 불포함되는 경우 일주일에 6일만 180일에 포함된다. 따라서 6개월을 개근해도 180일 요건을 충족하지 못할 가능성이 있다. 30일인 달에 토요일이 평균 4번 낀 경우 26일 × 6개월 = 156일로 180일이 안 된다. 이 경우 종전회사의 기간도 포함할 수 있으므로 종전회사에 이직확인서 제출을 요청한다.

🗒️ 이직일과 상실 사유 구분 코드

이직일은 퇴사한 근로자가 마지막으로 출근하여 근무한 날이다. 반드시 피보험자격상실신고와 같은 날짜인지 확인하고, 상실일(퇴사일, 이직일의 다음 날)과 혼동하지 않도록 주의한다.

이직일과 이직사유는 이직확인서에서 가장 중요한 신고항목이다. 이직일과 이직 사유를 4대 보험 상실신고와 다르게 작성하면 허위신고가 되어 100만원의 과태료가 부과된다.

구 분	구분 코드
자진퇴사	11. 개인 사정으로 인한 자진 퇴사 12. 사업장 이전, 근로조건 변동, 임금체불 등으로 자진퇴사
회사사정과 근로자 귀책사유에 의한 이직	22. 폐업, 도산 23. 경영상 필요 및 회사 불황으로 인한 인원 감축 등에 의한 퇴사(해고 · 권고사직 · 명예퇴직 포함) 26. 근로자의 귀책 사유에 의한 징계해고 · 권고사직
정년 등 기간만료에 의한 이직	31. 정년 32. 계약기간 만료, 공사 종료
기타	41. 고용보험 미적용 42. 이중고용

원칙적으로 "비자발적 사유"에 해당되어야 실업급여 수급자격이 제한되지 않는다.

그래서 개인사정으로 인한 자진 퇴사(코드 11)는 퇴사 후 실업 상태에 있더라도 실업급여를 신청할 수 없다.

그러나 사업장 이전으로 출퇴근 시간 증가(왕복 3시간 이상)처럼 근로조건이 현저히 낮아지거나 임금체불, 근로조건보다 낮은 급여를 받는 경우는 자진퇴사라 해도 코드 12와 해당 사유로 신고하면 실업급여를 받을 수 있다.

사업주와 근로자 사이에 마찰, 갈등이 있는 경우, 권고사직임에도 자발적 퇴사(의원면직)로 신고하여 실업급여 수급을 못하도록 하는 경우도 더러 있다. 이런 경우 근로자가 "고용보험 피보험자격 확인청구서"를 작성하여 고용센터나 근로복지공단에 제출하면, 감독관이 사업주 확인을 거쳐 정정한다. 단, 근로자는 신고내용 변경 근거에 대해, 사업주는 이미 신고된 내용/사유에 오류가 없는지 입증할 수 있어야 한다.

📝 이직확인서의 작성 방법

📂 피보험단위기간 산정대상기간(②)

이직일이 포함된 월의 1일부터 이직일까지를 우선 적고, 아래로 1개월씩 지난 기간을 최신순으로 기입한다.

[예시] 12월 24일 이직자의 경우 가장 윗 칸에는 12월 1일 ~ 12월 24일을 적고 그 아래 칸에는 11월 1일 ~ 11월 30일, 10월 1일~ 10월 31일...을 적되, 통산 피보험단위기간(④)이 180일이 되는 날까지만 적는다(통상 7~8개월 작성하면 된다).

📂 보수지급 기초일수(③)

대상기간의 매월 실 근로일수와 유급휴일을 합하여 계산하고, 무급휴일 또는 결근일 등은 제외한다. 따라서 무급휴일, 보수가 지급되지 않은 결근일 등은 제외되고 유급휴가, 유급휴일 등은 포함한다. ④란에는 ③란에 작성된 보수지급 기초 일수를 모두 합산해서 적는다. 예를 들어 2025년 2월의 경우 28일 중 무급휴일 토요일 4일을 제외한 24일이다. 합산한 결과 피보험단위기간(④)이 180일 이상인지 확인한다.

피보험자 이직확인서

※ 뒤쪽의 작성 요령을 읽고 적으시기 바랍니다. 별표 표시가 되어 있는 항목은 필수 기재항목입니다.
(앞쪽)

접수번호		접수일자		처리기간:10일

*사업장	사업장관리번호			
	명 칭		전화번호	
	소재지			
	하수급인관리번호(건설공사 등의 미승인 하수급인인 경우에만 작성)			

*피보험자 (이직자)	성 명		(휴대)전화번호	
	주민등록번호		–	
	주 소			
	입사일(피보험자격 취득일)		이직일(근로제공 마지막 날)	

①*이직코드 및 이직사유 (이직사유 구분코드 뒤쪽참조)	구분 코드	(구체적 사유, 10자 이상 기재)

②*피보험단위기간 산정대상기간	③*보수지급 기초일수	평균임금 산정명세					
		⑤*임금계산기간	부터 까지	부터 까지	부터 까지	부터 까지	총 합
~		⑥*임금계산기간 총 일수	일	일	일	일	일
~		⑦ *임금내역	기본급	원	원	원	원	원
~			기타 수당	원	원	원	원	원
~			상여금(이직 전 12개월간 지급된 상여금 총액 × 3/12)				원
~			연차수당(이직 전 12개월간 지급된 연차수당 총액 × 3/12)				원
~		⑧ 1일 통상임금(필요한 경우에만 작성)					원
~		⑨ 1일 기준보수(해당되는 사람만 작성)					원
④*통산피보험단위기간	일						

⑩*1일 소정 근로시간	□ 4시간 이하, □ 5시간, □ 6시간, □ 7시간, □ 8시간 이상
⑪ 초단시간 근로일수(해당자만 작성)	이직 전 24개월 동안 1주 소정근로시간이 15시간 미만이고, 1주 소정근로일 수는 2일 이하인 날의 총 일수 (일)

⑫ 기준기간 연장(해당자만 작성) 사유코드: 1. 질병·부상, 2. 사업장 휴업, 3. 임신·출산·육아, 4. 기타 사유	사유 코드	
	연장 기간	

「고용보험법」 제42조 제3항(제43조 제4항) 및 같은 법 시행규칙 제82조의2 제1항·제2항(제82조의2 제4항·제5항)에 따라 위와 같이 발급(제출)합니다.

제출일 년 월 일

발급자(제출자) □ 사업장명
□ 보험사무대행기관 (서명 또는 인)

210mm×297mm[백상지(80g/㎡) 또는 중질지(80g/㎡)]

📂 임금계산기간(⑤)과 총일수(⑥)

평균임금을 산정하기 위해 이직일을 포함 3개월 이전까지의 기간을 범위로 한다.

⑤란은 이직자의 이직일을 포함하여 3개월 이전까지의 기간을 적는다. 첫 번째 칸에는 이직일이 포함된 월의 1일부터 이직일까지를 적고, 차례로 1개월씩 지난 기간을 적되, 마지막 칸에는 이직자의 이직 월에서는 3개월을 빼고, 이직일에는 1일을 더한 날부터 해당월의 말일까지 적는다.

이직월의 1일부터 이직일까지를 좌측 첫번째 칸에 적은 후 1개월이 지난 순서로 작성한다.

그리고 월별 일수 및 총일수는 단순한 실제 일수로 보수기초일수처럼 유·무급을 구분하지 않는다. 온라인 전자신고를 이용할 경우, 이직일을 입력하면 임금계산기간과 총일수는 자동으로 설정된다.

〈예〉 12월 24일 이직자

⑤ 임금계산기간	12.1. ~ 12.24.	11.1. ~ 11.30.	10.1. ~ 10.31.	9.25 ~ 9.30
⑥ 임금계산기간 총일수	24일	30일	31일	6일

〈예〉 1월 31일 이직자

⑤ 임금계산기간	1.1. ~ 1.31.	12.1. ~ 12.31.	11.1. ~ 11.30.	X
⑥ 임금계산기간 총일수	31일	31일	30일	X

📂 임금내역(⑦)

⑦란에는 ⑤란에 적힌 기간에 지급된 기본급과 기본급 외의 기타수당을 적는다. 상여금과 연차수당은 12개월 동안 지급된 총액의 3개월분만 작성한다. 편의상 기본급과 기타수당은 같은 지급월로 합산하여 기본급 란에 적어도 문제되지 않는다.

그러나 상여금과 연차수당은 월별 실제 지급액을 기준으로 하지 않는다. 이직 전 1년을 범위로 받은 상여금 및 연차수당의 총액 중 3개월분을 계산한다. 예를 들어 이직 전 3개월에 실제 지급받은 상여금이 없더라도 이직 전 12개월까지 소급해서 받은 상여금이 800만 원이라면, 이직확인서에 신고할 상여금은 200만원(800만원 × 3/12)이 된다. 근무기간이 12개월 미만의 경우는 지급받은 상여금 및 연차수당을 본인의 근무

개월 수로 나눈 후 3개월분으로 계산한다.

근로한 개월이 6개월인 경우 상여금 × 3/6, 연차수당 × 3/6을 적는다. 예를 들어 6개월 재직 중에 받은 상여금 총액이 400만 원을 받은 경우 상여금은 200만 원(400만 원 × 3/6)이다.

📂 1일 통상임금

⑧란은 필요한 경우에만 적되, 「근로기준법 시행령」 제6조에 따른 통상임금을 적는다. 다만, 이직일을 기준으로 근무한 기간이 3개월 미만인 경우는 통상임금을 반드시 적는다.

📂 1일 기준보수

⑨란은 ⑤번란에 작성한 임금계산기간 동안 고용보험료를 모두 기준보수로 낸 경우에만 작성하되, 이직 연도의 시간 단위 기준보수에 ⑩란의 1일 소정 근로시간수를 곱한 임금을 적는다.

📂 1일 소정근로시간

이직자가 이직 당시에 1주 소정근로시간이 15시간 미만이고, 1주 소정근로일수가 2일 이하인 근로자였던 경우에만 적는다. 실제 근로시간 및 근로일수가 아닌 근로계약서 등으로 정한 소정근로시간 및 근로일수를 기준으로 작성한다.

📂 초단시간 근로일수

기준기간 연장사유가 있는 경우에만 기재한다. "사유코드"란에는 이직일 이전 18개월(단, ⑪번에 해당하는 이직자는 24개월)간 30일 이상 보수 지급을 받을 수 없었던 사유의 번호를 적고, "연장기간"란에 보수를 지급받을 수 없었던 기간을 적는다. 이 경우 휴업 또는 휴직기간에 보수를 지급받을 수 없었다는 것을 증명할 수 있는 서류를 첨부해야 한다.

■ 고용보험법 시행규칙[별지 제75호의3 서식]

이직확인서 발급요청서

※ 아래쪽의 작성 및 처리요령을 읽고 적으시기 바랍니다. (휴대)전화번호를 제외한 모든 항목은 필수 기재란입니다.

이직자	성명		생년월일	
(요청인)	(휴대)전화번호			
			※ 본인이 원하는 경우에만 적습니다	
이직사업장	명칭			
(피요청인)	소재지			
이직일				
(근로제공 마지막 날)				

「고용보험법」 제42조제3항 및 같은 법 시행규칙 제82조의2제1항에 따라 위와 같이 요청합니다.

년   월   일

요청인   (서명 또는 인)

○○○사업주 귀하

작성 및 처리 방법

1. 구직급여를 신청하려는 자는 본 이직확인서 발급요청서의 절취선 윗부분을 작성하여 이직 전 사업장에 제출하며, 제출은 **사업주에게 직접 또는 전자우편을 통하여 하시기 바랍니다.**

2. 본 이직확인서 발급요청서를 받은 사업주는 절취선 아래의 사업장 확인란에 요청서를 제출받은 날과 요청서를 제출받은 사람의 성명을 작성하여 서명 또는 날인하고, 사업장 확인란을 절취하여 요청인에게 돌려줍니다(전자우편**으로 제출받은 경우는** 절취하지 않고 **사업장 확인란에 관련 내용을 작성하여 직접 또는 전자우편으로 돌려주는** 것도 가능합니다).

3. 본 이직확인서 발급요청서를 받은 사업주는 사업장 확인란에 적힌 이직확인서 발급요청서 접수일부터 10일 이내에 「고용보험법 시행규칙」 별지 제75호의 4서식 또는 별지 제75호의5서식에 따른 피보험자 이직확인서를 본 요청서를 제출한 사람에게 발급해주어야 합니다.

유의 사항

이직자가 이직확인서 발급을 요청하였음에도, **이를 발급해주지 않거나 거짓으로 발급해 준 사업주에게는 과태료가 부과될 수 있습니다.** (「고용보험법」 제118조 제1항 제2호 및 제3호)

---<절 취 선>---

사업장 확인란

이직자	성 명		생년월일	
(요청인)	(휴대)전화번호		※ 발급요청서에 적인 경우만 적습니다.	
이직사업장	명 칭			
(피요청인)	소 재 지			
이직사업장 접수 확인	이직확인서 발급요청서 접수일		년 월 일	
	이직확인서 발급요청서 접수자		성명 (서명 또는 날인)	

210mm×297mm[백상지(80g/㎡) 또는 중질지(80g/㎡)]

경력증명서 발급

경력증명서 발급

정규직, 계약직 등과 무관하게 발급해주어야 한다.

근로계약의 형식에 상관없이 발급을 요청할 수 있다.

발급날짜와 회사대표자 성함, 도장을 반드시 입력한다.

경력증명서에는 근로자가 요구한 사항만을 적시해야 하기에 추가 내용 기재를 요구한다면 포함하여 작성해 주면 된다.

의무기간(3년) 이후가 지나 회사 측이 거부하거나, 자료가 없어 발급이 불가능한 경우, 인터넷으로 직접 발급도 가능하다.

국민연금공단(http://www.nps.or.kr)에서 개인 공인인증서로 국민연금 가입증명서를 발급해 경력증명서를 대체할 수 있다.

원하지 않는 내용 삭제

원치 않는 퇴사 사유 등의 내용을 삭제한 경력증명서를 발급받을 수 있다.

근로자 A는 새 직장을 구하기 위해 2년 전에 퇴사한 B사에 경력증명서(사용증명서)를 요청했다. 하지만 B사는 처음에는 경력증명서 발급을 거부하다가 '퇴사 사유는 경영진과의 불화로 인한 권고사직'이라고 작성한 서류를 발급했다. 이에 A는 퇴사 사유를 삭제해 달라고 요청하지만, B사는 사실대로 모두 작성해서 줘야 한다며 이를 거부했다. 이 같은 B사의 거부행위는 정당한 것일까?

근로기준법에 보면 근로자의 재취업을 돕기 위해 '사용자는 근로자가 퇴직한 후라도 사용기간, 업무 종류, 임금 기타 필요한 사항에 관한 증명서를 청구한 때에는 사실대로 기재하여 교부' 하도록 사용증명서 제도를 설정하고 있다. 만약 회사가 이를 위반하여 발급하지 않는다면 500만 원 이하의 과태료가 부과될 수 있다. 또한 '근로자가 요구한 사항' 만 기재해야 하므로 이를 위반할 때도 과태료의 대상이 될 수 있다.

그렇다면 회사는 퇴사한 지 10년이 넘은 직원이 사용증명서를 요구한다면 이를 꼭 발급해주어야 할까? 그건 아니다. 근로자가 사용증명서를 청구할 수 있는 기간은 퇴직 후 3년 이내로 제한돼 있는데, 이는 근로기준법에 근로자명부와 근로계약에 관한 중요 서류의 보존 기간이 3년이기 때문이다. 따라서 퇴직 후 3년이 경과한 근로자가 사용증명서를 요구해도 회사는 이를 거부할 수 있다. 또한 법 해석상 퇴사한 근로자가 아닌 재직 중인 근로자도 사용증명서를 요구할 권리가 있다고 보아야 한다.

하지만 근로자가 경력을 증명하기 위한 용도가 아닌 다른 용도로 사용하려는 의도가 객관적으로 명백한 경우 회사도 사용증명서 발급을 거부할 수 있다. 즉 법적 시비를 가리기 위한 상세한 근로 실태 내역 등 확인 조회에 해당하는 것까지 사용증명서를 교부할 필요는 없다.

예를 들어 ① 근로계약서, 급여명세서, 임금대장 ② 임금체불사건 등을 다루기 위한 월별 근무상황 및 결근 사항, 근로소득 원천징수영수증, 교통사고 기록 사본, 시말서 사본, 취업규칙 사본, ③ 산재보상 사건을 다루기 위한 산재 발생 경위, 목격자의 진술내용, 보호장구 지급 여부, 재해 발생 보고서 등은 확인 조회에 해당하는 사항으로 사용증명서에 포함될 수 없다. 또한 사용증명과 관계가 없는 다른 법률에 따라 작성되고 있는 회사의 서류도 당연히 여기에 포함되지 않는다.

위와 같은 이유로 B사는 근로자 A에게 '사용기간, 업무의 종류' 등이 기재된 사용증명서를 발급해야 한다.

그리고 근로자가 원치 않는 퇴사 사유 등의 내용은 삭제하고 발급해주어야 한다. 이를 어기면 행정관청의 시정명령은 물론 과태료가 부과될 수 있다.

경력증명서

성 명	ㅇㅇㅇ	생년월일	년 월 일
주 소	(직접 작성)		
회사명		소 속	(직접 작성)
직 책	(선택) 팀원, 팀장, 부서장 기타-직접입력	담당업무	(직접 작성)
재직기간	(입사일) ~ (퇴사일) ㅇㅇ년 ㅇㅇ월 근무		
용 도	확인용		

상기 사항은 사실과 다름없음을 증명함

0000년 00월 00일

회 사 명 :

주   소 :

대표이사 :   (인)

정년 퇴직자의 촉탁직 근로자 채용

촉탁직이란 개념은 근로기준법 기타 법령에서 정의하고 있는 법률용어는 아니다.
쉽게 말해 정년퇴직 후 재고용된 근로자를 흔히 촉탁직이라고 한다. 즉, 일반적으로
사업장에서 정년에 도달하여 유효하게 정년퇴직한 근로자의 기능, 기술, 경험 등을
활용하기 위하여 해당 근로자에 한해서 정년을 연장하거나, 정년 종료 후 별도의 근
로계약을 통하여 사용하는 계약 형태를 촉탁직이라 부른다.

> 고령자 고용촉진법 제21조(정년퇴직자의 재고용) ① 사업주는 정년에 도달한 자가 그 사업장에 다시 취업하기
> 를 희망하는 때에는 그 직무 수행 능력에 적합한 직종에 재고용하도록 노력하여야 한다.
> ② 사업주는 고령인인 정년 퇴직자를 재고용함에 있어 당사자 간의 합의에 의하여 「근로기준법」 제34조의
> 규정에 의한 퇴직금과 같은 법 제60조의 규정에 의한 연차유급휴가일수 계산을 위한 계속근로기간 산정에 있
> 어 종전의 근로기간을 제외할 수 있으며 임금의 결정을 종전과 달리할 수 있다.

정년 퇴직자를 재고용하는 경우 당사자 간의 합의에 의해 종전의 근로조건과 달리
근로계약 체결이 가능하며, 퇴직금과 연차휴가 일수 계산을 위한 계속근로기간을 산
정함에 있어 종전의 근속기간을 제외할 수 있고, 임금 결정도 종전과 달리할 수 있다
(고령자고용촉진법 제21조). 즉 급여 인상, 인하와 무관하게 정년퇴직 후 촉탁직으로
전환하는 과정에서 퇴직금 및 연차휴가는 고령자 고용촉진법에 의해 신규입사로 간
주하여 새롭게 기산이 가능하다.

따라서 촉탁직의 근로기간이 종료된 경우 4대 보험 상실/취득 신고를 하거나 신고 없
이 계속 고용할 수도 있으나, 근속기간은 별도의 정함이 없는 한, 종전의 근속기간은
제외되며 근로계약 체결 시점부터 새로이 계속근로기간을 기산한다.

정규직 근로자는 정년이 도달함으로써 정년퇴직을 하게 되는데, 이때 촉탁직으로의 변경을 두고 급여 인하, 동결, 인상을 기준으로 퇴직금 정산이나 연차휴가 정산의 기준이 달라지는 것은 아니다. 임금은 동결이 될 수도, 변경될 수도 있는 것이나, 퇴직금 및 연차에 대해서는 당사자 간의 특약(정규직과 촉탁직 간의 계속근로기간을 인정하는 것 등)이 없는 한 근로기간의 단절로 보아 정산이 이루어지고 새롭게 기산이 되게 된다.

또한 촉탁직으로 사용 시 1년에 한 번씩 재계약하여 진행하려고 하는데 이때 매년 퇴직금을 정산해줘야 하는지에 대한 의문이 생길 수 있는데, 촉탁직으로 계약하게 되면 일반적으로 1년 단위로 계약을 진행한다. 퇴직금의 경우 계속근로가 예정되어 있는 경우에는 근로자의 퇴직금 계산 시 불이익하지 않아야 하므로, 중간정산의 경우 매우 제한적으로 인정하고 있다. 촉탁직이라는 사실은 중간 정산의 사유가 되지 않으므로, 1년마다 퇴직금을 정산하는 것이 아닌 실제 마지막 계약 종료일을 기준으로 퇴직금이 정산되어야 한다. 즉, 일반적으로 계약이 만료됨과 동시에 재계약을 체결하는 경우 계속근로기간이 합산되기 때문에 1년 마다가 아닌 최종 퇴직시 정산을 해야 할 것이다.

한편 촉탁직 등 기간제근로자로 재고용되어 기간의 정함이 있는 근로계약이 반복되어 계약을 계속 체결하는 관행이 있고, 특정 기간이 도래하면 재계약을 체결한 후 동일한 근로를 제공하고 사용자는 그 대상으로서 임금을 지급하는 형태의 근로관계가 반복되었다면, 반복적으로 체결한 근로계약 전체 기간을 계속근로기간으로 산정하여야 하며, 단순히 계약기간이 만료되었다는 이유로 최종 퇴직 시점 이전에 퇴직금을 미리 정산하여 지급할 수 없다.

다만, 법정 퇴직금 및 연차수당은 계속근로기간 1년 이상인 근로자에게 지급하는 것이나 노사합의, 취업규칙, 단체협약 등으로 노사 자율적으로 계속근로기간 1년 미만 근로자가 퇴직하는 경우에도 지급하는 것은 가능하다(근로복지과-188, 2014.01.25).

촉탁직 관리의 핵심은

① 정년 도래 후 기간제 근로계약 체결이 가능하고,

② 기간제 전환 시점에 퇴직금 정산과 연차일수 정리가 가능하다는 점이다.

퇴직금의 경우, 촉탁직으로 변경되면서 근로시간과 임금이 줄어들 가능성이 높으므로 근로자 입장에서는 정산이 유리하다.

연차는 근속기간에 따라 최대 25일까지 늘어나는데, 이를 정년 도래 후 기간제 계약 근로자에게 적용하면 회사 부담이 커지므로 이를 다시 15일로 시작할 수 있는 내용이 법령에 규정되어 있다.

정년퇴직 시 ① 퇴직금 지급 등 각종 금품 관계를 청산하고, ② 4대 보험 상실신고를 해야 한다.

아울러 촉탁직 근로계약 체결 시

① 촉탁직 근로계약서를 작성하고,

② 4대 보험 상실신고 후 취득신고를 하여야 촉탁직 고용 시점을 전후로 하는 근로관계가 단절될 수 있다.

이러한 절차를 거치지 아니한 경우 촉탁직 고용 시점 전후의 근로기간을 계속근로기간으로 보아 촉탁직 근로자 퇴직 시 각종 퇴직금 등 금품청산의 기산일이 최초 고용일이 될 수 있으므로 특히 주의가 필요하다.

계약갱신과 연장

기간제법의 예외에 의해 2년을 초과해 근로해도 촉탁직 근로계약기간이 종료하면 근로관계는 종료되므로 무기계약직으로 전환되는 것은 아니다(원칙).

예외적으로 회사 규정에 촉탁직과 관련한 계약갱신 규정이 있거나 근로계약서에 계약연장 내용이 있다면 근로자는 갱신 기대권을 주장해 근로계약의 연장을 주장할 수 있다(예외).

촉탁직 고용 의무

법률상 촉탁직의 고용 의무는 없으나 300인 이상 사업장의 경우 고령자를 일정 수준 이상 고용할 노력 의무가 있다. 따라서 법적인 제재는 없다.

📝 촉탁직의 연차휴가

촉탁직은 정년퇴직 시점에 근로관계가 단절되므로 촉탁직 채용 전의 근속기간을 다합쳐서 연차휴가를 산정하지 않고, 촉탁직 계약 시점이 신입사원과 같이 재입사한 것으로 보아 촉탁직 최초 전환 시 신입사원과 같이 연차휴가를 계산한다. 다만, 촉탁직 전환 이후에는 가산되는 것이 원칙이다.

① 월 단위 연차휴가(1달 개근 시 1일) 총 11일
② 1년이 되는 시점에 연 단위 연차휴가 15일
③ 촉탁직 계약 1년 + 1일이 되는 시점에 총 26일의 연차 발생(딱 1년은 11일)
④ 2년 15개, 3~4년 16개, 5~6년 17개 등 기존 신입사원 연차 계산과 동일하다.

📝 촉탁직의 퇴직금

퇴직금 산정을 위한 계속근로기간이란 근로계약을 체결하여 해지될 때까지의 기간을 말하며, 근로계약 기간의 만료로 고용관계는 종료되는 것이므로, 정년으로 근로계약이 단절된 정년 퇴직자를 촉탁직 등 기간제근로자로 재고용하는 경우는 당사자 간의 특약이 없다면 퇴직금 산정을 위한 계속근로연수는 재고용된 기간부터 새로이 기산한다(근로복지과-188, 2014.01.15. 참조).

따라서, 정년퇴직 후 촉탁 근로자로 1년 미만 근로하면 퇴직금이 발생하지 않는다.

① 최초입사 ~ 정년퇴직 : 촉탁직 최초 전환시 퇴직금 정산
② 촉탁직 입사 ~ 촉탁직 퇴사 : 퇴직금 정산

촉탁직 계약 시 일반적으로 정규직일 때보다 임금이 내려가는 것이 일반적이므로 평균임금을 기준으로 삼는 퇴직금의 경우(DC형 퇴직연금은 상관없음) 촉탁직 최초 전환 시 퇴직금 정산을 하는 것이 더욱 높은 임금에서 퇴직금을 지급받을 수 있으므로 근로자에게 유리하다. 반면 누진율에 따라 퇴직금을 계산하는 사업장의 경우에는 근로자가 불리할 수도 있다.

📝 촉탁직의 실업급여

촉탁직 계약기간의 만료 즉 기간만료로 인한 퇴직 시에는 실업급여를 받을 수 있다. 다만, 계약기간 종료 시점에 사업주가 기간연장을 요구했는데 이를 거부하고 퇴사를 하는 경우는 실업급여를 받을 수 없다.

그리고 만일 65세 이후 퇴사하는 경우는 다음의 기준에 따라 판단한다.

① 만 65세 이전 입사 ~ 만 65세 이후 퇴사의 경우에는 실업급여를 받을 수 있다.

② 만 65세 이후 입사 ~ 만 65세 이후 퇴사의 경우에는 실업급여를 받을 수 없다.

중간에 사업주 변경이나 용역업체 변경의 경우에도 동일하게 적용된다.

📝 촉탁직의 4대 보험

4대 보험 역시 정년에 따른 퇴사 조치가 이뤄지는 시점을 기준으로 한다. 촉탁직으로 전환된 이후에도 새롭게 촉탁 근로조건에 맞게 고용보험 등을 취득 신고하고 보험료를 납부해야 한다.

계속해서 해당 사업장에서 근로를 제공하는 경우라면 촉탁직으로 변경되는 보수월액 변경 신고 등을 진행해주고 계약직으로 변경 시에는 고용보험의 경우 계약직(촉탁직)으로 변경되는 부분에 대해 신고를 원하는 경우 근로내용변경신고를 통해 계약직으로 명시하는 것은 가능하다.

그러나 일반적으로 정규직에서 촉탁직 전환시 건강, 국민, 고용, 산재보험 모두 상실 신고 후 취득 신고를 다시 진행한다. 상실 신고를 안 해도 상관은 없으나(촉탁 근로계약서 다시 작성하면), 회사입장에서는 나중에 분쟁(촉탁직 전환 시 정규직일 때랑 급여가 달라지므로 임금이 낮아지므로 퇴직금 문제 등 발생)이 발생할 수 있으니 단절시키는 것이 좋다.

제9장

입사자
업무매뉴얼

입사자 업무 요약

구 분	내 용
근로계약서와 구비서류	◎ 사진, 통장 사본
	◎ 근로계약서 : 노동법규에 의한 계약서를 작성하여 근로조건과 급여를 결정하여 근로계약을 체결한다.
	◎ 서약서 : 회사의 취업규칙과 규정을 준수할 것을 서약한다.
	◎ 보안서약서 : 회사의 모든 정보나 문서와 기타 회사의 기밀을 지키며, 유지에 대한 각서이다.
	◎ 신원보증서 : 직원의 신원을 확보하고 회사의 불이익을 방지하고 신뢰감을 확보하기 위하여 받는 서류이다.
	◎ 이력서 : 직원 경력과 근무상태를 파악하며 업무 분담에 필요로 한다.
	◎ 인사기록카드 : 직원의 근무 시 상벌이나 진급 사항을 기록 보존하는 것이다.
	◎ 주민등록등본 : 직원의 세제 혜택과 가족 사항을 파악한다.
	◎ 거래 은행 계좌번호 : 급여를 은행거래로 대체하며 급여대장에 인장 날인을 하지 않아도 무통장입금증으로 대신한다.
	◎ 재정보증 : 서울보증보험에서 발급받는다(업무역량에 따라 금액설정).
	◎ 병역 확인 : 주민등록초본 및 병무청 확인
	◎ 경력증명서
	◎ 졸업증명서
	◎ 영업사원의 경우 비과세처리를 위한 차량 등록증
	◎ 출입카드 및 사원증 발급
급여명세서 작성/근로소득세 신고	◎ 전직장 원천징수영수증
	◎ 급여 관리 대장 작성(출근 카드 / 업무일지)
	◎ 개인별 급여명세서 작성 및 교부

구 분	내 용
	◎ 간이지급명세서 및 지급명세서 제출
	◎ 인센티브 지불내역(인사고과 내용)
	◎ 원천세 신고분 체크
	◎ 매월 근로소득세 신고
4대 보험 취득 신고	◎ 건강보험 : 취득, 상실, 업무 사항 확인
	◎ 국민연금 : 취득, 상실, 업무 사항 확인
	◎ 고용보험 : 취득, 상실, 개산 · 확정신고, 납부 사항 체크
	◎ 산재보험 : 개산 · 확정신고, 납부 사항 체크
	◎ 일용근로자 근로내용확인신고(고용보험과 산재보험)

신입사원의 4대 보험

4대 보험 가입 대상과 제외 대상

📂 가입 대상

구 분	4대 보험 가입 대상
일반근로자	계속 고용되어 월 급여를 받는 근로자(정규직/계약직) 단, 대표 및 등기임원은 일반적으로 건강보험과 국민연금만 가입 대상이다.
일용근로자	1일 단위로 근로계약을 체결하거나 1개월 미만 동안 고용되는 근로자 고용보험/산재보험은 의무가입 단, 1개월 이상(동안) 근무하면서 월 8일 이상 또는 1개월 이상(동안) 근무하면서 월 60시간 이상 근무한 경우, 국민연금/건강보험도 가입 대상이다.

📂 가입 제외 대상

구 분	4대 보험 가입 제외 대상
국민연금	다음의 경우는 국민연금 적용이 제외된다. ① 만 60세 이상인 사람 ② 타 공적연금 가입자 ③ 노령연금수급권을 취득한 자 중 60세 미만의 특수직종 근로자 ④ 조기노령연금 수급권을 취득하고 그 지급이 정지되지 아니한 자 ⑤ 퇴직연금 등 수급권자

구 분	4대 보험 가입 제외 대상
	⑥ 국민기초생활보장법에 의한 수급자
	⑦ 1개월 미만 근로자(1개월 이상 계속 사용되는 경우는 제외)
	⑧ 1개월 동안 근로하면서 월 8일 미만 일용근로자
	⑨ 1개월 동안 근로하면서 근로시간이 월 60시간 미만인 단시간 근로자
	⑩ 1개월 동안의 소득이 220만 원 미만인 경우
	1일 입사자를 제외한 당월 입사 당월 퇴사자는 국민연금을 납부하지 않는다.
건강보험	다음의 경우는 적용이 제외된다.
	① 1개월 미만 일용근로자(1개월 이상 계속 사용되는 경우는 제외)
	② 1개월 동안 근로하면서 월 8일 미만인 일용근로자
	③ 1개월 동안 근로하면서 근로시간이 월 60시간 미만인 단시간 근로자
	④ 의료급여법에 따라 의료급여를 받는 자
	⑤ 독립유공자예우에 관한 법률 및 국가유공자 등 예우 및 지원에 관한 법률에 의하여 의료보호를 받는 자
	⑥ 하사(단기복무자에 한함)·병 및 무관후보생
	⑦ 선거에 의하여 취임하는 공무원으로서 매월 보수 또는 이에 준하는 급료를 받지 아니하는 자
	⑧ 비상근 근로자
	⑨ 소재지가 일정하지 아니한 사업장의 근로자 및 사용자
	⑩ 근로자가 없거나 비상근 근로자 또는 1월간의 소정근로시간이 60시간 미만인 단시간 근로자만을 고용하는 사업장의 사업주
	※ 1일 입사자를 제외한 당월 입사 당월 퇴사자는 국민연금을 납부하지 않는다.
	※ 매년 전년도 분에 대해서 정산 방법에 따라 보험료를 산정, 정산한다.
고용보험	고용보험은 다음의 경우 적용 제외 대상이다.
	① 65세 이상인 자(65세 이전부터 계속 고용자는 적용. 단, 고용안정·직업능력 개발 사업은 적용)
	② 1개월 미만자로서 월간 근로시간이 60시간 미만인 근로자. 단, 월 60시간 미만 근로자라도 3개월 이상 근로 제공 시에는 적용할 수 있다.
	③ 1개월 미만자로서 주간 근로시간이 15시간 미만인 근로자(단시간 근로자). 다만, 근로를 제공하는 자 중 3개월 이상 계속하여 근로를 제공하는 자는 적용 대상이다.
	④ 공무원(별정직, 계약직 공무원은 2008년 9월 22일부터 임의가입 가능). 다만, 임용된 날부터 3개월 이내에 고용센터로 신청(3개월 이내 신청하지 않을 시 가입 불가)
	⑤ 사립학교 교직원 연금법 적용자
	⑥ 별정우체국 직원
	⑦ 외국인 근로자

일반근로자가 1인 이상 있는 모든 사업장은 4대 보험 신고 의무가 있으며, 4대 보험 신고를 위해서는 최초 사업장 성립 신고 후 가입자 자격취득 신고까지 해야 한다.

📋 신입사원 4대 보험 취득 신고

📂 사업개시일 전에 입사한 근로자의 4대 보험 취득

사업자등록증의 사업개시일 이전으로 입사일을 설정할 수는 없으며, 사업개시일 이후로만, 설정이 가능하다.

또한 일반적으로 사업자등록증상 사업개시일 이전으로 4대 보험 가입은 어렵다.

반드시 사업개시일 이전으로 4대 보험 취득이 필요한 경우에는 취득 신고를 진행하면서 근로계약서를 첨부해야 한다.

이때, 사업개시일과 근로자의 입사일은 많이 차이가 나지 않아야 하며, 공단 담당자에 따라 사업개시일 이전 취득이 반려될 수도 있다.

📂 4대 보험 취득 신고

4대 보험 취득 신고는 입사일을 기준으로 건강보험은 14일 이내, 국민연금, 고용보험, 산재보험의 경우 입사일이 속한 월의 다음 달 15일까지 한다.

예를 들어 4월 1일 입사자는 건강보험의 경우만 4월 14일까지, 그 외에 보험은 5월 15일까지 하면 된다.

일용근로자의 경우 고용보험, 산재보험 2가지만 의무가입 대상이므로, 4대 보험 신고 대신 고용보험, 산재보험 가입 신고를 위해 일용근로내용확인신고서를 다음 달 15일까지 제출하면 된다.

📋 급여에서 공제하는 4대 보험

국민연금과 건강보험은 1일에 근무하고 있느냐 여부를 기준으로 4대 보험료가 부과된다. 따라서 2~31일 사이 입사할 경우 근무일에 1일이 포함되어 있지 않으므로 다음 달(다음 달 1일이 기준이므로)부터 부과된다.

구 분	처리내용
입사일이 해당 월 1일 일 경우	해당 월 4대 보험료 모두 부과. 4대 보험은 1일 기준으로 1일 현재 취득상태면 부과된다.
입사일이 해당 월 1일 이 아닐 경우(2일~31 일 사이 입사)	⊙ 국민연금과 건강보험 : 1일을 기준으로 4대 보험료가 부과되므로 2~31일 사이 입사할 때는 1일 현재 근무하고 있지 않으므로 다음 달부터 부과된다. 단, 국민연금은 입사일 납부를 희망하는 경우 납부가 가능하다. ⊙ 고용보험과 산재보험 : 다음 달부터 부과된다. 다만, 당월 입사 당월 퇴사의 경우 납부한다.

단, 입사일 당일에 4대 보험 취득 신고가 완료되는 경우는 거의 없으므로(신고접수 후 처리까지 통상 3~7일 정도 소요), 입사일이 1일이더라도 신고 완료일에 따라 해당 월에 보험료가 부과되지 않고, 다음 달에 합산되어 부과될 수도 있다. 즉 15일 현재 취득 신고가 완료되어 있으면 고지되고 아니면 다음 달에 2달 치가 고지된다.

보수월액신고

사업장에 입사한 근로자의 보수월액은 아래 기준에 따라 사용자가 근로자에게 지급하기로 약정하였던 금액으로, 입사 당시 지급이 예측 가능한 모든 근로소득을 포함해야 한다.

구분	포함해야 하는 소득	포함하지 않는 소득
판단 기준	입사 당시 근로계약서, 보수 규정 등에서 지급하기로 확정된 모든 과세소득	소득세법상 비과세 소득, 입사 당시 지급 여부 및 지급 금액이 확정되지 않은 소득
급여 항목	기본급, 직책수당, 직급보조비, 정기(명절) 상여금, 기본성과급, 휴가비, 교통비, 고정 시간외근무수당, 복지연금, 기타 각종 수당	비과세소득(월 20만 원 이내 식사대, 자가운전보조금), 출산(전액) 6세 이하 보육수당(월 20만 원 이내), 실적에 따라 지급 여부 및 지급금액이 결정되는 실적급 등

보수월액 산정 방법은 입사 시점에 따른 근로자 간 신고 보수월액 차등이 발생하지 않도록 입사 당시 약정된 급여항목에 대한 1년 급여총액 - 비과세 소득에 대하여 1달로 환산하여 결정한다.

> 보수월액 = (입사 당시 지급이 약정된 각 급여총액 - 비과세 소득) ÷ 12

📝 수습사원의 보수월액신고

수습기간의 급여는 단순노무직을 제외하면 최저임금의 90% 이상을 지급하면 큰 문제는 없다. 따라서 회사에서는 정직원 급여의 일정 퍼센트를 지급할 수가 있는데, 이때 4대 보험 신고와 관련해 당황하는 경우가 종종 있다.

최초 입사 시에는 사업장에서 신고한 소득으로 기준소득월액이 결정된다.

이때 신고하는 방법은 다음의 2가지 방법 중 선택할 수 있다.

⊙ 수습급여로 신고한 후 정규직 전환될 경우 고용 · 산재보험 포털이나, 건강보험 EDI에서 보수월액변경 신고를 하는 방법 사용

⊙ 사업장에서는 근로계약 시 각종 수당(시간외수당 포함), 휴가비, 연간상여금 등을 포함(비과세소득 제외)하여 지급하기로 한 모든 소득을 고려한 월평균 급여를 신고

　　[예] 수습기간 포함 근로 개시일로부터 1년간 지급하기로 정한 보수총액 ÷ 12개월. 단, 1년 미만의 경우 해당 근무기간의 보수총액 및 기간

건강보험, 고용 · 산재의 경우 당해연도 보수가 확정된 시점에서 다시 산정한 보험료와 기납부한 월별보험료의 차이를 조정하여 보험료를 추가징수 또는 환급하는 정산절차를 진행한다. 따라서, 1년간 납부하는 총금액은 결국 어떠한 경우에든 동일하게 된다.

한편, 국민연금의 경우 연말정산 절차는 없으며, 다음연도 6월에 국세청 연말정산 총급여를 기준으로 기준보수월액을 재산정하여 다음연도 7월부터 그 다음연도 6월까지 동일 기준보수월액으로 적용한다. 하지만 국민연금은 더 납부하면 더 받고 덜 납부하면 덜 받는 구조로 결국 본인이 부담한 금액을 기준으로 하므로 급여와 꼭 일치하지 않아도 큰 실익은 없다고 보면 된다.

입사자의 일급 계산과 연차휴가, 주휴수당

입사자의 급여 일급 계산

구 분		일할 계산 방법
회사에 규정이 있는 경우		근로기준법 등에 별도의 규정이 없으므로 회사 규정에 따라 일할 계산. 단 최저임금보다는 많아야 한다.
회사에 규정이 없는 경우	원칙	실제 근로일수에 비례해서 일할 계산. 단 최저임금보다는 많아야 한다.
	달력에 따라 계산	해당 월의 달력상 날짜에 따라 계산하는 방법이다. (월급 ÷ 역일 수(28일, 29일, 30일, 31일 등)) × 근무일수[무급휴(무)일(토요일), 유급휴(무)일(일요일, 빨간 날) 포함] [예시1] 월급 5,442,360원, 1달이 31일인 달에 16일 근무 (5,442,360원 ÷ 31일) × 16일 = 2,808,960원 [예시2] 월급 5,442,360원, 1달이 30일인 달에 16일 근무 (5,442,360원 ÷ 30일) × 16일 = 2,902,562원 [예시3] 월급 5,442,360원, 1달이 28일인 달에 16일 근무 (5,442,360원 ÷ 28일) × 16일 = 3,109,920원 모두 최저임금을 초과하므로 문제는 없다.
	유급근무일수 기준	해당 월의 유급근로일수에 따라 계산하는 방법이다. (월급 ÷ 소정근로일(월~금)과 유급휴일(일요일, 빨간 날)) × 근무일수[유급휴(무)일(일요일, 빨간 날) 포함] ➡ 결국 토요일만 제외한 달력상의 날짜로 계산하는 방법

구 분	일할 계산 방법
유급근무일수 기준	[예시] 월급 5,442,360원, 1달 31일 중 5일이 토요일이고, 26일 근무 중 4일이 토요일인 경우 (5,442,360원 ÷ 26일(31일 − 5일)) × 22일(26일 − 4일) = 4,605,074원
월 통상임금 산정시간 수 기준	(월급 ÷ 통상임금 산정 기준시간(= 일반적으로 209시간)) × 근무일수[유급휴(무)일(일요일, 빨간 날) 포함] × 일 소정근로시간(= 일반적으로 8시간) 통상임금 산정 기준시간 = [(주 소정근로시간 + 토요일 유급시간 + 주휴시간) × 365일] ÷ (7일 × 12개월) = [(40시간 + 0시간 + 8시간) × 365일] ÷ (7일 × 12개월) = 209시간 [예시] 월급 5,442,360원, 1달 31일 중 5일이 토요일이고, 26일 근무 중 4일이 토요일인 경우 (5,442,360원 ÷ 209시간) × 22일 × 8시간 = 4,583,040원

연차휴가 계산 공식

연차휴가일 수 = 1년 차 15일 + (근속연수 − 1년) ÷ 2로 계산 후 나머지를 버리면 된다.

예를 들어 입사일로부터 10년이 경과한 경우

연차휴가일 수 = 1년 차 15일 + (10년 − 1년) ÷ 2 = 15일 + 4.5일 = 19일

월차 개념의 연차휴가 자동 계산 방법

월차 개념의 연차휴가 = 근무 개월 수 − 1일

예를 들어 1월 2일 입사자의 경우 12개월 연차 = 12개월 − 1일 = 11일

입사일 기준

월차 개념의 연차휴가(입사일로부터 1년까지) = 입사일로부터 1달 개근 시마다

예를 들어 1월 2일 입사자의 경우 12개월 개근 시 연차 = 12개월 − 1일 = 11일

연차 개념의 연차휴가일 수 = 1년 차 15일 + (근속연수 - 1년) ÷ 2로 계산 후 나머지를 버리면 된다.

근속연수는 입사일과 같은 날까지 근무해야 1년이 된다.

예를 들어 2024년 7월 1일 입사자는 2025년 7월 1일(단, 2024년 7월 1일~2025년 6월 30일까지 근무는 0년)까지 근무해야 1년이 된다.

그리고 2026년 7월 1일(단, 2025년 7월 1일~2026년 6월 30일까지 근무는 1년)까지 근무해야 2년이 된다.

입사일로부터	매년 발생하는 연차휴가 일수 계산	누적 연차휴가 일수(연차 퇴직 정산)
1년	15일 + (1년 - 1년) ÷ 2 = 15일	11일 + 15일 = 26일
2년	15일 + (2년 - 1년) ÷ 2 = 15일(나머지 버림)	26일 + 15일 = 41일
3년	15일 + (3년 - 1년) ÷ 2 = 16일	41일 + 16일 = 57일
4년	15일 + (4년 - 1년) ÷ 2 = 16일(나머지 버림)	57일 + 16일 = 73일
5년	15일 + (5년 - 1년) ÷ 2 = 17일	73일 + 17일 = 90일
6년	15일 + (6년 - 1년) ÷ 2 = 17일(나머지 버림)	90일 + 17일 = 107일
7년	15일 + (7년 - 1년) ÷ 2 = 18일	107일 + 18일 = 125일
8년	15일 + (8년 - 1년) ÷ 2 = 18일(나머지 버림)	125일 + 18일 = 143일
매년 발생하는 연차휴가 한도 25일		

📂 회계연도 기준

☑ 입사연도(2023년)

입사일부터 12월 31일까지의 연차휴가 일수 = 1 + 2

1. 월차 개념의 연차휴가(입사일로부터 1년까지) = 입사일로부터 12월 31일까지 1달 개근 시마다 발생하는 연차 일수

2. 비례연차휴가 = 15일 × 입사일부터 12월 31일까지의 근무일수 ÷ 365

해설

예를 들어 2023년 7월 1일 입사자의 경우 = 5일 + 7.5일 = 12.5일

1. 5일(8, 9, 10, 11, 12월 1일)

2. 15일 × 입사일부터 12월 31일까지의 근무일수 ÷ 365

= 15일 × 184 ÷ 365 = 7.5일

☑ 입사 다음연도(2024년)

입사 다음연도 연차휴가 일수 = 1 + 2

1. 월차 개념의 연차휴가(입사일이 속하는 연도의 다음 연도) = 11일 − 입사일로부터 12월 31일까지 1달 개근 시마다 발생하는 연차일수

2. 연차 개념의 연차휴가일 수 = 1년 차 15일 + (근속연수 − 1년) ÷ 2로 계산 후 나머지를 버리면 된다. 즉 회계연도 기준에서는 입사 연도의 다음 연도를 1년으로 봐 위 공식을 적용한다. 따라서 근속연수는 1년

회계연도 기준 근속연수는 1월 1일부터 12월 31일까지 근무하고, 1월 1일까지 고용관계가 유지되어야 한다.

예를 들어 2023년 1월 1일~12월 31일(단, 2023년 7월 1일~2024년 6월 30일까지 근무는 0년)까지 근무하고 2024년 1월 1일에도 고용관계가 유지되어야 한다.

따라서 퇴직일이 1월 1일(마지막 근무일이 전년도 12월 31일)~12월 31일인 퇴직자는 1년이 아닌 0년이 된다.

해설

예를 들어 2024년 1월 1일부터 = 6일 + 15일 = 21일

1. 11일 − 5일(8, 9, 10, 11, 12월 1일) = 6일

2. 1년 차 15일 + (근속연수 − 1년) ÷ 2 = 15일 + (1년 − 1년) ÷ 2 = 15일

입사연도의 다음연도를 1년으로 봐 위 공식을 적용한다.

☑ 입사 다음 다음 연도(2025년)

연차 개념의 연차휴가일 수 = 1년 차 15일 + (근속연수 − 1년) ÷ 2로 계산 후 나머지를 버리면 된다.

회계연도 기준에서는 입사연도의 다음연도를 1년으로 봐 위 공식을 적용한다. 따라서 근속연수는 2년

입사일 로부터	매년 발생하는 연차휴가 일수 계산	누적 연차휴가 일수(연차 퇴직 정산)	
1년	입사일로부터 12월 31일까지 1달 개근 시마다 발생하는 연차일수 + 비례연차휴가(15일 × 입사일부터 12월 31일까지의 연차휴가 ÷ 365)	11일(총 월 단위 연차)	비례연차
2년	(11일 − 입사일로부터 12월 31일까지 1달 개근 시마다 발생하는 연차일수) + (15일 + (1년 − 1년) ÷ 2 = 15일(나머지 버림))		15일
3년	15일 + (2년 − 1년) ÷ 2 = 15일(나머지 버림)	비례 연차 + 11일 + 15일 + 15일 = 비례연차 + 41일	
4년	15일 + (3년 − 1년) ÷ 2 = 16일	비례 연차 + 41일 + 16일 = 비례연차 + 57일	
5년	15일 + (4년 − 1년) ÷ 2 = 16일(나머지 버림)	비례 연차 + 57일 + 16일 = 비례연차 + 73일	

입사일 로부터	매년 발생하는 연차휴가 일수 계산	누적 연차휴가 일수(연차 퇴직 정산)
6년	15일 + (5년 - 1년) ÷ 2 = 17일	비례 연차 + 73일 + 17일 = 비례연차 + 90일
7년	15일 + (6년 - 1년) ÷ 2 = 17일(나머지 버림)	비례 연차 + 90일 + 17일 = 비례연차 + 107일
8년	15일 + (7년 - 1년) ÷ 2 = 18일	비례 연차 + 107일 + 18일 = 비례연차 + 125일
매년 발생하는 연차휴가 한도 25일		

📝 입사자의 주휴수당

입사 일자가 1주의 중간인 경우는 주휴수당을 지급하는 것이 바람직하지만 그 주의 일요일에 주휴수당을 부여하지 않았다고 하더라도, 법 위반으로 볼 수 없다는 것이 고용노동부의 입장이다. 하지만 그 주의 일요일에 주휴수당을 부여하지 않은 경우, 1주의 중간인 입사일로부터 새로 계산하여 1주간 주휴일을 부여하지 않았다면 법 위반으로 보고 있다.

예를 들면, 수요일에 입사하는 경우 그 주 일요일에 주휴일을 부여하지 않고 무급으로 해도 법 위반은 아니지만, 그다음 주인 화요일까지의 소정 근무 개근 시 1일의 주휴일을 부여해야 한다는 의미이다.

주중인 3월 5일(화)부터 근로를 제공한 경우 근로계약, 취업규칙 등에서 일정한 날을 주휴일로 특정하지 않았다면 근로 제공일(3월 5일)로부터 연속한 7일의 기간 중에 1일을 주휴일로 부여하여야 한다(근로기준과-918, 2010.4.30.).

(고용노동부 인터넷 상담내용)

사업장의 취업규칙 등에서 일정 일을 주휴일로 지정한 경우 주의 도중에 입사한 근로자가 입사 후 소정근로일을 개근하였다면 입사 후 처음 도래하는 주휴일을 유급으로 부여하는 것이 바람직할 것이나 입사 후 1주간(7일)을 채우지 못하였으므로 이를 무급으로 부여해도 법 위반이라 할 수는 없을 것이며, 입사일을 기준으로 1주일에 평균 1회 이상의 주휴일을 부여하지 않는다면 이를 정산하여 추가로 유급휴일을 부여하여야 할 것이다.

입사일과 퇴사일에 따른 4대 보험 업무 차이

구 분	입사자	퇴사자 퇴사일 (마지막 근무 일 다음 날)		
	국민, 건강 고용보험	국민연금, 건강보험		고용
1일	해당 월 4대 보험료 모두 부과	그달의 보험료 미부과 국민연금 : 퇴직 정산제도 없음 건강보험 : 퇴사 한 달 보험료 없음 + 정산보험료 부과로 인한 환급이나 환수. 결국, 퇴직하는 달 보험료를 제외하고 퇴직 정산		퇴직정산 으로 보험료 환급 또는 환수
2일~말일	다음 달부터 부과 단, 고용보험은 당 월 입사 당월 퇴사 자는 당월 부과	한 달분 보험료 부과 국민연금 : 퇴직 정산제도 없음 건강보험 : 퇴사 한 달 보험료 + 정산보험료 부과로 인한 환급 이나 환수. 결국, 퇴직하는 달의 보험료까지 포함해서 퇴직 정산		

부과 기준일은 1일이다. 즉 1일 현재 소속된 회사에서 부과된다.

매월 15일까지 신고가 되면 그달에 정산금액이 고지되고 매월 15일 이후 신고를 하면 그다음 달에 정산금액으로 고지된다.

[주] 위에서 입사일은 근무를 시작한 날, 퇴사일은 마지막 근무일의 다음 날을 의미한다.

입사자

2~31일 사이 입사한 때 보험료는 다음 달(4대 보험 부과 기준일이 1일이므로)부터 부과된다. 반면, 1일 입사의 경우 당월부터 부과된다. 단, 입사일 당일에 4대 보험 취 득신고가 완료되는 경우는 거의 없으므로 (신고접수 후 처리까지 통상 3~7일 정도

소요), 입사일이 1일이더라도 신고 완료일에 따라 해당 월에 보험료가 부과되지 않고, 다음 달에 합산되어 부과될 수도 있다. 국민연금의 입사 월부터 납부를 원하는 경우 취득 시 체크해서 신고하면 취득 월부터 납부한다. 퇴사한 달에 입사한 경우 퇴사 월의 보험료는 종전 근무지에서 납부한다.

구 분	보험료 부과
입사일이 당월 1일의 경우	해당 월 4대 보험료 모두 부과
입사일이 당월 1일이 아닐 경우(2일~31일 사이 입사)	국민연금 / 건강보험 / 고용보험 : 다음 달부터 부과 단, 고용보험은 당월 입사 당월 퇴사자는 당월 부과

국민연금과 건강보험은 1일을 기준으로 4대 보험료가 부과된다. 따라서, 2~31일 사이 입사할 경우 취득일은 동일하게 입사일이지만 보험료는 다음 달(4대 보험 부과 기준일이 1일이므로)부터 부과된다. 단, 입사일 당일에 4대 보험 취득 신고가 완료되는 경우는 거의 없으므로(신고접수 후 처리까지 통상 3~7일 정도 소요), 입사일이 1일이더라도 신고 완료일에 따라 당월에 보험료가 부과되지 않고, 다음 달에 합산되어 부과될 수도 있다.

📝 퇴사자

퇴사일은 마지막 근무일의 다음 날을 의미하며, 4대 보험료는 근무일 1일을 기준으로 한다. 따라서 퇴사일이 1일일 경우 마지막 근무일은 전달 말일이 되므로 전달까지만 납부하면 된다. 반면, 마지막 근무일이 2일~말일 사이일 경우 마지막 근무일에 1일이 포함되므로 당월까지 납부하고 퇴사를 한다.

그리고 각각의 공단은 매월 15일로 고지 마감을 하므로, 7월 1일 퇴사일로 7월 16일에 퇴사 신고를 했다면 15일(고지일) 이후의 신고로 인해 보험료가 부과된다. 즉, 7월 16일에 퇴사 신고를 했으니 마감이 지났기 때문에 퇴사 여부를 알 수 없는 공단에서는 7월 한 달분 보험료를 다 부과한다.

그러나 걱정할 필요는 없다. 8월 고지에 7월분이 반영되어 고지된다.

구 분	보험료 부과
퇴사일이 당월 1일의 경우	전월 4대 보험료까지 부과
퇴사일이 당월 2일~말일	당월 4대 보험료까지 부과

건강보험과 고용보험은 퇴사 시 퇴직정산을 한다. 반면 국민연금은 퇴직정산 제도가 없으므로 별도로 정산하지 않아도 된다.

고용보험 계산

퇴직자 상실 사유와 구분 코드를 정확히 해야 한다(퇴직자가 지원금을 받게 될 때 필요함). 월 중간에 입사 및 퇴사할 경우 고용보험과 산재보험은 그달의 퇴직 정산보험료가 부과된다.

고용보험 이중 취득 제한

4대 보험 중 고용보험만 유일하게 이중 취득을 제한하고 있다.

1. 피보험자격관리 기준
고용보험의 경우 피보험자격의 이중 취득을 제한하기 때문에 근로자가 보험 관계가 성립되어있는 둘 이상의 사업에 동시에 고용된 경우는 다음과 같은 순서에 따라 피보험자격을 취득한다.
- 월평균 보수가 많은 사업(보수가 많은 쪽이 취득, 적은 쪽은 상실)
- 월 소정근로시간이 많은 사업
- 근로자가 선택한 사업의 순서에 따라 우선으로 피보험자격을 취득하며 일용근로자와 일용근로자가 아닌 자로 동시에 고용된 경우는 일용근로자가 아닌 자로 고용된 사업에서 우선으로 피보험자격을 취득

2. 고용보험료 원천징수
둘 이상의 사업장에 동시에 고용된 자의 경우 피보험 자격관리 기준에 의하여 피보험 자격취득 신고가 되어있는 사업장에서만 보험료(실업급여, 고용안정 직업 능력 개발 사업)를 원천징수 한다.

제10장

세무조사
업무매뉴얼

세무조사 최소한
이것은 알고 대비하자

세무조사 대상의 선정

첫째 국세청의 전산시스템에 의한 임의추출 방식으로 조사대상에 선정될 수 있다.

둘째 다년간의 각종 신고실적을 전산 분석하여 소득률의 저조, 거래처와 일치가 되지 않는(전산불부합) 매출·매입금액이 과다하게 발생하는 경우 등의 사유로 선정이 될 수 있다.

셋째 각종 과세자료의 발생에 따라서 선정이 될 수 있는데 예를 들면 고액의 위장·가공자료의 발생이 사유가 될 수도 있다.

넷째 세무서의 각종 현지 확인, 신고 후 사후 검증(소명자료 제출 요구) 등에 있어서 쟁점 사안에 대해서 충분히 해명되지 아니하여 조사에 의하여 확인이 필요하다고 판단되는 경우가 있다.

다섯째 국세청 내부에서 각종 신고자료의 분석, 언론보도 자료, 각종 정보자료 등의 수집에 따라서 선정이 될 수 있다.

여섯째 탈세 제보, 차명계좌 사용제보 등에 의해서도 조사 대상에 선정이 될 수 있다 기타 금융정보분석원(FIU)의 자료 통보, 호화사치 및 과소비 내역, 자금출처가 분명하지 않은 부동산 등의 취득, 기업자금의 변칙유출 혐의 등으로 세무조사 대상자로 선정되기도 한다.

📋 정기조사와 비정기조사의 구분

구 분	정기조사	비정기조사
사전통지	세무조사 10일~15일 전에 사전통지를 하고 나온다. 즉, 국세청이나 지방국세청에서 사전에 전화가 와 세무조사 당일 사업장을 방문하거나 세무사를 통해 접견할지? 결정한다.	세무조사 당일(첫날) 조사관이 통지서를 전달한다. 즉, 사전통지를 하지 않는다. 따라서 세무조사 당일날 조사관이 오전에 사업장을 직접 방문한다.
조사대상기간	1년 기준(1년분)	3년~5년 기준
금융조회	원칙적으로 생략. 그러나 추후 세무조사 과정에서는 금융조회 가능	사전 조회 등 필수 거래처, 지인, 친인척, 임직원 등 관련인 확대
서류보관	원칙은 일시 보관 안 함	일시 보관을 하며, 일시 보관 시에는 대표자의 사전동의가 필요하다.

📋 세무조사 대비 방법

구 분	정기조사	비정기조사
사전통지를 받은 경우	오해의 소지를 최소화하고 컴퓨터, 장부, 금고 등을 점검한다. 연구소, 재고자산, 유형자산, 일용근로자 등 현장 직원, 친인척 급여 소명 요구에 대비한다.	당일날 바로 세무조사가 진행되기 때문에 당황하지 말고 최대한 시간을 확보한 후 담당세무사나 세무조사 전문 세무사를 활용한다.
사전연락	왜 나오는지? 무슨 문제가 있는지? 준비할 것은 없는지?	세무대리인을 활용한다.
금융조회	앞서 말한 바와 같이 정기조사의 경우 원칙적으로 금융조회가 생략되므로 오해의 소지를 만들어 금융조사를 받는 것은 가급적 피해야 한다.	원칙적으로 사전에 금융조사를 하므로 거래처, 지인, 친인척, 임직원 등 관련인으로의 확대를 막아야 한다.
서류보관	해당 사항 없음	대표자의 동의가 필요하므로 사전에 세무대리인과 통화 후 접견한다.

📝 세무조사 착수 전 조사관의 조사방법

세무조사 나와서 이건 안보던데, 이건 안 봐요 하지만 세무조사를 와서 조사를 시작하는 것이 아니라 조사선정 단계부터 이미 조사는 시작되는 것이다.

선정되면 나오기 전에 해당 회사의 신고사항 등을 사전에 조사 분석한 후 나오는데, 안 보는 것은 해당 사항에 대한 충분한 입증이 되었거나 추징금액이 적어 실익이 떨어지는 항목일 가능성이 크다. 따라서 회사마다 조사항목이 달라질 수 있으므로 세무조사는 특정 항목을 조사한다는 리스트와 조사 방법에 대해 특정하기가 힘들다.

📂 해당 업체의 각종 세무신고 내역 및 직전 조사 내역

① 조사 대상업체의 종합소득세, 법인세 신고서 등 각종 세무 신고서를 검토하여 세무조정, 세액공제 등이 세법에 적합하게 적용되었는지를 검토한다.

② 전반적인 거래내용에 비추어 과거 연도에 비하여 금액이 과다하거나 특이한 계정과목을 검토하며 회계처리 내역 및 제 증빙 등을 검토할 수 있도록 준비한다.

③ 만일 해당 업체에 대한 과거 조사실적이 있다면 중점적으로 검토하는데 이는 조사 방향을 선정하는데 매우 효율적인 참고자료가 될 수 있다.

📂 유사한 업종의 과거 세무조사 실적을 검토한다.

① 제조, 도매, 금융, 건설, 특정 서비스업종 등은 대개의 거래형태가 크게 다르지 않아 유사 업종에서 자주 조사실적으로 확인되는 항목이 있다면 이를 참고하여 조사할 업체의 유사한 거래 내역을 중점적으로 검토할 것이다.

② 이는 업종이 바뀌거나 내부통제 시스템을 전반적으로 바꾸지 않았다면 비슷한 유형의 거래가 있어서 과거와 유사한 세무상 문제점으로 인해 쉽게 조사성과를 거둘 수 있을 것이기 때문이다.

③ 설사 거래유형 등이 바뀌었더라도 과거의 거래내역, 회계처리방법과 세무조정 내용을 참고해 보면 조사 대상 연도의 거래에 대하여 어떻게 접근해서 검토해야 조사 효율성을 높일 수 있을 것인지를 정하는 데 많은 도움이 될 것이다.

☞ 금융감독원 전자공시 시스템(dart.fss.or.kr) 등을 확인한다.

① 금융감독원 전자공시 시스템에서는 기업 개황에서부터 사업보고서, 감사보고서, 발행공시, 지분공시, 거래소 공시 또는 공정거래위원회 공시 등 주요 공시사항을 모두 확인할 수 있다.

② 특히 사업보고서, 감사보고서 등에서는

◎ 기업자금의 차입 및 상환

◎ 유형자산의 취득 및 처분

◎ 회사채의 기채 및 감채

◎ 외화자산·부채의 변동 내역

◎ 주요 지분변동내역 및 지분법 적용 내용

◎ 해외 자회사와의 거래 등 국제거래 내역

◎ 특수관계자 간의 거래내역 및 각종 지급보증 내역

◎ 배당에 관한 사항 등이 기재되어 있다.

③ 이외에 주석에서 확인할 수 있는 사항으로는

◎ 주요 소송내용 등 우발적 채무의 발생 가능성

◎ 국내·외 각종 투자현황 등 중요한 재무정보가 모두 요약되어 있어 준비조사에는 꼭 필요한 중요한 검토 대상들이라 하겠다.

☞ 기타 재무제표, 국세청 내부의 각종 정보자료, 언론보도 내용, 인터넷 검색내용 등을 검토한다.

① 수년간의 손익계산서, 재무상태표, 이익잉여금처분계산서 등을 검토하여 회사의 경영 추이를 확인한다.

② 국세청에서 보유하고 있는 각종 정보자료를 활용하는데 여기에는 차명계좌 제보자료, 탈세 제보자료, 국세 공무원 제출자료, 서면 분석자료 등이 있다.

☞ 쓸데없는 자료삭제는 의심받는다.

국세청 세무조사 요원들이 기업에 세무조사를 나가면 직접 장부를 점검하는 조사요원과 전산 자료를 먼저 확보하는 전산 조사요원이 한 조를 이뤄 투입된다.

전산 조사요원이 경리부서 컴퓨터에 접속해 이메일을 포함한 컴퓨터에 내장된 모든 자료를 내려받는 게 가장 먼저 하는 일이다.

국세청이 피조사 기업 경리부서 컴퓨터로부터 내려받은 전산 자료에서 가장 먼저 확인하는 것은 지워진 파일이 있는지? 여부다.

피 조사기업이 세무조사 통지서를 받은 이후 지워진 파일이 있다면, 아무래도 과세자료나 증빙을 은닉할 의도가 있다는 '합리적 의심'을 할 수 있으므로 가장 먼저 지워진 파일을 확인하는 편이다.

지워진 파일을 발견한 국세청 전산 조사요원은 통상 파일을 지운 시기와 이유를 피조사 세무 실무자에게 묻는데, 이런 상황에서 경험이 적은 기업 측 실무자는 당황하게 되고 차분한 소명이 어렵다.

이 경우 기업 세무 실무자가 계정과목을 잘못 입력한 상태에서 실적문서를 뽑았다면 당연히 바로잡아 실적문서를 다시 생성하고 잘못된 파일은 지우게 마련이라며 세무조사 요원에게는 그렇게 설명하면 되는 것이고, 절대 당황해서 하지 말아야 할 말을 해서는 안 된다.

세무조사 나오면
반드시 점검하는 경비지출

평소에는 아무 문제 없이 마음대로 쓰고 경비처리 후 세금도 안 내니 1석 2조 너무 행복한 사장님 하지만 세무조사만 나오면 무조건 걸리는 항목이 있다.

걸리면 1석 2조로 혜택 봤던 것에 가산세까지 더해서 납부해야 한다.

나만 머리가 좋아 안 걸리고 넘어가는 것 같지만 누구나 다 똑같이 사용하는 방법이다 보니 조사관도 이거 털면 무조건 탈세 자료 나온다고 알고 있는 지출이다.

단지 내가 걸리는 순번이 돌아오지 않았을 뿐이다. 따라서 이를 잘 관리 안 해 괜히 가산세까지 더해서 낼지 아니면 설마 내가 걸리겠어! 라는 마음으로 계속 현 상태를 유지할지는 사업주의 마음이다. 하지만 왜 담당자가 막지 못 했느냐고 원망하지는 말아야 한다. 잘못은 나에게 있으니....

구 분	유의사항
신용카드 사적 사용	신용카드 사적 사용(개인적으로 사용한 신용카드 매출전표)은 꼭 걸린다. 특히 대표 또는 대표의 가족, 임직원의 사적 경비를 법인카드 등을 사용하는 경우 100% 걸린다고 보면 된다. 예를 들어 골프비용을 지출하거나 일요일에 마트에 가서 장을 보고 법인카드로 결제한 경우가 이에 해당한다. 평소엔 아무 문제 없으니 막 쓰다가 한방에 가산세까지 더해서 납부할 수 있다.
가족의 인건비 처리	근로를 제공하지 않은 기업주 가족(친인척)에게 인건비를 지급하고 비용처리를 하는 경우 조심한다. 세무 조사관이 세무조사를 나오기 전에 가장 먼저 파악하는 것이 그 사업주와 관련된 가족이다. 사업주의 가족, 친인척의 실제 근무 여부를 가장 우선으로 파악한다. 물론 실제 근무 여부는 세무조사를 해봐야 알 수 있지만, 해당 사업장에서 매달 신고한 급여 원천징수 신고자료를 바탕으로 그 가족의 명단과 지급 내역 등 인건비를 파악한 후 리스트를 만든다.

구 분	유의사항
	① 법인계좌에서 가족에게 실제로 나간 급여 내역
	② 출퇴근 기록 카드
	③ 업무상 결제 내역을 파악한다. 하물며, 지문인식까지 검증한다.
적격증빙 사용 내역을 확인하고 나온다.	사업자 명의 데이터를 분석해 세금계산서, 신용카드 매출전표, 현금영수증, 계산서 등이 적절하게 수취 되었는지? 확인한다. 또한, 해당 적격증빙을 바탕으로 소득세나 법인세 및 부가가치세가 적절하게 신고가 되었는지까지 검증을 하고 나온다. 금융거래 증빙까지도 파악한다.
	결국, 증빙과 신고내역을 자세히 들여다보면 원칙에 어긋난 비용처리 사항이 파악되고 세무조사 과정을 통해 세금을 추징당하게 된다.
자료상 거래	자료상 거래라고 전혀 거래 없는 자에게 자료를 사고파는 것만을 의미하는 것이 아니라, 서로 거래하는 사이에 거래와 관계없이 부가가치세를 받고 자료를 끊어주거나 실제 거래금액보다 더 많은 자료를 발행하는 경우도 포함한다.
	또한 거래처 사이에 원칙은 재화의 인도나 용역의 제공 시점에 세금계산서를 발행해야 하지만, 서로 기간을 맞추어 임의의 기간에 세금계산서를 주고받는 경우도 포함한다. 이는 실무상에서 많이 발생하므로 인해 불법처럼 인식하지 않지만 실제로 불법이므로 세무조사에 대비해 조심해야 한다.
상품권 구입 내역	일반 물품을 구입하여 거래처에 접대목적으로 지급하는 경우엔 어떤 물품을 구입했는지를 알 수 있으므로 그 물품의 종류나 지급 경위를 보면 기업업무추진비 성격의 비용인지를 유추할 수 있다.
	그런데 상품권은 구입 후 직원에게 주었는지, 거래처에 지급했는지, 다시 현금화했는지, 개인적으로 사용했는지를 명확히 알 수가 없으므로 증빙을 갖추지 않으면 문제가 될 소지가 크다. 국세청에서도 주의 깊게 보는 항목 중의 하나이므로 상품권으로 기업업무추진비를 지출하는 회사가 있다면 반드시 증빙처리에 신경을 써야 한다.
	기업업무추진비는 적격증빙을 수취해야만 인정받을 수 있으므로 상품권을 구입할 때는 반드시 신용카드로 구입해야 한다.
	그리고 기업업무추진비로 지출한 것에 대한 증빙을 구비해 놓아야 추후 국세청과의 마찰을 피할 수 있다. 상품권으로 기업업무추진비 처리 시 관련 증빙은 내부 품의서와 기업업무추진비 지급 대장(거래처별 일자와 거래처, 금액 기재)을 갖춰두는 것이 좋다.
	만약 증빙을 갖추지 못하면 상품권을 구입하고 이를 현금화해서 대표자 등이 개인적인 목적으로 사용하거나, 거래처에 대한 접대 및 임직원 복리후생 목적으로 지급했더라도 그 실제 귀속자를 제시하지 못하면 전액 대표자에 대한 상여로 처리된다.
	상품권을 장부에는 전액 비용처리 한 후 세무조사 시 거래목적으로 지급하였다고 주장해도 받은 자를 밝히지 못하는 경우 법인세 및 개인 상여에 대한 급여세금 등 막대한 세금이 추징될 수 있다는 점을 간과해서는 안 된다.

구 분	유의사항
	또한 회사 자금 사정으로 인해 "상품권 깡"으로 의심받을 수 있다.
	그러므로 상품권을 신용카드로 구입했다고 해서 안심해서는 안 되고 지출금액에 따라 금액이 과다한 경우에는 지급대장을 구비해서 추후 국세청의 소명요구에 대비해야 한다.
특수관계자간 거래내역을 파악한다.	개인사업자의 경우 친인척 또는 가족 간에 물품을 사고판 거래내역이 있는지 우선 파악한다. 또한 친인척 간의 급여도 주의해야 한다.
	법인의 경우 주주의 구성을 파악한 후 해당 주주와 다른 특수관계법인과의 거래를 더욱 면밀하게 검증한다. 즉, 해당 명단과 거래내역을 다 확정해서 나온다.
	거래금액과 시기 및 실질적으로 대금이 오고 간 내역까지 검증한다.
임원의 퇴직금 과다 지급	임원 퇴직금의 경우 회사의 지급규정에 따라 지급하는 경우는 문제가 없으나 규정보다 과다하게 지급하는 경우 문제가 될 수 있다.
연구인력개발세 액공제	실제 조사관이 나가서 연구인력 전담부서를 점검한다. 따라서 다음의 서류를 잘 관리해야 한다.
	① 연구소 및 연구 전담부서의 등록서류
	② 연구소 및 연구 전담부서 조직도
	③ 연구 전담 요원의 인사이동 관련 내부 공문
	④ 연구 전담 요원의 타임시트, 작업성과물, 특허출원 자료
	⑤ 연구 전담 요원의 이력서(학력, 자격 사항 등)
	①을 제외하고는 모두 연구인력개발비 대상 지출액 중 인건비를 표적으로 하는 서류이다. 즉 특별한 경우를 제외하고는 인건비를 가장 조심해야 한다는 의미이다.
업무용 승용차	업무용 전용 자동차보험에 가입하고 운행일지를 반드시 작성해야 한다.
기타 점검 사항	① 접대성 경비를 복리후생비 등으로 분산처리
	② 재고자산 계상 누락 등을 통해서 원가를 조절하는 경우
	③ 세무조사 후 신고소득률 하락 등
	국세청은 기업소득 유출, 수입금액 누락, 소득조절, 조세 부당감면 등으로 세금을 탈루할 우려가 있는 자영업법인, 취약·호황 업종의 신고내용을 개별 정밀분석 한 자료로 성실신고를 별도 안내한다.
	④ 소비지출 수준을 통해 소득 추정분석
	소득신고에 비해 해외여행 등 소비지출이 상대적으로 많은 경우 세무조사 대상이 될 수 있다.
	⑤ 원가를 과대계상 한 경우
	상호 증빙이 없이 세무조사만 안 받으면 걸리지 않을 거라는 생각에 임의적으로 원가를 과대계상 해 세금을 탈루하는 행위는 세무조사를 받을 확률이 높다.

세무조사에 대비해
평소에 챙겨야 할 15가지

 증빙서류의 철저

세금의 모든 근거는 증빙서류에 있으므로 각종 계약서, 세금계산서, 거래명세표, 영수증 등 거래와 관련된 모든 증빙서류를 철저히 수집해서 경리나 관련 부서에 인계하고 관리 · 감독한다.

영수증 등의 증빙서류를 빠짐없이 체크해서 보관하고 임직원들에게 증빙서류를 제출할 것을 독려한다. 특히 3만 원 초과의 경비지출과 20만원 초과의 경조사비는 반드시 법인카드(사업용 카드)를 사용하도록 임직원에게 주지시켜야 한다.

또한 불필요한 법인카드의 주말사용, 가사용 사용도 주의시켜야 한다.

 기업업무추진비는 카드로

3만 원 초과의 기업업무추진비는 반드시 세금계산서나 계산서, 신용카드로 결재해야 하므로 되도록 기업업무추진비는 법인카드를 사용하거나 세금계산서를 받도록 한다.

 통장의 분리 사용

가사용 또는 개인적 사용통장과 사업용 통장을 혼용해서 사용하지 않도록 유의한다.

거래와 무관한 어음이나 수표 등이 사업용 통장에 입출금되면 오해의 소지가 있다.

가장 좋은 방법은 사업용 통장과 가사용 통장의 분리, 사업용 통장도 입금용과 출금용을 구분해 사용하면 깔끔한 관리가 이루어진다. 물론 수시로 자금 사정이 어려운 자영업 사장님은 어렵겠지만....

📝 가공거래(매출누락이나 가공원가가 없도록)는 하지 않는다.

실거래 없이 세금계산서만 주고받으면 상당한 세금추징 이외에도 조세범 처벌법에 의거 형사처벌을 받을 수도 있으므로 하면 안 된다. 특히 세금계산서 발행은 물품이 인도된 시점에 대금을 받든 못 받든 발행해야 하나 현금의 입출금에 따라 세금계산서를 발행하고, 이를 마음대로 수정 발행하는 행위는 특히 조심해야 한다.

또한 친분이 있는 거래처끼리 부가가치세 신고철에 상호 무거래 자료를 주고받는 행위는 특히 조심해야 한다.

개인사업자의 경우 친인척 또는 가족 간에 물품을 사고판 거래내역이 있는지 우선 파악한다. 또한 친인척 간의 급여도 주의해야 한다.

법인의 경우 주주의 구성을 파악한 후 해당 주주와 다른 특수관계법인과의 거래를 더욱 면밀하게 검증한다. 즉, 세무조사 시 해당 명단과 거래내역을 다 확정해서 나온다.

거래금액과 시기 및 실질적으로 대금이 오고 간 내역까지 검증한다.

법인의 경우 매출누락이나 가공원가가 밝혀지고 그 자금이 임직원 등에게 처분되었다면 법인세, 부가가치세, 근로소득세, 종합소득세, 배당소득세 등으로 당초 누락 금액보다도 더 많은 세금을 내게 되는 경우도 있다. 따라서 이러한 일이 발생하지 않도록 주의해야 한다. 또한 실거래 없이 세금계산서만 주고받는 경우는 세금뿐만 아니라 조세범 처벌법에 의거 형사처벌도 받을 수 있으니 이러한 일이 없도록 해야 한다. 근간에는 수취한 사업자까지도 처벌하는 등 법 집행을 강화하고 있다.

📝 분납이나 납기 연장 등 세무상 제도 활용

받은 어음·수표가 부도가 발생하면 대손세액공제 및 대손 처리하고, 회사의 경영이 어려울 때는 징수유예, 납기 연장, 체납처분유예 등의 제도를 활용한다.

소득세 법인세는 분납이 가능하나 부가가치세는 공식적으로 분납제도가 없으므로 사업 형편상 분납을 위해서는 카드 할부로 납부하는 방법밖에 없다.

📝 통상적인 형태를 벗어난 거래 관리

통상적인 행태를 벗어나는 거래(원가 이하 매출, 상품 폐기, 사업 양·수도, 부동산 양수도, 상속·증여 등)는 반드시 사전에 세무대리인과 상의해서 처리하는 것이 바람직하다. 특히 평소와 다른 과도한 상품권 매입, 부가가치세 신고 시기에 맞춰 과도한 자료 발생, 주말 등 업무시간 이외의 시간이나 장소에서의 카드사용, 매출규모 대비 과도한 경조사비 지출은 특히 조심해야 한다.

📝 전표관리 등 장부 관리

전표는 그때그때 하지 않으면 조금만 지나도 매우 어렵게 된다. 되도록 당일로 마감하는 것이 바람직하다. 특히 법인이나 개인사업자 중 복식부기의무자는 전표 관리에 세심한 주의가 필요하다.

📝 최소한의 장부기장

전표, 현금출납장, 매입매출장, 수불부, 어음장은 최소한의 장부이므로 이 정도는 작성해 두는 것이 좋다. 또한 차량운행일지도 작성이 귀찮아도 반드시 작성해 두는 것이 좋다.

📝 4대 보험과 근로소득세 신고자료 일치, 가족의 인건비 관리

4대 보험과 근로소득세 신고자료는 일치해야 하며, 건강보험, 산재보험, 국민연금, 고용보험 등은 모두 연관관계가 있으므로 근로소득세 신고와 함께 숫자가 일치되도록 유의한다. 특히 직원을 4대 보험 회피목적으로 3.3% 사업소득자로 신고하는 행위는 금하는 것이 좋다.

근로를 제공하지 않은 기업주 가족(친인척)에게 인건비를 지급하고 비용처리를 하는 경우 조심한다.

세무 조사관이 세무조사를 나오기 전에 가장 먼저 파악하는 것이 그 사업주와 관련된 가족이다. 사업주의 가족, 친인척의 실제 근무 여부를 가장 우선으로 파악한다.

📝 국세 관련 업무 수시 체크

세금계산서의 오류 누락 등이 있어서는 안 되므로 항상 점검하고 각종 신고 전에는 가 집계를 해서 세무대리업체의 직원과 상호 대사하며, 납부기한을 메모하였다가 사장에게 수시로 알려주어야 한다.

📝 법인이 사용, 소비하는 것은 모두 법인명의로

법인이 사용, 소비하는 것은 모두 법인명의로 임대차 계약, 전신전화가입권, 부동산, 회원권, 예·적금, 보험카드, 각종 요금 및 등기등록을 해야 하는 것 등 법인이 사용, 소비하는 것은 모두 대표나 임직원 명의가 아닌 법인 명의로 한다.

특히 가족회사나 1인 법인의 경우 법인과 대표이사를 동일체로 봐 업무처리하는 경우가 많은데(특히 대표이사 자신이 그렇게 생각하는 경우가 많음), 실질적으로는 같아도 법 형식에서는 대표이사는 법인에 고용된 직원과 같다고 보고 업무처리를 해야한다. 따라서 대표이사가 회삿돈을 마음대로 가져가거나 사용하는 경우 가지급금이나 횡령 문제가 발생한다.

📝 법인과 임직원의 구분을 명확히

법인은 엄연한 인격체이므로 모든 것을 명확히 해야 한다.

법인에 입금될 금전을 대표 등 개인 통장에 입금해서는 안 되며, 반대로 개인이 거래한 금전을 법인통장에 입금시키는 것도 좋지 않다. 또한 임직원이 임의로 법인의 돈을 인출하는 것은 가지급금으로 기표하지 않으면 상여나, 배당 등으로 처분되는 불이익을 받을 수 있고, 가지급처리 되어도 인정이자를 계산하게 된다든가 지급이자를 부인하게 되는 경우가 있으므로 특히 주의해야 한다.

📝 부동산 및 주식의 취득, 양도

법인세, 감면, 증권거래세 등 주의를 필요로 하는 사항이 많다.

주식을 양도하면 양도세와 증권거래세보다는 과점주주로 인한 지방세 중과 등 예기치 않은 곳에서 골치 아픈 문제가 발생하며, 부동산을 취득하게 되면 비업무용 부동산으로 낭패를 보는 예도 있다. 따라서 통상의 거래를 벗어나는 경우는 전문가의 조력을 항상 사전에 받는 것이 바람직하다.

📝 기간이나 기한에 유의

기간이나 기한을 어기는 사소한 일로 많은 세금을 내는 경우가 있다.

각종 신고나 감면 등의 신청은 꼭 적기에 해야 하며, 감사나 임원 등의 변경도 기한을 넘겨 불이익을 받는 경우가 없도록 해야 한다.

📝 각종 규정 비치

기밀비 지급, 임원상여금 및 퇴직금 지급, 가지급금 지급 등 각종 세법에서 요구하는 지급 규정 및 약정서를 정관 규정인지, 이사회 결의사항인지, 주주총회결의 사항인지를 확인 후 작성·보관해야 한다.

임원 퇴직금의 경우 회사의 지급 규정에 따라 지급하는 경우는 문제가 없으나 규정보다 과다하게 지급하는 경우 문제가 될 수 있다. 특히 임원에 대한 급여를 연봉제로 전환하면서 향후 퇴직금을 지급하지 않는 조건으로 퇴직금을 중간정산한 후 주주총회에서 임원의 급여를 연봉제 이전의 방식으로 변경해 지급하기로 의결하고 확정기여형 퇴직연금을 불입하는 방법으로 손금처리하는 경우 주의해야 한다.

마지막으로 세무서나 공공기관에서 공문이나 전화가 오면 사전에 항상 세무대리인과 상의해서 처리하도록 한다.

제11장

비영업대금이자 가지급금과 가수금 업무매뉴얼

사장님이 말없이 가져가는 돈과 갖다주는 돈은 어떻게 처리하나?

사장님이나 직원들이 임시로 돈을 가져갈 때, 어떤 용도로 사용할지 모른다면 일단 가지급금이라는 계정을 사용해서 장부에 기록해두고, 반대로 사장님이 돈을 가져다주었는데 어떤 이유로 받았는지 모를 때는 가수금이라는 계정을 사용해 장부에 기록해둔다.

이 가수금과 가지급금은 둘 다 '가(假)계정'이라고 부르는데 임시계정이라는 뜻으로 가능하면 빨리 원인을 찾아서 본 계정으로 수정처리를 해야 한다.

회사 운영자금으로 사장님 개인 돈을 일시 빌린 경우

자금을 사장님 개인 돈을 일시 빌린 경우에는 가수금계정을 이용하면 된다.

그러나 회사에서 공식적으로 기간을 두고 차입하는 경우라면 단기차입금 또는 장기차입금을 이용하는 것이 맞으며, 결산 시까지 가수금이 남아 있는 경우 가수금을 가수금 / 단기차입금(또는 장기차입금)으로 대체시켜주는 정리 분개가 필요하다.

사장님이 개인 돈으로 외상 대금을 결제

가장 간단한 방법은 장부에는 오늘 회사에서 직접 거래처에 외상대금을 지급한 것으로 기록(외상매입금 / 현금)하고, 실제 회삿돈이 생겼을 때 돈을 사장님에게 지급하는 방법이다.

꼭 맞게 기록하려면 며칠 전 거래처에 실제 지급한 날짜에 일단 가수금계정으로 입금(현금 / 가수금)을 잡은 뒤에, 다시 추가하여 거래처에 지급한 것을 기록(외상매입금/현금)하고, 사장님에게 돈을 돌려주는 때에 다시 가수금계정으로 출금(가수금 / 현금)을 기록해 준다.

📝 사장님 개인적 비용지출액

개인적으로 사용했다고 해도 회사업무와 관련된 비용이라면 영수증을 받고 현금을 대신 주면 회사의 경비로 처리해야 할 것이다.

그러나 개인적인 비용이라면 사실 회사 장부에는 기록하면 안 된다.

가지급금에 대한 세무상 불이익

가지급금 인정이자 익금산입(수익처리)

가지급금은 대표자가 법인의 자금을 임의로 가져간 것으로 보기 때문에 해당 가지급금에 대해서 법정 이자율을 적용한 이자를 대표자에게 받아야 한다.

실제 이자를 받지 못한 경우에도 해당 이자 금액만큼 법인의 수익으로 처리된다. 따라서 수익에 따른 법인세가 높아진다. 즉 가지급금에 대한 당좌대출이자율의 인정이자를 계상하고 법인수익으로 익금산입하여 법인세가 부과된다.

구 분	익금산입액
무상으로 빌린 경우	가지급금 인정이자
저리로 빌린 경우	가지급금 인정이자 - 받았거나 받을 이자수익

가지급금 인정이자는 대표자에게 지급한 상여(근로소득세 원천징수)

소득처분에 따라 소득세를 부담한다. 가지급금 × 인정이자율 = 인정이자가 익금산입되어 법인세가 증가한다.

회수되지 못한 가지급금에 대한 이자수익은 가지급금이 정리될 때까지 법인의 수익으로 계상되어 법인세가 과세됨과 동시에 대표이사의 상여로 처분되어 소득세 및 4대 보험료 부담까지 늘어날 수 있다.

대표자가 가지급금에 대하여 법정이자 금액만큼 법인에게 지급하지 않은 경우는 해당 미지급이자를 대표자의 상여로 보아 대표자는 근로소득세를 내야 한다.

📝 지급이자 손금불산입(비용 불인정)

법인 차입금의 이자 총액에서 특수관계인에 대한 가지급금 비율만큼 손금불산입하는 것으로 법인세가 늘어나는 악순환이 된다.

일반 차입금에 대한 이자는 법인의 비용으로 인정되지만, 가지급금이 존재하는 경우는 차입금 금액 중 가지급금 금액이 차지하는 비율에 따라 해당 이자에 대해서는 비용으로 인정받지 못한다. 따라서 법인세가 증가한다.

📝 가지급금에 대해서는 대손충당금 설정이 불가능하다.

특수관계인에게 지급한 업무무관가지급금은 대손금으로 경비에 산입할 수 없다. 이는 채권의 처분손실을 경비로 인정하지 않는다는 것으로 대손충당금 설정 대상에서도 제외된다. 따라서 대표이사에 대한 가지급금은 대표이사를 그만두어도 대손금으로 정리할 수 없으며, 그만두는 시점에 가지급금을 정리해야 한다.

구 분	세무상 불이익
가지급금 인정이자 손금불산입 및 대표자 근로소득세 증가	가지급금 인정이자 익금산입 및 대표자 상여로 처분됨. 이에 따라 익금산입으로 법인세 부담이 증가하고, 상여 처분으로 대표자의 근로소득세 증가, 4대 보험료 증가
지급이자 손금불산입	업무무관자산에 대한 지급이자 손금불산입 대상. 가지급금 비율만큼 손금불산입으로 법인세 증가
대손충당금 설정대상 채권 제외	업무무관자산에 대한 대손충당금 설정대상 채권에서 제외. 또한 대손상각비 처리 불가
대손금 및 처분손실의 손금불산입	업무무관가지급금은 대손금 손금산입 적용 제외. 대손금 손금불산입으로 법인세 증가

기타 세무상 불이익

⊙ 건설업의 경우 실질 자본금을 산정할 때(건설업등록, 주기적 신고, 시공 능력 산정을 위한 기업진단, 재무제표 검사의 경우가 대표적임) 실질 자산으로 인정하지 않는다. 즉 건설업·공사업의 경우 실질 자본금 계산에서 감액(-) 요인이 된다. 특히 주기적 신고 시에 관할관청(도청, 시청)에 제출된 재무제표에 실질자본이 기준자본금요건을 충족하지 못하면 영업정지 처분된다.

⊙ 업무무관자산으로 간주되므로 주식 가치를 높이는 원인이 되기도 한다. 가업승계 등 지분이동을 앞두고 있는 기업이라면 증여상속세 부담이 늘어날 수 있다.

⊙ 장기간 누적된 가지급금일수록 불필요한 법인세 부담은 커지고, 기업 신용등급평가, 금융기관 자금조달, 협력업체 등재 및 입찰 등 자격요건에도 불이익을 받는 원인이 된다.

⊙ 인정이자 미수금을 장부계상 했다가 회수한 것으로 처리하면서 소득처분을 피해나가면 인정이자 미수금 회수액이 다시 가지급금이 되어 매년 가지급금이 증가한다(이자에 이자가 붙어나는 특성과 동일하다.).

⊙ 상환 없이 임의로 대손처리를 하거나 회계상 단기채권, 관계회사 대여금 등 편법적으로 처리한다면 강력한 세법 제재를 피할 수 없고, 횡령 및 배임 등의 형사처벌까지도 고려해야 하는 궁지에 몰릴 수 있다.

⊙ 가지급금 계정이 복잡하면 세무조사 대상자로 선정될 가능성이 크다.

구 분		세무상 불이익
차입금 유무	있다.	가지급금 비율만큼 차입금 이자비용 손금불산입
	없다.	인정이자만큼 익금산입 ➡ 법인세 증가
결산시 인정이자 미납		인정이자만큼 가지급금이 증가하고, 인정이자만큼 대표자 상여처분
상속·증여시		가지급금은 상속재산에 포함되고, 비상장주식 평가 시 가지급금을 자산으로 인식한다.
대손처리시		업무상 횡령·배임죄 적용 가능성
폐업시		미상환시 원금과 이자 전제를 대표이사 상여 처분

가지급금의 발생 원인과 장부기장 문제점

가지급금의 발생원인

가지급금은 주로 중소업체에서 발생하는 경향이 많으며 그 발생원인은 다양하며 대단히 중요한 문제를 내포하고 있다.

❶ 설립 시나 자본 증자 시에 가장납입한 결과

❷ 무리하게 이익을 발생시켜 잉여금이 누적

예를 들면 은행차입, 신용평가등급을 높이기 위하여 비용을 누락하거나 가공 매출을 발생시켜 이익을 발생시킨 경우

❸ 건설업의 경우 공사실적을 만들기 위하여 타인의 공사를 자기의 공사로 형식을 갖춰 공사 수입을 발생시키고 현장 이익을 발생시킨 경우

❹ 회사 소유주(대표이사 등 오너) 사적 용도로 회사의 이익금을 배당절차 없이 사외유출하고 정당한 증빙이 없어서 장부 처리를 하지 못한 경우

❺ 영수증을 확보할 수 없는 경비(기밀비, 업무추진비, 음성경비) 발생

❻ 세무상 손금 한도를 초과하여 지출한 기업업무추진비를 장부에 계상하지 않는 경우

❼ 가지급금 인정이자를 장부에 계상하고 실제 회수하지 않고 회수한 것으로 처리한 경우

가지급금에 해당하는 계정과목

장부상 가지급금 계정과목으로 처리된 것만을 가지급금으로 보지 않는다.

세무상 가지급금은 회계처리상 계정과목 여하에도 불구하고 성질상 가지급금이면 실질과세 원칙에 따라 가지급금으로 본다.

그러므로 회계처리상 가지급금과 세무처리상 가지급금을 개념 구분하는 것이 중요하다. 일반적으로 다음의 계정이 세무상 가지급금에 해당한다.

❶ 주주임원종업원단기대여금

❷ 단기대여금

❸ 사실과 맞지 않는 과도한 현금, 전도금

❹ 가지급금

업무 관련 가지급금(출장비 미정산금액 등)은 세무상 가지급금으로 보지 않는다. 이러한 항목을 업무가지급금이란 계정과목을 사용하여 처리하면 혼동을 피할 수 있다.

❺ 주주임원종업원 단기차입금이나 단기차입금의 차변 잔액(연중 일시적으로 나타나기도 하며 연도 말에 차변 잔액이 나타나기도 한다. 계정과목명이 중요한 것이 아니라 계정과목의 잔액이 차변인지, 대변인지 여부가 중요함.)

📝 장부기장 실무

❶ 업무 관련 가지급금(출장비 미정산금액 등)

가. 업무가지급금이란 계정과목 등 세무상 가지급금과 구분 가능한 계정과목을 사용한다.

나. 세무상 인정이자 계산 대상에서 제외한다.

다. 회계상 가지급금은 결산 재무상태표에 나타나는 것이 적절치 않은 과목이므로 원칙적으로 계정 잔액 내용을 분석하여 잔액 내용별로 적절한 과목으로 대체해야 한다.

라. 다음 회계연도 개시 일자로 다시 가지급금으로 원상으로 회복시켜야 장부 정리가 편리하다.

그런데 실무적으로 이를 생략하여 혼동을 초래하는 경우가 자주 발견된다.

그러나 외부감사 대상기업이 아닌 경우에는 그냥 업무가지급금이란 과목으로 결산 재무상태표에 계상하는 경우가 많다.

❷ 연중에는 인명별로 가지급금 또는 가수금계정 가운데 하나의 계정으로만 사용하

고 혹 마이너스 잔액이 발생해도 무시하는 것이 편리하다. 만일 마이너스 잔액을 장부상 나타내지 않기 위하여 반대 성격의 계정으로 대체하면 혼동을 가중할 뿐이다.

❸ 중간결산, 연말 결산재무제표를 만들 때 잔액의 성질에 따라 단기대여금, 단기차입금, 주주임원단기대여금, 주주임원단기차입금 등 해당 계정으로 대체한다.

→ 회계프로그램에 의한 가지급금 적수 계산이 편리하다.

❹ 연초에는 다시 가지급금, 가수금으로 환원한다.

→ 장부 정리의 혼동을 회피할 수 있다.

가지급금이 가져오는 문제점

⊙ 건설업의 경우 실질 자본금을 산정할 때(건설업등록, 주기적 신고, 시공 능력 산정을 위한 기업진단, 재무제표 검사의 경우가 대표적임) 실질 자산으로 인정하지 않는다. 즉 건설업·공사업의 경우 실질 자본금 계산에서 감액(−) 요인이 된다. 특히 주기적 신고 시에 관할관청(도청, 시청)에 제출된 재무제표에 실질자본이 기준자본금요건을 충족하지 못하면 영업정지 처분된다.

⊙ 신용평가에 불리하다.

⊙ 업무무관자산으로 인한 지급이자 손금불산입 대상이 되어 손금 부인에 따른 법인세가 증가한다. : 차입금의 지급이자 중 가지급금이 차지하는 비율만큼 지급이자 손금불산입으로 법인세 부담이 증가한다. 세무조정 시에는 가지급금 인정이자 계산과 업무무관자산 지급이자 손금불산입은 반드시 하나의 세트로 보고 누락하지 말아야 한다. 실무적으로 업무무관자산 지급이자 손금불산입을 누락하는 사례가 종종 발생한다.

⊙ 소득처분에 따라 소득세를 부담한다. 가지급금 × 인정이자율 = 인정이자가 익금산입되어 법인세가 증가하고, 결국 회수되지 않은 가지급금은 법인 대표의 상여로 처분되어 근로소득세가 증가한다.

⊙ 인정이자 미수금을 장부계상 했다가 회수한 것으로 처리하면서 소득처분을 피해나가면 인정이자 미수금 회수액이 다시 가지급금이 되어 매년 가지급금이 증가한다(이자에 이자가 붙어나는 특성과 동일하다.).

⊙ 가장납입의 경우에는 상법상의 책임이 따른다. 대표이사의 책임이 가장 무겁다. 가장납입을 원인으로 검찰 조사를 받는 경우가 자주 있다.

⊙ 과중한 법인세, 소득세의 추징 이외에도 금액의 중요성에 따라 횡령, 조세범처벌법에 의한 처벌, 특정경제가중처벌법에 의한 형의 가중, 벌금 추징의 문제도 있을 수 있다.

⊙ 가지급금 계정이 복잡하면 세무조사 대상자로 선정될 가능성이 크다.

📝 가지급금에 관련된 기장 실무 문제사례

⊙ 대표자 또는 소유주의 빈번한 자금 입출이 있거나 통장에서 인출된 금액이 사후적으로 복잡한 정산내용이 있고, 이를 회계장부 담당자가 잘 파악하지 못하여 입출금 내용을 장부에 정확하게 반영할 수 없는 경우

⊙ 계열사가 많이 있고 회사 간 자금대여와 차입 관계가 1:1로 정리되지 않고 한꺼번에 얽혀서 사후적으로 그 내용을 파악하기 곤란한 경우 → 관계회사별로 대여금과 차입금이 상호 일치하지 않는 경우가 발생한다.

⊙ 대여와 차입의 관계가 당사회사별로 1:1 대응이 정확해야 하는 것은 당연하지만 복잡한 혼동이 발생하면 수습하기 어려워지는 경우가 많다. → 계열사 간의 자금거래혼동은 세무추징의 원인이 될 가능성이 크며, 성격상 추징금액도 많다.

⊙ 대여와 차입은 계열사 간에 직접 일어났으나 장부 정리는 대표이사를 형식상 매개로 하여 처리하는 사례가 있다. → 가능한 한 당사자 간 회사를 직접 장부에 대여 또는 차입거래처로 표시하는 것이 혼동을 막을 수 있으며 사실에 부합한다.

⊙ 계열사 간의 자금거래혼동이 연중에 장부상 서로 일치하지 않고, 연도 말에만 맞추어 놓는 사례

⊙ 회계상 가지급금에 대하여 인정이자를 계산하거나 회계상 가지급금 금액도 업무무관자산 지급이자 손금불산입 대상에 산입하는 경우

⊙ 가수금만 있는 거래처와 가지급금만 있는 거래처가 있음에도 불구하고 가지급금과 가수금을 총괄 상계하여 업무무관자산 지급이자 손금불산입을 계산하는 경우

📋 가지급금을 일반적으로 감추는 행위

📂 가지급금을 일시적으로 부채와 상계

차입금 등과 회계기간 말에 일시적으로 상계하여 가지급금이 재무상태표에 나타나지 않게 하였다가 다음 회계기간 개시일에 원상회복하는 행위

📂 가공원가나 가공경비를 계상

⊙ 일반적으로 임금을 부풀려 가공원가를 계상하는 행위

근로자 개인 통장으로 송금한 금융기록이 없으므로 세무조사 시에 현금거래를 주장하면 세무 당국은 원칙적으로 사실성을 인정하지 않는다.

⊙ 가공세금계산서 등 자료를 주고받아 장부에 계상

적발되는 경우는 법인세 추징, 소득세 추징의 부담이 대단히 크고 그 금액이 가공경비의 80% 이상이 되는 경우가 많다. 기간경과, 추징금액에 따라 적용 소득세율이 달라진다.

📂 가공의 건설기술인력 급여

실근무자가 아니지만, 기술자를 대여하여 직원으로 등재하였으면 이들에 대하여 지급한 것으로 처리한 급여는 통장 입금기록이 없다. 그러므로 세무조사 시에 사실성에 관한 입증자료 준비가 어렵다.

급여로 계상한 금액은 원칙적으로 경비에서 제거해야 하지만 그렇지 않다면 다시 잡이익으로라도 계상하여야 한다.

그러나 현실적으로 그러한 처리를 하는 경우는 매우 적으므로 결과적으로 가지급금의 감소 결과를 가져오거나 사외자금으로 별도 조성되게 된다.

📂 가지급금을 매출채권, 선급금 등에 임의 대체

임의 대체하여 가지급금이 재무상태표에 나타나지 않게 하였다가 다음 회계기간 개시일에 원상회복하는 행위

📂 가지급금을 전도금에 대체

⊙ 전도금에 대체했다고 가지급금이 해결된 것은 아니다.

⊙ 전도금은 전도금통장과 일치해야 하는 것이 원칙이다.

⊙ 전도금에서 공사원가 대체를 회계기간 말에 일제히 장부 계상하여 인정이자 계산을 피해 나가는 경우 전도금이 연도 말까지 거액으로 증가한다. → 인정이자 계상 누락의 위험성을 내포하고 있다.

가지급금 인정이자를
계산해야 하는 거래

부당행위계산 부인으로 인해 인정이자를 계산하는 가지급금은 기장이나 계정과목 등 명칭 여하에 불과하고 그 실질이 특수관계자에 대한 자금의 대여를 말한다.
금전대여란 금전을 현실적으로 지출하여 대여한 경우뿐만 아니라 실제 대여행위는 없더라도 대여한 것과 같은 결과를 가져오는 사실이 있는 것도 포함하는 것이다.

📝 특수관계자에게 금전을 무상 또는 낮은 이율로 대여

◉ 법인이 대표자(임원, 주주)의 친족에게 금전을 무상으로 대여한 경우는 대표자에게 대여한 것으로 본다(통칙 52-88…2-5호).
◉ 법인의 불입 자본금의 사용처가 불분명한 경우
◉ 실제보다 과다 기장된 현금계정을 대표자가 이를 가지급 해간 것으로 보아 인정이자를 계산하는 경우(국심 84서 389, 1984. 5. 14.).

📝 매출채권의 지연회수, 매입채무의 조기지급

◉ 특수관계자에 대한 매출채권의 회수를 임의로 지연한 경우 가지급금으로 본다(서면 2팀-29, 2005. 1. 5.).
◉ 특수관계자에 대한 외상매출금 등의 회수가 지연되어 당해 매출채권이 실질적인 소비대차로 전환되는 것으로 인정되는 때에는 가지급금으로 보아 부당행위계산의

부인 규정을 적용한다(서면 2팀-29, 2005.1.5. ; 법인 46012-2657, 1996. 9. 20.). 다만, 특수관계자 간의 거래에서 발생된 외상매출금 등의 회수가 지연된 경우에도 사회통념 및 상관행에 비추어 부당함이 없다고 인정되는 때는 부당행위계산 부인 적용이 배제된다(통칙 52-88…3 10호).

◎ 특수관계자에 대한 매입채무의 결제를 통상적인 결제기간보다 빨리해 줌으로써 실질적인 자금대여에 해당하는 경우

◎ 매출채권은 지연 회수하면서 상계 가능한 매입채무는 결제하는 경우(법인 22601 -2014, 1991. 10. 24.)

◎ 100% 출자 법인에게 통상적인 연불기간을 훨씬 초과하여 외상매출금을 회수하지 않으면서 상계 가능한 매입채무는 대부분 결제한 경우 인정이자 계산은 정당함(국심 2000서 419, 2000. 6. 16.).

◎ 구입에 장기간이 소요되지 않은 상품을 구입하면서 특수관계자에게 구입대금을 훨씬 초과하는 선급금을 장기간 지불한 상태로 회수하지 않는 행위(국심 2001서 3156, 2003. 12. 31.)

건설회사의 경우 자회사에 하도급을 주면서 선급금을 지나치게 장기간 지불하는 경우

◎ 해외 특수관계법인으로부터 지급받을 기술 사용료에 대해 뚜렷한 이유 없이 회수하지 않은 분은 인정이자 계산 대상이나, 무자력 등으로 인한 회수불능 분은 인정이자 계산 대상이 아님(국심 2001 서 56, 2001. 12. 27.).

📝 특수관계자의 채무를 대위변제하는 경우

◎ 법인이 특수관계 있는 다른 법인의 채무를 대위변제하는 경우 이를 구상채권으로 계상하고 인정이자를 계상해야 하며, 위 채무의 대위변제 금액은 대손금으로 손금산입할 수 없다. 다만, 주채무자의 파산으로 채무 변제능력이 없어 당해 법인이 채권자의 강제집행 등에 의하여 주채무자의 채무를 대위변제함에 따라 발생한 구상채권은 업무무관가지급금으로 보지 않는다(법인 46012-2367, 2000.12.13. ; 재법인-106, 2004. 2. 13.).

◈ 특수관계에 있는 법인의 보증채무를 대위변제한 경우 대위변제한 날부터 인정이자를 계산하며, 동 인정이자의 계산은 특수관계가 소멸하여 구상채권 금액을 특수관계자에게 소득 처분하는 날까지 적용한다(서면 2팀-2661, 2004. 12. 17.)

📓 관계회사 기업어음·후순위채권을 매입한 경우

법인이 금융회사를 통하여 관계회사가 발행한 기업어음 또는 관계회사 기업어음·후순위채권을 매입한 경우 인정이자 계산 대상 가지급금 등에 해당하는지? 여부는 당해 법인이 투자목적인지, 자금지원 목적인지를 확인하여 사실판단할 사항으로(재법인 46012-214, 2000. 12. 26.), 특수관계 법인에게 자금을 대여할 목적으로 금융회사·어음발행 법인·어음 매수 법인간 합의에 의하여 이루어진 것으로 인정되는 경우는 그 어음매입액은 업무무관가지급금에 해당한다(법인 46012-1534, 1986. 6. 12.). 즉, 단자사 등을 통한 관계회사의 기업어음 매입이 자금지원 목적인지 여부는 당해 기업어음이 시장성이 있어 공개된 경쟁시장에서도 유통될 수 있는지, 시장성이 없어 특별한 경우를 제외하고는 유통되지 아니하는 기업어음을 장래의 위험을 감수하면서 금융회사 등으로부터 인수한 것인지, 기타 인수법인의 재무상태, 인수상품과 유사한 다른 금융상품에 여유자금을 투자한 정도, 동 상품의 이자율과 일반금융상품의 수익률 비교, 특수관계가 없는 자의 인수상황 등을 종합적으로 고려하여 판단해야 한다.
단자사를 통해 관계법인이 발행한 어음을 할인한 거래가 경제적 합리성 없이 비정상적인 방법으로 관계법인에게 낮은 이율로 대부한 경우에는 부당행위계산 부인 대상이다(대법 99두 4587, 2000.12. 22.).

📓 특정금전신탁을 이용한 자금대여의 경우

법인이 신탁회사(금융기관)의 특정금전신탁에 가입하고 신탁회사가 당해 법인과 특수관계 있는 다른 법인의 주식 또는 CP를 취득하는 경우, 주식취득 가액은 차입금 과다법인의 지급이자 손금불산입 대상 주식에 포함되며(법인 46012-3137, 1996. 11. 11.), 자금대여목적으로 확인되는 CP 취득금액은 업무무관가지급금으로 보아 인정이자 계산 및 지급이자 손금불산입 된다.

📝 변형된 소비대차계약에 의한 자금대여의 경우

이자지급 조건을 후취로 하여 금전을 대부하고 원금상환 시 일괄하여 이자를 수취하는 방법은 기간의 이익을 분여하는 것이 되어 부당행위계산 부인 대상이 될 수 있다 (대법 84누 217, 1985. 6. 11.).

또한, 이자 채무보다 원금을 먼저 상환하는 조건의 경우 등과 같이 특수관계자로부터 대여금을 회수하면서 통상적인 법정 변제방식과 달리 원금을 우선 변제하기로 약정한 경우에도 부당행위계산 부인대상이다(대법 92누 114, 1992.10.13. ; 국심 99경 442, 2000.3.4.).

그러나, 기업개선 약정에 의하여 관계회사 대여금을 출자 전환하면서 이자보다 원금을 먼저 상계하는 경우는 특수관계자 간 거래라 하더라도 기업개선작업이라는 특수한 사정에 기인하여 불가피성이 있고(순수 자유의사가 보장되는 능동적이고 임의적인 거래가 아니라 수동적이고 다소 강제적인 거래의 경우), 무차별성이 있다고 보여 지는 경우(업무형편상 특수관계가 있는 자 뿐만 아니라 거래관계가 있는 모든 자에게 동일한 조건을 적용한 경우) 등 경제적 합리성이 결여된 거래라고 보기 어려운 경우에는 부당행위계산 부인 대상으로 보지 않는 것이 합리적이다(국심 2004서 3532, 2005.4.20.).

📝 담보제공을 이용한 자금대여의 경우

특수관계자의 채무보증을 하거나 담보를 제공한 사실만으로는 부당행위계산 부인 대상으로 보지 않으나, 특수관계자의 담보제공과 관련하여 발생한 손실(지급이자)에 대하여는 부당행위계산 부인 규정이 적용된다(국심 2001중 714, 2001.6.19. ; 서면 2 팀-2414, 2004.11.23.)

📝 비현실적 퇴직에 대한 퇴직금

현실적으로 퇴직하지 아니한 임원 또는 사용인에게 지급한 퇴직급여는 당해 임원 또는 사용인이 현실적으로 퇴직할 때까지 이를 업무와 관련 없는 가지급금으로 본다. 현실적 퇴직임을 입증하기 위하여 퇴직금 중간지급요청서를 작성하여 제출하도록 한다.

- ⊚ 퇴직금을 연봉액에 매월 분할지급하는 경우 매월 지급하는 퇴직금 상당액은 당해 사용인에게 업무와 관련 없이 지급한 가지급금으로 본다(통칙 26-44…5).
- ⊚ 퇴직금 해당액은 마지막 급여에 가산하여 지불해야 가지급금이 되지 않는다.
- ⊚ 상대방 회사가 부도 발생했는데도 계속적인 추가 자금지원 등도 부당하다고 볼 수 있다(국심 87서 665, 1987.7.1.).

📝 이자 수취 시기 지연의 경우

- ⊚ 이자를 대여 종료 시점에 원금과 일괄하여 수취하는 경우(국심 81서 733, 1981. 10. 21.)
- ⊚ 이자를 원금보다 나중에 수취하는 계약
- ⊚ 특별한 이유 없이 이자를 계속 미수하는 경우

관계회사 대여금의 경우 차입한 법인의 세무

차입법인은 약정에 따라 장부 처리를 할 뿐 약정이 없다면 인정이자에 대하여 지급이자로 계상할 필요가 없으며 계상하지 않은 경우 소득처분을 받지 않음. 이는 개인의 경우와 법인의 경우가 서로 다르다는 것임.

[요약]
특수관계 법인 간에 자산을 저가 양수·도한 경우 양수 법인은 별도의 세무조정이나 회계처리가 필요 없는 것임(법인 22601-2002, 1986.06.20.).

[회신]
특수관계 있는 법인 간에 자산을 양수도한 경우 양도법인의 과세소득 계산에 있어 자산의 저가 양도가액 상당액을 익금가산하고 기타 사외유출로 처분한 경우에도 양수법인은 이와 관련하여 별도의 세무조정이나 회계처리를 필요로 하지 않는 것임.

가지급금 인정이자 계산 대상이 아닌 거래

⊙ 지급시기 의제 규정에 따라 지급한 것으로 보는 배당소득 및 상여금에 대한 소득세를 법인이 납부하고 이를 가지급금 등으로 계상한 경우는 당해 소득을 실제로 지급할 때까지는 인정이자를 계산하지 아니한다. 이 경우 미지급소득에 대한 소득세에는 당해 소득세액에 부가하여 과세하는 지방소득세도 포함하며, 그 미지급소득으로 인한 중간예납 세액 상당액도 포함하는 것으로 한다.

⊙ 귀속이 불분명하여 대표자에게 상여처분한 금액에 대한 소득세를 법인이 납부하고 이를 가지급금으로 계상한 경우는 특수관계가 소멸될 때까지 인정이자를 계상하지 않는다.

⊙ 사용인에 대한 월정급여액 범위 내에서의 일시적인 급료의 가불금은 인정이자를 계상하는 가지급금에서 제외한다. → 종업원 복지후생적인 측면

⊙ 사용인이 결혼하거나 상을 당하였을 때 이에 필요한 자금을 대여해 주는 경우 또는 사용인(그 자녀를 포함함)에 대한 학자금의 대여액은 가지급금 등으로 보지 않는다.

⊙ 재건축, 재개발사업의 이주비 대여금 등 매출수익을 얻는데, 필요한 대여금

⊙ 국외에 자본을 투자한 내국법인이 해당 국외투자법인에 종사하거나 종사할 자의 여비·급료 기타비용을 대신하여 부담하고 이를 가지급금 등으로 계상한 금액의 경우에도 그 금액을 실지로 환부받을 때까지의 기간에 상당하는 금액을 가지급금으로 보지 않는다. 즉 내국법인이 사실상 당해 법인의 영업활동과 관련하여 해외 현지 법인에게 시설·운영자금을 대여하는 경우(법인 46012-1550, 1996.05.30.) 그 해외 현지법인의 업무 및 자금 운용 등이 실질적으로 당해 내국법인의 경영활동 일부로

써 이루어지는 경우 동 대여금은 업무무관가지급금으로 보지 않는다(법인 22601-1849, 1991.09.26.). 다만, 해외 투자법인의 경영 애로 등을 해소하기 위한 자금대여액은 업무무관가지급금에 해당한다(법인 46012- 1982, 1997.07.21.).

⊙ 대량 구매에 어음 기일의 특혜부여(국심 83서 2565, 1984. 4. 3.)

⊙ 특정 조건을 달성한 거래처에 대한 판촉 목적의 자금대여

⊙ 법정 규정에 따른 불가피한 일시지급 역시 부당행위가 아니다(직세 1234.21-397, 1972. 3. 21.).

⊙ 일반거래처와 동일하게 특수관계자의 매출채권을 지연 회수하는 경우(법인 22601-892, 1991. 5. 6.)

⊙ 매출채권을 지연 회수하는 것에 경제적 합리성이 인정되는 경우(국심 2002중 3021, 2003. 4. 10.)〉

⊙ 다음 각호의 요건을 모두 갖춘 연봉계약에 의하여 그 계약기간이 만료되는 시점에 퇴직금을 지급한 경우에도 현실적인 퇴직으로 본다. 다만, 퇴직금을 연봉액에 포함하여 매월 분할지급하는 경우 매월 지급하는 퇴직금 상당액은 당해 사용인에게 업무와 관련 없이 지급한 가지급금으로 본다.

1. 불특정다수인에게 적용되는 퇴직급여지급규정에 사회통념상 타당하다고 인정되는 퇴직금이 확정되어 있을 것

2. 연봉액에 포함된 퇴직금의 액수가 명확히 구분되어 있을 것

3. 계약기간이 만료되는 시점에 퇴직금을 중간정산받고자 하는 사용인의 서면 요구가 있을 것. 연봉계약서에 포함시키거나 퇴직금중간정산요청서를 작성하여야 함.

⊙ 특수관계자가 아닌 자에 대한 원천징수불이행으로 대납한 금액을 가지급금으로 계상한 경우

⊙ 중소기업이 근로자(임원·지배주주 등 제외)에게 대여한 주택 구입 및 전세자금대출

⊙ 법인이 우리사주조합 또는 그 조합원에게 해당 우리사주조합이 설립된 회사의 주식취득에 소요되는 자금을 대여한 금액을 상환할 때까지의 기간에 상당하는 금액 역시 가지급금으로 보지 않는다.

⊙ 금융기관부실자산 등의 효율적 처리 및 한국자산관리공사의 설립에 관한 법률에 의한 한국자산관리공사가 출자총액의 전액을 출자하여 설립한 법인에 대여한 금액도 가지급금으로 보지 않는다.

가지급금과 가수금의 처리

가지급금과 가수금의 회계 장부상 처리

법인과 주주 또는 대표이사 개인 간의 자금거래를 세법상으로는 가지급금(假支給金)과 가수금(假受金)이라고 한다. 원래 계정과목상 가지급금이란 현금의 유출이 있으나 관련 증빙과 회계 계정과목을 확정할 수 없을 때 사용하는 자산계정을 의미하고, 가수금이란 가지급금과 반대로 현금의 유입은 있으나 관련 증빙과 회계 계정과목을 확정할 수 없을 때 사용하는 부채계정을 의미한다.

실무적으로는 법인 대표들이 법인자금을 먼저 꺼내 쓰는 경우 가지급금이고, 반대로 법인에 자금이 부족한 경우 대표이사가 회사경비를 대신 결제하는 경우 이를 가수금이라고 한다.

이러한 가지급금 및 가수금은 회계상 일시적인 가계정으로 정식 결산 시에는 가수금이나 가지급금이라는 용어는 사용하지 않고 가수금의 경우 차입금, 가지급금의 경우에는 대여금으로 표기해야 한다.

가지급금의 회계와 세무 상식

현금의 지출이 있었으나 그 소속 계정 등이 확정되지 않은 경우 확정될 때까지 일시적으로 처리하기 위해서 설정한 가계정을 뜻하며, 통상적으로 대표이사가 회사로부터 빌려 간 경우 기중에 가지급금이라는 가계정을 설정한다.

❶ 대표이사 개인용도 사용/차입

❷ 증빙불비 경비를 비용 처리하지 못한 경우 등

회계처리

❶ 발생 시 (차변) 가지급금   ××× / (대변) 현금 ×××

❷ 결산 시 (차변) 단기대여금 ××× / (대변) 가지급금 ×××

세무상 불이익   → 법인세 증가

❶ 인정이자 익금산입 → 가중평균차입이자율 또는 당좌대출이자율

❷ 지급이자 손금불산입 → 지급이자 × (가지급금/차입금)

정리방안

❶ 급여 인상 ❷ 배당금 수령 ❸ 개인 지분 유상증자 ❹ 개인소유 특허권을 회사에 매각

위의 방법을 결국 돈을 만들어 '갚는 것이다.

가지급금/가수금

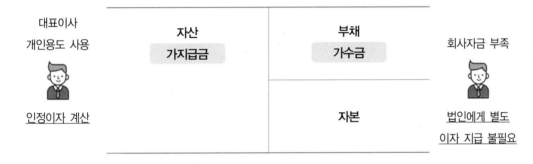

대표이사	자산	부채	회사자금 부족
개인용도 사용	가지급금	가수금	
인정이자 계산		자본	법인에게 별도 이자 지급 불필요

📝 # 가지급금 중 세법상 대표자 상여 처분될 수 있는 주요 지출

▷ 법인의 업무 목적 이외 신용카드 등 사용 여부

법인 신용카드 · 직불카드 등 사용 자료 중 피부미용실, 성형외과, 해외여행, 입시학원 등 업무와 관련 없는 경비를 복리후생비, 수수료 계정 등으로 회계처리 한 비용이 있는 경우 손금부인 후 소득 귀속에 따라 대표자 상여처분 한다.

▷ 상품권 과다 매입 후 법인의 업무 목적 이외의 사용 여부

법인카드 등으로 상품권을 구입하여 업무 목적 이외에 사용하고, 복리후생비, 수수료

계정 등으로 회계처리한 경우 손금부인 후 소득 귀속에 따라 대표자 상여 처분을 한다.

상품권을 접대의 목적으로 사용한 경우는 기업업무추진비로 계상하고 한도액 시부인 계산하여 한도초과액은 손금불산입 기타사외유출로 처분한다.

⊙ 실제 근무하지 않는 대표이사·주주의 가족에 대한 인건비 계상 여부

실제로 근로를 제공하지 않는 대표이사·주주 등의 가족 등에게 지급한 것으로 처리한 인건비는 손금부인 후 소득 귀속에 따라 대표자 상여처분을 한다.

⊙ 자료상 등 불성실 납세자와의 거래 적정 여부

실물거래 없이 자료상, 세금계산서 발급위반자, 폐업자로부터 세금계산서 등을 수취하여 원가 등에 계상한 경우 관련 비용은 손금부인 후 소득귀속에 따라 대표자 상여로 처분한다.

⊙ 법인 전환, 세무조사 후 원가 과대계상 여부

개인에서 법인으로 전환한 사업자로서 특별한 사유 없이 신고소득률이 동종업종 대비 저조하거나 전년 대비 감소한 원인이 원가의 과대계상 및 매출누락인 경우 손금부인 또는 익금산입 후 대표자 상여 처분한다.

세무조사를 받은 후 특별한 사유 없이 신고소득률이 조사를 실시한 사업연도보다 하락한 경우 원가의 과대 계상액에 대해 손금부인 후 대표자 상여로 처분한다.

⊙ 업무 목적 이외 사용한 경비를 사업소득 지급 등으로 처리 여부

기업자금을 업무 목적 이외의 용도로 유출하고 지급수수료 등으로 계상한 후 실제 용역을 제공하지 않은 친족 등에게 사업소득을 지급한 것으로 처리하여 사업소득 지급명세서를 제출한 경우 손금부인 후 소득 귀속에 따라 대표자 상여로 처분한다.

📝 가지급금에 대한 세금 처리

가지급금은 세법상 법인이 주주 또는 대표이사에게 사실상 자금을 빌려준 것으로 본다. 따라서 법인은 자금을 빌려 간 주주 또는 대표이사로부터 법인이 세법상 적정 이자를 받지 않거나, 해당 적정 이자에 미달하게 받을 경우는 인정이자라고 해 적정 이자를 법인이 받은 것으로 가정해 법인세를 과세한다.

이때 세법상 적정 이자는 국세청장이 정하는 당좌대출이자율(현재는 연 4.6%)과 가중평균차입이자율 중 법인이 선택할 수 있도록 하고 있다.

결국 법인자금을 주주 및 대표이사 등이 사용하면 법에서 정한 이자 상당액을 기초로 법인에 세금이 부과될 수 있는 것이다.

가지급금에 대한 또 다른 세금은 업무 관련성 없는 가지급금이 있는 법인이 외부 차입금으로 이자비용이 발생할 경우, 정상적인 이자비용은 비용으로 공제되는 반면, 해당 이자비용의 일정 부분은 세법상 비용으로 공제를 받지 못하게 하고 있다. 이는 법인이 대출받아서 해당 대출금을 가지급금으로 사용하는 것을 방지하기 위한 것이다.

또한 업무 관련성 가지급금에 대한 불이익으로 법인과 특수관계에 있는 개인 등에게 가지급금을 계상했다가 해당 개인의 파산 등으로 대손이 발생한 경우도 해당 대손금을 세법상 비용으로 공제받지 못한다.

📝 가수금에 대한 세금 처리

법인에 자금이 부족해 대표의 개인 자금을 법인 운영자금에 사용하는 경우 가수금으로 처리하는데, 이 경우에는 반드시 대표가 법인으로부터 적정 이자를 받아야 한다는 세법 규정은 없다.

그러나 만일 해당 법인의 최대 주주 및 친족의 합산지분율이 50% 이상인 상황에서, 특정 최대 주주가 법인에 가수금을 넣고 이자를 받지 않으면 다른 최대 주주 및 친족들에게 사실상 이자 금액만큼 경제적 부의 이전이 발생한 것으로 보아 다른 최대 주주 및 친족들에게 증여세가 과세된다.

📂 개인(또는 다른 법인)에게 금전 차입 시 업무처리

① 대표이사는 법인통장에 입금 시 대표자 이름으로 입금하고 이체 메모에 대표자 가수금 입금이라고 기록한다.

② 법인통장에서 대표이사에게 출금 시 대표자 이름으로 출금하고 이체 메모에 대표자 가수금 처리라고 기록해야 상여금 등과 구분이 가능하다.

③ 이자 지급과 관련해서는 무이자, 인정이자, 출자전환 등으로 처리한다.

④ 이자를 지급하는 경우 이자를 계산하여 법인통장에서 해당 계좌로 입금하고, 차입금이자 지급이라고 메모를 남겨 둔다.

📂 가수금에 대한 이자지급 시 업무처리

법인에게 빌려준 가수금은 세무신고와 상관없이 언제든지 편하게 인출하여 법인에 빌려준 자금을 회수하면 된다.

구 분	업무처리
이자 지급	대표이사가 법인에 자금을 빌려줄 때는 일반적으로 무상(무아자) 대여로 처리하는 경우가 많다. 이자를 지급하는 경우는 지급이자 등을 계산하여 법인 명의에서 개인 명의로 빚을 상환하는 방법과 동일하다. 가수금의 지급이자는 법정이자보다 낮게 혹은 무상 및 무이자로 상환할 수 있지만, 법정이자보다 높게 설정 또는 지급하는 것은 부당행위가 될 수 있다.
출자전환	출자전환은 회사가 발행한 주식 이외 새로운 주식을 발행하고, 그 주금을 납입하는 대신, 법인에 남아 있는 대표자의 가수금을 납입한 것으로 보아 자본금을 늘리는 것을 의미한다. 즉, 대표자의 가수금은 신주식 인수금과 상계할 수 있다. 단, 가수금의 계좌이체 내역 등으로 소명이 가능해야 한다. 재무상태표상 가수금 또는 주임종단기차입금이라는 계정과목으로 구분돼 있어야 하며 그 금액 내에서는 언제든 상계할 수 있다. 그리고 이사회(이사가 3인 이상), 주주총회(이사가 1인 또는 2인)에서 위와 같은 내용을 결의해야 가능하다. 이 경우 저가 발행 또는 고가 발행 등으로 인한 증여의제, 부당행위계산부인 등을 철저히 검토해야 한다. 따라서 모르는 경우 전문가의 도움을 받기를 권한다.

📝 대표이사 변경 시 전 대표이사 가지급금 승계

가지급금이란 회계상의 의미는 용도나 액수를 확정하지 않은 채로 지급한 불확실한 돈을 확정될 때까지 일시적으로 설정하는 계정과목을 말하고, 세무상으로는 특수관계에 있는 자에게 지급한 당해 법인의 업무와 관련이 없는 자금의 대여액을 의미한다.

일반적으로 세법에서는 가지급금은 발생 때마다 계약서(금전대차약정서 등)를 작성하고 그에 따른 상환 등도 이루어지게 되어 있다. 소정의 이자도 받아야 한다. 그렇지 않으면 가지급금 이자가 귀속 대표이사의 상여가 된다.

국세청은 이것이 업무와 관련된 자산이 아닌 법인이 특수관계자에게 대여해 준 대여금으로 보기 때문에 세무적인 문제가 발생하거나 장기간 미상환하거나 임의로 대손처리할 경우 업무상 배임, 횡령죄가 성립될 수도 있으므로 특히 주의해야 한다.

대표이사 변경이나 기업 인수로 인한 전 대표이사 가지급금은 원칙은 현 대표이사가 갚을 의무는 없다. 해당 가지급금은 전 대표이사가 법인에 지급해야 할 의무를 지닌 채무로써 현 대표이사에게 아무 이유 없이 승계되는 것은 아니다. 즉, 전 대표이사의 미상환 잔액이므로 전 대표이사의 책임이다.

대표이사 변경 시 대표이사 간의 가지급금에 대한 인수인계 절차가 장부상 나타나야 한다. 전 대표이사의 가지급금을 상환하는 절차가 필요한 것이다.

세법에서는 전 대표이사가 퇴사하는 시점에 전 대표이사와 법인 간에 특수관계가 소멸되는 것으로 보고 특수관계가 소멸할 때까지 회수되지 않은 가지급금은 쟁송, 담보, 상계채무 보유 등 특별한 사유를 제외하고는 특수관계가 소멸되는 시점, 즉 퇴사 시점에 법인의 익금으로 과세하고, 해당 대표자에 대하여 급여로 보아 근로소득세를 과세하고 있다. 만일 현 대표이사가 사비로 충당할 경우 동 금액에 대해서 증여 등의 문제가 발생할 수도 있다.

폐업해도 끝까지 따라다니는 가지급금

상당수 실무자는 기존 법인이 문제가 있는 경우 이를 폐업신고하고 새로운 법인을 설립하면 모든 세금 문제가 해결되는 것으로 착각하는 경우가 많다.

법인 운영기간 동안 누적되어 있는 가지급금은 실제 귀속자가 법인으로 현금 등의 개인 자산을 불입하거나 귀속자의 퇴직금으로 해결하지 않는 이상 해결되지 않는 문제이다.

법인 폐업 시의 가지급금은 법인세법시행령 규정에 따라 법인의 폐업으로 인하여 특수관계가 소멸된 시점에서 대표이사 가지급금의 미회수 된 잔액을 법인이 채권을 포기한 것으로 보아 익금산입하고 동시에 대표자에게 상여로 소득처분하도록 하고 있다. 따라서 고율의 종합소득세가 과세되면서 말 그대로 세금 폭탄이 되는 것이다.

하지만 대부분 법인은 폐업 시 가지급금에 대한 문제점을 인식하지 못한 채 폐업하는 경우가 많고 이에 대해 국세청은 폐업 이후에도 세무조사 등을 통해 대표이사의 가지급금에 대한 세금을 부과하고 있다.

애초에 가지급금은 발생하지 않아야 했지만, 이미 누적된 가지급금이 있다면, 법인 폐업 전에 모두 해결해야만 폐업 후, 예상치 못한 세금을 피할 수 있을 것이다.

이를 피하려고 해산, 청산절차를 진행하게 되면, 일반적으로 법인 처지에서는 청산소득에 대한 법인세는 산출되지 않으나, 일정한 조건이 충족되는 경우 대표이사로서가 아니라 주주로서 소득세법상 배당소득으로 소득세를 추징당하게 된다. 즉, 가지급금으로 발생한 문제는 폐업이나 법인 청산 등 특수관계 소멸 시까지 이어지며, 회수하지 못한 가지급금의 상여처분으로 인해 대표의 소득세와 4대 보험료가 증가하게 된다.

정당한 사유 없이 회수하지 않은 가지급금 및 그 이자의 처리방법은 다음과 같다.

구 분	업무처리
특수관계가 소멸하지 않은 경우	특수관계가 소멸되지 않은 경우로서 이자 발생일이 속하는 사업연도 종료일부터 1년이 되는 날까지 회수하지 않은 경우 그 이자는 익금산입하고 귀속자에게 상여로 처분한다.
특수관계가 소멸한 경우	특수관계가 소멸되는 날까지 회수하지 않은 경우 그 가지급금 및 그 이자는 익금산입하고 귀속자에게 상여로 처분한다.

[제 목]

법인의 폐업 시 대표이사 가지급금 미회수 잔액을 대표자에게 상여 처분하고, 소득금액 변동통지 한 처분은 정당함(소득, 심사소득 2013-0073, 2013.10.11.)

[요 지]

쟁점 가지급금 등에 대한 상여 처분은「법인세법 시행령」제11조 9의 2호의 규정에 따라 쟁점법인의 폐업으로 인하여 특수관계가 소멸된 시점에서 대표이사 가지급금의 미회수된 잔액을 쟁점 법인이 채권 포기한 것으로 보아 익금의제하는 것이므로 당초 처분은 정당함

(1) 가정

A 법인이 2025년 1월 1일에 대표자에게 3억 원을 업무와 관련 없이 대여하고 시가에 상당하는 이자 10%의 약정을 맺고 다음과 같이 회계처리 하였다.

구 분	회계처리	
2025년 01월 01일	(차) 가지급금 3억 원	(대) 현금 3억 원
2025년 12월 31일	(차) 미수이자 3천만 원	(대) 이자수익 3천만 원
2026년 12월 31일	(차) 미수이자 3천만 원	(대) 이자수익 3천만 원
* 2025년 발생한 미수이자를 정당한 사유 없이 회수하지 않고 있음		
2027년 01월 01일	2027년 01월 01일 A 법인 폐업	

(2) 세무처리

구 분	세무 처리
2025년 12월 31일	시가에 상당하는 이자를 받기로 하였으므로 세무조정 없음
2026년 12월 31일	익금불산입 : 미수이자 3천만 원(△유보) 익금산입 : 인정이자 3천만 원(상여)
2027년 01월 01일	익금불산입 : 가지급금 3억 원(△유보) 익금산입 : 가지급금 3억 원(상여) 익금불산입 : 미수이자 3천만 원(△유보) 익금산입 : 인정이자 3천만 원(상여)

상기 세무 처리를 보면 시가에 상당하는 금액만큼 미수이자를 계상하였더라도 이자 발생일이 속하는 사업연도 종료일부터 1년이 되는 날까지 정당한 사유 없이 회수하지 아니한 이자 및 특수관계가 소멸하는 날까지 회수하지 아니한 가지급금 및 그 이자는 A 법인의 소득이 그 시점에 대표자에게 귀속된 것으로 보고 위와 같이 세무조정과 소득처분(상여)을 하는 것이다.

가지급금 인정이자 계산과 지급이자 손금불산입

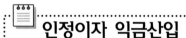

인정이자 익금산입

> 인정이자 = 가지급금 적수 × 시가인 이자율 × 1/365 − 약정이자

📂 가지급금 적수

가지급금적수란 가지급금 계정의 매일 24시의 잔액을 더한 금액을 말한다. 가지급금을 지출하면 그날 24시에는 가지급금 잔액이 있으므로 가지급금이 발생한 날은 적수 계산에 포함하나, 가지급금을 회수하면 그날 24시에는 잔액이 없으므로 반환한 날은 적수 계산에 포함하지 않는다.

가지급금적수를 365(윤년 366)로 나누면 연 평균액이 되고, 연평균액에 시가인 이자율을 곱하면 시가인 이자가 산출된다. 가지급금이 사업연도 중에 변동되지 않았다면 굳이 적수를 계산해서 365(윤년 366)로 나누지 않고 그냥 가지급금에 이자율을 곱해도 동일한 금액이 되나, 사업연도 중에 가지급금이 변동된 경우는 반드시 적수계산방법에 의해야 정확한 이자를 계산할 수 있다. 가지급금 적수는 매일의 잔액을 합하는 방법만 인정하므로 매월 말 잔액에 그달의 경과일수를 곱하는 간편법은 사용할 수 없다.

동일인에 대한 가지급금과 가수금이 함께 있는 경우에는 해당 사업연도의 가지급금 적수와 가수금 적수를 상계한다. 다만, [1] 가지급금과 가수금에 대한 상환기간·이자율 등의 약정이 있어 서로 상계할 수 없는 경우와, ② 가지급금과 가수금이 동일인의 것이 아닌 경우에는 가지급금 적수와 가수금 적수를 상계하지 않는다(법칙 28 ②, 법기통 28 – 53…2).

📂 시가인 이자율

• 원칙 : 가중평균차입이자율

가중평균차입이자율은 법인이 대여시점 현재 각각의 차입금 잔액(특수관계자로부터의 차입금은 제외한다)에 차입 당시의 각각의 이자율을 곱한 금액의 합계액을 해당 차입금 잔액의 총액으로 나눈 비율을 말한다.

이를 산식으로 표시하면 다음과 같다.

$$\text{가중평균차입금이자율} = \frac{\text{대여 시점 현재 각각의 차입금 잔액} \times \text{차입 당시의 각각의 이자율}}{\text{대여 시점 현재 각각의 차입금 잔액의 총액}}$$

또한 대여 시점 현재 각각의 차입금 잔액이란 인정이자의 계산 대상이 되는 각 대여금이 발생할 때마다 각각의 차입금 잔액으로 하되, 특수관계자로부터의 차입금과 채권자가 불분명한 사채 또는 매입자가 불분명한 채권·증권의 발행으로 조달된 차입금은 제외한다.

❶ 2025년 7월 11일 현재 차입금 잔액 상황

차입금 명	차입 일자	차입금 잔액	이자율
운영자금	2025년 4월 1일	100,000,000	5%
시설자금	2025년 3월 20일	200,000,000	4.5%
무역금융자금	2025년 6월 15일	50,000,000	5.2%
운영자금(특수관계자)	2025년 5월 3일	50,000,000	9%

❷ 2025년 7월 11일 대표이사 일시차입금이 1천만 원이 발생

[해설]

$$\text{가중평균차입이자율} = \frac{100,000,000원 \times 5\% + 200,000,000원 \times 4.5\% + 50,000,000원 \times 5.2\%}{100,000,000원 + 200,000,000원 + 50,000,000원} = 4.74\%$$

※ 특수관계자로부터 차입한 운영자금 50,000,000원은 가중평균차입이자율 계산 시 제외함.

가지급금 적수 = 1,840,000,000원(10,000,000원 × 184일(7월 1일~12월 31일))

인정이자 = 가지급금 적수 × 시가인 이자율 × 1/365 − 약정이자

    = 1,840,000,000원 × 4.74% × 1/365 − 0 = 238,948원

세무조정 : 인정상여 238,948원(익금산입, 상여)

• 예외 : 다음의 경우에는 당좌대출이자율을 적용한다.

법인이 특수관계인에게 금전을 대여한 경우는 가중평균차입이자율을 시가로 한다. 다만 다음 중 어느 하나에 해당하는 경우는 당좌대출이자율을 시가로 한다.

구 분	내 용
당좌대출이자율을 시가로 선택한 경우	당좌대출이자율을 시가로 선택한 사업연도와 이후 2개 사업연도는 당좌대출이자율을 시가로 한다. 결국 3년간 당좌대출이자율을 적용해야 한다
가중평균차입이자율의 적용이 불가능한 경우 ❶	해당 대여금 또는 차입금에 한정하여 당좌대출이자율을 시가로 한다.
대여 기간이 5년을 초과하는 대여금이 있는 경우 ❷	해당 대여금 또는 차입금에 한정하여 당좌대출이 자율을 시가로 한다.

❶은 다음의 경우를 말한다.

가. 특수관계인이 아닌 자로부터 차입한 금액이 없는 경우

나. 차입금 전액이 채권자가 불투명한 사채 또는 매입자가 불분명한 채권·증권의 발행으로 조달된 경우

다. 자금을 대여한 법인이 가중평균차입이자율 또는 대여금리가 해당 대여시점 현재 자금을 차입한 법인의 가중평균차입이자율보다 높아 가중평균차입이자율이 없는 것으로 보는 경우

❷ 대여한 날(계약을 갱신한 경우는 그 계약일)부터 해당 사업연도 종료일(해당 사업연도에 상환하는 경우는 상환일)까지의 기간이 5년을 초과하는 대여금이 있는 경우를 말한다.

• 중요성 기준

법인이 자금을 저율로 대여한 경우에도 차이가 중요하지 않으면 인정이자를 익금산입하지 않는다. 즉 시가와 거래 가액의 차액이 3억원 이상이거나 시가의 5%에 상당하는 금액 이상인 경우에 한하여 적용한다.

①과 ② 중 어느 하나에 해당하는 경우는 차이가 중요한 것으로 봐 인정이자를 익금에 산입한다.
① 금액 기준 : 시가와 거래금액의 차액 ≥ 3억 원
② 비율 기준 : (시가와 거래금액과의 차액 / 시가) ≥ 5%

여기에서 5%의 기준을 적용할 때, 주의할 점은 이자율 차이가 5% 이상 차이가 있는 경우를 의미하는 것이 아니라 시가(이자율)와 실제 거래이자율의 차이가 시가(이자율)의 5% 이상일 때 부당행위계산부인을 적용한다는 점이다.

예를 들어 가중평균차입이자율이 연 5%인 법인이 특수관계자인 임직원 일부에게 연 4%의 이자(상환기간 및 이자율을 개별적으로 약정한 상태)를 수취하고 자금(개인별로 5천만 원씩)을 대여하는 경우

① 개인별로 5천만 원씩 대출했으므로, 이자에 해당하는 시가와 거래가액의 차액이 3억 원에 미달한다.

② 이자율 차이도 5%와 4%이므로 1%밖에 되지 않는다. 그런데 이자율 차이를 적용하는 것이 아니라 다음의 산식을 적용한다.

$$\frac{\text{시가와 거래 가액의 차액}}{\text{시가}} = \frac{5\% - 4\%}{5\%} = 20\% \geq 5\%$$

산식에서 시가와 거래 가액의 차액이 시가의 5%를 초과하므로 중요성 기준에 해당하고 자금을 대여받은 임직원 개인별로 모두 가지급금 인정이자 익금산입 및 소득처분(상여) 적용 대상이 된다.

📝 지급이자 손금불산입

차입금이 있는 법인이 특수관계인에게 업무와 무관하게 가지급금을 지급한 경우 이에 상당하는 차입금의 지급이자를 손금불산입하여 세무상의 불이익을 줌으로써 기업 자금의 생산적 운용을 통한 기업의 건전한 경제활동을 유도하기 위하여 특수관계인

에 대한 업무무관가지급금 관련 지급이자 손금불산입 규정을 두고 있다(대법원 2006 두11125, 2007.10.25.).

인정이자의 익금산입과 업무무관가지급금에 대한 지급이자 손금불산입은 '특수관계인에 대한 가지급금을 대상으로 하는 점에서는 같다.

그러나 다음과 같은 점에서 차이가 있다.

① 인정이자의 익금산입은 가지급금이 업무와 관련된 경우에도 적용하는데, 반하여 업무무관가지급금에 대한 지급이자 손금불산입은 업무와 무관한 경우에만 적용한다.

② 인정이자의 익금산입은 지급이자가 없는 경우에도 적용하는데, 반하여 업무무관가지급금에 대한 지급이자 손금불산입은 지급이자가 있는 경우에만 적용한다.

③ 인정이자의 익금산입은 무상 또는 저율로 대여한 경우에만 적용하는데, 반하여 업무무관가지급금에 대한 지급이자 손금불산입은 적정이자율로 대여한 경우에도 적용한다.

④ 인정이자 익금산입에 대해서는 소득귀속자에 따라 소득처분 하므로 배당, 상여, 기타소득으로 소득처분 하는 경우 소득세가 과세되나, 지급이자 손금불산입은 기타사외유출로 소득처분 하므로 소득세가 과세되지 않는다.

구분	가지급금 인정이자 익금산입	지급이자 손금불산입
적용근거	부당행위계산부인 규정	자금의 비생산적 사용에 대한 규제
이자수령 여부	이자수령 부분을 감안한다. 인정이자와 약정이자의 차액을 익금산입한다.	이자를 수령한 것과 무관하다.
이자비용 존재 여부	이자비용 존재 여부와 무관하다.	이자비용이 있어야 손금불산입할 수 있다.
가지급금의 집계	개인별로 가지급금과 가수금을 비교하여 집계한다.	법인 전체의 가지급금과 가수금 적수를 일자별로 집계한다.

업무무관자산 관련 이자는 다음과 같이 계산하여 기타사외유출로 소득처분한다.

$$\text{지급이자} \times \frac{\text{업무 무관 자산 적수} + \text{특수관계인 가지급금 적수}}{\text{차입금 적수}} \quad (100\% \text{ 한도})$$

차입금 적수 = 지급이자 ÷ 연 이자율 × 365(윤년 366)

가지급금 인정이자에 대한 세무 처리

대표자 등에게 가지급금 인정이자가 발생한 경우 가지급금 인정이자에 대한 (이자, 상여) 원천징수 및 지급명세서 제출 여부와 원천징수 및 지급명세서 제출의무가 있다면 의무자는 누구인지의 판단이 중요하다. 이 경우 법인과 대표이사 간에 상환기간, 이자율 등에 대한 약정이 있는 경우와 없는 경우로 나누어 판단해야 한다.

법인이 법인(개인)에게 자금을 빌리는 경우 확인 사항

법인이 개인(또는 다른 법인)에게 자금을 빌리게 되는 경우, 확인해야 하는 사항은 아래와 같다. 해외차입금인 경우도 동일하다.

📂 계약서 작성

차입금, 이자율, 사용기간, 상환 날짜, 당사자의 성함 및 서명 등이 기록된 계약서를 법인과 법인(개인)이 각각 보관한다.

📂 이자율

당좌대출이자율에서 크게 벗어나지 않아야 한다.
시가보다 높은 이율을 적용하여 이자를 과다하게 지급하는 경우, 부당행위부인 규정이 적용될 수 있다.

📩 이자 지급시

소득세 25%, 지방세 2.5%(총 27.5%) 원천징수 한 후 지급해야 한다.

원천징수 한 소득세와 지방세는 이자를 지급한 날이 속하는 달의 다음 달 10일까지 세무서에 납부한다.

📩 이자를 지급받는 자의 종합소득세 신고납부 의무

이자를 지급받는 자는 이자소득을 포함하여 이자소득과 배당소득의 합계액이 연 2천만 원을 초과하는 경우 종합소득세 신고를 해야 한다. 연 2천만 원에 미달하는 경우 종합소득세 신고 의무는 없다.

📩 비영업대금이익에 대한 이자를 지급할 경우 의무사항

첫 번째는 비영업대금이익에 대한 원천징수이다. 즉 이자를 지급하기로 한 약정기일과 실제로 이자를 지급한 날 중 빠른 날에 이자의 25%만큼을 원천징수해서 다음 달 10일까지 신고납부해야 한다(지방소득세까지 포함되면 27.5%이다.).

두 번째는 지급명세서의 제출이다.

다음 해 2월 말까지 이자배당소득지급명세서도 제출해야 한다.

따라서 법인이 다른 법인 혹은 개인에게 차입한 대금의 이자를 지급하면서 원천세 신고를 통한 원천징수 세액의 납부 및 지급명세서 제출을 하지 않을 경우 원천징수 세액 납부지연 가산세와 지급명세서미제출가산세를 부담한다.

하지만 특수한 경우 원천징수를 하지 않아도 되는 경우가 있다.

실제로 이자를 지급받지 못한 상태에서 자금을 빌려준 상대방 법인이 다음 해 3월 법인세 신고를 할 때 해당 이자소득을 포함하여 법인세 신고를 한 뒤, 추후 차입한 법인이 이자를 지급한다면 이미 해당 소득이 포함되어 법인세가 과세하였으므로, 이때에는 원천징수 의무가 없어 위의 의무사항이 사라지게 된다.

📝 법인과 대표이사 간에 약정이 있는 경우

📂 세무조정

법인과 대표이사 간에 약정이 있는 경우 이는 비영업대금의 이자에 해당하고 비영업대금의 이자 수입 시기 및 원천징수 시기는 약정에 의한 이자 지급일이 된다.

❶ 약정에 의한 이자 지급액 ≧ 인정이자 상당액

구 분	세무조정
계상한 경우	• 2024년 결산 시 (차) 미수수익 1,000,000 (대) 이자수익 1,000,000 • 다음 해 이자 입금일 (차) 선납세금　275,000 (대) 미수수익 1,000,000 (차) 보통예금　725,000 • 차입을 한 자(약정일 2024년 12월 31일) 1. 법인세 및 지방소득세 징수 및 납부 : 2025년 1월 10일까지 신고·납부 2. 지급명세서 제출 : 2025년 2월 28일(윤년 2월 29일)까지 제출
미계상한 경우	이자 상당액 익금산입(유보)

❷ 약정에 의한 이자지급액 ≦ 인정이자 상당액

구 분	세무조정
계상한 경우	• 차액 익금산입(상여) : 가지급금 인정이자 − 받았거나 받을 이자수익 • 상여 분 원천징수
미계상한 경우	• 약정이자 익금산입(유보) • 차액 익금산입(상여) : 가지급금 인정이자 − 받았거나 받을 이자수익 • 상여 분 원천징수

법인이 대표이사에게 상환기간과 이자율을 약정하여 자금을 대여하면서 약정에 의한 이자지급일이 해당 결산기에 도래하지 아니함에도 불구하고 결산기 말에 가지급금 인정이자를 계산하여 장부상 미수이자를 계상한 경에는 익금불산입((△유보) 처리하며, 해당 미수이자는 원천징수 대상 이자소득에 해당하지 않는다.

📂 원천징수 문제(근로소득 아니고 이자소득)

1. 약정에 의한 이자 지급일에 이자를 받은 경우

약정에 의한 ① 이자 지급일에 해당 이자소득에 대한 법인세를 원천징수하고 ② 다음 달 10일까지 원천징수 신고를 한 후 ③ 약정에 의한 이자 지급일의 다음 연도 2월 말일에 이자소득 지급명세서를 제출한다.

❶ 회사가 결산 시 미수이자를 계상하였다면 이미 원천징수 시기가 도래했다는 것이다.

회계처리

2024년 12월 31일에 일반전표에 미수수익 ××× / 이자수익 ×××

2025년 01월 01일에 일반전표에 이자수익 ××× / 미수수익 ×××

이때 이자소득에 대한 지급명세서 제출 시기는 다음 연도 2월 말이 되고, 법인의 과세표준 신고는 3월 말이 되기 때문에 이미 원천징수가 끝난 소득이지, 과세표준에 산입해야 하는 이자소득(이자소득이 과세표준에 포함 안 됨)이 아니다.

결국, 비영업대금 이자는 법인세 과세표준에 이미 포함되었으므로 원천징수 대상이 되지 않는 것이 아니라, 원천징수는 물론 지급명세서 작성 대상이다.

❷ 법인이 대표자에게 가지급금에 대해 이자를 받는 경우는 이자를 지급하는 자가 이자의 25%를 법인세로 원천징수하여 원천징수이행상황신고 및 납부, 이자·배당소득 지급명세서를 제출해야 하는 것이 원칙이다. 하지만, 법인과 대표자 간에 원천징수 대리 또는 위임계약을 한 경우 법인이 대신 이자소득에 대한 원천징수를 할 수 있으며, 법인명의로 원천징수이행상황신고 및 지급명세서를 제출해야 한다.

2. 약정에 의한 이자 지급일에 이자를 받지 않은 때 : 1년 안에 인정이자를 대표이사 개인 통장에서 법인통장으로 입금시킨 경우

이자 지급약정일이 있는 비영업대금에 대하여 약정일에 지급받지 않고, 그다음 과세기간 말일에 지급받았다면(예 : 이자 지급약정일 2024년 12월 31일 실제 이자수령일 2025년 12월 31일) 이자의 익금 귀속시기는 2024년 12월 31일이고, 2025년 3월 31일 법인세 신고 때 미수이자 수익이 이미 과세표준에 포함되었으므로 그 후 실제 이자를 수령하는 2025년 12월 31일에는 원천징수 대상이 되지 않는다. 하지만 2026년 2월에 지급명세서 제출의무는 있다.

3. 약정에 의한 이자 지급일에 이자를 받지 않은 때 : 1년 안에 인정이자를 대표이사 개인 통장에서 법인통장으로 입금하지 않는 경우

인정이자를 미수수익으로 계상하였다면 1년 이내에 회수해야 한다. 미수이자라고 하더라도 정당한 사유 없이 발생일이 속하는 사업연도 종료일로부터 1년이 되는 날까지 회수하지 아니한 경우에는 약정이 없는 것으로 간주하여 1년이 되는 날에 미수이자를 익금불산입(△유보)함과 동시에 동액을 익금산입(상여, 배당 등으로 처분)한다. 그 이유는 발생일이 속하는 사업연도 종료일로부터 1년 내 미회수 이자와 특수관계가 소멸할 때까지 회수하지 아니한 원본인 가지급금 등은 형식상으로만 장부에 채권으로 기재되었을 뿐, 그 실질은 받을 의사가 없거나, 받을 성질의 것이 아니기 때문에 이를 당해 특수관계자에게 처분한 것으로 보는 것이다.

한편, 이자 발생일이 속하는 사업연도 종료일로부터 1년 이내에 회수되지 아니하여 처분하는 것으로 보는 미수이자를 그 후에 받는 때에는 이를 이월익금으로 보아 받는 사업연도의 소득금액 계산상 익금에 산입하지 않는다.

❶ 회사에서 이자소득 원천징수 신고가 아닌(이자·배당소득 원천징수영수증에 대표자 이름하고 원천징수는 하지 않고 신고(0원)하는 방식) 가지급금 인정이자로 처리한 회사는 1년 안에 이자 상당액을 회수(분개 : 보통예금/이자수익)하지 않으면 대표자 상여로 처분된다.

예를 들어 2024년 가지급금 인정이자가 있던 곳은 인정이자를 2025년 안(1년 안에)에 대표이사 개인 통장에서 법인통장으로 입금시켜야 상여처분을 안 당하고 정리된다.

❷ 그러나 입금하지 않아 상여처분을 당한 경우 상여처분된 금액(인정상여)의 원천징수는 소득금액변동통지서를 받은 날 또는 법인세 과세표준신고일의 다음 달 10일까지 원천징수이행상황신고서와 수정된 지급명세서를 제출해야 한다. 올바른 신고기한 내 신고이므로 가산세는 부과되지 않는다.

따라서 원천징수이행상황신고서를 제출 시 귀속연월은 수입시기가 속하는 달의 다음 해 2월, 지급연월은 상여처분한 월로 신고해야 한다(원천징수이행상황신고서를 제출 시 귀속연월은 2월, 지급연월은 3월로 신고한다.). 즉, 원칙적으로 4월 10일까지 연말정산을 다시 하여, 원천징수이행상황신고서 및 근로소득지급명세서를 제출해야 한다.

❸ 이때, 해당 대표자가 해당 근로소득 이외에 종합소득이 있는 경우에는 해당 대표자가 그 법인세 신고일이 속하는 달(3월)의 다음다음 달 말일(5월)까지 추가로 종합소득세를 신고·납부해야 하고, 신고기간 내에 신고한 것으로 보아 별도의 신고납부불성실가산세를 적용하지 않는다.

위의 절차에 따라 진행해야 하는 데 결국 지급명세서를 제출하지 않은 경우는 원천징수 가산세 및 지급명세서 가산세를 납부한다.

> [참고예규] 조심-2017-서-0924, 2017.05.02
> 법인이 특수관계인과의 자금거래에서 발생한 가지급금 이자를 이자발생일이 속하는 사업연도 종료일로부터 1년이 되는 날까지 회수하지 아니한 경우 쟁점 이자를 익금산입하고, 대표자에 대한 상여로 소득처분하여 소득금액 변동통지를 한 이 건 처분은 정당함

4. 업무 처리할 때 판단

대표자(개인) 가지급금(대여금)에 대해 법인과 대표자 간에 이자율, 상환기간 등이 있는 채권·채무 약정이 있는 경우 다음의 세 가지 경우로 구분해서 판단하면 된다.

구 분	세무 처리
	비영업대금 이자의 지급시기와 수입시기는 약정에 의한 이자 지급일이며, 약정에 의한 이자 지급일 전에 이자를 지급받는 경우는 그 이자 지급일이다(약정에 의한 이자지급일, 실제 이자지급일 중 빠른 날). 약정에 의한 이자 지급일에 이자를 지급하지 않은 경우에도 원천징수 및 지급명세서를 제출해야 한다.
약정일 전에 이자를 받은 경우	이자 지급일의 다음 달 10일까지 원천징수 신고·납부(비영업대금의 이익 25%), 다음 해 2월 28일까지 이자 지급명세서를 제출해야 한다.
약정일에 이자를 받은 경우	약정일의 다음 달 10일까지 원천징수 신고·납부(비영업대금의 이익 25%), 다음 해 2월 28일까지 이자 지급명세서를 제출해야 한다.
이자를 받지 못해 미수이자를 계상한 경우	원천징수 의무는 없고, 이자 지급명세서 제출 의무는 있다. 단, 미수이자 계상 후 1년이 되는 날까지 회수되지 않았다면 이를 상여 처분한다. ❶ 대표자가 법인과 원천징수 위임대리 계약을 한 경우 법인이 대표자를 대신하여 원천징수가 가능하며, 원천징수 의무를 위임받아 신고·납부 하는 경우 기존에 방식대로 신고, 납부하면 된다. ❷ 이자 지급명세서 제출은 위임대리가 없으므로 대표자(개인)가 해야 한다.

구 분	세무 처리
	[업무처리] 2024년 발생분 가지급금 이자의 회수약정일이 2025년 12월인 경우, 손익의 귀속은 원천징수 대상 이자로서 받기로 한 날인 2025년도이다. 그러나 2024년 귀속 법인세 신고 시 발생 이자를 과표에 포함하여 법인세를 납부한 경우, 귀속은 별론으로 하고 2025년에 약정이자 회수 시에 원천징수 의무는 없을지라도 2026년 2월에 지급명세서 제출의무는 있다. 인정이자 발생한 연도 : 법인세 첨부 서식 가지급금 인정이자에서 회사 계상액란 금액을 보거나, 일반전표에 미수수익 / 이자수익 처리한 곳 인정이자 발생 다음연도 : 이자 상당액이 법인통장으로 입금되었는지 확인 미 입금시 상여 처분

법인과 대표이사 간에 약정이 없는 경우

📂 세무조정

❶ 이자를 계산하여 이자수익으로서 미수수익을 계산하는 경우(미수수익(이자) / 이자수익, 회사와 대표이사 간에 지급이자에 대한 약정이 없었다면 회사에서 계상한 미수이자는 임의 계상 수익이 되어 세무상 인정하지 않는다.)는 해당 이자수익에 대하여는 익금불산입(△유보)하고

❷ 회사에서 계상한 미수이자는 위 세무조정을 통해 없어진 상태이므로, 가지급금에 대한 인정이자를 계산하여 인정이자 상당액을 익금산입(상여)한다.

❸ 이후 귀속자에 따라 소득처분을 하는 것이며, 해당 소득처분에 따른 소득 구분에 따라 소득세를 원천징수 납부해야 한다.

구 분	세무 처리
	상환기간 및 이자율의 약정이 없는 가지급금 인정이자에 대해서는 결산상 미수이자를 계상해도 가지급금 인정이자에 대하여 상여처분을 한 후 근로소득세를 원천징수 한다.
계상한 경우	• 2024년 결산 회계처리 (차) 미수수익 1,000,000 (대) 이자수익 1,000,000

구 분	세무 처리
	• 2024년 세무조정 (익금불산입) 이자수익 1,000,000 (△유보) (익금산입) 가지급금인정이자 1,000,000 (상여) • 2025년 회계처리 (차) 전기오류수정손실 1,000,000 (대) 미수수익 1,000,000 • 2025년 세무조정 (손금불산입) 전기오류수정손실 1,000,000(유보)
	• 계상한 이자수익 익금불산입(유보) • 인정이자 상당액 익금산입 • 상여 처분 후 원천징수
미계상한 경우	• 인정이자 상당액 익금산입 • 상여 처분 후 원천징수

📂 원천징수 문제(이자소득 아니고 근로소득)

❶ 가지급금에 대한 인정이자는 원천징수 하는 이자의 지급으로 보지 않아 이자소득에 대한 원천징수 및 지급명세서 제출대상이 아니다.

❷ 따라서 상여처분에 따라 법인세 신고일을 원천징수 시기로 보아 소득세를 원천징수하고, 해당 소득 지급명세서를 함께 제출하면 된다. 즉, 앞서 설명한 바와 같이 이자지급 약정이 없다면 법인세 신고 시 익금산입 인정이자 ×××(상여)로 소득처분하고 소득처분일(12월 결산법인 3월 31일)에 지급한 것으로 보아 4월 10일까지 원천징수 신고 및 근로소득 지급명세서를 수정제출 해야 한다.

[참고예규] 법인 46013-3156, 1995.08.05
제조업을 영위하는 중소기업이 특수관계에 있는 법인에 별다른 약정 없이 자금을 대여해 주고 결산 기말에 이에 대한 인정이자를 계산하는 경우와 관련해서 특수관계에 있는 법인 간의 금전거래로 특별히 이자수수에 관한 약정을 하지 않았다면 이는 세금 계산상 인정이자로 계산해서 익금에 가산함. 이 경우 인정이자는 원천징수하는 이자의 지급으로 보지 않아 원천징수는 하지 않음.
법인세법 기본통칙 67-106…10 【가지급금 등에 대한 인정이자의 처분】
② 법인이 특수관계인 간의 금전거래에 있어서 상환기간 및 이자율 등에 대한 약정이 없는 대여금 및 가지급

금 등에 대하여 결산상 미수이자를 계상한 경우에도 동 미수이자는 익금불산입하고 영 제89조 제3항 및 제5항의 규정에 의하여 계산한 인정이자 상당액을 익금에 산입하여 제1항의 규정에 따라 처분한다.

📂 상여처분된 금액을 회사가 대납한 경우

법인은 원칙적으로 상여처분에 따른 소득세를 귀속자에게 수령하여 납부해야 하는데, 실무적으로는 법인이 대납하는 경우가 많다. 이 경우 세무조정 및 소득처분은 어떻게 해야 하는지에 대해 살펴보면 다음과 같다.

1. 소득의 귀속자가 분명한 경우

사외유출의 귀속자가 분명한 경우로서 귀속자가 법인의 임직원인 경우 해당 임직원에 대한 상여로 소득처분(실무적으로 인정상여)하고, 처분에 따른 소득세를 법인이 납부해야 한다.

위 소득세는 법인이 실제 귀속자에게 원천징수해서 납부해야 하는 것이 원칙(개인 통장에서 법인통장으로 인정이자 입금이 원칙)이며, 법인의 손금에 해당하지도 않는다.

법인이 대납한 소득세를 법인이 어떻게 회계처리 하느냐에 따라서 처리 방법이 다음과 같이 달라진다.

구 분	세무 처리
소득세를 손금(세금과 공과)에 반영한 경우	소득세는 실질 귀속자가 납부해야 하는데, 법인이 납부한 경우에는 손금불산입하고, 이 금액을 다시 귀속자에 대한 상여로 처분한다.
가지급금 (대여금)으로 처리한 경우	법인이 대납한 소득세를 가지급금(대여금)으로 처리한 경우는 업무무관가지급금으로 보아 지급이자 손금불산입 및 인정이자 익금산입의 추가 세무조정을 해야 한다.

2. 소득의 귀속자가 불분명하여 대표자 상여 처분한 경우

구 분	세무 처리
소득세를 손금(세금과 공과)에 반영한 경우	귀속이 불분명하여 대표자 상여처분에 대한 소득세를 회사가 대납해 주는 경우 실무상 관행을 인정하여 동 금액을 손금불산입하고 상여가 아닌 기타사외유출로 처분한다.

구 분	세무 처리
가지급금 (대여금)으로 처리한 경우	대여금은 업무무관가지급금으로 보지 않는다. 따라서 지급이자 손금불산입 및 인정이자 익금산입에 대한 세무조정을 하지 않는다. 단, 대표자에 대한 특수관계가 소멸할 때 동 대여금을 대손처리한 경우 해당 대손금을 손금불산입하고 기타사외유출로 소득처분한다.

📝 이자소득 원천징수를 면제받는 경우

이자를 지급하기 전에 법인이 이자소득을 과세표준에 산입하여 신고한 경우 원천징수를 면제하고 있으나, 법인세법상 이자소득 수입시기에 정상적으로 수입으로 계상한 경우에 한한다.

소득으로 발생 후 지급되지 아니함으로써 소득세가 원천징수되지 아니한 소득이 종합소득에 합산되어 종합소득에 대한 소득세(법인의 경우 법인세)가 과세된 경우, 그이후에 그 소득을 지급할 때는 소득세를 원천징수하지 않는다.

📝 가지급금 인정이자에 대한 세금 신고 방법 정리

📂 **약정이 있는 경우**(미수수익/이자수익) **： 이자소득으로 본다.**

❶ 2월에 이자소득 지급명세서 제출

❷ 1년 안에 이자 수취(일반적으로 결산일로부터 1년)

❸ 1년 안에 이자 미수취 시 역정이 없는 것과 같이 상여 처분

❹ 상여 처분의 경우 4월 10일까지 연말정산 수정신고 및 지급명세서 제출

⊚ 상여 처분된 것에 대해 연말정산 수정신고 안 하고, 지급명세서 미제출 시 원천징수 및 지급명세서 가산세 부과

⊚ 상여 처분금액 회사 대납 시 : 귀속자가 분명한 경우 상여처분, 귀속자 불분명 상여 처분금액은 기타사외유출

☞ 약정이 없는 경우 : 근로소득으로 본다.

구 분	원천징수	지급명세서
가지급금에 대해서 대여금 약정하고 실제로 이자를 지급하는 경우	이자소득(비영업대금의 이익)에 대해서 원천징수	• 2월 말에 이자소득 지급명세서 제출
	1년 안에 이자를 법인에 내지 않는 경우 상여 처분	• 4월 10일까지 원천징수 이행상황신고서 수정제출 • 근로소득 지급명세서(연말정산) 수정제출 [예시]
가지급금에 대하여 이자 지급 약정이 없는 경우	상여로 소득처분하고 소득처분일에 지급한 것으로 보아 원천징수	• 대표자 2024년 총 급여액 : 500만 원 • 2024년 가지급금 인정상여 : 100만 원 • 2024년 귀속 법인세 신고 : 2025년 3월 31일(12월 말 법인 가정) [업무처리순서] ① 2025년 3월 10일까지 근로소득 지급명세서 제출 : 대표자 총 급여액 500만 원 ② 2025년 3월 31일 법인세 신고 : 인정상여 100만 원 발생 인정상여 귀속시기는 2024년, 지급일은 2025년 3월 31일 ③ 2025년 3월분 원천징수이행상황신고서(4월 10일) 작성 시 A04 인원 1. 총지급액 100만 원 및 원천징수 세액 기재 ④ 근로소득 지급명세서 : 당초 분 500만 원에 인정상여 100만 원, 원천징수 세액을 합산하여 다시 연말정산 후 수정제출 ⑤ 수정된 지급명세서 및 원천세신고서 2025년 4월 10일까지 제출 ⑥ 4월 10일까지 원천징수이행상황신고서 및 지급명세서 제출 시 가산세는 없음

 가지급금 인정이자 계상을 누락하는 경우 세무상 불이익

⊃ 인정이자 계상을 누락한 연도 법인세 경정 → 익금산입하여 법인세 추징. 가산세가 부과된다.

⊃ 특수관계인에 대한 소득처분(임직원에 대하여는 상여 처분, 임직원이 아닌 주주의 경우에는 배당처분)하여 소득세 및 지방소득세 추징. 가산세는 없다.

⊃ 법인에 원천징수 의무가 있으므로 특수관계인이 부담하지 않으면 법인이 부담해야 한다.

⊃ 인정이자 계산누락에 따른 세금 부담은 매우 큰 편이므로 세무조사 시에 중점적으로 조사하는 항목이다.

비영업대금의 원천징수

(금융기관을 제외한 거래, 특수관계자와 거래 아님)

📝 비영업대금의 이익 개념

금전의 대여를 사업목적으로 하지 아니하는 자가 일시적 · 우발적으로 금전을 대여함에 따라 지급받는 이자 또는 수수료 등을 말한다.

개인간에 돈을 빌려주고 받는 이자는 비영업대금의 이익이라고 한다. 금전 대여를 사업목적으로 하지 않는 자가 일시적 · 우발적으로 금전을 대여함에 따라 지급받는 이자 또는 수수료 등을 말한다.

비영업대금이익의 경우 원천징수 세율은 지방소득세를 포함하여 27.5%(25% + 2.5%)이다. 간단히 말하면 이자를 지급할 때 이자 금액에서 27.5%에 해당하는 원천징수 세액을 제외하고 지급해야 한다. 그리고 이자를 지급한 달의 다음 달 10일까지 자신의 주소지 또는 거주지 관할 세무서에 원천징수 세액을 신고 · 납부를 하면 된다.

📂 비영업대금의 이익과 금융업의 구분

대금업을 하는 거주자임을 대외적으로 표방하고 불특정다수인을 상대로 금전을 대여하는 사업을 하는 경우는 금융업으로 보나, 대외적으로 대금업을 표방하지 아니한 거주자의 금전 대여는 비영업대금의 이익으로 본다.

일시적으로 사용하는 전화번호만을 신문 지상에 공개하는 것은 대금업의 대외적인 표방으로 보지 아니한다.

☞ 비영업대금의 이익의 총수입금액 계산

비영업대금의 이익에 대한 총수입금액의 계산은 대여금으로 인하여 지급받았거나 지급받기로 한 이자와 할인액 상당액으로 한다. 이 경우 원금의 반제 및 이자 지급의 기한 경과 등의 사유로 지급받는 추가금액도 비영업대금의 이익에 포함한다.

금전을 대여하였으나 채무자가 도산으로 재산이 전무 하거나 잔여재산 없이 사망한 경우 등 객관적으로 원금과 이자의 전부 또는 일부를 받지 못하게 된 것이 분명한 경우의 받지 아니한 이자소득은 "당해 연도에 수입하였거나 수입할 금액" 으로 보지 아니한다.

비영업대금의 이익의 총수입금액을 계산할 때 과세표준확정신고 또는 과세표준과 세액의 결정·경정 전에 해당 비영업대금이 채무자의 파산 등으로 회수할 수 없는 채권에 해당하여 채무자 또는 제3자로부터 원금 및 이자의 전부 또는 일부를 회수할 수 없는 경우에는 회수한 금액에서 원금을 먼저 차감하여 계산한다. 이 경우 회수한 금액이 원금에 미달하는 때에는 총수입금액은 없는 것으로 한다.

📓 원천징수대상 제외소득

☞ 법인세 원천징수 대상 제외소득(법인세법 시행령 제111조)

❶ 법인세가 부과되지 아니하거나 면제되는 소득

❷ 「신탁업법」 및 「간접투자자산 운용업법」을 적용받는 신탁회사신탁재산에 귀속되는 소득

❸ 신고한 과세표준에 이미 산입된 미지급소득

따라서 다음 연도 3월 이후에 이자가 지급하는 경우는 원천징수 의무가 없다.

❹ 법령 또는 정관에 의하여 비영리법인이 회원 또는 조합원에게 대부한 융자금과 비영리법인이 당해 비영리법인의 연합회 또는 중앙회에 예탁한 예탁금에 대한 이자 수입 등

📂 소득세 원천징수 대상 제외소득(소득세법 154조, 155조)

❶ 소득세가 과세되지 아니하거나 면제되는 소득을 지급할 때

❷ 소득으로서 발생 후 지급되지 아니함으로써 소득세가 원천징수 되지 아니한 소득이 종합소득에 합산되어 종합소득에 대한 소득세가 과세된 경우, 그 이후에 그 소득을 지급할 때는 소득세를 원천징수 하지 않는다. 따라서 지급시기 의제가 없는 기타소득, 사업소득을 다음 연도 6월 이후에 지급하는 경우는 확정신고 하였을 것이므로 원천징수 의무가 없다.

📝 원천징수 하는 방법

국내에서 거주자나 비거주자에게 비영업대금의 이익을 지급하는 자는 그 거주자나 비거주자에게 소득세를 원천징수 한다. 비영업대금의 이익을 내국법인에게 지급하는 자는 원천징수의무자가 되어 그 금액을 지급하는 경우는 지급하는 금액에 25% 세율 (지방세 포함 27.5%)을 적용해서 원천징수 한다.

구 분	처리 방법
비영업대금의 수입시기 (귀속시기)	수입이자의 귀속시기는 현금주의가 원칙이다. 다만, 금융기관의 경우 특례에 따라 발생주의를 인정하고 있다.
	비영업대금 이자의 귀속시기는 약정에 의한 이자지급일. 다만, 이자지급일의 약정이 없거나 약정에 의한 이자지급일 전에 이자를 지급받는 경우는 그 이자지급일
원천징수 세율	25%(지방소득세 포함 27.5%)

📝 원천징수 세액에 대한 신고 방법

📂 거주자에게 비영업대금의 이익을 지급하여 소득세를 원천징수하는 경우

원천징수이행상황신고서의 이자소득(A50)란에 소득지급(인원, 총지급액), 징수세액(소

득세 등)을 포함하여 작성하고, 원천징수이행상황신고서 부표의 비영업대금의 이익 (C16)란에 소득지급(인원, 총지급액), 징수세액(소득세 등)을 작성해야 한다.

📩 내국법인에게 비영업대금의 이익을 지급하여 법인세를 원천징수하는 경우

원천징수이행상황신고서의 내·외국 법인 원천(A80)란에 소득지급(인원, 총지급액), 징수세액(소득세 등)을 포함하여 작성하고, 원천징수이행상황신고서 부표의 내국법인 비영업대금의 이익(C75)란에 소득지급(인원, 총지급액), 징수세액(소득세 등)을 작성해야 한다.

구 분	세무처리
비영업대금 이자의 지급시기와 수입시기는 약정에 의한 이자 지급일이며, 약정에 의한 이자 지급일 전에 이자를 지급받는 경우는 그 이자 지급일이다(약정에 의한 이자지급일, 실제 이자지급일 중 빠른 날). 약정에 의한 이자 지급일에 이자를 지급하지 않은 경우에도 원천징수 및 지급명세서를 제출해야 한다.	
약정일 전에 이자를 받은 경우	이자 지급일의 다음 달 10일까지 원천징수 신고·납부(비영업대금의 이익 25%), 다음 해 2월 28일까지 이자 지급명세서를 제출해야 한다.
약정일에 이자를 받은 경우	약정일의 다음 달 10일까지 원천징수 신고·납부(비영업대금의 이익 25%), 다음 해 2월 28일까지 이자 지급명세서를 제출해야 한다.
이자를 받지 못해 미수이자를 계상한 경우	원천징수 의무는 없고, 이자 지급명세서 제출의무는 있다. 단, 미수이자 계상 후 1년이 되는 날까지 회수되지 않았다면 이를 상여 처분한다. ❶ 개인이 직접 신고 시 1. 개인이 법인으로부터 자금을 대여받고 이자를 지급하는 경우 개인이 법인세(이자의 25%)를 원천징수(비영업대금) 2. 익월 10일 원천징수이행상황신고서 제출 및 원천세 납부 3. 익년 2월 말일 지급명세서 제출 ❷ 법인이 대리하는 경우 1. 법인이 해당 이자의 원천징수의무자로 원천세 신고 및 납부 원천징수이행상황신고서의 원천징수의무자란에는 법인의 인적 사항 기재 후 이자소득을 게재하는 곳에 기재 2. 법인이 지급명세서 제출 징수의무자란에는 법인의 인적 사항을 기재하고 소득자란에도 법인의 인적 사항을 기재

구 분	세무처리
	[업무처리] 2024년 발생분 가지급금 이자의 회수약정일이 2025년 12월인 경우, 손익의 귀속은 원천 징수 대상 이자로서 받기로 한 날인 2025년도이다. 그러나 2024년 법인세 신고 시 발생 이자를 과표에 포함하여 법인세를 납부한 경우, 귀속은 별론으로 하고 2025년에 약정이자 회수 시에 원천징수 의무는 없을지라도 2026년 2월에 지급명세서 제출의무는 있다. 인정이자 발생한 연도 : 법인세 첨부 서식 가지급금 인정이자에서 회사계상액란 금액을 보거나, 일반전표에 미수수익 / 이자수익 처리한 곳 인정이자 발생 다음 연도 : 이자 상당액이 법인통장으로 입금되었는지 확인, 미입금 시 상여 처분

사례별 이자소득 원천징수 방법

▷ 개인이 개인에게 이자지급시 원천징수

개인 간 자금대여의 경우에도 원천징수 의무가 발생하여 이자를 지급하는 자가 비영업대금이익인 25%와 지방소득세 2.5%를 원천징수 한 후 국세청에 신고 및 납부를 한다.

특수관계인인 경우는 현행 인정이자율인 4.6%를 적용해야 하고, 인정이자율을 기준으로 일정 부분 이상의 차액분에 대해서는 증여의제 등의 이슈가 발생할 수 있다.

현재 이자소득이 연간 2천만 원이 넘는 경우는 다음 해 5월 개인 종합소득세 신고시 합산하여 신고해야 한다.

개인인 경우는 소득세법, 법인인 경우는 법인세법의 적용을 받기 때문에 각각에 대한 특수관계인의 정의를 살펴보아야 한다. 또한 상증법상 추가적인 특수관계인 규정도 존재한다.

소득세법상 특수관계인은 국세기본법에 정의되어 있는데, 본인을 기준으로 판단해야 한다.

우선 친인척으로 친가 쪽으로 4촌, 처가 쪽으로 3촌 이내가 해당한다.

그리고, 배우자(사실혼 포함), 출양자 및 그 배우자 양가의 직계비속이 해당한다.

개인과 개인 간에 자금대여에 대한 약정이 있는 경우라면 해당 비영업대금의 이자에 대한 수입시기와 원천징수 시기는 약정에 의한 이자 지급일이 되는 것이며, 이자 지급일의 약정이 없거나 약정에 의한 이자 지급일 전에 이자를 지급받는 경우는 그 이자 지급일이 원천징수 시기가 된다.

따라서 비영업대금의 이자를 지급하는 자가 약정에 의한 지급일 또는 이지 지급일에 비영업대금의 이익에 대한 소득세율 25%(지방소득세 2.5% 별도)를 적용하여 원천징수 한 후 주소지 관할 세무서에 다음 달 10일까지 신고·납부를 해야 한다.

이자소득 지급명세서는 약정일(지급일)이 속한 날이 속한 연도의 다음 연도 2월 말까지 제출해야 한다.

원천징수이행상황신고서 작성시 원천징수의무자 항목에는 비영업대금의 이자를 지급하는 자를 기재하는 것이다.

📂 개인이 법인에게 이자지급시 원천징수

법인에게 이자소득인 비영업대금의 이익을 지급하는 자는 그 법인에 대한 소득세(지방소득세 포함 27.5%)를 원천징수하고 다음 달 10일까지 원천징수이행상황신고 및 납부를 해야 한다.

개인(일반 개인, 직원, 대표이사 등)이 법인으로부터 자금(비영업대금)을 차입하고 자금 차입과 관련하여 약정에 따른 이자를 지급할 때 이자소득에 대한 법인세 원천징수 의무가 있는 것으로 개인이 이자를 지급할 때 이자소득세(27.5%)를 원천징수하고 신고·납부 해야 한다.

만일 이와는 별도로 이자를 지급받는 법인이 이자를 지급하는 개인으로부터 원천징수의무를 위임받은 경우 이자를 지급받는 법인은 원천징수의무자인 이자 지급자를 대리하여 그 위임의 범위에서 이자를 지급하는 자의 행위로 보아 원천징수를 할 수 있다.

소득세법 제133조와 동법 시행령 제193조에 따른 규정은 계좌별로 1년간 발생한 이자소득 금액이 1백만 원 이하인 경우, 소득자에게 원천징수영수증의 교부 의무만 면제하고 있으며, 원천징수 신고 의무와 지급명세서 제출 의무 자체를 면제하는 것은 아니다.

비영업대금의 이익의 수입시기는 약정에 의한 날이며, 약정이 없는 경우나 약정일 전에 이자를 지급받는 경우에는 이자 지급일이다. 그러므로 약정에 의하여 이자를 나누어 지급하기로 하였다면 그 약정에 의하여 지급한 날을 각각 수입시기로 하여 원천징수하면 된다.

1. 개인이 직접 원천징수 신고를 하는 경우

위임하지 않고 개인이 신고하는 경우 원천징수이행상황신고서 "원천징수의무자"란에 개인의 인적 사항을 기재하고 "법인 내·외국법인 원천" [A80]란에 기재하여 신고한 후 지급명세서를 2월 말까지 제출하면 된다. 만약, 법인이 위임받아 원천징수이행상황신고를 대리하는 경우 개인은 별도로 신고하지 않아도 된다.

내국 법인에게 이자를 지급하는 자는 비사업자인 개인이라도 원천징수 의무가 있으며, 원천징수이행상황신고서와 지급명세서를 제출하지 않은 경우는 가산세를 부담해야 한다. 개인이 원천징수 의무를 이행하는 경우 원천징수 세액의 납세지는 개인의 주소지 관할 세무서이며, 홈택스 서비스를 이용하여 전자신고를 할 수도 있다.

2. 법인에게 위임계약을 한 경우

원천징수 위임대리계약을 한 경우 이자소득에 대한 원천징수의무자는 자금대여자인 법인이 할 수 있다. 이 경우 원천징수이행상황신고서의 원천징수의무자란에는 법인의 인적 사항을 기재 후 이자소득을 기재하는 곳에 기재하고(법인의 원천징수이행상황신고서에 포함), 이자소득에 대한 지급명세서 작성 시에도 징수의무자란에는 법인의 인적 사항을 기재한다. 소득자란에도 법인의 인적 사항을 기재하는 것(법인의 지급명세서와 별도로 기재하여 제출)이다.

원천징수한 세액의 납세지는 법인의 본점 또는 주사무소의 관할 세무서로 한다. 원천징수 의무를 위임받아 신고하는 경우도 다른 방법이 있는 것이 아니라 기존에 하던 방식대로 신고하면 된다. 다만, 원천징수의무자가 원천징수를 하지 아니한 경우로서 납세의무자가 그 법인 세액을 이미 납부한 경우에는 원천징수의무자에게 원천징수의무를 불이행하였으므로 이에 대한 원천징수납부지연가산세 및 지급명세서 미제출 가산세는 적용된다.

✍ 법인이 법인에게 이자지급시 원천징수

이자소득에 대한 이자소득세 신고는 일반적으로 수령일이 속하는 월의 다음 월의 10일까지 원천징수이행상황신고서를 국세청에 제출함으로써 이루어진다.

금융업을 영위하지 않는 A법인과 B법인이 상호 간에 금전소비대차계약을 체결하여 B법인이 매달 25일 1개월분의 이자를 A법인에게 지급한다고 가정하면, 이자를 지급하는 B법인이 비영업대금의 이익에 해당하는 25%(지방소득세 2.5% 별도)를 원천징수하고 나머지를 25일에 지급하는 방식으로 이루어진다(외국법인의 경우 국내법인이 대행).

1. 원천징수 신고 방법

예를 들어 B법인이 A법인에게 10월 25일 지급해야 할 이자가 1,000만 원이라면, 이자소득세 250만 원과 이에 따른 지방소득세 25만 원(이자소득세의 10%)을 차감한 725만 원(1,000만 원 - 250만 원 - 25만 원)을 A법인에게 지급(이자원천징수영수증도 첨부하여 A법인에게 제출)하고, 11월 10일까지 국세청에 원천징수이행상황신고서를 작성하여 신고한다. 이자 원천징수 세액 250만 원은 국세청에 납부 후 관할 지방자치단체에 25만 원을 지방소득세로 납부한다.

비영업대금의 이익의 경우 지방소득세까지 고려하면, 27.5%의 세금을 납부해야 한다. 또한 다음 해 2월 말까지 이자소득에 대한 지급명세서를 제출해야 한다.

2. 특수관계자 법인간 자금대여

A법인과 B법인이 특수관계인이며, 무이자로 대여하는 계약을 체결하였다고 가정하면, 상호 간에 이자소득이 발생하지 않더라도 법인세 신고시 세무조정이 필요한데, 인정이자율을 적용한 이자를 산정하여 A법인에게 익금산입하여 그 이자 금액만큼 수익으로 반영하여 법인세를 부담하도록 하고 있다. 현행 인정이자율은 4.6%가 적용된다.

[특수관계자의 범위]

1. 경제적 관점에서의 회사에서는 내가 직원이라면 회사의 임원과 대표이사 등 경영진이 포함되고, 내가 대표이사 포함 임원 등 경영진이라면 사용인, 즉 직원이 특수관계인이 되는데, 직원의 친인척도 특수관계인에 포함된다. 다만 직원 간에는 특수관계인이 성립되지 않는다. 퇴직 임원의 경우 퇴직 후 5년까지는 특수관계인이며, 사외이사의 경우에는 퇴직 후 특수관계인에서 제외된다.

2. 지분 관계가 있는 경우 출자자와 출자자가 영향력을 행사하는 법인이 해당한다. 일반적으로 본인과 특수관계인의 지분을 합하여 30% 이상을 보유하거나, 실질적 지배력을 행사하는 경우 특수관계인으로 해석된다.

3. 법인세법상 특수관계인에는 1% 미만의 소액주주를 제외한 주주와 그 친족이 포함되므로 주의를 필요로 하며, 상증법상 특수관계인의 친인척 범위에는 장인과 장모도 포함된다.

4. 특수관계인 간 거래가 이슈가 되는 것은 부당행위계산부인 행위에 해당하는 경우 증여세 및 가산세가 적용되기 때문인데, 부당행위계산부인이란 특수관계인과의 거래를 통하여 세금을 부당하게 감소시키는 행위들을 말한다.

법인세법 시행령 제88조 제1항에서는 법인 간 부당행위계산의 유형에 관해 규정하고 있는데, 시가 또는 특수관계인과의 거래가 아닌 정상적인 거래의 경우보다 자산의 고가매입, 무수익자산의 매입, 자산의 무상 또는 저가양도, 금전 그 밖의 자산 또는 용역의 무상 또는 저율대부 또는 제공, 자본거래로 인한 이익분여 등을 통해 법인세를 부당하게 감소시켰다고 판단되는 경우 시가 또는 정상적인 거래에 의한 세금을 부과하여 조세회피를 막는다는 것이다.

5. 법인세법에서는 시가와 거래 가액의 차액이 3억원 이상이거나 시가의 100분의 5에 상당하는 금액 이상인 경우 부당행위계산부인을 적용하며, 이익의 당사자가 개인인 경우는 상증법상의 기준인 시가와 거래가액의 차액이 3억원 이상 또는 시가의 30% 이상의 기준을 적용하여 증여의제로 보아 과세한다.

6. 소득세법시행령 167조에서는 양도소득과 관련하여 특수관계인으로부터 시가보다 높은 가격으로 자산을 매입하거나 특수관계인에게 시가보다 낮은 가격으로 자산을 양도한 때, 그 밖에 특수관계인과의 거래로 해당 연도의 양도가액 또는 필요경비의 계산 시 조세의 부담을 부당하게 감소시킨 것으로 인정되는 때에는 시가와 거래가액의 차액이 3억 원이상이거나 시가의 100분의 5에 상당하는 금액 이상인 경우 양도소득세 계산시 매매가액을 시가로 의제하여 양도소득세를 계산하도록 하고 있다.

7. 2004년부터 포괄증여라는 개념이 생기면서 개인간 거래시 특수관계인이 아닌 경우에도 시가와 거래가액과의 차액이 시가의 30% 이상인 경우로 판단하고, 시가와 거래 가액간의 차액이 3억 원을 초과하는 금액에 대하여 증여의제로 판단하여 증여세를 부과한다.

📩 법인이 금융기관에 이자지급시 원천징수

법인 간 자금대여 거래에 있어서 자금을 대여한 법인이 금융기관이나 대부업 등 합법적인 융자(여신)업무가 가능한 법인인 경우는 원천징수 의무가 없으며, 금융기관이나 대부업에 대한 대여(회사채, 예금 등)인 경우는 14%(지방소득세 1.4%)의 이자소득세가 발생하고, 금전 거래 법인 상호 간에 해당 금융기관이나 대부업이 없는 경우에는 비영업대금의 이익으로 간주되어 25%의 이자소득 세율이 적용되는 것이 일반적이라고 해석하면 될 것 같다.

일반법인이나 개인이 은행에 예금하는 경우, 은행이 자금을 차입하는 경우이므로, 이자를 지급하는 법인이 은행이고 은행이 원천징수 의무자이다. 이때 14%, 지방소득세를 포함하여 15.4%의 이자소득세를 원천징수한 후 금액을 이자로 지급해준다.

📑 대부업에 대한 원천징수

대부업자로 등록한 법인에게 지급하는 대여금에 대한 이자소득은 원천징수 대상 소득에 해당하지 않는다. 즉, 법인세법 시행령 제111조 제2항 제1호 규정에 의하여 동법 시행령 제61조 제2항 제32호가 정하는 『대부업의 등록 및 금융이용자 보호에 관한 법률에 의하여 대부업자로 등록한 법인』에게 지급하는 대여금에 대한 이자소득은 원천징수 대상 소득에 해당하지 않는다.

대외적으로 대부업을 표방하여 사업적으로 대부업을 영위하는 개인사업자에게 금전을 대여하고 지급받는 이자는 원천징수 대상이 아니다. 즉 법인이 대부업을 영위하는 법인 또는 개인사업자로부터 금전을 차입하고 이자를 지급하는 경우는 이자소득세를 원천징수해서 신고·납부할 의무가 없다.

[참고 예규] 서면 1팀-906, 2005.7.22.

법인세법 시행령 제111조 제2항 제1호 규정에 의하여 동법 시행령 제61조 제2항 제32호가 정하는 『대부업의 등록 및 금융이용자보호에 관한 법률에 의하여 대부업자로 등록한 법인』에게 지급하는 대여금에 대한 이자소득은 원천징수 대상 소득에 해당하지 않는 것임

P2P 대출에 대한 투자자가 대부업에 등록되지 않은 경우, 금전소비대차계약에 따라 발생한 비영업대금의 이익은 소득세법의 이자소득에 해당하며, 내국 법인에게 이자를 지급하는 경우 법인세법 제73조에 따라 25%의 세율을 적용하여 원천징수 해야 하는 것이며, 법인세법시행령 제111조1항 각호에 따른 금융회사 등에 해당하지 않는 법인에게 이자소득을 지급하는 자는 그 지급하는 금액에 법인세법 제73조에 따른 14%(비영업대금의 이익의 경우 25%)의 세율을 적용하여 계산한 금액을 법인세로 원천징수 해야 하는 것임

🗂 SPC에 대한 원천징수

「자산유동화에 관한 법률」에 의한 유동화전문회사가 대출채권에서 발생하는 이자를 지급받는 경우 법인세 원천징수 대상 이자소득에 해당하지 않는다.

「자산유동화에 관한 법률」에 의한 자산보유자가 자산유동화 대상 자산인 대출채권(債權)을 양도함에 따라 동 법령에 의한 유동화전문회사가 당해 채권의 채무자로부터 당해 대출채권(債權)에서 발생하는 이자를 지급받는 경우 당해 이자는 법인세 원천징수대상 이자소득에 해당하지 않는다.

가지급금의 해결방안

가지급금의 소멸과 승계

특수관계의 소멸과 가지급금의 처리

특수관계가 소멸하면 즉시 가지급금을 회수해야 하며 회수하지 않으면 소멸시점에서 소득처분(주로 상여 처분, 주주에게는 배당처분)을 하게 된다.

그러므로 특수관계 소멸의 사례가 있으면 가지급금의 장부 처리가 특수관계 소멸과 발생에 부합되도록 유의해야 한다.

특수관계가 소멸하는 일반적인 사례는 다음과 같다.

⊙ 대표이사 변경

⊙ 주주변동

⊙ 임원사임

가지급금의 승계

일반적으로 대표이사 변경의 경우 또는 주주변동의 경우 가지급금 승계의 문제가 발생한다. 특수관계가 소멸되면 가지급금을 상여로 소득 처분하기 때문이다.

가지급금의 승계는 실질적으로 승계되었는가에 관한 사실관계가 중요하다. 일반적인 관점에서는 가지급금의 승계는 자금이동이 있는 경우를 사실관계로 인정하며, 거액의 거래이므로 자금이동이 사후에도 추적할 수 있다: 서면상의 승계는 사실성의 문제가 있으며 채무면제이익으로 간주되면 증여세가 부과될 수 있다.

📝 가지급금의 해결방안

가지급금의 해결책은 발생한 가지급금을 상환하는 방법밖에는 없다. 즉 다음에 설명하는 방법은 가지급금을 상환하는 여러 가지 방법을 예로 든 것일 뿐 특별한 편법이 있는 것이 아니다.

또한 가지급금은 대표이사가 바뀐다고 해결될 사항도, 폐업이나 청산을 한다고 자동으로 해결되는 사항은 아니다.

가지급금의 해결책으로 대부분 이용되고 있는 방법은 대표이사의 개인 자산을 매각하거나, 급여 상여, 배당을 통한 상환이나, 자기주식 취득, 특허권 양수도, 자본감소 등 다양한 방법으로 처리할 수 있다.

하지만 이 과정에서 주의해야 할 점들이 있다. 급여나 상여의 경우 소득세와 간접세 상승을 동반하게 되고, 배당의 경우 종합소득세 증가는 물론 잉여금처분에 대해서 비용으로 인정을 받지 못할 수도 있다. 또한, 개인 자산을 회사에 매각할 경우 특수관계자 간 거래로 인정되어 부당행위계산부인에 해당할 수도 있고, 대표 개인의 자산이 심각하게 줄어들어 은퇴 후의 삶에도 악영향을 주게 될 수 있다.

여러 가지 방법이 있지만 각 법인 상황과 실정에 따라서 어떤 방법이 유리할 것인지 진단을 먼저 받아 보는 것이 중요하겠다.

① 가져간 각 개인이 자발적 상환

② 동일인 가수금과 상계 처리

③ 근무 시의 급여나 상여금으로 상계 처리

④ 퇴직 시의 퇴직금과 상계 처리

⑤ 개인소유 특허나 산업재산권의 권리 귀속 대가와 상환

⑥ 주주의 자본금과 상계하여 감자처리(의제배당 처분)

⑦ 이익잉여금 배당으로 상계 처리

⑧ 배당가능이익 한도로 이사회 결의를 거쳐 자기주식 매입 가능

📁 급여 상여, 퇴직금을 통한 상환

대표의 상여금과 급여는 유동적으로 조정이 가능하므로, 소득세가 소폭 오르는 것을

감당하여 여기서 발생하는 차액으로 가지급금 상환을 하는 것도 좋은 방법이다.

금액이 커질수록 대표 개인 세금 부담액이 많아지므로 급여를 너무 많이 올리는 것은 바람직한 방법이 아니다.

퇴직 시 남은 가지급금도 결국 정리해야 모든 세금 문제가 정리되므로 앞으로 받을 퇴직금과 상계하는 방법도 하나의 방법이다. 이 방법은 결국 본인이 직접 현금으로 상환하는 방법과 같다.

📁 가지급금과 가수금의 상계

업무무관가지급금 등의 합계액을 계산 함에 있어서 동일인에 대한 가지급금과 가수금이 함께 있는 경우에는 결산 재무상태표에는 상계한 잔액으로 계상해야 한다.

만일 상계하지 않으면 부채비율이 증가하고 유동비율이 감소하는 특징이 있다.

그러나 A에 대한 가지급금과 B에 대한 가수금을 상계할 수는 없다.

동일인이라도 가지급금이나 가수금의 발생 시에 각각 상환기간·이자율 등에 관한 약정이 있어 이를 상계할 수 없는 경우에는 상계하지 못한다. 즉 금전소비대차 약정 내용에 상계가 불가능한 내용이 있으면 상계할 수 없다.

가지급금과 가수금 상계는 지급이자 손금불산입의 경우 업무무관자산 적수를 계산할 때 동일하게 적용한다.

프로그램을 사용하는 경우 가지급금 적수와 가수금 적수를 인명에 상관없이 일괄 상계하는 오류가 있을 수 있으니 유의한다.

📁 개인 자산 매각

가지급금의 존재를 일찍 발견하여 아직 1억 원이 채 되지 않는 액수가 누적된 기업이 활용해볼 만한 방법이라고 생각하면 된다.

여기서 개인 자산이란 현금 재산을 말하며, 다른 형태의(건물, 토지 등) 재산은 유형에 따라 세금이 발생하기 때문에 가지급금 해결에 유용한 방법은 아니다.

대표가 제3자에게 주식을 매각할 경우는 양도소득세, 회사에 매각하는 경우는 양도소득세와 배당소득세, 대표 개인의 부동산을 매각할 경우는 양도소득세와 부동산 시가 평가가 필요, 타법인 보유주식을 매각할 경우는 주식의 양도소득세를 납부해야 하는 문제가 발생한다.

개인 자산을 회사에 매각할 경우 특수관계자 간 거래로 인정되어 고가 매각 시 부당행위계산부인에 해당할 수도 있다.

📂 특허권 양수도

대표이사가 보유 중인 특허권을 법인에 넘기면서 법인은 이에 상응하는 보상금을 대표에게 제공하고, 이 보상금을 가지급금 상환에 활용하는 방법이다.

📂 자기주식 취득

자사주 취득의 경우 낮은 세율로 인해 가지급금 해결에 굉장히 인기를 끌었던 방법의 하나였다.

자사주는 절차와 이후 처리가 매우 복잡하고, 후속 처리가 잘못되면 가지급금을 해결하려 매입한 자금이 오히려 가지급금으로 축적되는 불상사도 있으니, 각별한 주의가 필요하다.

📂 이익잉여금 배당

배당을 통하여 사외유출의 근거를 마련하여 가지급금을 장부상에서 합법적으로 줄여나가는 방안이다.

합법적 방안이므로 안전하고, 배당에 의해서 주주의 소득원과 자금출처가 형성되므로 주주의 경제활동(부동산 취득, 다른 회사의 주주가 되는 것 등)의 증여세 자금출처조사에 대비가 가능하다는 장점이 있는, 반면 배당소득세 부담 등 자금부담이 있고 차명주주가 있는 경우에는 난감한 문제가 다수 발생한다는 단점이 있다.

제12장

대표이사, 3.3% 근로자, 가족회사 업무매뉴얼

대표이사 업무매뉴얼

📝 임원 보수에 대한 상법상 고려사항

보수 한도는 직위별 보수의 최대한도를 정해놓는 것이 좋다.

보수 한도는 정관에 규정하거나 주주총회 결의를 통해서 결정 및 변경할 수 있으며, 이 사실을 보수 규정에 명시해 두는 것이 좋다.

실무상 정관에서는 한도액만 정하고 구체적인 보수 금액은 주주총회에서 정하곤 한다.

정관에는 주주총회에서 결의한 별도의 지급 규정에 따라 보수를 지급한다는 내용을 기재한다. 구체적인 보수와 퇴직금, 상여금 금액과 산정 방법은 정관에 직접 기재하지 않는다.

정관에서 구체적으로 정하지 않은 임원 보수 금액과 산정 방법은 주주총회에서 결정한다. 임원 보수 관련 내용 변경 시, 정관을 바꾸려면 특별결의를 거쳐야 한다.

그러나 주주총회에서는 보통결의만으로 충분하므로 보수지급 규정 변경이 훨씬 쉽다. 따라서 주주총회에서 보수지급 규정을 별도로 두고 해당 회의록을 정관과 함께 보관한다.

정관이나 주주총회에서 임원의 보수총액이나 한도액을 정했다면, 개별 이사에게 지급하는 금액 등 구체적인 사항은 이사회에 위임할 수 있다.

구 분	정하는 방법
급 여	• 보수 한도는 정관에 규정하거나 주주총회 결의를 통해서 결정 • 실무상 정관에서는 한도액만 정하고 구체적인 보수 금액은 주주총회에서 정하곤 한다. • 개별 이사에게 지급하는 금액 등 구체적인 사항은 이사회에 위임할 수 있다.
상여금	• 정관에 명시해야 하며, 정관 규정이 없다면 주주총회에서 결정
퇴직금	• 임원의 퇴직금 액수는 정관에 명시해야 한다. • 정관에 임원 퇴직금 관련 규정이 없다면 주주총회에서 결의해야 한다. • 이사회의 결의만으로는 임원 퇴직금을 지급할 수 없다.

근로자가 아닌 임원이라면 임원에게 보수를 주지 않는 약정을 체결할 수 있는데, 정관에 임원 보수를 주주총회 결의에서 별도로 규정한다고 기재한 후, 주주총회에서 무보수를 결의하여 회의록을 정관과 함께 보관하면 된다.

참고로 건강보험과 국민연금 무보수 신고시 임원의 무보수확인서, 법인 정관, 주주총회 회의록을 증빙으로 요구하는 이유도 실제로 무보수인 경우 주주총회에서 무보수를 결의하여 회의록을 정관과 함께 보관하고 있어야 하기 때문이다.

대표이사 급여의 경비처리

세법에서는 법인에 소속된 임직원의 급여액을 정확하게 규정한 바는 없다. 하지만 분명 객관적인 기준 유무에 따라 비용으로 인정하지 않을 수도 있다(과도한 급여 지급시). 즉, 세법에서는 급여 인정 규정은 존재하지 않지만, 세법상 임원 보수기준 한도 범위 내의 금액은 대체로 손금으로 인정해주나 과도한 지급에 대해서는 손금불산입한다.

보수에는 급여만 포함된 것이 아닌, 상여금, 성과급, 퇴직금 등도 함께 묶여 있는데, 특히 임직원의 상여금은 정관에서 정한 지급기준 및 평가 방법에 따라 지급해야 한다. 퇴직금 또한 정관에서 정한 금액만큼 지급해야 한다.

정관이나 주주총회에서 합의된 내용에 따라 급여를 책정하고 지급한다면 아무리 적게 주어도, 많이 주어도 세법상 문제는 발생하지 않는다. 따라서 회사 규모에 맞는 임원 보수 규정을 정해두는 것이 필요하다.

법인이 임원에게 직무의 집행을 대가로 지급하는 보수는 원칙적으로 손금산입 대상이 되지만, 보수가 법인에 유보된 이익을 나누기 위해 대외적으로 보수의 형식을 취한 것에 불과하다면, 이것은 이익처분으로 볼 수 있기에 손금불산입 대상이며, 상여금과 실질적으로 동일한 것이므로 손금에 산입할 수 없다(2015두60884).

해당 회사는 대표이사 자신의 보수를 별다른 제약 없이 자유롭게 정할 수 있는 지위였고, 다른 임원들과 달리 연봉계약서도 작성하지 않았으며, 회사의 영업이익에서 대표이사의 보수가 차지하는 비율이 대다수였으며, 동종업체 중 상위 업체 대표이사 연봉보다도 현격한 차이를 보이는 사례이다.

구 분	과세방법
국민연금	본인 부담분은 연말정산시 소득공제 받고, 회사부담분은 세금과공과 등으로 장부 처리 후 손금인정된다.
건강보험	본인 부담분은 연말정산시 소득공제 받고, 회사부담분은 복리후생비 등으로 장부 처리 후 손금인정된다.

대표이사 자가운전보조금

대표이사도 세법에서는 근로소득자에 해당하므로 비과세 요건에 해당하면 원칙적으로 자가운전보조금을 비과세 처리할 수 있다. 다만, 문제가 되는 경우는 회사 제공 차량을 이용하는 경우와 연봉계약에 해당 규정이 없는데 비과세 처리하는 경우다.

회사 제공 차량을 이용하는 경우 자가운전보조금을 비과세 처리할 수 없는데, 그 이유는 본인 명의 차량도 아닌 법인명의 차량을 이용하면서 실비를 제공받고 있으므로 자가운전보조금을 비과세 처리하는 경우 이중으로 혜택을 보기 때문이다. 또한, 연봉계약에 해당 규정이 없는 경우 비과세 요건에 해당하지 않아 과세 된다.

결과적으로 대표이사가 자가운전보조금을 비과세하기 위해서는 회사에서 제공받는 법인차량이 아닌 본인 명의의 차량이어야 한다.

구 분	비과세 여부
법인명의 차량을 운행하는 경우	비과세하지 않는다.
본인 소유 차량을 운행하는 경우	세법에서 근로소득자로 보므로 비과세 된다.

📝 법인 소유 아파트에 대표이사가 사적으로 사는 경우

특수관계인과의 거래로 인하여 그 법인의 소득에 대한 조세부담이 부당하게 감소된 것으로 인정되는 경우 그 법인의 행위 또는 소득금액의 계산을 부인하고 법인의 각 사업연도 소득금액을 다시 계산할 수 있도록 규정하고 있는데 이를 "부당행위계산부인"이라고 한다.

그런데 법인의 대표이사 등 출자 임원이 거주지에서 사업장 소재지(공장)가 멀어 사업장 근처에 법인 명의로 주택을 구입하고, 해당 주택에 무상으로 거주한 경우에도 부당행위계산부인이 적용된다.

대표이사에게 사택을 제공하는 경우 당해 대표이사가 주주가 아니거나, 소액주주에 해당하는 경우로서 제공받는 사택이 비과세 사택의 범위에 해당하는 경우는 세법상 문제가 없으나, 출자 임원에 해당하는 경우는 법인이 소유(임차)한 주택(사택)을 무상으로 제공받을시 부당행위계산부인 규정이 적용된다. 즉 1인 또는 소규모 가족법인이 취득한 아파트에 대표이사가 거주하는 경우 부당행위계산부인이 적용된다.

- ◎ 적정임대료(시가)에 상당하는 금액을 익금에 산입하고 대표자에게는 상여(근로소득으로 과세)로 처분하며
- ◎ 이 소유 주택은 업무무관자산으로 구분되며
- ◎ 해당 자산에 드는 지급이자 또한 손금불산입 규정이 적용되며 처분은 기타사외유출로 처리하게 된다.

📂 출자임원에 사택 무상 임대 시 부당행위 해당 여부

부당행위계산의 유형은 여러 가지가 있다. 특수관계인으로부터 자산을 시가보다 높은 가액으로 매입 또는 현물 출자받은 경우, 특수관계인에게 자산을 시가보다 낮은 가액으로 양도하는 경우가 대표적이다.

이 외에도 금전, 그 밖의 자산 또는 용역을 무상 또는 시가보다 낮은 이율이나 요율, 임대료로 빌려주거나 제공한 경우도 부당행위로 본다. 다만, 주주 등이나 출연자가 아닌 임원(소액주주인 임원 포함) 및 사용인에게 사택 및 임차 사택(임차하여 전·월세 등을 회사가 제공하고 사택으로 제공)을 제공하는 경우는 부당행위계산부인이 적

용되지 않는다. 즉, 소액주주인 임원 또는 사용인에게 사택을 무상으로 제공한 경우는 부당행위에 해당하지 않지만, 소액주주가 아닌 출자임원에게 사택을 제공하고 이에 따른 적정 대가(임대료나 임차보증금)를 받지 않으면 부당행위에 해당한다.

📂 출자임원에게 사택 무상제공 시 법인세법상 처리

법인의 출자임원에게 사택을 무상으로 제공한 경우 법인세법상 부당행위계산부인이 적용된다. 이 경우 법인이 해당 임원에게 적정임대료를 받았어야 하나, 받지 않았으므로 적정임대료 즉 "시가" 상당액을 미수 임대료로 보아 익금산입하고 해당 임원에 대한 "상여"로 소득처분 한다.

이때 적정임대료 즉 시가는

① 사업자가 특수관계인이 아닌 자와 해당 거래와 유사한 상황에서 계속적으로 거래한 가격 또는 제3자 간에 일반적으로 거래된 가격

② ①의 가격이 없는 경우 사업자가 그 대가로 받은 재화 또는 용역의 가격을 말한다.

만일 법인이 아파트를 구입하여 출자임원에게 무상으로 사용하게 한 경우 해당 아파트와 같은 동, 같은 평형, 비슷한 층 아파트의 월세액이나 전세액을 시가로 볼 수 있을 것이다.

그러나 법인이 아파트가 아닌 일반주택(빌라, 단독주택 등)을 사서 출자임원에게 임대했거나 적정임대료를 확인하기 어려운 경우에는 다음의 방식에 따라 계산한 금액을 시가로 본다.

유무형 자산의 무상 공급 시 임대료의 시가

= (당해 자산의 시가 × 50% − 전세보증금) × 정기예금 이자율 × (제공일수/365)

위에서 당해 자산의 시가는 실무적으로 실제거래가액이 있으면 실제거래가액을, 없을 경우 기준시가를 적용하는 것이 일반적이다.

📂 세무조정 사례

> (가정1) 법인이 10억 원을 주고 아파트 구입 후 출자임원에게 무상으로 임대한 경우(해당 아파트와 유사한 층의 동일 평형대 아파트 월세는 월 200만 원)

시가 200만 원 × 12개월 = 2,400만 원을 법인세 계산 시 익금산입 후 대표자 상여 처분

> (가정2) 법인이 10억 원을 주고 빌라(기준시가 7억) 구입 후 출자임원에게 무상으로 임대

실무적으로 빌라 또는 단독주택은 동일한 물건이 거의 없으므로 적정 월세를 알기 어렵다.

시가 = (10억 원 × 50% − 0) × 2.9% = 1,450만 원

그리고 법인이 사택을 업무 목적으로 이용하지 않고 투자목적으로 취득하여 장기간 소유하는 경우 해당 사택은 비업무용 자산에 해당하여 관련 지급이자는 손금으로 인정하지 않는다.

> ① 법인이 임대한 주택 시가 : 10억 원
> ② 법인이 받은 보증금 : 3억 원
> ③ 2023년 1년간 대표이사에게 임대하고 법인이 임대료 수익(법인 대표이사 등이 법인에게 임차료로 지급한 금액) : 연간 50만 원으로 신고

시가와 법인이 수익(대표이사 등이 법인에게 임차료로 지급한 금액)으로 신고한 금액의 차액이 3억 원과 시가 × 5% 중 적은 금액 이상인 경우 부당행위계산 부인 규정을 적용한다(= 중요성 판단).

시가 = (10억 × 50% − 3억) × 2.9% × (365/365) = 580만 원

※ 580만 원 − 50만 원 = 530만 원 ≥ Min(3억원, 580만 원 × 5%) = 29만 원

→ 시가와 법인 신고수익 차액(530만 원)이 3억원과 시가 × 5% 중 적은 금액(29만 원)보다 크므로 중요성 요건(부당행위에 해당)을 충족한다. 따라서, 법인은 익금산입 530만 원(대표자 상여)으로 처분하여 법인세를 납부해야 하며, 대표자는 이를 급여로

종합소득세를 다시 납부해야 한다.

📝 대표이사 대학원 등록금과 원우회비

📂 대표이사 대학원 등록금

법인의 주주이면서 대표이사나 임원인 자가 국내 대학 등에서 6개월 이상의 장기 교육이 필요한 최고경영자 과정을 수업하는 경우, 당해 수업내용 등이 법인의 업무와 직접적으로 관련이 없거나, 정관에 회사의 업무와 관련된 학업 시 학자금 지원 규정이 없는 경우 및 임원상여금 지급규정에서 정한 한도를 초과하여 지급한 금액은 업무무관비용으로 보아 법인의 손금에 불산입하고, 대표이사의 근로소득으로 원천징수를 해야 한다. 다만, 당해 수업내용이 업무와 관련된 것이라는 것을 객관적으로 입증할 수 있고, 비과세 학자금 요건을 갖춘 형식으로 회사 내부 규정에 의하여 특정 임원 등이 아닌 모든 임직원이 차별 없이 수업할 수 있는 것으로서, 당해 교육내용 등이 사규에 규정하고 있는 경우는 손금인정이 가능하다. 즉, 대표이사의 대학원 최고경영자 대학원 등록금을 손금인정 받기 위해서는 사규에 특정 임원 등이 아닌 모든 임직원이 차별 없이 수업할 수 있는 학자금 지원 규정이 있어야 하며, 해당 대학원 최고경영자과정이 비과세 학자금에서 규정하고 있는 교육 관련 법령에서 규정하는 학교의 정규학사과정이라면 교육훈련비로 비과세 근로소득으로 손금인정이 가능하다.

📂 대표이사 원우회비

법인의 대표이사나 임원이 최고경영자 과정 수료 후 최고경영자 과정을 함께 수료한 원우들끼리 원우회를 조직하고 원우회비를 납부한 경우와 최고경영자과정 교육과 관련한 해외 산업체 시찰 및 현장 관광 등의 비용 보조에 대해서는 이는 법인의 비용이 아닌 대표이사 개인이 부담해야 하는 경비로 판단되어 법인의 손금에 불산입하고 대표이사의 근로소득으로 원천징수 해야 한다.

📝 대표이사에 대한 경조사비 회계처리

법인세 집행기준 19-19-19(임원에 대한 경조비 등의 손금산입)

① 출자자인 임원에게 지급한 경조비 중 사회통념상 타당하다고 인정되는 범위 안의 금액은 이를 각 사업연도의 소득금액 계산상 손금에 산입한다.

② 임원의 순직과 관련하여 지급하는 장례비나 위로금 등으로서 사회통념상 타당하다고 인정되는 범위 안의 금액은 이를 해당 사업연도의 손금에 산입할 수 있다.

사회통념상이라는 말에 대해서 세법상 명확하게 규정 되어진 바는 없으나(거래처는 세법상 20만 원으로 규정) 일반적으로 사람들에게 용인되는 현실적으로 가능한 객관적인 금액 정도라고 생각하면 무방하다.

따라서 객관성을 주기 위해 경조사비에 대한 사내 규정을 만들어 운영하고 있으며, 이를 초과하여 지급하는 경조사비는 급여로 보아 회계처리를 해야 할 것이다.

경조사비와 관련한 지출의 증빙은 다음을 참고한다.

① 결혼 : 청첩장

② 출산 : 주민등록등본

③ 회갑, 칠순 : 호적등본 또는 주민등록등본

④ 사망 : 제적등본 또는 사망진단서

⑤ 학자금 : 등록금 영수증

참고로 지출한 경조사비 성격이 대표이사 동창 등 개인적으로 부담해야 할 성질의 비용을 회사가 부담하는 경우는 손금부인하고, 대표이사에 대한 상여로 본다(법인, 조심 2013서0095, 2013.11.20.)

📝 골프장 및 콘도 이용요금 회사 대납액

골프 이용이나 콘도 이용 시 회사는 해당 이용권의 사용권만을 제공하는 것으로 이용에 따라 발생하는 숙박비 등 개인이 부담해야 할 비용을 회사가 대납하는 경우는 해당 임직원의 급여로 봐 근로소득세를 원천징수 해야 한다.

📁 골프회원권이나 콘도 회원권 구입비용

골프회원권이나 콘도 회원권 구입비용은 거래처 접대를 위한 취득의 경우는 기업업무추진비(= 접대비), 직원의 복리후생 목적인 경우는 복리후생비 처리한다.

회원권을 대표이사가 개인적으로 사용하는 경우는 국세청은 이를 업무무관자산으로 보아 회원권 취득·관리 시 발생하는 비용을 손금불산입한다. 또한 동 비용은 회사가 임원 또는 대표이사에게 이득을 준 것으로 보아 임원 또는 대표이사의 상여로 처분되어 근로소득세 신고납부 대상에 포함된다.

그러나 대표이사가 접대목적으로 골프 회원권을 사용했다면 관련 비용은 기업업무추진비(= 접대비)로 분류하여 기업업무추진비(= 접대비) 한도 규정이 적용된다. 따라서 한도 내 금액은 비용으로, 한도 초과액은 손금불산입한다.

골프장에서 접대하는 경우는 기업업무추진비 처리가 가능하므로 많은 법인에서 요즘 접대를 골프로 많이 하고 있다.

여기서 주의할 점은 단순 임직원들의 지출은 복리후생비로 인정해주지 않기 때문에 골프장에서 사용한 법인카드는 기업업무추진비로 처리하는 것이 좋다.

기업업무추진비 외에 경비는 대표자나 직원 카드를 사용하는 것이 좋다.

📁 골프 이용요금

임직원의 골프비 지원을 복리후생비로 결정한다고 하더라도 이런 부분이 통상적인 기업의 복리후생비로 인정되기에는 어려울 것이다. 과다한 복지후생적인 측면은 둘째로 치더라도 다수의 기업에서 골프장 비용을 복리후생으로 인식하기 어렵다.

따라서 해당 금액은 계정과목상 복리후생비로 처리하더라도 동 골프비용은 각 직원의 상여로 봐 근로소득세를 원천징수 신고납부하는 것이 타당하다.

📁 콘도 이용요금

회사에서 직원복지 차원에서 근로자에게 지급하는 콘도이용료는 근로소득세를 과세한다. 즉 근로소득세 납부 없이 복리후생비로 처리가능한 비용은 콘도회원권 유지 관련 비용이며, 회사에서 임직원에게 제공하는 것은 해당 권리를 사용할 수 있는 편익을 제공하는 것이지 임직원이 이용에 따라 발생하는 이용료 및 이용하기 위해서 이용중 발생하는 비용까지 복리후생비 처리 및 비과세되는 것은 아니다.

📂 캐디피 지급 비용

골프장 소속인 경우 골프장 측에서 현금영수증을 발급하는 경우가 있다. 이런 경우는 증빙불비 가산세 대상도 아니고, 기업업무추진비 증빙불비 직부인 대상에도 해당하지 않는다. 지급한 금액을 기업업무추진비에 포함하여 한도시부인만 하면 된다. 반면 캐디가 개인 자격인 경우는 현금영수증 발급이 불가능하다. 원칙은 사업자가 제공하는 독립적 인적용역에 대해 3%(지방소득세 포함 3.3%)를 원천징수해야 하고, 원천징수를 한 때에만 지출증명서류 수취 대상에서 제외된다.

그런데 일반적으로 캐디피를 주면서 원천징수를 안 하므로, 3만 원 초과한 경우는 증빙불비 가산세를 적용한 후 비용처리 하거나, 계정과목 상 기업업무추진비 처리 시에는 증빙불비 가산세는 부담하지 않지만, 세법상 기업업무추진비(= 접대비)로 비용처리할 수도 없다(손금불산입).

📝 회사자금을 대표자 명의로 대출받은 때

회사 대출한도 초과로 인해서 회사 명의로 대출받지 못하고 대표이사가 대표이사 명의로 대출을 받아 회사의 운영자금으로 사용하면서 이자는 회삿돈으로 무는 경우 두 가지 경우를 생각해 볼 수 있으며, 국세청 등의 답변내용을 참조해도 두 가지로 의견이 나누어지는 것을 볼 수 있다.

첫째, 회사의 차입거래는 회사와 은행 간 거래가 아닌 회사와 대표이사 간의 거래로 회사에서 직접 은행에 이자를 납부하는 것이 아니라 회사가 대표이사에게 대표이사가 은행에 각각 이자를 지급하는 것으로 보아, 법인은 대표이사에게 가중평균차입이자율 또는 당좌대출이자율 이상을 지급하면 안 되며, 이자지급 시 법인이 이자소득세를 원천징수 해서 신고·납부 하는 경우

둘째, 비록 대표이사의 명의를 빌려 자금을 차입한 경우라고 해도 실질적으로는 회사

자금운영을 위해서 회사가 은행에서 빌린 거나 같다고 보아 실질과세의 원칙에 따라 회사는 이자비용으로 회사 비용으로 처리를 해도 세무상 문제가 없는 경우

위의 두 가지 경우 정상적인 거래에서는 두 번째 처리 방법이 타당하리라고 본다.

그러나 두 번째 방법을 인정받기 위해서는 은행에서 회사통장으로 자금이 입금되고 이자비용을 은행에 직접 입금시키는 등 객관적인 증빙자료를 구비해두어야 할 것으로 보인다.

반면 국세청에 의해서 조금이라도 의심이 가는 경우 첫째 방법으로 처리될 가능성이 크므로 실질적으로 회사자금 운영목적으로 대표이사 명의로 차입을 한 경우에는 투명성 있는 회계처리가 절실히 필요하다 하겠다.

📝 세무조사에 의한 대표자 인정상여

> 소득세법시행령 제134조(추가 신고) ① 종합소득 과세표준확정신고기한이 지난 후에 「법인세법」에 따라 법인이 법인세 과세표준을 신고하거나 세무서장이 법인세 과세표준을 결정 또는 경정하여 익금에 산입한 금액이 배당·상여 또는 기타소득으로 처분됨으로써 소득금액에 변동이 발생함에 따라 종합소득 과세표준확정신고 의무가 없었던 자, 세법에 따라 과세표준확정신고를 하지 아니하여도 되는 자 및 과세표준확정신고를 한 자가 소득세를 추가 납부해야 하는 경우 해당 법인(제192조 제1항 단서에 따라 거주자가 통지를 받은 경우에는 그 거주자를 말한다)이 같은 항에 따른 소득금액변동통지서를 받은 날(「법인세법」에 따라 법인이 신고함으로써 소득금액이 변동된 경우는 그 법인의 법인세 신고기일을 말한다)이 속하는 달의 다음다음 달 말일까지 추가신고한 때에는 법 제70조 또는 제74조의 기한까지 신고한 것으로 본다.

세무조사에 의하여 대표자 인정상여 처분을 받은 경우 즉, 종합소득 과세표준 확정신고 의무가 없었던 자가 인정상여 처분에 따라 소득세를 추가 납부해야 하는 경우 해당 법인이 소득금액변동통지서를 받은 날이 속하는 달의 다음다음 달 말일까지 추가신고·납부한 때는 기한 내에 신고납부한 것으로 보아 가산세(신고불성실가산세, 납부불성실가산세)를 부과하지 않는다.

지급명세서는 수정할 필요가 없이 대표자가 종합소득 과세표준을 추가로 신고·납부하면 되는 것이며, 홈택스를 이용하여 전자신고하고자 하는 경우는 기한후신고 메뉴를 이용하여 가산세 추가 없이 신고한다.

📝 대표이사 차량을 법인에 매각

📂 대표이사 차량을 고가 매입

대표이사와 법인은 특수관계인에 해당하며, 특수관계인 간의 매매 시에는 시가대로 거래하면 된다.

세금계산서는 사업자가 발행한다. 따라서 개인 대표이사가 사업자가 아니라면 세금계산서는 발행하지 않는다. 법인입장에서는 계좌이체내역과 계약서 등으로 거래내역을 입증하면 된다. 법인이 할부로 구매해도 관계는 없다.

법인의 경우, 해당 법인의 차량을 임직원전용자동차보험에 가입해야 감가상각비, 차량유지비 등의 경비처리가 가능하다.

📂 법인차량을 대표이사에게 무상 이전

사업자가 차량을 특수관계인에게 매각하는 경우는 부가가치세와 법인세를 함께 고려해야 한다. 차량 거래시 해당 재화의 시가를 공급가액으로 보아 부가가치세 과세대상이 되며, 저가로 매각하는 경우는 법인세법상 부당행위계산 부인에 해당한다.

1. 부가가치세

차량은 부가가치세 과세 대상으로 법인이 보유 차량을 매각하는 경우 구입자에게 부가가치세를 징수하여 납부할 의무가 있다.

이때, 법인차량을 특수관계인에게 저가로 매각하는 경우는 해당 차량의 시가를 공급가액으로 보고 과세를 한다.

법인의 차량이 업무용, 비업무용인지(매입세액 공제 여부)와는 무관하게 차량을 매각하는 법인이 과세사업자인 경우 부가가치세를 징수해야 하며, 면세사업자(대금청구는 계산서를 발행)인 경우 부가가치세 징수 의무가 없으므로 부가가치세를 징수할 필요가 없다.

구매자가 사업자가 아닌 대표이사(일반인)이기 때문에 세금계산서의 공급받는자 공급번호란에 해당 대표이사(일반인)의 주민등록번호를 기재한 후 발급한다.

구 분	사업자	부가가치세 징수 여부
매입세액 공제(업무용 승용차 등)	과세사업자	O
	면세사업자	X
매입세액 불공제(비업무용 승용차 등)	과세사업자	O
	면세사업자	X

주 차량을 해당 사업자 사업목적으로 사용하였다고 가정함

2. 법인세

법인 소유의 차량을 대표이사에게 양도하는 경우라면 시가를 과세표준으로 하여 대표이사의 주민등록번호로 세금계산서를 발급한 후 부가가치세를 신고해야 한다.

법인세법에 따르면 차량이나 물건을 특수관계인에게 시가보다 낮은 금액으로 매각하거나 높은 금액으로 사들인다면 조세를 감소시키기 위한 부당한 거래로 보아 부당행위계산의 부인을 적용한다.

무상 이전으로 인한 부당행위계산부인 규정을 적용 시 시가를 익금에 산입하고, 귀속자에게는 상여 처분한다. 반면, 저가 거래로 인한 부당행위계산부인 규정을 적용 시 시가와 대가의 차이 금액은 법인의 익금으로 처리하며, 귀속자에게는 상여 처분한다.

🗂 차량(중고차)의 시가 판단

중고자동차나 중고 물건의 경우 세법상 시가를 어떻게 판단하는지가 특수관계인과 거래의 정당성 여부를 판단하는데, 가장 중요하다.

법인세법에서 물건이나 자산의 고가 매입·저가 양도에서 적용하는 시가는 법인세법 시행령 제89조 시가의 범위에 규정되어 있다.

해당 법령에 따르면, 법인이 특수관계인에게 차량을 매각할 경우 차량의 시가는 ① 거래가액이 존재할 경우 그 거래가액(시가), ② 시가가 없는 경우 감정평가액, ③ 감정평가가액도 없을 경우 상속·증여세법상의 평가 방법을 이용하여 시가로 판단하고, 해당 시가의 95%~105%의 범위(3억 원 한도)를 시가의 유효 범위로 규정한다.

실무에서는 법인의 중고차량의 시가를 판단할 때 현재 매물로 올라온 중고차 시장의

시세를 반영하거나 국세청 등이 제공하는 승용차 가액표에 따라 시가를 평가하고 있다.

실무에서는 위의 가액(중고차 시세, 국세청 시가표준액) 중 합당한 가액을 산정하여 위의 법령상의 거래가액이 존재하는 경우의 시가로 보아 계산하고 있다. 대부분 국세청 시가표준액을 따라간다.

예를 들어 제네시스 2023년의 국세청 시가표준액이 다음과 같다면

시가 : 1,750만 원

매각 대상 : 대표이사의 아들(법인 근무, 특수관계인)

매각가액 : 1,200만 원

법인의 차량을 특수관계인에게 시가(1,750만 원)보다 낮은 금액(1,200만 원)으로 매각한다면 해당 거래를 부당행위계산으로 부인하고 시가로 재계산하여 법인세를 과세하며, 혜택을 받은 특수관계인은 상여(임직원 혹은 귀속 대상이 불분명한 경우 대표자 상여)나 기타 (그 외의 자) 등의 소득처분이 일어나 소득세를 부담하게 된다.

시가 범위 판단(부당행위 여부 판단) : 1,662만 원(95%)~1,837만 원(105%)

➜ 매각가액이 시가 범위 초과

세무조정 및 소득처분 : 손금불산입 550만 원(상여), 딸의 근로소득 550만 원 상승

무보수 대표이사(장단점, 4대 보험, 퇴직금, 상여금, 법인카드 사용, 절세전략) 업무매뉴얼

📝 무보수 대표이사의 장단점

법인의 대표이사나 이사, 감사 등 임원에게 지급하는 인건비는 법인의 소득금액 계산상 손금(세법상 경비)에 산입한다. 즉, 법인의 임원은 법인 그 자체와는 다른 별개의 인격체로서 법인과는 고용관계에 의하므로 회사는 그 임원에게 근로 용역제공의 대가로 급여나 상여금은 물론 퇴직금도 지급할 수 있는 것이다.

그런데 가족기업 형태의 신설법인의 경우 창업 초기 매출이 발생하지 않는다는 이유로 또는 운영자금이 모자라서 임원에게 급여를 지급할 여력이 없다는 이유로 해서 사업이 안정될 때까지 임원 급여에 대한 세무처리를 유보하는 경우를 가끔 보게 된다.

그러나 법인의 임원 급여에 대한 세무처리는 정기적으로 확실하게 처리하는 것이 좋다. 법인은 그 자체가 별개의 인격체로서 법인의 임원도 회사에 근로 용역을 제공하는 한 당연히 급여를 받을 권리가 있는데, 매출이 없다는 이유로 또는 자금 여유가 없다고 해서 이들의 급여에 대한 세무 처리를 하지 않으면 세금 부담 상으로도 회사에게 불리하게 적용될 수도 있기 때문이다.

당연한 얘기지만 급여처리를 하게 되면 근로소득세를 원천징수 해야 하고 4대 사회보험에도 가입해야 하는 문제는 있으나, 세무상 급여로 처리된 금액은 법인의 소득금액 계산 시 손금산입되므로 그만큼 법인의 과세소득을 줄여주게 된다. 또 사업이 부진하여 결손금이 생기면 그 결손금은 향후 발생하는 법인소득에서 공제되므로 결손법인의 경우에도 임원의 급여에 대하여 세무처리를 해 두면 미래에 발생하는 법인의 과세소득을 줄여줌으로써 결과적으로 다음 사업연도 이후에 소득이 생겼을 때 내야 하는 법인세 부담을 줄일 수 있다. 따라서 매출이 발생하지 않는 창업 초기나 사업이 부진한 경우에도 법인의 임원에 대한 급여는 책정된 대로 비용처리를 해주는 것이 좋다. 회사의 자금 사정이 좋지 않아서 급여를 지급할 여유자금이 없으면 급여를 지급하기로 한 시점에 미지급급여로 계정 처리하면 된다. 또 대표자 개인이 여유자금이 있으면 개인 자금을 가수금으로 입금시켜서 그 돈으로 급여를 지급해도 된다.

📝 사업이 부진한 경우 임원 보수에 대한 세무 처리

사업이 부진하다고 해서 또는 회사의 자금 사정이 좋지 않다고 해서 법인의 임원 보수를 책정하지 않고 무보수로 일한 다음 나중에 사업이 잘되어 자금 여유가 생겼을 때 법인의 임원이 회삿돈을 가져가려면 여러 가지 세무상의 문제가 발생하고 그때부터 한꺼번에 높은 보수를 지급하게 되면 원천징수 되는 근로소득세만 많아지게 된다.

📝 법인이 임원에게 보수를 지급할 때 몇 가지 유의해야 할 사항이 있다.

우선 법인이 임원에게 지급하는 상여금 중 정관, 주주총회 또는 이사회의 결의에 의하여 결정된 급여 지급기준을 초과하여 지급한 경우 그 초과 금액은 법인의 소득금액 계산상 손금 산입하지 않는다.

또 임원에게 퇴직금을 주는 경우에도 정관에 퇴직금으로 지급할 금액이 정해진 경우에는 그 금액 범위 내에서 법인의 손금으로 인정되며, 정관에 정해진 퇴직금 금액이 없으면 그 임원이 퇴직하는 날로부터 소급하여 1년 동안 그 임원에게 지급한 총급여액의 1/10에 근속연수를 곱한 금액만큼만 손금에 산입된다.

따라서 임원의 상여금이나 퇴직금 지급에 대해서 회사는 이러한 세법 규정에 유의하여 관련 사항을 미리 정관에 반영해 놓거나 주주총회 또는 이사회 결의에 따라서 임원보수 지급한도, 지급기준 등을 미리 마련해 놓아야 할 것이다.

구 분	장단점
무보수로 신고	• 직장 4대 보험 납부를 안 한다. 대신 지역가입자로 납부한다. • 급여를 비용으로 인정받지 못한다.

구 분	장단점
급여를 신고	• 직장 건강보험이 지역 건강보험보다 유리하다. • 국민연금의 경우 어차피 낸 만큼 돌려받을 수 있다. • 급여를 비용으로 인정받아 세금을 줄여준다. • 회사가 결손이 나면 이월해서 공제받을 수 있다. • 가수금으로 처리 후 나중에 발생하는 가지급금을 줄여줄 수 있다. • 미지급급여 회계처리 후 나중에 발생하는 가지급금을 줄여줄 수 있다. • 무보수 처리로 인한 4대 보험 실익보다 가지급금을 줄이는 효과에 의한 실익이 더 크다.

무보수 대표이사 4대 보험

법인사업장은 다른 근로자 없이 대표자 1명만 있어도 사업장 가입대상이며, 국민연금 · 건강보험 취득신고를 해야 한다.

법인사업장에서 보수를 받지 않는다면 국민연금공단 · 건강보험공단에 무보수대표자 신고를 해야 한다.

직원을 고용하거나, 대표이사가 급여를 받기 전까지는 가입제외확인서와 무보수확인서, 무보수대표자 증빙자료(정관, 이사회 회의록, 규정 등)를 건강보험 · 국민연금 관할 지사에 제출한다.

법인사업장에서 직장가입자로 가입 중 중도에 보수가 지급되지 않게 되었다면 사업장가입자 상실 신고와 함께 무보수 여부 및 기간을 증빙할 수 있는 자료(정관, 이사회 회의록, 규정 등)를 제출하면 된다. 이 경우 국민연금과 건강보험에 자격 신고한 내용은 동일해야 하며, 추후 국세청 소득신고 내역 발생 시에는 소급하여 보험료가 부과될 수 있다.

※ (건강보험) 6개월 미만으로 소급하여 신청할 경우는 '법인 대표자 무보수 확인서(서식)' 제출이 가능하다.

사업장 가입 전 무보수대표자 신고는 사업장 성립신고서 + 사업장가입자 취득신고서 (근로자가 있을 경우) + 무보수 증빙자료(대표자)(정관, 이사회 회의록, 규정 등)를 공단 관할 지사에 제출하면 된다.

법인 대표자 무보수확인서

사업장	사업장명		사업자등록번호 (고유번호)	
	전화번호	.	사업장관리번호	
대표자	성 명		생년월일	
	전화번호		휴대전화번호	

※ 대표자 보수 미지급기간 : 20 . . . ~ 20 . . . (□ 기한없음)

1. 본 법인(업체, 단체)의 대표자는 보수를 지급받지 않는 무보수대표자로 이에 해당 확인서를 제출합니다.

2. 추후 국세청, 지도점검 등을 통하여 보수지급 사실이 확인될 경우, 상기 사업장의 직장가입자 자격취득 사유 발생일로 소급 취득하며 그로 인해 발생된 건강(장기요양)보험료를 납부할 것을 확인합니다.

3. 6개월 이상 소급하여 신고할 경우 해당 확인서가 아닌 대표자의 무보수 및 해당 기간을 확인할 수 있는 정관, 규정, 이사회회의록, 조례 중 하나를 제출하셔야 합니다.

20 . . .

법 인 :   (인)

국민건강보험공단 이사장 귀하

건강보험 사업장 가입제외 확인서

사업장	명칭 (상호)			
	주소			
	대표자성명			
	법인번호 (생년월일)		사업자 등록번호	
	전화번호		휴대폰번호	

○ 제외사유 (해당하는 □내에 ∨표시)
    □ 근로자가 없고 개인 대표자만 있는 사업장
    □ 근로자가 없고 무보수대표자만 있는 법인사업장
    - 보수 없는 기간: 년   월   일 ~   년   월   일 (□ 기한 없음)
    - 추후 국세청, 지도점검 등을 통해 보수지급 사실이 확인될 경우, 상기 사업장
의 적용 사유발생일로 소급 취득하며 그로 인해 발생된 건강(장기요양)보험료를 납부
할 것을 확인합니다.
    - 6개월 이상 소급 신고 시 정관, 이사회 회의록 등 무보수 사실 확인 가능 서류
첨부
    □ 부도·도산사업장
    - 금융기관의 금융거래사실확인서, 파산선고판결문 등 관련 서류 첨부
    □ 기타 사유(상세히 기재 :   )
    - 해당 사실 증명 서류 첨부
  ※ 이미 가입 중인 사업장은 (사업장관리번호:) 기재 바랍니다.

○ 첨부서류 :

    우리 사업장은 위의 사유로 「국민건강보험법」 제7조에 의한 건강보험 가입대
상 사업장이 아님을 확인하며, 추후 근로자 고용 등으로 건강보험 가입대상일 경우
14일 이내에 『건강보험 사업장(기관)적용신고서』를 제출하겠음을 확인합니다.

    만일 위 신고 사실이 허위일 때는「국민건강보험법」제115조(벌칙) 및 제119조
(과태료)에 의한 벌금, 과태료 부과, 사업장 직권 가입으로 불이익을 받을 수 있음
을 확인하였습니다.

20 .   .   .

사용자(대표자) :   (인)

국민건강보험공단   지사장 귀하

이사회 회의록

일   시 :

장   소 :

출석이사 :

　　의장(대표이사)은 의장석에 등단하여 정관에 의거 합법적으로 이사회가 개최되었음을 선언한다. 이어 아래 안건을 심의 이를 결의하고 폐회를 선언한다.

안   건 : 대표이사 무보수의 건 (202 . . ~ . .)

결의내용 : 출석이사 전원 찬성으로 가결함

　　이상으로써 금일의 의한 전부를 심의 종료하였으므로 위 결의를 명확히 하기 위하여 이 회의록을 자성하고 의장과 출석한 이사가 다음에 기명날인한다.

202 년   월   일

㈜ △△△

대표이사 :　　　　　　(인)

이   사 :　　　　　　(인)

이   사 :　　　　　　(인)

무보수 대표이사의 퇴직금 및 퇴직소득세

임원의 퇴직금 산정은 정관 또는 정관에서 위임한 퇴직금 지급 규정에 따르는 것으로 정관 등에 정해진 금액을 퇴직급여로 보는 것이다.

따라서 해당 대표이사가 법인에 실제 고용되어 계속 근로를 제공한 경우는 부당행위 계산 부인 대상에 해당하지 않는 한, 정관이나 퇴직금 지급 규정에 따라 무보수로 근로를 제공한 기간도 포함하여 당해 법인에서 계속 근로를 제공한 기간으로 하여 퇴직소득세를 계산하는 것이며, 또한 법인의 휴업기간을 대표이사의 퇴직금 산정시 포함할지의 여부 역시 퇴직금 지급 규정 등에 따라 해당 법인이 정할 사항이다.

즉 회사마다 임원 퇴직금 지급규정이 있으니 그 산식에 근무기간을 무보수기간까지 포함한 근무기간으로 계산한다. 퇴직금을 지급하기 위해서 주의할 점은 다음과 같다.

① 무보수의 경우 4대 보험이나 세금 신고자료가 존재하지 않기 때문에 무보수기간에 근무했다는 것을 증빙하지 못하면 인정받지 못한다.

② 임원 퇴직금 지급규정에 대표이사뿐만 아니라 불특정다수 임원에게 공통적으로 적용되는 규정이 존재해야 한다. 즉 대표이사만을 위한 규정은 인정받지 못한다.

③ 전기간 무보수 대표이사의 경우 일반적인 임원 퇴직금 지급 규정상 퇴직금 계산에 필요한 급여 자체가 존재하지 않으므로 퇴사 전 일정 기간 급여를 지급하거나, 급여 지급 후 일정기간 후 퇴사하는 방법을 사용하지 않으면 실제로 퇴직금을 지급하거나 세법상 경비로 인정받기 힘들다.

④ 일정 기간 급여를 받다가 무보수로 전환한 후 퇴직하는 경우 급여를 받았을 때 급여를 기준으로 퇴직금을 계산할 수 있다. 이때 계속 근속기간은 보수를 받은 기간 + 무보수기간을 합산한다.

퇴직금(대구지법 2011.12.23., 선고, 2011가합7202, 판결 : 항소)

[판시사항]

甲 주식회사에서 이사(상근), 대표이사로 근무하다가 대표이사직을 퇴임하고 사내이사(무보수·비상근)로 재직하고 있는 乙이 甲 회사를 상대로 퇴직금을 청구한 사안에서, 乙이 대표이사직에서 퇴임함으로써 실질적으로 임원 퇴직 사유가 발생하였다고 보아야 하므로, 甲 회사는 특별한 사정이 없는 한, 乙에게 甲 회사의 임원퇴직금 지급규정에 따라 산정한 퇴직금(무보수 비상근이 되기 전 급여를 기준으로 퇴직금 산정)을 지급할 의무가 있다고 한 사례

세법에서도 급여를 받다가 무보수로 일정기간 근무 후 퇴사하는 경우 임원 퇴직금의 손금용인 한도액을 계산하기 위한 총급여액은 급여수령을 포기하기 전 1년 동안 지급한 총급여액으로 할 수 있다고 해석하고 있다(법인 46012-487, 1998. 2. 26.).

[판결요지]

甲 주식회사에서 이사(상근), 대표이사로 근무하다가 대표이사직을 퇴임하고 사내이사(무보수·비상근)로 재직하고 있는 乙이 甲 회사를 상대로 퇴직금을 청구한 사안에서, 비상근 이사 퇴직일을 기준으로 퇴직금을 산정한다면 평균임금(퇴직일 이전 3개월 동안 지급된 임금 총액을 그 기간의 총일수로 나눈 금액)이 0원이 될 수 있는데, 이같은 경우 이사와 감사에게 퇴직금을 지급하도록 한 甲 회사의 임원 퇴직금 지급 규정이 무의미하게 되는 점, 평균임금과 계속근로연수는 상근 임원에서 비상근 임원으로 변경된 시점을 기준으로 산정할 수밖에 없는데 형식적으로 판단하여 비상근 이사를 그만둔 시점을 퇴직일로 본다면 사실상 퇴직금 정산 시점만 늦출 뿐인 점 등 제반 사정을 고려하면, 乙이 유급의 상근 임원인 대표이사직에서 퇴임함으로써 실질적으로 임원 퇴직사유가 발생하였다고 보아야 하므로, 甲 회사는 특별한 사정이 없는 한 乙에게 임원퇴직금 지급규정에 따라 산정한 퇴직금을 지급할 의무가 있다고 한 사례.

[제 목]

무보수 임원의 퇴직급여 손금 여부(법인, 서면-2018-법인-2148, 2018.10.16.)

[요 지]

법인이 임원 퇴직금을 직위에 따라 달리 지급하기 위하여 지급비율을 정하여 지급하는 경우라도 해당 규정이 정관 또는 정관의 위임에 의한 퇴직금 지급규정으로 모든 임원에 일반적으로 적용되는 경우 법인세법상 정당한 임원 퇴직금 지급규정에 해당한다고 할 것이나 귀 질의가 이에 해당하는지는 사실판단 하여야 하는 것임

[회 신]

귀 질의의 경우 아래 회신사례를 참고하시기 바랍니다.

○ 법인세과-580, 2010.6.25.

내국법인이 개별 임원별 퇴직급여 한도액을 정관에 정하되 재임기간, 재임 시 성과 및 임원 취임 시 약정내용 등을 감안하여 이사회에서 개별 임원별 퇴직급여를 정하는 경우에는 「법인세법 시행령」 제44조 제4항 제1호의 정관에 퇴직급여로 지급할 금액이 정하여진 경우에 해당하지 아니하는 것입니다.

○ 서면인터넷방문상담2팀-1754, 2004.8.23.

법인이 임원퇴직금을 직위에 따라 달리 지급하기 위하여 지급비율을 정하여 지급하는 경우라도 해당 규정이 정관 또는 정관의 위임에 의한 퇴직금지급규정으로 모든 임원에 일반적으로 적용되는 경우 법인세법상 정당한 임원퇴직금 지급규정에 해당한다고 할 것이나, 임원이 퇴직할 때마다 법인의 재정형편을 감안하여 퇴직금을 감액하거나 퇴직 임원에 대한 사원의 평가에 따라 지급금액이 달라지는 등 임원이 퇴직할 때마다 그 지급기준이 달라지는 것으로 볼 수 있는 규정이라면 일반적으로 적용되는 퇴직금 지급규정이라고 보기 어려우므로 「법인세법 시행령」 제44조 제4항의 규정에 의한 퇴직금 지급규정 이라고 볼 수 없는 것이며, 귀 질의가 이에 해당하는지는 사실판단 하여야 하는 것입니다.

무보수 대표이사의 상여금

무보수 대표이사가 상여를 받을 때 문제

무보수대표자가 상여금을 받으면, 상여금에 대한 근로소득세 신고를 하면서 공단으로부터 4대 보험 직권 가입 안내를 받을 수 있다.

또한, 이렇게 4대 보험에 가입할 경우 상여금 기준으로 취득신고가 이루어지기 때문에 상여금의 액수가 크다면 이후에 높은 보험료가 부과될 수 있다.

따라서 무보수로 진행하다가 간혹 상여금이 발생하는 것보다 매월 일정한 기본급을 책정하여 4대 보험에 가입하는 것을 추천한다.

참고로 대표이사는 고용보험 가입 대상이 아니므로 고용보험료 공제액도 발생하지 않는다.

무보수 대표이사가 상여를 사업소득으로 신고하는 경우

본연의 업무 외에 부수적으로 발생하는 소득에 대해서만 예외적으로 사업소득으로 신고할 수 있다.

등기임원(대표이사) 또한 사업장에 소속되어 본연의 업무를 함으로써 받는 대가는 사업소득이 아닌 근로소득으로 신고한다.

근로소득으로 신고해야 함에도, 지속적으로 사업소득으로 신고하는 경우 국세청에서 이를 근로소득으로 재신고하라는 안내를 받을 수 있다.

무보수 대표이사의 세금신고

무보수 대표이사는 보수가 없으므로 근로소득 원천징수를 신고 및 납부하지 않아도 된다.

무보수 대표이사라 하더라도 상기에 따라 임원에 해당하는 경우는 업무무관가지급금에 대해서 손금불산입하고 상여 처분 후 연말정산을 해야 하며, 인정이자에 대한 근로소득도 납부해야 한다.

☞ 무보수 대표이사의 업무추진비(법인카드 사용액)

해당 업무추진비가 실비성격이라면 지출결의서에 적격증빙을 첨부해서 비용처리를 하나, 실제로 대표가 지출했다고 해도 적격증빙 없이 지출만 이루어진 경우라면 가지급금에 해당한다. 지급이자 손금불산입과 인정이자 익금산입, 상여 처분 문제가 발생하니 담당자는 대표이사에게 사전에 알려줘 적격증빙을 꼭 받아오도록 한다.

또한 법인카드 사용과 관련해서는 법인업무와 직접적으로 관련된 비용은 대표이사의 보수 여부와 상관없이 모두 비용처리 가능하다. 다만, 대표이사 개인적인 비용을 법인카드로 결제한 경우 앞서 설명한 바와 같이 가지급금 문제가 발생한다.

☞ 무보수가 절세전략 상 유리한가?

4대 보험 문제나 대표이사 개인 종합소득세 부담으로 인해 무보수나 근로자 최저임금 수준의 급여를 받는 대표가 많다. 하지만 급여를 낮추기만 하는 것은 법인의 세금을 줄이는 데 도움이 되지 않는다. 소득세는 감소하겠지만 법인 비용처리가 덜 되기 때문에, 오히려 법인세 부담이 커지는 역효과가 발생한다. 급여에 따른 소득세 및 4대 보험료와 법인세를 비교해 적정 급여를 책정하는 것이 가지급금을 줄이는 첫걸음이다.

또한 소규모 법인의 경우 업무무관가지급금이 필연적으로 발생하게 되는데, 이를 메우는 방법은 결국 대표이사가 본인 돈을 회사에 내는 방법밖에 없다. 따라서 무보수로 하는 것보다 일정 급여를 잡아놓은 후 해당 급여로 가지급금을 메우는 방법도 생각해 볼 필요가 있다.

가족회사 업무매뉴얼

동일세대원 가족을 직원으로 채용할 경우는 최저임금 적용 대상에서 제외가 되며, 고용보험이나 산재보험도 원칙은 가입하지 않아도 된다. 즉, 건강보험과 국민연금만 가입하면 된다.

결론적으로 사용자(법인 대표, 개인사업자)의 친족은 근로자인지와 무관하게 국민연금과 건강보험만 사업장 가입 대상자이다.

반면, 고용보험에 가입하고자 하는 경우 근로자성 여부(해당 사업장에 근로하고 있는 사용자의 친족이 근로기준법상 근로자에 해당하는지)에 따라 고용보험, 산재보험 적용대상자 여부가 결정된다. 여기서 친족은 민법상 친족을 말하며, 동거 여부 및 친족 여부는 주민등록표나 가족관계증명서 등의 증빙서류를 통해 판단한다.

공단에서는 가족을 직원으로 채용하고 종업원 인건비 신고가 제대로 되지 않을 경우는 그 가족 직원을 비 채용한 것으로 간주하여 직장 가입에서 지역가입자로 전환 시켜 정산해서 고지를 하게 된다. 따라서 가족 직원을 고용하더라도 모든 세무 업무를 정확하게 이행하고 급여를 지급할 경우 현금이 아닌 계좌이체로 지급해야 한다.

만약 인건비 신고를 하지 않는다면 일을 한 가족들의 소득이 증명되지 않을 수 있다. 또한 무소득자가 되어 차후 금융기관과의 대출 거래 등에서 불이익을 받을 수도 있고 경력 증명에도 영향을 미친다.

가족회사의 상시근로자 수 계산

가족회사 직원 1명 상시근로자 수

사업주의 직계가족과 배우자는 원칙적으로 근로자에 해당하지 않기 때문에 가족끼리만 일하는 경우는 상시근로자 수 산정 의미가 없지만, 직계가족과 배우자가 아닌 직원이 1명이라도 있는 경우에는 직계가족과 배우자도 포함하여 상시근로자 수를 산정해야 한다. 즉, 동거 가족 4명과 일반 근로자 1명인 사업장은 동거 가족 4명까지도 상시근로자 수에 포함되므로 상시근로자 5인인 사업장에 해당한다.

예를 들어 사업주 외에 자녀 2인과 배우자 그리고 가족이 아닌 직원이 2인이 있는 경우에는 상시근로자 수가 5인이 되어 근로기준법 전면 적용사업장이 된다. 따라서 연차휴가 및 시간외근로수당, 법정공휴일을 부여해야 하므로 인건비가 상승하게 된다.

참고로 단순히 고용보험 가입자 수로 상시근로자 수를 계산하면 앞 예에서 가입자는 직원 2명밖에 없으므로 상시근로자 수는 2명으로 보이지만 근로기준법상 상시근로자 수는 고용보험 가입자 수와 관계없이 직원이 1명이라도 있는 경우 직계가족과 배우자도 상시근로자 수에 포함하므로 5인이 된다.

🗁 상시근로자에 대표의 가족도 포함이 되나요?

근로기준법은 동거하는 친족만을 사용하는 사업 또는 사업장에는 적용하지 않는다(근기법 제11조 단서).

'동거'란 세대를 같이 하면서 생활을 공동으로 하는 것을 의미하며, '친족'이란 민법 제767조에서 규정하는 친족 즉, 8촌 이내의 혈족, 4촌 이내의 인척과 배우자를 말한다.

따라서 동거의 친족 이외의 근로자가 1명이라도 있으면, '동거의 친족만을 사용하는 사업장'이 아니므로 근로기준법이 적용된다.

예를 들어 대표이사의 친족 외 근로자가 1명 이상이 있는 사업장은 근로기준법이 적용되며, 배우자나 자식 등 친족들이 법인 대표의 지휘/명령하에 임금을 목적으로 근로를 제공하는 경우라면 근로자에 해당하므로 동거의 친족을 포함하여 5인 이상인지를 판단해야 한다.

📝 4대 보험 업무처리

⊙ 국민연금과 건강보험은 가족 여부와 무관하게 반드시 가입한다.

⊙ 고용·산재보험은 사장님과의 동거 여부가 기준이 된다. 배우자는 동거 여부와 무관하게 가입 대상이 아니다.

📂 사업주와 동거하고 있는 친족의 경우

사업주와 동거하고 있는 친족의 경우에는 임금 및 고용상태의 파악이 어렵고, 사회통념상 사업주와 생계를 같이하는 것으로 근로자가 아니므로 고용·산재보험을 적용하지 않는다.

📂 사업주와 동거하지 않는 친족의 경우

사업주와 동거하지 않는 친족은 일반적인 근로자 판단기준에 따라 판단한다. 다만, 동거하지 않는 친족은 일반적으로 근로자로 인정하여 고용·산재보험을 적용한다.
고용센터에서 친족의 경우 근로자성을 판단하는 기준이다. 단, 예외가 있으나 일반적인 적용기준이다.

구 분	동거 여부	고용·산재보험 적용
배우자	무관	비적용
배우자 외 (형제·자매, 자녀 등)	동거	비적용
	비동거	적용

📂 근로관계 확인 자료(입증자료) 예시

① 근로관계 : 근로계약서, 인사기록카드 등

② 급여내역 : 급여대장, 근로소득 원천징수영수증, 급여 계좌이체 내역

③ 근로실태 : 출근부, 휴가원, 출장부 등 복무·인사 규정 적용자료, 출퇴근 교통카

드 이력 등 복무상황에 대한 자료, 업무분장표, 업무일지, 업무보고 내역 등 담당업무 관련 자료 등

④ 기타 : 타 사회보험 가입내역(보험료 납부내역), 조직도, 근로자명부 등

동거친족 본인이 근로자성 여부에 대해 이의가 있을 경우는 '피보험자격확인청구' 절차를 통해 근로자성을 판단한다.

📂 근로내역확인신고

친족이 일용직이고 근로자성이 인정되면 익월 15일까지 근로내역확인신고를 해야 한다. 하지만 근로자성이 인정되지 않으면 근로내역확인신고를 할 필요가 없다.

📂 대표이사 및 친족의 보수총액 신고

대표이사, 비상임이사, 대표자 동거친족의 보수는 모두 제외하며, 고용보험 적용 제외 대상인 65세 이상인 자, 1월 60시간 미만인 자의 보수는 고용보험은 제외하되 산재보험은 합산하도록 한다. 그 외 해외 법인파견근로자 등 산재보험 적용 제외 근로자의 보수는 산재보험에서 제외시킨다.

📝 세무 업무처리

배우자가 가족이 사장의 회사에서 근무하고 급여를 지급하는 경우 해당 배우자 또는 가족도 일반근로자(가족이 아닌 종업원)와 동일하게 급여에 대한 원천징수 후 신고 및 납부를 하면 된다. 또한, 사장 입장에서는 가족 급여라도 해당 급여가 나중에 종합소득세(법인세) 신고 및 납부 시 필요경비로 인정되어서 세금을 줄여주는 역할을 한다. 다만, 주의해야 할 사항은 배우자나 가족이라고 해서 동일한 직급이나 업무를 하는 다른 직원과 차별적으로 급여를 주어서는 안 된다. 즉, 동일한 업무를 하는 경우 가족이라고 더 주는 것이 아니라 제3자인 종업원에게 주는 급여와 같아야 한다는 점이다.

결과적으로 가족이라도 남에게 급여를 지급하는 것과 같이 지급해야 한다는 의미다.

가족 인건비를 계상하면 사장인 가족은 비용이 늘어 실질적인 과세소득이 줄어들고, 해당 비용으로 사용한 만큼 수익이 분산되기 때문에 세금이 절약된다.

많은 사업주가 가족 인건비를 비용 처리하여 세금을 줄여보려고 시도를 해보다가 4 대 보험 납부액 발생과 장부기장의 번거로움 때문에 포기하는 경우가 많다.

이러한 번거로움과 비용 때문에 실제 근무하는 가족에게 지급하는 인건비에 대해서 경비처리를 하지 않는다면, 종합소득세 신고 시 세금을 줄일 수 있는 가장 명백한 사업상 비용인 인건비를 포기하는 것이다.

특히 배우자가 사업장에 나와서 일을 하고 매달 사업주에게 생활비를 받는 경우가 많은데, 많은 사업주들이 이것을 인건비로 미처 생각하지 못한다. 물론 반대로 일하지도 않는 가족에 대한 인건비를 계상해 탈세하는 예도 있는데, 이는 세무조사 시 중점 검증 대상이다.

실제로 배우자가 사업장에서 일하는 경우 장부에 기장하여 인건비로 비용 처리해 세금을 조금이라도 줄이기를 바란다.

물론, 개인사업자가 혼자서 매달 급여 신고와 4대 보험 처리, 장부기장, 각종 서류까지 챙기는 일을 하는 것이 어려운 일임을 알지만, 본인이 챙기지 않으면 세금은 줄어들지 않는다.

사업자의 부양가족이나 배우자가 해당 사업 관련 일에 종사하고 급여를 지급하는 경우 종업원으로 인정해주며, 필요경비산입(비용으로 인정)이 되어 절세에 도움을 받을 수 있다.

하지만 정상적으로 고용되어 관련 업무를 하고 있다는 증명으로, 근로소득에 대한 세금을 원천징수 해야 하고, 4대 보험료를 납부해야 한다. 즉, 정상적인 다른 종업원들과 똑같은 처리를 해주어야 한다.

급여 수준에 정당성이 있어야 한다.

최소한 너무 적은 급여를 주거나 비용을 많이 올리려는 목적의 과도한 급여는 문제가 될 수 있다. 즉 같은 일을 하는 다른 직원보다 많은 급여를 주는 경우 문제가 발생할 수 있다.

⊙ 인건비 신고 내역과 일치하는지 확인할 수 있도록 근로자 명의 통장에 계좌이체 해서 지급한다.

⊙ 인건비 신고는 제대로 했어도 실제로 근로하지 않는 사람에게 급여를 지급한다면, 세금을 줄이기 위해 가짜 경비를 반영하는 탈세 행위에 해당한다.

⊙ 근로계약서, 근무일지, 근로소득원천징수영수증, 급여 계좌이체 내역, 4대 보험 가입 내역 및 보험료 납부내역 등 가족의 실제 근무 사실을 입증할 수 있는 서류 구비

⊙ 가족이 아닌 다른 직원과 동일하게 원천세와 지급명세서를 기한에 맞춰 제출한다.

⊙ 가족 월급도 타 직원들과 기준을 맞추어 지급한다.

⊙ 세금을 덜 내기 위해 '유령직원'을 등록하면 세금 폭탄을 맞게 된다.

증빙 업무처리

배우자나 가족 직원도 일반적인 근로자처럼 기록을 보관해야 한다. 따라서 인건비 지출 증빙은 근로소득원천징수부와 연말정산 한 근로소득원천징수영수증, 4대 보험 납입영수증, 실지 급여를 지급받은 통장 등을 보관 및 관리해야 한다. 이를 통해 실질적인 근무 사실과 급여 수령 사실이 확인되어야 한다.

특히 가족을 세금을 줄이는 목적으로 활용해 실제로 근무도 안 하면서 급여를 준다는 의심을 국세청은 기본적으로 갖고 있으므로 실무상으로도 근무일지를 작성하고 사인을 받아두는 것이 추후에 문제 발생 시 대처할 수 있다.

세무조사 시에도 조사관에 따라 판단기준이 달라지기 마련인데, 같은 업무를 가족이 아닌 다른 직원들이 했을 때 납득할 만한 급여인가를 생각해 급여를 지급한 후 추후 소명이 필요할 수 있으므로, 아래와 같은 자료들을 준비해 두면 좋다.

⊙ 급여이체내역(그 외 통장 사본)

⊙ 근무일지

⊙ 근로소득 원천징수부

⊙ 연말정산 근로소득원천징수영수증

⊙ 4대 보험 납부영수증

일반적으로 다른 월급 나가는 직원들과 똑같은 서류가 있으면 되지만 가족의 경우 실제 근무를 안 하면서 급여를 받아 가는 것으로 의심받을 가능성이 크므로 근무일지 등을 확실히 작성해 둔다.

📝 업무용 승용차 관련 비용 업무처리

다음의 특정 법인은 업무용 승용차 관련 비용 규정을 적용할 때 다음의 특례를 적용한다.

📂 특례 적용 내용

- 업무용승용차 관련 비용 규정을 적용할 때 1,500만 원을 각각 500만 원으로 한다.
- 감가상각비 한도 초과액 규정을 적용할 때 800만 원을 각각 400만 원으로 한다.
- 처분손실에 대한 한도액 적용 시 800만 원을 각각 400만 원으로 한다.

📂 특정 법인

특정 법인이란 다음의 요건을 모두 갖춘 내국법인을 말한다.

❶ 해당 사업연도 종료일 현재 내국법인의 지배주주 등이 보유한 주식 등의 합계가 해당 내국법인의 발행주식총수 또는 출자총액의 50%를 초과할 것

❷ 해당 사업연도에 부동산임대업을 주된 사업으로 하거나 다음의 금액 합계가 기업회계기준에 따라 계산된 매출액(가~다의 금액이 포함되지 않은 경우는 이를 포함하여 계산함)의 50% 이상일 것.

내국법인이 2 이상의 서로 다른 사업을 영위하는 경우는 사업별 사업수입금액이 큰 사업을 주된 사업으로 본다.

가. 부동산 또는 부동산상 권리의 대여로 인해서 발생하는 수입 금액(임대보증금 등의 간주익금을 포함함)

나. 소득세법에 따른 이자소득의 금액

다. 소득세법에 따른 배당소득의 금액

📝 가족회사 자녀 배우자의 육아휴직

가족관계에 있는 자는 사용종속관계가 부정되므로 근로기준법상 근로자로 인정되지

않아 고용보험에 가입할 수 없으며, 따라서 육아휴직급여 및 구직급여 수급자격도 인정될 수 없다.

다만, 해당 회사의 직원과 동일하게 출·퇴근 시간을 적용받고, 사용자의 지휘·감독을 받는 등 사용종속관계하에서 임금을 목적으로 근로를 제공하는 자라면 근로기준법상 근로자에 해당하여 고용보험에 소급하여 가입할 수 있으며, 육아휴직 급여 및 구직급여 수급 자격요건을 충족한 경우 이를 지급받을 수 있다. 일단, 근로기준법상 근로자성을 인정받아 고용보험에 가입해야 할 것이다.

고용보험을 우선 가입하고, 가입이 처리된 후 피보험단위기간이 충족된 상태에서 육아휴직급여 또는 실업급여 등을 신청한다.

신청이 접수되면 근로복지공단이 '동거친족 근로자성 판단'을 하고, 그 결과에 따라 고용센터가 육아휴직 급여 또는 실업급여 지급을 결정한다.

근로복지공단은 근로계약서, 급여대장, 회사 내 규정, 업무분장표 등을 통해 동거친족이 실제로 종속적인 관계에서 근로를 제공하고 있는지를 판단한다.

업무용 승용차를 회계상으로는 정률법 상각을 한 경우 세무조정

법인세법시행령 제50조의2 제3항에 의거 법인 업무용 승용차의 감가상각방법은 정액법(내용연수 5년)으로 법정화되어있는 것으로 회사가 해당 차량에 대한 감가상각방법을 회계상 정률법으로 진행하고 있다고 하더라도 법인세 신고 시에는 정액법에 따라 감가상각비를 반영해야 할 것으로 판단된다. 만약, 법인에서 정률법에 따라 감가상각비를 계상했다면 신고조정을 통해 법인세 신고 시 반영하면 된다(강제 신고조정사항). 단 트럭, 경차 등 흔히 부가가치세 매입세액공제가 가능한 차량은 업무용 승용차 특례규정을 적용받는 차량이 아니므로 5년 정액법 강제상각 규정을 적용하지 않는다.

한마디로 업무용 승용차 감가상각비 5년 정액법 강제상각 규정은 2016년 1월 1일 이후 법인이 개별소비세가 과세 되는 승용자동차를 취득하여 업무용 승용차로 사용하는 경우에 적용되는 것이므로 개별소비세가 과세되지 아니하는 경형 승용차, 승합차, 화물차에 대해서는 5년 정액법 강제상각 규정을 적용하지 않고, 정률법으로 상각하더라도 무방하다.

예를 들어 업무용 승용차를 정률법 4년으로 계산하여 80만 원을 장부에 반영한(정액법 5년으로 감가상각비를 계산 시 64만 원) 경우 업무용 승용차에 대하여는 정액법과 5년의 내용연수를 적용하여 손금 산입하는 것이므로 16만 원은 손금불산입 유보처분한다.

참고로 개인사업자 중 업무용 승용차에 대해 간편장부대상자의 경우 정률법으로 상각이 가능한 것이나, 복식부기 의무자가 되는 경우 업무용 승용차 규정에 따라 5년, 정액법으로 상각해야 한다.

3.3% 근로자 업무매뉴얼

단순히 4대 보험 부담금 때문에 근로소득자가 아닌 3.3% 프리랜서 계약을 체결하는 사업주들이 많다.

그러나 직원으로 등록을 안 하고 프리랜서로 고용하는 경우 과연 사업주에게 이득이 되는지 살펴보고자 한다.

3.3% 근로자의 세금 처리

3.3%를 원천징수 하는 근로자는 세법에서는 근로자가 아니라 프리랜서이다.

프리랜서는 어디에도 소속되어 있지 않은 사업자등록증이 없는 개인사업자라고 볼 수 있다.

고용관계가 없고 자기 자신의 판단으로 독자적으로 일을 하는 사람을 칭한다.

실질적으로는 사용자의 지휘 · 감독을 받는 근로소득자인데, 3.3% 프리랜서로 소득신고를 하는 회사가 많을 것이다.

간단히 설명하면 4대 보험을 절약하기 위해 회사가 직원으로 등록하지 않고, 인건비로 비용은 인정받기 위해 사업소득세로 신고하게 된다. 이때 지급하는 금액의 3.3%를 원천징수하게 되는데, 이는 프리랜서 사업소득자로 신고하는 것이다.

예를 들어 근로계약은 정식직원으로 급여 200만 원을 지급하기로 하고, 4대 보험은 미가입하며 매달 10일 세금 신고 시에는 3.3%를 뗀 1,934,000원(3%인 60,000원은 사업소득세, 0.3%인 6,000원은 지방소득세)을 프리랜서 사업소득세로 신고한다.

☞ 3.3% 직원에게 제공하는 비과세나 복리후생비 처리

3.3% 직원과 회사의 관계는 사업주와 종업원의 관계인 고용관계가 아니라 사업자와 사업자의 관계인 거래처 관계이다. 따라서 일반근로자에게 적용되는 비과세나 복리후생비 규정이 적용되지 않는다. 회사는 용역의 대가나 기업업무추진비(= 접대비) 처리를 해야 한다.

결론적으로 3.3% 직원은 회사에서 제공하는 식대나 자가운전보조비 및 육아수당 등도 비과세 처리되지 않아 납부해야 할 세금이 순수 근로자일 때보다 증가할 수도 있다.

☞ 프리랜서에게 제공하는 기숙사 임차료

직원의 기숙사 임차료를 회사가 부담하는 경우 세금계산서 등 증빙을 받아서 경비처리하면 된다(수도료, 전기료, 가스료 등 개인적 지출액은 제외).

사업소득으로 원천징수하고 있는 프리랜서(3.3% 계약 근로자 포함)에 대하여 당초 용역계약을 체결하면서 계약조건에 해당 프리랜서에게 기숙사를 제공하고 월세를 해당 사업자가 직접 부담하는 경우는 해당 사업자의 기업업무추진비에 해당한다.

따라서 한도 이내의 금액에 대하여 필요경비로 산입하는 것이다.

☞ 3.3% 프리랜서 직원의 식사비용 처리 방법

구 분	업무처리
종합소득세	개인사업자는 자신의 식대는 필요경비 대상이 아니며, 프리랜서들과 계약 시 식사를 제공하기로 약정하였다면 식대는 인적용역의 대가에 포함(비과세 아님)하여 원천징수하고, 인적용역의 대가로 지출한 금액은 사업상 필요경비로 산입할 수 있다. 반면, 계약 시 식사 제공을 약정하지 않은 경우 식대는 기업업무추진비(= 접대비)로 보아 한도 내에서 필요경비에 산입하면 된다.
부가가치세	다른 사업자 또는 프리랜서에게 식사를 제공한 경우 또는 기업업무추진비(= 접대비)로 지출하는 경우 부가가치세 매입세액은 공제 대상에서 제외한다. 다만, 다른 사업자들과의 계약 등에 의하여 용역을 제공받고 대가를 지출할 때 식사를 포함하여 제공하기로 한 경우에는 사업과 직접 관련하여 지출한 비용으로 보아 매입세액을 공제받을 수 있다.

🗂 3.3% 근로자의 연말정산

3.3% 프리랜서 계약 근로자는 사업소득자에 해당하므로 연말정산 대상자가 아니다. 따라서 별도로 5월에 종합소득세 신고·납부를 해야 하는 불편함이 있다.

구 분	개인 주민등록번호로 거래하는 경우
거래 방법	• 사업자등록은 하지 않고, 주민등록번호에 의해 개인 실적 금액의 3.3%가 원천징수 됨 • 순수 직원의 비과세 규정이 적용되지 않음 • 상당수의 근로자 및 사업주가 4대 보험 때문에 취하는 형태
부가가치세	• 3.3% 원천징수(부가가치세 신고 안 함)
기장의무 및 종합소득세	• 소득에 대해 종합소득세 신고·납부
세금 계산 방식	• 총매출 − 총비용 = 과세표준 × 다단계누진세율 − 3% 원천세 공제 • 비용 관리를 안 해 종합소득세 신고·납부 시 납부세액이 높을 가능성이 큼
적격증빙 입증	• 각종 세금계산서 등 법정지출증빙(매출의 10% 부가가치세가 없으므로, 매입 세금계산서의 10% 세액공제가 적용되지 않음)과 사업매출의 대응 경비로 재무제표 작성(손익계산서 등)

🗂 프리랜서 직원 개인카드 사용분

세법에서는 기업업무추진비(= 접대비)를 제외한 업무 관련 지출에 대해 임직원 개인 카드 사용을 인정해주고 있다. 단, 타인명의 카드는 인정을 안 해준다. 형식상 직원인 프리랜서는 타인 취급을 받아 개인카드 사용 시 비용인정을 못 받을 수 있으니 개인 카드 사용을 자제해야 한다.

또한, 현물 식사를 제공하는 회사의 경우 해당 식사비용이 복리후생비가 아닌 기업업무추진비(= 접대비)가 되어야 한다. 전 직원이 프리랜서였으면 1인 회사가 되는 것이며, 복리후생비 처리를 하는 경우 직원이 없는데 복리후생비가 발생한 것이므로 문제가 될 수 있다.

4대 보험 폭탄주의(사업주 폭탄)

4대 보험 부담 때문에 사업주와 근로자 모두 4대 보험 가입을 꺼리는 경우가 많다. 평상시에는 미가입문제가 잘 적발되지 않고 적발되는 경우도 많지 않지만, 문제가 되는 시점은 퇴사 시점에 근로자가 실업급여를 받고 싶거나 사업주와 문제가 있어 노동청에 진정하는 경우 4대 보험이 적발되게 된다.

적발되는 경우 3년 치가 소급 적용되어 사업주부담 분뿐만 아니라 근로자 부담분까지 3년 치를 내야 한다.

그리고 3년 치 부담분은 우선 사업주가 전액 부담해야 한다. 왜냐하면, 사업주가 4대 보험 원천징수 의무자인데, 원천징수를 안 한 책임이 있기 때문이다.

회사는 먼저 부담한 근로자 부담분을 근로자에게 청구할 수 있지만, 퇴사 후 연락이 안 돼 못 받는 경우가 많다. 결국 아끼려던 4대 보험 대신 3년 치 근로자 부담분까지 회사가 대납하는 손해를 본다.

또한 각종 정부에서 지원하는 금액을 받으려면 4대 보험 가입이 필요하므로 꼭 가입하는 것이 결국은 사업주에게 유리할 수 있다.

참고로 4대 보험 신고 시 보험료를 적게 내기 위해 급여를 낮추어 신고하는 경우도 있는데, 이것은 나중에 세금 문제와 관련해 비용을 적게 인정받게 되어 세금을 더 납부해야 하는 문제점이 발생한다.

세금 폭탄주의(근로자 폭탄)

근로자 중에는 모집공고를 보고 입사했는데, 3.3%의 의미를 모른 채 3.3%로 계약했다는 사람이 의외로 많다.

3.3%의 의미는 근로소득자가 아닌 사업소득자로 계약한 것이다. 우선 사업소득자로 계약을 하면 지금 당장은 4대 보험 공제 부분이 없어서 급여가 많아 보이지만 다음과 같은 문제를 발생시킬 수 있다.

◎ 다른 가족의 피보험자로 등록할 수 없는 경우 지역 건강보험료 부담분이 발생한다.

⊙ 국민연금 납부는 지역에서 납부를 해야 한다.

⊙ 회사를 그만둘 때 근로자도 아니고 고용보험 납부액도 없어 실업급여를 타지 못한다.

⊙ 회사에서 소속 근로자가 아니므로 연말정산 대상이 되지 않는다.

⊙ 다음 해 5월 종합소득세 신고 시 세금 폭탄을 맞을 수 있다.

📝 3.3% 사업소득자로 계약하는 경우

첫째, 회사 직원이 아니므로 고용보험 공제를 안 해, 급여를 많이 받을 수는 있지만, 이는 곧 퇴사 시 실업급여를 받을 수 없다는 결론이 나온다.

둘째, 세법상 근로소득자가 아니라 사업소득자이므로 회사의 연말정산 대상자에 포함되지 않으며, 다음 해 5월에 종합소득세 신고 및 납부를 해야 한다. 이때 문제가 발생한다.

왜냐하면, 사업소득자의 종합소득세 신고 방법은 기장에 의한 신고와 추계에 의한 신고가 있다.

기장의 의한 신고는 본인이 작성한 장부에 따라 신고하는 방법이고, 추계에 의한 신고는 기장한 장부가 없는 경우 소득을 추정해서 신고하는 방법이다.

그런데 대다수 3.3% 계약자는 장부를 기장하지 않아, 추계에 의해 신고를 하게 되며, 추계신고 시 프리랜서로 취급되어 소득 대비 높은 세금을 내게 된다.

월 100만 원을 기준으로 근로소득세, 사업소득세, 기타소득세로 신고했을 경우

1. 근로소득세 : 0원

2. 사업소득세 3.3% 기준 : 33,000원

3. 기타소득세 8.8% 기준 : 88,000원

건강보험료 본인부담금 : 3.545%

장기요양보험료 : 건강보험료의 12.95%

국민연금 : 4.5%

고용보험 : 0.9%

총 9.4%

총 9.4% 중 국민연금은 나중에 결국 돌려받는 돈이므로 9.4% - 4.5% = 4.9%가 순수 내는 돈이다.

위에서 보는 바와 같이 4대 보험을 회피하기 위해, 사업주가 가입을 안 해주던 근로자가 가입을 싫어하든, 그 절감액을 살펴보면 다음과 같다.

구 분	근로자 입장에서 4대 보험 적용 시와 근로소득이 아닌 타 소득으로 신고함으로써 얻을 수 있는 이익		
근로소득으로 신고하는 경우	4.9% - 0% = 4.9%		49,000원
사업소득으로 신고하는 경우	4.9% - 3.3% = 1.6%	16,000원	16,000원 이익
기타소득으로 신고하는 경우	4.9% - 8.8% = △3.9%	△39,000원	39,000원 손해

흔히 사업소득 3.3% 신고를 하면 문제가 될 것 같아서 아이디어를 내 기타소득으로 신고하는 방법이 있다고는 하나 이는 4대 보험 무서워 피하려다 오히려 동료인 직원의 부담을 더 증가시키는 업무처리가 된다. 즉 4대 보험에 가입하면 실질적인 부담률은 4.9%이지만, 8.8%를 4대 보험 대신 세금으로 납부해야 하는 일이 생긴다.

물론 사업주 입장에서 사업주 부담분을 덜기 위해 기타소득으로 신고하는 경우는 직원이 손해를 봐도 어쩔 수 없는 일이다.

구 분	불이익
회 사	① 추징된 4대 보험료의 납부 의무자는 회사이다. 공단에서는 지속적으로 회사에 납부 독촉을 하게 된다. ② 지연 신고에 대한 과태료가 부과된다. ③ 4대 보험료가 완납되기 전까지 고용노동부 지원금을 지급받을 수 없다.
근로자	근로자 부담분에 대해서는 근로자가 부담하는 것이 원칙이므로 상당한 부담으로 다가온다. 직원의 임금은 법령 및 단체협약에서 정하는 사항(4대 보험료 및 소득세 등)을 제외하고 직원에게 전액 지급되어야 하지만(근로기준법 제43조, 전액불원칙), 노동부 행정해석에 따르면 몇 년 치의 근로자 부담분 보험료를 급여에서 공제하고 지급하는 것은 전액불원칙에 위반되어 불가능하다는 입장이다(임금정책과-3847, 2004.10.07). 따라서 직원이 회사가 원하는 근로계약을 하고 회사방침에 따른 것이라고 못 주겠다고 하면 민사소송을 통해 해당 금액을 지급받는 방법밖에는 없다.

퇴직금을 지급하는 경우 세금 신고

3.3% 프리랜서 사업소득자는 근로자가 아니기 때문에 퇴직금을 지급받을 수 없는 것이 원칙이다.

그러나 앞서 설명한 바와 같이 퇴직 시 노사 간 퇴직금 문제가 발생한다. 또한 비자발적 퇴직 시 실업급여 수급 문제도 발생할 수 있다.

퇴직금을 지급받을 수 있는 정상적인 일반 근로자에게 퇴직금을 지급하는 경우는 퇴직소득세를 공제하고 퇴직금을 지급하는 것이 일반적이지만 3.3% 사업소득자는 형식적으로 퇴직금을 받을 수 없는 근로계약으로 사업주가 예외적으로 근로자성을 인정하여 퇴직금을 지급하는 상황이기 때문에 퇴직금에 대해서 퇴직소득세로 신고하지 않고 3.3% 사업소득세를 공제하고 지급하는 것이 일반적이다. 즉 퇴직직전 3개월 사업소득 지급액을 퇴직금 계산시 평균임금으로 간주해 퇴직금 계산 후 지급하고 지급액의 3.3%를 원천징수 한 후 사업소득세로 신고하는 방법을 말한다.

세전 퇴직금을 근로기준법 및 근로자퇴직급여보장법에 따라 지급하는 이상 노동법상 임금체불에 해당하지는 않는다.

구 분	처리 방법
노동법 문제	퇴직 직전 받은 3개월분 사업소득을 일반 근로소득자의 급여와 같이 간주해 퇴직금을 계산한 후 지급한다.
세금 원천징수	퇴직금으로 지급하는 금액을 사업소득으로 봐 3.3%를 원천징수 한 후 사업소득세로 신고한다.

제13장

포괄 임금
업무매뉴얼

포괄 임금으로 인정되기 위한 요건

포괄임금제는 법에서 정한 것이 아니다. 임금 지급방식일 뿐이다.

- 초과근무수당(연장수당, 야간수당, 휴일수당)을 실제 일한 시간만큼 별도로 계산하는 것이 아니라 정액으로 일정한 금액으로 지급하는 방식이다.
- 근무 형태나 업무 성질에 따라 초과근무 시간을 계산하기 어려운 업무에 대해서만 예외적으로 인정한다.

다음의 3가지 요건을 만족해야 포괄 임금이 유효하다.

❶ 근로시간의 산정이 곤란한 경우처럼 근무 형태의 특성이 인정되고,

❷ 포괄 임금 지급에 관한 약정이나 명시적 합의가 있어야 하며,

❸ 근로기준법, 최저임금법 등을 위반하지 않는 등 노동자에게 불리하지 않을 경우

포괄임금제가
무효가 되는 경우

노동시간 산정이 어렵지 않은 경우, 노사 간 포괄임금제 적용에 대한 명시적 합의가 있더라도 무효로 한다.

: 일반 사무직 노동자는 관리자의 지배범위 내에서 근로를 제공하고, 출퇴근·휴게시간이 명확히 정해져 있으므로 노동시간 산정이 어려운 경우로 볼 수 없다.

노사 간 단체협약이나 취업규칙에 포괄임금제를 적용한다고 규정돼있다 하더라도, 이에 우선하는 근로계약서를 통해 노동자의 사전합의를 반드시 구해야 한다.

포괄 임금에는 ❶ 정액에 포함된 초과 근무시간 그 이상의 초과근무수당 ❷ 노동절 근무수당, 연차수당, 퇴직금은 포함되면 안 된다.

포괄 임금 계약서의 작성 방법

근로시간 수에 따른 적법한 포괄임금제를 하더라도 연장근로에 대해서만 포괄임금을 설정해 놓았다면 22시~06시까지의 야간근로 및 휴일근로에 대해서는 포괄임금이 설정되어 있다고 볼 수 없다.

따라서 별도의 야간근로수당 및 휴일근로수당을 지급해야 한다.

실제 근로시간 수에 따른 포괄임금을 설계할 때에도 연장근로 ○○ 시간분과 야간근로 ○○, 휴일근로 ○○ 시간 분이 포함되도록 구분하여 설정한다. 즉 가급적 연장근로 외에 야간근로와 휴일근로를 구분하여 사용하는 것이 바람직하다.

포괄임금 근로계약서

사용자 ○○식당(이하 "갑"이라 한다)와 근로자 ○○○(이하 "을"이라 한다)는 다음과 같이 포괄임금 근로계약을 체결한다.

제1조【근무장소 및 담당업무】

1. 근무장소 :

2. 담당업무 :

제2조【주요 근로조건】

1. 근무시간 : ○시 ○분 ～ ○시 ○분

2. 휴게시간 : ○시 ○분 ～ ○시 ○분

3. 휴 일 : 휴일은 매월 ○회(휴무일자는 협의하에 별도로 정한다.)

4. 휴 가 : 휴가는 근로기준법에서 정한 제규정에 의한다.

제3조【수급기간 및 근로계약기간】

1. 근로계약기간 : 20 년 월 일 ~ 20 년 월 일

2. 계약체결일로부터 최초 ○개월 간은 근무적합성 등을 판단하기 위한 수급기간으로 한다.

3. 수습기간 만료 시 "갑"과 "을"은 자유롭게 계약해지를 통보할 수 있다.

4. 수습기간 종료 후 당사자 간의 명시적인 이견이 없는 경우에는 별도의 계약체결이 없더라도 최초 계약체결일로부터 ○년간의 근로계약을 체결한 것으로 간주한다.

제4조【급 여】

1. 월급 ○○○원(일급 ○○○원, 시급 ○○○원)

2. 본 급여에서 직무특성 상 제3항에서 정한 근로조건에 의거 필연적으로 발생되는 연장근무, 야간근무, 휴일근무 등 초과근로에 대한 법정 제수당이 모두 포함되어 책정된 임금임을 확인하며, 포괄임금에 대한 임금 및 근로시간의 구성항목은 다음과 같다.

구분	기본급	연장수당	야간수당	휴일수당	기타수당	합계
월급여(천원)						
근무시간	시간	시간	시간	시간	시간	시간

3. 급여는 매월 1일부터 말일까지 계산하여 매월 ○일에 현금 또는 지정계좌로 지급한다.

4. 본 계약 이후 급여는 "을"의 업무능력 및 근무의 성실성 등을 고려하여 조정한다.

제5조【휴일 및 야간근로의 동의】

사업장의 영업특성 상 휴일 및 야간근무가 이루어질 수 있음을 인지하고 이에 동의하며, 본 계약으로 동의서에 갈음한다.

제6조【퇴직 절차】

"을"은 개인 사유로 퇴직할 경우 적어도 ○일 전에 통보하고 후임자에 대한 인수인계 및 물품반납 등 퇴직절차를 완료하여야 하고, 이를 태만히 하여 "갑"에게 손해를 입힌 경우는 그 손해를 배상하여야 한다.

제7조【근로계약 해지사유 및 절차】

1. "을"에게 다음의 사유가 있을 경우는 근로관계를 해지할 수 있다.

1) 잦은 결근, 지각, 조퇴 등 근태불량으로 월 ○회 이상 지적을 받은 경우

2) 고객으로부터 친절, 음식 맛, 청결 등의 문제로 월 ○회 이상 항의를 받은 경우

3) 업무 외적인 질병 또는 부상 등 일신상의 사유로 월간 ○일 이상 직무수행이 불가능한 경우

4) 기타 사회통념 상 고용관계 유지가 불가능한 귀책 사유를 유발한 경우

단, 연락두절 상태로 ○일 이상 무단결근한 경우는 당연 퇴직으로 간주한다.

2. "갑"은 "을"을 해고할 경우 해고사유와 해고시기를 서면으로 통지하여야 한다.

제8조【기 타】

본 계약서에 명시하지 않은 사항은 노동관계 법령 및 노동관행에 의한다.

이 계약을 증명하기 위하여 계약서를 2부 작성하고, 기명날인 후 "갑"과 "을"이 각각 1부씩 보관한다.

계약일자 : 20 년 월 일

(갑) 주　　소 :

　　상　　호 :

　　대 표 자 :

　　　　　　　　　　○ ○ ○ (인)

　　연 락 처 :

(을) 주　　소 :

　　주민등록번호 :

　　성　　명 :

　　　　　　　　　　○ ○ ○ (인)

　　연 락 처 :

포괄 임금에서 시급 계산 시급으로 포괄 임금 구성

시급을 활용한 주급, 월급 계산

시급을 하루 급여로 바꾸자

내 하루 급여는 최저시급인 10,030원 × 하루 근무시간으로 계산하면 된다.

하루 근무시간은 퇴근시간 - 출근시간 - 휴게시간에 해당하므로 9시에 출근해 18시에 퇴근하고, 점심시간으로 1시간을 쓴다면 근무시간은 18 - 9 - 1 = 8시간이 근무시간이 된다.

그렇다면 매일 8시간 근무하는 노동자의 하루 급여는 10,030원 × 8시간 = 80,240원이 된다.

하루 급여를 1주 급여로 바꾸자

4주 평균해 1주 15시간 이상 근무하면서 1주 소정근로시간을 개근한 근로자에게는 유급으로 주휴수당을 지급해야 한다.

1일 8시간 또는 주 40시간을 근무하는 근로자가 월~금요일 5일 근무하는 경우 하루치의 급여를 더 지급받는 다는 의미이다.

그러므로, 평일 8시간씩 근무하는 경우, 하루 임금에 해당하는 78,880원에 6일을 곱한 473,280원이 주급이 된다.

만약 1주에 15시간 미만으로 일하면 유급 주휴수당이 발생하지 않으므로 일급 × 5일만 계산하면 된다. 알바 등 파트타이머로 일하는 근로자가 이에 해당한다.

📂 1주 급여를 한 달 급여로 바꾸자

마지막으로 1주 급여를 한 달 급여로 바꿀때는 1달이 7일씩 딱 떨어지지 않으므로 평균주수를 사용한다.

평균주수는 1년을 기준으로 생각하면 된다. 1년 = 365일, 1달 = 365/12 = 30.4일, 일주일은 7일이니 30.4일을 7일로 나누면 평균주수는 약 4.345주가 된다.

따라서 최저시급 기준 월급은 10,030원 × 209시간 = 2,096,270원

📂 1달 월급에 매주 토요일 연장근로 8시간과 일요일 휴일근로 4시간을 넣은 월급

5인 이상 사업장은 연장근로나 휴일근로시 통상시급의 1.5배의 임금을 지급해야 한다. 따라서 토요일 8시간 연장근로시 근무시간 = 8시간 × 4.345주 × 1.5배 = 52.14시간

일요일 4시간 휴일근로시 근무시간 = 4시간 × 4.345주 × 1.5배 = 26.07시간

따라서 연장근로와 휴일근로의 근무시간 합 = 78.21시간이다.

시급 10,030원 × 78.21시간 = 784,450원

시간외 근로시간을 반영한 월급 2,096,270원 + 시간외 근로시간 분 월급 784,450원 = 2,880,720원

주 40시간에 최저임금 지급조건으로 고정 연장근로 52.14시간, 고정 휴일근로 26.07시간으로 근로계약을 체결할 경우 포괄임금을 2,880,720원으로 책정하면 된다.

📝 포괄임금으로 시급 계산하기

포괄임금 계약을 한 근로자는 시급을 계산해야 하는 문제가 자주 발생하는데, 이는 시급을 활용한 주급, 월급 계산에서 설명한 순서를 역으로 가면 된다.

📂 포괄임금 책정의 기준이 되는 시간 계산

주 40시간에 고정 연장근로 1주 기준 8시간, 고정 휴일근로 1주 기준 4시간으로 근

로계약을 체결할 근로자가 월급으로 2,880,720원을 받는 경우

월 소정근로시간 209시간

8시간 연장근로 시 근무시간 = 8시간 × 4.345주 × 1.5배 = 52.14시간

4시간 휴일근로 시 근무시간 = 4시간 × 4.345주 × 1.5배 = 26.07시간

월 총근로시간 = 287.21시간

🗁 포괄임금 기준 시급 구하기

월급 2,880,720원 ÷ 287.21시간 = 시급 10,030원

🗁 기본급과 수당으로 나누기

연장근로수당 : 10,030원 × 52.14시간 = 522,970원

휴일근로수당 : 10,030원 × 26.07시간 = 261,490원

기본급 : 2,880,720원 – 522,970원 – 261,490원 = 2,096,260원

이 된다.

📝 포괄 임금에서 통상임금과 시간외수당 환산

① 경비원은 포괄임금제를 적용한다.

② 1일 24시간 격일제 근무자가 1일 실근로시간이 21시간이고, 휴게시간이 3시간[08 : 00~09 : 00(조식), 12 : 00~13 : 00(중식), 18 : 00~19 : 00(석식)]인 경우에 있어서 연·월 통상임금 산정 기준시간 산정 방법

1. 1일 연장근로시간 : 13시간

2. 1일 야간근로시간 : 8시간

3. 주휴일을 1주 내의 특정일로 고정

해설

[통상임금 산정기준 시간]

구 분	시 간	산출 내역		비 고
		연간 총근로시간	산출 내역	
실근로시간	1일 21시간	3,833	21시간 × (365일÷2)	격일근무
주휴시간	1주 8시간	417	8시간 × (365일 ÷ 7)	주휴유급처리
연장근로 가산수당(시간 환산)	1일 13시간	1,186	13시간 × (365일 ÷ 2) × 0.5	격일근무
야간근로 가산수당(시간 환산)	1일 8시간	730	8시간 × (365일 ÷ 2) × 0.5	격일근무
휴일근로 가산수당(시간 환산)	2주당 21시간	273	21시간 × (365일 ÷ 14) × 0.5	2주당 주휴 1일 근무
계		6,440		

월 통상임금 산정 기준시간 = 536시간(6,440 ÷ 12개월)

포괄 임금을 기준으로 시급 계산하기

예를 들어 주 40시간에 연장근로 12시간을 기준으로 월 300만 원의 급여를 지급하는 경우 시급 계산을 하는 순서를 생각해 보기로 한다.

해설

1. 5인 이상의 회사는 연장근로를 하면 1.5배의 임금을 지급해야 한다.

❶ 한 달간의 유급 근로시간을 계산한다.

가. (월~금 40시간 + 일요일 8시간 = 48시간) × 4.345주 = 209시간

나. 12시간 × 4.345주 × 1.5배 = 78시간

다. 가 + 나 = 287시간

4.345주 = (365일 ÷ 12개월(1년)) ÷ 7일(1주)

❷ 월급을 유급 근로시간으로 나눈다.

3,000,000원 ÷ 287시간 = 10,452.96원

2. 5인 미만의 회사는 연장근로를 하면 1배의 임금을 지급해야 한다.

❶ 한 달간의 유급 근로시간을 계산한다.

가. (월~금 40시간 + 일요일 8시간 = 48시간) × 4.345주 = 209시간

나. 12시간 × 4.345주 × 1배 = 52시간

다. 가 + 나 = 261시간

4.345주 = (365일 ÷ 12개월(1년)) ÷ 7일(1주)

❷ 월급을 유급 근로시간으로 나눈다.

3,000,000원 ÷ 261시간 = 11,494.25원

포괄임금제에서 살펴볼 임금문제

📋 연장근로시간에 휴일근로시간과 야간근로시간도 포함되나?

실무에서는 근로시간 수에 따른 포괄임금제를 운영하면서 연장근로에 대하여 고정시간외근로수당을 설정한 후 월급에 포함하여 지급하는 경우가 있다.

그러나 법원과 고용노동부는 연장근로를 휴일근로나 야간근로와 별개로 보고 있음에 주의해야 한다.

법원과 고용노동부는 <시간외근로 = 연장근로>로 보고 있으며 원칙적으로 연장근로에 휴일근로와 야간근로가 포함되어 있다고는 보지 않는다.

법원의 판결	고용노동부 행정해석
휴일근로와 시간외근로가 중복 시 가산임금을 각각 가산하여 산정한다(대법 90다 6545, 991.3.22)	시간외근로란 동법 제49조에서 정한 근로시간, 즉 1일 8시간, 1주 40시간을 초과하는 근로시간을 말하며, 이때 휴일근로시간은 시간외근로에 포함되지 않으며, 야간(22:00~06:00)에 근로하더라도 기준근로시간(근로기준법 제 49조의 근로시간)을 초과하지 않으면 시간외근로에 해당하지 않음(여원 68240-483, 2001.1.16)

📋 포괄임금제 조퇴·결근 시 임금 공제

포괄임금제란 노사 당사자 간 약정으로 연장·야간·휴일근로 등을 미리 정한 후 매월 일정액의 제 수당을 기본임금에 포함해 지급하는 것을 말하는 것으로, 포괄임금제로 지급되는 고정급(각종 수당 포함)이 당해 근로자의 실제 근로시간에 따른 법정 연장·야간·휴일근로수당보다 적을 때는 그 차액을 추가로 지급해야 하는 등 근로자에게 불이익이 없어야 하나(근로조건지도과 -3072, 2008.8.6.),

실제 근로에 따라 제 수당을 공제키로 특별히 정한 경우가 아니라면 연장·휴일근로시간에 대해 「근로기준법」 규정에 따라 계산된 임금 및 수당이 포괄임금제로 지급되는 고정급보다 적다고 해서 이를 공제하는 것은 타당하지 않다(근로개선정책과 -7771, 2013.12.13.).

따라서 연장·휴일근로수당을 포함한 포괄임금제를 실시하면서 실 근로에 따라 연장근로수당 등을 지급한다는 규정이 별도로 없다면 사용자가 포괄임금제 실시 약정에 반해 근로자가 특정일에 조퇴·결근하여 연장근로를 미실시 하거나 과소 실시했다는 이유로 고정급 연장근로수당 등을 삭감 또는 공제하여 지급할 수는 없다고 사료된다. 포괄임금제를 실시하면서 실 근로에 따라 연장근로수당 등을 지급한다는 규정이 별도로 있다면 그냥 전체 임금 합계에서 공제하면 된다.

공제금액란에 계산내역(결근 1일이라면 해당일 + 주휴수당 공제가 가능하다. 지각이나 조퇴라면 해당 시간 × 시급을 공제함.)을 명시하고, 공제하면 된다.

📝 연차휴가 사용에 따른 시간외 근로수당 차감

만일, 월 전체에 대해 예정되어있는 시간외근로(연장, 야간, 휴일근로) 시간이 고정적이어서 시간외근로에 해당하는 가산수당 역시 예정된 시간과 맞추어 시간외 근로수당을 설정해 놓은 것이라면 출근하지 못하고 연차로 대체한 날은 시간외 근로수당을 차감하고 지급해도 무방하다. 사실 이 경우는 포괄임금제가 아니며 시간외 근로수당 사전약정에 해당한다.

그러나 상기와 같은 취지가 아니라 월 전체에 발생하게 될 시간외 근로(연장, 야간, 휴일근로)시간이 측정하기 어렵고 또 월마다 시간이 고정적이지 않아서 평균적으로 예상된 시간을 고려하여 포괄적으로 시간외 근로수당을 설정해둔 것(이 경우를 포괄임금제로 볼 수 있다.)이라면 이 경우에는 연차휴가를 사용했다고 해서 시간외 근로수당을 곧바로 차감시키는 것은 문제가 발생할 수 있다.

구 분	업무처리
고정연장근로시간과 실근로시간과 무관하게 지급하는 경우	근로계약서상에 고정연장근로시간을 명시하였으나 별도 사후적으로 실 연장근로시간과 고정연장근로시간에 대한 정산없이 고정연장근로수당을 지급하는 경우는 연차휴가를 사용하였더라도 해당 일에 대한 고정연장근로수당은 지급해야 한다.
고정연장근로시간과 실근로시간을 정산하여 지급하는 경우	근로계약서 상에 고정연장근로시간을 명시하고 별도 사후적으로 실 연장근로시간과 고정연장근로시간에 대해 정산하기로 약정 후 고정연장근로시간에 미달 또는 고정연장근로를 실시하지 않은 날에 대해 정산을 실시해 온 경우, 연차유급휴가를 사용하였다면 해당 일에 대한 고정연장근로수당은 지급하지 않아도 무방할 것으로 사료된다.

포괄임금제 하에서 육아기 근로시간 단축시 급여계산

고정 시간외 근로수당이 실제 근무한 시간과 관계없이 지급되었다면 해당 수당도 근로시간이 비례하여 지급되어야 한다.

육아기 근로시간 단축제도를 활용하는 직원에 대해서는 남녀고용평등법 제19조의3에 따라 근로시간에 비례하여 줄어들어야 하는 임금만 단축된 시간에 비례하여 삭감할 수 있는 것이 원칙이다. 예를 들어, 주 40시간을 근무할 때 월급총액이 300만 원이었다면, 주 20시간으로 육아기 근로시간 단축을 실시하면, 월급총액은 150만 원이 되어야 하는 것이다.

그런데 월급에 시간외 근로수당을 매월 고정적으로 포함해서 지급하고 있는 경우, 해당 수당도 비례적으로 계산해야 하는지 아니면 육아기 근로시간 단축 시에는 연장근로를 하지 않으니 해당 수당을 아예 지급하지 않아도 되는지 실무적으로 헷갈릴 때가 있는데,

이와 관련하여서는 두 가지 경우로 나누어서 살펴볼 수 있다.

❶ 고정 시간외 근로수당이 실제 시간외근로에 대한 대가로 지급되는 경우와

❷ 실제 시간외근로가 없지만, 관행적으로 고정 시간외 근로수당을 월급에 포함하여 지급하는 경우이다.

고정 시간외 근로수당이 실제 시간외근로에 대한 대가로 지급되는 경우 → 비례 지급 없다.

예를 들어, 병의원과 같이 하루 근무시간이 8시간을 초과할 수밖에 없어 1일 1시간 연장근로에 대한 대가를 월급에 포함하여 고정적으로 지급한 경우라면, 이는 통상임금에 해당한다고 볼 수 없으므로, 단축되는 근로시간에 비례하여 지급하지 않아도 된다. 즉, 육아기 근로시간 단축 적용자 급여 계산 시 해당 수당은 0원으로 해도 무방하다.

실제 시간외근로가 없지만, 관행적으로 시간외 근로수당을 월급에 포함하여 지급한 경우 → 비례해서 지급해야 한다.

고용노동부 행정해석(여성고용정책과-1776, 2018. 4. 27)에 따르면 실제 연장, 휴일, 야간근로 등을 하지 않아도 매월 시간외 근로수당이 고정적으로 지급되었다면, 이 수당 역시 통상임금의 성격이 강하므로 단축된 근로시간에 비례하여 지급되어야 한다고 판단하고 있다. 따라서 실제 근무와 관계없이 관행적으로 매월 지급해 온 시간외 근로수당은 육아기 근로시간 단축 시에도 비례하여 지급되어야 할 것이다.

[참고 고용노동부 행정해석(여성고용정책과-1776, 회시일자 : 2018-04-27)]

〈 질의 〉

기본급 2,585,330원, 연장수당 964,860원, 야근수당 49,480원, 명절급여 1,799,835원을 지급받는 근로자가 주 40시간에서 주 20시간으로 육아기 근로시간 단축하면 사업장에서 지급해야 하는 임금액이 얼마인지

※ 연장수당과 야근수당은 근로자가 연장근로와 야간근로를 하지 않아도 매월 고정적으로 지급됨

〈 회시 〉

육아기 근로시간 단축 근무자에 대해서는 단축된 시간에 비례하여 임금을 삭감할 수 있는데, 근로기준법 시행령 제6조에 의하면 통상임금은 정기적·일률적으로 소정근로 또는 총 근로에 대해 지급하기로 정한 금액이라고 정의하고 있으므로 통상임금은 단축된 시간에 비례하여 삭감하고 그 외의 임금은 삭감할 수 없다고 보아야 할 것임.

• 구체적인 자료가 없어 정확한 답변이 어려우나, 문의하신 내용에 의하면 귀하 소속 사업장의 기본급은 통상임금으로서 단축된 근로시간에 비례하여 삭감하고 지급하는 것이 타당하고, 연장근로와 야간근로를 하지 않아도 연장수당과 야근수당이 매월 고정적으로 지급되었다면 이 수당 역시 통상임금의 성격이 강하므로 단축된 시간에 비례하여 삭감하고 지급해야 할 것으로 판단됨.

• 명절 급여도 근로와 무관하게 특정 시점에 재직 중인 근로자에게만 지급된다면 통상임금으로 볼 수 없으나, 특정 시점에 퇴직하더라도 그 근무일수에 따라 지급되었다면 고정성이 인정되므로 통상임금으로 볼 수 있을 것임.

제14장

폐업 업무매뉴얼

양수도 세무 처리 절차

 양도한 개인사업자의 마무리 세무 처리

⊚ 사업장 폐업 신고 : 즉시(인수자가 사업자등록을 하기 전에 진행)

⊚ 사업장현황신고 : 면세사업자의 경우 다음 해 2월 10일까지 사업장현황신고 진행

⊚ 폐업 부가가치세 신고 : 일반 과세사업자의 경우 폐업일이 속한 다음 달 25일까지 부가가치세 신고

⊚ 4대 보험 상실신고 : 폐업 사유 발생일로부터 14일 이내(국민연금은 사유 발생이 속하는 달의 다음 달 15일까지) 사업장탈퇴신고 및 직장가입자 자격상실신고서를 제출

⊚ 원천징수이행상황신고서 : 폐업일이 속한 날의 다음 달 10일까지 제출

⊚ 지급명세서 제출 : 폐업일이 속한 날의 다음다음 달 말일까지 제출(일용직의 경우 폐업일이 속한 날의 다음 달 10일까지)

⊚ 종합소득세 신고 : 폐업일이 속하는 날의 다음 해 5월 31일까지 신고

 양수한 개인사업자의 마무리 세무 처리

🗁 권리금에 대한 원천징수

권리금을 지급한 경우 권리금은 양도자의 기타소득에 해당한다.

기타소득은 60%의 필요경비를 인정하므로 이를 제외한 금액의 22%를 원천징수하여 다음 달 10일까지 신고 · 납부한다.

📂 영업권 감가상각

권리금을 신고하는 경우 권리금은 영업권이라는 자산으로 회계장부에 계상한다.
그리고 5년간 감가상각을 통해서 비용처리한다.

📂 중고자산 감가상각

세법상 사업용 고정자산의 종류에 따라 감가상각 내용연수가 정해져 있다.
그러나 중고자산의 경우 내용연수를 단축할 수 있도록 허용하고 있으므로 사업 첫해 비용을 많이 처리하고 싶으면 이를 활용할 수도 있다.

📂 재고자산의 가액

사업포괄양수도에 따라 해당 재고자산을 취득하는 양수 법인의 취득가액은 양수도 당시 시가이며, 양수 법인이 양수 자산의 시가를 초과하여 지급하는 양수 대가는 감가상각 대상 영업권에 해당한다. 특정 매장으로부터 반품받는 상품은 양도법인의 재고자산에 해당한다.

폐업 시 업무 마무리

30일 전 해고예고

폐업의 원인이 사용자의 귀책 사유로 인한 경우에는 계속근로연수가 3개월 미만인 근로자 및 다음에 해당하는 경우를 제외하고는 폐업(예정)일 기준으로 30일 전에 서면으로 해고예고를 해야 한다.

◎ 근로자가 계속 근로한 기간이 3개월 미만인 경우

◎ 천재·사변, 그 밖의 부득이한 사유로 사업을 계속하는 것이 불가능한 경우

◎ 근로자가 고의로 사업에 막대한 지장을 초래하거나 재산상 손해를 끼친 경우로서 고용노동부령으로 정하는 사유에 해당하는 경우

해고예고 기간은 해고예고의 통지가 근로자에게 도달한 다음 날부터 기산하여 해고일까지 역일 상 적어도 30일을 충족(근로기준팀-8048, 2007.11.29)할 수 있어야 하며, 휴무일이나 휴일도 포함한다.

매출 감소, 부품공급 중단, 예약취소 등으로 사용자가 휴업을 실시한 경우는 사용자의 세력범위 안에서 발생한 경영 장애에 해당하여 사용자의 귀책 사유에 해당한다. 라고 보고 있으므로 이 경우로 인해 회사가 폐업하는 경우는 근로자들에게 30일 전에 해고예고를 반드시 서면으로 해야 한다. 그렇지 않은 경우는 30일분 이상의 통상임금을 해고예고수당으로 지급해야 한다.

해고예고가 필요 없는 경우

기업의 부도로 인한 사실상의 도산이라는 돌발적이고 어쩔 수 없는 사유로 인하여 사업 계속이 불가능한 경우 근로기준법 제32조[해고의 예고] 제1항 단서 「부득이한 사유로 사업 계속이 불가능한 경우」에 해당되어 근로 기준법 제32조[해고의 예고] 위반은 없는 것으로 사료 됨(근기 68207-2320, 2000.8.2.).

4대 보험 사업장 탈퇴 신고

기업의 폐업 시 4대 보험 관계 소멸을 위해 이래와 같이 탈퇴 또는 소멸신고서를 관할 공단에 신고해야 한다. 4대 보험 포탈서비스(www.4insure.or.kr)를 통한 일괄 접수가 가능하다.

 국민연금

국민연금은 사업자가 당연적용사업장의 사용자로서 사업장을 폐업하게 되면 해당 사업자는 사업장의 폐업 사유가 발생한 날이 속하는 달의 다음 달 15일까지 사업장탈퇴 신고서 및 사업장 탈퇴 사실을 증명할 수 있는 서류를 국민연금공단에 제출해야 한다. 탈퇴 일자는 휴·폐업 일의 다음 날이다.

⊙ 국민연금 사업장탈퇴신고서 1 부
⊙ 폐업사실증명원 사본 1부(공단에서 확인이 가능한 경우에는 생략 가능)

📁 **건강보험**

건강보험은 사업장을 폐업하게 되면 해당 사업자는 폐업한 날부터 14일 이내에 사업장 탈퇴신고서(전자문서 포함)에 사업장 탈퇴 사실을 증명할 수 있는 서류(전자문서 포함)를 첨부하여 국민건강보험공단에 제출해야 한다. 탈퇴 일자는 휴, 폐업 일의 다음 날이다.

⊙ 사업장탈퇴신고서
⊙ 직장가입자 자격상실신고서

개인사업자의 건강보험은 직장가입자에서 지역가입자로 전환되게 된다. 폐업 후 소득이 없을 것으로 예상 시 홈택스에서 폐업사실증명원을 발급받아 건강보험공단에 제출하면 건강보험료 조정이 가능하다.

📂 고용 및 산재보험

고용보험 및 산업재해보상보험의 보험 관계는 해당 사업이 폐업되거나 끝난 날의 다음 날에 소멸한다. 즉 소멸 일자는 사업이 폐지 또는 종료된 날의 다음 날이다.

폐업·종료 등으로 인하여 보험 관계가 소멸한 경우 해당 사업자는 그 보험관계가 소멸한 날부터 14일 이내에 보험관계소멸신고서를 해당 공단에 제출함으로써 소멸신고를 해야 한다.

폐업으로 상실 신고를 하는 경우 고용보험 상실 사유는 [구분 코드 : 22. 폐업·도산, 구체적 사유 : 폐업으로 인한 상실 신고]로 폐업으로 인해 상실한 경우 실업급여를 받는다.

보험관계소멸 시점 이후의 보험료 납부의무는 소멸한다. 다만 소멸 시점 이전의 미납 보험료에 대한 납부의무는 소멸되지 않는다. 미납액에 대해 건강보험공단의 독촉고지에도 불구하고 납부되지 않는 경우 압류 등 국세 체납처분의 예에 따라 강제징수 절차가 진행될 수 있다. 또한, 산재보험의 경우 보험관계가 소멸되기 이전에 발생한 재해에 대해서는 보험급여의 청구가 가능하며, 고용보험의 피보험자였던 근로자의 경우에는 고용보험법에 의하여 실업급여 청구권은 계속하여 존속한다.

폐업 시 각 공단별 상실신고서를 각각 제출해야 하는데 4대 보험 정보연계센터, 국민건강보험 EDI 등 온라인 신고를 이용하면 편리하다. 4대 보험기관 지사 외에도 전자민원 사이트를 통해서 해지할 수 있다.

4대 사회보험 정보연계센터(http://www.4insure.or.kr)에 접속해 민원신고 > 사업장 > 사업장탈퇴 신고를 하면 된다. 공인인증서가 필요하다.

사업장탈퇴 신고 시, 해당 사업장의 근로자 및 대표자에 대한 '자격상실신고'를 먼저해야 한다. 고용·산재보험 신고(신청) 시 건설공사의 경우에는 별도 서식을 이용하여근로복지공단에 제출한다.

또한 국민연금을 제외한 건강보험, 고용·산재 보험은 정산보험료가 발생하므로 퇴사일까지 받은 보수총액과 전년도 보수총액을 계산해두어야 한다.

📝 4대 보험 근로자 상실 신고

구 분		업무처리
국민연금	제출서류	폐업 사유가 발생한 날이 속한 달의 다음 달 15일까지 사업장가입자 자격상실 신고서 제출
	보험료 정산	• 보험료 정산 : 별도 퇴직정산 없음 • 퇴사일 1일 : 그달의 보험료 미부과 • 퇴사일 2일~말일 : 한 달분 보험료 부과
건강보험	제출서류	자격상실일로부터 14일 이내 직장인 가입자 자격 상실신고서 제출
	보험료 정산	• 보험료 정산 : 별도 퇴직정산 있음 • 퇴사일 1일 : 퇴직 정산제도(퇴사한달 보험료 없음)로 환급이나 환수 • 퇴사일 2일~말일 : 퇴사 한 달 보험료 + 정산보험료 부과로 인한 환급이나 환수. 결국, 퇴직하는 달의 보험료까지 포함 → 공단에 정산요청 후 정산
고용보험	제출서류	고용보험 : 폐업 사유가 발생한 날이 속한 달의 다음 달 15일까지 사업장가입자 자격상실 신고서 제출 산재보험 : 폐업 사유가 발생한 날이 속한 달의 다음 달 15일까지 근로자고용 종료 신고서 제출
	보험료 정산	• 보험료 정산 : 별도 퇴직정산 있음 • 고용관계 종료 월에 보수총액을 기준으로 퇴직정산해서 보험료가 부과되며, 퇴직 정산으로 보험료 환급 또는 환수 → 공단에 정산요청 후 정산

📝 4대 보험 실업급여

실업급여는 비자발적 이직자에게만 수급 자격을 인정하지만, 자발적 이직자의 경우에도 회사의 경영 사정으로 더 이상 근로하는 것이 곤란하여 이직한 경우 수급 자격을 부여하고 있다.

실업급여의 수급 자격이 제한되지 아니하는 정당한 이직 사유는 고용보험법 시행규칙 제101조에 따라 별표로 정하고 있는데

⊚ 사업장의 도산·폐업이 확실하거나 대량의 감원이 예정되어 있는 경우

⊚ 일부 사업의 폐지나 업종전환 등의 사유로 퇴직을 권고받거나

⊚ 인원 감축이 불가피하여 퇴직 희망자의 모집으로 이직하는 경우 수급 자격이 제한되지 않는 정당한 이직 사유에 규정하고 있다.

따라서 일부 사업의 폐지에 따라 회사의 권고사직에 따라 퇴직하는 경우 실업급여의 수급 사유가 인정되며, 회사는 근로자의 실업급여 수급에 적극적으로 협조해야 한다.

 사업주가 4대 보험료를 체불한 경우

산재·고용보험 체납 시 근로자의 산재 적용과 실업급여의 제한은 없다.

건강보험료 체납 시 사용자만 병·의원 진료가 제한되고, 국민연금은 회사의 사정으로 미납 또는 체납되면 근로자에게 직접 납부를 요구한다. 일정 기간이 지난 후에 개인에게 본인부담금 체납 부분에 관하여 독촉 절차가 진행될 수 있다.

급여명세서에는 여전히 4대 보험료가 제외되어 나오는데, 회사에서는 미납하고 있다. 이런 경우에는 어떻게 될까?

우선 국민연금을 제외하고서는 근로자에게 피해가 전혀 없도록 조치 된다.

국민연금을 제외한 근로자의 국민건강보험료, 고용보험료, 산재보험료의 납입의무자는 근로자가 아닌 회사이다. 회사에서 부담하는 반은 물론이고, 근로자의 급여에서 계산하는 부분도 회사에서 제외하고 주니 결국 회사에서 납입해야 한다.

이 세 가지 보험은 회사에서 미납되고 있다고 해서 근로자에게 혜택을 중단하거나 납입 요구를 하지 않는다. 이 기관들은 회사에 지속적으로 납입 요구를 하고 그래도 안 되면 회사를 상대로 소송을 진행하여 압류하든지 등등의 방법으로 보험료를 받아내게 된다.

그러니 건강보험, 고용보험, 산재보험은 미납이든 체납이든 근로자가 크게 상관할 부분은 아니다.

그런데 국민연금은 조금 다르다. 국민연금 역시 회사에서 반, 근로자가 반 부담하여 납부하게 되는데 일단 회사에서 다 처리해준다. 그런데 국민연금의 실질적 납입 의무 주체는 개인이기 때문에 나중에 회사의 사정으로 미납 또는 체납되면 근로자에게 직접 납부를 요구하게 된다.

물론 국민연금공단에서 무조건 개인에게 요구하지는 않는다. 다른 보험공단과 동일하게 소송을 통해서 최대한 진행을 한 뒤에 그래도 납입을 받지 못하면 그때는 개인에게 안내 및 요구하게 된다.

이게 큰 차이점인데요, 국민건강보험, 고용보험, 산재보험은 소송을 통해서도 못 받으면 내부적인 손실로 처리하고 마무리되는 것에 반해 국민연금은 개인에게까지 진행한다는 점이다.

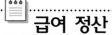 **급여 정산**

📁 연차수당과 주휴수당 지급

연차수당

회사가 폐업하는 경우 폐업일을 기준으로 연차를 계산하면 된다. 입사일부터 폐업일까지의 기간이 1년 미만인 경우 계속근로기간이 1달 계근 시 발생하는 연차휴가에 대해서만 수당으로 정산하면 되며,

1년 이상인 근로자의 경우 1년을 초과하고 2년이 되지 못하거나 2년을 초과하고 3년이 되지 못한 잔여기간에 대해서는 연차휴가가 1일도 발생하지 않는다. 따라서 1년 9개월 근무자의 경우 15일, 3년 10개월 근로자의 16일의 연차휴가에 대한 수당만 정산하면 되며, 나머지 월은 소멸한다.

주휴수당

월급제 근로자의 경우 주휴수당이 월급에 포함되어 있으므로 폐업일까지의 일수에 따라 급여를 날짜 계산해서 받으면 되며, 아르바이트의 경우 주휴수당이 별도로 지급되는 것이 일반적이므로 미수취 주휴수당에 대해서 정산하면 된다.

📁 근로소득세 중도퇴사자 연말정산

폐업하는 경우 중도퇴사자 연말정산을 해 근로소득세를 신고·납부하고 원천징수영수증을 발급해줘야 퇴사자가 이후 취업 시 새로 입사한 회사에서 정상적으로 연말정산을 받을 수 있다.

폐업하여 퇴직하게 된 경우

폐업하여 퇴직하는 경우, 퇴직하는 달에 근무지에서 근로소득원 천징수영수증을 받아두어야 한다.

근로소득 원천징수영수증을 보관하고 있다가, 재취업하는 근무지에 제출해야 합산하여 연말정산을 한다.

이미 폐업해 버린 경우

근로소득 원천징수영수증을 받지 못했는데 이미 폐업해 버린 경우는 폐업한 전 직장의 세무대리인 또는 가까운 세무서에 가서 근로소득 원천징수영수증을 받아야 한다.

세무서에서도 처리해주지 않는 경우

근로소득 원천징수영수증을 발급받는 방도가 없다면, 우선적으로 재취업한 근무지에서 받은 금액만 가지고 연말정산을 한다.

그리고 연말정산 영수증을 받아두거나, 근로소득공제신고서에 관련 금액들을 기록해둔다(영수증을 잘 가지고 있어야 나중에 다시 신고할 때 사용하실 수 있다.).

그 후, 5월 종합소득세 확정신고 시 국세청에서 조회하여 합산 신고하면 된다.

국세청에서 소득 누락으로 추징한다고 통보가 오기도 한다. 이때 받은 서류로 종합소득세 신고 시에 함께 신고하면 된다.

기본적으로는 퇴직 시에 근로소득 원천징수영수증을 받아두어야 한다. 부득이하게 받지 못한 경우에만, 5월 종합소득세 신고 시 세무서에서 조회할 수 있으니 참고하기 바란다.

구 분	업무처리
폐업한 회사가 지급명세서를 제출한 경우	이 경우는 폐업한 회사가 법 규정대로 폐업 시 지급명세서를 제출하였다면 그 지급명세서를 세무서로부터 받아 종합소득세 신고기한인 5월 말일까지 주소지 관할 세무서에 종합소득 과세표준 확정신고로 공제받으실 수 있다. 지급명세서 제출 내역 확인은 국세청 홈택스 〉My NTS 〉지급명세서 등 제출 내역에서 지급명세서 보기를 선택하여 출력하면 확인할 수 있다.
폐업한 회사가 지급명세서를 제출하지 않은 경우	세법은 회사가 폐업하면 폐업 후 일정 기간 내에 근로소득에 대해 지급명세서를 제출하게 되어 있지만 제출하지 않고 사라진 경우도 있다. 회사가 지급명세서 제출을 하지 않았기 때문에 세무서로부터 확인할 수 있는 것은 매월 신고한 원천징수이행상황신고서뿐이다. 하지만 원천징수이행상황신고서는 전체 인원에 대한 금액으로 각각 개개인의 금액으로 신고한 자료가 아니다 보니 이 자료만으로는 근로소득세 연말정산을 신고할 수가 없을 뿐 아니라 합산신고도 불가능하다. 따라서 가지고 있는 자료만으로 종합소득세 신고·납부를 한 후 국세청에서 소득 누락으로 추징한다고 통보가 오면 이때 받은 서류로 종합소득세 수정신고를 할 생각을 하면 된다. 안 오면 그만이다.

📝 퇴직금과 퇴직연금

📂 퇴직금

근로자가 1주 15시간 이상, 1년 이상의 계속근무를 했다면, 퇴직금을 지급해야 한다.
→ 1일 평균임금 × 30(일) × (재직 일수/365)

📂 퇴직연금

회사가 도산한 경우 현재 퇴직연금 적립금이 남아 있는 퇴직자는 언제든지 자신이 가입한 퇴직연금 사업자에게 지급을 신청할 수 있다.

확정기여형 퇴직연금(DC) 가입자는 퇴직연금 사업자에게 급여지급신청서를 작성하여 제출하면 되고, 확정급여형 퇴직연금(DB) 가입자의 경우 퇴직 전 급여내역과 퇴직 사실을 확인할 수 있는 자료를 첨부하여 급여 지급을 신청하면 된다.

퇴직연금 지급신청 제출서류

확정기여형 퇴직연금(DC)은 자신이 가입한 퇴직연금 사업자가 제공하는 급여지급신청서, 확정급여형 퇴직연금(DB)은 급여명세서 등 급여내역을 확인할 수 있는 증빙자료 중 1개와 퇴직 사실을 증명할 수 있는 증빙자료 중 1개를 각각 제출한다.

구 분	첨부서류	발 급
급여내역	급여통장입출금 내역서, 급여명세서 등	본인 소유 자료 또는 각 은행
퇴직 사실	고용보험 피보험자격 이력내역서	고용보험 홈페이지
	국민연금 가입자 가입증명서	정부24 또는 국민연금공단지사
	건강보험 자격득실 확인서	국민건강보험 사이버 민원센터

만약 체당금을 지급받은 경우라면 ① 체당금 사실확인 통지서, ② 체불금품확인서, ③ 퇴직급여 소송 관련 확정판결문 중 1개를 제출하면 급여내역과 퇴직 사실을 증명할 자료 없이 신청할 수 있다.

퇴직연금 제도별 수령액

⊙ 확정기여형 퇴직연금(DC) : 가입자별 DC 계좌의 적립금을 지급
⊙ 확정급여형 퇴직연금(DB) : 퇴직금 제도와 동일한 금액(1일 평균임금 × 30일 × (재직 일수/365))을 지급하는 것이 원칙. 다만, DB 계좌의 적립금이 부족한 경우 적립 비율^주에 비례하여 지급
^주 적립 비율 : DB 계좌의 적립금 / 전체 가입자에게 지급할 퇴직급여

통합연금 포털 개요 및 이용 방법

개인이 가입한 연금정보를 한 번에 확인할 수 있는 온라인 포털 사이트로 통합연금 포털(100lifeplan.fss.or.kr)을 통해 가입된 퇴직연금 계약 정보 확인 가능(통합연금 포털 접속 > 내 연금조회 > 연금계약정보)

📝 세금 업무 마무리

⊙ 사업장현황신고(면세사업자)
⊙ 지급명세서 제출 : 폐업일이 속하는 달의 다음다음 달 말일까지
⊙ 근로소득 간이지급명세서 제출 : 폐업일이 속하는 반기의 마지막 달의 다음 달 말일
⊙ 소득세 및 법인세 신고 및 납부 : 개인은 다음 해 5월 31일까지 법인은 폐업 후에 청산 및 파산절차를 완료한 경우 3개월 이내에 법인세 신고를 하며, 청산이나 파산절차를 거치지 않은 경우는 다음 연도 3월 31일까지 법인세 신고를 한다.
⊙ 부가가치세 신고 및 납부 : 폐업일이 속하는 달의 다음 달 25일까지

📂 폐업 신고는 필수사항이다.

사업을 그만두게 되는 경우 폐업신고서를 작성해서 사업자등록증과 함께 제출하거나 부가가치세 확정 신고서에 폐업연월일 및 사유를 적고 신고서와 함께 사업자등록증을 제출하면 된다.
온라인으로 신청하는 경우 국세청 홈택스에 접속하여 공인인증 절차를 밟은 뒤 [휴·폐업, 재개업 신고 시스템]에서 내용을 입력하면 절차가 끝난다.

📂 사업자 폐업 후 세금계산서 발급과 매입세액공제

폐업일 이전

폐업을 신청한 후라도 폐업일이 기준이며, 폐업일 이전에는 동일하게 세금계산서 발행이 가능하다.

거래처 별로 발행하지 않은 전자세금계산서를 폐업일 이전에 모두 발행해 전송해야 한다. 매입 세금계산서 역시 폐업일 이전에 모두 받아 놓아야 한다. 폐업일 이후에 주고받은 세금계산서는 가공거래로 의심받을 수 있다. 폐업일에 가까워 거래한 재화나 용역에 대한 세금계산서의 수취나 발행이 누락되면 세금 폭탄으로 돌아올 수 있기에 조심해야 한다.

폐업일 이후

폐업일 이후에도 세금계산서 발행이 가능하다. 다만 폐업일 이전의 공급분에 대해서만 세금계산서 발행이 가능하며, 폐업일 이후의 공급분에 대해서는 사업자가 아닌 상태에서의 공급이기 때문에 세금계산서 발행이 불가능하다.

그리고 폐업일 이후 발행된 세금계산서는 매입세액공제가 불가능하다.

사업자가 폐업하는 경우 폐업한 달의 1일로부터 폐업일까지의 거래 건에 대하여 다음 달 10일까지 전자세금계산서 발급이 가능하다. 단, 작성일자는 폐업일까지 가능하다.

(예) 10월 15일이 폐업일인 경우,

　　10월 15일 공급분은 11월 10일까지 발급할 수 있다.

　　10월 17일 공급분은 발행이 불가능 하다.

폐업일 이후에는 전자세금계산서 수취가 불가능하므로 종이 세금계산서 발행 후 가산세를 납부하는 방법밖에는 없다. 즉, 전자세금계산서 발급을 위해서는 공급받는 자의 사업자등록번호가 유효한지 조회 후 발급하게 되어 있다. 따라서, 현실적으로 폐업한 사업자에게 전자세금계산서 발행은 불가능하다. 종이 세금계산서를 발행하고, 매출거래처의 입장에서는 전자세금계산서 미전송 가산세(1%)를 부담할 수밖에 없다.

참고로 거래처 폐업일 이전에 재화를 공급하고 세금계산서 발행했으나 환입, 일부 반품 등 수정세금계산서 발행 시점에 거래처가 폐업한 경우라면 안타깝지만, 수정세금계산서 발행이 불가능하다.

해당 경우는 수정세금계산서 발급 없이, 부가세 신고 시에 매출세액에서 차감하여 신고하면 된다.

⏻ 개인사업자 → 법인사업자 전환 등 사업자 변경
폐업 사실 인지 시점이 해당 과세기간에 속해있다면(발행 마감일 이전이라면)
A. '기재사항 착오 정정' 의 사유로 당초 세금계산서 작성일자와 동일하게 변경된 사업자번호로 수정발행이 가능하며, 가산세가 부과되지 않는다.
10월 거래분에 대하여 31일에 세금계산서를 발행하였으나, 거래처에서 15일로 폐업신고를 한 경우 발행 마감일(11월 10일) 이전에 폐업 사실을 인지했다면 변경된 사업자번호로 수정세금계산서 발행이 가능하다.
그러나 발행 마감일이 지난 이후(11월 10일 이후) 폐업 사실을 인지했다면 수정세금계산서를 발행할 경우, 발행 마감일 이후 신규 발행 건으로 간주되므로, 지연발행 가산세가 부과된다.

⏻ 거래처가 폐업한 경우는 어떡하나요?
A. 거래처의 대표자 주민등록번호로 세금계산서를 발급하면 된다.
만약, 폐업 사실을 모르고 폐업 사업자번호를 공급받는자로 하여 세금계산서를 발행한 경우, '착오 외 사유'로 상대방의 주민등록번호로 수정세금계산서를 발급할 수 있다.

⏻ 거래처에게 매입 세금계산서를 발행받았는데, 알고 보니 폐업사업자인 경우 매입세액공제가 가능한가요?
폐업자로부터 수취한 세금계산서의 매입세액은 불공제된다. 또한, 이미 부가가치세 신고를 진행한 경우, 수정신고를 해야 한다.
이 경우 부정행위가 아닌 일반과소신고가산세가 적용된다.

구 분	업무처리
폐업 후 세금계산서 발급	폐업일 이후라도 세금계산서 발급발행은 가능하다. 단, 작성일을 폐업일 이전으로 해야만 발급할 수 있다.

구 분	업무처리
폐업 후 세금계산서 수취	폐업하였다면 통상적으로 폐업일 이후 세금계산서 수취분은 공제받을 수 없다. 거래처의 폐업 사실을 모르고 폐업일 이후에 세금계산서를 발급하였다면 • 폐업한 매입자 : 매입세액공제 불가능 • 공급자 : 폐업일 이후 발행분은 사업자등록번호가 존재하지 않기 때문에 사실과 다른 세금계산서 발행으로 가산세 적용 부가 46015-2239, 1993.09.14 폐업일 이후 발급받은 세금계산서 상의 매입세액은 부가가치세법 제17조 제2항 제1호의 규정에 의하여 매출세액에서 공제하지 아니하며, 이 경우 폐업일의 기준은 사업장별로 그 사업을 폐업하는 날을 의미
폐업 후 수정세금계산서 발급	폐업자는 폐업일 이후 수정세금계산서 발급은 불가능하다. 따라서 폐업일 이후 계약의 해지 등이 발생한 경우 아래와 같은 방법으로 부가가치세 신고를 할 수 있다. • 폐업한 공급자 : 감액되는 매출세액을 반품일이 속하는 과세기간의 납부할 세액에서 차감 후 신고 • 매입자 : 해당 매입세액을 불공제하여 부가세를 신고·납부 하며 세금계산서 관련 가산세는 적용하지 않음 (구) 부가가치세법 집행기준 16-59-2 재화 또는 용역의 공급에 대하여 세금계산서를 발급하였으나 수정세금계산서 발급 사유가 발생한 때에 공급받는 자 또는 공급자가 폐업한 경우는 수정세금계산서를 발급할 수 없다. 이 경우 이미 공제받은 매입세액 또는 납부한 매출세액은 납부세액에서 차가감해야 한다.

📂 부가가치세, 소득세(법인세) 신고 및 납부

폐업한 후에 부가가치세 신고 등을 하지 않는 경우는 관할 세무서장이 조사하여 납부세액을 결정 고지하여 가산세를 추가로 부담하게 된다.

⊙ 부가가치세는 폐업일이 속하는 달의 다음 달 25일까지 신고 · 납부해야 한다.

⊙ 종합소득세는 다음 해 5월 1일~5월 31일까지 신고 · 납부해야 한다.

⊙ 병 · 의원 및 약국 등 의료기관은 폐업 시 「의료비 소득공제 증명자료」를 국세청에 반드시 제출해야 한다.

부가가치세 확정신고 및 납부

폐업자의 부가가치세의 과세기간은 폐업일이 속하는 과세기간의 개시 일부터 폐업일까지로, 확정신고기간 중에 폐업 시에는 확정신고기간 개시일(4월 1일 또는 10월 1일)부터 폐업 일까지이다.

폐업일 다음 달 25일 이내에 폐업 일까지의 거래분과 잔존재화에 대해서 부가가치세 확정신고를 해야 하며, 미신고시 신고 및 납부불성실가산세를 부담해야 한다.

부가가치세법에는 재화의 실질공급 이외에 간주공급에 대해서도 과세하는데 폐업 시 잔존재화(재고자산, 회원권, 건물 구축물, 차량운반구 기계비품 등 사업용 자산)에 대해서는 사업자인 자신이 비 사업자인 자신에게 공급한 것으로 봐서 과세하게 된다.

폐업 시 잔존재화에 대한 과세

폐업 시 잔존재화에 해당하는 자산이 없는지 확인해야 한다. 사업자가 사업을 폐지하는 때에 잔존하는 재화는 자기에게 공급하는 것으로 보아 부가가치세를 과세한다.

잔존재화가 있다면 부가가치세 과세표준에 포함해 신고해야 한다. 폐업 시 다 팔지 못해 남은 재고자산은 물론 부가가치세가 적용되는 사업용 건물, 기계장치, 차량 중 감가상각기간(건물 등은 10년, 기계장치 등은 2년)이 경과하지 않은 자산이 잔존재화가 된다. 단, 사업장별로 그 사업에 관한 모든 권리와 의무를 포괄적으로 승계하는 사업의 포괄양도는 재화의 공급으로 보지 않는다(일반과세자가 간이과세자에게 사업을 양도하는 경우는 사업의 양도로 보지 않고 재화의 공급으로 봄).

사업을 포괄적으로 양도·양수한 경우 양도자는 부가가치세 확정신고 시 「사업양도신고서」를 제출하고 양수자는 일반과세자로 사업자등록을 해야 하며, 사업양도·양수 계약서 사본을 제출한다.

참고로 폐업 시 잔존재화로 남아 있는 재고자산은 대부분 폐기 대상이 되기 때문에 폐기손실로 손금처리할 수 있도록 수량과 금액을 정확히 파악 후 폐기물 전문 처리 업체를 통해 처리하는 것이 좋다.

폐업 시 잔존재화라도 부가가치세가 과세되지 않는 경우

❶ 직매장을 폐지하고 자기의 다른 사업장으로 이전하는 경우는 과세하지 않는다.

❷ 동일 사업장 내에서 2 이상의 사업을 영위하다가 그중 일부의 사업을 폐지하는 경우

❸ 2 이상의 사업장을 가진 사업자가 하나의 사업장을 폐지하고 그 폐업 시 잔존재화를 다른 사업장으로 이전하는 경우

❹ 공동사업을 영위하기 위해서 각각의 사업자가 한 사업장에 통합하는 경우 폐지된 사업장의 재고 재화는 과세하지 않는다.

❺ 재화를 공급받을 때 매입세액을 공제받지 못한 것

❻ 사업자가 감가상각자산 취득 관련 매입세액을 공제(환급)받은 때에도 폐업 전에 당해 감가상각 대상 자산을 파쇄 또는 멸실한 경우는 폐업 시 잔존재화로 보지 않는다.

전업·폐업 시 절세 포인트

첫째, 재고자산을 시가보다 낮게 팔아야 하는 상황에서 사업체를 정리하는 경우라면 재고자산을 지닌 채 폐업하지 말고 재고를 모두 처분한 뒤에 폐업하는 것이 유리하다.

둘째, 사업체를 다른 사람에게 넘길 때는 단순히 폐업하지 말고 사업양수도 계약서를 작성해 사업체의 권리·의무를 포괄적으로 인수자에게 넘기면 부가가치세 문제가 전혀 일어나지 않는다(사업의 포괄 양수·도는 부가가치세 면제).

셋째, 전업하는 경우 기존 사업을 폐업하고, 신규 사업을 시작하려면 기존사업체의 재고에 대해 부가가치세를 물어야 한다.

하지만 기존사업체의 사업자등록증 내용만 변경하는 형식으로 전업하면 부가가치세 문제를 피할 수 있다.

넷째, 어떤 경우에나 사업을 그만둘 때까지의 증빙을 잘 챙겨 다음 연도 5월 31일까지 소득세를 신고·납부해야 한다.

폐업 시 잔존재화를 타인에게 무상으로 주는 경우

[부가가치세]

폐업 시에 사업용 고정자산을 자기자신에게 공급한 것으로 보아 시가(감가상각자산의 경우 간주 시가)를 과세표준으로 하여 부가가치세를 신고·납부해야 한다. 다만, 매입 시 매입세액이 불공제된 자산은 제외되며 세금계산서 발급 의무도 없다. 따라서 사업용 고정자산을 폐업 시까지 보유하고 있는 경우에는 별도의 세금계산서를 발급할 필요가 없다.

다만, 사업용 고정자산을 폐업일 이전에 타인에게 무상으로 공급하는 경우 특수관계 여부와 관계없이 시가를 과세표준으로 하여 세금계산서를 발급하고 부가가치세를 신고·납부해야 한다.

[법인세 및 소득세]

특수관계인에게 넘길 때는 시가의 95% 이상의 가액으로 넘겨야 하고, 특수관계인 외의 자에게 넘길 때는 시가의 70% 이상의 가액으로 넘겨야 한다. 정당한 사유 없이 70% 이하의 가격으로 넘긴 부분은 세법상 기부금으로 보는 것이며, 특정/일반기부금 단체(기부금을 지출한 법인이 그 기부금액을 손금에 산입하고자 하는 경우는 해당 단체로부터 기부금 영수증을 받아서 보관) 외의 자에게 기부하면 비지정 기부금으로 보아 전액 손금불산입 된다.

재고자산을 사용인 또는 타인에게 무상으로 지급한 경우에도 그 지급한 때의 가액에 상당하는 금액은 그 지급한 날이 속하는 연도의 총수입금액에 산입한다.

수정세금계산서 발급이 불가능한 경우 부가가치세 신고 방법

[요 지]

거래상대방의 폐업으로 수정세금계산서를 발급할 수 없는 경우에는 그 사유가 발생한 때가 속하는 신고기간의 총매출세액에서 당해 계약이 해지된 매출세액을 차감하는 것임(부가, 서면-2017-부가-0573, 2017.06.30.).

[회 신]

귀 서면질의의 경우 기존 해석사례(서면 인터넷 방문 상담 3팀-239, 2005.02.18)를 보내드리니 참조하시기 바랍니다.

서면 인터넷 방문 상담 3팀-239, 2005.02.18

사업자가 중간 지급 조건부로 과세 되는 컨설팅용역을 제공하기로 거래상대방과 약정하고 계약금에 대하여 세금계산서를 발급하였으나 추후 거래상대방의 부도로 계약이행이 불가능하여 당해 용역이 제공되지 아니하고 사실상 계약을 해지한 경우 그 해지한 때에 수정세금계산서를 발급해야 하는 것이나, 당해 거래상대방의 폐업으로 수정세금계산서를 발급할 수 없는 경우에는 그 사유가 발생한 때가 속하는 신고기간의 총매출세액에서 당해 계약이 해지된 매출세액을 차감하는 것입니다.

종합소득세 또는 법인세 신고 및 납부

사업자가 개인사업자이면 당해 연도 1월 1일부터 폐업 일까지 발생 된 소득과 당해

연도에 발생한 다른 소득을 합산해서 다음 해 5월에 종합소득세 확정신고를 하면 된다.

법인의 경우는 사업연도 개시 일부터 폐업 일까지에 대해 폐업일로부터 3개월 이내에 각 사업연도 소득에 대한 법인세 신고를 이행하고, 잔여재산가액 확정일로부터 3개월 이내에 청산소득에 대한 법인세를 신고해야 한다. 단, 청산이나 파산절차를 거치지 않은 경우는 다음 연도 3월 31일까지 법인세 신고를 한다.

가지급금 등이 전기 말 장부에 계상되어 있는데 당해 연도에 상기 법인세 신고를 하지 않으면 가지급금 잔액이 대표자에게 상여처분 되고 이에 따른 소득세 추징이 있을 수 있다.

📂 지급명세서 제출

일반 지급명세서 제출

사업을 포괄양수도하고 양도자의 직원을 계속 고용 승계하였다면 현실적인 퇴직에 해당하지 않아 중도 퇴사자가 아니므로 원천세 신고 및 지급명세서를 제출하지 않아도 된다.

따라서 포괄양도자의 개인 사업자등록번호로 원천징수 된 근로소득원천징수부를 인계받은 후 사업양수인(법인)이 다음 연도 2월분 급여를 지급할 때 합산하여 연말정산을 해야 할 것이며, 지급명세서를 제출하면 된다(소득세법 기본통칙 137-0...3).

위의 경우가 아니라면 휴업 폐업 또는 해산한 경우에는 휴업일, 폐업일 또는 해산일이 속하는 달의 다음다음 달 말일까지 원천징수 관할 세무서장, 지방국세청장 또는 국세청장에게 제출(일반 지급명세서)해야 한다.

근로소득 간이지급명세서

폐업일이 속하는 반기의 마지막 달의 다음 달 말일까지 근로소득 간이지급명세서를 제출해야 한다. 근로소득 간이지급명세서 제출기한 전에 근로소득지급명세서를 제출하였다면 근로소득 간이지급명세서 제출은 생략할 수 있다.

지급명세서는 홈택스(www.hometax.go.kr)에 접속하여 로그인한 후 신청/제출 버튼 클릭 후 제출하면 된다.

개인사업자 폐업 절차

국세청에 사업자등록 폐업 신고

❶ 사업자등록증을 첨부한 폐업신고서를 제출한다.

❷ 폐업신고서 대신 부가가치세 신고서에 폐업연월일 및 사유를 기재하고 사업자등록증을 첨부해 제출해도 폐업신고서를 제출한 것으로 본다.

❸ 숙박업이나 약국처럼 면허나 허가증이 있는 사업자라면 면허, 허가받은 기관에 폐업신고를 해야 한다(홈텍스로 폐업 신고 시 "통합폐업신청 여부"에 체크 하면 면허, 허가 기관에 따로 신고하지 않아도 한 번에 신고할 수 있으며, 면허, 허가 업종일 경우에만 메뉴가 활성화된다).

❹ 공동사업자가 세무서로 직접 방문하여 폐업 신고할 때는 "동업해지계약서" 및 공동사업자 전 구성원의 "신분증 사본"과 "인감증명서"를 첨부해야 한다.

(세무대리인이 홈텍스를 통해 폐업 신고할 때는 이미 수임신고가 되어있으므로 계약서 등이 별도로 필요하지 않음)

부가가치세의 폐업 확정신고 · 납부

❶ 폐업일이 속한 달의 말일부터 25일 이내에 부가가치세를 신고 · 납부 해야 한다.

❷ 부동산임대업은 부동산양도일이 폐업일이 된다.

❸ 폐업 시 남아 있는 재고 등의 재화는 자가공급에 해당하므로 폐업 시 잔존재화의

시가를 과세표준에 포함하여 부가가치세를 납부해야 한다(건물은 10년, 20 과세기간 / 기타자산은 2년, 4 과세기간이 경과 되었는지? 검토).

❹ 사업의 경영 주체만 변경되고 사업에 관한 권리와 의무를 포괄적으로 승계시키는 사업포괄양수도에 의한 폐업은 부가가치세 납부의무는 없고, 폐업 사유에 "양도양수 폐업"을 기재하고 폐업 신고 시 "사업포괄양수도 계약서"를 첨부하여 신고한다.

📝 원천세 신고 및 지급명세서 제출

❶ 사업장에 직원이나 사업소득자 및 일용직 사원 등이 있다면 제출기한 내로 지급명세서를 제출해야 한다.

사업체가 사업장 관할 세무서에 사업자등록을 폐업하는 경우 폐업일이 속하는 달의 다음다음 달 말일까지 관할세무서에 근로소득 연말정산에 따른 '근로소득 연말정산 지급명세서'를 사업장 관할세무서에 의무적으로 제출해야 한다.

이 경우 기한 내에 제출하지 못한 경우 지급금액의 1%의 지급명세서 등 제출불성실 가산세가 부과되며, 지연제출의 경우 제출기한이 경과된 후 3개월 이내에 제출하는 경우 지급금액의 0.5% 가산세가 부과된다.

근로소득 지급명세서 제출 시 소득자료 제출집계표를 기재하여 함께 제출해야 한다.

구 분	제출기한
근로 등 지급명세서	휴업, 폐업, 해산일이 속하는 달의 다음다음 달 말일
일용근로소득 지급명세서	휴업, 폐업, 해산일이 속하는 달의 다음 달 말일
간이지급명세서	휴업, 폐업, 해산일이 속하는 반기의 마지막 달의 다음 달 말일. 다만, 근로소득 간이지급명세서 제출기한 전에 근로소득지급명세서를 제출하였다면 생략할 수 있다. 11월 폐업하였다면 근로소득 간이지급명세서는 다음 해 1월 말일까지 제출기한

❷ 반기별 납부 승인, 지정받은 원천징수의무자가 폐업한 경우 원천세 신고 기간 폐업일이 속하는 반기 동안 원천징수 한 세액을 폐업일이 속하는 달의 다음 달 10일 까지 신고 · 납부해야 한다.

❸ 원천세가 환급될 때, 지방소득세 특별징수 세액의 환급신청 시 필요서류 : 관할 시·군·구 세무과에 전화상담 후 접수한다.

⊙ 지방소득세 특별징수분 신고·고지분 환급청구서(지방자치단체 양식)

⊙ 소득자별 지방소득세(특별징수) 환급신청 명세서(지방자치단체 양식)

⊙ 원천징수이행상황신고서 사본

⊙ 국세환급통지서(국세 입금통장 사본)

⊙ 납세자 명의 통장 사본(국세는 원천징수이행상황신고서와 환급신청서를 함께 작성하여 신고한다.)

국민연금, 건강보험공단에 폐업 사실 알리기

폐업일로부터 14일 이내에 사업장탈퇴신고 및 사업장가입자 자격상실 신고를 해야 한다.

종합소득세 신고·납부

종합소득세 과세기간은 1월 1일~12월 31일이므로 폐업 여부와 상관없이 다음 해 종합소득세 신고·납부 기간(5월 1일~5월 31일)에 타 소득이 있다면 포함하여 함께 신고·납부 하면 된다.

면세사업자 사업장현황신고

❶ 사업자가 폐업 또는 휴업한 때에는 폐업 또는 휴업신고와 함께 사업장현황신고를 해야 하지만 다음 연도 2월 10일까지 사업장현황신고를 해도 된다.

❷ 의료업자가 폐업한 때도 사업장현황신고를 하지 않고 다음 연도 2월 10일까지 신고해도 사업장현황신고 불이행에 따른 무신고가산세를 적용하지 않는다.

반드시 폐업 신고 절차는 꼭 지킨다.

제때 폐업 신고를 하지 않으면 보험료 부과 등 불이익이 따를 수 있고, 면허나 허가 증이 있는 사업자라면 매년 면허가 갱신된 것으로 보아 등록면허세가 부과되므로 사업을 시작할 때와 같이 폐업 절차는 꼭 지키도록 한다.

 폐업 부가가치세 신고 시 기간 표시와 예정/확정 표시

1. 폐업 부가가치세 신고 기간

폐업 부가가치세 신고 시 과세기간은 다음과 같이 표시한다.

시작일 : 폐업일이 속하는 과세기간의 개시일

종료일 : 폐업일

즉, 폐업일이 속한 과세기간의 첫날부터 실제 폐업일까지가 신고 대상 기간이 된다.

예를 들어 설명하면 다음과 같다.

1기(1월 1일~6월 30일) 중 4월 15일에 폐업한 경우 : 신고 기간 1월 1일~4월 15일

2기(7월 1일~12월 31일) 중 9월 20일에 폐업한 경우 : 신고 기간: 7월 1일~9월 20일

2. 폐업 부가가치세 신고 시 예정/확정 표시

폐업 신고는 항상 "확정"으로 표시한다.

폐업은 사업 활동을 완전히 중단하는 것이므로, 더 이상 예정신고를 할 필요가 없다. 따라서 폐업 부가가치세 신고 시에는 확정신고를 해야 한다.

•1월 1일부터 6월 30일 사이에 폐업한 경우 : 1기 확정으로 신고

•7월 1일부터 12월 31일 사이에 폐업한 경우 : 2기 확정으로 신고

폐업일이 속하는 달의 다음 달 25일까지 신고 및 납부해야 한다.

3. 폐업 부가가치세 신고 시 주의사항

정확한 폐업일 기재 : 실제 영업을 중단한 날짜를 정확히 기재해야 한다.

세금계산서 발급 주의 : 폐업일 이후 날짜로 세금계산서를 하면 안 되며, 발급받으면 매입세액 공제가 불가능하므로 주의해야 한다.

잔존재화 처리 : 폐업 시 남아 있는 재고나 감가상각자산에 대해 간주공급 규정이 적용될 수 있으므로 이에 대한 처리도 고려해야 한다.

법인 폐업, 해산, 청산 업무매뉴얼

개인사업자는 세무서에 폐업 신고를 하면 소멸하지만, 법인은 폐업신고를 한다고 바로 없어지는 것은 아니다. 즉 청산이 완료되어야 비로써 법인은 없어지는 것이다. 따라서 세무서에 폐업 신고를 했어도 청산을 하지 않았으면 언제든지 사업자등록을 내고 법인을 다시 운영할 수 있다.

📝 법인사업자의 폐업 신고

📂 법인사업자의 폐업 신고 방법

법인사업자의 폐업은 ❶ 폐업 신고(세무관련)와 ❷ 법인해산/청산(등기 관련)절차가 있다.

❶ 소규모 법인의 경우 폐업 신고까지만 진행하는 경우가 많다. 이 경우는 폐업 신고 후 사업을 재개할 수 있으며, 5년 이상 폐업상태로 있는 경우 소멸한다.

❷ 법인의 법적 형태까지 없애려는 경우 폐업 신고와 법인 청산절차까지 진행되어야 한다.

이 경우는 잔여재산가액 확정과 주주(사원)들에게 잔여재산가액의 분배 등의 청산절차 후 청산등기까지 필요하다.

📂 법인 폐업 신고와 세금 신고

폐업 신고는 관할 세무서나 홈택스를 통해 신고하면 된다. 관할 세무서에 비치된 폐업신고서를 작성하고 사업자등록증을 제출하면 된다.

폐업일 다음 달 25일까지 폐업 부가가치세 신고, 폐업 신고가 속한 해의 다음 해 3월 말까지 법인세 신고를 한다.

예를 들어 2025년 4월 22일 폐업했다고 가정하면

5월 25일까지 폐업 부가가치세 신고, 2026년 3월에 법인세를 신고하면 된다.

법인의 활동이 없고 변경등기를 하지 않았다면 마지막 등기일로부터 5년이 경과하면 법원에서 휴면법인으로 해산 간주 된 법인으로 처리된다.

대부분 법인은 등기부상 8년 정도 아무런 변화가 없는 경우 청산이 종결된 것으로 간주하기 때문에 일부러 비용을 내고 청산 및 해산 절차를 거치기보다는 자연 소멸되도록 놔두는 예도 있다.

폐업 신고는 과세 관청에는 폐업으로 나타나지만, 등기부등본은 그대로 유지된다. 기업의 법인격(법률상의 인격)이 소멸한 것은 아니다. 소멸하기 위해서는 폐업 신고와 함께 법인등기부를 폐쇄하는 법인해산 및 청산절차까지 진행해야 한다.

직접 세무서 폐업 신고 : 홈택스로 폐업 신고 진행 가능

❶ 폐업일 익월 25일까지 폐업 부가가치세 신고

❷ 폐업일이 속하는 달의 다음다음 달 말일까지 지급명세서 제출(소득자료제출집계표 함께 제출)

❸ 폐업 일자가 속한 해 속한 해의 다음 해 3월까지 법인세 신고

❹ 근로자 퇴사일 이후 4대 보험 상실 신고 진행

❺ 청산 등기업무

❻ 해산등기일 이후 잔여재산가액 확정일까지 청산 법인세 신고 등

구 분	제출기한
폐업 일자	신고 일자가 아닌 거래 활동 중지를 신청하는 날을 의미한다. 폐업 일자 기준으로 세무 처리가 진행되어, 폐업 일자 이후 세금계산서 발행 등은 불가능하다.
폐업 부가가치세	폐업 일자가 속한 달의 다음 달 25일까지 신고해야 한다.
지급명세서 제출	폐업일이 속하는 달의 다음다음 달 말일까지 지급명세서 제출
4대 보험 상실 신고	근로자 퇴사일 이후 4대 보험 상실 신고 진행
폐업 법인세	폐업 일자가 속한 해의 다음 해 3월 법인세 신고 시 반영해야 한다.

📂 법인 폐업 시 법인세 신고

해산 및 청산과는 달리 법인의 폐업은 법인 사업연도에 아무런 영향을 주지 않는다는 점에 주의해야 한다.

법인의 폐업은 폐업 신고만 할 뿐, 사업연도에는 변동이 없으므로 기존의 사업연도에 맞춰 지속적으로 법인결산을 해야 한다. 즉, 법인이 사업연도 중에 폐업한 경우 법인이 해산, 합병, 분할 등의 사유가 아닌 사업연도 중에 임의로 폐업한 법인의 사업연도는 1월 1일~12월 31일까지이며, 정기신고분으로 하여 다음 연도 3월에 전자신고를 한다.

임의로 폐업일까지를 사업연도로 하고 신고하시는 것은 법 규정에 벗어난다.

법인은 폐업하는 경우에도 상법에 의한 해산 및 청산절차를 진행하지 않은 경우 법인은 계속 존속하고 있다. 개인사업자처럼 폐업으로 끝나는 것이 아니다.

따라서, 사업을 폐업하더라도 법인격은 살아있기 때문에 법인세 신고는 매년 해야 한다. 다만, 실무상 통상적으로 폐업 시 폐업 당해연도까지만 법인세를 진행하고 버려두는 것이 일반적이다. 또한 법인세법에서 정하는 사업연도 의제 규정에 해당하지 않으므로 일반적인 법인세 신고기한인 사업연도 종료일이 속하는 달의 말일부터 3개월 이내까지 신고할 수 있다. 즉, 5월 말에 폐업했지만, 법인은 해산이나 청산 등의 사업연도 의제규정에 해당하지 않은 경우, 12월 말 종료일자를 기준으로 다음연도 3월까지 법인세를 신고할 수 있다.

중도 폐업 시 지방세 법인소득분 신고도 기존 사업연도 종료일 기준 4개월 이내 신고한다.

📝 법인해산과 청산

📂 해산과 청산 방법

회사의 해산 사유는 존립기간의 만료 기타 정관으로 정한 사유 발생, 합병, 파산, 법원의 명령 또는 판결, 회사의 분할 또는 분할합병, 주주총회의 결의 (특별결의) 등이 있다(상법 제517조).

법인은 해산 사유가 발생하면 회사는 해산하고, 남은 법률관계를 정리하기 위해 청산을 한다. 청산 과정에서 잔여재산으로 채권자들에게 빚을 갚고 남은 재산은 주주들 사이에 분배한다. 청산까지 마쳐야 비로소 회사가 소멸한다.

반면에 폐업 신고는 세무서에 사업자가 더 이상 영업을 하지 않는다는 사실을 신고하는 것이다. 따라서 폐업 신고를 해도 법인은 소멸하지 않는다.

여러 명의 주주에게 분쟁의 소지 없이 잔여재산을 분배해야 하거나, 폐업에 대한 합의가 부족하여 일방이 사업을 재개하는 등 갈등의 소지가 있을 때는 해산 및 청산절차를 밟을 필요가 있다.

그러나 회사 폐업 후 잔여재산도 적고 채무도 없어 내부 정산이 가능하다면 해산·청산은 하지 않고 그냥 두면 된다. 등기부를 방치하면 8년 후 등기부가 자동 폐쇄되므로 해산·청산한 것과 동일한 효과를 볼 수 있기 때문이다. 해산·청산 절차를 밟기 부담스러운 소규모 회사들은 실무상 대부분 이런 방법으로 법인을 정리한다.

 휴면법인의 해산간주와 영업재개

1. 해산 간주 절차

최후 등기 후 5년이 경과된 법인은 법원으로부터 최후 등기 통지서를 받게 된다. 통지서에 적힌 신고 기간 내에 아무런 신고를 하지 않으면 신고기간이 만료된 때 법인이 해산한 것으로 보고 법원이 직권으로 해산등기를 한다. 해산등기를 하면 대표이사, 이사, 지배인에 대한 등기는 말소되고 감사 등기만 남는다. 이 상태의 법인을 휴면법인이라고 한다.

해산 간주가 된 후 3년 동안 또다시 아무런 등기를 하지 않으면 그 법인은 청산된 것으로 간주되어 자동으로 청산 종결 간주 등기가 된다. 청산 종결 간주 등기가 되면 법인이 소멸한다.

자동으로 해산 간주 및 청산등기가 이루어지더라도 과태료 등 불이익은 없다. 다만 청산에 따른 법인세 신고 의무는 있다.

2. 영업을 재개하려면

해산 간주가 된 후에도 다시 회사 영업을 할 수 있다. 법원 직권으로 해산 간주 등기가 된 후 3년 이내에 주주총회 특별결의에 의해 계속 등기하면 법인은 해산 전의 상태로 복귀하여 존속하게 된다. 다만 계속 등기 시 등기 해태 기간에 대한 과태료 처분을 받게 되므로 회사를 계속 운영하려 한다면 해산 간주 법인이 되기 전에 조치하는 것이 좋다.

📂 해산 및 청산 과정에서 내야 하는 세금

해산 및 청산 과정에서 내야 하는 세금은 법인세와 배당소득세이다. 법인세는 사업연도 소득 법인세와 청산소득 법인세가 있다. 배당소득세는 법인세 완납 후에 청산 과정에서 잔여재산을 분배받은 경우 신고하면 된다.

❶ 연도 중 해산한 법인은 그 사업연도 개시일부터 해산등기일(해산 간주 등기일)까지와 해산등기일의 다음 날부터 그 사업연도 종료일까지를 각각 1사업연도로 보아 사업연도별로 법인세를 신고 · 납부를 해야 한다.

❷ 청산 중에는 당해 법인의 잔여재산가액이 확정되는 날이 속한 사업연도까지 사업연도별로 법인세를 신고 · 납부 한다.

예를 들어 ① 2025년 1월 1일~11월 5일(해산등기일), ② 11월 6일~12월 31일, ③ 2026년 1월 1일~잔여재산확정일(청산등기일 아님)의 경우 ①, ②, ③ 각 1사업연도로 보아 법인세 과세표준 신고 및 청산소득에 대한 법인세 신고를 해야 한다.

❸ 청산 중에 있는 내국법인이 상법의 규정에 의하여 사업을 계속하는 경우 사업연도 개시일부터 계속등기일(등기가 없는 경우 사실상 사업 계속일)까지의 기간과 계속등기일의 다음 날부터 사업종료일까지의 기간을 각각 1사업연도로 봐 사업연도별로 법인세를 신고 · 납부 한다.

📝 청산법인의 세금 환급금 발생

법인이 해산된 후 경정결정 등으로 환급금이 발생한 경우에 법인이 청산 종결등기를 필한 때에는 법인격이 소멸하고 실체 또한 존재하지 아니하며 권리능력을 상실하게 되므로, 청산 종결등기를 필한 법인은 국세환급금을 지급받을 수 없다. 다만 법인세법에 따라 납세의무가 존속하는 때에는 충당 · 환급할 수 있다(국세기본법 기본통칙 51-0…13).

따라서, 환급 결정이 청산 종결등기 이후에 난다면 과세 관청과 분쟁의 소지가 있을 것으로 보이는바, 환급 결정 이후에 청산 종결등기를 하는 것이 좋다.

제15장

출장비
업무매뉴얼

출장 업무 프로세스

출장업무는 회사마다 차이는 있지만 대략적으로 살펴보면 다음과 같다.

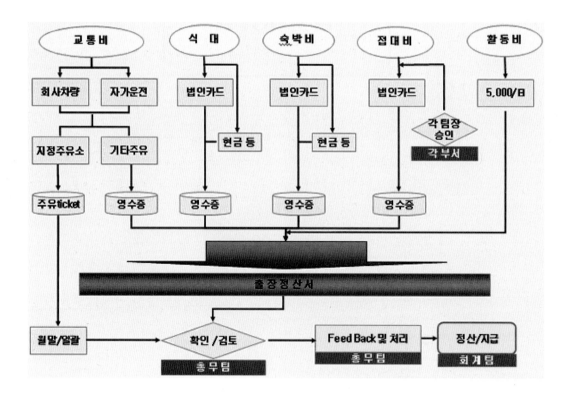

출장 시 근로시간 산정

근로시간 해당 여부를 판단하는 데 있어 가장 핵심적인 요소는 그 시간이 사업주의 지배관리하에 있는지? 여부다. 즉, 사업주의 지휘·감독하에 있는 상태로 자유롭게 시간을 사용할 수 없는 상태라면, 근로시간에 해당할 수 있다.

출장지에서 업무를 수행하는 도중에 이동하는 시간은 업무수행에 수반되는 과정으로 통상 필요한 시간이며, 사업주 지배하에 있다고 볼 여지가 많으므로 근로시간에 해당한다고 볼 수 있다.

⊙ 출퇴근에 갈음하여 출장지로의 출근 또는 출장지에서 퇴근하는 경우는 단순한 이동에 불과하고, 이동시간을 직원이 자유롭게 활용할 수 있으므로, 근로시간에 해당하지 않는다(근기 68207-1909, 2004. 6. 14. 회시, 근기 01254-546, 1992. 4. 11. 회시).

⊙ 근로자가 출장 등 기타의 사유로 근로시간의 전부 또는 일부를 사업장 밖에서 근로한 경우는 노사 당사자 간 특약이 없는 한 소정근로시간을 근로한 것으로 본다. 따라서 사립학교법령에 별도의 규정이 없다면 교사가 학생을 인솔하여 야영이나 수학여행을 가는 경우는 근로기준법 제56조(현행 58조)의 규정에 의한 사업장 밖 근로에 해당한다고 볼 수 있다(근기 68207-1963, 2000-06-28).

⊙ 출장에 있어 통상 필요한 시간을 산정할 경우 출장지로의 이동에 필요한 시간은 근로시간에 포함시키는 것이 원칙이나 출퇴근에 갈음하여 출장지로 출근 또는 출장지에서 퇴근하는 경우는 제외할 수 있다. 다만, 장거리 출장의 경우 사업장이 소재하는 지역에서 출장지가 소재하는 지역까지의 이동시간은 근로시간에 포함시키는 것이 타당하다고 사료된다(근기 68207-1909, 2001-06-14).

⊙ 도로 여건이나 교통 체증 정도를 고려해서 출장 근무를 위해 하루 전날 미리 출장지로 이동한 시간(예를 들어 월요일 출장업무를 위해 주휴일인 일요일에 출장지로 출발한 경우)에 대해서도, 사용자의 특별한 지시 없이 근로자가 임의로 휴일 또는 야간에 다음 목적지로 이동한 경우는 휴일, 야간근로로 보지 않는다(근기 68207-2675, 2002. 8. 9. 회시, 근기 68207-2955, 2002. 9. 25. 회시).

⊙ "장기 출장 시 현지 숙소로 이동하는 시간 또는 다음 목적지로 이동하는 시간" 의 경우, 지정된 숙소로의 이동 방법·시간 등에 대해 구속받으며, 이동 중에 사용자의 지휘·명령이 있을 경우 언제든지 그것을 이행하여야 할 의무가 있는 시간이라면 근로시간으로 볼 수 있을 것이나, 전체적인 출장업무 진행에 차질이 없는 범위 내에서 어느 정도 자유로운 이행이 보장되어 있다면 근로시간으로 보기 어렵다(근로기준과-4182, 2004. 8. 12. 회시, 근로기준과-5441, 2004. 8. 7. 회시).

반면 이에 대한 법원의 판례는 근로자가 해외 출장(출입국 절차와 비행대기 및 비행, 현지 이동 및 업무 등을 포함) 중 소비한 시간에 대해 사업장 내 초과근로시간 산정기준 등이 있다면 이에 따라 1일 8시간의 소정근로시간을 초과한 근로시간은 연장근로로 보아 가산 수당을 지급해야 한다고 판결한 바 있다. 따라서 사업장 내 출장에 따른 이동시간에 대해 근로시간 판단기준이 있다면 그에 따르되 별도의 기준이 없다면 출장지로의 이동과 출장지에서 수행한 업무시간이 소정근로시간을 초과함이 명백한 경우 이에 대해서는 초과근로수당을 청구할 수 있다.

요약하면, 출장 중 이동시간에 대해 이를 당연히 근로시간으로 볼 수 없다는 취지가 아니라, 취업규칙 등에 별도의 규정이 없고 사용자의 특별한 지시 없이 단순히 이동만을 하는 시간은 근로시간에 해당하지 않는다고 판단하고 있으며, 판례도 별도의 기준이 없다면 출장지로의 이동과 출장지에서 수행한 업무시간이 소정근로시간을 초과함이 명백한 경우에만 초과근로수당을 지급하도록 하고 있다.

개인차량 업무용 이용 시 유류비(여비 지급) 지원기준

차량과 관련해서는 감가상각비, 유류비, 수선비, 주차비, 통행료, 리스·렌탈 비용, 자동차세, 보험료 등이 발생한다.

회사마다 규정이 달라서 출장에 따른 여비 규정에 따라 정해진 비용을 지급하는 방식과 실제 운행한 거리에 따라 유류비와 차량 소모품비용을 지원하는 등의 방식이 있다.

하지만 개인차량의 감가상각 등 추가 비용이 발생하는데, 회사는 유류비, 통행료만 지원하는 때는 직원의 불만이 발생할 수 있으므로 노사간 합의가 필요하다.

일반적으로 회사 규정은 공무원 여비 지급 규정 및 공기업의 차량 관리기준을 참고로 해서 정한다.

유류비 보조금 계산

근무지가 아닌 집 등에서 출발할 때는 출발지부터 목적지까지 운임을 주는데, 집에서 출발하는 경우 근무지에서 출발할 때보다 금액이 많은 경우는 근무지를 기준으로 준다. 자가용 여비 계산 시 유의할 점은 자가용 동승자에게는 운임을 지급하지 않으며, 2명 이상이 같은 목적으로 출장을 다녀왔을 경우 1대의 차량으로 이용하는 것을 원칙으로 한다.

> 연료비 = ① 여행거리(km) × ② 유가(리터당 가격) ÷ ③ 연비로 계산한다.

① 여행거리는 출발지와 도착지 간의 거리로 계산하며, 경유지가 있는 경우에는 경유지를 포함해서 거리를 계산한다.

거리 계산은 도로공사나 민간 제공 네이버, 다음 지도를 활용할 수 있다.

② 유가는 출장 시작일 유가를 적용한다. 한국석유공사(오피넷)에 고시된 평균 판매가격을 참고하면 된다.

유류비의 리터당 가격은 오피넷(https://www.opinet.co.kr/user/main/mainView.do)에서 해당 일자 조회를 통해 지급한다.

③ 연비는 유종에 따라 달리 적용한다. 연비 기준은 인사혁신처 공무원 보수 등의 업무지침에 규정되어 있다.

⊙ 휘발유 - 11.97km/L　　　　　　⊙ 경유 - 12.52km/L

⊙ LPG - 8.83km/L　　　　　　　⊙ 하이브리드 - 15.37km/L

⊙ 플러그인하이브리드 - 10.61km/L, 전비 2.84km/kwh

⊙ 전기차 - 5.22km/kwh(전비)　　　⊙ 수소차 - 94.9km/kg

예를 들어 서울~세종 간 150km를 휘발유 차량으로 왕복으로 출장 다녀왔을 때 자가용 여비를 계산해보면 다음과 같다(유가는 1,800원으로 가정).

150km × 1,800원 ÷ 11.97 × 2(왕복) = 약 45,200원

고속도로 톨비(통행료)나 주차비를 지출했을 때는 영수증 금액으로 추가 청구한다.

📝 유류비 지원 규정을 회사 임의로 삭제하는 경우

취업규칙에 따라 지급된 유류비를 삭제하는 것은 취업규칙의 불이익 변경에 해당하고 이러한 불이익 변경은 근로자의 과반수의 동의를 얻어야 한다.

취업규칙을 불이익하게 변경하면서 근로자 과반수의 동의를 얻지 못하면 무효이다. 따라서 회사는 기존 규정에 따른 유류비를 지급해야 한다. 회사가 취업규칙을 불이익하게 변경하고 변경된 취업규칙을 이유로 개별 동의를 얻는 것도 무효이다. 다만, 회사가 실무적으로 동의서를 비치한 후에 동의자만 개별 서명을 하도록 한 경우 고용노동부는 동의가 유효하다고 보지만 법원은 강제성이 있었는지? 여부를 판단하여 그 효력을 부여하고 있다는 점은 참고하기를 바란다.

국내 및 국외 출장비와 해외 연수비 업무매뉴얼

현행세법은 시내이든 시외이든 업무를 수행하기 위해 사용된 출장비·교통비 등은 비용인정을 해주고 있다. 직원에게 지급한 실비변상적인 자가운전보조금은 비과세한다는 내용 등이 규정되어 있으며, 시내교통비 등의 범위에 대해서는 세법상 특별히 규정하고 있는 것이 없으므로 회사의 여비교통비지급 규정 등 내부적인 규정에 의해 실시하면 된다.

일반적으로 시내교통비는 여비교통비 지급 규정이 아닌 각 부서 예산 내에서 실비정산으로 가능하며, 근무지역에서 버스나 지하철 또는 택시 정도로 이용이 가능한 지역으로서 직원별로 시내교통비명세서를 작성해서 보관하면 실비로 인정된다. 다만, 자가운전보조금 지급자에게 시내교통비를 지급하면 자가운전보조금은 개인의 근로소득으로 처리한 후 근로소득세를 원천징수 해야 한다.

장거리 출장으로서 시외출장의 경우 회사 여비 지급 규정에 따라 출장비용에 대해서 출장품의서를 작성하면 될 것이며, 자가운전보조금을 지급받는 근로자도 업무와 관련한 시외출장비의 경우 비용인정이 된다.

회계상으로는 시내교통비나 출장여비 등을 묶어서 여비교통비 계정을 사용한다.

구 분	증빙처리
3만원 까지	법정지출증빙의 수취 대상거래가 아닌 건당 3만 원 미만의 거래에 대해서는 법인의 내부규정에 따라 지급하고, 주차료 등 영수증을 첨부할 수 있는 것은 영수증을 첨부해야 확실히 비용으로 인정된다.
3만원 초과	법정지출증빙의 수취 대상인 3만 원 초과 지출 시에는 세금계산서 등 법정지출증빙을 받아야 하는 것이다.

구 분	증빙처리
	차량유지비(자가운전보조비)가 비과세되기 위한 조건을 살펴보면 다음의 5가지 요건을 충족해야 한다. ❶ 자가운전보조금을 지급받는 종업원이 시내출장비 등을 별도로 지급받으면 안 된다. 시내출장 등에 드는 실제 경비를 별도로 받으면서 월액의 자가운전보조금을 지급받으면 시내 출장 실제 경비는 실비변상적 급여로 비과세 되나, 자가운전보조금은 근로소득에 포함된다. ❷ 종업원의 자기 소유 차량(자기명의 임차차량 포함)이면서 종업원이 직접 운전해야 한다. 차량이 종업원 단독 소유가 아니라 종업원 아버지 등 가족의 일부와 공동명의로 되어있다면 비과세가 적용되지 않고 근로소득으로 과세 된다. 종업원의 소유 차량을 종업원이 직접 운전하여 사용주의 업무수행에 이용하고, 시내 출장 등에 든 실제 여비를 지급받는 대신에 그 소요경비를 당해 사업체의 규정 등에 의해서 정해진 지급기준에 따라 지급받은 금액 중 월 20만 원 이내의 금액은 실비변상비적인 성질의 급여로 비과세 되는 것이나, 공동명의 차량은 자가운전보조금에 대한 비과세 규정을 적용할 수 없는 것임(서일-98, 2005. 1. 21). ❸ 사용주의 업무수행에 이용하는 것이어야 한다. 따라서 단순히 당해 종업원의 출퇴근에만 사용하는 경우는 인정되지 않는 것이고, 회사의 업무에 사용되어야 한다. 따라서 일반적으로 영업직 등의 차량유지비는 의심의 소지가 적으나 업무수행에 차량이 필수적으로 필요 없는 관리직의 경우 의심의 소지가 많다. ❹ 당해 사업체가 미리 정한 지급규정 등에 의해 지급하는 것이어야 한다. 지급 규정 없이 무작정 지급하는 금액은 인정되지 않으며, 지급 규정을 초과한 금액, 지급대상자가 아닌 자에게 지급하는 것도 인정되지 않는다. 따라서 일반적으로 차량유지비 지급과 관련해서는 차량운행일지 등을 작성해서 보관한다. ❺ 월 20만 원 이내여야 한다.
시내교통비	내부 지출결의서로 충분. 택시비는 영수증을 첨부하고 버스요금이나 지하철 요금은 교통카드를 이용하는 것이 증빙관리상 필요하다.
시외출장비	택시비나 버스비 등은 지출결의서 등으로 충분하나 항공료나 고속버스비는 탑승권이나 승차권 영수증을 증빙으로 보관한다. 또한, 숙박비나 기업업무추진비(= 접대비) 등은 일반적으로 신용카드매출전표 등 법정지출증빙을 받을 수 있으므로 3만 원 초과 시 법정지출증빙을 받아야 한다.
해외출장비	법정지출증빙 수취대상에서는 제외되나 지출 사실을 입증할 만한 현지 영수증은 첨부해야 한다.

 국내 출장비의 증빙 처리

임직원의 시내 및 당일 출장에 따른 인근 지역의 교통비로서 택시요금, 버스요금 또는 일시 주차료 등이 해당한다. 이와 같은 지출의 경우 목적지와 업무 내용이 기재된 지출결의서 등으로 법정지출증빙이 충분하다.

그러나 현재 버스요금이나 택시요금, 주차요금의 경우 영수증을 발행하는 경우가 대다수이므로 관리적인 측면에서 지출결의서에 관련 영수증을 첨부해 두는 것이 확실한 증빙 처리방법이다.

구 분	증빙처리
시외버스 · 고속버스 · 기차	승차권을 증빙으로 첨부한다.
항공기	항공권(여행사를 통해서 구입 시는 여행사의 영수증)

📝 국외 출장비의 회계처리

환전할 때의 환전 당시의 환율을 기록해 놓은 후, 영수증을 줄 때 환전 당시의 환율과 외화 사용금액을 곱하여 비용처리 한다.

해외 여비를 법인 신용카드로 결제하는 경우 실제 결제된 금액을 여비교통비로 처리하는 실무자와 사용일과 결제일을 따로 구분해서 사용일에는 사용금액에 기준환율 또는 재정환율을 곱한 금액을 여비교통비로 처리한 다음 결제일에 환율 변동으로 인한 차액은 외환차손익으로 처리하는 방법을 사용하는 실무자도 있다.

그리고 임직원 해외출장 시 출장여비를 외화로 환전하지 않고 현금으로 지급했지만, 출장 종료 후 출장여비 미사용금액을 외화로 반납한 경우 반납한 당시의 기준환율을 적용해서 입금처리 후 금융기관에서 원화로 환산할 때, 반납 시점과 환산 시점의 환율 차이에 대한 금액은 외환차손익으로 처리한다.

참고로 필요에 따라 거래처 직원과 같이 가면서 거래처의 해외 출장비를 대신 지급한 경우는 기업업무추진비(= 접대비)로 처리한다. 다만 출장자가 신체적 장애가 있거나 외국어 능력이 부족해 외국어 능력이 가능한 직원이 없어 임시로 가능한 자를 동반하는 때는 기업업무추진비(= 접대비)가 아닌 회사경비로 처리할 수 있다.

해외 출장경비를 정산할 때 회계처리 유의 사항

- 해외 여비를 법인카드로 결제하는 경우 실제 결제된 금액을 여비교통비로 처리할 수 있다. 다만 사용일과 결제일을 따로 구분하여 처리하는 경우 사용일에는 사용금액에 기준환율 혹은 재정환율을 곱한 금액을 여비교통비로 처리한 다음 결제일에 환율 변동으로 인한 차액은 외환차손익으로 처리하면 된다.
- 임직원 해외출장 시 출장 여비를 외화로 환전 지급한 경우, 출장 종료 후 출장여비 미사용금액을 외화로 반납할 때는 반납한 당시의 기준환율을 적용하여 입금처리한 후, 반납한 외화를 금융기관에서 원화로 환산할 시 반납시점과 환산시점의 환율차이에 대한 금액은 외환차손익으로 처리하면 된다.

📝 국외 출장비의 증빙 처리

국외에서 제공받는 재화와 용역에 대해서는 그 나라가 우리나라와 같은 부가가치세법이 적용되는 것이 아니므로 세금계산서 등 법정지출증빙을 수취할 수 없다. 따라서 경비지출에 대해서 법정지출증빙 수취대상거래는 아니다. 하지만 지출사실을 소명할 수 있게 현지에서 영수증(인보이스)을 발급받은 보관하는 게 원칙이다.

현지에서 증빙 수취가 어려운 경우가 많으므로 가능하면 법인카드를 사용하는 것이 편하다.

해외 출장비는 원화로 지급하든 외화로 지급하든 관계없이 실제 해외에서 출장과 관련한 비용을 사용한 것이 증빙서류에 의해 확인되면 출장비 정산 시 해외 출장비로 처리할 수 있다.

하지만 해외출장과 관련하여 일정 금액을 영수증 없이 포괄적으로 지급하는 경우 그 지급근거를 전혀 찾을 수 없는 경우에는 그 귀속자를 밝혀 상여 등으로 소득처분해야 한다.

그리고 다음의 경우는 업무무관으로 봐 손금에 산입하지 않는다.

① 관광여행의 허가를 받아 행하는 여행. 다만, 그 해외여행 기간 중에 있어서 여행지, 수행한 일의 내용 등으로 보아 법인의 업무와 직접 관련이 있는 것이 있다고 인정될 때는 법인이 지급하는 그 해외여행에 드는 여비 가운데 법인의 업무에 직접 관련이 있는 부분에 직접 소요된 비용(왕복 교통비는 제외)은 여비로서 손금에 산입할 수 있다

② 여행알선업자 등이 행하는 단체여행에 응모하여 행하는 여행

③ 동업자단체, 기타 이에 준하는 단체가 주최하여 행하는 단체여행으로서 주로 관광 목적이라고 인정되는 것

---

1. 법인카드 사용 시

법인카드 사용내역은 카드내역 영수증을 증빙자료로 제출하면 된다. 다만 해외사업자는 부가가치세법상 국내 사업자에 해당하지 않으므로 해외에서 받은 신용카드 매출전표 상의 매입세액은 부가가치세 신고 시 매입세액공제 되지 않지만, 법인세 결산 때는 비용처리할 수 있다.

2. 개인카드 사용 시

출장비 등 법인의 비용을 직원이 우선 지출했다면 직원의 사용 내역에 대한 증빙자료를 영수증으로 보관해야 한다. 개인 비용 사용분에 대해서는 법인통장으로 해당 비용에 대해 직원에게 꼭 이체해야 하며, 입금 메모 등을 통해 이후 내용을 확인할 수 있도록 이체내역을 꼭 기록해두어야 한다.

3. 현금을 인출하여 사용 시

직원의 현금으로 먼저 사용한 경우도 개인 비용 사용분에 대한 지출결의와 동일하게 처리하면 된다. 해당 비용에 대해 법인통장에서 직원 통장으로 이체해주고, 입금 메모 등을 통해 이후 내용을 확인할 수 있도록 이체내역 기록을 꼼꼼하게 남겨두어야 한다.

해외출장 경비처리 시 세무와 회계 유의할 사항

- 임직원 식대나 개인적 여비 등 임직원 개인이 부담할 비용을 법인의 경비로 계상하는 경우 손금불산입하고 임직원의 상여로 소득처분될 수 있다는 점에 유의한다.
- 해외 출장비 중 거래처 관련 비용은 기업업무추진비(= 접대비)로 처리한다.

🗂 항공료에 대한 법정지출증빙

항공기로 승객을 수송하는 것도 여객운송업에 해당하는 것이며, 이 경우 카드로 항공 요금을 결제하고 신용카드매출전표를 발급받는 경우에도 영수증만 발행할 수 있고 세금계산서를 발행할 수 없는 사업자(여객운송업자)로부터 받은 신용카드매출전표는 부가가치세 신고 시 매입세액을 공제할 수 없다.

부가가치세법에 의하면 여객운송업을 하는 사업자는 세금계산서 대신 영수증을 발급 하도록 하고 있다. 따라서 항공권의 경우 지출증빙 특례규정에 따라 적격증빙(세금계 산서, 계산서, 신용카드 매출전표, 현금영수증)수취를 하지 않아도 된다.

항공기의 항행용역을 제공받는 경우 국내선 또는 국제선을 불문하고 법정지출증빙 수취대상 거래에서 제외된다. 부가가치세법상 항공기에 의한 외국 항행용역은 세금계산서 교부의무가 면제되고, 법인세법 역시 부가가치세법상의 세금계산서 발급의무 면제 규정을 인정하여 법정지출증빙 수취대상에서 제외하고 있다.

따라서 항공기의 항행용역을 제공받는 경우에는 지출증빙수취특례가 적용되는 것으로 당해 지출을 입증할 만한 객관적인 서류만 수취 · 보관하면 된다.

또한 항공료에 포함된 부가가치세액은 매입세액공제 대상에 해당하지 않는다.

❶ 부가가치세가 과세되는 국내선 항공료에 대하여 사업자가 영수증을 교부받는 경우에도 매입세액을 공제하지 않는다.

❷ 사업자가 전세버스운송업자가 아닌 여객운송업자(항공기, 고속버스 여객운송업자), 즉 세금계산서를 발급할 수 없는 자로부터 운송용역을 제공받고 그 대가를 신용카드로 결재한 경우, 당해 신용카드매출전표에 대하여는 매입세액공제를 받을 수가 없다.

❸ 사업자가 종업원의 교육을 위하여 자사 부담으로 국내선 항공기를 이용하는 경우 여객운송업을 운영하는 일반과세자가 주로 사업자가 아닌 소비자에게 재화나 용역을 공급하는 경우는 세금계산서를 발급받을 수 없다.

📂 여행사 등에 지급하는 경비 증빙처리

❶ 관광진흥법에 의한 일반여행업을 영위하는 사업자가 여행객에게 여행용역을 제공하고 그 대가를 받는 경우 그 대가는 여행객으로부터 받기로 한 여행 알선 수수료와 수탁경비(항공료, 숙박비, 교통비, 식사비, 입장료 등)로 구분될 수 있고 수탁경비 등은 과세표준에서 제외된다.

❷ 여행사의 경우 영수증 교부 대상자에 해당하나 공급받는 자가 사업자등록증을 제시하고 세금계산서의 교부를 요구하는 경우 세금계산서를 교부해야 한다. 이 경우 여행사가 발급하는 세금계산서의 과세표준은 여행 알선 수수료로 한정한다.

📂 해외 기업업무추진비(= 접대비)에 대한 법정지출증빙

접대비는 발생 장소에 따라 구분되는 것이 아니므로 국내 또는 국외에서 발생한 접대비는 모두 접대비로 처리하는 것이 타당하며, 또한 관계회사(본사 등) 직원들과의 식대도 역시 업무 관련성이 있는 경우 접대비로 처리하는 것이 타당하다.

즉 현행 접대비 규정상 해외에서 지출한 접대비라 하여 달리 취급하지 않고 있으므로 해외에서 지출한 접대비도 '접대비 실명제'가 폐지되어 접대상대방 등을 기재한 접대비 지출내역서를 작성하지 않아도 되나, 접대비의 경우 한도 내에서 손금으로 인정받기 위해서는 다른 경비와 마찬가지로 그 지급 사실을 객관적으로 입증할 책임이 있는 것인바, 법인 처지에서는 보수적인 관점에서 접대비 지출내역서를 실무적으로는 작성하여 비치할 필요가 있다.

접대비 한도 계산 시 국내 및 국외 사용분을 구분하지 않고 모두 포함하여 계산한다. 법인이 해외에서 건당 3만 원을 초과하는 접대비를 지출하는 때도 현금 외에 다른 지출 수단이 없어 법정지출증빙을 갖추기 어려운 특수 국외 지역(일반적으로 아프리카나 소말리아 등)을 제외하고는 신용카드 매출전표 등의 법정지출증빙을 수취해야 한다.

즉, 신용카드 등을 사용할 수 없는 특수 국외 지역을 제외하고는 법인카드를 사용해야 하며 개인카드는 인정되지 않는다.

여기서, 현금 외에 다른 지출 수단이 없는 장소인 특정 국외 지역은 국가에 한정된 것은 아니며, 법령에 규정한 법정지출증빙을 수취할 수 없는 장소를 말하는 것인바, 현금 외에 다른 지출 수단이 없어 법정지출증빙을 갖추기 어려운 국외 지역이라는 의미는 그 나라 자체가 신용카드 제도가 없는 아프리카나 소말리아 같은 나라를 말한다.

또한 접대비를 사용한 장소가 소재한 인근 지역 안의 유사한 장소에서도 신용카드를 전혀 사용할 수 없는 경우로 접대비를 지출한 사실이 객관적으로 인정되는 경우에만 접대비 지출 증빙의 예외가 인정된다.

여기서 당해 장소가 소재한 인근 지역 안의 유사한 장소를 포함한다.에서 인근지역의 구분은 우리나라처럼 시, 군, 구, 읍, 면 등의 행정구역을 의미하는 것이 아니다. 즉, A 지역(자치구)은 신용카드 제도가 있으나 A 지역과 인근에 있는 B 지역(A 지역은 아님)과 인근에 있는 C 지역은 아직 신용카드 제도가 없는 경우로서 C 지역에서 법인이 업무확장을 위해 해외고객에게 접대하는 경우는 현금으로 지출하더라도 손금인정 된다.

> 접대비 지출시 증빙을 구비하기 어려운 국외 지역의 범위에 대한 국세청 예규는 다음과 같다.
>
> 법인세법 제25조 제2항 단서 및 같은 법 시행령 제41조 제2항에서 규정하는 "국외지역"이란 접대비를 지출한 국외의 특정 지역 또는 특정 장소를 말하는 것임(법인, 서면 인터넷 방문 상담 2팀 434, 2007.03.16.).

법인이 국외에서 국내사업장이 없는 외국 법인 또는 비거주자로부터 재화 또는 용역을 공급받고 그 대가를 지급하는 경우는 '지출증빙서류의 수취 특례'가 적용되는 거래로 법정지출증빙을 받지 않아도 된다.

> 법인세 시행규칙 제79조 "지출증빙서류의 수취 특례"에서 규정하고 있는 내용은 다음과 같다.
>
> 영 제158조 제2항 제5호에서 "기타 기획재정부령이 정하는 경우"란 각호의 어느 하나에 해당하는 경우를 말한다.
>
> 4. 국외에서 재화 또는 용역을 공급받은 경우(세관장이 세금계산서 또는 계산서를 발급한 경우를 제외한다)

다만, 접대비의 경우에는 별도의 법정지출증빙에 관한 특례규정이 없으므로 법인이 해외에서 1회의 접대에 지출한 금액 중 건당 3만 원 초과의 해외 접대비에 대하여는 법인 신용카드 매출전표 등의 법정지출증빙을 발급받지 않고 지출한 경우는 손금으로 인정받을 수 없다.

구 분	증빙처리
재화나 용역	국외에서 재화 또는 용역을 공급받고 그 대가를 지급하는 경우는 지출증빙서류의 수취 특례에 따라 적격증빙 수취의무가 없다. 따라서 인보이스 등으로 지출 사실만 확인되면 되며, 증빙불비가산세도 없다.
여비교통비(숙박비, 식대, 렌트카 이용료, 잡비)	법정지출증빙 수취 의무가 없으므로 현금으로 지출한 비용에 대해 현지에서 발급받은 영수증(인보이스)을 첨부하면 된다. • 출장신청서, 출장여비정산서와 같은 내부서류 • 항공요금 : 항공권, 영수증, • 숙박요금 : 카드 전표 혹은 현지 영수증 • 음식대금 : 카드 전표 또는 현지 영수증 • 비자 발급 수수료 : 영수증 • 국내여행사 대행 수수료 : 법정지출증빙

구 분	증빙처리
기업업무 추진비(= 접대비)	기업업무추진비(= 접대비)의 경우는 별도의 지출 증빙에 관한 특례규정이 없으므로 법인이 해외에서 1회의 접대에 지출한 접대비 중 3만 원 초과의 해외 접대비는 신용카드매출전표 등의 법정지출증빙을 발급받지않고 지출한 경우 손금으로 인정받을 수 없다. 즉 국내규정이 동일하게 적용된다. 현금 사용으로 법정지출증빙을 받지 못 했어도 회계상 비용이지만, 세법상 비용으로 볼 수 없다. 따라서 세무조정 시 손금불산입된다. 미국이나 일본 등 국외 특수지역에서 사용한 접대비는 예외규정도 적용되지 않으므로 3만 원 초과 접대비를 법인카드를 사용했어야 한다.

📁 항목별 법정지출증빙

해외 출장비 등에 대하여는 법정지출증빙의 수취 및 보관의무 규정이 적용되지 않는다.

내국법인이 비거주자로부터 국외에서 용역을 제공받고 지급하는 대가는 법인의 사업과 관련하여 발생하거나 지출된 손실 또는 비용으로서 일반적으로 용인되는 통상적이거나, 수익과 직접 관련된 것은 법인세법에 의하여 손금에 해당하는 것이며 내국법인이 비거주자로부터 국외에서 용역을 제공받는 경우에는 지출증빙서류의 수취 및 보관 의무가 없는 것이고 당해 법인은 각 사업연도에 그 사업과 관련된 모든 거래에 관한 증빙서류를 작성 또는 수취하여 신고기한이 경과한 날로부터 5년간 이를 보관해야 한다.

법인이 임직원의 해외여행과 관련하여 여행알선업자 등이 제공하는 정형화된 상품(패키지 상품)을 이용하는 경우 원칙적으로 법인의 업무수행 상 필요한 해외여행으로 보지 아니하여 손금불산입 대상이 된다.

구분	법정지출증빙
항공료	법정지출증빙 수취대상에 해당하지 않으므로 항공권이나 영수증 등을 구비한다.
현지 숙박비, 식대	국외 거래로 법정지출증빙 수취 대상에 해당하지는 아니하나 현지 호텔이나 음식점 등의 영수증을 구비한다.
여행사수수료 등	국내여행사인 경우는 수수료 상당액에 대한 세금계산서 등 법정지출증빙을 수취하고 국외 여행사인 경우는 관련 영수증을 수취·보관한다.

구분	법정지출증빙
현지 교통비 등	현지 교통비 등에 대해서는 다음의 유권해석을 참조하여 내부증빙을 구비하면 된다. 1. 증빙 미첨부 한 해외 출장비 법인이 임직원에게 지급하는 여비는 당해 법인의 업무 수행상 통상 필요하다고 인정되는 부분의 금액에 한해 사용처별로 거래 증빙과 객관적인 자료를 첨부해야만 손금산입할 수 있으며, 증빙서류의 첨부가 불가능한 경우는 사회통념상 부득이하다고 인정되는 범위 내의 금액과 내부통제 기능을 고려하여 인정할 수 있는 범위 내의 지급은 손비로 인정되는 것이나, 이에 해당하는지? 여부는 합리적인 기준에 의거 회사의 규모, 출장목적, 업무수행 여부 및 정도에 따라 사실 판단할 사항이다. 2. 증빙이 없는 여비교통비의 손금산입 법인이 업무와 관련하여 출장한 직원에게 일정한 지급 규정에 따라 지급하는 실비변상 정도의 여비교통비는 사용내역 별로 구체적인 증빙이 없는 경우에도 법인의 손금으로 처리한다.

남은 출장비에 대한 증빙이 없으면 개인상여로 보아 원천징수

회사업무 때문에 출장을 나간 직원이 예상했던 지출액보다 적게 출장비를 지출했을 경우 남은 금액을 그대로 갖는 경우가 많다. 국세청에 따르면 출장비의 경우 증빙은 실제 지출된 금액으로 하므로 출장비가 남았다면 이를 회사에 반납해야 하며, 반납하지 않았다면 개인에 대한 상여로 회계처리를 해야 한다고 설명하였다.

예를 들어 숙박비를 10만 원으로 예상하고 출장을 나갔을 때 출장자가 5만 원만 사용하고 5만 원을 남겼다면 증빙은 5만 원짜리 법정지출증빙을 구비해야 하며, 나머지 5만 원은 회사에 반납해야 한다. 이 경우 5만 원을 반납하지 않았을 경우는 이를 개인에 대한 상여로 처리해야 하므로 출장을 나간 직원은 이에 대한 세금을 물어야 한다.

기존에는 출장비에 대해 증빙을 받기가 곤란하므로 내부 지출결의서 등으로 충분히 비용으로 인정이 됐으나 국세청 관계자는 "출장비 지출에 있어서도 실제 지출된 금액에 대한 증빙은 꼭 갖춰야 하며, 특히 3만 원을 넘을 경우 반드시 법정지출증빙을 구비해야 한다."며 "다만 버스비나 택시비 등 원초적으로 영수증을 받기가 곤란한 경우에 한해서 회사의 내부규정에 따라 품의서 등으로 대체할 수 있다." 고 설명했다.

정형화된 여행상품(팩키지 상품)을 이용하는 경우 법정지출증빙

법인이 임직원의 해외여행과 관련해서 여행알선업자 등이 제공하는 정형화된 상품(팩키지 상품)을 이용하는 경우 원칙적으로 법인의 업무수행상 필요한 해외여행으로 보지 않아 손금불산입 대상이 된다(서이 46012 – 10582, 2001.11.20.).

증빙을 첨부하지 않은 해외출장비의 처리방법

법인이 임직원에게 지급하는 여비는 당해 법인의 업무수행상 통상 필요하다고 인정되는 부분의 금액에 한하여 사용처별로 거래증빙과 객관적인 자료를 첨부해야만 비용처리가 가능하며, 증빙서류의 첨부가 불가능한 경우는 사회 통념상 부득이하다고 인정되는 범위 내의 금액과 내부통제 기능을 감안해서 인정할 수 있는 범위 내의 지급은 비용으로 인정되는 것이나, 이에 해당하는지 여부는 합리적인 기준에 의거 회사의 규모, 출장목적, 업무 수행 여부 및 정도에 따라 사실판단 할 사항이다.

비자발급 수수료의 법정지출증빙(외국대사관)

외국대사관은 비영리외국법인에 해당하고 법인이 외국대사관에 직접 지출한 비용 또는 대행업체인 여행사가 외국대사관에 대납한 비용에 대해서는 대사관의 수익사업과 관련된 부분을 제외하고는 법정지출증빙의 수취 및 보관 의무가 없다.

동일한 이유로 여권 발급을 위한 인지대 등은 한국 정부에 납부하는 것이므로 법정지출증빙 수취 대상에서 제외 되고 비자 발급을 위해 관련 외국대사관에 지출하는 비용인 신청 수수료 등은 법인이 직접 지출하거나 여행사를 통해 대신 지급하거나 법정지출증빙 수취 대상에서 제외되는 것이다.

파견직원 출장여비 지급 시 법정지출증빙

파견직원의 여비교통비는 원칙적으로는 파견직원이 속한 회사에 지급하는 용역비에 포함해서 처리해야 하나 직원이 아닌 파견직원이라도 업무와 관련된 출장비용으로써 출장비 지급 규정 범위 내의 금액이면 여비교통비로 처리해도 된다.

또한, 파견업체로부터 계약에 의해 파견직원을 쓰면서 업무 특성상 심야에 퇴근하는 파견직원에게 실비의 교통비를 지급하면서 영수증을 첨부하는 경우라면 업무와 관련된 실비변상적 급여로 처리할 수 있다. 그러나 교통비 이상 금액이라면 초과해서 지급하는 금액에 대해서는 특정 업체에 대한 혜택으로 국세청이 접대비로 처리할 소지가 있다. 따라서 거래상대방과의 파견계약 시 심야 교통비 지급에 대한 내용을 명확히 명시하는 것이 좋다.

사례금 조로 지급한 교통비의 처리 방법

회사의 일정 업무를 대행해 준 외부인에게 지급한 식대 · 교통비 등은 일종의 사례금으로써 일시 · 우발적이면 외부인의 기타소득으로 처리해서 원천징수 · 납부 해야 하는 것이 원칙이다. 하지만, 금액이 출장비 지급 규정 등 내부규정 범위 내의 적은 금액으로 지출비용 영수증을 첨부한다면, 여비교통비로서 당사의 비용으로 처리해도 큰 문제는 없다. 반면, 외부전문용역비이면 인적용역에 대한 사업소득으로 3.3%를 원천징수 해야 한다.

고용 관계없는 자에게 지급하는 교통비의 처리방법

예를 들어 골프장 운영업자가 고용 관계없는 캐디 등에게 라운딩에 나가지 못할 경우 지급하는 교통비(1인당 2만 원)는 해당 캐디의 기타소득으로 원천징수한 후 지급하나 과세최저한인 5만 원 미만의 경우 전액 지급하며, 지급내역을 법정지출증빙으로 보관하면 된다. 금액이 많지 않으면 교통비 지급 규정에 의해 여비교통비로 처리해도 문제는 없다.

 렌트카 비용의 법정지출증빙

렌트카업은 영수증 발급 대상 업종이나 자동차를 대여받는 자가 사업자등록증을 제시하고 세금계산서의 발행을 요구하는 때에는 세금계산서를 발행해야 하므로 세금계산서를 받을 수 있다. 따라서 업무용 차량을 빌려서 사용하는 경우 세금계산서 등 법정지출증빙을 받아서 보관해야 한다.

 임원의 실비변상적 교통비 이상의 거마비의 처리방법

이사회의 임원 등에게 지급하는 실비변상적 성격의 거마비는 비과세소득에 해당하지만, 임원의 급여지급규정 등에 거마비 등에 관한 실비성향의 지급 규정이 없다면 근로소득으로 보아야 한다.

일반적으로 사회 통념상 타당한 범위 내의 금액(왕복 차비, 식사비 정도의 10~15만 원이라면 실비변상적 급여로 비과세할 수 있지만, 이 이상의 금액이라면 근로소득(비상근 임원도 포함)으로 과세하거나 임금 없는 비상근의 경우 자유직업소득으로 3.3%를 원천징수한다. 만약 당사 임원이 아닌 외부인이고 금액이 적고 일시적이면 사례비 등 기타소득으로 원천징수 해야 한다.

따라서 원천징수를 안 하는 경우는 지급 사실을 입증할 수 있는 교통비 지급명세서, 임원의 급여지급규정 등을 보관하고 원천징수 시에는 원천징수영수증을 증빙으로 보관하면 된다.

 직원들에게 지급하는 출퇴근비용의 처리방법

직원들에게 지급하는 출퇴근비용은 직원들의 근로소득으로 처리하는 것이 원칙이나, 현금을 지급하는 것이 아닌 교통카드로 지급하는 경우 여비교통비로 처리해도 된다.

 KTX를 타고 지방 출장을 가는 경우 첨부해야 하는 법정지출증빙

KTX를 타고 출장을 가는 경우 구비해야 할 증빙서류는 별도로 제한을 두고 있지 않으므로 출장 시 작성한 지출결의서(내부품의서), KTX 티켓, 신용카드로 KTX 요금을 결제한 경우는 신용카드매출전표를 첨부하면 된다. 다만, 이 경우 신용카드로 KTX 요금을 결제한 경우라도 매입세액공제는 받을 수 없다.

업무와 관련해서 거래처 방문 시 택시를 이용하는 경우 법정지출증빙

업무와 관련해서 거래처 방문 시 택시를 이용하는 경우 반드시 택시요금을 신용카드로 결제하고, 카드전표를 받아야만 법정지출증빙으로 인정받을 수 있는 것은 아니다.

세법상 택시를 타는 경우 첨부해야 할 증빙서류의 범위에 대해서는 별도로 제한을 두고 있지 않으므로 출장을 다녀온 후의 방문처, 방문 일자와 시간, 만난 사람 등의 내역을 적은 지출결의서(내부품의서), 택시 단말기에서 발행하는 일반영수증, 신용카드로 택시요금 결제 시는 신용카드매출전표를 증빙으로 첨부하면 된다.

해외 연수비용의 증빙처리

임직원이 여행사를 통해 해외연수를 가는 경우 법인의 업무수행 상 통상 필요하다고 인정되는 부분의 금액에 대해서는 해외 연수비로 인정되어 교육훈련비 등으로 경비처리가 가능하다.

그러나 필요하지 않다고 판단되는 여행경비에 대해서는 임직원의 급여로 본다.

19-19…23 【업무수행상 필요한 해외여행의 판정】
① 임원 또는 사용인의 해외여행이 법인의 업무수행 상 필요한 것인가는 그 여행의 목적, 여행지, 여행기간 등을 참작해 판정한다. 다만, 다음 각호의 1에 해당하는 여행은 원칙적으로 법인의 업무수행 상 필요한 해외여행으로 보지 아니한다.
1. 관광여행의 허가를 얻어 행하는 여행
2. 여행알선업자 등이 행하는 단체여행에 응모하여 행하는 여행
3. 동업자단체, 기타 이에 준하는 단체가 주최해 행하는 단체여행으로서 주로 관광목적이라고 인정되는 것
② 제1항 단서에 해당하는 경우에도 그 해외여행 기간에서의 여행지, 수행한 일의 내용 등으로 보아 법인의 업무와 직접 관련이 있는 것이 있다고 인정될 때는 법인이 지급하는 그 해외여행에 드는 여비 가운데 법인의 업무에 직접 관련이 있는 부분에 직접 소요된 비용(왕복 교통비는 제외한다)은 여비로서 손금에 산입한다.

임직원이 여행사를 통해 해외연수를 가는 경우 증빙서류로 세금계산서를 받지 못하는 예가 대부분이다.

여행사는 임직원이 해외에 나갈 경우 해당 회사로부터 받는 경비는 항공료, 현지 가이드비, 숙박비, 식사비, 알선 수수료 등이다. 이 경우 항공료, 현지 가이드비, 숙박

비, 식사비는 여행사의 수입이 아니고 대납을 하는 것에 지나지 않으므로 여행사의 수입이 아니다.

여행사의 순수한 수입은 알선 수수료(서비스 피) 이다.

그런데 알선 수수료가 거의 없는 경우에는 전액 인보이스로 대신하기도 한다.

여행사의 주 수입은 항공사 커미션이거나, 다른 커미션인 것이지 고객으로부터 받는 서비스 피가 아니기 때문에 본전에 거의 상품 판매를 한다.

항공료 등과 같은 대납금액에 대한 근거 서류는 여행경비 내역서인 인보이스를 여행사로부터 수취하면 된다(부가 46015-1296, 2000.06.02.).

그러므로 세금계산서를 수취한다면 이러한 알선 수수료에 대해서만 세금계산서를 수취할 수 있다.

여행사가 여행객 등에게 여행용역을 제공하고 그 대가를 받는 경우에 부가가치세 과세표준은 여행객으로부터 받는 대금·요금·수수료 기타 명목 여하에 불과하고 대가관계에 있는 모든 금전적 가치 있는 것을 포함하는 것이나, 여행 알선 수수료와 여행객이 부담해야 하는 항공료, 숙박료 등을 구분 계약하여 그 대가를 받는 경우는 당해 항공료, 숙박료 등의 수탁경비는 여행알선업체의 부가가치세 과세표준에 포함하지 아니하는 것으로 여행알선업체는 해당 알선 수수료에 대한 세금계산서를 발급하는 것이다.

따라서 여행알선업체와 구분 계약한 경우라면 알선 수수료에 대해서만 세금계산서를 수취하고, 나머지 항공료와 숙박비 등의 경비는 해당 용역제공업체로부터 증빙을 직접 수취해야 한다.

(부가 1265-2713, 1984.12.19.)

관광사업법에 의한 여행알선업자가 여행객에게 여행의 목적지와 여행기간만을 제시하고 여행객으로부터 여행자가 부담하여야 할 비용의 종류별 금액과 여행 알선 수수료를 구분하지 아니하고 대가를 받는 경우는 그 대가 전액이 부가가치세 과세표준이 되는 것이나, 여행알선업자가 교통비·숙박비·주요 방문지의 입장료·식대 등의 소요비용과 여행알선수수료를 각각 구분하여 받는 경우는 여행알선수수료에 대하여만 부가가치세를 과세하는 것임.

직원의 직원발령 및 해외 발령에 따른 여비 지원금과 비과세 처리

종업원에게 지급하는 부임 수당 중 이주에 드는 비용 상당액은 여비교통비로 보며, 이를 초과하는 부분은 급여로 본다.

📝 근무지 이동에 따라 직원에게 지급한 이사비용

동일 법인의 다른 사업장으로 발령받아 근무지를 옮기는 경우, 많은 기업이 일정 금액을 이사비용으로 지원하고 있는데 이러한 지원 금액에 대해 회사 비용으로 처리해야 하는지 아니면 근로소득 또는 실비변상적 성격의 비과세소득으로 처리해야 하는지 모호하다.

임직원의 근무지 이동에 따라 지급하는 이사비용의 세무 처리에 대해 살펴보기로 한다.

📂 직원의 이사비용에 대한 법인세법상의 처리 방법

임직원의 지방발령 등과 관련해서 지급되는 수당 관련 세무 처리는 법인세법에서 규정하고 있는데, 부임 수당 중 실제 이사에 사용된 금액은 여비·교통비로 보며 이를 초과하는 금액은 근로자의 인건비로 본다고 규정하고 있다.

따라서 회사에서 지급하는 부임 수당 중 이사에 직접적으로 사용된 금액만 여비·교통비로 회사 비용으로 처리하는 것이며, 이사에 직접적으로 사용되지 않은 숙박비 등의 추가금액에 대해서는 인건비로 반영해야 한다.

회사가 직원에게 지급한 이사비용을 여비·교통비로 회사 비용으로 처리하려면 법정지출증빙이 필요한데, 일반적으로 사업자가 아닌 사용인에게 지급하는 경조사비·일비·자가운전보조금 등의 경우는 증빙 수취 의무 규정이 적용되지 않으나 이사비용의 경우에는 회사 사규에 의해서 지급하는 경우라도 거래 건당 금액이 3만 원을 초과하는 경우는 법정지출증빙을 받아야 법인의 비용처리가 가능하다.

📂 이사비용 지원 금액의 소득세법상 처리방법

현행 소득세법은 근로의 제공으로 인해서 지급받는 모든 금액은 그 명칭 여하에도 불구하고 모두 과세대상 근로소득으로 보도록 규정하고 있으며, 비과세소득인 실비변상적인 성질의 급여는 그 종류 및 범위(위험수당, 벽지수당, 피복비, 자가운전보조금 등)를 구체적으로 열거하면서 열거 규정에 포함되지 않은 경우는 과세소득으로 반영한다.

회사에서 지원하는 이사비용의 경우에는 소득세법상 열거되어있는 비과세소득에 포함되어 있지는 않지만, 이사비용을 지급하는 것이 사규 또는 고용계약서 내용, 회사의 사업수행목적, 일반적인 고용 관행 등을 종합적으로 판단해서 실제 이사에 든 비용 등 합리적인 금액의 범위 내의 금액은 실비변상적인 성질의 급여로 보아 과세하지 않는다. 즉, 회사에서 지급한 수당 중 실제로 이사에 든 금액은 법인세법을 적용해서 회사의 비용으로 처리하고 해당 직원의 근로소득으로 반영하지 않는다. 하지만 종업원이 지급받는 이사보조금 중 실제 이사에 들어간 실비변상적인 성질의 급여 등에 해당하지 않는 숙박비나 추가 지원 금액은 근로의 제공으로 인해서 받는 급여의 일종으로서 근로소득으로 처리한다.

📝 해외 근무에 대한 귀국 휴가 여비

국외에 근무하는 내국인 근로자 또는 국내에 근무하는 외국인 근로자의 본국 휴가에 따른 여비는 다음의 조건과 범위 내에서 실비변상적 급여로 본다. 따라서 세금계산서 등 법정지출증빙을 받지 않아도 되며, 급여로 처리는 하나 근로소득세는 내지 않는 비과세 급여로 본다.

📂 조건

❶ 회사의 사규 또는 고용계약서 등에 본국 이외의 지역에서 1년 이상(1년 이상 근무하기로 규정된 경우를 포함한다) 근무한 근로자에게 귀국 여비를 회사가 부담하게 되어 있을 것

❷ 해외 근무라고 하는 근무환경의 특수성에 따라 직무 수행상 필수적이라고 인정되는 휴가일 것

📂 실비변상적 급여로 보는 범위

왕복 교통비(항공기의 운항 관계상 부득이한 사정으로 경유지에서 숙박할 때는 그 숙박비를 포함한다)로서 가장 합리적 또는 경제적이라고 인정되는 범위 내의 금액에 한하며, 관광여행이라고 인정되는 부분의 금액은 제외된다.

📝 벽지 근무 수당의 비과세

근로자가 벽지에 근무함으로 인하여 받는 월 20만 원 이내의 벽지수당은 실비변상적 급여로 비과세된다. 다만 종업원이 벽지수당 대신 지급받는 출퇴근보조비는 과세되는 근로소득에 해당한다(서이 46013-10719 (2001.12.11).

비과세되는 벽지수당은 지급 규정이 있어야 하며, 동 수당은 벽지수당 지급 대상 지역이 아닌 곳에서 근무하는 자의 동일 직급 일반급여에 추가하여 지급하는 금액에 한해서 비과세한다.

비과세가 적용되는 '벽지'의 범위에 대해서는 소득세법 시행규칙 제7조에 규정되어 있으므로 네이버 등 검색사이트를 통해 해당 조문을 검색해 참고하기를 바란다.

📝 해외 근무 수당의 비과세

국내가 아닌 국외(해외)에 파견되거나 해외주재원으로 근무하면서 근로를 제공하고 받는 해외 근무수당 중 매월 100만 원을 한도로 비과세한다. 여기에는 원양어업 선

박 또는 국외 등을 항행하는 선박이나 항공기에서 근로를 제공하는 것도 포함한다. 다만, 원양어업 선박, 국외 등을 항행하는 선박 또는 국외 등의 건설 현장 등에서 근로(설계 및 감리 업무를 포함)를 제공하고 받는 보수의 경우에는 월 500만 원까지 공제받을 수 있다. 여기서 국외 등의 건설 현장은 해당 건설공사 현장과 그 건설공사를 위해 필요한 장비 및 기자재의 구매, 통관, 운반, 보관, 유지 및 보수 등이 이루어지는 장소를 포함한다.

구분	업무처리
해외파견 및 해외주재원 근로종사자(M01)	월 100만 원
원양어업 선박, 국외 등을 항행하는 선박 또는 국외 등의 건설현장 등에서 근로(설계 및 감리 업무 포함)(M02)	월 500만 원
공무원 및 재외공관 행정 직원, 대한무역투자진흥공사, 한국관광공사, 한국국제협력단, 한국국제보건의료재단의 종사자(M03)	국내에서 근무할 경우 지급받을 금액 상당액을 초과해 받는 금액 (고시 금액 참조)

국외근로소득에는 당해 월에 귀속하는 국외 근로로 인한 상여 등을 포함하며, 해외근로 시작 또는 종료 등으로 국외근무기간이 1개월 미만인 경우에도 1월로 비과세 한도를 적용한다. 국외근로소득에 대한 비과세를 적용받고 있는 해외 파견근로자가 월 20만 원 이하 식대를 사용자인 국내 법인으로부터 지급받는 경우 당해 식대도 비과세를 적용한다.

연말정산 신고는 근로소득 지급명세서의 코드를 구분해 적용한다. 근로소득 지급명세서 ⑱번 코드(M01, M02, M03) 기재가 필요하며, 코드 구분은 근로자의 국외근로 및 근로자 유형에 따라 다르게 적용받는다.

일반 국내법인의 경우 급여는 반드시 원화로 지급해야 한다. 특수한 경우로 해외 파견근로자가 근로소득을 외화로 지급받는 경우, 정기 급여 지급일의 기준환율 또는 재정환율을 통해 원화로 환산한 금액을 기준으로 비과세 금액을 판단한다.

제16장

임원 업무매뉴얼

상법상 이사(임원)에 관한 규정

주주총회에서 선임하는 등기이사

이사는 회사의 핵심 구성원이다. 이사는 회사의 주요 실무적 의사결정을 하는 이사회의 구성원으로서, 회사의 업무 집행과 의사결정에 대한 권한과 책임을 갖는 사람이다. 그런데 이사라고 해서 다 같은 이사는 아니다. CEO, COO, CFO 등은 보통 이사로 불리지만, CEO(대표이사)를 제외하고는 사실 상법상 이사는 아닐 수도 있다.

상법상 이사에 해당하는지? 여부를 가르는 기준은 바로 주주총회 선임과 등기이다.

상법상 이사 = 등기이사

상법상 이사는 반드시 주주총회를 거쳐 선임한 뒤 등기해야 한다(상법 제382조 제1항).

그래서 등기이사라고 불리기도 한다.

주주총회에서 적법하게 선임되었지만, 아직 등기하지 않은 이사도 상법상 이사(등기이사)다. 상법상 이사는 주주총회에서 적법하게 선임했는지가 요건이고, 이를 공시하기 위해 등기하는 것이어서, 상법상 이사(등기이사)를 선임한 후 2주 안에 등기하지 않으면 과태료가 부과될 수 있다.

상법상 이사를 선임하는 데 필요한 주주총회 결의방식은 보통결의로, 주주총회에 출석한 주주의 과반수가 찬성해야 하고, 나아가 찬성한 주주들이 가진 주식 수가 회사전체 발행주식총수의 4분의 1 이상이어야 한다(상법 제368조 제1항).

📝 상법상 등기이사의 종류

상법에서는 이사의 종류를 사내이사, 사외이사, 그 밖에 상무에 종사하지 아니하는 기타 비상무이사 3가지로 규정하고 있는데(상법 제317조 제2항 제8호), 주주총회에서 상법상 이사(등기이사)를 선임할 때, 어떤 종류의 이사인지도 구분해서 선임해야 한다.

📂 사내이사

사내이사는 회사에 상근하면서 회사의 상무를 돌보는 사람이다. 회사의 내부에 있는 사람이라고 보면 된다. 하지만, 실제로 사내이사가 무조건 상근을 해야 하는 것은 아니기 때문에 상근하지 않는 자가 사내이사를 맡는 경우도 종종 있다.

📂 사외이사

사외이사는 회사에 상근하지 않는 이사다. 사외이사는 경영의 객관성 확보를 위해 상근을 하지 않아도 임원으로 두도록 하는 것이다.

사외이사는 회사의 중요 의사결정을 하기 위한 이사회에만 출석한다. 사외이사들은 이를테면, 교수, 변호사, 회계사 등 외부 전문가들을 떠올리면 이해가 쉽다.

그래서 사외이사는 회사의 업무에 직접적인 관여를 하지 않고 독립적인 지위에서 회사 경영을 감시 및 감독하는 역할을 한다.

상장법인은 법적으로 일정한 수의 사외이사를 반드시 선임해야만 한다.

그러나, 비상장 법인의 경우 사외이사의 선임을 꼭 두어야 할 필요는 없다. 그렇다 보니 실무상 비상장회사는 사외이사를 거의 두지 않는다.

📂 기타 비상무이사

기타 비상무이사 역시 사외이사와 마찬가지로 회사에 상근하지 않는 이사다.

사외이사와 비상무이사의 차이점은 바로 엄격한 요건을 갖추었는지? 여부다. 따라서 필요하다면 누구나 비상무이사가 될 수 있다.

📝 임원에 대한 등기

임원은 법적으로 등기되어 법인등기부 등본에 기재된다. 이를 흔히 등기이사라고 한다. 따라서 이사가 사임을 했다거나, 감사가 새로 취임하거나, 기존 이사를 대표이사로 한다거나 등 변경이 있을 때는 임원 변경등기를 통해 이를 법인등기부 등본에 꼭 기재해야 한다.

임원변경등기는 선택사항이 아닌 필수사항이다. 이를 하지 않을 경우 500만 원 이하의 과태료가 부과된다.

📂 취임등기

취임등기는 기존 임원의 임기 만료 등으로 새로이 이사를 선임하는 경우 해야 한다. 이사나 감사는 주주총회의 결의로 선임하며 대표이사는 이사회 결의로 선임한다. 단, 정관에 주주총회 결의로 하도록 했거나 이사회가 존재하지 않는 경우는 주주총회 결의로 대표이사를 선임한다.

필요서류	내용
임원변경등기신청서	임원 변동사항에 대한 등기신청서
주주총회의사록	해당 임원을 선임한다는 내용의 주주총회의사록으로 공증 필수
취임승낙서	취임하는 이사의 개인 인감을 날인하고 인감증명서 첨부 또는 본인이 기명날인 또는 서명하였다는 공증인의 인증서류를 첨부
주민등록 증명서면	취임하는 이사의 주민등록 초본 혹은 등본
정관, 주주명부	회사의 최신 정관 및 주주명부
위임장	대리인이 신청하는 경우

📝 중임등기

임원의 임기는 최대 3년이다. 상법상 임기 만료 후에도 임원의 직위를 유지하고 싶다면 임원 중임등기를 해야 한다. 즉, 중임이란 종전 임원이 임기만료 전 또는 만료일에 재선임되어 퇴임일과 취임일에 시간적 간격이 없는 경우를 말한다. 이 경우, 등기부상에 퇴임 및 취임 등기가 각각 기재되는 것이 아니라 중임등기 하나만 기재된다.

임기 만료 후 14일 이내에 임원중임등기를 하지 않는다면 최대 500만 원 이하의 과태료가 부과된다. 과태료는 등기하지 않은 기간만큼 매달 가산되므로 주의가 필요하다.

실무상 3월에 열리는 정기주주총회에서 임원을 선임하는 경우가 대부분이다. 따라서 임원의 임기가 만료되는 시기도 3월이 많다.

그러므로 정기주주총회가 3월인 법인은 3월을 전후해서 법인 임원의 임기를 꼭 한번 확인해야 한다. 확인 방법은 등기부를 확인하면 된다. 취임일로부터 3년 뒤가 임기 만료일이다.

임원 중임등기를 위해서는 우선 필요서류를 준비한 뒤, 이를 본점 관할 등기소에 제출하면 된다. 그리고 임기 만료 후 14일 이내에 임원 중임등기를 하지 못한 경우 중임등기 대신 퇴임등기를 하여 임원 결원 상태를 만들면 과태료를 피할 수 있다(퇴임등기 후 취임등기).

필요서류	내 용
임원변경등기신청서	등기소 접수할 때 제출하는 신청서
주주총회의사록	공증 필요. 주주 전원의 서면결의서로 대체 가능
중임 승낙서	중임하는 임원의 인감을 날인한 승낙서
중임 임원의 인감증명서	중임 승낙서 인감 날인의 본인 확인용
주민등록 증명서면(최근 5년의 주소변경 내역 포함)	중임하는 이사가 대표권이 있는 경우에만 준비
정관, 주주명부	회사의 최신 정관 및 주주명부
위임장	대리인이 신청하는 경우

📁 퇴임등기

이사의 임기는 상법상 3년 이내이다. 따라서 정관에서 이사의 임기를 3년으로 정하는 경우가 많으므로, 3년에 한 번씩 취임한 날을 기준으로 퇴임등기나 중임등기를 해야 한다. 반면, 감사의 임기는 취임 후 3년 이내의 최종 결산기로부터 3개월 이내에 개최한 정기주주총회일에 만료가 된다. 예를 들어 2022년 8월 1일에 취임했다면 3년 이내 마지막 결산기는 2024년 12월 31일이다. 만일 정기총회를 2025년 2월 1일에 개최했다면 그날이 감사 임기 만료일이다.

원칙적으로 퇴임등기를 해야 하는 사유는 아래와 같다. 아래 사유가 발생하면 2주간 이내에 퇴임등기를 해야 한다.

⊚ 임기 만료 이사가 임기를 모두 채운 경우
⊚ 사임 이사가 임기 도중 나가는 경우
⊚ 해임 주주총회 특별결의로 이사를 해임하거나, 재판으로 이사가 해임되는 경우
⊚ 사망, 파산, 자격상실 사망하거나, 파산 확정, 정관 또는 자격상실 정지 형확정 등의 경우

만일 대표이사 1명, 이사 1명인 회사에서 이사가 퇴임하는 경우 퇴임한 일반이사는 퇴임등기를 하면 된다. 그런데 남아 있는 대표이사 직위에도 변동이 생겨 이에 대해 등기를 해야 한다. 대표이사도 이사이므로 회사에 이사가 1명만 남는 것인데, 이사가 1명인 경우 대표이사라는 명칭을 기재할 수 없다. 대표이사는 대표권 있는 사내이사로 직위가 변동된다. 따라서 기존 대표이사란은 말소되고 인감부도 폐지되므로 대표이사 퇴임 등기를 하고 기타 등기부 정리를 해야 한다.

퇴임 등기 필요서류를 준비한 뒤 본점 소재지 등기소에 제출하면 된다.

필요서류		내 용
임기만료	임원변경등기신청서	임원 변동 사항에 대한 등기신청서
	정관	등기소에서 요구하는 경우에만 제출
	위임장	대리인이 신청하는 경우
사임	임원변경등기신청서	임원 변동사항에 대한 등기신청서
	사임서, 인감증명서	사임하는 임원이 인감날인한 사임서, 사임하는 임원의 인감증명서

필요서류	내용
위임장	대리인이 신청하는 경우

📬 임원 변경등기 방법

일반적인 경우 본점 소재지 관할 등기소에서 2주 이내, 지점소재지에서는 3주 이내에 필요서류를 제출해 등기를 신청한다. 만일 이 기간 내에 중임등기를 하지 않을 경우, 중임등기는 불가능하고 퇴임등기 후 취임등기를 해야 한다.

취임·중임은 주주총회 또는 이사회의 선임결의 효력이 발생한 날 또는 취임·중임 승낙의 효력이 발생한 날 중 늦은 날을 기점으로, 사임의 경우 사임의 효력이 발생한 날을 기점으로 계산한다. 등기 변경 기한을 산정할 때는 첫날을 빼고 계산하는 초일 불산입의 원칙을 따른다. 예를 들어 10월 1일에 등기 변경사항이 생겼다면 10월 15일까지 등기를 마쳐야 한다.

📝 이사의 임기와 보수

📬 이사의 임기

취임의 경우 이사의 임기

상법에 따르면, 이사의 임기는 최대 3년이나 임기를 정하지 않을 수도 있다. 다만 정관에 '임기 중 최종 결산기에 관한 정기주주총회 종결 시까지 연장할 수 있다(상법 제383조)' 라는 규정이 있다면 임기를 연장할 수 있다. 이는 임기 만료 후에 주주총회가 열리더라도 임기 중에 처리한 최종 결산을 마무리하고 퇴임하라는 의미이다.

대부분 회사는 위 조항에 근거해서 이사의 임기를 3년으로 정하고 있으며, 그 임기가 최종의 결산기 종료 후 당해 결산기에 관한 정기주주총회 전에 만료될 경우는 그 총회의 종결 시까지 그 임기를 연장한다고 정관으로 규정하고 있다. 따라서 이사의 임기가 12월 31일 전에 만료하는 경우는 연장 규정이 적용되지 않고, 12월 말 결산을 수행하고 연초(1월에서 3월 사이)에 만료되는 경우에만 연장 규정이 적용된다. 즉, 임기연장 규정은 사업종료일 이후부터 정기주주총회 기간 내(1월에서 3월 사이)에 임기가 만료되는 경우 적용되는 규정이다.

그런데 정기주주총회일이 매년 조금씩 달라지는 등의 사정으로 이사의 임기가 정기주주총회일 현재 수일 또는, 1개월도 채 남지 않은 경우가 종종 있다. 이러한 경우 기업들은 다른 이사와의 임기개시 시기를 동일하게 하기 위하여 편의상 정기주주총회일에 사임하는 것으로 해당 이사의 사임서를 받고 다른 이사와 같이 선임하는 예가 많은 것으로 알고 있다.

위와 같이 정기주주총회 이전에 사임서를 받고 새로 이사를 선임하는 것이 실무상 애로사항이라면 이사의 임기를 감사의 임기와 같이 「취임 후 3년 내의 최종의 결산기에 관한 정기주주총회 종결 시까지」로 정관에 정하면 된다. 위 상법 제383조 제2항은 이사의 임기는 3년을 초과하지 못한다는 이사 임기의 상한선만을 규정하고 있을 뿐 다른 제한은 없기 때문에 가능하다.

그리고 3년에 한 번씩 취임한 날을 기준으로 퇴임, 중임 등의 등기를 해야 한다.

중임의 경우 이사의 임기

취임은 임기를 계산할 때 첫날을 빼고 계산하는 초일불산입의 원칙을 적용하는 반면, 중임은 첫날을 포함하여 계산한다.

예를 들면, 2024년 4월 1일에 취임한 경우, 2024년 4월 2일 0시에 임기가 기산되므로 2027년 4월 1일 24시에 임기가 만료된다.

그러나 만약 2024년 4월 1일에 취임이 아닌 중임한 경우, 첫날을 포함하여 2027년 4월 1일 0시부터 임기가 기산되므로 2027년 3월 31일 24시에 임기가 만료된다.

이사의 보수

이사의 보수란 월급과 상여, 연봉, 퇴직위로금 등이 모두 포함되는 개념이다. 명칭을 불문하고 이사 직무 수행에 대한 보상으로 지급되는 대가라면 모두 보수라고 볼 수가 있다는 대법원의 판결이 있다.

이사의 보수는 무보수가 원칙이고 정관에서 그 액을 정하지 아니한 때에는 주주총회 결의로 이를 정하도록 상법에 규정하고 있다(상법 제388조).

주주총회가 아니라 정관에 보수를 정하는 경우 보수가 바뀔 때마다 정관을 수정해야 해서 번거롭다.

대부분 회사는 유동적 운영을 위해 주주총회에서 보수 한도만 정하고 이사회에서 구체적인 액수를 결정한다. 보수의 한도는 말 그대로 한도이기 때문에 실제 보수와 차이가 있더라도 넉넉하게 정하는 것이 좋다. 이사가 3인 미만이라 이사회가 없다면 주주총회에서 액수까지 정한다. 이사의 보수는 무보수가 원칙이므로 사외이사에 대해서는 임금을 지급하지 않는 것도 가능하다.

감사에 대해서는 이사의 보수에 관한 상법 제388조가 준용되므로(상법 제415조) 이사의 보수에 관한 사항이 그대로 적용된다.

비등기이사

비등기이사는 간단히 말하면 주주총회에서 선임하지 않은 이사라 하겠다.

주주총회에서 선임하지 않았고 법인등기부 등본에도 등기되지 않은 비등기이사는 COO, CFO, 전무, 상무 등 사용하는 직함과 관계없이 상법상 이사라고는 할 수 없다.

비등기이사는 직함만 이사이기 때문에 법적으로 등기가 강제되지 않는다.

그래서 비등기이사는 회사의 경영 및 권리행사를 위하여 법적인 권리 및 의무가 없고, 상법상 규정된 이사의 권한을 행사할 수 없다. 즉, 편의상 직함만 이사를 사용하는 사람이 바로 비등기이사다.

물론 이사회 참여도 불가능하고, 당연히 의결권 행사를 할 수도 없다.

등기이사와 달리 비등기이사는 선임을 위한 복잡한 절차를 거치지 않아도 되는 장점이 있고, 법정 임기에 구속되지 않고 자유롭게 임기를 정할 수 있다.

등기이사와 비등기이사의 차이점

선임 방법(주주총회)도 가장 중요한 차이점 중 하나이고, 이외에 이사회 참여 여부, 해임조건 등에서도 차이가 있다.

상법상 이사(등기이사)는 이사회에 참석하고, 주주총회를 통해서만 해임할 수 있는데 (상법 제385조 제1항), 비등기이사는 이사회에도 참석할 수 없고 대표이사의 의사결정만으로도 해임할 수 있다.

📝 실무상 명칭은 임원

실무상 등기이사와 비등기이사를 통틀어 임원이라고 부른다.

임원이란 회사로부터 업무의 전부 또는 일부의 처리를 포괄적으로 위임받아 이를 처리하는 자를 말한다(대법원 1992.12.22. 선고 92다28228 판결). 등기부에 등재되어 있는지? 여부는 관계가 없다. 임원의 직함으로는 사장, 부사장, 전무, 상무, 본부장 등 여러 명칭이 사용된다.

임원과 회사와의 관계는 위임계약이다. 위임계약의 체결 시 대체로 그 기간을 약정한다.

그렇지만 각 당사자에게 해지의 길이 열려 있다(민법 제689조). 이 점에서 사용자가 임의로 해고할 수 없는 근로자와 임원은 크게 구별된다.

즉 임원은 일반적으로 회사와 근로관계가 아닌 위임관계에 있는 사람이다.

임원은 근로자가 아니어서 해임해도 부당해고에 해당하지도 않고 고용노동부의 규율도 받지 않게 된다.

근로자에 해당하는 경우	근로자에 해당하지 않는 경우
임원이 근로기준법상 근로자인 경우 임원의 해임은 해고에 해당하므로 근로기준법 및 취업규칙 등에서 정한 해고 규정을 준수해야 한다.	임원이 근로기준법상 근로자가 아닌 경우 임원과 회사와의 관계는 민법상 위임계약에 해당해 위임계약의 당사자는 언제든지 계약을 해지할 수 있도록 하고 있으며, 상법에서도 주주총회 특별결의에 의해 언제든지 해임할 수 있게 되어 있다.

임원과 대비되는 사람은 근로자이다. 근로자는 임원의 지휘·감독을 받으면서 임금을 목적으로 회사에 근로를 제공하는 자다(근로기준법 제2조). 혹시 임원과 같은 명칭을

회사로부터 부여받았더라도 실제로 회사에 근로를 제공하는 사람은 여전히 근로자이다.

대법원 판례에 따르면, 명칭만 임원이고 실질적으로 대표이사의 지휘·감독을 받는 근로자로 볼 수 있다면 법적으로 근로자의 지위가 인정되기도 한다(대법원 2003. 9. 26. 선고 2002다64681 판결).

세법상 이사(임원)에 관한 규정

세법상 임원의 범위

임원의 범위는 다음과 같으며(법인세법 시행령 제20조 제1항 제4호), 임원에 해당하는지? 여부는 종사하는 직무의 실질에 따라 사실 판단할 사항이다(서면-2015-법인 22274, 2015.3.20.; 법인세과-349, 2012.5.31.; 서면 2팀-20, 2008.1.7. 외).

① 법인의 회장, 사장, 부사장, 이사장, 대표이사, 전무이사 및 상무이사 등 이사회의 구성원 전원과 청산인

② 합명회사, 합자회사 및 유한회사의 업무집행원 또는 이사

③ 유한책임회사의 업무집행자

④ 감사

⑤ 그 밖에 '①' 부터 '④' 까지의 규정에 준하는 직무에 종사하는 자

임원 보수지급 규정의 중요성

임원 보수지급 규정이 필요한 이유는 법인이 임원에게 지급하는 상여금 중 정관·주주총회·사원총회 또는 이사회의 결의에 의하여 결정된 임원 보수지급 규정에 따른 금액을 초과하여 지급한 경우 그 초과 금액은 이를 손금에 산입하지 아니하기 때문이다(법인세법시행령 43조 2항).

규정이 있는 경우	규정이 없는 경우
임원 보수 규정의 한도에서 손금인정	임원상여금 전액 손금불산입

임원 보수지급 규정은 정관에 근거를 설정하고 이사회 결의나 주주총회의 결의를 통하여 개별적·구체적 지급기준인 임원 보수지급 규정을 정비하여 이를 바탕으로 매년의 성과보상액을 이사회 결의를 통하여 결정하는 과정을 거친다.

정관	주주총회	이사회
임원 보수지급 규정에 대한 근거 또는 위임범위를 정하고, 임원 보수의 총한도를 설정한다. 연간 지급총액이 한도를 넘지 않아야 한다.	정관의 위임에 따라 주주총회 또는 이사회 결의로 회사의 설정에 맞는 임원 보수지급 규정(개별적·구체적 지급기준)을 정한다.	회사의 임원 보수지급 규정에 따라 매년의 영업성과 보상액을 지급하되, 이사회에서 구체적인 지급금액을 결정한다.

임원 보수지급 규정은 승인 절차를 거친다. 즉, 상법상 임원 보수지급 규정을 확정하여 이사회소집통지서를 발송하고, 이사회를 소집하여 이사회의사록을 작성해야 한다. 여기서 소집통지문은 회일의 일주일 전에는 통지해야 하고 구두로 통지해도 무방하다.

주의할 점은 이사 및 감사 동의서를 받아두어야 한다. 이렇게 이사회를 거치게 되면 이사회의사록을 작성해 둔다.

정관 규정의 경우는 공증받는 것이 일반적이지만 임원 보수지급 규정은 내부규정이므로 굳이 공증받지 않아도 무방하다.

이렇게 임원 보수지급 규정이 확정되면 임원의 기본급은 주주총회에서 승인된 금액의 범위 내에서 이사회에서 1년간의 연봉을 개인마다 각각 결정하게 된다. 실무상 연봉계약서 등은 이사회 결의 관련 서류와 함께 보관해 두어야 한다.

📂 보수 한도

직위별 보수의 최대한도를 정해둔다. 최종 결정된 보수 한도를 수정할 수 없는 것은 아니지만, 주주총회 결의가 필요하다는 사실을 명시해야 추후 문제가 되지 않는다.
임원 보수는 기본연봉과 성과급 및 퇴직금으로 나누어 규정해둔다. 또한 상근 임원과 비상근임원으로 나누어 규정을 만드는 회사도 있다.

📂 급여(기본연봉)

임원의 직위별 지급 급여 기준표를 정하고 직위별 보수 한도를 초과하여 책정하면 안 된다.
또한, 기본급 외에 지급하는 각종 수당에 대한 지급 사유와 금액을 별표로 마련해 둔다. 출장으로 인해 발생하는 비용도 어떻게 정산하여 처리할지 빼놓지 말고 만든다.

📂 상여금

기업 임원이 수령할 수 있는 상여금의 종류는 한 가지가 아니다. 특별상여금, 성과상여금 등 각각의 상여금의 무엇인지 명확하게 정해두어야 한다.

📂 퇴직금

임원 퇴직금에 대한 부분은 따로 정해서 만들어 두는 것이 좋다.

📝 임원의 인건비 처리 시 주의할 사항

임원의 인건비에 대해서는 법인세법에서 규제하고 있는바 잘못할 경우 부당과소신고 가산세의 대상이 될 수 있으므로 조심해야 한다.

📂 급여와 관련해서 주의할 사항

◎ 비상근임원(사외이사 등)에게 지급 시 과다 지급한 경우 부당행위계산부인 될 소지가 있음 ➜ 반드시 지급 규정을 만들고 그 범위 안에서 지급할 것

⊙ 합명·합자회사의 노무출자 사원에게 지급하는 보수 : 노무출자사원은 노무 자체가 출자 대상이므로 향후 결산 마감 이후 이익처분을 통해 출자 대가를 받아야 하는 것임

⊙ 지배주주 및 그와 특수관계 있는 임직원 등에게 정당한 사유 없이 동일 직위의 다른 임직원보다 많이 지급하는 경우 그 금액은 부당행위계산부인 대상

📂 상여금 지급과 관련해서 주의사항

⊙ 임원상여금 중 급여 지급기준 초과 금액은 손금불산입 되므로 반드시 정관, 주총, 이사회 등의 결의에 의해 결정된 지급기준에 의해 지급할 것 ➜ 연초에 주총에서 임원에 대한 급여 상여 등의 총액을 결정해 주총회의록에 남겨놓는 방법이 가장 좋음

⊙ 일반적인 성과급의 경우에는 근로자와 사전 서면 약정이 있고 이에 따라 근로자에게 지급될 시에는 비용으로 인정되나 임원이 아닌 사용인에 한함 ➜ 이 경우 성과급의 손금산입 시기는 성과급 책정 기준연도이며, 근로소득 수입 시기는 성과급 지급결의일 임 ➜ 결론적으로 이사의 경우 급여 지급기준 상의 상여 외의 일반적인 성과급 지급 대상이 되지 않음

📂 퇴직급여 지급과 관련해서 주의사항

⊙ 정관이나 정관에서 위임된 퇴직급여 지급규정을 반드시 만들 것

⊙ 법인세법상 임원 퇴직금은 지급 규정이 없는 경우 퇴직 직전 1년간 총급여액의 10%에 근속연수를 곱한 금액 한도 내에서만 손금 인정이 된다.

소득세법상 2012년 1월 1일~2019년 12월 31일 기간분에 해당하는 퇴직금에 대하여 별도의 임원 퇴직금 한도 (퇴직 전 3년간 총급여의 연평균 환산액의 10% × 2012년 1월 1일 이후 근무 기간 × 3배)를 2020년 1월 1일 이후 기간분에 대해서는 한도 (퇴직 전 3년간 총급여의 연평균 환산액의 10% × 2020년 1월 1일 이후 근무 기간 × 2배)로 각각 구분하여 퇴직금 한도를 산출하여 초과분은 근로소득으로 과세한다.

📂 기타 주의사항

⊙ 특정 임원을 위한 만기환급금 없는 종신보험을 법인이 가입하고 보험료 부담 또한 하는 경우 ➜ 손금불산입 되고 해당 임원에 대한 상여 처분됨

⊙ 특정 임원에게만 업무성과에 따라 특별상여금 지급 시 ➡ 손금불산입 되고 상여로 봄

⊙ 특정 임원들 골프장 이용료 대납 시 ➡ 손금불산입 되고 상여로 처분됨

📝 대표이사 급여의 경비인정범위

세법에서는 법인에 소속된 임직원의 급여액을 정확하게 규정한 바는 없다. 하지만 분명 객관적인 기준 유무에 따라 비용으로 인정하지 않을 수도 있다(과도한 급여 지급 시). 즉, 세법에서는 급여 인정 규정은 존재하지 않지만, 상식적으로 이해할 수 있는 정도의 급여가 지급되어야 한다.

보수에는 급여만 포함된 것이 아닌, 상여금, 성과급, 퇴직금 등도 함께 묶여 있는데, 특히 임직원의 상여금은 정관에서 정한 지급기준 및 평가 방법에 따라 지급해야 한다. 퇴직금 또한 정관에서 정한 금액만큼 지급해야 한다.

정관이나 주주총회에서 합의된 내용에 따라 급여를 책정하고 지급한다면 아무리 적게 주어도, 많이 주어도 세법상 문제는 발생하지 않는다. 따라서 법인마다 매출이나 이익 규모가 다르므로 일괄 적용하기는 어렵지만, 회사 임원 급여 규정의 설계가 중요하다.

세법상 임원 보수기준 한도 범위 내의 금액은 대체적으로 손금 인정해주나 과도한 지급에 대해서는 손금불산입한다.

법인이 임원에게 직무의 집행을 대가로 지급하는 보수는 원적으로 손금산입 대상이 되지만, 보수가 법인에 유보된 이익을 나누기 위해 대외적으로 보수의 형식을 취한 것에 불과하다면, 이것은 이익처분으로 볼 수 있기에 손금불산입 대상이며, 상여금과 실질적으로 동일한 것이므로 손금에 산입할 수 없다(2015두60884).

해당 회사는 대표이사 자신의 보수를 별다른 제약 없이 자유롭게 정할 수 있는 지위였고, 다른 임원들과 달리 연봉계약서도 작성하지 않았으며, 회사의 영업이익에서 대표이사의 보수가 차지하는 비율이 대다수였으며, 동종업체 중 상의 업체 대표이사 연봉보다도 현격한 차이를 보이는 사례이다.

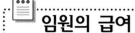

임원의 급여

임원 급여에 포함되는 항목

임원의 급여에 포함되는 항목을 살펴보면 다음과 같다.

◉ 매월 지급하는 현물급여

◉ 소유자산을 부당하게 저가로 매도하였을 경우 자산의 가액과 양도가액과의 차액에 상당하는 금액으로서 그 금액이 매월 일정한 것

◉ 토지 또는 건물의 무상 대여로 인한 금액으로 그 금액이 대략 매월 일정한 경우

◉ 매월 부담하는 주택 전기료 · 수도료 · 가스료 등 개인적 비용

◉ 매월 지급하는 정액의 기업업무추진비(= 접대비)

◉ 임원이 입회하고 있는 단체의 회비

◉ 임원을 수치인으로 하는 정기보험료 부담액

임원 급여의 비용인정 요건

① 정관의 규정 또는 주주총회 · 사원총회 등에 의해서 결의된 지급한도액의 범위 내일 것

예를 들어 주주총회의 결의에서 임원의 보수액은 연액 1천만 원 이내에 함이라고 정했다면 이 금액을 초과하는 금액은 비용으로 인정되지 않는다.

② ①의 한도 내의 금액이라도 임원 개개인의 지급액이 그 임원의 직무의 내용, 그 법인의 수익 및 그 사용인에 대한 급여 지급상황, 동종업종 및 유사 규모 회사의 상황 등을 종합적으로 고려해 과도한 경우 비용인정이 안 된다.

가. 직무의 내용(예 : 사장, 전무, 상무, 이사 등)

나. 직무에 종사하는 정도(상금 또는 비상금)

다. 경과 연수

라. 그 법인의 업종 · 규모 · 소재지 · 수익의 상황 및 사용인에 대한 급여의 지급상황

마. 그 법인과 동종 사업을 영위하는 법인으로 그 사업의 규모 및 수익의 상황 등이 유사한 것의 임원에 대한 보수의 지급상황 등

📂 세무조정

대 상	회사 입장에서 처리	임원 입장에서 처리
임원	손금산입	근로소득세 과세
신용출자사원	손금산입	근로소득세 과세
비상근임원	원칙은 손금산입하나 부당행위계산부인의 대상이 되는 부분은 손금불산입	자유직업소득·사업소득 등으로 처리할 수 있고 근로소득세 과세도 가능하다.
노무출자사원	손금불산입(노무 자체가 출자이므로 배당으로 보기 때문이다.)	배당소득세 과세

주 개인회사 사장의 급여는 필요경비불산입 즉, 비용으로 인정받지 못한다.
주 법인이 지배주주 등(그의 특수관계인 포함)인 임원·사용인에게 정당한 사유 없이 동일 직위에 있는 지배주주 등외의 임원·사용인에게 지급하는 금액을 초과해서 지급하는 경우 그 초과 금액은 비용불인정하고 상여로 처분한다.

📝 임원의 상여금

임원에게 지급하는 보수의 기준이 명확하지 않고, 임원의 상여 지급기준이 명확하지 않다면 비용으로 인정받을 수 없다.

임원이 일반 근로자와 달리 정관, 주주총회, 이사회의 결의에 따라 결정된 급여 지급 기준을 초과해 상여금을 지급한다면 그것을 손금으로 인정하지 않는다. 즉 지급기준을 초과한 상여금은 손금불산입으로 세무조정하고 소득처분을 상여로 처리하게 된다. 따라서 법인에 임원의 보수에 대한 지급 규정이 없을 때 지급의 기준에 대한 세부 규정을 명기해 놓는 것이 좋다.

법인이 임원에게 지급하는 상여금 중 정관·주주총회·사원총회 또는 이사회의 결의에 의하여 결정된 급여 지급기준에 의하여 지급하는 금액을 초과하여 지급한 경우 그 초과 금액은 이를 손금에 산입하지 않는다(법인세법 시행령 제43조).

① 법인이 그 임원 또는 직원에게 이익처분에 의해 지급하는 상여금은 이를 손금에 산입하지 아니한다. 이 경우 합명회사 또는 합자회사의 노무출자 사원에게 지급하는 보수는 이익처분에 의한 상여로 본다.

② 법인이 임원에게 지급하는 상여금 중 정관·주주총회·사원총회 또는 이사회의 결의에 의해 결정된 급여 지급기준에 의해 지급한 경우 그 초과 금액은 이를 손금에 산입하지 아니한다.

③ 법인이 지배주주(특수관계인 포함)인 임원 또는 직원에게 정당한 사유 없이 동일 직위에 있는 지배주주 등 외의 임원 또는 직원에게 지급하는 금액을 초과해 보수를 지급한 경우 그 초과 금액은 이를 손금에 산입하지 아니한다.

대 상	회사 입장에서 처리	임원 입장에서 처리
사용인	손금산입(이익처분에 의한 상여금은 손금불산입)	근로소득세 과세
비출자임원	손금산입(이익처분에 의한 상여금은 손금불산입)	근로소득세 과세
출자임원 (주주, 사원, 임원)	❶ 정관, 주주총회, 사원총회, 이사회 결의로 결정된 급여 지급기준 범위 내의 상여금(손금산입) ❷ 지급기준 초과 상여금(손금불산입) ❸ 이익처분 상의 상여금(손금불산입)	일정액은 근로소득, 초과액은 손금불산입하고, 배당소득으로 과세한다.

📝 임원의 퇴직금

대 상	회사 입장에서 처리		임직원 입장에서 처리
임원(출자임원, 비출자임원과 상장법인의 소액주주 포함)	정관에 규정되어 있는 경우	정관에 퇴직금·퇴직위로금으로 규정되어 있는 규정액 범위 내의 금액과 근로기준법상 금액 중 큰 금액 범위 내에서 손금산입, 초과액은 손금부인	❶ 퇴직금 중간정산액·직원의 퇴직소득으로 비용 반영된다. ❷ 임원도 퇴직금 중간정산 가능(비용처리). 단, 연봉제로 전환되면서 퇴직금이 없어지는 조건이다. ❸ 규정 범위 내 금액은 퇴직 소득과세, 초과액은 근로소득 과세 ❹ 조기 퇴직금(ERP)도 규정에 있는 금액은 퇴직소득, 규정 없는 임의성 금액은 근로소득으로 과세한다.
	정관에 규정되어 있지 않은 경우	퇴직 전 1년간 총급여액(손금부인 상여금 제외) × 10% × 근속연수 [주] [주] 1년 미만은 월수로 계산하고, 1개월 미만은 없는 것으로 본다.	
	임원의 퇴직금 중간정산액도 충당금에서 감액 처리하고 손금산입함.		

[주] 근속연수는 역년에 따라 계산하며, 1년 미만의 기간은 월수로 계산하되 1개월 미만의 기간은 없는 것으로 한다.

이 경우 직원에서 임원으로 된 때에 퇴직금을 지급하지 아니한 임원에 대한 근속연수는 직원으로 근무한 기간을 포함한다.

주) 총급여액에서 비과세 소득은 제외한다.

임원의 경우 정관상의 규정에 따른 금액 한도 내에서 비용으로 인정된다.

그리고 이를 비용으로 인정받기 위해서는 퇴직금의 지급 시 퇴직소득세를 원천징수하고 원천징수영수증을 증빙으로 보관해야 한다.

 임원 퇴직금 한도 초과액의 원천징수이행상황신고서 작성법

임원 퇴직금 한도 초과액은 근로소득(상여 처분)으로 보므로 기존 근로소득에 합산해서 원천징수이행상황신고서 상 아래와 같이 기재하면 된다.

5. 총지급액 : 임원 퇴직소득 한도 초과액

6. 소득세 : 상여로 처분되는 퇴직소득 한도 초과 금액 및 해당 초과 금액에 따라 추가 발생하는 세액을 기재한다. 다만, 해당 금액을 연말정산시 반영하여 소득세를 부담한 경우는 추가 발생하는 세액은 기재할 필요가 없다.

그리고 원천징수영수증의 작성방법은 아래와 같다.

	거주구분	거주자1/비거주자2
[　]근로소득 원천징수영수증 **[　]근로소득 지 급 명 세 서** ([　]소득자 보관용 [　]발행자 보관용 [　]발행자 보고용)	거주지국	거주지국코드
	내·외국인	내국인1 /외국인9
	외국인단일세율적용	여 1 / 부 2
	외국인근로소득 파견근로자 여부	여 1 / 부 2
	종교관련종사자 여부	여 1 / 부 2
	국적	국적코드
	세대주 여부	세대주1, 세대원2
	연말정산 구분	계속근로1, 중도퇴사2

징 수 의무자	① 법 인 명(상 호)		② 대 표 자(성 명)		
	③ 사업자등록번호		④ 주 민 등 록 번 호		
	③-1 사업자단위과세자 여부	여1 / 부2	③-2 종사업장 일련번호		
	⑤ 소 재 지(주소)				
소득자	⑥ 성 명		⑦ 주 민 등 록 번 호(외국인등록번호)		
	⑧ 주 소				

	구 분	주 (현)	종 (전)	종 (전)	⑯-1 납세조합	합 계
Ⅰ 근무처별소득명세	⑨ 근 무 처 명					
	⑩ 사업자등록번호					
	⑪ 근무기간	~	~	~	~	~
	⑫ 감면기간	~	~	~	~	~
	⑬ 급 여					
	⑭ 상 여					
	⑮ 인 정 상 여					
	⑮-1 주식매수선택권 행사이익					
	⑮-2 우리사주조합인출금					
	⑮-3 임원 퇴직소득금액 한도초과액					
	⑮-4 직무발명보상금					
	⑯ 계					

임원으로 승진 시
4대 보험과 퇴직금

4대 보험처리

4대 보험 중 고용·산재보험은 근로기준법상 근로자를 대상으로 하므로, 근로기준법상 근로자에 해당하지 않는다면 고용·산재보험 가입 대상이 아니다.

재직 중인 직원이 승진하여 임원으로 취임할 경우, 명칭만 임원인 "이사"를 사용하는 것이 아니라 근로기준법상 근로자가 아님이 명백하다면, 임원으로 취임한 날의 전일을 마지막으로 근로자의 지위는 상실되므로, 근로자로서는 퇴직 처리되고(퇴직금 정산 및 고용·산재보험 상실 신고), 임원으로 취임하는 것으로 보아야 할 것이다.

다만, 근로자가 아니더라도 모든 소득의 일정 비율에 따라 보험료가 부과되는 건강보험과 국민연금은 그대로 보험료가 발생하므로 상실신고를 할 필요는 없다.

근로기준법상 근로자가 아닌 임원임에도 불구하고 고용·산재보험의 상실신고를 하지 않는 경우, 설령 고용·산재보험에 가입되어 있었다 하더라도, 임원으로 재임하다가 해임된 뒤 실업급여를 신청하더라도 실업급여가 지급되지 않으며, 임원이 업무상 재해로 요양하게 되더라도 근로복지공단에서 산재 승인을 해주지 않고 그동안 납입했던 보험료만 환급받을 수 있으니 참고하기를 바란다.

고용보험 상실 코드
41. 고용보험 비적용
① 고용보험 적용 제외 근로자로 되어 상실
근로기준법상 근로자가 아니게 되어 자격이 상실되는 자의 경우
※ 예시) 근로자로 고용되어 근로하다 법인의 임원 또는 대표이사로 취임하는 경우

📝 퇴직금 처리

재직 중인 직원이 근무기간의 단절 없이 이사로 선임된 경우 퇴직금을 둘러싼 법률 관계는 아래와 같이 판단해야 한다.

첫째 이사가 상법 및 민법에 의해 회사의 업무대표권 또는 집행권을 위임받아 업무를 수행하고, 보수를 받는 등 근로기준법상 근로자로 볼 수 없는 경우에는 임원으로 선임된 날(근로기준법상의 근로관계가 종료된 날)을 기준으로 퇴직금 지급청구권이 발생한다. 소멸시효 또한 이날부터 기산한다.

둘째 명칭만 이사일 뿐 사용자와 고용·종속관계를 유지하고 있는 등 사실상 근로기준법상의 근로자에 해당하는 경우는 이사로서 퇴직한 날을 기준으로 퇴직금 지급청구권이 발생하고, 이날부터 소멸시효가 기산된다.

따라서 등기이사의 경우 임원으로 취임 시에 근로계약이 종료되고 위임계약으로 바뀌게 되므로 임원 취임 후 14일 이내에 퇴직금을 정산해 줘야 한다.

다만 당사자의 합의로 지급기일을 연장할 수 있으며 연장을 안 하는 경우는 근로자퇴직급여보장법 제9조의 규정에 따라 14일 이내에 퇴직금을 지급해야 한다.

또 근로자의 신분을 벗어나기 때문에 근로자의 신분에 따라 관련이 있는 고용·산재보험은 더 이상 납부의무가 발생하지 않는다.

근로자에 해당하는 경우	근로자에 해당하지 않는 경우
퇴직금은 근로자로서 최종 퇴직 시점을 기준으로 전체 근무 기간으로 산정하는 것이므로, 임원 승진 이전과 이후로 구분하지 않고 전체 근무 기간으로 산정해야 함	근로자로서의 퇴직금 청구권과 임원으로서의 퇴직금 청구권은 별개로 발생하므로 기존의 근로계약 관계가 종료되는 시점에서 퇴직금 지급의무가 발생하게 되고, 임원으로서 재직 기간동안의 퇴직금 지급 여부는 정관이나 주주총회에서 정한 바에 따른다. 근로기준법이 적용되지 않는 임원의 퇴직금은 상법상 보수에 해당하므로 노동법이 아닌 상법의 적용을 받는다.

이사의 4대 보험 적용

📝 등기임원

임원으로 등기가 되어있었다면 특별한 사정이 없는 한 근로자로 보기 어렵고 사업경영담당자로서 사용자에 해당하므로 근로기준법상의 사용자에 해당하고 근로자로 보기 어렵다.

구분	국민연금	건강보험	고용보험	산재보험
근로자로 인정되지 않는 경우	적용	적용	제외	제외
근로자로 인정되는 경우	적용	적용	적용	적용

📂 근로자가 아닌 경우

근로자가 아닌 등기임원은 4대 보험 중 국민연금과 건강보험만 가입하면 된다.

근로자가 아닌 등기임원이란 일정액의 보수를 받더라도 사업주로부터 경영 전반을 위임받아 기업의 대표권과 업무집행권을 가진 자를 의미한다. 이 경우 임원과 회사는 종속관계가 아니므로 근로기준법이 적용되지 않는다.

📂 근로자인 경우

근로자인 등기임원은 4대 보험 의무가입 대상이다.

근로자인 등기임원이란 회사의 이사직에 있더라도 회사의 대표권 또는 업무집행권이 없는 경우를 의미한다. 아래의 경우 임원이 아니라 근로기준법상 근로자에 해당한다.

❶ 회사의 명령, 감독을 거부할 수 없음

❷ 근로시간과 장소가 특정되어있음

❸ 업무의 내용이 회사에 의해 정해짐

❹ 지급받는 금품이 순수한 근로의 대가임

❺ 일반 근로자와 동일한 징계 규정이 적용됨

비등기임원

등기된 임원이 아닌 직책상의 임원인 경우는 근로기준법상 사용자의 지위와 근로자의 이중적 지위를 갖게 되므로, 일반 근로자와 동일하다.

국민연금	건강보험	고용보험	산재보험
적용	적용	적용	적용

구 분		적용 여부
임원	국민연금과 건강보험	대표이사를 포함한 모든 임원은 근로자성을 불문하고 모두 가입대상이다. 다만, 무보수 대표이사 외 다른 근로자가 없는 경우 사업장가입자에서 상실 처리 후 지역가입자가 된다.
	고용보험과 산재보험	임원이라도 대표자의 지휘 및 감독을 받는 경우(근로자로 인정되는 경우)는 근로자에 해당하므로 고용보험과 산재보험의 가입대상이며, 지휘 및 감독을 받지 않는 경우는 가입대상이 아니다.
등기된 임원이 아닌 직책상의 임원		등기된 임원이 아닌 직책상의 임원인 경우는 근로기준법상 사용자의 지위와 근로자의 이중적 지위를 갖게 되므로, 산재 처리, 임금 및 퇴직금, 각종 휴가 청구권 등은 일반 근로자와 동일하다. 즉, 국민연금, 건강보험, 고용보험, 산재보험의 가입대상이다.

📝 사외이사 등 비상근 임원(이사, 감사)

사외이사 등 비상근 이사 및 감사는 근로자에 해당하지 않는다.

국민연금	건강보험	고용보험	산재보험
적용	적용	제외	제외

법령·정관 등에 비상근으로 명시되었거나 이사회·주주총회 등의 결정에 따라 비상 근으로 된 법인의 대표자나 임원 또는 대주주라도 보수를 지급하고 있다면 당연히 직장가입자 자격을 취득해야 한다(건강보험, 국민연금 가입 대상).

근로자 여부로 적용 여부를 결정하는 것으로 비상근 사외이사는 근로자가 아니므로 적용 제외 및 보험료 산출 시 임금에서 제외한다(고용보험, 산재보험 미가입 대상).

구 분	적용 여부
국민연금	법인의 이사 중 소득이 없는 자는 적용 대상이 아니다. 근로소득이 발생하고 1개월 동안의 소정근로시간이 60시간 이상인 경우는 국민연금법 상 근로자에 해당한다. 이 경우 가입 대상이다.
건강보험	근로의 대가로 보수를 받고, 대표이사의 지휘 및 감독을 받는 종속성이 있는 경우 가입 대상이다. 단, 매월 정기적으로 보수를 받으나 이사회 참석 의결 이외에 다른 업무를 수행하지 않는 경우는 가입대상이 아니다.
고용보험과 산재보험	근로자가 아니므로 가입 대상이 아니다.

주 비상근임원은 법령 또는 조례의 따라 임명되는 위원 또는 임원이거나, 법인등기에 임원 또는 이사로 등기되어있 는 자 중 정관, 주주총회 또는 이사회 회의록에 비상근으로 명기되어있는 자를 말한다.

법령·정관 등에 비상근으로 명시되었거나 이사회·주주총회 등의 결정에 따라 비상근으로 된 법인의 대표자나 임원 또는 대주주라도 보수를 지급하고 있다면 당연히 직장가입자 자격을 취득하여야 한다.

근로자 여부로 적용 여부를 결정하는 것으로 비상근 사외이사는 근로자가 아니므로 적용 제외 및 보험료 산출 시 임금에서 제외한다.

구 분	연금	건강	고용	산재	비 고
대표이사	O	O	X	X	무보수 대표이사의 경우에는 적용 제외 가능
등기임원	O	O	X	X	등기임원이라 하더라도 상시 근로를 제공하고 임금을 지급받는 자임이 명확하게 확인된 경우는 고용·산재 적용
비등기 임원	O	O	O	O	비등기 임원이라 하더라도 근로자에 해당하지 않는 경우는 고용·산재 적용 제외
비상근 이사	X	X	X	X	

제17장

경조사 매뉴얼

경조사 관련 노동법

경조사 휴가는 법적으로 보장된 휴가가 아닌 약정 휴가이다. 따라서 휴가 자체를 부여하지 않거나, 무급으로 부여하더라도 불법이 아니다.

또한 경조사에 대해서 별도의 경조사 휴가를 부여하지 않고 연차휴가를 사용하게 하거나, 사용할 연차휴가가 없는 경우 무급휴가를 부여하는 것도 불법은 아니다.

하지만 통상적으로 경조사 휴가를 유급으로 부여하는 기업이 대부분이다.

즉 경조사 휴가는 노사가 단체협약이나 취업규칙 등으로 경조 일의 기념이나 경조사 참여를 보장하기 위해 해당 근로자에게 특정일 또는 특정 기간에 유급 또는 무급으로 부여하는 약정 휴가이므로 사용자(회사)의 휴가 시기 변경권 행사가 불가능하고, 그 기일이 경과하면 휴가 사용 목적이 소멸되어 휴가 청구권 또한 상실된다.

경조사 일에 주말이 포함된 경우 일수 계산

경조사 휴가와 유급휴일(주휴일이나 근로자의 날)이 중복되는 경우는 취업규칙이나 관련 규정에 별도로 정하고 있지 않은 이상 사용자가 중복 보상을 할 의무는 없다.

다만 유급 경조사 휴가 기간에 무급으로 처리되는 토요일 등이 포함되는 경우는 휴가 일수에는 포함하되, 유급으로 처리해야 한다. 이 경우 휴일근로로 보지는 않는다.

경조사 휴가 대상자의 범위

경조사 휴가의 범위는 회사가 취업규칙 등으로 정할 수 있다. 즉 직계 존·비속까지만 인정할 수도 있고, 그 외의 가족으로 확대해 적용할 수도 있다.

결과적으로 재량권은 인정되나 차별권은 인정되지 않는다.

예를 들어 친가와 외가를 차등 적용한다거나, 남성은 본가와 처가 양가를 기준으로 경조사 휴가를 부여하고, 여성의 경우 시가만을 기준으로 경조사 휴가를 부여하면 차별이 될 수 있다.

회사에서 상조회비를 임의로 공제

회사가 주도적으로 상조회를 설립하고 관리, 운영하는 경우에 해당 근로자의 임금에서 상조 회비를 임의로 공제하는 경우는 문제가 될 수 있다.

근로자의 동의 없이 회사가 임의로 공제하는 경우 임금의 전액불 지급원칙에 위반이 되어 임금체불에 해당한다.

따라서 급여에서 상조회비를 공제하고자 하는 때는 입사 시나 상조회 가입시 회비 공제에 관한 동의를 받아야 한다.

법률상 경조휴가의 성격

구분	법정	약정
의의	관련 법에 근거하여 의무적 부여	① 부여 조건 등에 대해 단체협약·취업규칙 등에 규정 ② 임금 지급여부도 규정에 의함
휴일	① 유급 주휴일(근기법 55조) ② 근로자의 날(매년 5월 1일, 근로자의 날 제정에 관한 법률)	① 공휴일(취업규칙·단체협약에 규정유무) ② 기타 휴일(창립기념일 등)
휴가	① 연차유급휴가(근기법 60조) ② 무급생리휴가(근기법 73조) ③ 산전후 휴가(근기법 74조) ④ 육아휴직(고평법 11조)	① 경조휴가(결혼, 사망, 출산 등) 휴가일수 및 유급유무 취업규칙 등에 규정하여 실시 ② 포상휴가

앞에서 본 바와 같이 경조사와 관련된 휴가는 법에서 보장하는 휴가가 아니라 단체협약·취업규칙 등에 규정된 약정휴가이다. 즉 노사가 협의를 통해 정한 휴가이다. 따라서 법적으로 며칠을 주라고 강제하지는 못한다.

📝 경조휴가 시 휴일 또는 공휴일을 포함해서 날짜 계산을 하나요?

경조휴가 시 휴일 또는 공휴일을 포함하느냐는 근로기준법 등 노동관계법령에서 규정하는 바가 없고, 경조휴가는 약정휴가로써 회사에서 취업규칙 또는 단체협약에서 규정하거나 관행적으로 실시해온 사실에 근거하여 휴일 또는 공휴일을 포함할 것인가를 결정하여 운용하면 된다.

예를 들어, 회사의 취업규칙 내 경조휴가 조항에 "경조휴가는 휴가기간 동안의 휴일, 공휴일 및 휴무일"을 포함한다."라고 규정되어 있다면 휴일 및 공휴일을 포함하여 경조휴가를 부여하면 된다.

반면, 취업규칙 등에 경조휴가 부여방법에 휴일 또는 공휴일 포함여부에 관한 규정이 별도로 없을 경우 고용노동부 행정해석에 의한 경조휴가 부여방법을 살펴보면 경조휴가가 토요일부터 5일간 발생할 경우, 토요일을 무급휴일 또는 무급휴무일로 규정하고 있다면 일요일은 유급휴일이므로 휴가일수에서 제외하고 토, 월, 화, 수, 목으로 5일의 경조휴가를 부여함이 타당하며, 토요일이 유급휴일 또는 유급 휴무일인 경우는 토요일과 일요일이 유급휴일이므로 휴가일수에서 제외하고 월, 화, 수, 목, 금으로 경조휴가를 부여함이 타당하다.

[예시] 토요일부터 5일간 경조사 휴가부여 시

구 분	5일 휴가부여 시 휴가
토요일 무급, 일요일 유급일 경우	토, 월, 화, 수, 목으로 5일간 부여
토요일 유급, 일요일 유급의 경우	월, 화, 수, 목, 금으로 5일간 부여
유급휴일인 경우는 휴가일수에서 제외하고 무급휴일인 경우는 포함하여 휴가일수에 포함해서 계산하는 것이 타당하다.	

유급휴가기간 중 유급휴일은 휴가 일수에서 제외하고 무급휴일을 포함하여 휴가 일수를 계산한다(근기 01254-3483, 1988.03.08.).

[회 시]

유급휴가기간 중의 주휴일 또는 공휴일을 휴가 일수에 포함할 것인가? 는 그 휴일이 유급휴일인 경우는 휴가 일수에서 제외하고 무급휴일인 경우는 포함하여 휴가 일수를 계산하는 것이 타당할 것이며, 휴가 기간 도중에 출근하였다 하더라도 근로기준법 제46조의 휴일근로로는 볼 수 없다.

경조사비의 증빙처리

📝 내부직원의 경조사비 처리 방법

세법상 외부거래처가 아닌 내부 임직원에 대한 경조사비는 사회 통념상 인정될 만한 금액이라고만 규정하고 있으며, 전액 비용처리할 수 있다.

내부직원의 경조사비는 계정과목 상 '복리후생비'로 처리되며, 금액은 회사의 규모, 경조사 내용, 법인의 지급능력, 임직원의 직위 및 연봉 등을 고려하여 내부적으로 결정하면 된다. 즉 회사의 경조사비 지급규정을 참고한다.

법인계좌에서 출금 시 메모에 해당 내역을 남기고, 증빙자료로 청첩장/부고장/문자내역 등을 첨부하면 된다.

증빙자료가 없는 경우 지출결의서에 간단하게 일시/장소/내역/관계/금액 등을 기재하여 보관하고, 주민등록등본을 첨부하는 회사도 있다.

📝 외부거래처의 경조사비 처리 방법

세법상 외부거래처의 경조사비는 계정과목은 기업업무추진비(= 접대비)로 처리되며, 최대 1건당 20만 원까지 비용으로 인정된다.

건당 20만 원 초과 금액에 대해서는 법정지출증빙을 받아야 하는데, 못 받은 경우 20만 원까지 비용인정을 받고 20만 원 초과 금액에 대해서만 비용인정이 안 되는 것이 아니라 전액 비용인정이 안 된다.

예를 들어 40만 원을 지출한 경우 20만 원은 비용인정 되고 20만 원은 안 되는 것이 아니라 40만 원 전액이 비용인정이 안 된다. 또한, 이를 피하고자 2명이 각각 20만 원씩 하는 경우도 동일한 1건으로 보아 전액 비용인정을 받을 수 없다. 단 비용인정을 못 받는 대신 증빙불비가산세는 내지 않는다.

물론 20만 원까지의 금액은 무조건 비용으로 처리되는 것이 아니라 세무상 비용으로 인정은 받으나 기업업무추진비(= 접대비) 비용인정 한도 내에서만 손금 인정이 된다. 법인 계좌에서 출금 시 메모에 해당 내역을 남겨두고, 청첩장/부고장/문자내역 등을 증빙자료로 사용한다.

구 분	계정과목	비용인정 한도	증빙
내부 임직원	복리후생비	사회통념상 타당한 금액(경조사 규정 참고)	청첩장, 부고장, 문자 내역
외부거래처	접대비	한 곳당 20만 원	

비용인정 되는 경조사비

기업업무추진비(= 접대비)를 지출하는 경우는 원칙적으로 3만 원 초과 지출시 법정지출증빙을 구비해야 한다. 다만, 경조사비는 20만 원까지 법정지출증빙을 받지 않고 지출해도 되나 청첩장·부고장 등 객관적인 증빙을 갖추어야 기업업무추진비(= 접대비)로 인정받아 비용처리가 가능하다.

세법상 경조사비에 대한 명확한 규정은 없으나 청첩장·부고장 등 객관적인 증빙이 없더라도 20만 원까지는 축의금·부의금을 지급한 사람이나 수취자가 상대방, 장소, 일시, 지급을 확인한 내역이 있는 확인증과 함께 지출결의를 한 후 지출하는 경우는 기업업무추진비(= 접대비)로 인정받을 수 있다.

📝 팀 예산으로 추가로 경조사비를 지급하는 경우

회사 지급 규정과 별도로 각 부서 예산(회사자금)으로 회사 직원에게 경조사비를 추가로 지급하는 경우 즉 회사 내부기준에 의한 경조사비를 지급하는 외에 부서별로 지급하는 금액은 그 부서의 구성원 개인이 부담해야 할 금액으로 이를 법인의 경비로 처리한 경우 이를 부서 개인별 급여로 보아 근로소득세를 납부해야 한다.

📝 대표이사 개인이 부담할 경조사비를 회사가 부담한 경우

간부 직원이 개인이 부담할 비용을 법인 비용으로 부담한 경우 개인에 대한 상여로 보아 손금불산입하는 것이며, 법인이 본인의 법인 명의(부서장 날인인 것을 말하는 것이 아님)로 사회통념에 의한 금액 이내에서 직원에 대한 경조사비를 지출한 경우는 법인의 손금에 해당하는 것이다.

📝 상조회를 통한 경조사비 지출증빙

직원의 경조사 등에 대해서 그 발생 사유가 있는 때마다 직접 지출하거나 상조회를 통해서 지출하는 것은 복리후생비에 해당하는 것이다. 또한 직원의 경조사 등에 대해서 지출하는 경비는 법정지출증빙의 수취 대상에 해당하지 않으며, 다만 법인의 경비임을 입증하기 위해서 청첩장, 부고장 등의 증빙을 갖추어야 하는 것이다.

제18장

세무사사무실
사용자 매뉴얼

세무사사무실에서
일반적으로 해주는 업무

자체 기장이란 장부를 세무사무소에 맡기지 않고 회사에서 직접 기장하는 것을 말한다. 반면에 세무사사무실에 일정한 기장료를 내고 맡기는 것은 외부기장이라고 한다. 세무사사무실마다 또는 납부하는 기장료에 따라 업무가 달라지겠지만 대부분 아래의 서비스를 제공받게 된다.

장부기장 및 재무제표 작성

월별로 세금계산서 및 각종 영수증 등 증빙을 수취하여 당 사무소의 회계시스템에 따라 복식부기 장부 작성 후, 재무상태표, 손익계산서 등을 작성한다. 즉 계약자의 기장 내용을 회계프로그램에 입력하는 작업을 대신해준다. 다만, 회계프로그램을 주는 것이 아니고, 회계프로그램에 입력된 결과물(출력물)을 준다.

부가가치세 신고 대행

세금계산서, 영세율 서류 및 신용카드 매출전표 등을 수취하여 분기별로 부가가치세(예정 및 확정) 신고서 및 세금계산서합계표를 작성하여 관할 세무서에 제출한다.

급여 및 4대 보험 신고(급여 계산 업무는 안 함)

사업주의 요청 시 급여 및 4대 보험 관련 자료를 수령하여 원천세 및 4대 보험의 신고, 관리업무를 대행해준다.

급여 계산과 4대 보험 업무는 세무사사무실마다 차이가 있을 수 있다(세무사사무실 규모나 대행 회사 규모에 따라). 즉 세무사사무실마다 아직 차이가 존재하므로 계약 시 확인해야 할 사항이다.

종업원에 대한 급여, 각종 수당, 상여금, 퇴직금 등에 대한 인건비 등에 대하여 4대 보험 신고 대행을 요청하거나 위탁계약을 하는 경우 거래처 등의 종업원 등에 대한 4대 보험 신고를 대행할 수 있다.

장부 기장 계약 시 4대 보험료 등의 신고대행 수수료를 포함하여 기장계약을 체결하는 것이 통상적이다. 필수적으로 해주는 업무는 아니며, 영업방식에 따라 세무사사무실마다 차이가 있으므로 기장을 맡기는 세무사사무실과 협의가 필요하다.

[4대 보험 업무에 대한 입장 차이]

1. 세무사 입장 : 업무 범위의 정도적 차이는 있으나 고객 유치를 위해서 부수적으로 해주는 업무
2. 노무사 입장 : 노무 분야이므로 노무사 영업 확대를 위해 세무사가 해당 업무를 못 하게 하고, 본인 고유업무로만 하고자 함
3. 세무사사무실 직원 : 4대 보험 업무의 복잡·다양성으로 인해 해당 업무를 안 했으면 하나 중소기업 사장의 요구로 인해 부수적으로 해주고 있는 것이 현실적 상황
4. 현행법 : 세무사가 해당 업무를 하는데, 법적인 문제는 없음. 노무사 입장에서는 해당 법률을 개정해 세무사가 해당 일을 못 하도록 하고자 하나, 세무사회는 오랫동안 해당 업무를 해왔으므로 법률의 개정을 반대하는 입장

법인세 및 종합소득세 세무조정

매년 법인은 법인세, 개인은 종합소득세 신고납부를 위한 세무조정 및 신고대행업무를 수행한다. 결산 시에 기장료와 별도로 결산 비용과 세무조정 비용은 따로 내야 한다.

신규사업 개시 지원

- 법인설립 상담, 법인설립 업무 대행을 수행한다.
- 개인사업자 사업 개시 상담 및 사업자등록 업무를 수행한다.

📝 기타업무

사업주의 요청 시 위에 열거되지 않은 각종 세무 상담, 조세불복, 상속 및 증여, 부동산 및 주식양도 등에 대한 업무를 수행한다.

① 부가가치세 신고서 작성 및 제출(연 2회)
② 종합소득세(법인세) 신고서 작성 및 제출(연 1회)
③ 원천징수이행상황신고서 작성 및 제출(매월. 다만, 반기 신고 신청한 경우는 연 2회)
④ 근로소득자 연말정산(연 1회)
⑤ 근로, 퇴직, 사업, 기타소득 지급명세서 작성 및 제출(연 1회)
⑥ 일용근로소득 간이지급명세서 작성 및 제출(매월)
⑦ 사업소득, 근로소득 간이지급명세서 작성 및 제출
⑧ 4대 보험 입·퇴사 신고(수시)
⑨ 4대 보험 보수총액 신고(연 1회) : 건강보험 보수총액 신고는 폐지되었다.
⑩ 일용근로자 근로내용확인신고서 작성 및 제출(매월)
⑪ 급여대장 작성(매월)
⑫ 급여명세서 발송(매월)

📝 월 이용료에 포함되지 않아 별도로 과금하는 업무

• 법인세 또는 종합소득세 신고(매년 1회: 법인세 3월/ 종합소득세 5월)
• 주식 양도소득세 및 증여세 신고
• 양도소득세/증여세 신고 및 상담
• 가결산(재무제표 작성 포함)
• 법인 대표자의 종합소득세 신고
• 수정신고 및 기한후신고
• 급여 계산과 4대 보험 업무를 안 해주는 곳도, 별도의 요금을 받고 해주는 곳도, 서비스 차원에서 해주는 곳도 있으니 기장 계약 시 별도 확인이 필요하다. 단 급여 관련 업무는 노무사가 해주는 추세이다.

세무사사무실 맡겨도 직접 해야 하는 업무

📝 **직접 해야 하는 업무**

외부기장 대행이라도 이것만은 직접 해야 한다.

- 회사 임직원의 변동사항이 있을 때마다 연락하여 원천세 신고에 반영되도록 한다. 임원의 변동사항은 등기사항이므로 직접 신고하거나 법무사를 통해 신고하면 된다.

- 부가가치세 신고기간마다 매출 관련 장부를 세무사사무실에 보내서 회사의 실제 매출과 동일한지 확인한다. 특히나 온라인매출 비중이 클수록 확인을 해보아야 한다. 일반적인 세금계산서, 카드 매출은 국세청에 전산으로 입력되어 세무사사무실도 알 수 있지만, 온라인매출은 국세청 전산에 등록되지 않아 세무사사무실에서는 매출금액을 알 수가 없다. 따라서 반드시 직접 매출을 확인하여 정확히 전달해야만 한다.

- 결산 시에는 회사 관리(회계)직원이 지난 1년 동안 입력된 내용에 대한 장부(입력된 내용)를 받아보고는 실제와 맞는지 확인하는 작업을 해야 한다. 간혹 결산이 끝나고 나면 세무조정계산서만 주고 끝내는 세무사사무실이 있는데 이럴 경우 장부를 달라고 하는 게 좋다.

- 세무사사무실에 급여 계산까지 요구하는 경우가 있는데, 이는 세무사사무실의 고유 업무가 아니며, 서비스 차원에서 세무사사무실에서 대행을 해줘도, 반드시 회사 담당자는 오류 여부를 확인해야 한다.

📝 직접 꼭 챙겨야 하는 증빙

구 분	내 용
수기 세금계산서/계산서	• 홈택스를 통해 전자로 발급되지 않고, 수기로 작성하거나 프린트하여 발행되는 세금계산서 • 전자(세금)계산서는 일괄 수집한다.
국외 매출 내역	수출, 애플리케이션 매출, 광고 매출 등의 국외에서 발생한 매출내역을 신고한다(페이팔, 이베이, 아마존, 구글, 애플) 등 해외쇼핑몰 매출 내역 • 선적을 통한 물품 수출 : 수출신고필증 • 애플리케이션 매출 : 구글, 애플 앱스토어 정산서 : 구글 애플 앱스토어 매출 조회 • 광고 매출 등 기타 인보이스 발행을 통한 서비스매출 : 외화매입증명서(부가가치세 신고용) : 입금된 은행 창구에서 발급받을 수 있다.
전자상거래 카드 전표(지출증빙용 현금영수증)	전자상거래 구매시 판매자 정보가 유플러스, 이니시스, 네이버 등으로 결제 대행사 상호만 적용된다. 따라서 해당 비용이 어떤 것인지 식별이 곤란하다. 따라서 해당 전표를 출력해 일자별로 모아서 세무사사무실에 전달한다.
오픈마켓/ 소셜커머스 매출내역	오픈마켓 및 소셜커머스(쿠팡, 인터파크, 지마켓, 옥션, 티몬, 위메프, 11번가, 네이버 스토어팜, 카카오 등)를 통해 발생하는 매출 내역이다. : 각 오픈마켓, 소셜커머스 홈페이지 내 판매자 관리페이지에서 조회할 수 있다.
현금매출 내역	세금계산서, 계산서, 현금영수증을 발급하지 않고 법인계좌(개인사업자의 경우 사업용 계좌)로 입금되는 현금매출 내역을 현금매출이 입금되는 계좌의 금융기관 홈페이지에서 해당 부가가치세 기간의 거래내역을 조회 후 다운로드한 엑셀 파일에서 현금매출 입금 분만 정리한다.
개인신용카드 사용분	• 사업 관련 비용을 임직원의 개인카드로 대금을 지급한 경우 매입세액공제가 가능하다. • 매출처의 사업자번호가 반드시 기재되어 있어야 부가가치세 공제가 가능하다. (Excel 파일 다운로드 시 카드사 사이트상에서 사업자번호가 기재되지 않은 파일만 다운로드 가능하다면, 해당 카드사에 직접 요청할 수 있다.)
기타매출 승인내역	• 결제 대행 : 배달의민족, 요기요 등 • 배달 대행 결제 내역
홈택스 미등록 카드내역	(개인사업자 대상) 사업용으로 사용한 카드에 대해 카드사에 세금 신고용으로 자료 조회 후 전달

구 분	내 용
사업자등록 전 매입세액	신설법인의 경우, 법인설립 전 사용한 비용에 대해 법정지출증빙을 구비한 경우 매입세액공제가 가능하다. 개인의 경우 주민등록번호로 발급받는다.

세무사사무실을 옮기는 경우 참고사항

세무사사무실이 맘에 안 들어서 바꾸려고 하면 심통을 부리는 세무사사무실이 종종 있다. 이럴 경우는 미리 바꿀 곳을 알아본 후에 옮기는 곳의 세무사에게 필요한 것을 알려달라고 하면 된다.

기장 대행을 맡은 세무 대리인들은 더존, 세무사랑 등의 회계프로그램을 사용하여 세무 업무를 처리하며 이러한 세무/회계 데이터는 기존 세무사무소에 요청하면 하나의 통합된 전산파일(회계프로그램 백업파일 형식)을 메일로 받을 수 있다. 보통은 지불한 기장료의 월까지 입력된 자료의 파일과 회사에서 보낸 자료만 받아서 옮기면 된다. 즉 세무사사무실을 옮기고자 하는 경우 일반적으로 기장 계약 해지를 요청하고 영수증과 신고서철 전산파일을 받아서 새로운 사무실에 넘겨주면 된다.

기존 세무사무소에 해지 일정을 알려주고,

● 해지 월까지의 기장 완료

● 홈택스 수임해지 요청을 해주면 된다.

참고로 많은 업체는 상당 부분 회사의 요청이 없으면 특별히 해주는 게 없이 돈만 받아 간다고 느낀다. 아마 일반적으로 세금 신고나 4대 보험 업무를 제외하고는 특별히 서로 간 연락이 오고 가는 일이 없어서 그럴 것이다. 하지만 대부분의 세무사사무실은 담당 직원이 세금 신고전에 미리미리 각 회사의 문제점을 파악하고 세무사에게 보고되는 시스템이므로 절대로 아무것도 하지 않는 것은 아니므로 걱정할 필요가 없다.

한 권으로 끝장내자 경리사원 세무사무소 회계와 노무 실무설명서

지은이 : 손원준

펴낸이 : 김희경

펴낸곳 : 지식만들기

인쇄 : 해외정판 (02)2267~0363

신고번호 : 제251002003000015호

제1판 1쇄 인쇄 2024년 01월 19일

제1판 1쇄 발행 2024년 01월 25일

제2판 1쇄 발행 2025년 01월 10일

값 : 38,000원

ISBN 979-11-90819-36-7 13320

Korea Good Books

본도서 구입 독자분들께는 비즈니스 포털 이지경리(www.ezkyungli.com)

3개월 이용권(3만 원 상당)을 무료로 드립니다.

구입 후 영수증을 팩스 02-6442-0760으로 넣어주세요.

네이버 카페 : https://cafe.naver.com/aclove

K.G.B
지식만들기

이론과 실무가 만나 새로운 지식을 창조하는 곳

서울 성동구 금호동 3가 839 Tel : 02)2234~0760(대표) Fax : 02)2234~0805